国安永远争第一

北京国安足球俱乐部
二十年光辉纪念

北京国安足球俱乐部 编著

BEIJING GUOAN FOOTBALL CLUB

北京出版集团公司
北京出版社

《北京国安足球俱乐部二十年光辉纪念》编委会

序

国安与北京足球同在

20年的岁月，对于一个人来说，意味着不再是充满幼稚好奇的孩童；对于一面旗帜来说，意味着遍染风云什色，记录着光荣与梦想、挫折与追求。

北京国安，与茵茵草坪同色，与中国足球同行。绿色的看台，绿色的旗帜，绿色的球衣，绿色的生命，象征着足球植根于民众，象征着首都的文明之师。

我们愿意跟阅历丰富的老一代北京球迷一起回首往事。20年前，中国足球改革并非由顺风顺水催生，相反，那正是足球堕入低迷的时代。穷则思变的道理解释了人类社会文明的发展之路，不改革，不求变，天上不会掉下馅饼。我们从来没有怀疑过中国人能够把足球踢好，从不怀疑足球能够给男女老幼带来欢乐。一切取决于我们的行动，不是坐而论道所能解决的。中信集团应当在这个时候做点事情，哪怕我们还有很多不懂的东西，哪怕我们在足球改革发展的大业中所能贡献的只是微薄之力，足球应当成为北京社会文明和文化繁荣的重要组成部分。

小平同志在南巡谈话中，虽然只字未提足球，但他告诉我们，人民赞成不赞成是我们做事的根本选择。认定了的目标，就要胆子再大一些，步子再快一些。1992年，在与北京市体委等部门反复议商后，国安足球俱乐部亮出了自己的旗帜，首都北京在中国足球改革的大军中组成了自己的方阵。追忆那些往事，不能忘记中信老董事长荣毅仁先生。中信是小平同志亲自批准、荣毅仁先生亲手创办的对外开放窗口。小平同志热爱足球，荣毅仁先生担任中国足协名誉主席。中信国安在足球改革起步之时，肩承起自己的一份责任，振兴中国足球和首都体育事业，责无旁贷。

20 年来，风风雨雨，坎坎坷坷，国安足球俱乐部几代球员、教练和工作人员始终以"永远争第一"的精神严于自律，不负千千万万球迷的厚爱与厚望。俱乐部身后站着"胜也爱你，败也爱你"的庞大群体，站着社会各界以及媒体朋友。他们与俱乐部同喜同忧。这是中国足球的可贵缩影，是国安俱乐部的魂之所在。谨向所有国安球迷送去我们的由衷感谢！

　　20 年来，起起伏伏，磕磕绊绊，国安足球俱乐部得到北京市政府和广大市民的关心和支持，国安"在国内比赛代表首都，在国际赛场代表中国"的理念有着良好的体现。国安足球有过挫折和失败的教训，也经历了夺取中超冠军、足协杯赛冠军、超霸杯冠军和亚冠联赛挑战强敌的难忘时刻。谨向先后加盟国安足球团队、为此做过不懈付出的国内外球员、教练表示我们的真诚谢意！

　　20 年来，没有人对中国足球的现状满意，这正是未来不断进取的动力。改变中国足球落后面貌，北京国安义不容辞。每当北京工人体育场看台上绿色海洋波涛滚动，每当听到"北京国安，我们永远支持你！北京国安，我们永远热爱你"的歌声，每当球员们奋勇当先、顽强拼搏的动人场景再现的时候，我们愿自己仍然是情系绿茵的球迷，是这支啦啦队当中的老兵。

　　中国足球改革发展的脚步不会停歇，国安与北京足球同在。

本书编委会

目录

CONTENTS

⋁

1992年

北京国安，扬帆远航

年度背景

1992 年 12 月 29 日下午 3 时，北京市体委、先农坛运动技术学校和中信国安实业发展总公司，合作成立"北京国安足球俱乐部"的协定在北京国安宾馆正式签字。北京足球新的一幕揭开了。

国安和北京足球的结合是冥冥中的因缘，因为任何一个俱乐部都有一座城市作依托，与足球传统深厚的北京结缘，也是国安接手的最重要因素。至今北京国安已经坚持 20 年了，国安让北京足球获得新生，同时丝毫也没有减弱俱乐部的北京因素。是啊，如果国安俱乐部也有百年老店的一天，那时候它依然会叫北京国安。

袁伟民为王军颁发中国足协副主席证书

2

1960 年北京队在工人体育
场与苏联莫斯科斯巴达克
队比赛前，党和国家领导
人同双方队员合影

荣毅仁接见北京队队员

经典回忆

北京，热爱足球的古都

古都北京很早就有了足球这项运动。古代足球在唐、宋、元、金各代的北京都很受欢迎，每于"十月以后，寒贱之子，琢石为球，以足蹴之，前后交击为胜"。现代足球运动于19世纪末传入北京，1895年首先在通州潞河书院（现潞河中学）开始有足球活动，1902年潞河书院改名协和书院，清光绪三十一年（1905年）协和书院与汇文大学堂进行的一场足球比赛，是北京最早的校际比赛。1906年协和书院足球队与英国兵比赛以2比0获胜（天安门足球场），获得白瓷"九龙杯"奖励，这场足球赛被誉为我国历史上最早的一场国际足球比赛，以中国人的胜利载入了我国体育的史册。

民国时期北京学校中足球运动已相当普及，当时喜欢足球的主体是学生，大中小学几乎校校都有足球队，学生拿四个书包码起球门就比赛，其中的佼佼者后来成为足球人才的不乏其人。

足球运动学校先行，社会紧随。北京比较有名的业余足球队多达四五十支，几乎天天有比赛、周周有活动，这些球队训练很下功夫，大都经过正规的足球技战术训练，踢起来有模有样。他们互相约球，一年到头都有比赛。此后足球运动从学校逐步走向社会，在部分职工中也有所开展。像东单就是民间足球欢乐的海洋。一些企业的足球队在北京也有一定声望。20世纪30年代北京每年春、秋两季举办社会业余队的联赛和辅仁、清华、燕京、师大、北大五大学足球联赛等传统比赛。每年赛事颇旺，观众如潮。

1951年，历史上第一支北京队

1949年中华人民共和国成立后，体育运动受到党和政府的高度重视，北京的足球运动进入一个快速普及和提高的时期。城区建成了一些足球场，高等院校和大型厂矿也都修有足球场，连每个中学都建立了足球队。

1951年，全国足球比赛大会开始，东北、华东、华北、中南、西北、西南六大行政区以及解放军和火车头共八支代表队参赛，每支代表队的队员都从该地域的城市代表队中选拔而来。当年参加北京市代表队选拔的足球队不少，有由群众自发组成的兄弟队、利华队、东联队、西燕队等，有由学校组成的育英中学队、志成中学队、辅仁附中紫光队、辅仁大学紫星队、师范大学队等，还有来自企业的民航队、北京饭店队、六国饭店队、电信局队、人民银行队、铁路局队等。

当时北京赛区比赛的组织者是市政府下属的青年联络部。据足坛耆宿史万春先生回忆，选拔赛赛事密集，当时一个队每天要打几场球，几天之间选拔赛就打完了。最后一场比赛由史先生领衔的兄弟队对阵由后来国家队守门员徐福生领衔的民航队，最终兄弟队2比1获胜夺冠。在这个基础上，选拔成立了参加华北区选拔赛的北京市足球代表队，这就是新中国历史上第一支北京足球队。

这支北京队组成后立即参加了华北区队的选拔。据史先生介绍，当时华北区7支队伍除京、津两队较强外，其余5队如平原省队、察哈尔队、绥远省队等均系临时组队，水平不高。如平原省队的队服只能是赛前在北京现买，在与北京队的

1953 年 5 月 3 日《北京日报》

比赛中以 0 比 17 告负。最后是北京队与天津队争夺冠军。天津队技术好且经验丰富，但北京队年轻，体力充沛，最后北京队 2 比 1 战胜天津队取得冠军。此后北京队有近 12 人入选华北区队，参加全国足球比赛大会，而以这批队员为核心的华北队最终获得全国足球比赛大会的亚军。

赛后，体总主席荣高棠同志，团中央军事体育部部长、体总副主席黄中同志，辅仁大学教授、足球泰斗李凤楼老先生，清华大学教授马约翰博士等共同主持选拔了 1951 年度中华全国足球选手即新中国第一批国家队队员，其中华北的 5 名入选者均为北京队队员，他们是史万春、年维泗、邵先凯、李朝贵、曹桂明。

第一支北京队的队员

关于这支北京队的成员，在史老珍藏的一张老照片中有所体现。第一支球队共 19 人，从照片中可以隐约看出，队员胸前赫然印有"北京"二字，前排两侧队员展示的两面小队旗上是"北京市足球代表队"。据史老回忆，照片中的背景是先农坛体育场南看台外。当时的先农坛体育场只有一层看台，20 世纪 50 年代后期加盖了二层。80 年代为亚运会拆除了旧看台，改建成现在的模样。

在这张照片中，前排左起第一位邵先凯先生

年度大事记

●3月19日
北京国安队（北京三队）在北京市"国安杯"足球赛中获得冠军。

●5月26日
北京市体委主任马贵田和北京体工大队足球班主任杨祖武拜访李士林。

●6月27日
中国足协主席袁伟民提出北京、上海等11个城市率先成立职业足球俱乐部。

●10月
国安委派评剧表演艺术家马泰在大连全国足球工作会议期间与刘文雄和杨祖武具体讨论研究建立俱乐部事宜。

●11月24日
殷谊就与北京队前期谈判进展以及双方达成的合作共识，向李士林报告。

●12月29日
下午3时北京市体委、先农坛运动技术学校和中信国女头业发展总公司，合作成立"北京国安足球俱乐部"的协定，在北京国安宾馆正式签字。

后来成为国家队队员，1956 年任国家队二队教练，主教练，后任天津队主教练、河北队主教练，是天津市和河北省足球界的掌门人。

　　前排左起第三位年维泗先生，后来成为国家队队员，1961 年至 1985 年四度出任国家队主教练，1988 年任中国足球协会主席，是中国足球界德高望重的领导。

1951 年北京队全家福

　　前排右起第一位，乃是京剧名家、奚派老生传人李宗义先生，当年北京梨园界有不少前辈酷爱足球，像裘盛戎大师那时也经常到先农坛一展脚法。

　　后排左起第七位李朝贵先生，后入选国家队，1956 年后在天津队任主教练，培养了大批优秀运动员、教练员，曾任天津市足协副主席、天津市政协委员。

　　以上是新中国成立后北京足球迈出的第一步，这段宝贵的历史应该铭记在北京足球人的心里。

北京足球的发展历程

　　北京由于自身的政治中心和文化中心的独特地位，也成了中国的体育中心和竞赛中心。1956 年以北京队名义参赛的北京青年二队获甲级联赛冠军。1957 年 6 月

2 日是一个载入中国足球史册的日子。中国足球队在北京先农坛体育场首次参加了世界杯外围赛。50 年代中期，新中国体育的奠基人贺龙同志建议北京市要建立专业队，并决定把从匈牙利留学回来的国家红队全部落户北京，穿上北京的球衣打全国联赛。这支北京足球队阵容强大，几乎集中

1958 年北京队获得全国足球甲级联赛冠军

1963 年北京队获得全国足球甲级联赛冠军

1973 年北京队获得全国足球联赛冠军

1982 年北京队获得全国足球甲级联赛冠军

了中国足球的精华。1956 年筹备参加第十六届奥运会的中国足球选拔队 20 名队员中，1957 年转入北京队的队员有 19 名。1958 年评选的 10 名最受欢迎的足球运动员，北京队就占据了 7 名，他们参加两次全国甲级联赛就获得两次冠军（分别是1957 年和 1958 年）。这些精英退役后，北京足球在国内依然属于强队。20 世纪六七十年代北京足球队也获得过两次冠军，分别是 1963 年和 1973 年。

改革开放后各地都大力挖掘足球人才，北京足球队也不甘落后。80 年代，曾雪麟带队坚持北京队小、快、灵的风格，在 1982 年全国足球甲级联赛中获得冠军，两年后再次获得该赛事冠军，1985 年又获得了足协杯冠军。北京的梯队也不逊色，1985 年以北京队队员为主的中国青年足球队

1984 年北京队获得全国足球甲级联赛冠军

1991 年 5 月 1 日北京队在工体参加甲 A 联赛开幕式合影

在世界青年锦标赛上首次冲进前 8，取得了男足世界比赛的最好名次，也为中国足球带来一缕希望的光芒。

北京作为足球传统城市，有着比较雄厚的群众基础。20 世纪 90 年代初，一批年轻球员高峰、曹限东、杨晨、周宁、谢峰、邓乐军等成长起来，加上北京队的老队员魏克兴、高洪波、胡建平等，一个新的阵容脱颖而出。但此时的行政足球已经难以为继了，原来的体制无法适应足球的发展，甚至因为经费的匮乏，联赛几乎要开天窗。中国足球在呼唤着改革，在期盼着社会化，这需要一些企业站出来承担起这个责任。

北京国安队的诞生

1992年，中国奥林匹克足球队兵败吉隆坡，引发社会强烈不满。一时间舆论汹汹，要求中国足球学习"足球先进国家"，摆脱僵化的体系，加速实现职业化。

其实在1992年之前，十分关心中国足球的时任中信公司董事长荣毅仁先生，就曾经表示过要成立中信自己的专业足球队的想法。而时任中信公司常务副总经理王军先生和中信国安总经理李士林先生，也探讨过成立国安足球队的事情。据当时负责国安公司文体事务的殷谊女士（后任国安足球俱乐部副总经理）回忆，1992年春节过后，李士林得知当时北京男足与神州热水器的赞助合同到期，对方也无意继续赞助后，"让我尽快与北京队讨论赞助合作的事情。要求我一定办成，并说'只要是与这件事有关的问题需要找我，随时都可以，不用预约'。于是我马上找到北京队领队杨祖武，双方开始秘密协商"。

"国安队"的名字第一次出现在报纸上，是1992年3月19日。当天的《北京晚报》消息：北京国安队在北京市"国安杯"足球赛中夺得冠军。这支"国安队"实际上是当时的北京三队，也是国安与北京足球最初建立联系的产物。

5月26日，即将离任的北京市体委主任马贵田和北京体工大队足球班主任（北京体工大队当

国安宾馆

才培养体系；第二要建设自己的训练场和比赛场。在当时的情况下，成本太高且有很多技术上的问题很难解决。因此与北京队合作的意向逐渐坚定。

进入 10 月份，评剧表演艺术家马泰被国安委派，与刘文雄和杨祖武具体讨论研究建立俱乐部事宜。当月，在大连的一次中国足协会议上，3 人就俱乐部建立技术方面的可行性进行讨论，认为可行。至此，北京国安俱乐部成立条件已经基本成熟。

11 月 24 日，殷谊就与北京队前期谈判进展以及双方达成的合作共识，向李士林报告。李士林很快就批准了报告，并在报告上批示："对中国足球运动的发展，我们是有信心的。为提高我国足球水平，大胆改革，成立企业与专业联合性足球俱乐部队，我们一直是积极的。"

12 月 29 日下午 3 时，北京市体委、先农坛运动技术学校和中信国安实业发展总公司，合作成立"北京国安足球俱乐部"的协定，在北京国安宾馆正式签字。"北京国安足球俱乐部"终于在风雨之中诞生，成为全国第 6 个签约的职业足球俱乐部。不过这次签约属于"内部签约"，只有 3 名记者在场，并被要求暂时不要报道。而北京市体委和中信国安实业发展总公司正式对外的签约仪式是在 1993 年 1 月 5 日。

从此，北京真正拥有了自己的职业化足球队，北京感谢国安俱乐部为首都足球担负起的责任，国安也为有北京这样伟大的城市做后盾而感到骄傲。在 1992 年的年底，北京的足球历史展开了辉煌的新篇章。

马泰与金志扬

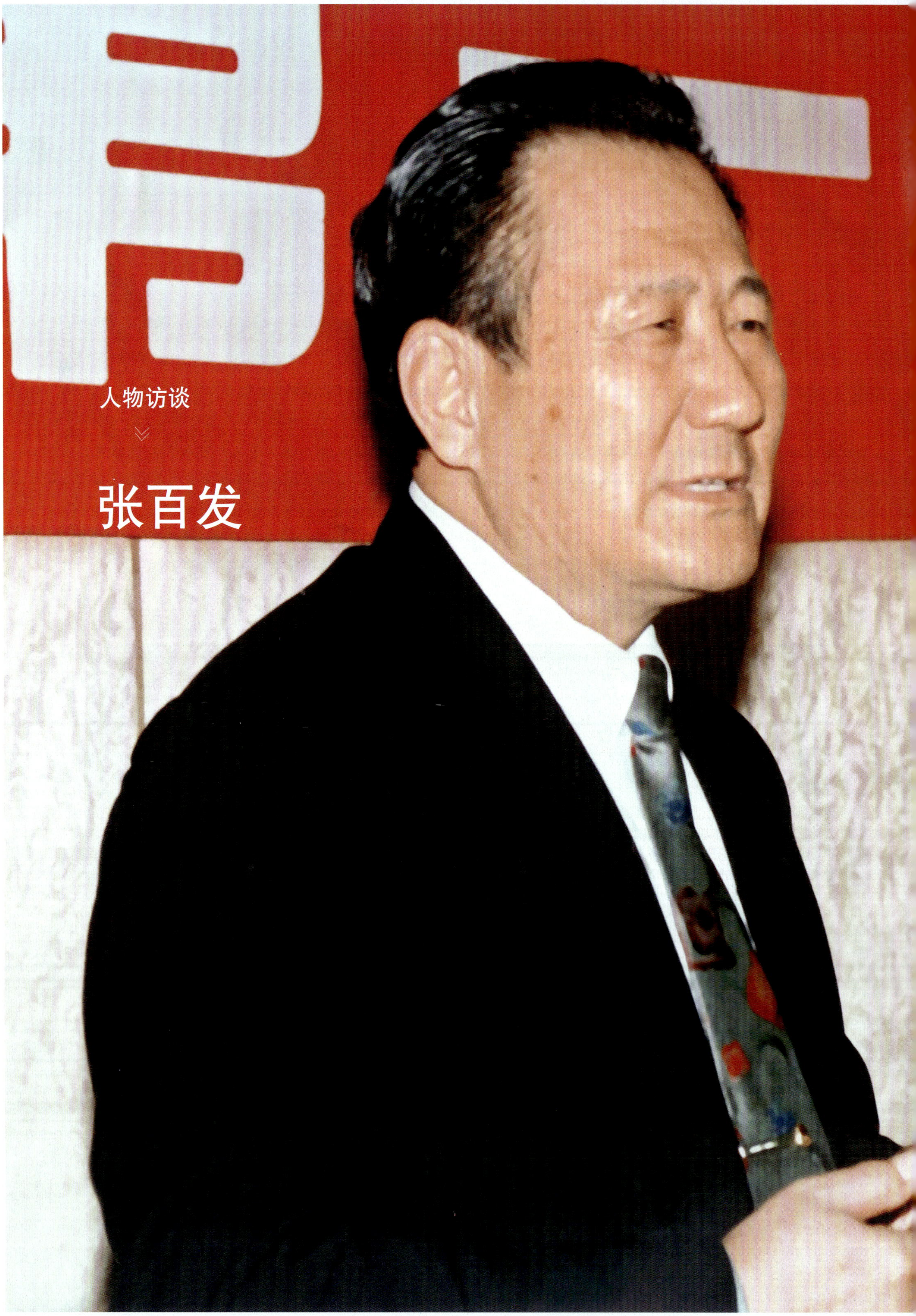
人物访谈
张百发

　　说起北京国安俱乐部的历史，有一个人绝对会被人们经常提到，他就是北京市前常务副市长张百发。
因为，如果不是他当年在"幕后操作"，"北京国安足球俱乐部"可能就是"北京×× 足球俱乐部"了。

追求

　　在老市长的办公室里，有一张专门摆放照片的台子。台子上摆满了百发不同历史时期的照片。而摆在最前面的，是一张黑白照片。照片里的人，是一个身穿印着"三建"字样跨栏背心的帅小伙。他就是50多年前的"张百发青年突击队"队长，为建设首都北京立下卓越功勋的劳动模范张百发。"您为什么把这张照片摆在最前面？""看见照片，我就会感到年轻，会想起过去，就能鞭策我发挥余热，继续为人民服务。"

　　说起这位老市长，很多上年纪的北京市民，都会有一个评价：说实话，办实事。而对于体育爱好者来说，当年北京体育事业前进的每一步，似乎都跟百发相关。其中给人印象深刻的几件大事中，就包括国安俱乐部的成立。

　　"我记得当年中央提出了几项加强国民教育的措施，其中就包括'全民办体育'。要求大学、大企业都要为全民办体育作贡献。我当时的工作有一项就是分管体育，所以经常能听到、感受到北京球迷们要求办职业足球俱乐部的呼声和热情。每一项工作都要有个突破口，也就是主攻方向，成立职业足球俱乐部，就是我当年为'全民办体育'选的突破口。"

　　百发笑了，"我作为副市长，当然不能干涉。但是我从内心里还是希望国安来办。因为国安企业实力很强，更重要的是管理层对体育、对足球都十分热爱。而且他们荣誉感和责任感很强。我也知道他们自己也有过想办个专业足球队的想法。我觉得，如果选他们做合作伙伴，对北京足球乃至北京体育事业的发展，会有很好的作用。所以私下也做了一些工作，希望他们提高赞助额。当然有人也特别愿意，算是一拍即合。这就是有人说的'幕后操作'吧。"

教导

　　俱乐部成立之后，百发也一直非常关心它的成长。"当年国安的主场我几乎场场不落。如果在外地，或者有会议脱不开身，我也会让他们及时向我介绍情况。贾庆林同志刚刚来北京当市长，就被我拉到工体看球。那场9比1，他就是在现场看的。"

　　说到对上海队的这场比赛，让人想起另外一场北京队和上海队比赛引起的风波。那是在1991年12月，那一年的全国足球锦标赛在南宁举行。在北京队对上海队的比赛中，赛区的比赛监督干涉比赛，对北京队判罚极不公正。一场球给北京队出示3张红牌。其后，北京队又被发通报追加处罚。见到处罚通知后，百发很生气，要给北京队处分。但为慎重起见，他在一次会上特意问我："你当时在现场，情况到底如何？如果北京队真的像通报上说的'作风粗野'，那一定要处分，绝不能护短。"我把当时的情况说了一下，然后建议"当时有广西电视台录像，您可以把现场录像带调来，并请专家一起看看。"从善如流的百发副市长，果真调来录像，看过后对我说："我看了，专家也认为北京队没有问题，是受了委屈，不能再处分他们了。"事后，为了不影响京沪两地关系，他还利用一次上海队来京比赛的机会，请北京和上海两队教练、球员吃饭。"我当时对两队说：'京沪两市领导和群众关系一向很好，希望两地的运动员关系也不要因为一场比赛受到不良影响。请大家一起努力，共同为提高中国足球水平作出贡献。'"

　　百发不仅仅在大的事情上关心球队，在一些细节乃至对运动员的教育上也经常直接做工作。高峰当年给我讲过这么一个故事：那时他还是施拉普纳时期国家队的队员，是他正火的时候。有一次国家队跟国安队打教学比赛，"门前有一个好机会，郝海东横传，球速挺快，我差了半步没打进去。施大爷就问我：'北京队给了你多少钱？'我说'海东传球快，我没打进是技术不行。'他说：'那好，你技术不行，我罚你跑圈。'我跑了两圈，越想越不是滋味儿，我没进球跟钱有什么关系？就不跑了。他说我不守纪律，我们就吵了起来。最后他说：'我在中国队一天，就不能要你！'我说：'你在这里我还不来了呢。'结果我就与国家队绝缘了。后来，百发市长知道了，还专门跟我谈过话。"

提起这件事情，百发说："我是因为看国安比赛时发现，高峰那一段经常在场上跟对方球员争执，至于说顶撞国家队教练和国安队教练的事情，也有人跟我讲过。我感觉到，这些孩子社会经验不足，猛地一出名，挣钱多了起来，就容易出问题。后来我就跟他谈过一次。我告诉他，教练很不容易，所以首先要尊重教练。当然我也给他讲了一些大道理。我跟他说：'体育比赛其实不仅仅是踢进几个球，比赛是友谊的交流，士气的交流，文化的交流。'"仔细想想，这番"大道理"，还是真有道理——如果没有友谊，那还比什么赛？直接开战好了。如果没有士气，那比赛还有什么味儿？直接缴枪好了。如果没有文化，那就是野蛮人争夺食物的争斗，直接弱肉强食就行了。

退休以后，百发依然关注着国安队，关注着一代代国安球员的成长，关注着国安队每一次换帅。国安队夺取中超冠军后的庆功会上，他拉着洪元硕说起当年为高峰进京堵门的事。他还对张辛昕说："你球踢得认真，但是缺乏一种霸气。当后卫，就要像当年谢少军那样，前锋见了你就哆嗦。"而对周挺，他则是另外一种说法："对方踢了你，裁判吹错了，你就冲他一笑。他也就不好意思了。你越跟他较劲，他就越恨你。你的脾气一定要改

一改，要能受委屈。"为此，百发建议国安俱乐部设立"委屈奖"。"他们（俱乐部）还真采纳了。后来告诉我，周挺还真得过这个奖。"

遗憾

近些年来，百发基本上不去现场看球了。"可能是年纪的问题，也是因为部分球迷骂人。当年北京人看球哄是哄，可不骂人。其实我退休之前，已经出现了骂人的现象。当时我们也采取了一些措施，比如一旦有骂声出现，就让现场大喇叭放加油的口号，把骂声压下去。组织球迷协会用锣鼓声助威等。没想到……"说着，他话题一转："我管了这么多年体育，深深知道体育这个东西，你千万别把它单单看成体育。它里面有政治，比如说当年的'乒乓外交'。它是教育，能塑造人的精神和身体。它是文化，能使那么多有着不同文化背景的人，在同一块场地上，用同一种规则去进行沟通交流，并展示不同国家、不同民族的不同精神面貌。所以看球也是文化，有积极向上的，也有消极向下的。我记得，当年老市长彭真就说，北京是首都，是首善之区。首，就是在上面的，就要争上游。就要事事领先，就不能骂人打人。别以为球场上骂人就不是骂人，你的表现别的地方的人都看着呢。"

这就是这位老突击队队长、老市长的期望。整个访问过程中，我都能够感受到他对北京的运动员和球迷的那种期望，那种渴望力争上游的追求。

解密档案

1993 年 4 月 13 日体委关于建立北京市足球俱乐部的请示原件

[36910]

北京市体育运动委员会

关于建立北京市足球俱乐部
有关问题的请示

京体办字（93）25号
签发人：万建庆

市政府文教办：

一九九二年六月全国足球工作会议根据李铁映同志关于"我国足球改革，建立足球俱乐部制度"的指示，决定在全国十一个城市进行足球体制改革试点，创建足球俱乐部，北京是其中之一。

足球运动在我市得到了各级领导的高度重视，有着广泛的群众基础，是国家足球运动重点布局地区之一；我市足球队在全国足球竞技队伍中，多年处于甲级A组水平，有夺冠的历史记载；我市有较为完整的足球运动员培训体制，基本能保证运动队伍的需求；教练队伍年富力强；我市部分较有经济实力的企业对创办足球俱乐部，也有很高的积极性。因此，市体委党组从我市深化竞技体育体制改革出发，决定筹建北京足球俱乐部。

北京国安实业发展总公司是中信集团的下属金融集团公司，有经济实力并对创办足球俱乐部，发展北京市足球事业表示了很大的决心和热诚。市体委党组和北京国安公司的领导，就北京足球俱乐部的筹建在重大问题上取得了一致意见。由北京市体委和北京国安实业总公司合作创办北京国安足球俱乐部，经百发和健

民同志同意，于一九九三年一月五日，举行了北京国安足球俱乐部成立签字仪式和新闻发布会。

北京国安足球俱乐部是在中国足协和北京市足协注册，专门从事足球运动的体育组织。同时，又是具有独立法人资格的经济实体。这是把足球推向市场体制改革的内在要求。创办高水平足球俱乐部，向职业化迈进，是我市体育改革中的新事物。市体委和北京国安公司都缺少经验。新旧体制的转换，人们思想观念的转变，都会在创建过程中不断出现矛盾和困难。一方面我们要充分发挥自己的主观能动性，克服困难。另一方面，我们要积极争取领导，希望得到市政府有关部门和社会各界的支持。

在此，我们请示与北京国安公司合作建立全民所有制联营性质的经济实体"北京国安足球俱乐部"，经北京市工商局注册后，按有关规定运营。

特此报告，请批示！

北京市体育运动委员会
1993年4月13日

主题词：请示、足球

附件：1、北京市体委和北京国安公司协议书
2、北京国安足球俱乐部章程

〔3620〕7

协议书

甲方：北京市体育运动委员会、北京先农坛训练基地
乙方：北京国安实业发展总公司

为了推动北京足球运动技术水平的提高，加快足球体制改革步伐，宣传北京国安企业的文化建设，发挥企业经济的社会效益。甲、乙双方经过友好协商，双方同意合作成立北京国安足球俱乐部(以下称俱乐部，地址：北京先农坛体育场)，达成协议如下：

第一条　俱乐部的性质和任务

1、北京国安足球俱乐部是甲乙双方合作成立的体育产业组织。

2、建立北京国安足球队，不断加强对足球队的思想作风、技术意识、身体素质等训练和管理。激励队员在全国各类竞赛中进入前三名，建成全国一流水平的球队。为俱乐部争光，为首都争光，为国争光。

3、树立国安企业的良好形象，宣传国安企业的经营思想和系列产品，扩大国安企业的社会影响，以期取得良好的社会效益和经济效益。

4、成立"北京国安足球发展有限公司"，发展北京足球产业，盈利资金将用于足球事业的发展。

第二条　组织机构

1、甲乙双方成立董事会。董事会为俱乐部的最高权力机构。俱乐部的重大事宜由董事会决定。俱乐部实行董事会领导下的总经理负责制。

2、董事会共由8人组成，其中甲方4人，乙方4人。董事长由乙方担任。副董事长二名，甲乙双方各一名，常务副董事长由甲方担任。俱乐部设总经理，由甲方担任，主持俱乐部日常工作；副总经理4名，甲方2名，负责足球队建设竞赛经营工作；乙方2名，其中一名任常务副总经理，并兼任北京国安足球发展有限公司总经理，负责该公司的经营管理。

3、董事会每年至少召开2次会议。听取俱乐部总经理的工作报告(包括：俱乐部工作情况，财务收支和预、决算情况，人事安排以及其它重大事宜)。

第三条　双方的权利、义务

一、甲方的权利和义务：

1、负责办理成立俱乐部的申报、审批手续。

2、将北京足球一队、二队的教练员、运动员共计55—60人作为俱乐部组建的基本成员。

3、向俱乐部投入北京足球一队、二队运动员的实有人数，每年每人7000元。

4、无偿保证俱乐部使用目前北京一、二队使用的训练场地、生活设施。

5、甲方提供先农坛体育场作为俱乐部进行比赛的本部赛场。体育场与俱乐部共同承接竞赛任务，竞赛赢亏按比例分担。

6、负责向市政府及有关部门申请将乙方的拨款列入成本；北京国安足球发展有限公司的减免纳税；以及减免运动员、教练员的个人所得调节税等优惠政策。

7、除国家规定的全运会用北京队名义外，其余国内外比赛均以北京国安足球队名义参赛。运动员、教练员必须穿着北京国安标志的服装出场。

8、负责向新闻媒介要求使用"北京国安足球队"的名称进行宣传报导。

二、乙方的权利和义务：

1、负责每年向俱乐部投入140万元人民币做为俱乐部活动经费。随着今后的发展，根据北京国安足球发展有限公司的经营盈亏情况，乙方每年投入的资金随之减增。

2、负责提供聘用国内外优秀教练员、运动员和国际比赛的经费。

3、负责成立"北京国安足球发展有限公司"，注册资金为1000万元人民币。开展经营活动资金均由乙方提供，并保证其经营的良好发展。

4、负责协助俱乐部办理出国考察、比赛的有关手续。

第三条　双方共同制订的北京国安俱乐部章程与本协议同具效力。

第四条　其它

1、甲乙双方派出加入俱乐部成员的人事、行政关系归属不变。俱乐部聘用人员和教练员、运动员均实行合同制。

2、北京国安足球发展有限公司，行政隶属俱乐部。业务上由乙方直接管理。该公司的盈利将作为俱乐部的发展基金。

第五条　协议的期限

本协议经双方协定合作期为五十年。随着足球改革的深化，俱乐部事业的发展，双方要积极把俱乐部向高层次推进，届时再修订协议的有关内容。

第六条　违约责任

1、由于一方违约造成本协议部分或全部不能履行，违约方应承担相应的法律责任。

2、本协议生效后，双方均不得以任何形式与其它单位签订与本协议内容相类似的协议，否则要承担法律责任。

第七条　协议的效力

1、本协议如有未尽事宜，双方经协商一致可作补充协议，补充协议与本协议同具效力。

2、本协议自双方签字盖章之日起生效。

3、本协议一式六份，双方各执三份，同具法律效力。

4、本协议由　　公证处公证。

甲方：　　　　　　乙方：　　　　　　公证：

代表：　　　　　　代表：　　　　　　代表：

1993 年

国安永远争第一

年度背景

中国足球在又一个冲击之年收获了又一个无言的结局，一切都到了需要重建的时刻。北京足球也同样如此。刚刚诞生的北京国安队以全新的面貌出现，一年内在两条战线上收获了一个亚军一个季军，展现出了良好的技战术水平。

国安俱乐部成立签约仪式

1993年1月5日，北京国安足球俱乐部成立新闻发布会在北京钓鱼台国宾馆举行

李士林在国安俱乐部成立签约仪式上发表讲话

李士林在广东鹤山慰问北京国安队全体教练员和运动员

经典回忆

带着 10 多万元的现金，北京国安足球俱乐部副董事长李士林抵达广东鹤山，他此行是去慰问正在广东征战全国俱乐部锦标赛的北京国安队将士们。在北京国安足球俱乐部诞生的日子里，国安将士们一直在广东进行冬训和备战，他们比北京国安足球俱乐部更早迎来 1993 年的挑战。

一签 50 年

1月 5 日的钓鱼台国宾馆，举行了北京国安足球俱乐部的成立发布会，会上宣布，北京国安足球俱乐部董事会由中信集团总经理、北京国安实业发展总公司董事长王军任国安俱乐部董事长；北京市体委主任万进庆任常务副董事长；中信兴业信托投资公司副总经理、北京国安实业发展总公司总经理李士林任副董事长；北京市体委副主任贝卓华、北京国安实业发展总公司副总经理、国安电器公司总经理彭评选，北京国安实业发展总公司副总经理兼计划财务部经理薛诗，北京先农坛运动技术学校校长白金申，北京国安实业发展总公司总经理助理兼文化艺术部经理马泰任董事；北京先农坛运动技术学校党委书记刘文雄任董事兼俱乐部总经理；北京先农坛运动技术学校足球班主任杨祖武任副总经理（主管竞训部竞训工作）；北京国安实业发展总公司俱乐部主任、北京高尔夫球协会办公室主任殷谊任副总经理（主管办公室工作）。

根据协议，北京市体委与北京国安公司共同合办北京国安足球俱乐部。体委方面将北京足球一队、二队的教练员和运动员55人到60人作为俱乐部组建的基本成员；无偿保证俱乐部使用北京一队、二队的训练场地、生活设施；提供先农坛体育场作为俱乐部比赛的本部赛场等，负责俱乐部球员的训练、竞赛和教育管理；国安方面每年向俱乐部投入140万元人民币作为俱乐部活动经费；负责提供聘用国内外优秀教练员、运动员和国际比赛的经费和俱乐部的经营开发。合作期限为50年。

为什么会一签50年？李士林表示这个合作期限是他提出来的，实际上就是长期合作，这充分表明了他对足球体制改革的支持和决心。

时任国安足球俱乐部总经理的刘文雄将国安俱乐部的筹建与成立比喻为"恋爱七个月"。这是一场"军令如山"但又"众望所归"的感情，双方于1992年12月29日"订婚"，于1993年1月5日正式落笔签字。

鏖战广东

北京国安足球队在成立后使用的第一个"主场"是哪里？不是先农坛或工人体育场，而是广东鹤山体育场。

自12月18日抵达广东鹤山训练基地进行冬训以来，北京国安队的球员和教练员们已经在这里待了10来天的时间，这是中国足球史上最奇特的全国正式比赛。比赛名称是"全国足球俱乐部杯赛"，也有人称之为"全国足球俱乐部锦标赛"，被认为是中国足球职业联赛开始之前的一次测试赛。凡已经注册的俱乐部，包括甲A、甲B球队

都可以参加。参赛队都有自己的"主场"，但这个主场由中国足协分配，都是在广东。比如北京国安主场分在鹤山，而大连华录（万达队的前身）则在三水。

鹤山体育场看台下面的一个大仓库，成为了北京国安队的大本营。从主教练唐鹏举，到刚刚入队不久的小将杨晨、韩旭和周宁，都在这个巨大的"房间"同吃同住同劳动。

这是中国足球计划经济体制时代的最后一次集体大练兵，借着广东地区温暖的气候，各俱乐部抓紧时间为新赛季进行体能储备和技战术演练。而被奉为神明的中国国家队第一任洋教练、德国人施拉普纳也带着国家队来到这里，准备即将开始的世界杯预选赛。

全国足球俱乐部锦标赛就是在这样的背景下开始的。北京国安队的第一场比赛在12月31日打响，对手是戚务生执教的拥有多位国脚的大连华录队。当时的球队上下已经知道国安俱乐部成立的消息，迫切希望用一场胜利来献礼。

坦率地说，这场比赛国安队并没有踢好，特有的技术型速度足球面对身体强悍的大连队显得无从发挥，导致上半场一度被对手围攻。但如有神助的门将李立新高接低挡，力保大门不失，双方在90分钟互交白卷。由于赛事规定，比赛必须分出胜负，如90分钟打平则以点球决胜，这给了国安队难得的胜机。在点球大战中，李立新扑出了对方朱晓东的点球，助国安队以4比3赢得了比赛。

按当时的赛制，参加俱乐部锦标赛的8支球队分成两组各自进行双循环赛，两个小组的前两名再以双循环的方式进行四强战（小组赛碰过面的两支球队成绩带入四强战）。而随着比赛的进行，国安队所在的B组渐渐形成了"食物链"。广州太阳神专克国安，却又赢不下实力平平的佛山队。而国安队则在与佛山队的两场比赛中攻入9球，

攒下大量净胜球。最后,该小组形成了积分相同的4队循环,国安队以净胜球的优势晋级四强。

进入2月份,四强战开打,国家队也开始调兵集训和比赛,导致国安队的前场严重减员。锋线上没了高洪波、翟飙,中场也走了魏克兴,让攻击体系足够豪华的国安队陷入人荒。但在这样的逆境下,国安队开局连克广东宏远和辽宁东药,一度无限接近夺冠。可惜在第3场比赛中,国安队在两度领先的情况下,被广东宏远队两次利用点球追平,最终又在点球大战中被对方的替补门将高建斌两次封出射门,导致以4比6遗憾输球,错失提前夺冠的机会。

2月28日的广州越秀山体育场,国安队与辽宁东药进行的第4轮比赛就等同于最后的决赛。哪方取胜即可夺冠,而输球方则落至第三。由于高峰上轮比赛染红,谢朝阳也累计黄牌停赛,加之主力门将李立新受伤,导致国安队只能以替补阵容应战,试图用铁桶阵阻挡强大的辽宁队。可惜国安队坚守了70分钟后大门失守,最后以1比2失利,获得了这项仅举办了一届的赛事的季军。

大战国家队

以北京国安队在1993赛季的阵容配置,如果职业联赛提前在这一年揭幕,国安队甚至有冲击冠军的可能。可惜,在国安队离开广东回到北京仅几天后,中国足协就发文宣布,1993年的甲级联赛正式取消,主要原因是要举办第七届全国运动会,中国国家队要参加世界杯外围赛,国奥队则要参加东亚运动会。由于北京是七运会的东道主,这让国安队在1993年只剩下了代表北京队参加七运会决赛阶段比赛的任务。而其他球队因为还要参加全运会预选赛,比赛机会还要更多一些。

北京队在寻找比赛对手,施拉普纳的国家队也同样在寻找。世界杯外围赛在即,但中国足协经费有限,约不到什么有质量的国际比赛对手,只好和一些地方球队进行热身。国安队与国家队的热身赛就是在这样的背景下进行的。

5月8日的奥体中心体育场,涌入了万余名京城球迷。毕竟这是国安队全运会前为数不多的在家乡父老面前亮相的机会。另外,球迷们也希望能借此机会为即将出征西亚的国家队壮行。

国家队的首发阵容有国安队的魏克兴和高洪波,翟飙担任替补。而国安队方面人手严重不足,除了后防尽遣主力外,前场使用多位替补和新人。比赛一开场,国安队就以一种积极的态度扮演陪练的角色,阵型上压,但国家队很快就利用国安门将李立新的失误打入一球。

落后的国安队此后打出了精彩的进攻足球,曹限东屡屡策划出漂亮的攻势,中场几名球员的穿插配合一度令国家队的中场防守陷入被动。尽管李立新在第38分钟因为禁区外故意手球犯规被罚下，导致国安队只能以10人应战。但国安队还是很快就追平了比分，小将杨晨的补射让北京球迷第一次知道了这个名字。不过，就在球迷们的欢呼声中，国家队又一次超出了比分，并将2比1的比分保持到终场，这一次的进球者是高洪波。

这是一场颇富戏剧性的比赛，长时间以少打多的国安队用半主力阵容给国家队好好上了一课，在赛后受到了诸多专业人士的好评。

唐鹏举的风格

国安队历史上的第一任主教练是唐鹏举。这位出生在天津的东北人在陕西开始自己的足球生涯，21岁进入专业队，25岁进入北京队，是一位攻防全面的中场球员。在1986年从北京队退役后，唐鹏举从北京二队和三队的领队干起。1988年，处于青黄不接的北京队降入甲级B组联赛，32岁的唐鹏举开始接过教鞭，先是带队在1990年的甲B联赛中以18分的优势顺利升级，后来又在1991年和1992年的甲A联赛里带队分获季军和第六名。

进攻，是唐鹏举的足球词典里最大的特点，这样一种重攻轻守的足球，除了和球员的能力有关外，也和唐鹏举的排兵布阵有很大关系。1991和1992赛季的甲A联赛里，北京队都是进球数最多的球队之一，但失球数也总会排在前三。1992年甲A联赛结束后，北京队中后场进行了小范围换血，门将赵磊被调整，后卫赵旭东、边利军和刘向阳均选择退役，中场陶伟追随宫磊去了塔希提岛，杨晨、周宁、韩旭等新人被补充入一队，但从全国足球俱乐部杯赛的表现上看，后防问题并没有得到真正的解决。

由北京队变身为北京国安队后，唐鹏举的球队继承了老北京队的豪华前场，在翟飙、高洪波未被国家队征调时，国安队甚至排出过翟飙、郭维维双高中锋的锋线，并将高洪波、高峰放在中场，由曹限东策划全队进攻，再加上谢少军的大力界外球以及谢峰的高速突袭，国安队的立体化进攻是绝对的联赛顶级。只不过因为后防缺少硬度，让球队始终无法在战绩上更上一层楼。那时的国安队，能够持续稳定进入国家队的防守队员只有魏克兴，在球队需要加强防守时，将魏克兴的位置后撤至拖后中卫位置上，几乎是唐鹏举加强后防力量的唯一备招。

全运之憾

七、八月份的北京，作为全运会东道主的国安队扎根先农坛体育场，为了第七届全运会进行最后的备战。

为了适应奥运会男足比赛由无年龄限制变为23岁以下球员的赛事，七运会男足比赛成为全运会历史上最后一届无年龄限制的赛事。大多数参赛省市体协都将比赛任务交给了所属的俱乐部，北京国安也不例外，承担起代表北京队参加决赛阶段比赛的任务。和联赛时相比，北京队的名单上只增加了宫磊的名字，是一位不折不扣的"外援"。

28岁的宫磊曾是老北京队的中场主力，1988年底自费出国，到法属塔希提群岛的联赛踢球并从事教练工作，已经成为塔希提联赛的最佳球员。1991年，北京市体委副主任贝卓华率北京队出访塔希提时，与宫磊谈妥了回京参加七运会的事宜。他的到来，会为北京队在中场的进攻带来更多的变招。

全运会A组的北京队也抽得"上上签"，同一组的四川、火车头和天津队的球员主体均为甲B

乐部名誉董事长。聘请
史万春为顾问。

●7月20日
国安俱乐部在国安宾馆
召开董事会工作会议。
议题是关于北京国安俱
乐部运行机制的建设及
有关问题。会议认为：
"把足球俱乐部办好的
关键之一，是从一开始
就要特别注意机制建设
和运行的规范化。"会
议审定通过了"北京国
安俱乐部全额效益工资
制度"，批准了一系列
俱乐部规章制度，为俱
乐部的健康发展定下了
基调。

●8月22日
国安队在先农坛体育
场以0比2负于巴西劲旅
桑托斯队。这是球队成
立后打的第一场国际比
赛。

●9月14日
全运会决赛前夕，国安
俱乐部董事长王军给国
安队发来贺信。贺信全
文如下："我代表北京
国安俱乐部，对你们在
第七届全国运动会足球
比赛中取得的优异成绩
表示祝贺。在这次比赛
中，你们团结一致，沉
着冷静，发挥出了较高
的技术、战术水平，战
胜了强大的对手，闯入
决赛。证明了你们是中
国足坛上的一支优秀队
伍，也令无数关注足球
事业的北京球迷欢欣鼓
舞。希望你们在明天的
决战中，敢于拼搏，打
出气势，打出自己的风
格特色，为北京的家乡
父老争光。祝你们成
功！"

●9月15日
在工人体育场进行的第
七届全运会足球决赛
中，北京队以0比2不敌
辽宁队，获得亚军。

俱乐部，这让北京队在全运会前就被认为将稳获小组第一。而唐鹏举在开赛前接受采访时格外低调，表示辽宁队仍是绝对的夺冠热门，上海队和广东队也同样有望杀入决赛，而吉林队与山东队有望扮演黑马。

5比3，谁也没想到，这是北京队小组赛首战的比分，对手是沈福儒率领的天津队。在先农坛体育场，高洪波第52秒的首次触球，就以一记小角度头球为北京队首开纪录，随后翟飙连下两城，北京队以3比1结束上半场。下半场一开始，天津队就发起猛攻，先是于根伟禁区内抢点破门，然后是王俊利用门将李立新脱手的机会追平比分。在关键时刻，本场主裁判魏吉鸿的几次争议判罚导致天津队心态失衡，宫磊的巧妙组织则帮助曹限东和高峰分别进球，北京队才涉险过关。

两天后的第二场比赛，北京队在火车头队的"铁桶阵"面前依旧办法不多，在狂攻50多分钟未果之后，反倒被对手连续两次击中门框。第75分钟，宫磊中场横传高洪波，后者在距球门35米外重炮轰门得分，助北京队意外领先。但仅仅2分钟后，火车头队就追平了比分。90分钟比赛终场前，魏克兴吃到红牌被罚下，更令球队陷入不利境地。进入加时赛，火车头队试图用死守把比赛拖入点球大战，幸好谢峰在终场前接杨庆九下底传中抢点得分，才帮助北京队以两战两胜的战绩提前出线。第三场比赛在石景山体育场进行，北京队在120分钟时间里和四川队1比1战平，互射点球不敌对手，将小组头名的位置让给了四川队。

中信国安集团向第七届全运会捐款

七运会八强战重新抽签，北京队分到了弱队居多的上半区，而辽宁、广东和上海则同被分到了下半区。

终于，北京队在1/4决赛里打出了参加七运会以来的最佳比赛。虽然后防核心魏克兴停赛，高洪波带伤上阵，但采取防守反击的球队迸发出惊人的战斗力。谢少军开场2分钟十字韧带被铲断，居然忍痛打完全场。高峰梅开二度，2比0战胜本届的大黑马吉林队，进入半决赛。赛后舆论惊呼："一向攻强守弱的北京队，打出一场漂亮仗！"

在工人体育场进行的半决赛，北京队的对手是宿茂臻领衔的山东队。一场不期而至的暴雨并没有影响到比赛的精彩程度，双方的对攻非常热闹。刚开场，接到角球的谢朝阳就在门前浪费了一个必进球，随后，以把握机会能力强著称的高洪波浪费了几次进球的机会。比赛的后半段和加时赛中，身体和体能更出色的山东队开始掌握比赛主动，幸好北京队的二号门将李长江发挥神勇，顽强地在120分钟内力保大门不失。点球大战中，北京队的谢峰、宫磊、翟飙、高洪波和高峰5罚5中，而李长江则扑出了山东队矫春本的点球，助北京队以5比3胜出。

如愿杀入决赛后，北京队终于要与"九冠王"辽宁队一较高下了。在20世纪90年代初，辽宁队称霸中国足坛的日子里，偶有失手的比赛基本都是输给北京队，而此番在家门口作战，也加重了北京队夺冠的砝码。

由于半决赛与山东队一战，工体的球迷情绪表现过激，导致这场决赛的观众基本都是由街道组织的非球迷队伍，使得看台的气氛大不如前，北京队的主场之利也受到影响。

面对强大的辽宁队，唐鹏举把注意力都投入到了加强球队的防守方面，试图通过高峰和谢峰的速度来偷袭得手。经过了开场30分钟的僵持后，辽宁队的实力逐渐显现出来，马林突破后低射破门得分。下半场，北京队被迫压上寻找扳平的机会，但防守空当的拉大以及体能问题被辽宁队抓住，替补马林登场的黄崇把比分锁定为2比0。北京队以亚军结束了七运会之旅。

随着全运会的落幕，北京国安队1993年的任务彻底完成，俱乐部接受了来自中国香港和新加坡方面的邀请，同意放走魏克兴、郭维维、李立新加盟中国香港愉园俱乐部，同意让高洪波加盟新加坡的中哈鲁俱乐部，这意味着球队新一轮换血的开始，国安队将以年轻的面貌迎接甲A元年的比赛。

李士林

风雨 20 年，一条荆棘路。莫叹人生不过百，留得余香盈袖。

国安宾馆二层的一间会客室里，李士林老总说："20 年前，我和北京市体委主任马贵田，就是在这间房子里'密谋'合作成立北京国安足球俱乐部的。"白驹过隙，20 年转瞬即逝。眼前这位红光满面、腰身笔直的国安带头人脸上已经有了一些时光留下的痕迹。"20 年啦，这是一个有过辉煌，但又是十分艰难的20 年。"李士林的话，正好解释了时光老人在他脸上留下的皱纹。

大旗不倒

"20 年旗帜不改，本身就说明了一种能够承受艰难的坚持。"李士林这样说。的确，20 年来，中国第一批职业足球俱乐部中，从里到外，从名称到内容，一直挺直腰杆咬着牙坚持不变的，唯有国安！"20 年不易帜"，不管对国安俱乐部和国安队有没有感情，都会说一声"不易"。这个"不易"，说的就是艰难。

"当年与北京市体委讨论合办职业足球俱乐部的时候，考虑过困难，但是没想到会如此多。记得是 1992 年初，百发市长叫我去市政府谈事，就说起了希望我们支持北京队的事。那时北京男足的赞助商不给钱了，球队遇到了困难。百发市长跟我说，希望国安公司能支持一下北京足球队，他说'士林，你回去跟王军报告一下，看行不行'。我回来一说，王总毫不犹豫就同意了。"

谈判初期，双方依然是从"企业赞助"的形式起步的。即使到了俱乐部大的模样已经规划出来之后，双方依然没有在具体的合作内容和投入的资金数额方面达成一致意见。最后双方决定把最后的难题交给李士林。从 1992 年 11 月 24 日殷谊给李士林的一份报告中，可以看出当时的情况。报告对双方谈判中不能达成一致的地方，分成两个方面，各列出 3 个选项让李士林决定。关于这份报告的这个部分是这样的：有关合办俱乐部的模式及内容，与 5 月 25 日会谈时大体相同。不同之处：

合办的运动队

1. 北京队
2. 北京青年队
3. 北京队、北京青年队

资金

1. 每年不少于 100 万元
2. 每年 20 万元左右

3. 每年 100 万元以上 +20 万元

李士林在两个第三项上都画了一个圈，在圈的后面又写上了"同意"两个字，干脆利落地解开了难题。在这份报告最后的空白处，李士林还写上了自己的想法："对中国足球运动的发展，我们是有信心的。为提高我国足球水平，大胆改革，成立企业与专业联合性足球俱乐部，我们一直是积极的。"

在他画的两个圈里，可以看出李士林对成立俱乐部的坚定，他不想要原来形式的"赞助"，他要办自己的队伍。也是这两个圈，使得北京足球队从接受企业赞助的"专业队"，一步跨进了中国第一批"职业运动队"的行列。

从 1992 年底到 1993 年底的这一年，国安和市体委之间的合作，以及国安足球俱乐部的运作，都是很顺利的。国安这边基本上是"要钱给钱"，体委那边也不含糊，"要人给人"。俱乐部的几位经理、副经理，虽然都是一头雾水地闯入了一个陌生的领域，但凭着他们对事业的一股激情，把这个初生的国安俱乐部弄得红红火火。当然，那时的社会环境，也对俱乐部的成长很有利。那个时候，由于有市政府的大力支持，和俱乐部工作相关的委、办、局，对俱乐部的工作都给予了很多方便。

然而，也有问题和艰辛。李士林希望俱乐部能早日走出光靠企业"输血"过日子的境地，能够尽可能地按照企业的方式，加强自身的造血机能。据国安足球俱乐部董事长李健一回忆，20 年中，俱乐部也考虑过有所转变，有过与皇马那样的世界上著名俱乐部合作，由知名俱乐部来管理，或者重组俱乐部等考虑，但是从来没有要放弃的打算。李健一说："李总跟我们说起过为什么国安不能放弃的原因，那就是北京人民热爱足球。所以当年俱乐部请示提高球迷看球套票价格时，李总坚决反对，他说：'我们有的球迷是靠捡破烂卖点儿钱来买票看球，我们不能让球迷伤心！'那一年俱乐部把年度十几场球的套票从 280 元涨到 360 元，还是跟李总争取了很久才攻下来的。"

所以有外地球迷就对北京球迷说过，'你们国安球迷太幸福了'。"一句"北京人民喜爱足球，不能让球迷伤心"，虽然有些口号的意味，但国安就是坚守着这个为北京人民服务的信念，坚守了20年。

国安的"洁癖"

记得1999年中国足协新闻委员会一次常委会上，几位常委突发奇想，要给当时的甲A足球俱乐部都编个"关键词"。说到国安俱乐部时，在众人提出的四五个词语中，"洁癖"一词很受认同。那正好是国安阻击"辽小虎"，"帮助"山东队夺冠后不久。当时，乃至多年后的今天，当人们提起那场比赛时，仍然众说纷纭。

1999年甲A联赛最后一轮，本赛季刚刚回到甲A的辽宁队，凭着一群小老虎们的忘我拼搏，以积46分的优异战绩，排在积分榜首位，山东队积45分排在第二。最后一轮，辽宁客场对阵北京，山东主场对阵武汉，辽小虎们只要战胜北京国安队，就能夺冠。而山东队则不然，他们不但要战胜最后一个对手，而且还需要北京国安都忙"阻击"辽宁队，不让辽宁队赢球。一时之间，输赢已经无关紧要的北京队，忽然成为联赛最后一轮的主

角，而两支有希望夺冠的球队，却成了配角。当时舆论分成截然不同的两大阵营。辽沈媒体认为，北京国安队已经没有希望夺冠，也没有可能降级，大可不必拼命阻击辽宁队。这样，一来可以成全辽小虎们成为"中国的凯泽斯劳滕"（注：1997年，德乙的凯泽斯劳滕队，成功打回德甲。1998年，回到德甲的第一年，他们居然一举夺得德国足球甲级联赛的冠军。）；二来可以给联赛中没有什么机会上场的年轻球员比赛锻炼的机会。而国安这样做，既不违反规则，也在情理之中。山东媒体则大声疾呼国安队应该全力以赴，否则就"疑似假球"。结果山东5比0狂胜武汉，而辽宁队却出人意料地被北京1比1逼平，痛失冠军。很多老球迷都记得：整场比赛，国安球员打得十分认真，不知道的人，还会以为他们不是为保级，就是为夺冠而拼争。尤其是在先丢一球的情况下，更是努力不断进攻。73分钟时，北京国安仍以0比1落后。就在这时，风云突变，刚刚上场两分钟的国安小将高雷雷，在前场左路拿球后，禁区外突然一脚远射破门，硬生生地把"中国凯泽斯劳滕"扼杀在摇篮中。说起"阻击事件"，李士林说，我们当时就是想干干净净比赛，根本就没想什么得罪人、留后路之类的。

不过，国安队由于这种"干干净净打比赛"的"洁癖"，

李士林与曼联名宿博比·查尔顿探讨青少年足球运动员的培养

使得他们在中国足球圈里的"朋友"不多。用李士林的话说："我们如果学着为比赛结果去'做工作',为留后路去'交朋友',也不会16年才争到冠军。""你们为什么不会搞搞关系呢?"我追问。于是他给我讲了一个故事:"有一年,有一个外地俱乐部来北京比赛。当时我不知道这样做是违纪的,作为东道主,我请那个俱乐部的总经理和当时的中国足协常务副主席王俊生吃饭。饭桌上,那位总经理话里话外流露出想要这场球的意思。俊生听了,当时就把手里的筷子重重地往桌子上一拍,说:'你们如果敢这样做,我一定重罚!'这件事给我留下很深的印象。这么多年我们国安俱乐部不打假球,跟俊生当时的这句话有很大关系。这是到现在我都尊敬俊生的原因。"

永争第一

说起口号,北京国安俱乐部有一句"举世闻名"的口号:

国安永远争第一! 这句喊了这么多年而且将会在未来的日子里继续喊下去的口号,当初到底是怎么喊出来的呢?应该说这个口号和李总有关系,而且关系不小。李总说:"我记得好像是在1995年底,我在俱乐部做全年总结时说,今年我们拿了亚军,明年我们要争冠军! 王军董事长马上打断我的话说:'明年争冠军? 那后年就不争冠军了?以后就不争冠军了? 我们要年年争冠军,永远争冠军!这就是这句鼓舞着我们不断努力工作的口号的由来。"

冠军终于拿过了,对于王军和李士林这两位对荣誉有着很高追求的国安足球俱乐部创始人来说,是一种解脱。因为他们终于可以拍着胸脯骄傲地说:"我们国安是冠军!"但是,这种解脱是暂时的,因为他们喊出的是"永远争第一"。所以,即便今天他们已经不再直接管理俱乐部了,但他们那不老的雄心,依然在为国安未来的年代里继续创造辉煌而跳动!

李总:

北京体工大队足球班领队杨祖武、王海明于11月20日前往国安总公司就合办俱乐部队事宜进行了商谈。

于5月26日市体委主任马主任、足球班领队杨祖武前往国安总公司与李总就合办俱乐部队事宜进行了会晤。双方进行了卓有成效的谈判并决定尽快成立北京国安俱乐部足球队。

但因体委人事的更选,马主任年龄已到即将离位,接任的万进庆主任(呼声很大但至今没有正式任命),之间对北京队办俱乐部持不同态度。又因6月10日全国足协会上才决定中国足球可以办俱乐部队。北京足协对此也持慎重态度,所以与国安合办俱乐部的提案没有通过。

事情过后,马主任、杨祖武对国安公司表示歉意(我已向李总汇报过)。

从7月份开始体委党组对足球走社会化的道路有了明确指示。同意北京队与企业合办俱乐部。

北京队先后与香港中建集团公司、中国远洋运输公司、北京四达技术开发中心接触过,但杨祖武还是倾向与国安合办。原因:

1、总经理具有开拓精神,有办高水平的俱乐部的决心。

2、国安公司实力雄厚,有资金保证。

3、国安公司与上层领导及北京各方面社会关系较好,便于各方面工作的开展。

4、国安公司属中信公司下属,从知名度、声誉等方面都有较大影响。

有关合办俱乐部队的模式及内容与5月26日会晤时谈的大体相同。

不同之处:

合办的运动队

1、北京队

2、北京青年队

3、北京队、北京青年队 〔圈选〕 同意

资金

1、每年不少于100万

2、每年20万左右

3、每年100万以上+20万左右 同意

李总几次指示要办具有一流水平的国安俱乐部队,我先后走访了中国足协办公室主任韩重耀;亚洲足协副秘书长、中国足协副秘书长陈成达;全总文体部部长李奎文;北京人民广播电台新闻部记者李轩。

大体意见:

1、自己办投资较大,大概需200万资金。用于建训练基地,聘请教练、运动员,前期准备工作时间较长。

2、需由有一定专业水平及组织领导能力的人选组成筹建小组和领导班子。

3、北京现有的足球场地能合办俱乐部队的不多(多因没有扩展余地)。

4、如果能与北京队合办,走体委与企业合办的道路。这是一条可行之路,而且能合办成有北京队、北京青年队的俱乐部队理想,因此解决了队员的来源问题。

体委党组将于11月26日要杨祖武汇报合办俱乐部方案。杨祖武很希望我公司能在4个单位中中标。进而由李总与体委负责人谈判合办事宜。

请批示。

俱乐部

1992年11月24日

〔手写批示〕
对北京队足球运动发展我们是有信心的。为振兴祖国足球运动水平,大胆改革,我主张与北京队合办足球俱乐部队,我们一直是积极的,我同意这次高层商谈后所了解的情况和看法,也希望能公正地予以评判来真正有诚意。我们很有兴趣。 李士林

全名单

领　队：杨祖武

主教练：唐鹏举

教　练：金志扬、郭瑞龙、李辉

队　医：双印

号码	姓名	年龄	报名身高／体重	备注
门将				
0	姚健	19	190	
1	李立新	25	181	
22	李长江	23	186	
后卫				
2	谢少军	25	181	
3	谢朝阳	21	182	
4	杨庆九	23	169	
5	毕胜	24	176	
16	姜滨	21	182	
17	韩旭	19	185	
18	李强	21	178	
中场				
6	曹限东	24	176	
12	胡建平	28	179	
13	吕军	24	176	
14	周宁	18	186	
15	邓乐军	21	174	
23	宫磊	28	177	仅全运会注册
前锋				
7	谢峰	26	181	
8	高洪波	26	179	
9	翟飙	24	190	
10	郭维维	26	189	
11	高峰	22	177	
20	杨晨	18	185	
21	李巍	21	190	

1994年

职业联赛

年度背景

　　中国足球再次推倒重建的第一年，呈现出了欣欣向荣的景象。足协下决心大搞体能测试，不惜牺牲多位国脚职业生涯的做法勇气可嘉。中国足球职业联赛正式拉开帷幕，新生的甲A联赛也带来了全新的气象，激烈的场面与火爆的球市成为其最大的标志。洋面孔开始出现在中国的足球俱乐部当中，国外球队也开始大规模访华，中国足球的平静水面开始泛起波澜。

6月16日商业赛北京国安（主）
2比1 AC米兰

国安队联赛首发阵容

国安队守门员李长江

经典回忆

中国足球要"职业"了，这是 1994 年最大的一件事。但是究竟该怎么搞？似乎谁也没有给出准确的答案。以北京国安、广州太阳神为代表的俱乐部，早在 1992 年底就已经建好了职业俱乐部，可谓其中的先行者。但在更多的地方，"职业化"还是闻所未闻的。不少地方在 1993 年 12 月 31 日，即中国足协规定的成立职业足球俱乐部的截止日期到来前，或匆匆注册了一个名号，或找一家企业实行共建，权当完成了任务，其他工作仍然沿用专业队时代的流程。

相比之下，1994 年初的北京国安队虽然省却了"临时抱佛脚"的环节，但球队上下对职业联赛却显得颇为茫然。

伤筋动骨

高洪波走了，前往新加坡继续他的球员生涯。同样动了离开心思的还有三位老将李立新、魏克兴和郭维维。已步入职业生涯后期的他们，在 1993 年全运会前已经接到了来自香港愉园队的邀请。当时的香港联赛俱乐部开出的薪水标准远胜于仍处于转轨期的内地俱乐部，对于内地老将们确实很有诱惑力，所以在全运会后，不仅是北京，一批内地俱乐部的骨干球员也都决定去香港短期发展。国安俱乐部也对老将们的决定表示支持，毕竟魏克兴 31 岁的年龄在专业队时代已经接近退役期，郭维维的位置与翟飙较为重叠，而在全运会上涌现出来的李长江看起来也能够接好李立新的班。

送走老将的同时，国安俱乐部也进行了成立之后的第一次人员引进。考虑到在全运会上，谢少军等3名球员十字韧带断裂，需要长期休养，国安队后防乏人的问题已经极其严重，因此国安队与八一体工队进行洽谈后决定，从八一队引进27岁的中后卫栾义军，并签约一年。一年后，栾义军的所属权仍归八一队，双方届时可以重新商议以后的合同事宜。这样的模式，在当时属于计划经济体制下的人才有偿借调，也就是职业化以后的"租借"。栾义军成为国安俱乐部历史上的第一位内援，并在1994赛季结束后回归八一队。2009年12月26日，年仅42岁的他因心肌梗死英年早逝。

在1993年底，中国足协确定了1994年要执行严格且规范的体能测试，也是第一次由体能测试结果来决定球员的联赛上岗证。对于这样的决定，人们显得有些不以为然。但是没想到，球队的"高塔"翟飙就出事了。

把翟飙的意外归咎于国家队的征召并不为过。兵败世界杯预选赛后，施拉普纳又续签了一年的合同，于是早早开始重启自己的工作，从1994年初就召集国脚们集训，并出征泰国"泰王杯"，严重忽视了体能训练，也令入选了国家队的体能困难户们心存侥幸，以为可以凭借国脚的金字招牌"混"过体能测试，至少能够赢得补测机会。但等到3月1日各队抵达海埂后才发现，足协这次确实是玩真的了。由于之前的体能储备不系统，又刚刚在泰国结束比赛，国脚们体能普遍很不理想，临时练了几天就进行体测，导致大批球员没能通过及格线。而李红军、翟飙和蔡晟更是倒在了2900米的最低标准线之前，这意味着他们的1994年职业联赛上岗证和国脚资格被一并取消，连"补考"都没了机会。

3月17日，短短12分钟过后，国安队的9号球衣拥有者翟飙便正式宣告与首届职业联赛无缘，他也因此再也没有机会为国征战。

翟飙的这次意外，成了北京国安队职业联赛元年开局不利的导火索，球队围绕他打造的"高塔战术"正式作废，曾经引以为傲的"立体化进攻体系"也因为失去了两个高点而变得只剩下了单纯的快马。

"洋务运动"破产

其实，国安俱乐部最初的计划是由外籍主教练来带领球队征战职业联赛的第一个赛季。早在全运会之前，国安俱乐部就曾经向董事会递交过聘请外籍教练员的报告。这主要是考虑到需要顺应中国足球体制改革，希望用外教将国安队的整

国安队23号郭维维

39

1994

体实力提高一个台阶，尽快使国安跻身联赛的强队行列。

国安俱乐部在"洋务运动"方面的理念无疑是超前的。因为递交给董事会的报告起草日期为1993年8月26日，当时不少甲A俱乐部甚至还没成立。只不过时值全运会，这份报告被暂时搁置，等再次被董事会提起，已经是1994年2月底了。在这次董事会上，通过了国安队聘请俄罗斯籍教练和球员的申请。俱乐部总经理刘文雄当时曾特别介绍，俱乐部计划聘请一条"俄罗斯中轴"，从后场自由人到前卫再到前锋。

毫无疑问，此时再动手寻找洋帅洋将已经很晚了。上海申花队以瓦洛嘉为首的俄罗斯外援在1月份就已经到位，试训2个多月后正式签约。而等国安队动了找外援的心思时，离联赛开打已经很近，无论是出国考察还是邀人来试训都已经不太现实。

7月份的最后几天，中国足协为各俱乐部新引进的外援专门进行了一次体能补测，国安队则是历史上第一次派出试训外援参加此测试。结果，这位名叫托马斯·迈亚尔的波兰大个子仅跑了1800米便停下了脚步，距离3000米的及格线还有1200米。这意味着国安队1994年的外援梦正式破灭，迈亚尔也错过了成为国安史上第一位外籍球员的机会。

初战职业化

经过了仓促的准备后，首届中国足球职业联赛确定在1994年4月17日开打，而国安俱乐部提出了一个"保六争三"的赛季目标。

在1993年收获了一个亚军和一个季军，何以在1994年把目标调低为保六呢？这也实属无奈之举。首先，锋线的两大国脚级人物已经无缘1994赛季，进攻能力不被看好；其次，1993年的两项赛事战绩较为偶然，特别是全运会的亚军，与主场作战有很大关系。而1994年甲A联赛不仅正式实行主客场赛制，而且多队都聘请了外援，在此消彼长的情况下，"保六争三"是一个现实的目标。

4月17日下午3点半的广东省人民体育场，国安队迎来了职业联赛历史上的第一场比赛，首发11人是：李长江、姜滨、谢朝阳、栾义军、刘建军、曹限东、吕军、胡建平、高峰、谢峰和杨晨，胡建平担任场上队长。作为国安队职业联赛的第一个对手，广东宏远队当时正处于换血期，实力有限，再加上球队的绝对核心谢育新仅踢了30分钟就韧带拉伤下场，给了国安队客场取胜的良机。下半场一开始，唐鹏举就用邓乐军换下刘建军以加强攻击力，迅速在场面上抢得优势。第61分钟，杨晨从中场带球连过3人后左脚劲射破网，打入了国安队的职业联赛第一球。10分钟后，吕军左路抢断后妙传谢峰得分，助国安队以2比0完胜。

出于对参赛球队经济方面的考虑，甲A元年的各队赛程基本都按照连续两个主

国安队 12 号胡建平

场或者两个客场的规律排列，且连续征战客场时会考虑目的地城市是否接近，所以国安队的第二场比赛仍然是客场，对阵因为拥有外援而受到巨大关注的上海申花。

那时的京沪大战并不像今天这样充满火药味，但这两支强调进攻的球队之间的对抗已经格外吸引眼球。徐根宝率先将压迫式足球引入中国足坛，而唐鹏举的球队则是典型的"小、快、灵"式北京足球传统风格，这样两支球队的对撞必然火花四溅。

国安队一度以 0 比 3 落后，而主裁判的一次误判抹杀了杨晨的进球，高峰的一次射门又击中门框，这些都影响了国安队员的情绪。在大比分落后的情况下，国安队反而倾巢出动，继续和对手对攻，并迅速由邓乐军和曹限东扳回两球，但申花队很快由瓦洛嘉再次将比分扩大为 4 比 2，最终以 4 比 3 有惊无险地拿下比赛。

眼巴巴地看着各地球迷喜迎甲 A 联赛的到来，

北京球迷明显坐不住了，他们迫切希望能到现场享受职业化的味道。5月1日，一身红衣的国安队第一次在家乡父老面前亮相职业联赛，就遇上了当年甲A的第一豪门大连万达，国安队从领先到被反超，再到谢朝阳在终场前1分钟头球追平，整个战况跌宕起伏，令人颇感过瘾。习惯看到专业队时代"站着守、走着攻"足球的北京球迷，终于被职业化之后的足球所吸引。

4天后，国安队又完成了职业联赛以来的第一次工体亮相。这是一场商业比赛，对手顶着巴西科林蒂安队的帽子而来，但出场球员中有12人超过了30岁，场上主力更是一个44岁，一个48岁，被媒体戏称为"巴西游客队"。最终一直压着对手踢的国安队以1比0胜出。只不过这场毫无锻炼价值的比赛成了3天后国安队主场输球的导火索：面对初登顶级联赛的四川全兴队，占据场面上主动的国安队以0比1饮恨先农坛，后卫盯人不紧，给了对方魏群绝杀的机会。

北京球迷终于见识到了什么是职业化，也发现国安队和前几年的北京队区别不大，一样的重攻轻守，而进攻效率也和以往一样不高，尽管总能制造大量机会，但门前那一下总觉得差点儿什么。

高潮与低谷

在通过了5月上旬的体能补测之后，魏克兴从香港联赛回来了，唐鹏举的球队也因此而变得攻防平衡起来。进入6月份，北京国安队迎来了赛季最好的一个阶段。客场0比0战平吉林三星，紧接着又在雨中1比0小胜沈阳海狮，接下来，就是那场著名的与AC米兰之战了。

6月16日商业赛北京国安（主）2比1 AC米兰

当时的 AC 米兰，是中国球迷认知度最高的欧洲足球俱乐部，并且刚刚在卡佩罗的率领下拿到欧洲冠军杯。虽然时值美国世界杯期间，部分国脚被征调，但 AC 米兰队仍有帕努奇、伦蒂尼、萨维切维奇和加利压阵，并从其他意甲俱乐部调来一些援兵，开始自己的亚洲行。而在国安方面，深知自己与欧洲冠军俱乐部的实力差距，于是致信足协，希望足协能出面从其他俱乐部临时借来几位名将救急。请援名单列出了长长一串，包括郝海东、范志毅、黎兵、彭伟国、谢育新、徐弘等多人。那几年的中国足坛，每逢面临外战时，俱乐部间总会友情输送一些球员前往帮忙，最典型的例子就是省港杯比赛。但由于与 AC 米兰的比赛被安排在周中，3 天后就有一轮联赛，所以没

6 月 16 日商业赛北京国安（主）2 比 1 AC 米兰　AC 米兰队首发阵容

6 月 16 日商业赛北京国安（主）2 比 1 AC 米兰　北京国安队首发阵容

子戏法"的国安球员。

●7月31日
北京国安队主场5比1狂
胜上海申花队，成为俱
乐部历史上的第一场经
典大胜。谢峰在这场比
赛中罚入点球，也创造
了中国职业联赛中连续4
轮比赛均罚入点球的纪
录并保持至今。

●8月28日
北京国安队在主场以
6比0狂胜沈阳六药队，
6个进球发生在13分钟
里，也创造了中国足球
职业联赛的奇迹。

●9月8日
北京国安国际足球发展
总公司在国安宾馆成
立。黄承灿任总经理，
武京生任副总经理。同
时将总公司所属的北京
国安建筑材料公司、北
京国安装饰工程公司、
北京国安建筑市政工程
公司、北京国安园林建
筑设计公司划归这个新
成立的足球公司所属。

●10月16日
中国国家队在戚务生的
带领下参加广岛亚运会
男足比赛，最终获得第
二名，北京国安队员魏
克兴、曹限东和高峰参
加了这届比赛。

●10月23日
北京国安队在太原以
2比2战平八一队，这是
金志扬以执行教练身份
执教的第一场比赛。

什么俱乐部愿意帮忙。最后，国安队只请来了因体能测试没过关而无缘当年联赛的吉林三星队球员李红军，以及大连万达队的半主力球员石磊，而出场的另9人，都是国安队在联赛中的主力，丝毫没有为联赛留力的意思。

6月16日的工体，开场仅12分钟，国安队就令客队大吃一惊：李红军在前场抢断伦蒂尼后送出直传，高峰下底传中，谢峰抢点头球攻门，球碰立柱后弹到对方门将耶尔波的身上再反弹入网，国安队以1比0领先。虽然帕努奇在第30分钟追平了比分，但国安队在下半场开场仅2分钟由高峰主罚点球命中，再次把比分超出。此后的比赛，李长江成为工体的守护神，一次次将AC米兰的必进之球化解，将比分保持到终场。

这场胜利不仅大幅提升了国安队在京城球迷心目中的地位，也瞬间让全国各地涌现出了不少"国安粉"，大家无不为国安队的战斗精神所打动，而这也是球队1994赛季高潮期的开始。

3天后的先农坛，高峰以一个经典的"帽子戏法"斩杀了"十冠王"辽宁队，也报了1993年全运会决赛的一箭之仇。接下来虽然未能乘胜拿下八一队，连续两个客场对阵广州太阳神与山东济南泰山队也只带回1分，但球队依然保持着一股向上的势头。

从第11轮到第13轮，国安队迎来了连续3个主场比赛，先是4比1力克联赛"副班长"江苏迈特，然后2比2战平广东宏远。7月31日，面对来访的上海申花，国安队进行了一次全面的爆发。意外首发的小将魏占奎起到了奇兵的效果，开场2分钟就首开纪录，随后高峰、谢峰和魏克兴抓住对手全线压上的漏洞屡屡反击得手，最终以5比1大获全胜。这场大胜不仅提升了球队的士气，也令国安队的积分迅速蹿升至第2位（4队积分相同，国安队净胜球占优）。而7天后又要在客场面对领头羊大连万达，仿佛甲A元年的冠军之争将提前上演。

从7月31日的5比1，到8月7日的1比4，这7天里发生了什么？其实真的没有发生什么，只不过是国安队在建队初期最原生态的表现而已：攻得顺畅即大胜，压得太上则狂丢球。那天的大连下着不小的雨，将大连市人民体育场变成泥潭——现在想想，1994年国安队的几场惨败几乎都是在雨中的泥塘里。

以当时国安队的能力和人员配置，想在联赛第一强队的主场打出平局很不容易，所以只能硬着头皮往上攻。结果开场不久，万达队便抓住国安左路刘建军的防守漏洞连续两次取得进球。而国安队在高峰追回一球之后，也一度掌握着场上主动，谢峰还浪费了一次单刀。但数次尝试追平未果之后，急躁的国安队体力下降，让对手在终场前连续再入两球。

回忆这场比赛，如果国安队在下半场能稳一稳节奏，更加耐心一些的话，即使没有从客场拿回1分，1比2的比分也仍然可以接受。但多丢的两个球着实打击了球员的自信心，7天后的成都，在酷热中，国安队又被四川全兴队"收拾"了一个同样的1比4，不仅在积分榜的名次直接滑落到中游，而且这场比赛因为是香港卫视第一次向海外直播甲A联赛，导致国安队留给国外球迷的最初印象就是一支防守打门常打开的弱旅。

而真正决定了国安队1994赛季失败命运的，是发生在8月21日的连续第三场败绩。是役为了使球队的防守发生改观，唐鹏举不惜排出5后卫的防线。而对手吉林三星当时是联赛中客场战绩最差的球队之一，国安队的取胜本应不在话下。可惜那时的国安后防队员们每个人都背负着巨大的心理包袱，害怕失误的心态反而影响了场

上的表现：栾义军一次拿球失误送给吉林队一个进球，在谢峰追平比分后，李长江在终场前铲倒对方前锋，让吉林队完成了点球绝杀。1比2，三连败！

3天后的《北京晚报》用一个整版为国安队"会诊"。张路、毕熙东、汪大昭、李永广，以及京城足球界人士和球迷，在指出国安队诸如"攻强守弱"等弊病的同时，鼓励球队不要被暂时的困难击倒。要"站直喽，别趴下"。与此同时，俱乐部董事长王军、副董事长李士林也要求全队认真做好工作，总结失利原因。北京市体委党组也为此专门听取

6月16日商业赛北京国安（主）2比1 AC米兰　国安队7号谢峰和14号周宁

45

球队汇报。当时的一期俱乐部简报称：球队领队、教练、球员"近日分别开会进行了认真分析"。球队认为：前一阶段的上升趋向，以及对AC米兰比赛的胜利，使我们部分队员头脑中蒙上了一层"防守没问题，实力尚可以"的错觉，不但掩盖忽视了本队整体防守薄弱的实际，而且也摆错了自己在甲A联赛中的实力位置，客观上则有"部分场次主力队员受伤缺阵，年轻队员状态又不稳定"等原因。

8月28日，国安队在先农坛体育场以6比0狂胜沈阳海狮，球队在下半场20分钟后的6脚射门都转化为了进球，比分从0比0到6比0仅用了13分钟时间，这场比赛是国安队1994赛季最大比分的胜利，也被认为是该赛季最后的疯狂。

高峰之误

高峰出事了，而且一出就是大事，这在以从严治军著称的唐鹏举时代，是很难想象的。

在唐鹏举执教北京队之初，最著名的一次治军的例子，就是对高峰。1992年的一次客场比赛，高峰连续两个晚上很晚才归队，惹怒了唐鹏举，索性罚高峰"坐球监"，取消了他的出场资格，直到高峰决意悔改。所以外界普遍认为，只要唐鹏举在，以"难管"著称的高峰就不会出事。

但高峰还是让唐鹏举失望了。其实，做客沈阳对阵辽宁队之前一周，在国安队的那场6比0

国安队 11 号高峰

大胜中，高峰就有些漫不经心，被媒体解读为"因为入选了参加亚运会的国家队名单而担心受伤所以保存实力"。而这场与辽宁队的比赛结束后，联赛会休战 50 天，高峰将和魏克兴、曹限东一起，赴国家队报到，出征广岛亚运会。没想到，高峰会在为国效力之前发生意外。

那时没有微博更没有互联网，球队上下对高峰的事情三缄其口，媒体也问不出什么真正的猛料。大概的情节就是，赛前一天，回到了家乡沈阳的高峰开着摩托车带着姜滨外出，因雨天路滑遭遇车祸。结果高峰的下颌缝了 18 针，姜滨则腿部严重受伤，根本无法比赛。

连折两将的国安队在沈阳的豪雨中与辽宁队踢了一场水球，高峰替补登场 20 分钟基本没有作为。虽然即使赛前没有车祸事件的干扰，以国安队的实力，恐怕也很难从沈阳带回哪怕 1 分，但这场车祸却让一切都变了味道。国安队的内部管理和纪律问题暴露无遗，阵容调整和整风运动都必须在赛季结束后进行。而也是在这场比赛结束后，唐鹏举再也没有出席过赛后新闻发布会，助理教练金志扬已经开始扮演起球队执行教练的角色。

尽管高峰在场外的故事多多，但他在 1994 赛季已经凭借其表现奠定了国安队第一球星的地位，赛季还没结束，甲 A 第一豪门大连万达队就试图让高峰加盟，并开出了数倍于国安队的薪水。但此时的高峰依然显示出了他的豪情一面，坦言在此时走人，个人感觉在感情上说不过去，"我是在北京队出名的，和教练、队友以及北京球迷都有较深厚的感情。现在北京队在联赛中的成绩不好，我希望能继续为球队明年打好联赛出力"。

首度换帅

10 月 23 日，甲 A 联赛重开。虽然随中国队在亚运会上取得了银牌的佳绩，但国安队的三大国脚高峰、曹限东和魏克兴回国时都已经伤痕累累，暂时无法出场比赛。最后四轮联赛，列积分榜第七位的国安队的目标是抓住机会，至少赶超一个对手，从而完成季初"保六争三"的目标，但实际情况却是国安队在竞争名次的三场战役中都没有取胜。或是在领先之后终场前痛失好局，或是早早丢球后艰难追平比分，在连平八一、广州太阳神和山东济南泰山后，国安队争六无望。在最后一轮比赛 2 比 0 击败早已降级的江苏迈特后，国安队以第八名结束了自己的职业联赛第一季。

回首 1994 赛季，唐鹏举坦言国安战绩不理想的原因，不仅有防守和进攻方面的问题，也有心理素质方面的。"北京队的后卫就是这么几个人，他们总是轮流出问题。如果要想解决后防线上的问题，就必须引进人才。而且有些队员有好大喜功的毛病，赢球就飘飘然，骄傲自满；相反，如果处于低谷，队员们反而会齐心协力，拧成一股绳。"唐鹏举也总结了自己的问题，如对职业联赛的认识度不足，客场比赛一上来就以打平为目标，造成越想平越输球的情况。

1994 年底，国安俱乐部正式调整了教练班子，唐鹏举离开主教练的岗位，俱乐部准备派他出国进修。由此前担任助理教练的老帅金志扬担任主教练。金志扬在 1985 年到 1987 年间曾任北京队主教练，曾带队拿到过 1986 年的甲级联赛亚军和 1985 年的足协杯冠军。有意思的是，在金志扬正式执教国安队期间，球队也分别拿到了联赛亚军和足协杯冠军的荣誉。

刘文雄

两个"摸着石头过河的人"

　　20年前，当北京国安俱乐部呱呱坠地的时候，谁都不能确定，它能否长大成人。正如俱乐部第一任总经理刘文雄，形容自己和第一任副总经理兼国安足球队领队杨祖武，像两个"摸着石头过河"的人一样，当时凡是与催生国安俱乐部有关的人，大都处于一种"走一步，看一步"的状态之中。而陷于这种状态之中，也是最为迷茫的，当属国安俱乐部第一任总经理刘文雄了。

记者： 我记得当时您好像对到俱乐部任职一直比较犹豫？

刘文雄： 不错，很犹豫。我当时在先农坛当书记，分管包括足球在内的9个项目。让我扔下那8个项目，只管足球，而且是足球的一半儿（国安俱乐部只接收男足），能不犹豫吗？但是组织这样定了，我必须服从。

记者： 当时最难的不是个人前途的问题吧？

刘文雄： 当然了。俱乐部对我来说，是一个全新的挑战。光是跟企业谈判，就让我感触良多。

记者： 给我们举例说明一下？

刘文雄： 印象中我接触的第一个谈判对手是一家大型企业。开始时谈得还不错，但当我见过他们公司的一位领导后，谈判就告吹了。也怪我当时不会说话，不懂谈判技巧。当时人家问我，"什么时候能赚钱？"我回答，"估计十年二十年都赚不了钱"。结果人家马上就没了兴趣。

记者： 当时谈的好像还有私人企业？

刘文雄： 是的，开始接触了一位香港企业家。但是他要求持51%的股份。还有一家公司，也是私人性质的公司。结果这两次谈判都无果而终。那个时候对市场基本没有了解，也不懂什么市场经济。只考虑到球队是国有资产，不能卖给私人。你出钱赞助可以，但要把这些"国有资产"买走，那可不行。

记者： 跟国安谈的时候，有什么记忆深刻的事情吗？

刘文雄： 很多。但印象最深的是和国安总经理李士林一次对话。李总当时问我："北京足球队现在在全国排第几？"我说大概第六左右。李总问："那么咱们两家合作一年后，能不能到第四？再一年后，能不能到第二？再一年后，能不能第一？"可以看出，国安把荣誉看得很重。

记者： 我记得当时选择和国安合作，好像还有故事吧？

刘文雄： 是的，但是具体的就要问杨祖武了，他一直负责具体谈判、沟通。

记者： 你们当时怎么和国安接上头的？

杨祖武： 1992年我们（北京男足）和赞助商神州公司的赞助合同到期，一时半会儿还找不到合适的。可巧国安宾馆保卫部的主任给我打来电话，说要谈赞助的事情。一开始，我们还是想用赞助的方式，后来越谈越深入，最后说干脆我们两家合作吧。整个过程我都是主谈。

记者： 不是还有其他公司吗？

杨祖武： 我们和国安接触合作的风声不知怎么就传出去了，结果又有几家上门。

记者： 最后为什么是国安？

杨祖武： 我们当时也拿不定主意，只好去请示分管体育的张百发副市长。他一见到我就问："杨祖武，我早就跟你们说要抓紧成立俱乐部，怎么到现在还没成立？"我赶紧说："现在有4个单位都要跟我们合作，所以想请示您，看跟哪家更好。"百发副市长说："我有3点意见：第一，快点成立。第二，自由恋爱。第三，谁出的钱多就跟谁合作。"我们就按照他的指示，最后和国安合作了。

记者： 谈判过程是不是很艰苦？

杨祖武： 国安领导挺开明，还有百发副市长作坚强后盾，谈判基本顺利。要说苦，还是后来当了经理之后。那叫真苦，有时候真要吐血。

记者： 当时是不是绝大多数俱乐部的经理都是踢球的出身，谁都不知道中国的职业足球俱乐部应该怎么办，怎么去经营，大家心里都没底吧？

杨祖武： 是呀。我当时要学着怎么起草协议，怎么去跟不同行业的人谈判。过去弄个赞助协议很简单，一页纸，两边一签字就行了。现在可不行，一个协议就要十几页纸，要保护俱乐部的利益，保护教练员和运动员的利益。于是就要学习法律，要把什么条文会被另外什么条文制约弄清楚，还要考虑协议的延续性。要学的太多了。我和耐克谈服装赞助，和广告公司谈胸前背后广告的时候，都遇到很大困难。原因之一就是不懂。

记者：感觉怎么样？

杨祖武：我都不知道当时是怎么熬过来的。过去我们的钱都有体工大队给管着，连大米白面多少钱一斤都不知道。现在都要自己管了，就又得学财务政策、法规，还得抽空学习税法、财会法。累呀。过去在队里，跟大伙儿踢踢球，训练时帮着捡捡球，挺有乐儿的，现在可好，一天到晚头昏脑涨，跟台机器似的。

记者：有成就感吗？

杨祖武：当然有。成绩还是大大的。我们是全国第一支跟外商谈判运动员胸前背后广告成功的球队，也是第一个推出系列产品的俱乐部。这可不是吹牛。我们摸着石头过河，虽然也被呛了几口水，但水性却越来越好。

就是这样，刘文雄和杨祖武"摸着石头过河"，成了中国第一批职业足球俱乐部的"经理人"。

1992 年刘文雄（左）和马泰在大连参加足协会议时的合影

解密档案

1993年俱乐部第一次董事会会议纪要

北京国安足球俱乐部建立面向市场的运行机制

北京国安足球俱乐部日前召开了第一次董事会，董事长王军主持了会议。

董事会围绕俱乐部建立初期的主要工作和长远建设的基本原则，进行了深入的研究讨论，全体董事取得了一致的意见。

董事会认为北京国安足球俱乐部的建立，是北京体育事业发展与社会企业经济发展相结合的产物，是改革的成果；俱乐部建设的基本原则是把足球推向市场，在建设有中国特色社会主义理论的指导下，在竞技体育和社会经济发展的竞争中自强自立。为北京体育事业的发展，为首都的精神文明建设做出贡献。

董事会认定在俱乐部足球队建设中关键是建立起充分体现竞争性的内部运行机制，才能充分调动运动员、教练员的积极性，提高竞技水平。对运动员、教练员的基本要求是在竞赛中充分显示自身的价值。让奥林匹克"更快、更高、更强"的精神在俱乐部队伍的建设中得到充分体现；运动员、教练员的工资及福利待遇，奖励必须彻底打破大锅饭、铁饭碗，实行上不封顶，下不保底，全额效益分配的制度，上岗实行合同制。

董事会强调，提高俱乐部足球队整体技术水平需要教练员和运动员充分发挥主观能动性。努力学习国内外的先进技术，特别是教练员，在教学中要处于主导地位；北京国安足球俱乐部按照中国足协的规定，将聘用外籍教练员和运动员。对国内的优秀运动员也敞开大门。北京国安足球队要产生自己的明星球员。

董事会充分认识到俱乐部经费的基本状况是俱乐部生存和发展的基础。为保证俱乐部经费的基本运行，北京国安公司在原定每年拨款140万元的基础上再增拨20万元；俱乐部经费最根本的解决办法是要建立俱乐部产业经济。发展俱乐部产业经济，有赖于市政府有关部门和社会各界的支持；从俱乐部发展，资金需求逐年上升的实际出发，对北京足球发展有限公司的经营，市政府有关部门能给予政策上的优惠。

董事会决定向社会征集充分体现：北京、国安和足球三个基本要求的徽、队旗、队服和队歌，希望广大球迷，社会有关方面的专家，给予大力支持。

董事会深感办好北京国安足球俱乐部的艰巨性。北京国安足球俱乐部是全市唯一的高水平足球俱乐部。真正建设成为职业化俱乐部，需要做的工作是艰苦的、大量的。董事会决心团结全体运动员、教练员、职工，争取社会的支持，积极探索，努力开拓，扎实工作，把俱乐部建设的速度加快，在全国办成一流水平的俱乐部。

解密档案

第一届董事会领导成员和总经理副总经理名单

俱乐部董事会领导成员及任职

根据俱乐部章程第五条的规定，俱乐部董事会领导成员的组成由北京市体委和北京国安实业发展总公司派人组成。任职如下：

董　事　长：	王　军	中信集团总经理 北京国安实业发展总公司董事长
常务副董事长：	万进庆	北京市体育运动委员会主任、 党组书记
副董事长：	李士林	中信兴业信托投资公司副总经理、 北京国安实业发展总公司总经理
董　　事：	贝卓华	北京市体育运动委员会副主任、 党组副书记
董　　事：	彭评选	北京国安实业发展总公司副总经理、国安电气公司总经理
董　　事：	薛　诗	北京国安实业发展总公司副总经理、兼计划财务部经理
董　　事：	白金申	原北京先农坛体育运动技术学校校长
董　　事：	马　泰	北京国安实业发展总公司总经理助理、兼文化艺术部经理
董　　事：	刘文雄	北京市先农坛体育运动技术学校校长

俱乐部总经理和常务副总经理是否进入董事会，请董事会领导研究决定。

俱乐部领导成员及任职

总经理	刘文雄	北京市先农坛体育运动技术学校校长、兼党委书记 北京体总副秘书长
副总经理 （主管竞训部竞训工作）	杨祖武	北京足协副秘书长 北京足球队领队
副总经理 （主管办公室工作）		

俱乐部常务副总经理兼北京国安足球俱乐部有限公司总经理、俱乐部副总经理的入选待确定后再报董事会。

全名单

∨

领　队：杨祖武
主教练：唐鹏举
教　练：金志扬、郭瑞龙
队　医：双印

号码	姓名	年龄	报名身高/体重	备注
门将				
1	李长江	25	188cm/79kg	
22	姚健	21	190cm/83kg	
27	李立新	27	182cm/80kg	租借回归
28	黎榕	21	181cm/78kg	青年队提拔
后卫				
2	刘建军	22	178cm/74kg	青年队提拔
3	谢朝阳	23	182cm/74kg	
4	杨庆九	25	169cm/63kg	
5	栾义军	27	178cm/73kg	新加盟
6	姜滨	23	176cm/72kg	
13	吕军	26	176cm/71kg	
17	韩旭	21	185cm/71kg	
19	杨斌	21	182cm/75kg	青年队提拔
24	毕胜	26	176cm/74kg	
25	谢少军	27	182cm/74kg	
中场				
8	曹限东	26	176cm/75kg	
9	魏克兴	31	182cm/77kg	租借回归
12	胡建平	30	179cm/72kg	
14	周宁	20	186cm/75kg	
15	邓乐军	20	174cm/62kg	
16	李洪政	21	169cm/65kg	青年队提拔
20	金荣鑫	21	176cm/73kg	青年队提拔
前锋				
7	谢峰	28	182cm/72kg	
10	杨晨	20	185cm/74kg	
11	高峰	23	176cm/63kg	
18	魏占奎	21	174cm/73kg	青年队提拔
21	窦继东	21	187cm/70kg	青年队提拔
23	郭维维	28	189cm/85kg	租借回归

转会情况

转入		转出	
姓名	原俱乐部	姓名	新俱乐部
栾义军	八一（租借）	高洪波	新加坡中哈鲁
		魏克兴	中国香港愉园（租借）
		李立新	中国香港愉园（租借）
		郭维维	中国香港愉园（租借）

54

1995年

工体不败

年度背景

在经过了一年的摸索后,中国足球职业化逐渐步入正轨,从 1994 年的那种披着职业足球外衣的计划经济足球向市场化过渡,就连转会这种职业体育所特有的产物都已经变为现实。球员流动了,俱乐部开始尝试经营了,比赛好看了,球迷被请回球场,甲 A 联赛就此开始了最好的两年。

中国足球也在经历了广岛亚运和商业比赛的繁荣后被继续高看,国奥队进行亚特兰大奥运会预选赛的第一阶段比赛是当年中国足球的首要任务。

王军董事长在 1995 赛季第一个客场前看望球队

6月14日商业赛北京国安
（主）0比0 AC米兰（点球
3比4）

1995

1995年运动员签约仪式
后合影

8月8日商业赛北京国安（主）3比2弗拉门戈　国安队首发阵容

经典回忆

　　1995 年的最初几天，"转会"是中国足坛的唯一热词。1994 年 12 月在成都进行的足球工作会议上，初步确定了甲 A 联赛的转会制度，中国足球职业联赛才真正有了"职业"的味道。在媒体上，焦点是那些转会市场上的热门人物黎兵、马明宇和王涛，相比之下，几乎按兵不动的国安队显得过于安静了些。

　　可就是这样一支在实力方面没有多大提升的队伍，却在赛季开赛前喊出了"夺冠"的口号。

换帅与换将

　　在 1 月 13 日的俱乐部年度第一次董事会上，金志扬被正式任命为国安队的新任主教练，同时任命媒体人出身的杨群成为俱乐部副总经理、领队，原领队杨祖武成为俱乐部副总经理兼办公室主任。董事会同意了俱乐部的机构调整方案，即俱乐部下设足球发展公司、运动队和办公室，责成各部门尽快制定职责，开展工作。

　　会议还分析了国安队 1994 年竞赛成绩不理想的症结所在，认为球队今后还需不断地加强力量，力求在 1995 年的训练比赛中发扬进攻优势、改变防守劣势，并第一次提出了"运动成绩永远是第一"

的目标。

北京国安队的 1995 赛季，在这次会议结束后正式开始。

对于国安队的教练组来说，董事会上的任命只是个形式，其实从 1994 年 12 月开始，他们就已经在为球队的 1995 赛季进行着相关准备。而首要问题当然是人员构成。

符宾是第一位被确定的内援人选。国安俱乐部在中国足协下发转会政策条例仅仅几天后，就向董事会递交了相关的申请。这位身材高大的门将在施拉普纳时代入选过国家队。1994 年被其所属的河北省体工大队租借给吉林队一个赛季，但只作为替补打了零星几场比赛，在租借期满后就返回了河北。于是国安俱乐部向河北方面提出将符宾借调一年，并很快获得了批准。

其他转会战线上，收获就可以忽略不计了。1994 年下半年离队的胡建平归来是情理之中，另一员老将高洪波虽然已经结束了和中哈鲁方面的

工作合同，从新加坡回京，但依然前途不明。在内援市场方面，国安队曾一度与火车头队的黄庆良和何洪光无限接近，但因为一些体制方面的原因，导致两人未能加盟，而是去了北京首钢队——这个在 1994 年底升入甲 B 联赛的京城新军。为了扶持这个同城小弟，国安俱乐部还将替补左后卫杨庆九以及以姚健为代表的几位小将租了过去。

当时的国安俱乐部也不是没考虑过其他内援，但由于中国足球转会市场刚刚建立，球员身价经足协的转会费标准认定后动辄几十万人民币，"标王"身价大大超过了国安俱乐部的心理预期，着实很难承受。

与此同时，老生常谈的外援问题也没有得到真正的解决。虽然俱乐部在董事会上更加明确地提出了引进外援的目标是一个拖后中卫和一个防守型中场，并依然将方向对准俄罗斯，但这一切在 1995 年依然只能停留在纸面上。

在引援表现平平之余，国安队也诞生了职业

1 月 3 日俱乐部董事会新闻发布会

年度大事记

● 1月13日
国安俱乐部举行了1995
年第一次董事会会议，
听取了1994年俱乐部工
作汇报，并通过了1995
年的主要工作设想。

● 1月28日
北京国安队的22名队员
与俱乐部签订了1995赛
季的工作合同。

● 2月19日
国安队从北京出发，经
香港转机后飞赴台北，
成为第一支访问台湾的
大陆足球队。

● 3月26日
北京国安队顺利通过12
分钟跑，并在几天后的
折返跑以及补测中全体
及格，获得上岗证。

● 4月6日
国安足球俱乐部球迷部
正式成立。

● 4月15日
中信北京国安足球俱乐
部会员协会在先农坛体
育场南门开始球迷注册
登记工作，共持续3天。

● 5月17日
国安队在工人体育场举
行的"伦敦出口欧亚
杯"比赛中以2比1战胜
阿森纳。

● 5月21日
在主场2比0战胜四川全
兴队后，北京国安队在
职业化以来第一次暂时
登上了积分榜首。

● 5月28日
在客场1比0击败辽宁队
后，国安队取得了职业

球迷给翟飙献花

联赛以后的正式离队第一人。翟飙，这位当年北京队锋线上的"重型坦克"毅然告别北京，正式入川。这次转会属于翟飙的个人选择。在1994年初"栽"在12分钟跑上之后，没了甲A参赛资格的他陷入事业的低谷，四川全兴队领队王茂俊专程进京，邀请他去成都训练，让他感受到了对方的热情与真诚，加上他的原北京队好友赵磊在全兴队重新"上岗"后重返巅峰，也促使翟飙作出了转会的决定。转会之后，翟飙在这个赛季的联赛中为新东家攻破了国安队的大门，又在著名的"成都保卫战"中打入金子般的进球。

翟飙离京后不久，魏克兴也选择再赴东瀛，二度加盟富士通队。此外，综合考评了实力等因素后，国安俱乐部教练组决定放弃与栾义军续签合同的机会，放他返回母队八一队。

宝岛记忆

"因为大陆近年足球发展职业化，足球风气兴旺，也照顾了球员的荷包，所以，从他们一行人全身光鲜的行头看，果然是一支很'出众'的队伍……"2月21日，台湾的《中国时报》报道了北京国安足球队访台的消息，好奇地打量着这群来自大陆的访客。同日，台湾的《中华日报》、《民生报》，也专门报道了国安队的消息，特别是《民生报》，连续一周跟踪采访了国安队，顺便还在报纸上挖掘了北京足球史话、

国安队守门员 1 号符宾

足球联赛发展、北京国安队打法介绍等相关文章，及时向对足球并不感冒的台湾民众普及足球知识。

无论是从政治角度还是竞技角度，北京国安俱乐部的这次访台都具有划时代的意义。虽然在那个时代，台湾各类体育运动队已经开始频繁访问大陆，但由于台湾方面一直拒绝大陆体育团体访台，所以导致海峡两岸体育交流极不正常。

北京市体委早在1994年9月便提出了希望访台的申请，台北足协也对打破"坚冰"、开创两岸足球交流的新纪元充满热情，双方曾将国安队的访台时间初步确定在12月4日，但此后两岸关系因为李登辉前往日本广岛参加亚运会开幕式而一度陷入紧张，导致访台时间被推迟。考虑到时间再推下去将影响国安队的1995赛季春训，所以经多方努力，在台湾方面多个部门的配合下，终于在1995年2月7日拿得了由台湾"教育部"签发的核准函。而国安队也迅速作好赴台比赛的准备，只不过由于访台名单早在数月前就已上报，不得更改，而高峰、杨晨、周宁等人已经被足协抽调，以国家队国奥队的混编形式参加东亚四强赛，导致国安俱乐部的访台球员名单只有15人，他们是李长江、姚健、谢朝阳、杨庆九、姜滨、吕军、韩旭、魏克兴、邓乐军、李洪政、郭维维、曹限东、谢少军、栾义军和谢峰。

虽然天公不作美，使得国安队在访台之初一直受到大雨影响，直接导致国安队与第一场比赛的对手台北大同队只能在雨中"意思"了25分钟便宣告结束，但在球场外，两队却结下了深厚的友谊。其实大同队和国安队是老相识，早在1991年，两队就在塔希提群岛举行的一次邀请赛中碰过面。1993年，成立不久的国安俱乐部又邀大同队访京交流，并在先农坛体育场进行了友谊赛。此番相聚台北，已经互称"哥们儿"的两队球员自然非常开心。台湾足坛著名的"矮脚虎"邓明辉专门跑到机场

金志扬（右）和郭瑞龙（左）

国安队访台参加友谊赛

国安队与台北大同队联欢

去接机，因为他与每一名国安队员都很熟，他几乎每年都往北京跑，在与老友们叙旧之余还在先农坛以及几个客场比赛里为国安队助威。十几年后，他还一直不遗余力地将台湾最好的足球苗子带给当年和他关系最铁的郭维维。

评价这次访台，金志扬认为应该以建立两岸的友好情谊为出发点，希望未来能够举办正式的杯赛。访问团团长、北京市体委主任万进庆表示，国安队的此次访台，为两岸足球的进一步交流打下了坚实的基础。

高洪波自救

离开台湾后的北京国安队于2月28日晚飞回北京，不到12小时后就再次"南飞"，目的地是云南昆明。球员们深知，在受到了台湾方面的热情款待后，必须在短时间内完成"收心"，因为春

训开始了，体能测试要来了，而焦点人物自然是高洪波。

按照个人计划，高洪波是准备1月初离京，再战新加坡联赛的，但国安队1994赛季极不理想的战绩让他有意留下来为重振球队辉煌出力，加上金志扬和领队杨群多次找他谈心并诚意挽留，深受感动的高洪波决定留下来。但前提是他必须通过体能测试。所以从年初决定留队开始，高洪波就一直在苦练体能，并邀请北京田径队的教练毛翼轩进行特别指导。临出发去昆明前，高洪波还撂下一句狠话："如果达不到标准，我就回家看孩子去！"

日复一日的艰苦跑圈，在短时间内确实提升了这位老将的体能水准，也成为了圈内的一个奇迹，他的恩师徐根宝在评及体能测试制度的时候曾经说过，"就算你拿着枪顶着高洪波后脑勺，他也绝对跑不下来"。而高洪波用实际行动证明了自己的顽强与坚忍。

1995年庆功会上的高洪波

3月26日的昆明拓东体育场，高洪波在12分钟跑测试中一口气跑了3102米，顺利达标，也让所有北京球迷松了一口气。几天后，在《足球报》发起的新赛季民意调查中，高洪波迅速被列为了夺取金靴奖的头号热门，因为在那个时代谁都清楚，无论是什么样的赛事，只要有高洪波参加，最佳射手的头衔就基本"没跑儿"。

谢峰（左）和高峰（右）

金志扬的防守经

受国际足联的强制要求，1995赛季的甲A联赛有些被迫地从两分制变成了三分制，这无形中要求甲A联赛的12支球队必须把强攻作为球队在联赛中的生存理念。但对于国安俱乐部和金志扬而言，从年初定下的基调却是狠抓防守和球队管理。

在国安俱乐部1995年年初的第一次董事会上，就明确提出了要改变防守劣势的要求。而金志扬在年初首度接受媒体专访时也表示，国安队现有的攻防能力不符合现代足球要求攻守平衡的规律，"连推崇攻守平衡的巴西人在世界杯上都明白要加强防守，我们也应该转换思想了"，金志扬说，"我们要建立起有效的防守体系，加强整体防守能力，突出个人的防守作用"。在球队管理方面，金志扬与杨群、郭瑞龙、李松海组成的教练班子也一改前任唐鹏举时代铁锁严管的方式，而是从球员的思想工作入手，通过细致入微的管理、加强沟通的频率，来与球员消除隔阂，共同奋斗。

从一月份的春训开始，国安队就给人一种耳目一新的感觉，球队气氛融洽，球员在练习时则无比投入。体现在数据上，就是球员的体能测试通过率从1992年（试点）的50%，到1994年的79%，再到1995年的100%。这一方面与球员们意识到体能与自己的饭碗密不可分有关；另一方面则归功于教练组科学的训练安排。因为这种体能

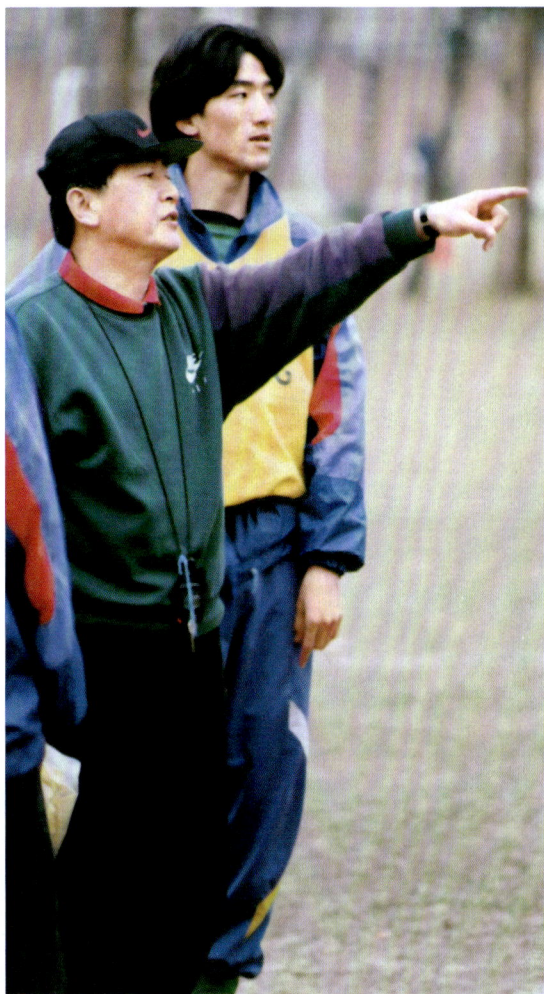

主教练金志扬

积累不是仅仅为了针对体测，更重要的是为了支撑起国安队的全新打法，特别是全新的防守要求。

体能问题解决之后，最具金志扬个人风格的532阵型也正式建立起来。严格来说，532不是一种进步的阵型，甚至可以理解为战术上的倒退，因为这一阵型虽然在后卫线上增加了一名中路防守队员，但代价就是两翼的助攻被削弱，且容易被四后卫的球队控制住边路。而且仅剩3个人的中场如果个人能力欠缺、攻防不全面的话，也存在着失控的可能。

不过当时的国安队变阵532也实属无奈之举，毕竟队中的后卫以中卫居多，偶有可以兼顾边路的，也是吕军、胡建平、刘建军、姜滨、谢少军

这样的防守型球员，与其在四后卫阵型中派出中后卫客串边路，倒不如改打五后卫，不仅可以立足防守为主，而且也可能提升边路和中路球员的协防力度。毕竟以高峰、谢峰、高洪波、杨晨和曹限东构成的前场不愁进球。

4月16日的山东省体育中心，国安队以一个接近532甚至433的阵型开始1995赛季的首场亮相，场上年龄最大的胡建平活跃在右路，在右后卫和右中场的位置上切换。

这一天，全新的国安队在济南遭遇当头一棒，守强攻弱的济南泰山队用冲吊辅以唐晓程的速度和宿茂臻的冲击一次次刺穿国安队的防线，让国安队遭遇噩梦般的开局，新门将符宾在第13分钟

先农坛看台上的国安球迷

国安球迷入会现场

4月23日联赛第2轮北京国安（主）2比0上海申花　国安队赛前合影

和第23分钟连续两次用打排球式的扑球失误连漏两球。尽管杨晨很快就扳回一分，连续两个赛季打入国安队的赛季第一球，尽管国安队在下半场掌握了比赛的主动，但还是无法改写1比2的比分，遭遇赛季首败。

也是在这一天，先农坛体育场南门，国安俱乐部历史上第一次球迷入会和套票发售工作达到高潮，球迷们用实际行动支持着这个正在成长中的俱乐部。

争第一与真第一

济南回北京的路途不长，一下火车，金志扬就带队回到先农坛投入训练。俱乐部领导听取了球队的汇报，认为跌个跟头不可怕，重要的是得捡个明白，"球能输，气势不能输！"球队教练组也要求队员们分组讨论总结失败的原因，全身心投入备战与上海申花队的大战当中。

1995赛季甲A联赛的主题就是京沪争霸。徐根宝的"抢逼围"在1994赛季曾获得短期成功，但因为后劲不足而最终仅列第三。1995赛季，随着一批国奥适龄球员的迅速成长，加之在锋线上引入"三杆洋枪"，使申花队早早就露出了冠军相，此番做客先农坛，首先就是要报1994赛季1比5惨败的仇。

徐根宝没想到，此前只倡导"小快灵"的北京国安竟然变得比申花还能抢，开场仅8分钟，姜滨就在与申花前锋瓦西里冲撞中重伤下场。国安队在挺过了前20分钟的被动局面后，开始掌握场上主动，曹限东一记直挂死角的直接任意球先拔头筹，又在下半场主罚任意球助高峰头球冲顶破门。2比0，国安队取得完胜，金志扬打造的"抢、快、活"理念初获成功。"他们打得很凶狠，抢得很激烈，我们没想到会遇到这么猛的对攻"，申花队长范志毅赛后感慨道。

赢下申花，国安队又在一周后主场3比0轻取升班马天津三星，但紧接着就以0比2客场不

5月14日联赛第5轮北京国安（主）2比1大连万达　国安队4号韩旭

5月17日商业赛北京国安（主）2比1阿森纳　国安队14号周宁

国安队10号杨晨

7月23日足协杯半决赛北京国安（主）2比1济南泰山　国安队12号胡建平

敌吉林现代队。

　　从某种意义上看，客场负于吉林一战是金志扬时代国安队从战术到用人进行彻底改变的导火索，左路的吕军和右路的胡建平特点被吉林队参透，屡屡被突破身后，而在助攻方面，两人也无法对球队进攻起到多大帮助。此外，把高洪波放在中场，赋予太多的防守任务，也限制了这位"冷面杀手"的发挥。

　　5月14日下午，联赛的卫冕冠军大连万达队主教练盖增君，与先农坛体育场的两万多球迷一样，被国安队的首发阵容吓了一跳。尽管依然是532阵型，但左右两个边后卫却变成了中场邓乐军和前锋谢峰，中场没了大名鼎鼎的高洪波，却变成了一个闻所未闻的名字：南方。用这个罕见的首发去抗衡从职业化之前就有国安克星之称的大连，金志扬的魄力令人惊讶。而国安队员则凭借着近乎完美的场上表现证明了自己的实力：高峰

开场仅8分钟就门前挑射得手，6分钟后，南方又接高峰的助攻头球再下一城，2比1，国安队赢下漂亮一战。

　　接下来的一周，国安队先是在工体2比1力克阿森纳，又在先农坛2比0击败了曾在1994赛季"双杀"过自己的四川全兴，联赛主场4连胜，以12分攀升至积分榜首位，也证明了球队赛季初喊出的"永远争第一"的目标绝非虚言。

　　为什么会提出"永远争第一"的目标？时任国安俱乐部董事长的王军坦言，国安是一流的企业，因此国安俱乐部也必须是一流的，而国安队的目标也必须是永争第一的，即使暂时拿不到冠军，目标也将永远不会改变。

　　6月14日，北京国安队的队歌《国安永远争第一》在工人体育场响起，这是国安俱乐部球迷部组建后的辛勤工作成果之一。当时的国安队正在甲A赛场上连连奏凯，京城球迷热情极高，球

迷部响应俱乐部领导的号召，在球迷当中征求内容积极向上、体现国安队团结协作精神的球迷歌曲。北京劲松职业高中的贾颖哲同学得知此事后，连夜赶制了自己词曲、自己演唱的录音带，这盘录音带就是国安队歌的最早雏形。后来，国安俱乐部听取各方面的意见后几易其稿，最终由张军作词作曲在极短的时间内完成了最终版的队歌《国安永远争第一》。

工体不败

　　五、六月份的北京，气温已经不低，而比气温更高的，是京城球迷的热情。国安队的主场全胜记录持续到了8月份，除了联赛的6连胜外，在足协杯上则取得了主场3连胜，分别击败了八一队、大连万达队和山东济南泰山队。联赛前10轮，国安队以22分领跑积分榜。在足协杯上，国安队也破天荒地主客场双杀大连万达，只是遗憾地在半决赛里点球输给济南泰山，止步四强。

　　比国安队的联赛、杯赛战绩更令人兴奋的，是球队在商业比赛中创造的"工体不败"神话。1995年没有世界大赛，让欧美豪门可以派出更齐整的阵容远赴亚洲，开启这片新兴的市场，而北京则是他们的"中国攻略"中最重要的一站，所以北京国安也在这一年迎来了诸多国外豪门的挑战。

　　5月17日，英超阿森纳队成为了当年"工体不败"中的第一个失败者。其实，从那支访问北京的阿森纳队身上，人们根本看不出什么"旅游团"的影子，这是他们与当时访华的大多数欧美俱乐部最大的区别。既然对手来真的，国安队还能赢吗？人们在赛前有这样的担心。但在比赛开始后人们发现，国安队依旧以一种永不服输的精神与对手周旋，甚至敢于对攻。金志扬在赛前通过讲三元

主裁判判罚 AC 米兰队马尔蒂尼犯规

8月8日商业赛北京国安（主）3比2弗拉门戈　国安队13号吕军防守罗马里奥

6月12日晚，王军、李士林、万进庆、贝卓华、刘文雄和教练组讨论与AC米兰的战术安排

6月14日商业赛北京国安（主）0比0AC米兰（点球3比4）

里抗英的故事来给球员们作的精神动员起了很大的作用。

6月14日，国安队在工体再战AC米兰，这是1994年两队首度交锋后的"续集"，原因是AC米兰方面不能接受一年前1比2落败的结果，于是凑齐了以马尔蒂尼、阿尔贝蒂尼、萨维切维奇、博班和马萨罗等最强阵容欲上门复仇。但这一次，纯主力出战的AC米兰也拿国安队没有多少办法，国安队尽管场面上比一年前被动不少，但防守层次有条不紊，并没有太落下风。在两队90分钟0比0战平后，AC米兰队凭借点球才取得了比赛的胜利，但这样一场勉强的复仇，也令这伙大牌球星们兴奋不已。

进入8月份，国安队又在两场商业比赛中1比1战平韩国现代老虎队（点球2比4负）、3比2战胜罗马里奥领衔的巴西弗拉门戈队，全年保持着商业比赛常规时间不败的纪录。

梦断广州

从9月3日到17日，短短两周的时间，就让国安队的甲A冠军之梦彻底破灭。

失冠的隐患其实在8月13日的第10轮联赛中就已经埋下。主场1比0战胜八一队，高峰对对方后卫肖坚的犯规换来红牌一张，也让国安队的这个3分得来的格外艰险。第11轮在广州的广东省体育场，国安队客场挑战广东宏远，虽然国安队当时在积分榜上位居首位，但也只领先上海申花2分，领先广东宏远3分，就是一场球的差距。

怕什么来什么。在最需要利用防守反击战术与对手周旋的这场比赛中，高峰无法出场，左后卫邓乐军也因为发烧而难以首发，在广州35℃的高温下，国安队只在比赛前30分钟掌握主动，但在上半场结束前被对手利用角球攻入一球后，国安队乱了阵脚。下半场，场面发生"一边倒"，曹限东和谢峰相继被主裁判出示红牌罚下场，国安

国安队11号高峰

队以0比3饮恨，在积分榜上直接滑落至第三位。

负于广东宏远队，除了严重打击了球队的士气外，负面影响也持续到了一周之后主场与山东济南泰山的比赛中，是役不仅曹限东停赛，后卫韩旭、谢朝阳和吕军也因为在广州吃到了累计第二张黄牌，无法参加和济南泰山队的比赛，这也难怪媒体和球迷会认为来自青岛的主裁判是刻意抓着有停赛隐患的国安球员亮黄牌的，为济南泰山队客战先农坛创造便利。

5名主力缺阵的国安队在主场1比1艰难逼平济南泰山队后，客战上海申花成了国安队1995赛季争冠的最后希望。但当时的两支球队已经处于两种完全不同的状态之下，徐根宝自从把范志毅推上锋线后，连战连捷，已经很难有球队可以阻挡他们的势头。而国安队在连续两场受挫后，球员们的信心已经受挫不少。虽然国安队在虹口体育场的这场巅峰对决中踢出了气势，但申花队依然凭借着谢晖的一记巧射取得了1比0的胜利。

10月1日国庆节，国安队主场1比1战平延边现代队，在积分榜上已经被上海申花甩开8分，夺冠希望基本化为泡影，而身后的济南泰山与大连万达也正紧紧追赶，国安队就连保住第三名都有了难度。

荣誉之战

"胜也爱你，败也爱你，"这句被京城球迷在这一年喊响的口号在国安队失去了夺冠希望后得到了印证。球迷们没有因球队夺冠无望而选择远离，他们看中的是子弟兵们永不服输的战斗精神。在战平延边现代队后仅几天，北京球迷组织的乘船赴大连客场助威的活动短时间内就受到了上千人的响应。

和上海申花在联赛中段的10连胜直冲冠军比起来，国安队在客场负于申花队后，虽然也取得了

9 场不败，但过多的平局耽误了前进的脚步。在赛季后半段，国安队有过一次来之不易的三连胜，分别在客场 3 比 2 击败四川全兴，然后又主场拿下辽宁队和广州太阳神队，但赛季的最后两个客场，又拿实力不强的青岛海牛队和八一队没有多少办法，连续两场各取 1 分。在联赛最后一轮开赛前，国安队积 39 分在积分榜上名列第三，与大连万达队同分，落后广东宏远 1 分。最后一轮比赛，如果能够主场击败广东宏远，国安队就可以获得亚军，倘若不胜，恐怕将以第 4 名结束这一赛季。

11 月 19 日的决战到来前，京城球迷掀起了扑票的热潮。先农坛体育场售票处外，提前两天就有球迷开始安营扎寨排队等待，等到售票前夜，购票球迷已经排出了数百米的长队，这令人震撼的一幕也令国安队的教练组和球员们受到了深深的触动。

决战开始了，全主力出战的北京国安队立刻

向对手发起强攻。第 27 分钟，高峰一记力道、角度十足的任意球令对方门将、国门区楚良无可奈何。上半场结束前两分钟，又是高峰门前抢点再下一城。第 65 分钟，高洪波反越位成功，机敏地利用单刀球把比分扩大为 3 比 0。

在主裁判王学智吹响终场哨后，以 3 比 1 取胜的国安队员们绕场一周向球迷致谢，球迷们也在这个初冬的夜晚用各种方式表达着心中的喜悦。在很多人的心里，这一夜的美妙程度并不亚于 2009 年的联赛夺冠和 1996 年的足协杯夺冠。

一个成功的赛季结束后，国安队所到之处充满了鲜花和掌声，球迷们疯狂地追逐着这一群城市英雄。1996 年除夕，北京国安队和上海申花队还受邀参加了中央电视台的春节联欢晚会，这也是中国职业足球俱乐部此前从未享受到过的待遇。

11 月 19 日联赛第 22 轮北京国安（主）3 比 1 广东宏远

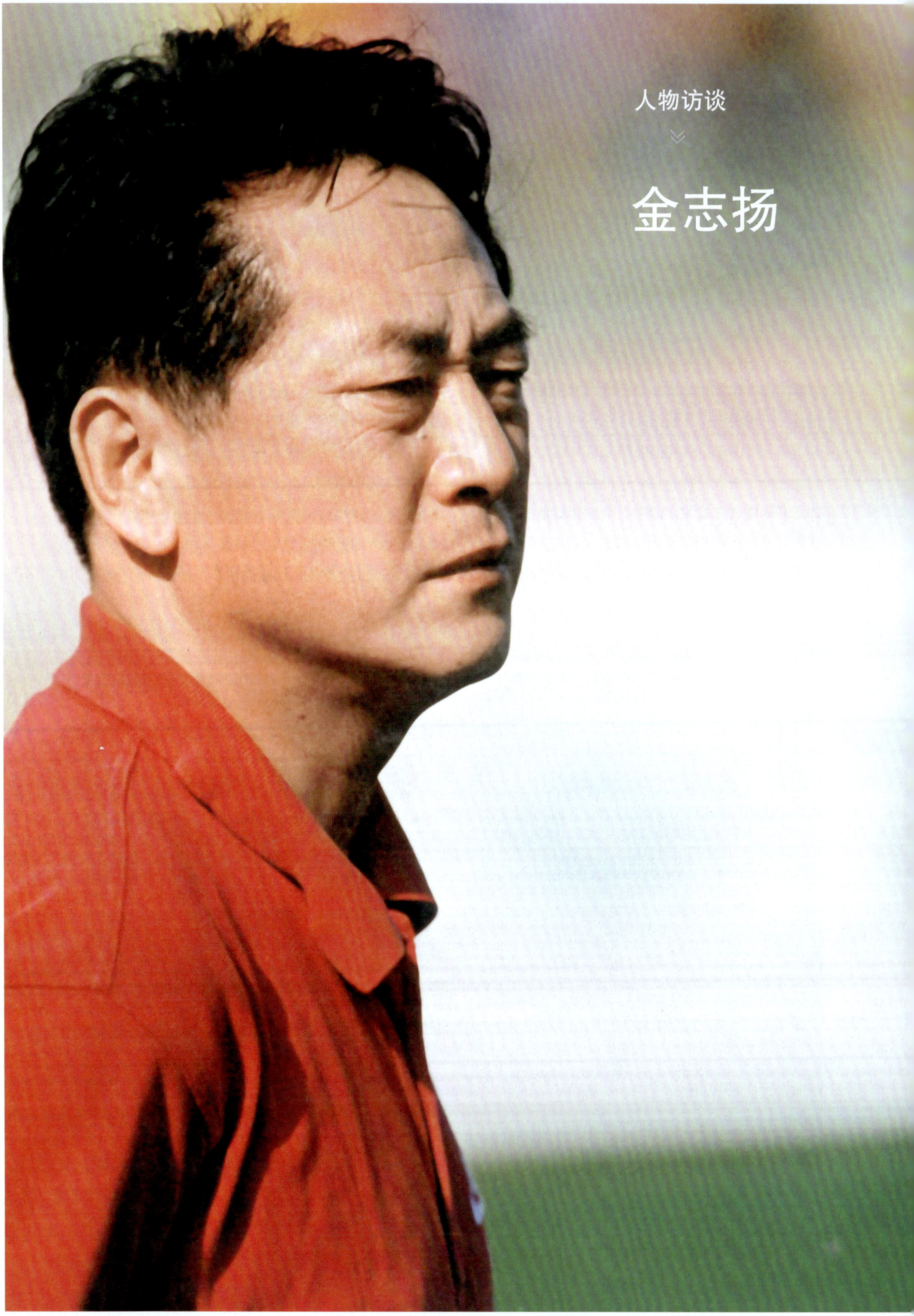

人物访谈

金志扬

国安给了我施展的机会

记者：职业联赛20年，人们最怀念1995年，球市是在那一年开始火爆的，北京国安也是在那一年大红大紫的，作为那一年国安的主教练，您也备受北京广大球迷的推崇，您是怎么走上这个岗位的？

金志扬：北京年轻球迷都是在那一年熟悉我的，但我那时做教练其实已经有20多年的历史了，之前在北京队当过主教练，还在1974年去世界屋脊西藏执教一年半。

记者：当北京队主教练时您有过一段不错的战绩，后来有一段时间沉寂了，什么原因？

金志扬：80年代我带着北京队打足协杯，打到决赛，面对当时的巨无霸辽宁队仅以0比1小负获得亚军，后来却下课了。我曾经被派往德国学习，当时我是作为培养对象送出去的，和我同去的李应发回来后便大获成功，李应发后来对媒体说"作为同学我感到金志扬一定是个好教练，只是后来没有给他机会"。我觉得不是成绩的原因，因为成绩摆在那里，主要是我这个人不善于处理人际关系，计划经济时代选择教练的是行政体制，人们形容我这个人"高高在下"，没有官职，地位虽低却不注意搞关系。所以我特别感谢职业化，这个体制更注重人的真才实学、优胜劣汰。1995年，当时北京市体委还没有全放手国安，也有一定的决策权，万进庆主任推荐我，李士林董事长也欣然同意。

记者：您接手的时候，国安队从成绩看还不是强队，12个队第8名在中下游，后来突然间提出"争第一"让人觉得有点儿托大。

金志扬：1995年联赛前中信董事长王军很重视，接见我们，我们表决心要甩掉第八的状态而保六争三，王军董事长说："我们要有高标准，要有争冠军的志气，今年不行明年，五年不行十年，但'国安要永远争第一'！"在工体开新闻发布会我把王董的意思传达出去，从此"国安永远第一"不胫而走、延续至今。

记者：1995年国安确实进步神速，后来虽然得了亚军，中国足协还是把国安评为进步最快的球队。

金志扬：这是多方面原因促成的，俱乐部重视、媒体宣传、球迷支持都是最重要的因素，而球队本身也在求变求发展，要脱颖而出和出奇制胜。我感到国安队不缺进攻型人才，高峰、高洪波、曹限东都是国内一流的，最要命的是防守，国安队缺少范志毅、徐弘、魏群这样的实力型防守人物，国安队员只能靠集体防守。另外守

门员需要防守范围大，我从延边队引进不被重用的符宾，并由原国门李松海精雕细刻。我冒险起用周宁、杨晨等新手，他们刚刚21岁经验少却有潜质，我还比较大胆地把谢峰、邓乐军变为进攻性后卫，把刚从新加坡归来的高洪波经常安排在下半场出场攻城拔寨……

记者：这些部署都显示了您思路的大胆与果敢。国安仿佛变了个样，在很长的一段赛程中独占鳌头，并连续战胜几支外国劲旅。这支绿色狂飙把多年来不景气的北京足球推向了一个狂热的时代。

金志扬：我觉得当时我挑选了一个比较好的班子，我感谢俱乐部放权给我，不仅在技战术上从不干涉我，在搭班子上也把权力给我。我后来把我们球队的领导班子简称为"群龙扬海"，"群"是杨群领队，他是个文化人，管理球队非常讲究人性化，而且有水平，他对那一年取得好成绩很有贡献，现在他早已离开足球圈从事民俗研究，我至今很怀念这个领队搭档。龙是郭瑞龙，我们从小就在一个球队，他善于动脑子而不张扬。李松海是国门，练守门员有一套，而且勤勤恳恳，把队里的吃喝拉撒睡都管理起来。那一年我们摸着石头过河，建立了职业化的一整套管理和奖惩制度。我们不断演绎国安精神，提出了"在中国人面前我们代表北京，在外国人面前我们代表中国""可以技不如人，不能人不如人""宁可被踢死，也不被吓死"，这种精神也广为流传，我们还提出"要想踢好球先要做好人"。那时候非正常手段获取不正当利益的现象已见端倪，但我顶住了，多少年过去了，国安俱乐部依然坚持这种风格。我还要特别感谢北京球迷，那一年成为我们当之无愧的第12名球员，当1995年最后一场北京国安战胜广东宏远获亚军，先农坛体育场内的北京球迷打开打火机，上万个火点如密布的繁星，北京人沉浸在一个友谊地久天长的氛围中。我和郭瑞龙、李松海热泪盈眶，我们为亚军和球迷的理解而欣慰，当然也为冠军失之交臂而遗憾。

记者：确实人们至今仍惋惜，也有人说如果早一点引进外援，1995年冠军就是国安的了。那年上海申花引进高嘉、瓦洛佳等实力外援，尤其高嘉的神勇，让申花领先一步。

金志扬：如果国安引进一个好后卫外援，一定会把上半年的优势保持到最后。可惜当时在"宁缺毋滥"的庄严口号下贻误了战机。今天我们看得更清楚，只要认真找好外援，怎么可能"滥"呢，他们肯定是扭转战局的力量。那时我们曾经为自己的全华班而骄傲，心里还觉得这是志气，现在看起来是北京人的保守。2009年如

75

果没有大马丁和乔尔，金隅篮球如果没有马布里、莫里斯，冠军连想都别想！这个失之交臂的冠军让我后悔不迭，当然进不进外援也并非我能左右。如果不是观念保守，完全有可能使北京足球获得职业联赛冠军提前14年，我也可以在我的教练生涯里拿到职业联赛的冠军，这个遗憾已无法更改，人总是有遗憾的。

记者：1995年、1996年、1997年，您干了三个赛季，欣慰很多，遗憾不少，可能最大的遗憾还是没拿冠军，这和1996年国安人才流失有关。

金志扬：1997年确实是又一次机会，两个得分手高峰、高洪波离开，快马人谢峰离开，杨晨出国，如果他们在，加上新引进的很实用的"三杆洋枪"，绝对有可能冲冠。

记者：您尽力挽留他们了吧？

金志扬：当教练的当然要尽力留住好球员，比如高峰，谁都知道他的威力，也知道他个性强的"浪子性格"，往往好球员都难于管理。在昆明海埂集训，各个队最头疼的是一些大腕儿的管理，对于他们夜里两三点回来，我

问过其他教练，有的教练生气地说："管他呢，管也管不住。"对高峰我确实有别于其他队员，但我绝不放纵，他凌晨两点回来我就等到两点，然后和他谈话，我怕他在外面出事。他提出转会，我和他谈，我说高峰你别走，在北京待着也许钱少些，但长远看不会吃亏，而且你到其他地方没人像我这么管你，我还做了他家长的工作，也留不住。事后看，寰岛开的价格的确诱人。高峰很有天赋，他就是为足球而生的，我当几十年教练，杨朝晖、李公一和高峰是最有天赋的，这样的球员太难遇到了。高峰离开北京以后确实走了下坡路，最近老男孩联赛，他的才华依然尽显无遗。他和我开玩笑，以后能不能到北理工踢前锋，我说我们只有低峰没有高峰。

记者：离开国安后您当过国家队教练，如今在大学当教练，还是很怀念在国安的时光吧？

金志扬：当然，我已经接近古稀之年了，北京运动队培养了我，国安让我有了最大的施展机会。在先农坛和国安是我一生最值得回味的年华！

简 报

中信北京国安足球俱乐部　　　第11期　　　1995年7月11日

国 安 永 远 争 第 一
——北京国安队队歌诞生记

"向着未来，噢，向着世界，去拼搏我们向往的荣誉；胜利永远属于你，国安永远争第一。噢，北京国安，我们永远支持你！噢，北京国安，我们永远热爱你！……"6月14日，在工人体育场，北京国安队对AC米兰比赛之前，北京球迷终于听到了这首歌词积极向上、旋律热情奔放的《北京国安队歌》。从这首歌的创意、策划到最后的定型制作等一系列的过程，都体现了众多国安人对自己球队的支持和热爱。

随着北京国安队在主场的连战连捷，甲A第一阶段的比赛已经结束。国安队一连串的胜利与俱乐部董事会的正确领导和全体将士的努力以及北京球迷的鼎力支持是分不开的。在俱乐部球迷部成立的两个多月里，京城球迷就以极大的热情参与到球迷部的各项工作中。其中，在众多热情洋溢的来信中都提到国安队应该有自己的队歌，并希望通过队歌缩短球迷和球员之间的距离，用歌声架起一座连接队员与球迷的桥梁。

其实，国安球迷部刚成立的时候，俱乐部的有关领导就曾多次表示必须要制作一首具有国安特色和体现国安精神的队歌。在歌曲创作的过程中，可以说是上下一致，一拍即合。俱乐部有关

领导指出：首先希望这首队歌在内容上一定要积极向上，体现国安俱乐部董事会团结协作的精神面貌，同时还要表现出董事会提出的国安队永远争第一的信心和愿望，并造合队员和球迷一起传唱；再有就是通过唱队歌能把看台上一些不文明的言行清理出球场。

俱乐部办公室考虑到足球队歌的特殊性，认为队歌最好能从球迷队伍中产生，既能唱出又能唱出自己的心声。同时，还能引起更多球迷朋友的共鸣。

俱乐部收到了大量的球迷来信，大家纷纷拿出自己创作的作品，来到俱乐部献计献策。其中，北京劲松职业高中的贾巍哲同学得到此消息后，立即连夜赶制了一首自己词曲、自己演唱的音带。这盘音带就是国安队歌的最早雏形。最后，通过入会球迷王文、余志刚等人的几经介绍和俱乐部办公室的挑选，并请示有关领导，确定北京现代人乐队来制作这首歌曲。现代人乐队主创者张军等人广泛听取有关方面的意见后几易其稿，在极短的时间内终于完成了现在的这首歌曲。

中国足协有关领导、北京市体委领导、中信国安总公司领导、北京市足协领导、国安足球队教练和队员、体育界知名人士、新闻记者等先后提出了自己对国安队歌的看法和建议。

在录制过程中，为了能让球迷在国安队对"AC米兰"队比赛前听到这首歌，现代人乐队的全体创作人员，冒着高温、加班加点，连续工作70多个小时，有时甚至吃住在录音棚内。需要说明的是在整个征集、创作、录制等过程中，大家甘于奉献，体现出对国安足球队由衷的热爱和支持。尤其是现代人乐队的歌手、乐手们以极大的工作热情，相继推掉一些商业性的演出，一心一意地录制队歌。正如队歌主唱沙宝亮所说："我也是球迷，只要国安队需要，我会尽最大的努力的。"这就是国安队忠实的拥趸。

通过大家的努力，这首中国足球史上的第一首正式队歌终于诞生了。当然此歌若想成为今后北京足球看台上的主旋律，还要看它能否真正为广大球迷和足球爱好者所接受。但无论如何，国安队歌的创作，为改变北京足球看台上除了"加油"就是"国骂"的现状，进行了一次积极有益的尝试。

相信通过广大国安队的支持者、热爱者们的不懈努力，国安队队歌一定会在北京人心中根深蒂固。

北京国安队队歌
北京国安足球俱乐部集体创意
（1995年6月14日）

作词：张军
作曲：张军
演奏：北京现代人乐队
主唱：沙宝亮

绿荫场上呼喊着你的名字，
绿色身影是我们的明星，
向着未来，噢，向着世界，
去拼搏我们向往的荣誉，
胜利永远属于你，国安永远争第一。
噢，北京国安，我们永远支持你！
噢，北京国安，我们永远热爱你！

全名单

∨

领　队：杨群
主教练：金志扬
教　练：郭瑞龙、李松海
队　医：双印

号码	姓名	年龄	报名身高/体重	备注
门将				
1	符宾	26	194cm/88kg	新加盟
22	李长江	26	188cm/79kg	
后卫				
2	刘建军	23	178cm/74kg	
3	谢朝阳	24	182cm/72kg	
4	韩旭	22	185cm/73kg	
6	姜滨	24	178cm/73kg	
7	谢峰	30	182cm/74kg	
13	吕军	27	178cm/71kg	
15	邓乐军	21	172cm/67kg	
19	谢少军	28	181cm/80kg	
21	董育	22	176cm/72kg	青年队提拔
23	吴春来	22	181cm/74kg	青年队提拔
中场				
8	曹限东	27	177cm/67kg	
9	魏占奎	22	174cm/74kg	
12	胡建平	31	178cm/61kg	
14	周宁	21	186cm/76kg	
16	李洪政	22	169cm/65kg	青年队提拔
17	闻春雨	22	180cm/77kg	青年队提拔
20	南方	22	179cm/72kg	青年队提拔
前锋				
5	郭维维	29	189cm/87kg	
10	杨晨	21	185cm/75kg	
11	高峰	24	178cm/67kg	
18	高洪波	29	178cm/70kg	

转会情况

转入	
姓名	原俱乐部
符宾	河北足协（租借）
高洪波	新加坡中哈鲁（租借回归）

转出	
姓名	新俱乐部
栾义军	八一（租借回归）
魏克兴	日本富士通（租借）
翟飙	四川全兴
杨庆九	北京首钢（租借）
金荣鑫	北京首钢（租借）
姚健	北京首钢（租借）
黎榕	北京首钢（租借）
窦继东	湖南金象（租借）

1996年

失之东隅收之桑榆

年度背景

中国国奥队在吉隆坡的大雨中完败于韩国队，让广大球迷通过职业联赛建立起来的自信心被瞬间击垮，尽管多地球市比起 1995 年更为火爆，尽管中国俱乐部依然可以在商业比赛中取得不错的成绩，但这些繁荣就像泡沫一样。

大连万达越发想证明 1995 年失掉联赛冠军是一场意外，全身心投入的他们用战绩证明了自己的绝对实力。而其他甲 A、甲 B 球队则将快速提升实力的途径放在了引进外援上。12 支甲 A 球队有 9 支聘请了外援，其中不乏欧洲前国脚的身影，甲 A 军备竞赛也因此进入高潮。

金志扬教练组

7 月 25 日商业赛北京国安（主）1 比 2 博卡青年 马拉多纳（左）和魏克兴（右）代表球队领奖

11 月 3 日足协杯决赛北京国安（主）4 比 1 济南泰山 国安队获得足协杯冠军

8月18日联赛第13轮北京国安（客）2比0延边现代　赛前球队合影

经典记忆

第一转会

梦幻般的1995赛季已经成为过去，被打造为英雄的北京国安队可以说已经享誉全国，京城球迷期盼着他们能够在战绩上更上一层楼。显然，无论俱乐部还是教练组和球员，都感觉到了肩上的压力，和一年前轻装上阵的感觉有着天壤之别。

北京国安引进了转会市场上的标王级人物（大）王涛？这则消息在1995年底传出时，没有多少北京球迷会当真，毕竟动辄60多万元的高额转会费很不符合国安队的引援政策，而且自从职业化开始以来，国安队也确实没有过大手笔从其他甲A俱乐部引进球员的先例，前两年引进的栾义军和符宾，所涉及的借调费用也不过几万元而已。

其实，1995年底的北京国安队是国内球员当中公认的好去处，尽管当时的甲A联赛俱乐部都没创办多久，但国安俱乐部的正规与稳定吸引着很多人的目光，加上令人艳羡的战绩和火热的京城球市，少不了球员毛遂自荐，所以那几年转会市场上热门球员的"绯闻"俱乐部当中基本都包括北京国安。但由于中国足协的转会制度直到1994年底才初步建立，各俱乐部又被1995年初黎兵、马明宇加盟广东宏远的势头吓了一跳，唯恐自己成为导致球队实力下滑的罪魁祸首，所以1995年底的中国足球转会市场开始遭遇严重的"护盘"，但凡有球员动了转会的心思，俱乐部、地方体委乃至当地政府就会联合出动，采取各种方式阻止转会，以保护本地的球市。

最初，有4名国字号球员与国安保持着联系。辽宁队降入甲B后，队中两位国家队中场姜峰和于明都联系了国安队，而国安队也急需他们的到来，以填补本队人手并不宽裕的中场，并为胡建平可能的退役作准备。但辽宁方面希望用一年时间打回甲A的决心已定，不准备放走一名球员，所以强留下了于明和姜峰；李红军也遭遇了类似的情况，延边俱乐部也不准备卖出这位在延边球迷心目中地位极其特殊的后防核心，苦苦挽留之后，达成了一年后再去国安的私下协议；至于魏群，则因为被1995年的那场"成都保卫战"弄得身心俱疲，有心加盟一支实力够强的队伍，他的出生地北京自然也是首选。但四川全兴方面吸取了一年前放走马明宇的教训，也终于把"魏大侠"留在了川中。

遭遇种种反悔后，国安队的内援目标就只剩下了（大）王涛一人。作为现役国脚，王涛是1994赛季大连万达队夺冠的主力，也是当时中国足坛为数不多的组织型中场，直传球是一绝。1995赛季，王涛成为甲A联赛里吃转会"螃蟹"的第一人，转会八一队，力压黎兵成为当年标王。但一年后人们才发现，大连万达队竟然正准备将他重新上报至名单当中，理由很简单：八一队并没有支付转会费。

和此后多起国安队在引进万达球员时的遭遇一样，王涛算是这一系列剧的第一幕主角。国安在和八一队谈转会的同时，万达在急召王涛归队，并闹到足协，希望扣除八一队在1995赛季一切有王涛参与的比赛积分以示惩罚。这也导致当时的一些专业体育报纸在同一天的版面上连发两稿，

一篇是国安与八一签署协议；另一篇是王涛被大连万达队成功注册……

好在足协最后判案时较为公道，认为大连万达用1995年的新转会政策细则来解决旧转会问题的做法不妥，并判定王涛转会国安的协议合法，至于他们和八一队的欠款一事，则由两家俱乐部另作解决。王涛成为国安俱乐部历史上第一位按照职业联赛转会章程引进的内援。

在引进王涛之余，国安队也召回了魏克兴和沈祥福两位老臣。魏克兴1995赛季在日本富士通队效力一年后，受到家人召唤，考虑到国内足球氛围的日益火爆，决意重回国安。而沈祥福在日本留学多年后回国，一度有意以广州松日队作为自己教练生涯的起点，但受到了北京市体委的挽

助理教练沈祥福

4月28日联赛第3轮北京国安（客）1比0广州松日　国安队9号（大）王涛

留，正式加入国安俱乐部教练组。

第一离队

　　有人来就会有人走，只不过那一年的甲A之中还没有敢于破坏江湖规矩的大款俱乐部，那些从专业队时代就开始常年相处的老牌俱乐部也很难做出私下挖墙脚、伤了和气的事情，所以转会更多的是卖方市场。而且除非去意已决，否则强队间的主力球员很少发生转会，更多的只是球员以提出转会威胁俱乐部，要求提升待遇。

　　凭借着1995赛季的出色战绩以及空前强大的内部凝聚力，国安队顺利保留了全部主力阵容，只有几位老将一度动了离开的心思。如即将32岁的胡建平，年初在是否退役的问题上犹豫了良久；28岁的吕军正式迈入老将大关，也正式越过足协规定的球员国际转会年龄关，他有心追随老队友魏克兴的脚步赴日本富士通队踢球，但在计划告吹后，"黑子"立刻收拾行囊前往昆明，决定继续为国安效力。

　　高洪波的问题最为特殊，尽管他的1995赛季非常完美，但在赛季结束后，他仍然一度酝酿离开，除了体能测试这道每年都要面对的关卡外，国安队的逼抢打法也有些让他力不从心，高洪波考虑过再赴新加坡，因为当地俱乐部实行的走训制可以方便他照顾家人。

4月5日友谊赛北京国安（客）1比2上海申花　国安队首发阵容

得知高洪波有意告别的消息后，京城球迷展开了声势浩大的挽留行动。面对俱乐部和教练组以及球迷的盛情挽留，高洪波终于在1月下旬决定继续留下来，并重新苦练体能，备战体测。

姜滨提出转会是在国安队的意料之外的，这位1993年全运会上冒尖的后卫刚刚25岁，但1995赛季的几次伤病令他在赛季后期已经被刘建军夺去了主力位置。如今魏克兴回归，可能成为国安队的新拖后中卫，这意味着姜滨将更加远离主力阵容。为了获得更多的出场机会，姜滨递交了转会申请，他的目标是八一队。国安俱乐部在挽留未果的情况下，同意放行姜滨。姜滨也成为国安队职业联赛以来真正放行的第一名球员。

国安俱乐部考虑到当时没有1977年龄段的梯队建制，后备力量薄弱的问题正在逐渐显现，所以在这年年初将大量1973年龄段的替补球员外租，希望借此积累比赛经验，尽早为一线队出力，这些球员包括姚健、吴春来、闻春雨等人，他们都在甲A或甲B获得了一定的出场时间。

外援之痛

国安队1996赛季的征程从1月20日兵发广东开始，比赛地是有"足球之乡"美誉的梅州。这项被命名为"梅视杯"的比赛邀请了北京国安、广东宏远、山东济南泰山和中国国家队参加。由于高峰、曹限东和符宾入选国家队，入围国奥队的杨晨、周宁正在进行奥运会预选赛前的最后集训，所以国安队参加此次比赛的目的主要是锻炼以董育为首的替补球员。

1996年甲A联赛的竞争主题已经变成了狠拼外援，甚至连甲B俱乐部都开始一次性地引来三四位外援试脚。在12家甲A俱乐部中，除了因为体制特殊而不聘外援的八一队，以及以本土化为方针的济南泰山队外，另10支都制定了外援引

● 10月31日
在中国足协公布的第一批球员转会名单上,出现了北京国安队员高峰的名字。

● 11月3日
国安队在工人体育场举行的足协杯决赛中以4比1击败山东济南泰山队,第一次获得中国足协杯冠军。
1996年底,在1996年全国足球工作会议上,国安俱乐部获得全国甲A联赛唯一一"精神文明奖"——"体育道德风尚奖"。

进计划。但相比之下,国安队是速度最慢的一个。当大多数球队从第1轮联赛起就派出2~3名外援出场时,国安队还依然停留在外援试训阶段。等到第3轮联赛结束后,国安队从俄罗斯招来的一个后腰和一个前锋才开始参加体能测试,但之后也没了下文。

斯科拉里的诅咒

由于国奥队兵败吉隆坡,让中国球迷觉得1996年的春天格外的寒冷,4月9日的工人体育场迎来高上座率,由于工体已经确定成为国安队的新主场,球迷们纷纷涌来沾沾喜气,也顺便送国安队出征新赛季——5天后球队将在昆明迎来1996赛季的第一场甲A联赛。

这天的对手是一年前的南美解放者杯冠军得主格雷米奥队,主教练斯科拉里基本带来了全部主力。由于要为周末的联赛首战留力,国安队对于这场比赛的胜负其实并没有放在心上,不仅进攻节奏不快,在防守中也很注意动作。但没有想到的是,主裁判在上半场结束前送给国安队一个有争议的点球,"帮助"主罚点球的谢峰追平了比分。下半场国安队再次落后,新援王涛连入两球,助国安队以3比2胜。而国安队能够逆转,也与主裁判在比赛中罚下对方一人有很大关系。

格雷米奥队没有想到裁判会在一场毫无意义的商业比赛中成为主角,以不服输和大嘴巴著称的该队主帅斯科拉里赛后异常愤怒,面对央视的镜头说出了"中国足球靠裁判永远进不了世界杯,Never,Never……"

4月9日商业赛北京国安(主)3比2格雷米奥 国安队8号曹限东捧起奖杯

国安退步了……

　　昆明的拓东体育场，对于每一名国安队员都不陌生，因为一年一度的体能测试就是在这里举行。虽然每年国安队都会花上至少一个月时间进行昆明冬训，通过在高海拔地区的体能储备来为新赛季打下基础，但是当昆明真正成为一支甲A球队的主场之后，每个人还是在心里产生了一丝畏惧。1996年初，八一队正式决定以昆明作为新赛季的主场，成为甲A史上第一支"高原球队"，而国安队则是第一支来此挑战的客队。

　　为了克服高原反应，国安队提前两天飞赴昆

明准备赛季首战，但真正到了比赛场上，国安队员才发现，这天的反应竟然最为严重。面对年轻气盛的八一队，伤兵满营、锋线只能由南方和李

5月5日联赛第4轮北京国安（主）4比0天津三星　国安队11号高峰第76分钟和第85分钟攻入两球

5月5日联赛第4轮北京国安（主）4比0天津三星　国安队11号高峰第76分钟和第85分钟攻入两球

洪政客串的国安队长时间处于下风，防线也在对方派上高中锋之后出现漏洞，最终以0比1失利，遭遇"开门黑"。

　　第2轮回到工体，国安队也没有真正的改观，面对实力只是保级队水准的延边现代队，国安队上半场的开局足够梦幻。但下半场风云突变，延边队凭借充沛的体能屡屡撕开国安队防线，不仅扳平了比分，还在比赛的补时阶段几乎再进一球，若不是邓乐军在门线上挡出必进之球，国安队的

4月21日联赛第2轮北京国安（主）2比2延边现代　国安队7号谢峰

工体首战将以失败收场。

国安退步了吗？人们开始有些怀疑，但谁也没有轻易下结论，毕竟三大国脚长时间没与球队合练，杨晨、周宁也没法出场，王涛尚处磨合期，都是开局表现不佳的原因。所以人们并不太担忧。

第3轮国安队客场1球小胜广州松日。第4轮在主场，北京国安队以4比0大胜天津三星队，创下一场比赛进球和净胜球两项纪录。比赛中北京国安队利用对方左后卫身后的空当，由高洪波、谢峰和高峰连入4球。其中一次谢峰长途奔袭50米射门得分，后来天津队守门员施连志出击时又飞身踹伤了高峰。第5轮，客场面对宿敌济南泰山，国安队在全面被动的情况下取得完败。第6轮，主场面对实力已经大不如前的广州太阳神队，国安的表现也不尽如人意，只靠着谢峰的点球以1比0胜出。而第7轮联赛对阵大连万达队，则让球迷真正意识到，国安队已经被甲A联赛的顶级球队甩开了距离。

新兵与老将

国安队的风格去哪儿了？球迷们开始严重质疑球队的退步，那句著名的口号"胜也爱你，败

也爱你"也被加上了第三句"不拼不爱你"。

受战绩不佳的影响，国安队战略性地放弃了周中与那不勒斯的商业比赛，专心备战周日主场与四川全兴一役。但这种放弃对于本身就人手不足的球队没有太多帮助。曹限东受伤，高峰也在随国家队访欧之后发烧难以首发，金志扬不得已将已经转型为拖后中卫的魏克兴提到后腰位置，身旁则辅以小将李洪政和南方。虽然国安是主场作战，但已经格外悲观的京城球迷还是在看台上打出了"保卫北京"的旗帜。

在这样的背景下，小将李洪政意外成为了英雄，打入了一球并制造了一个点球，在拼了82分钟后双腿抽筋被换下场，国安队在这种正能量的感染下也以3比1击败对手。人们原以为这场3比1会成为国安队的赛季转折点，但现实却是接下来又是一次连续3场不胜。

联赛第一循环最后一战，是上赛季冠亚军的对话，已经滑至积分榜第6的国安队真的输不起了。但在虹口体育场，人们从这支国安队的阵容中也着实找不到一个可以改变比赛的人物。虽然队员还是上赛季的那一批，但没想到几个月的时间就会发生如此明显的退步。

比赛的进程和上一场对广东宏远几乎一样：终场前3分钟，曹限东开出任意球至禁区，魏克

5月30日商业赛北京国安（主）0比3那不勒斯　两队合影

5月30日商业赛北京国安（主）0比3那不勒斯　双方队长交换队旗

6月23日联赛第11轮北京国安（客）1比1上海申花　国安队14号周宁

6月2日联赛第8轮北京国安（主）3比1四川全兴　国安队16号李
洪政第14分钟攻入一球

国安队21号林德诺

1996

兴这位场上唯一没有经历过1995赛季辉煌的国安
队员冲顶得手，帮助国安队拿到了重要的1分。

联赛上半段结束，多场比赛表现不堪的国安
队仅列第6，探究退步的原因，一方面是大多数球
队都通过引进外援提升了实力；另一方面则是国
安队连续一个多赛季不变的打法已经被对手了解，
加之532阵型从诞生之初就存在着容易被扼住中
场命脉的危险。

林德诺来了

6月25日的北京体育大学，举行了1996赛季
最后一次体能补测，也是最后一次颁发联赛上岗
证的机会。国安队两名球员参加测试，踢前锋的
是葡萄牙籍巴西人林德诺，踢后卫的那位在测试

时被经纪人称作斯劳勃丹。两人顺利通过体测开
始参加国安队的合练，这时人们才得知，这位斯
劳勃丹就是贝尔格莱德红星队1991年夺取欧洲
冠军杯的主力中卫马罗维奇。经过合练，国安队
教练组认可了两人的能力，但马罗维奇最终接受
了深圳飞亚达队的高薪合同，并很快就在联赛里
展现出了高人一筹的实力，令国安队的球迷格外
眼热。

好容易来了个外援，还是球队最不缺的前锋
位置，国安队的这一做法令京城球迷普遍不解。
但从数据表现看，1996赛季上半段国安队前锋乏
力也是不争的事实，高洪波饱受骨刺困扰，而高
峰整个半程联赛只有一场取得进球，小将杨晨重
伤初愈也无法指望。引进林德诺，除了需要他来
进球，也需要他使锋线球友产生危机意识。

7月21日，在足协杯主场大胜四川全兴队的

国安队 11 号高峰（左）、15 号邓乐军（中）、18 号高洪波（右）

比赛中，林德诺替补登场换下南方，只留下了一个越位在先被判无效的进球。此后的联赛和足协杯，林德诺也获得了一些出场机会，但没有贡献进球。他曾在联赛第12轮主场对八一队时制造了一个点球，但这个球却被国安队的"点球专家"谢峰罚丢。此后，随着高洪波和杨晨的复出，林德诺更多的是出现在板凳上。他留给北京球迷的印象就是一头卷发，以及很爱笑。但他缓慢的动作，与国安队的快速风格毫不相符。

夺冠之后喜与忧

那个奥运之夏，球迷们除了在国安队里第一次看到外援之外，最大的惊喜还是球队闯入了足协杯决赛。

足协杯半决赛对大连万达，国安队主场3比0获胜，客场比赛时，大连万达放手狂攻，上半场就以2比0领先，下半场王涛挺身而出，头球攻破老东家大门，北京国安淘汰大连万达，闯入足协杯决赛。人们感慨，国安队重金引进的王涛光是这一个进球就已经值回身价了。

从足协杯的赛场回来后，联赛后11轮的争夺开始了。虽然阵容比上半程齐整了不少，但缺少一个稳定的进球点却是那个阶段的国安队面临的最大问题，而在防守方面，国安队也没有得到质的提升，不仅被济南泰山队打破了工体不败的金身，也出现了令北京球迷久久不能释怀的耻辱丢球。在客场比赛中，这一阶段的国安队虽然有过靠防守反击两球击败延边现代队，以及靠高洪波的抢点从越秀山体育场凯旋的战例，但在球队努力向第三名发起冲击时，却遭遇连续两场客场失利，分别负于四川全兴和深圳飞亚达。特别是1比2输给深圳的比赛，主裁判将国安队的一个好

7月21日足协杯第3轮北京国安（主）4比0四川全兴 国安队6号魏克兴防守马麦罗

7月21日足协杯第3轮北京国安（主）4比0四川全兴　国安队8号曹限东

7月21日足协杯第3轮北京国安（主）4比0四川全兴　国安队7号谢峰

7月28日足协杯半决赛北京国安（主）3比0大连万达　国安队10号杨晨

9月1日联赛第14轮北京国安（主）4比2广州松日

贾庆林在足协杯决赛前接见并鼓舞球队。

11 月 3 日足协杯决赛北京国安（主）4 比 1 济南泰山　国安队 11 号高峰

国安队 6 号魏克兴（左）和 8 号曹限东（右）捧起足协杯冠军奖杯

国安队 11 号高峰（左）和 18 号高洪波（右）

球吹出，成为了比赛的转折点。

最后两轮联赛，为荣誉而战的国安众将没有为足协杯决赛留力，而是全力出击，连续击败广东宏远和上海申花，以第4名的成绩结束了联赛征程。

联赛落幕后一周，足协杯决赛在工人体育场打响，由北京国安队对阵不久前刚刚在工体赢下比赛的山东济南泰山队。当时的足协杯决赛单场定胜负，由抽签决定谁占主场。结果金志扬在8月8日的抽签仪式上抽得主场，为最后的夺冠奠定了初步的基础。11月3日的工体，一场大雾不期而至，导致下午3点的比赛都要提前打开球场大灯。这一天的工体座无虚席，国安队为了争夺1996赛季的最后荣誉而放手一搏。上半场，胡建平的两次传中帮助高洪波和高峰分别进球。下半

场比赛，济南泰山队追回一球，但毫不保守的国安队又由高峰利用突破，由邓乐军利用直接任意球分别得分，4比1，国安队用一场漂亮的胜利赢得了奖杯，队中从老将魏克兴到小将南方、杨晨，几乎都是第一次站在中国足坛重要赛事的最高领奖台上。

虽然夺冠的梦想实现了，但在庆祝之余，每名球迷的心中都不好受。因为在足协杯决赛开打前，高峰已经向足协递交了转会申请。京城球迷虽然组织起了较之年初挽留高洪波时声势更为浩大的挽留与签名行动，但却无法阻止高峰那一颗决意离开的心。

一个多月后，高洪波的离去也变成了现实，11月3日的那场足协杯决赛，成为了他俩国安生涯的最后一战。

国安俱乐部获得 96 全国甲 A 联赛 "体育道德风尚奖"

高洪波

记者：什么时候进入北京一队？

高洪波：1981年从崇文区体校进入了北京青年队，我的启蒙教练是徐根宝和王积莲。我进入北京青年队后，打前锋和前腰，当时的主教练是张志诚。1984年，我参加了亚青赛，获得了第22届阿联酋亚青赛的冠军。当时还没有最佳射手的称号，三场比赛我包揽了全队的5个进球。1985年，中国青年队获得了世青赛历史最好的第8的成绩。1986年，我进入了北京一队，当时的主教练是金志扬。我进入球队踢的位置相当于9号或者10号，跟杨朝晖、范士德、郭维和翟飙等人都搭档过。他们是中锋，在前面一些，我更多是策应和捕捉战机。

记者：国安俱乐部成立后，为什么选择去新加坡踢球？

高洪波：当时中国足球职业化刚刚开始，从专业到职业，大家还没有什么感受，职业化的意识很淡薄。新加坡也是刚搞职业联赛，吸引了巴西、韩国、日本的一批球员。1993年，我和国家队在新加坡打了一场比赛，对方就记住了我。于是对方就邀请我去，俱乐部这方面也是同意的。那时，我刚二十八九岁，想去尝试一下，就去踢了一年，获得了第三，拿了联赛最佳射手，帮球队拿到了足协杯冠军。踢了一年，感觉新加坡比赛还是竞争水平低，就想回来了。1994年，职业联赛渐渐火热，金指开始执教，他欢迎我回来，于是我就回来了。

记者：回到北京国安队后打的是什么位置？

高洪波：职业联赛刚开始，人员流动不像现在这么大。队里还是那些人，大家配合起来没问题。那时，郭维、翟彪打高中锋，高峰打右边锋，米乐（邓乐军）打左边锋。我的位置根据球队战术而定，基本是高快结合。门将符宾，后卫吕军、大宝子（谢朝阳）、韩旭、谢峰、胡老师（胡建平）也在队中。

记者：北京国安队的1995赛季怎么样？

高洪波：1995年职业气氛越来越好，比赛激烈程度越来越高。当时没有太多外援，北京国安也没外援，球队变化不大。1994年打了一个第八，1995年金指上来，也没有明确告诉全队目标，后来我觉得应该是保六争三。那几年，国安队打了AC米兰、阿森纳几场外战，打得很漂亮。我们的"小、快、灵"风格，也打火了球市。1995年也一度有争冠希望，直到联赛第5场输给了申花之后，才失去了夺冠希望。记得1995年联赛最后一场，北京10月的秋天很冷，但先农坛爆满，场面非常感人。那个时代的足球，给球迷带来了很多快乐。

记者：1995年取得亚军之后，俱乐部有什么奖励？

高洪波：那时不像现在，就是赢球后，俱乐部或者教练请大家吃个饭。那时请客就算是奖励了，我记得我们赢了AC米兰之后，俱乐部请客，点的饮料是粒粒橙。那时，粒粒橙这种饮料少见，全队点了百十来瓶。

记者：1996年，冬训情况怎么样？

高洪波：1995年就开始实行12分钟跑了，大家先要通过体能测试。我冬训的一半时间都是在跑步，那时田径队的毛老师带着我们几个体能困难户，天天练体能。体测是那个时代促进球队训练的一种督导方式，现在回头看对我是一种精神上的磨炼。小的时候训练刻苦，是在球技上，忽略了体能。从足球战术来讲，不同的位置，要发挥球员的不同长处。

记者：1996年，北京国安队搬家了，搬到工体了？

高洪波：1996年，我们搬入了工体的小白楼，当时搬家也没觉得有什么。还是对职业化没有明确认识，人事关系和档案就一起搬到了工体。那时大家心里就是踢球，对于球队作的决定只是服从。

记者：1996年，国安队的比赛目标是什么？

高洪波：1995年，国安俱乐部就提出了永远争第一。1996年，教练员就提出了冠军的目标。内援引进了（大）王涛，魏克兴也回到了队里。可这一年联赛，我们的起伏大，最终获得了第四。

记者：1996年，说说工体不败？

11月3日足协杯决赛北京国安（主）4比1济南泰山 国安队18号高洪波第21分钟进球

高洪波：那时的工体不败，指的是 1995 年外战不败。在联赛中，我们主场败了 1 场，输给了济南泰山队。过去说，国安队遇强则强，遇弱则弱，回头看还是实力问题，不能控制比赛。当时的上海、大连、广州和广东队都很不错。那时，金指要求我们，外战代表国家，所以大家都是全力以赴。印象中最精彩的外战是 1995 年夏天打阿森纳，那是我们踢得最漂亮的一场比赛。阿森纳是英超来华的第一支球队，那时一提起英超，就是第一流比赛。所以，打阿森纳，无论是准备还是过程，大家投入的热情都很高，不用调动。那场比赛，上半场双方 0 比 0，下半场高峰传中，谢峰进了一个。后来，吕军一脚吊射，英格兰门将希曼往门里退，退得太急，把脚踝扭了。我们打出了自己的特点，当然这跟对手不了解和轻视我们有关，而我们也是超水平发挥。

1996 年，我们外战打马拉多纳率领的博卡青年队，马拉多纳就是站着踢，不怎么跑，但谁也抢不下他的球，球感非常好，感觉我们真是有很大差距。那时，俱乐部对外战定位明确，就是为国争光，其重视程度超过国内联赛。那时，中国球员很少有机会跟外国球队比赛，大家都想上去，跃跃欲试的感觉。

记者：1996 年，北京国安队获得了队史上第一个杯赛冠军，足协杯决赛是怎样的场景？

高洪波：当时球队在联赛中没有夺冠可能性了，外界的批评很多。但球队内部还是以金指为核心，球员们全力支持金指，非常配合金指的工作。现在成为教练后，对比当时的队内气氛，我感受很深刻，当时球队没有受

到外界太多影响。那时，北京队好几年没有拿过冠军了，大家统一目标，把精力集中在联赛后的足协杯决赛，想要夺这个冠军。我们在联赛中输给了山东队，当时决赛能否取胜，全队心里都没底，只能全力以赴。我还记得，当时工体又是爆满。开场 5 分钟，我们利用角球机会，首开纪录。大家士气更高了。那个球是我进的，我在后点打了进去。这是我们平时演练的战术，教练安排我在后点，主要是看中我对落点判断强吧。我们 4 比 1 大胜，全队绕场一圈庆祝。当时我独自一个人站着，后来，有报道猜测我要转会了。

记者：北京球迷都很喜欢你，后来为什么要转会到广州松日俱乐部？

高洪波：足协杯决赛之前，我就跟俱乐部说了要转会。俱乐部挽留我，希望我不要走。我跟俱乐部领导李总说，国安培养了我，我非常感谢。我作为一个传统的中国人，骨子里还是受人点滴之恩当以涌泉相报。我的恩师徐根宝，是我足球生涯的领路人，那时他想让我过去帮他一下。我也到了运动生涯的后期，我要回报老师。李总也不希望我走，但对于这点非常理解，还是支持我。感谢领导。当时球迷也挽留我，我也很感谢他们对我回报恩师的体谅。

记者：回头看，北京国安是一支怎样的球队？

高洪波：从北京出来后，回头再看北京国安，感觉国安队的这种气氛，这种文化，是全国最好的。这是北京的文化所创造出来的一种球队文化。在队内，大家互相帮助，互相支持，全身心投入，都在为这座城市而比赛，而拼搏。

国安队 18 号高洪波

全名单

∨

领　队：杨群
主教练：金志扬
教　练：郭瑞龙、沈祥福、李松海
队　医：双印

号码	姓名	出生日期	报名身高/体重	备注
门将				
1	符宾	1969.05.06	194cm/88kg	
22	李长江	1968.12.01	187cm/79kg	
后卫				
2	刘建军	1972.05.29	179cm/74kg	
3	谢朝阳	1971.05.29	182cm/72kg	
4	韩旭	1973.09.28	185cm/75kg	
5	郭维维	1966.09.26	190cm/85kg	
6	魏克兴	1963.02.13	180cm/75kg	
7	谢峰	1966.04.09	182cm/74kg	
13	吕军	1968.01.09	178cm/71kg	
15	邓乐军	1974.09.08	172cm/67kg	
19	谢少军	1967.07.04	18 cm/80kg	
21	董育	1973.07.11	176cm/72kg	
中场				
8	曹限东	1968.08.19	177cm/67kg	
9	王涛	1967.04.09	180cm/75kg	新加盟
12	胡建平	1964.06.24	178cm/75kg	
14	周宁	1974.12.01	186cm/76kg	
20	南方	1973.12.15	179cm/72kg	
前锋				
10	杨晨	1974.01.17	185cm/75kg	
11	高峰	1971.04.22	178cm/67kg	
16	李洪政	1973.03.29	169cm/65kg	
18	高洪波	1966.06.29	180cm/69kg	
21	林德诺	1968.09.24	177cm/73kg	巴西人

转会情况

转入	
姓名	**原俱乐部**
王涛	八一
魏克兴	日本富士通（租借回归）
林德诺	葡萄牙莫雷伦塞

转出	
姓名	**新俱乐部**
姜滨	八一
姚健	八一（租借）
吴春来	深圳飞亚达（租借）
闻春雨	火车头（租借）
魏占奎	火车头（租借）

1997年

"三杆洋枪"来了

年度背景

这一年，中国足球的主题就是冲击法国世界杯。从上半年的第一阶段预选赛，到下半年的十强赛，从兵发中亚到远征西亚，中国国家队南征北战，可惜最后泪洒金州，无缘出线。戚务生执教的这届国家队集中了职业化改革初期中国足坛最具实力和特点的球员，堪称史上最强的国家队，可是最终中国队没能在积分有利的形势下乘势扩大战果，遗憾出局。

这次出局，对于刚刚火爆起来的甲A球市也是一次致命打击。被世界杯预选赛拆得七零八落的赛程导致不少比赛都被迫拖至冰天雪地中进行；而国家队在十强赛中的乏力表现，也让广大球迷心目中已经神化的职业联赛球星们被打回原形。

也是在1997赛季,前卫寰岛队以"钱喂队"的形象亮相甲A，并通过高价挖脚高峰，动摇了国安队职业联赛以来的阵容根基，而高洪波投身甲B追随恩师徐根宝，也让国安队的前场面临重组。

12月30日,冈玻斯在北京领取了"足球先生金球员奖"，成为甲A联赛的第一位"洋先生"

11月16日联赛第14
轮北京国安（客）0比0
济南泰山

4月6日第5轮北京国安
（客）0比0前卫寰岛

经典记忆

当工人体育场的大门重新打开时，1996年足协杯夺冠的金色一幕仿佛还发生在昨天。50余天的漫长休赛期，对于北京国安球迷是一种折磨，万人签名没能留住高峰，高洪波也在受到恩师徐根宝的召唤后南下广州，加入广州松日参加甲B联赛。另一方面，在1996年12月进行的亚洲杯上，国足再遭耻辱打击，国人通过职业联赛建立起来的足球热情受到了巨大影响。

综上所述，这个北京足球阔别多年的冠军，其延伸效应并没有预想的那般热烈与兴奋，反倒是"双高"的离去，开启了北京足坛人才流失的大门，并在此后影响数年。

在足协杯决赛的欢笑声过后，种种危机正在逼近着国安队。

俱乐部体制改革

随着足球体制改革的不断深入和市场经济的需要，北京市体育局和中信国安集团公司研究决定，并经北京市政府和中国国际信托投资公司批准，1月28日，中信国安总公司与北京市体委签订了国安俱乐部体制改革协议书，国安足球俱乐部变更为中信国安总公司直属经营管理，成为中国足协和北京市足协注册的体育产业组织，是具有独立法人资格的经济实体。双方于2月3日在京城大厦举行了签约仪式。这是北京市体育局在推进足球职业化改革进程中的又一大举措。

2月3日在京城大厦举行北京国安足球俱乐部体制改革协议签字仪式

变更后的北京国安足球俱乐部由北京市体育局和北京市足协对其实行行业管理和领导，国安俱乐部由王军任董事长，李士林任副董事长，张路任总经理，杨祖武任副总经理。俱乐部执行中

中信国安集团董事长李士林（右）与北京市体委主任万进庆（左）握手

总经理张路（左三）与青少部主任李洙男（左二）、教练王家溢（左四）合影

8月29日亚优杯第1轮北京国安（温州）8比0马尔代夫新雷蒂安特 总经理张路代表俱乐部向温州灾区捐款10万元

国足协、北京市体育局业务主管部门和北京市足协颁布的有关规定。这一改革适应了中国足球改革发展的需要，有利于北京国安足球俱乐部进一步向职业化、社会化、实体化发展。从1997年开始，俱乐部青少年梯队建设进一步落实，其中1979—1980年的青年队继续保留，又组建了1981—1982年的少年队，两队迁入条件更好的奥体中心食宿训练。三所足球学校中有两所办成了食宿、训练、学习三集中的寄宿制学校。其中，华星足校与110中学和昌平师范学校共建，华亚飞鹰足校与金盏乡合办，各方面条件大大改善。管理上从抓思想、抓纪律入手，实行半军事化管理，取得明显效果。

球迷部组织两次球迷与运动员联欢活动和三次赴大连观看世界杯外围赛活动，还组织了主场文明啦啦队，协助俱乐部完成了大量事务性工作。

海埂的迷茫

后防老将吕军在元旦的大婚，为国安队1997年的开端增添了喜气。一天后的工人体育场，球队开始了新年第一训。在高峰和高洪波离去后，这是一个让人难以安心的阵容，训练场上的4位新援，除了中场徐阳外，李红军、于光和王少磊都是边后卫出身。显然，这是一个变阵的信号，在1995赛季和1996赛季连续使用攻击型球员谢峰和邓乐军充当边后卫并大获成功后，套路已经被对手研究透了的国安队到了非变不可的地步，更何况5后卫阵型已经逐步被主流足球世界所淘汰。而且，解放出来的谢峰和邓乐军，对于正缺攻击型人才的国安队前场也是一个补充。

4位新援中，有"延边马拉多纳"之称的李红军是唯一来之能用的球员。虽然因为未能通过体能测试而错过了甲A元年的比赛，但李红军在1995赛季复出后一直是延边队的后防铁闸。其实

113

国安队的教练组早在1993年全运会上就打起了李红军的主意，并在1994年与AC米兰的商业比赛中将其临时借调来京，参与了那场至今令广大球迷难以忘怀的工体大捷。终于，在双方"眉目传情"长达两年后，李红军得以加盟国安队。而这也是国安队在这一年的转会市场上唯一的一场胜利——1996年底的中国足球转会市场空前火爆，数名国脚卷入其中，国安俱乐部一度接触过前锋郝海东、黎兵和中场韩金铭，但却连续成为输家，三人最后分别选择了大连万达、四川全兴和前卫寰岛。

内援引进连遭打击的国安队，不得不把唯一的赌注押在外援身上。而中信集团董事长王军在1月1日的球队致辞中提出"引进外援宁可多花钱，也要引进高水平球员"的方针，也彰显了俱乐部以洋枪实现阵容过渡的决心。

1月10日出版的《精品购物指南》头版以整版照片的形式报道了国安队外援抵达的新闻，4个大字"外援来了"格外显眼。京城球迷奔走相告，仿佛国安队已经正式和引进外援"宁缺毋滥"的年代说了再见。

这是国安俱乐部一次罕见的跨国团购外援的行为，助理教练郭瑞龙飞赴南美数周，一口气把两位乌拉圭和两位巴拉圭球员拖上了飞往北京的航班，还在当地留了一个备选方案随时待命。郭瑞龙这么做也是被逼无奈，在那个资讯极不发达的年代，如果不想被经纪人带来的外援试训团牵着鼻子走，唯有主动出击。但走出国门后又谈何容易？郭瑞龙1996年夏天就曾飞赴东欧为球队选过一次外援，结果来到罗马尼亚却发现当地联赛正处于休战期。后来郭瑞龙又去了趟巴西，但当地俱乐部"狮子大开口"的做法远远超出了国安队的承受能力。屡屡碰壁后，国安队将目光投向了乌拉圭和巴拉

国安队 17 号徐阳

有"延边马拉多纳"之称的李红军

圭，并在当地华侨的联系下，找到了相对靠谱的外援"供货方"。

1月9日，带着4名试训的南美外援，国安队的大队人马飞抵昆明海埂开始春训，这4个人是乌拉圭前锋达斯特斯、贝雷斯，巴拉圭后卫艾斯比诺拉和前锋罗德里格斯，每个人的报价都是10万美金租借一个赛季。接下来，就是一连串和外援有关的"黑色幽默"。

集体春训，是早期中国足球职业联赛中不可避免的一环，12分钟跑和折返跑是球员获得上岗证的必考环节，而外援也必须参测。中国足协为各队都安排了一个技术监督员督导春训，而每位球员"每天一个一万米"也成为了硬性规定。几个外援显然没想到要在中国受这种苦，两个乌拉圭人就这样成为了逃兵：抵达海埂仅3天，达斯特斯和贝雷斯就决定走人，因为身负轻伤的他们也被要求在田径场上走完一万米才能去休息，而且由于俱乐部的西班牙语翻译迟迟没有到位，使他们存在严重的沟通障碍。

得知国安的试训外援半数落跑的消息后，经纪人们立刻来了精神，争相把外援送到国安队的训练场边。巴西、瑞典、芬兰、中锋、中场甚至边后卫，年龄从22岁到35岁不等，超过7名外援在短时间内以过客身份短暂披上了绿色战袍，但却一个

国安队 18 号王少磊

也没能留下。直至 2 月 15 日体能测试结束，不少球队已经离开海埂后，国安队还专门安排了一场与广州太阳神队的热身赛，目的就是最后"统考"一把试训外援，结果还是一无所获。在球队回到北京后，就连此前一直位列热身赛阵容中的两位巴拉圭球员也没了踪影，因为在主教练金志扬看来，这两人与球队目前的国内球员水平区别不大。

就这样，风风火火的"外援热"在折腾了一番后迅速结束。在 1997 赛季甲 A 联赛第一版的报名表上，北京国安和八一、济南泰山是仅有的 3 支"全华班"球队。

"1997 赛季的北京国安，你真的准备好了吗？"国安队当年的随队记者董路在《足球》上撰文，表达了自己对于新赛季的担心。

阵痛期的"阵"痛

1997 年，对于中国社会、政治、经济都有着极为特殊的意义，在体育特别是足球领域也格外特殊。在中国国家队冲击法国世界杯预选赛的大背景下，甲 A 联赛成为牺牲品在所难免，区区 22 轮联赛，从 3 月 16 日踢到 12 月 21 日，其间有 3 次大间歇期和 6 次一周双赛，堪称史上最支离破碎的联赛，等到北京国安与上海申花在工人体育场争夺足协杯冠军时，日历已经翻到了 12 月 28 日。

放走"双高"，却只有甲 B 水平的引援质量，让年初的金志扬总是把"穷则思变"这四个字挂在嘴边，"由于现有人员已经不再具备继续踢快速反击足球的优势，我准备尝试 442 阵型来力拼中场，争取创造更多的进攻机会"。

从 532 向 442、451 阵型过渡，当然不是仅仅通过引进几个边后卫就可以解决的，从边后卫的助攻力度，到边前卫的协防，以及中后卫由盯人防守向区域防守的转型，对于已经被 5 后卫体系禁锢了

两年的国安球员无疑是巨大的挑战。海埂春训期间，苦练 442 阵型的国安队虽然 5 战 4 胜 1 平，但说明不了太多问题，金志扬在展望 1997 赛季时坦言，球队的实力也就在 5 名到 7 名之间。

3 月 9 日在深圳举行的超霸杯上迎战大连万达，国安队上下的心态格外平静。和万达队 6 名国脚辅以两名瑞典外援的豪华阵容相比，国安队将老将曹限东、魏克兴和王涛放在板凳上的做法几乎等同于提前放弃了比赛。但比赛的进程却远远超出了预想，终场 2 比 3 的比分，让国安球迷在遗憾之余得到些许欣慰。

7 天后的工人体育场，在 3.8 万球迷的注视下，国安队开始了自己甲 A 联赛 1997 赛季的征程。没有新外援，新内援也只有李红军一人首发登场，面对阵容实力已经大幅提升的四川全兴队，国安队根本没有取胜的底气。而且超霸杯上暴露的 4 后卫防守问题，也让金志扬被迫保守出招。这是一个极度怪异的 451，但也可以说是 541 或者

3 月 9 日超霸杯北京国安（深圳）2 比 3 大连万达 国安队 10 号杨晨

442。超霸杯上的首发右后卫吕军改打拖后中卫，首发右后卫变成了中卫出身的谢朝阳。赛前被预测要打前锋的谢峰，真实的站位成了右边锋，又

一度可以在右中场和右后卫的位置上见到他。

这种摇摆不定的阵型，体现了整支球队在战术体系上的摇摆不定。整场比赛国安队的最佳机会竟然由左后卫李红军完成，这是一件极为出人意料的事。在比赛以0比0收场后，几乎所有媒体都把攻防表现完美的延边小伙列为当场最佳球员，也证明了比赛的枯燥程度。赛后，《中国足球报》为这场比赛的评论写下的标题是"激情，你在哪里？"这也是京城球迷最想提出的问题。

国安队摇摆不定的足球在继续，7天后客场迎战实力已经远不如当年的广东宏远，重拾5后卫阵型的国安队干脆恢复了谢峰和邓乐军的双翼体系，但依然败走广东省体育场。赛后，金志扬承认球队的准备不够充分。而接下来，一周双赛的考验又将开始。

因为开局不利，等到国安队从广州返京，在工体迎战山东济南泰山队时，到场球迷已经锐减至两万，再次尝试4后卫体系的国安队终于取得了艰难的一胜，但比赛场面尤为难看。

频繁变阵，主力阵容难定，加上锋线最为倚重的杨晨颗粒无收，国安队急需增兵，而一高一矮、一黑一白两位洋面孔此时在北京刚刚通过体能测试，仿佛正是球队等待的救命稻草。

3月16日联赛第1轮北京国安（主）0比0四川全兴　国安队8号曹限东突破马明宇和魏群的防守

人荒初显

其实，1997赛季之初国安队缺兵少将的现实，并不逊于1998赛季上半段的"18棵青松"。"青松时代"虽然人少，但优势在于兵精，都是来之能战的硬汉型球员。而在1997赛季，球队的最初报名单只有20人，当时甲B出身的王少磊、于光尚未获得信任，徐阳也因为位置和战术限制而难觅机会，再加上刘建军、王涛、魏克兴、韩旭等人的轮番受伤，国安队一度只剩下十四五人应付比赛，这在频繁一周双赛的1997赛季简直是一种折磨。这原本是青年球员上位的良机，但因为1977年龄段梯队已留给威克瑞，导致毫无后援的队伍必须硬着头皮地面对联赛、足协杯和亚优杯的三线作战，所幸外援从联赛第4轮开始紧急救场，才遏制住了球队直线下滑的趋势。

肯尼亚人威廉·英加纳的出现很富戏剧性。这位身高1.82米的黑大汉与冈玻斯一起通过了体能测试，但因为他抵达北京时并没有带来任何能够证明自己实力的比赛录像带，所以不能和冈玻斯一样享受立即签约的待遇。正在此时，国安队中唯一的正牌中锋杨晨腿部拉伤，已确定无缘3月30日与八一队的比赛，于是给了英加纳机会。国安队火线与英加纳签订为期4个月的短工合同，然后就开始在传真机旁等待巴拉圭足协开出的转会证明函，这一等就是两天，直到3月30日与八一队比赛前的中午，英加纳的参赛资格才正式得到传真确认，金志扬也立刻把他列入球队当场比赛大名单。

可以说，3月30日是国安队外援引进史上的新纪元，不仅场上第一次同时出现了两名外援的身影，也是外籍球员第一次在国安队打开进球账

户。此后的两个多月，英加纳脚下活糙的弱点渐渐暴露，金志扬也始终没有给他太多出场机会。在客场1比5不敌大连万达队后，英加纳正式让位给卡西亚诺，结束了他短暂的国安生涯。英加纳在国安队不足百天的时间里，联赛一共出场269分钟，贡献了3个进球，还在足协杯上奉献两次助攻。多年之后，结束了职业生涯的英加纳去美国国际体育科学学院考取了健身培训证书，目前他在卡塔尔多哈的一家五星级酒店里担任健身教练，同时也是该酒店的安保部门经理。

国安队在1997赛季的第一次人荒发生在4月6日客场与前卫寰岛比赛结束后。金志扬带着符宾与曹限东驰援国足，参加世界杯亚洲区第一阶段预选赛，执行教练沈祥福开始负责球队的日常训练，并以主教练的身份带队参加足协杯。这段为期80余天的联赛间歇期，也被认为是国安队1997赛季的转折点。少帅沈祥福与助理教练郭瑞龙一起在这段日子里着力改进了球队在变阵442后的防守问题，开始采用区域防守结合盯人的战术，强调各位置间的补位，并要求中后场的防区整体前移，以求控制中场。

与此同时，56岁的守门员教练李松海也肩负起了特殊的使命——退役多年的他必须捡起老本行，随时做好登场比赛的准备。由于国安队该赛季只上报了两名守门员，在符宾被国家队抽调后，国安队在足协杯比赛中就只剩下了姚健一人。于是国安俱乐部向中国足协提出补报注册李松海的申请并获批准。就这样，国安队历史上年龄最大的注册球员诞生了，李松海以国安队替补门将的身份参加了5月份与辽宁双星队两回合足协杯比赛。幸好姚健在两场比赛中都保持健康，否则李松海56岁出场比赛的故事将写进中国足球史册。

三杆洋枪的价值

伴随着 5 月份足协杯的晋级，安德雷斯也正式加入到了国安队的阵营当中。

说起安德雷斯的加盟，倒也伴随着趣事。4 月下旬，安德雷斯和同乡马克一同来到北京试训，媒体从经纪人口中得知，安德雷斯来自巴塞罗那队，马克则是瓦伦西亚队球员，于是直接写到了报纸上。后来经过反复核实后发现，实际上来自

巴塞罗那队的是马克，但他真实的母队是在西乙联赛正陷入降级泥潭的巴塞罗那 B 队。而安德雷斯只是效力过瓦伦西亚市的西乙球队莱万特而已，他当时的真正东家是西丙联赛的塔拉戈纳队（在安德雷斯加盟国安同期升入西乙）。

尽管安德雷斯是货真价实的职业球员，但在那个互联网还没有兴起且国内媒体报道欧洲足球还比较业余的时代，履历无从深究的安德雷斯还是被扣上了"西班牙业余球员"的帽子，并在球迷以讹传讹的过程中变身为"卡车司机"，然后又被媒体信以为真。直到老安 2012 年底重返京城时，

6 月 14 日商业赛北京国安（主）0 比 0（点球 3 比 4）韩国现代老虎
国安队 23 号安德雷斯

7月20日联赛第10轮北京国安（主）9比1上海申花　国安队23号安德雷斯

依然有球迷津津乐道于他"从卡车司机变身国安射手"的励志故事。

安德雷斯的到来，让国安队有了前场进攻的支点，但球队进攻的立体化程度还有所欠缺。6月14日，在与韩国现代老虎队的友谊赛中，下半场替补登场的安德雷斯已经显示出了足够的杀伤力，令国安队一度对韩国劲敌形成围攻之势，可惜只开花不结果，双方在90分钟互交白卷后，国安队点球惜败对手。6月29日，甲A联赛重燃战火，客战天津三星队的国安队第一次摆出冈玻斯、安德雷斯和英加纳的洋枪"三叉戟"组合，但收效甚微，双方1比1战平。

阵容的磨合仍在继续，第7轮主场2比0战胜青岛海牛，进球源自两名非锋线球员李洪政和吕军的灵光乍现。而第8轮客场3比0完胜广州太阳神，则要拜泥泞的场地以及对方的澳大利亚

籍门将彼得的"大礼"，为"泥场英雄"英加纳带来一份长期合同。

7月13日，携两连胜的气势，已经在积分榜上爬到并列第二名的国安队兵发大连市体育场，力图与当年甲A的"超级舰队"大连万达掰掰手腕。当时的万达队赛季前8轮7胜1平，已经保持了42场甲A联赛不败的恐怖纪录，水平远远高出其他甲A球队一筹，但金志扬和他的队员们却毫无畏惧情绪。在赛前准备会上，金志扬特意在黑板上写下了"芝兰不以无人而不芳，君子不以穷困而改节"，以激励队员们踢出有骨气的足球。就这样，国安队从比赛第1分钟就与强大的对手打起了对攻，在第15分钟先失1球后，国安队的攻势更盛，尤以李洪政浪费的一个单刀球最为遗憾。下半场一开始，金志扬在20分钟连换3人，惊人地将手中的进攻球员杨晨、南方和英加纳全部派

7月12日联赛第9轮北京国安与大连万达比赛前一天适应场地。主教练金志扬在做赛前动员

123

7月20日联赛第10轮北京国安（主）9比1上海申花 国安队14号周宁

7月20日联赛第10轮北京国安（主）9比1上海申花 国安队24号卡西亚诺

7月20日联赛第10轮北京国安（主）9比1上海申花 国安队8号曹限东

7月20日联赛第10轮北京国安（主）9比1上海申花 国安队23号安德雷斯

7 月 20 日联赛第 10 轮北京国安（主）9 比 1 上海申花　国安队 11 号冈玻斯

7 月 20 日联赛第 10 轮北京国安（主）9 比 1 上海申花　国安队 24 号卡西亚诺

国安队14号周宁

7月10日联赛第8轮北京国安（客）3比0广州太阳神

上场，阵型接近于424。可惜这场惊人豪赌没有成功，郝海东在第67分钟把比分变成2比0，但冈玻斯在71分钟的进球又让国安队看到了希望，结果万达队在比赛最后17分钟连下三城，国安队以1比5惨遭"屠杀"。在赛后中国足协下发的技术统计单里，国安队全场射门20次，万达队是18次。在"该进险球"的数据里，国安是3，万达是0。万达门将韩文海当选全场最佳。

惨败之后，回到北京的金志扬忐忑地等待着媒体和球迷的声讨，但输球后的几天里，老金收获的却是一片鼓励之声。金志扬感叹："球迷们的态度让我感到意外，这更能说明，我们踢球永远不能忘了是在为球迷服务。无论胜负，必须踢出精彩的比赛才能对得起球迷。"

有媒体认为，客场惨败万达，是金志扬在"错误的时间，错误的地点向万达队发起的一次错误的冲击"；而在一周后，上海申花队主教练安杰伊

也同样拷贝了一次"三个错误"。作为接手上海申花队后的第一场比赛，安杰伊在对自己的球队和对手都缺乏了解的情况下贸然在工人体育场向东道主发起强攻，结果却招致惨痛的报复。

作为京沪大战"9比1"的主角之一，卡西亚诺早在赛前半个多月就抵达北京备战体测，并现场观看了联赛第7轮国安主场与青岛海牛的比赛。这位曾入选巴拉圭国家队的前锋用训练场上的表现征服了金志扬，而更令金志扬看中的，则是卡西亚诺、冈玻斯和安德雷斯迅速形成的默契，这三名同样说西班牙语的异国队友让金志扬看到了真正的希望。于是，9比1的屠杀就在毫无预兆的情况下发生了，创造了中国足球职业联赛的纪录（包括进球数最高，比分差距最大，上海申花队输球最多，北京国安队进球最多）。比赛过程再次印证了金志扬的名言："打申花不用动员"。本场比赛曹限东攻入1球，冈玻斯攻入2球，安德雷斯踢进3球，卡西亚诺也打入了3球。

1997年7月20日，这个疯狂的夜晚因为这个疯狂的比分而将永存于国安球迷的记忆中。

换血之忧

一场9比1，终于让1997赛季甲A联赛的主题有了些许改变。人们议论的不再是大连万达的长期不败，而是猜测国安队还能靠着这套无敌的外援组合创造多少神奇的比分？狂胜的记忆仅仅维持了4天，国安队就在延边遭遇小挫折。国安队遭到了延边队韩籍主帅崔殷泽的强硬足球，在连续两度领先的情况下都被对方前锋黄东春追平。

接下来的第12、13轮联赛，国安队连续取胜。球迷们彻底将"三杆洋枪"的联袂演出当成艺术欣赏。但洋枪的疯狂期也在这场比赛结束后彻底结束。国安队在甲A的夏季战役中8场比赛收获

8月3日联赛第13轮北京国安（主）4比1广东宏远　第80分钟卡西亚诺攻入一球

7月24日联赛第11轮北京国安（客）2比2延边敖东

17分，砍下24个进球。

甲A联赛随后再次进入长达100天的休赛期，金志扬带着国脚再赴国家队出征十强赛。这次的国脚征调名单上，除了符宾和曹限东外，又增加了李红军和谢峰的名字。

为了避免在接下来的1998赛季重蹈1997赛季的人荒覆辙，国安俱乐部在1997年的两次联赛休赛期间没少在补血方面动脑筋。在俱乐部管理层和教练组每周二18比30的例行晚餐工作会上，引援计划和补血方案是永远的主题。当时引援目标的重中之重是第三门将，早在当年5月，就已经与一位大连门将提前签约。另外，为了提早完成中场的换血工作，甲B湖北队中场张斌的名字也是每次必提。不过这一次的游说工作进行得不算顺利，张斌给出的答复是"赛季结束后再谈"。

结果湖北队在年底冲击甲A成功，导致身为核心的张斌加盟无望。

也是在休赛期，俱乐部完成了对"三杆洋枪"各续租一年的工作，俱乐部副董事长李士林在9比1后的晚餐会上曾提出要与卡西亚诺签订永久性转会合同的建议，"即使120万美元也要签"，但由于相关进展并不算顺利，导致卡西亚诺在国安队的身份依然是租借。

除了内引外联，摆在俱乐部面前最重要的问题还是梯队。由于中信国安总公司从北京市体委手中接手国安俱乐部时，只获得了国安一线队的球员，而二线队仍然留在体委，并与威克瑞公司合建成北京威克瑞俱乐部试图参加乙级联赛。再加上市体委明确表示国安俱乐部不能从市体委所属的芦城体校选拔队员，导致国安俱乐部的梯队

7月24日联赛第 11 轮北京国安（客）2 比 2 延边敖东　国安队 8 号曹限东

7月27日联赛第12轮北京国安（客）2比0四川全兴

8月3日联赛第13轮北京国安（主）4比1广东宏远　国安队23号安德雷斯

建设面临空前的尴尬。为此，俱乐部特意向当时的北京市副市长张百发写信，希望政府出面协调解决与威克瑞队的关系，争取让威克瑞队重新回归国安俱乐部帐下，为一线队进行有效补血。

在当年10月份的第八届全国运动会男子足球的比赛中，国安队与威克瑞队进行了一次有效的合作，组成北京队冲击奖牌。由威克瑞队提供全运适龄球员（1977年龄组），而国安队则贡献了谢朝阳、胡建平、魏克兴、周宁和吕军5名超龄球员。这届比赛，年轻的田野、杨璞和薛申给人留下了深刻的印象。北京队顺利杀入八强后，在八进四的比赛中被上海队2比1淘汰，最后获得第5名。也是在这届全运会上，18岁的徐云龙、17岁的邵佳一开始走进北京球迷的视野。

冬日的疯狂

当金志扬带着4名国脚重新归队时，已是11月中旬的初冬时节。国家队的金州之败直接将甲A联赛的火爆球市打没。而国安队在百天休赛期里打了10场足协杯、亚优杯和商业比赛，虽然比赛难度尚可，但强度不小，球队充满疲惫，而适应了西班牙或南美洲温暖气候的"三杆洋枪"，也发现严寒正在影响着他们的比赛状态。

11月16日至30日，甲A联赛突击进行了4轮，国安则因为亚优杯任务踢了5轮。从济南到石家庄到北京，再到青岛然后再回北京，国安队竟然变得不会进球了。国安队在第三阶段开始后的进

131

12月28日足协杯决赛北京国安（主）2比1上海申花

球荒竟然持续了 337 分钟，客场 0 比 0 平济南泰山，0 比 1 负八一，又在家门口与前卫寰岛互交白卷。

11 月 23 日，是高峰在转会前卫寰岛队后第一次回京比赛，2.8 万名球迷涌入工体，用不同的方式"迎接"这位昔日的"浪子"。可惜"三杆洋枪"遭遇对手严密的针对性盯防导致锋芒不再，国内球员则因为"外援依赖症"问题，导致自己射起门来也缺乏信心。而在对手方面，高峰依然用他的灵巧与技术戏耍着国安队的后卫们，工体的球迷们把嘘声送给了高峰，这嘘声同时也是在抗议激情不再的国安队。等到 7 天后在家门口再战天津三星时，工体的球迷人数锐减至 8 千人，比分也是平淡的 1 比 1，为国安队进球的是邓乐军。

尽管球队遭遇了严重的进攻问题，但在赛程频密的甲 A 收官战期间，已经没有了总结和整改的机会。在与天津三星队比赛结束后第二天，国安队就登上了飞往日本的航班。客场挑战 J 联赛的"绿军"川崎贝尔迪。

到了日本后，国安队很快就发现对手根本没有把自己放在眼里，无论是接待还是训练场地的安排上都充满着怠慢，导致国安队在抵达后的第一次训练被迫在马路上进行。日本媒体赛前放言在家门口赢国安 3 个到 4 个球，然后派替补到北京打客场。这种轻敌的心态显然是金志扬乐于看到的，他在川崎贝尔迪的主场让安德雷斯突前，身后则是影子攻击手谢峰和南方，再后面是周宁与冈玻斯，在立足

11 月 16 日联赛第 14 轮北京国安（客）0 比 0 济南泰山　国安队 20 号南方

防守的前提下大打防守反击，最后靠着周宁和冈玻斯的进球完成了客场 2 比 0 的大捷。

8 天后的工人体育场，国安队再次让川崎贝尔迪缴械。这一次，金志扬赛前准备会上大讲抗战故事，把"三杆洋枪"说得热血沸腾，这才有了安德雷斯开场后的疯狂"三连铲"，以及南方在进球后的忘我狂奔。

当然，国安队的冬日疯狂还没有结束。在以 1 胜 2 平 1 负的平淡战绩结束联赛最后 4 轮征战后，球队的赛季最后一场比赛是 12 月 28 日在工体与上海申花争夺 1998 赛季中国足协杯的冠军。安杰伊显然不满足于不久前在虹口体育场的 2 比 1 小胜，他迫切希望在 9 比 1 的诞生地完成正式的复仇。寒风中，申花队很快就给国安队来了一个"下马威"，邓乐军开场 5 分钟头球回传失误，让申花队 1 比 0 领先。好在国安队重新稳住心态，由卡西亚诺在第 35 分钟追平比分。第 80 分钟，南方禁区内的补射完成逆转，国安队成为第一支卫冕中国足协杯的球队。比赛结束后，上海媒体集体发难，质疑本场主裁判、来自韩国的金永洙的判罚。但几天后，央视的体育新闻回放了国安队两个争议进球的越位角度画面，证明了助理裁判判罚的准确，国安队的夺冠实至名归。

12 月 11 日亚洲优胜者杯第 3 轮北京国安（主）1 比 0 川崎贝尔迪　国安队 20 号南方

12月11日亚洲优胜者杯第3轮北京国安（主）1比0川崎贝尔迪
国安队14号周宁防守三浦知良

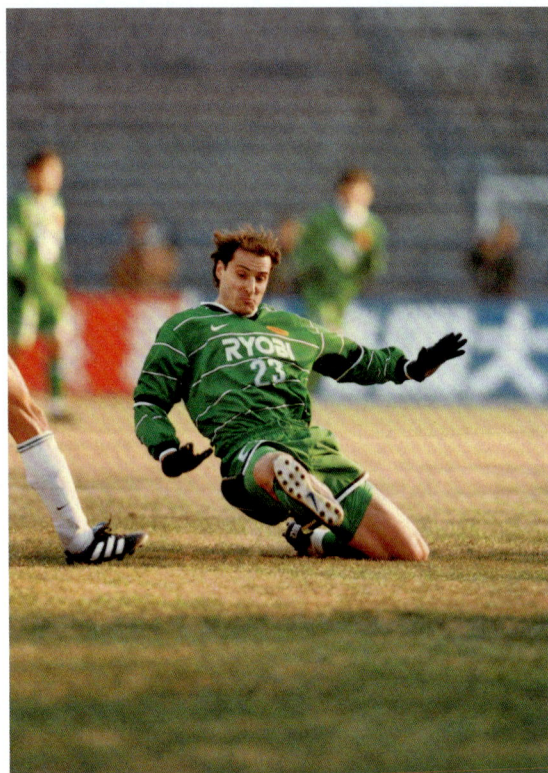

12月11日亚洲优胜者杯第3轮北京国安（主）1比0川崎贝尔迪
国安队23号安德雷斯"三连铲"

12月28日足协杯决赛北京国安（主）2比1上海申花　现场2比1的比分牌

12 月 28 日足协杯决赛北京国安（主）2 比 1 上海申花　国安队员举起冠军奖杯

12 月 28 日足协杯决赛北京国安（主）2 比 1 上海申花　"三杆洋枪"夺冠后合影

12 月 28 日足协杯决赛北京国安（主）2 比 1 上海申花　卡西亚诺攻入扳平比分的一球

安德雷斯

记者：你当年怎么会想来中国踢球的？

安德雷斯：和一般足球经纪合约没什么不同。有朋友介绍我去国安，我就上了来中国的飞机。那时的欧洲人对中国足球甚至这个国家几乎一无所知，但这对我都不是问题。很简单，我喜欢踢球，也喜欢冒险。事实证明，那是我职业生涯中作出的最重要的决定。

记者：对国安和中国足球的第一印象是什么？

安德雷斯：刚到北京的那个冬天，发现这边的气候又冷又干，对于一个长期住在海边的人来说很难适应。其实更多的是惊喜。没有朋友、语言不通都不是问题。北京的文化吸引着我，这里球迷的热情像热腾腾的火锅一样温暖着我。加盟国安几天之后，我就知道这是值得我珍爱一生的球队。尽管当时中国职业足球的发展有很多让人不适应的地方，但我知道这是一个刚刚起步的联赛，需要理解和支持。因此除了踢好脚下的球，我从未有过太多的想法。

记者：你在国安的两个赛季间打入33球，在国安俱乐部20年历史上排名第5。

安德雷斯：实话实说，我加盟国安之前，在西班牙联赛中不算非常出众的前锋。在国安的两个赛季是我职业生涯中进球进得最爽的两年。更别说进球帮助球队取得好的成绩，拿冠军。因为效力过国安，我敢说我的职业足球梦想实现了。

记者：你的进球帮助国安第一次拿到了超霸杯冠军。

安德雷斯：在决赛进球的感觉的确不一样。我有时会把自己在国安踢球时的进球集锦拿出来看。每次看都会流下眼泪，那是对荣誉、对北京、对年轻时代的美好回忆。现在看，冠军反而不那么重要。回忆起当时在场上拼搏的每一分钟，仍能让我激动不已。

记者：其实你在国安最被人津津乐道的是亚优杯上那三次飞铲。

安德雷斯：哈哈，确实是，我这辈子只在场上"疯狂"过那么一次。赛前金志扬教练鼓励全队和对方拼命。我能听懂的不多，但之前听过中国和日本之间的民族矛盾，完全能够理解那场比赛的特殊意义。西班牙人最爱打"浪漫战争"。我闷着头不说话。第一次飞铲就激怒了对手，但我的注意力都集中在球上，而后第二次、第三次……现在看当时的动作确实太大，但不知裁判为何没有吹犯规，或许他也被我的凶狠吓住了。

记者：金志扬指导给你留下怎样的回忆？

安德雷斯：金志扬是我足球生涯中遇到的最有个性的教练。西班牙缺少像他那样做事雷厉风行的人。和金

志扬合作让人感觉非常痛快，有干劲。他是个非常喜欢说话的人，要和每一名球员单独谈话，包括外援。他给人的信号就是，这个球队由我做主。这非常不容易。我喜欢他的战术风格，简洁明快。球员执行起来不需要想很多，但必须有干劲。如今很难找到像他那样会鼓动比赛气氛，激励球员拼搏的人了。如果我带队，也会学他。

记者：你的队友中哪位对你影响最深？

安德雷斯：冈玻斯和卡西亚诺与我的直接交流更多，毕竟没有语言障碍。但国安的中国队友都给我留下了深刻的印象。他们是一群友善、充满关怀的人。虽然中国职业足球的历史不长，但我敢说那是一群不亚于欧美人的高水平球员。其中对我影响最深的是曹限东。我这辈子共事过的8号球员中，他是最优秀的。曹限东踢球非常聪明，他的左脚技术不亚于任何一名西班牙中场。球员在场上的交流是不需要语言的，我至今还记得接到他传出的任意球是多么的舒服。

记者：但是包括曹限东在内的许多队友在第二个赛季离开了国安……

安德雷斯：这也算是中国联赛走向职业化和商业化的表现吧。没有唯一的俱乐部，也没有唯一的球员。作为职业球员，必须接受改变。改变自己，适应新的环境和新的战术。

记者：沈祥福和金志扬有什么不同？

安德雷斯：沈祥福教练刚上任的时候非常年轻，但完全具备带领一支球队的成熟经验。他的个性和金志扬完全不同。金志扬高声大语，非常直爽，沈祥福稳重老成，不喜欢说话。他更喜欢让球员在训练比赛中体会他的心意。两人的战术风格区别也很大：金志扬强调攻防速度、拼抢和决定性攻击。沈祥福更喜欢球员多传递，战术更细腻。第一年我将更多的精力用在抢头球上；第二年我的脚下技术得到了更多发挥。我这一生，再没有一名教练比沈祥福给予我更多的信任。

记者：1998年国安的一线球员人数只有18名，但凭借顽强的精神取得了好成绩。

安德雷斯：的确。必须说，1998年国安队的阵容实力，尤其是技术水平不及头一年。曹限东、邓乐军等传球好手都离开了球队，我们必须寻找新的技术核心。但我没有感觉发挥受到影响，因为我、卡西亚诺和冈玻斯的配合依旧娴熟，我们仍然在进球。补充进入一队的那些年轻人也非常努力。虽然我记不清他们的名字，但那段大家共同克服困难的岁月我永远不会忘记。

记者：然而最终国安并没有与你续约。你当时感觉

失望吗？

安德雷斯：一点儿也不。职业足球联赛，你加盟或离开一支球队，不能问太多为什么。我直到现在也不明白为何当时俱乐部不愿让我留队，但我也不会再去想它。之前两年在国安的经历已经足以让我一辈子都当国安人。即便之后我又通过上海浦东重新涉足中国足坛，虽然他们对我非常好，但不能改变我对国安的依恋。

记者：你这次重回北京，重回工体，感觉如何？

安德雷斯：感觉像做梦一样。北京的街道全变了，但工体没变，国安的球迷没变，老朋友们都没有变。我一下子年轻了20岁，就像离家多年的孩子重新回到了故乡一样。那种复杂的情绪，难以用语言形容。我太太阿

安德雷斯和家人

140

松此前从未到过中国，但被国安球迷对我的那份爱、我对北京的那份感情深深震撼了。我们登上回西班牙的飞机，就好像要离开自己的家。我几乎一路都在流泪，以至于到了巴伦西亚机场，都不敢相信自己又离开了中国。

记者： 但北京永远欢迎你回去做客或者工作。

安德雷斯： 只要国安需要我出一份力，我绝对义不容辞。无论教练、球探还是其他与足球相关的工作，我都能一力承担，而且绝对负责。需要我到北京工作，我会立刻买机票。说千道万，我还要衷心感谢国安俱乐部能邀请我回北京重聚。我这辈子值了。

12月28日足协杯决赛北京国安（主）2比1上海申花　安德雷斯和金志扬合影

关于球迷部工作人员任命的俱乐部文件原件

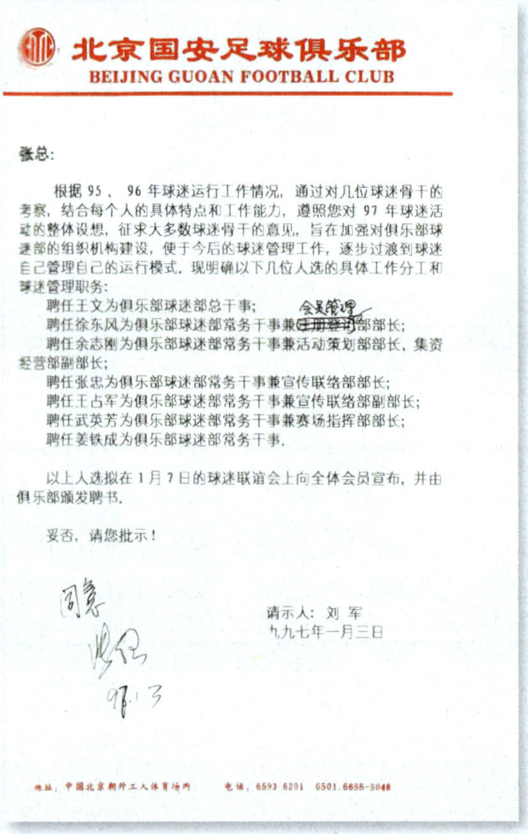

北京国安足球俱乐部
BEIJING GUOAN FOOTBALL CLUB

张总:

　　根据95、96年球迷运行工作情况，通过对几位球迷骨干的考察，结合每个人的具体特点和工作能力，遵照您对97年球迷活动的整体设想，征求大多数球迷骨干的意见，旨在加强对俱乐部球迷部的组织机构建设，便于今后的球迷管理工作，逐步过渡到球迷自己管理自己的运行模式。现明确以下几位人选的具体工作分工和球迷管理职务：

　　聘任王文为俱乐部球迷部总干事；　　　会员管理
　　聘任徐东风为俱乐部球迷部常务干事兼注册登记部部长；
　　聘任余志刚为俱乐部球迷部常务干事兼活动策划部部长，集资经营部副部长；
　　聘任张忠为俱乐部球迷部常务干事兼宣传联络部部长；
　　聘任王占军为俱乐部球迷部常务干事兼宣传联络部副部长；
　　聘任武英芳为俱乐部球迷部常务干事兼赛场指挥部部长；
　　聘任姜铁成为俱乐部球迷部常务干事。

　　以上人选拟在1月7日的球迷联谊会上向全体会员宣布，并由俱乐部颁发聘书。

　　妥否，请您批示！

　　　　　　　　　　　　　　　　　　请示人：刘 军
　　同意　　　　　　　　　　　　　　一九九七年一月三日
　　97.1.3

地址：中国北京朝外工人体育场内　　电话：6593 6201　6501 6655-5048

全名单

∨

领　　队：杨群
主 教 练：金志扬
执行教练：沈祥福
教　　练：郭瑞龙、李松海、沈祥福
队　　医：双印、张阳

号码	姓名	出生日期	报名身高/体重	备注
门将				
1	符宾	1972.08.22	194cm/88kg	
22	姚健	1973.06.06	190cm/86kg	新加盟
0	李松海	1941.11.06	—/—	名单补报
后卫				
2	刘建军	1972.05.29	179cm/76kg	
3	谢朝阳	1972.11.11	182cm/73kg	
4	韩旭	1973.09.28	185cm/75kg	
5	李红军	1970.01.23	168cm/63kg	新加盟
7	谢峰	1966.04.09	182cm/73kg	
13	吕军	1968.01.09	178cm/70kg	
18	王少磊	1971.11.18	183cm/70kg	新加盟
19	于光	1975.05.21	182cm/75kg	新加盟
中场				
6	魏克兴	1963.02.13	180cm/75kg	
8	曹限东	1968.08.19	176cm/65kg	
9	王涛	1967.04.09	180cm/72kg	
11	冈玻斯	1970.08.11	176cm/69kg	巴拉圭人
12	胡建平	1964.06.24	178cm/74kg	
14	周宁	1974.04.02	188cm/85kg	
15	邓乐军	1971.09.18	174cm/66kg	
16	李洪政	1973.03.29	169cm/65kg	
17	徐阳	1974.06.06	183cm/73kg	新加盟
20	南方	1973.12.15	177cm/72kg	
前锋				
10	杨晨	1974.01.17	185cm/75kg	
21	威廉·英加纳	1969.03.13	185cm/78kg	肯尼亚人
23	安德雷斯	1967.03.14	194cm/85kg	西班牙人
24	卡西亚诺	1970.08.13	179cm/74kg	巴拉圭人

转会情况

转入		转出	
姓名	原俱乐部	姓名	新俱乐部
李红军	延边敖东	高峰	前卫寰岛
王少磊	河南建业	高洪波	广州松日
于光	大连顺发	李长江	上海浦东
徐阳	八一	董育	火车头
姚健	八一（租借期满）	林德诺	离队
威廉·英加纳	塔夸里（巴拉圭）	郭维维	退役
冈玻斯	奥林匹亚（巴拉圭）	谢少军	退役
卡西亚诺	奥林匹亚（巴拉圭）		
安德雷斯	塔拉戈纳（西班牙）		

1998年

"十八棵青松"摘季军

年度背景

国家队告别法兰西，中国足球开始了一个4年周期的新轮回。英格兰人霍顿接手国足和国奥，中国足球开始尝试走英式路线。而在甲A联赛中，韩流却意外成为主体，从金正男到朴钟焕，再到车范根和李章洙，韩国教练大举进军中国俱乐部。

红火了3年的甲A球市开始受到负面新闻的冲击，"金哨"陆俊联赛首轮即被曝出收受黑钱的丑闻，这起官司在当时以陆俊的胜诉而告终。而贾秀全同年抛出的"3号隋波"，则掀起了另一股轩然大波，让人们意识到中国足球的水其实很深。

留学巴西的健力宝青年队正式学成归来，为甲A联赛带来了新鲜的正能量。而中国球员也在这一年勇敢走出去，杨晨在德甲掀起中国热，范志毅和孙继海则加盟水晶宫，还有李金羽签约法甲南锡，中国足球迅速组建了自己的"海外兵团"。

工体看台上的国安小球迷

3 月 13 日超霸杯（温州）
北京国安 2 比 1 大连万达

北京国安足球俱乐部
北京威克瑞足球俱乐部   签 字 仪 式

4 月 30 日国安俱乐部与
威克瑞俱乐部签署协议，
北京国安以 1200 万元的
价格收购北京威克瑞队

147

经典记忆

　　1月19日的工体，新赛季重新集结的北京国安队已经几乎凑不出一个完整的首发阵容。

　　因为1997年足协杯决赛的"拖堂"，导致接下来的寒假格外短暂。23天前，那群还在这里身披金衣忘情庆祝的年轻人，转瞬间已经变得有些陌生起来。过去的20多天，沪媒带头掀起的声讨裁判的"口水战"占据着国内足球专业报纸的头版，着实让并不理亏的京城球迷心烦。而更让人心烦的，则是多位球员的转会申请被陆续递交到了俱乐部总经理的办公桌上。

　　就在国安队足协杯夺冠几天之后，符宾的名字出现在足协公布的转会榜上。而到了1月中旬，这份名单中又增加了曹限东、邓乐军和谢峰的名

字，再算上因为远离主力位置而希望以租借身份加盟他队的王涛和刘建军，以及退役的魏克兴和赴德留学的杨晨，国安队给外界以大乱的感觉。当然，"乱"不仅体现在国内球员人心思动方面，就连3位已经完成续约的洋枪也有些乱——俱乐部规定3人返华的时间是2月1日，结果经纪人转述时却莫名其妙地变成了2月11日，使得3人必须重新订票。

　　匆忙换帅，人心思动，引援受挫……仿佛1998年将成为国安队的危机之年。

来来往往

"国安让寰岛给盯上了"，这成了1998年初足球圈公开的秘密。1997年，高峰和姜滨的重庆生活让不少国安队友心生羡慕，而前卫寰岛队也大力欢迎更多国安球员来投奔，毕竟这是一件关乎两队实力此消彼长的事情。前卫寰岛队在甲A的第一个赛季位列积分榜第5，俱乐部提出1998赛季的目标是前3名。

在前卫寰岛队1998赛季初的主要收购名单中，除了彭伟国外，其他重点人选都来自国安队。最早敲定的是符宾，他的加盟可以让寰岛队不必在门将位置上浪费外援名额。接下来，寰岛队的主攻目标变成了曹限东和谢峰，这两位国安老将也已经基本下定决心远赴重庆。但恰在此时，意外发生。由于中国足协在1997年底修改了转会规则，使得球员已经不再具有主动选择加盟俱乐部的权利。一旦球员决定上榜，其他俱乐部就有权按照前一赛季的联赛排位顺序"截牌"。因此，除非球员和心仪俱乐部做好其他俱乐部的工作，否则就会发生抢人事件。

就这样，曹限东成为了这一规则的最大牺牲品。由于前卫寰岛队把符宾作为第一摘牌目标，导致该队在第2轮摘牌时的排位靠后。而青岛海牛队为了报复之前前卫寰岛队挖墙脚该队主教练刘国江的做法，决定截下寰岛的第二目标曹限东。这一突发意外让曹限东和前卫寰岛队都措手不及，曹限东反复劝说青岛海牛队放弃自己未果，最后只好硬着头皮去了青岛；谢峰的境遇也颇为类似，在寰岛队抓紧摘下彭伟国之后，深圳平安队抢先劫走谢峰，此外，一度想加盟深圳平安队的邓乐军被山东鲁能队摘走，鲁能认为"米乐"的到来可以为该队带来更多技术足球的味道。

名将的集体离去从某种程度上看并不意外。因为这4位球员在离开前都已经不是国安队的绝对主力了，仅有邓乐军在1997年足协杯决赛中首发，还是作为右后卫客串登场。姚健在1997赛季符宾被抽调至国家队后屡获出场机会，在场上的表现愈加成熟，被认为与符宾已经不相上下；而曹限东和邓乐军也在此前的赛季因伤或者技术特点不适合442阵型而没有登场；谢峰也在右后卫的竞争中不敌王少磊……

尽管如此，但在当时的国安一线队仅有20人左右、威克瑞队转让尚无眉目且需面对联赛足协杯和亚优杯三线作战的情况下，板凳力量的削弱也是一件格外危险的事。

那时的国安俱乐部也不是没想过补救办法，比如苦苦追求大连快马魏意民。当时魏意民在郝海东加盟大连万达队后沦为替补，渴望换个环境，于是出现在转会榜上，国安队也迅速将其摘下。但这桩转会随后成为了"无头公案"。官方解释是魏意民在与万达新任主帅徐根宝沟通了一番后决定撤牌留队。

无缘魏意民后，国安也曾考虑过国内足坛的另一位快马严屹，他是让国安惦记了一年多的"高峰接班人"。但这位曾经被认为前途无量的前锋因为一次重伤而严重影响了职业生涯，经试训后发现由于旧伤难愈而无法通过体能测试，被俱乐部放弃；门将方面，国安俱乐部接触过山东鲁能队的第三门将李青山，但谈判未果。一番折腾之后，国安队只敲定了辽宁队的李东波和重庆嘉陵队的刘新伟。一个是甲B球队中场；一个是乙级队的门将。

年度大事记

● **1月8日**

国安俱乐部同意杨晨以自由人身份由施拉普纳亚洲咨询公司介绍其到德国足球俱乐部训练和比赛一年。2月17日，杨晨登上了飞往法兰克福的班机。

● **1月9日**

受北京国安足球俱乐部的邀请，巴拉圭国家队主教练卡佩吉亚尼抵达北京讲学。

● **1月19日**

国安队开始新赛季的集结和第一堂训练课。

● **1月24日**

为答谢首都各界对北京国安足球俱乐部的厚爱和支持，中信国安总公司与北京电视台于工人体育馆联合举办"国安之夜"大型文艺晚会。

● **2月4日**

俱乐部任命沈祥福为主教练，原主帅金志扬因上调国家队，而被俱乐部任命为总教练。俱乐部在2月10日任命郭瑞龙为国安队领队兼教练。

● **3月12日**

凭借安德雷斯的"金球"绝杀，北京国安队在温州举起了1997赛季超霸杯的冠军奖杯，这也是国安队历史上第一次获得该项荣誉。

● **4月10日**

在沙特阿拉伯利雅得举行的亚优杯半决赛中，国安队0比5惨败在韩国水原三星队脚下。两天

3月22日联赛第1轮北京国安（客）0比0深圳平安　国安队16号李洪政突破谢峰的防守

5月3日联赛第8轮北京国安（主）2比1青岛海牛　国安队6号周宁突破曹限东的防守

沈祥福的无米炊

38岁离开日本，39岁回到北京进入北京国安队担任助理教练，40岁开始以执行教练的身份在金志扬上调国家队时带队参加足协杯和亚优杯，沈祥福每一年都在国安扮演着全新的角色。按照最初的计划，国安队的1998赛季将继续由金志扬担任主教练，而沈祥福则将被派到德国深造。但随着霍顿的上任，金志扬与迟尚斌进入国家队中

方教练组，沈祥福也就成为了国安队1998赛季主教练位置上的唯一人选。

据说在1995年刚回国时，北京市体委曾有意让沈祥福接手北京威克瑞队，但沈祥福的理想是执教一支职业队，所以才加入了国安队教练组。此番成为国安队主教练，也实现了他的理想。但以当时国安队的一线队人数，恐怕巧"福"难为无米之炊。

因为外援意外迟归，初抵海埂参加集训时，国安队只带了14名队员，连门将都只有一个，导致沈祥福和李松海都必须在训练和分队比赛时身

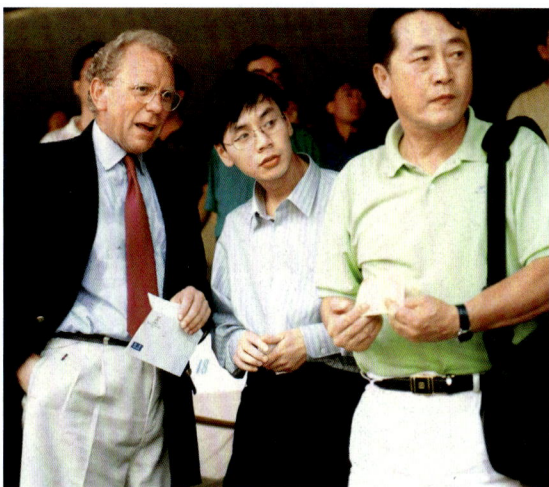
联赛第19轮北京国安（主）1比1上海申花 金志扬陪同霍顿观看比赛

体力行。一度退役的老北京队门将、31岁的李立新也被召到海埂接受考察。对此，沈祥福肯定心有不甘，但在接受媒体采访时，他依然用自己特有的微笑来应对，"我当然希望有经验、有特点的队员能留下，但人各有志，不可强求。尽管一些球员的个人作用非常突出，但我更相信整体实力"。在沈祥福看来，国安队必须在整体攻防上下功夫，争取发挥出每个人的潜能。

那些日子的昆明海埂，球员人数最少的国安队成了公认的训练标兵，在足协的春训考核报告中，每周训练量达到35小时的国安队远远超过了足协规定的28小时标准。而且前锋出身的沈祥福努力让自己变成了一位防守型教练，把春训的大部分时间都花在了打造防线方面，"国安队的特点就是防守反击，如果后防不出问题，我们的前锋就一定能够进球！"初掌国安帅印的沈祥福提出了自己的执教理念。而从阵型上看，1998赛季的国安队开始着重442双后腰阵型的打造。一年前的金志扬习惯在442的中场中路放置一名防守型中场和一名组织者，而沈祥福则和当时国家队主教练霍顿一样，强调平行站位的双后腰在攻防转换中的重要性。

疯狂超霸杯

浙江温州的温州市体育场可谓北京国安队的福地，1997年夏天的亚优杯第1轮，因为马尔代夫新雷蒂安特队无意在马累承办主场比赛，便请求国安俱乐部帮助他们在京外寻找一个合适的球场作为临时主场，正好温州方面有意邀请国安队前往作赛，这才有了温州承办亚优杯国安队客场比赛的先例。赛前温州突遇台风，在大风大雨中，国安队以8比0轻松取胜。中场时总经理张路代表国安俱乐部向温州灾区捐款10万元，温州球迷对国安队的感情也正是从那时候建立起来的。

超霸杯比赛还没开始，北京国安和大连万达队的差别就明显出来了。贵为联赛的卫冕冠军，大连万达的1998年赛季从2月份就已经开始，踢完亚俱杯和远东杯比赛后，一众国脚又去日本踢了戴拿斯杯。直到出发前往温州前，国脚们才重新回到球队（郝海东比赛当天才飞到温州，未被列入比赛名单），以至于主教练徐根宝和他的球队根本没有时间来研究超霸杯的对手；反观国安队，自从在海埂完成体能测试之后，就一直深居简出。沈祥福对外绝口不提超霸杯比赛以及赛季目标，而球员们也同样低调。

那时的万达队除了完整保留国内球员班底外，捷克前国脚内梅切克的加盟让徐根宝底气十足，他坦言自己对于前任迟尚斌创造的55场联赛不败不感兴趣，他渴望的是更多的连胜；而国安队因为众所周知的严重失血，已经显得不如从前。这也令本来就稍偏爱国安队的温州球迷几乎一边倒地在看台上支持起了国安队。2比1，国安队利用加时赛的"突然死亡法"击败了不可一世的大连万达队，赢得超霸杯，南方在赛后坦言，是球队后，球队以4比1击败土库曼斯坦的科佩达格队，获得亚优杯第三名。

●4月30日
北京国安足球俱乐部与北京威克瑞足球俱乐部签署协议，北京国安以1200万元的价格收购北京威克瑞队，包括2名教练员和24名运动员。

●5月
姚健与谢朝阳入选了霍顿圈定的国家队名单，备战6月4日与韩国队的热身赛，这也是两人第一次入选国家队。

●6月10日
法国世界杯开战，冈玻斯身披21号球衣代表巴拉圭队出场，并随队打入16强。他是第一位参加世界杯的中国联赛现役球员。

●7月26日
北京国安队在联赛第二循环的首场比赛中，5比0完胜车范根执教的深圳平安队，这是国安队在工人体育场创造的单场第二高进球数。

●8月23日
当年夏天在我国南方发生的特大洪水牵动了国安俱乐部的心。在国安主场对上海申花的甲A联赛中场休息时，刘建军代表俱乐部将本场比赛已收门票所得51.31万元捐献灾区，以表达北京的足球健儿和广大球迷对受灾同胞的一片深情和对抗洪军民的崇高敬意。此前，俱乐部已经先后两次为灾区捐款。

的团结一心才取得了这场胜利。"这场胜利在整个赛季都对国安队有着心理上的影响，"沈祥福在年底总结1998赛季时曾经这样回忆道。

3月13日超霸杯北京国安（温州）2比1大连万达 国安队23号安德雷斯第118分钟攻入中国职业联赛第一粒金球

罗曼归来

罗曼来了，顶着"120万美元"的光环出现在了昆明海埂，时间是1998年2月19日，距离他上一次公开在镜头前亮相已经过去了100多天。作为当时中国足坛第一名被买断的外援，创造了甲A联赛身价纪录的罗曼到底能为国安队建立怎样的奇功，成了京城球迷在1998赛季初为数不多的期待之一。

身形瘦小的罗曼来到海埂，主要目的就是参加体能测试，但也引起了人们的猜测。在中国足

国安队15号罗曼（仅亚优杯注册）

协对于外援"报三上三"的规则下，在1997年底与国安俱乐部完成续租工作的"三杆洋枪"地位稳固，被罗曼替掉的可能性很小，而让"120万美元先生"专门来当陪练肯定也不现实。有人猜测罗曼会顶替卡西亚诺或者安德雷斯中的一个，因为巴拉圭国家队主教练卡佩吉亚尼不久前刚刚访问过北京，也许是他建议国安队重用罗曼，以帮助这位小将搭上参加法国世界杯的"末班车"。

3月12日超霸杯，卡西亚诺红牌停赛，这给了罗曼一次上位的机会。超霸杯比赛结束后，国安队从温州直飞武汉，与武汉雅琪队进行一场名为"绿化山河杯"的义赛。由于在超霸杯上消耗过大，而甲A首轮又将在7天后打响，所以沈祥福派出了半主力阵容，"陪练生"罗曼也得以首发出场。

这是一场属于罗曼的比赛，他以一脚远射和一个鱼跃冲顶助国安队以2比0轻取对手，此外，他还浪费了一个空门机会和一个单刀球。国安队友们对于罗曼的表现赞不绝口，盛赞他的射门脚法和抢点意识。但是在国安队教练组眼中，未满21岁的罗曼还很嫩，他的身体尚经受不了甲A联赛中的对抗强度。于是，"三杆洋枪"将依然作为国安队的注册外援征战1998赛季联赛，罗曼则继续作为"陪练生"留在队中。除了按时参加训练外，他也会随队赴客场感受氛围。沈祥福希望这样能够渐渐增强罗曼对甲A联赛的认识。而在另一方面，罗曼的存在也对"三杆洋枪"形成一种震慑，让他们时刻有危机意识存在，因为有媒体和球员已经发现，三个外援的比赛心态已经不如上赛季那样积极，超霸杯上卡西亚诺吃到红牌、冈玻斯险些染红就是一个信号。

令沈祥福没有想到，正是"洋枪"问题让他遭遇到教练生涯的第一次沉重打击。

●8月30日
作为足协杯卫冕冠军的国安队在工人体育场以0比0战平辽宁天润，两回合总比分0比1被淘汰。主教练沈祥福在赛后提出辞职，但辞职请求次日被俱乐部驳回。

●9月20日
薛申在客场2比2战平青岛海牛队的比赛中取得进球，这是来自北京威克瑞队的球员为国安队打入的第一个进球。

●10月25日
在主场2比1战胜广州松日队后，国安队以10胜13平3负的战绩结束了1998赛季。其中主场10胜3平实现不败，但该季客场10平3负保持不胜。本场比赛前，北京市市委书记、市长贾庆林同志、常务副市长刘淇同志和副市长刘敬民同志亲切接见了北京国安足球队全体将士，对球队今年取得的成绩给予了肯定，并鼓励教练员和运动员在今后取得更好的成绩。

●11月4日
在亚洲优胜者杯第2轮比赛中，国安队主场0比2不敌韩国的全南龙队，这是曾经叱咤风云的"三杆洋枪"最后一次集体亮相工体。

●11月5日
全国政协教科文卫委员会与北京市政协教科文卫委员会视察、调研北京国安足球俱乐部。董事长李士林批示："热情接待虚心听取代表意见，会后整理好认真研办，并将委员们提出的意见解决情况用文字形

1997年11月28日外援罗曼永久转会新闻发布会

兵败利雅得

3月22日甲A开战，国安队前两场南征分别战平深圳平安队和广州太阳神队，首个主场1比0险胜八一，沈祥福的执教开端不温不火。而紧密的赛程没有给他总结的时间，在4月5日结束了客场和广州太阳神队的比赛后，国安队马不停蹄奔赴亚优杯赛场，于4月8日凌晨抵达利雅得。

对于原本就兵源紧张的国安队来说，远征沙特已属不易，而亚优杯半决赛和决赛只相隔46小时的时间安排，更是球队此前从未遇到过的考验。因此在远征沙特的名单里，除了球队的非伤员外，沈祥福还带上了联赛报名单之外的罗曼和魏克兴。如果说罗曼是沈祥福蓄谋已久的奇兵的话，那么在1997年12月就宣布退役进入教练组的魏克兴就是最无奈的人选了。时年35岁的魏克兴没有参加体能测试，也就没有在甲A联赛报名，他的短暂复出，就是为了这两场亚优杯。

北京时间1998年4月10日22比30，亚洲优胜者杯半决赛对阵韩国水原三星队，国安队外战史上最不堪回首的一场惨败开始了。罗曼如赛前预计的一样成为首发前锋，取代了最近一场联赛刚刚为国安队进过球的安德雷斯。王少磊位置前提担任后腰，沈祥福依然以自己擅长的442阵型迎战来自韩国的对手。1997年6月，作为国安队临时主帅的沈祥福曾以这样的阵型在工人体育场与韩国现代老虎队进行过一场商业比赛，尽管在互罚点球中失利，但在场面上一度占据着极大的优势。

谁也没有想到，在商业比赛中历来不恐韩的国安队，会在利雅得遭遇0比5这

样的重创，而且冈玻斯染红，罗曼因严重犯规被驱逐。

这场惨败震惊了京城足坛，从球迷到俱乐部管理层都无法接受这一现实。北京广播电台的听众热线被球迷打爆，有质疑排兵布阵的，有质疑俱乐部对外援管理的，球迷过去几个月因为名将离去而积攒在心中的不满情绪一并爆发。深感愧疚的沈祥福连夜写好了辞呈，准备回国后就递交。

凭借卡西亚诺的"帽子戏法"和李洪政的锦上添花，国安队在两天后的三四名决赛中4比1取胜，获得亚优杯的铜牌，使这趟远征沙特也不算空手而归。但那场0比5的惨败直到今天还时常在球队遭"恐韩症"时被提起。如果那场比赛不是用罗曼换掉安德雷斯，是否老安依然会用成名作"三连铲"来震慑对手，从而率队灭韩？有人提出了这样的假设，但时光不可能倒流。

半个月后，"闲置品"罗曼离开了北京，国安俱乐部将他租借给巴拉圭豪门波特诺山丘队积累经验，这个神秘的小伙子再一次离开了北京。

收购威克瑞

亚优杯的远征，仿佛就是1998赛季的小插曲，一切来去匆匆，让人们很快就忘记了种种不快，毕竟联赛中的国安队并没有让球迷失望。而且从利雅得遭遇重创归来后，国安队员在场上拼得更凶了。联赛前5个主场5连胜，前6个客场6连平，一直和大连万达、上海申花一起稳居第一集团，而且从第8轮起就成为全部14支球队当中唯一保持不败的队伍。尽管进球数也就场均1个，但失球数一直是联赛最少，沈祥福对于球队防线的打造功不可没，北京球迷也逐渐接受了国安队向防守型球队转化的事实。

在第9轮联赛主场2比1击败青岛海牛队之后，

全国体育媒体不约而同地探讨起国安现象，"为什么不败的是国安？""谁能终结国安不败？""北京国安凭什么？"尽管标题足够吸引眼球，但文章总结出来的答案都千篇一律：沈祥福偏重防守的整体足球和整支球队的团结一心。

那是"18棵青松"最为风光的日子，用最少的一线队员创造了可以媲美前两个赛季的名次，沈祥福赢得了所有对手的尊重。而且"18"这个数字实际上也较有水分，因为在这其中，替补门将刘新伟、替补后卫刘建军和替补中场徐阳极少获得出场机会，韩旭与卡西亚诺也在赛季初期连续缺席多场，这也就意味着沈祥福只能在十四五人当中完成阵容的调配。在一些客场比赛前，还

薛申（左一）、孙永城（左二）、田野（右二）、杨璞（右一）

曾有好心的比赛监督向国安队教练员提醒，名单上的替补球员报少了，为什么不多填几个，可国安队也确实一度只能带着14名甚至13名球员出征客场，想多填都不行，"补血"势在必行。

3月20日，在北京广播电台的《体育大世界》节目中，记者李轩率先发起倡议，希望有关部门"为了北京的荣誉，为了北京足球的发展，携起手来，团结进步"。此后的几天，北京市的主流媒体纷纷响应，希望北京市体委能够加速推进北京国安俱乐部对威克瑞队的收购进程。而4月10日的利雅得惨败，也成为加快此次收购步伐的导火索。

终于，在经过了多方的反复磋商后，4月30

式报告给政协，转给委员们。"

● 11月22日
来自首都30余家新闻单位的近40名专职体育记者与北京国安足球队全体教练员、运动员在北京怡生园国际会议中心进行座谈交流。

● 11月28日
在客场以同样的0比2不敌韩国全南龙队之后，国安队提前告别了1998赛季的亚洲优胜者杯。

● 12月23日
在中国足协组织的新赛季甲A联赛转会摘牌大会上，国安队一口气摘下了庄毅、高雷雷和李毅三名前锋。

5月20日商业赛北京国安（主）2比3法国波尔多

5日26日商业赛北京国安（主）1比3南斯拉夫红星队　国安队8号杨璞

10 月 3 日亚优杯第 1 轮北京国安（主）4 比 0 印度绍尔戈卡　国安队 15 号陶伟

9月20日联赛第22轮北京国安（客）2比2青岛海牛 国安队14号薛申第23分钟攻入一球，是原威克瑞球员为国安队打入的第一个进球

日，国安俱乐部正式完成了对北京威克瑞队的收购，以1200万元打包收购了威克瑞队的24名球员和两名教练员。这些球员是：薛申、张晶、穆斌、杨铮、李岩、沙力、马荃、张重光、孙永城、张海峰、李同庆、田野、杨璞、黄勇、刘正坤、刘刚、邵佳一、桂平、徐云龙、李洋、王安治、张猛、陶伟、杨世卓。两名教练员是张建国和杨洪民。

在经过了一番筛选后，国安队将其中的11名球员提拔至一线队参加训练，而薛申、杨璞、田野、陶伟和孙永城，则作为国安队的正式注册球员在甲A联赛中报名。

5月20日，在与法甲波尔多队的商业比赛中，国安队遣上了刚刚在一线队中报上名的几位小将。工人体育场的球迷们除了欣赏到前欧洲足球先生帕潘的表演外，也终于从有些老迈的国安队中闻到了久违的青春气息。

永失李玮锋

6月7日，甲A联赛第13轮，即第一循环的最后一场比赛，此前对12个对手保持不败的国安队客场0比1负于升班马广州松日，未能实现半程不败。但对于北京球迷而言，这场比赛的结果已经无足轻重，因为人们的注意力已经集中到了法国世界杯上，而国安队的王牌冈玻斯是第一个亮相世界杯赛场的甲A联赛现役球员。在冈玻斯于5月13日离京赴巴拉圭国家队报到后，国安队在此后的3场联赛中2平1负只进1球，功力大减。而联赛为世界杯让路的40天休赛期，不仅可以让疲惫的国安队迎来休整机会，也能加快几位小将融入球队的速度。

当然，国安俱乐部在整个休赛期丝毫没有闲着，因为改善球队实力的另一大良机已经出现，那就是刚刚回国的健力宝青年队球员。

国安俱乐部对健力宝青年队的苗子觊觎已久，早在俱乐部管理层1996年的会议记录中，就提出过需要重点关注这支留学巴西的青年队。由于国安队在创立之初就没有1977—1978年龄组梯队，所以一直希望尽快通过引援来弥补该年龄段球员的欠缺，那些在前往巴西受训之前尚无俱乐部归属的健力宝球员是重点攻克的目标。这一次，国安队瞄准的是隶属于火车头体协的李玮锋和从天津市汇文中学直接入选健力宝队的商毅。而在戚务生时代就入选中国国家队的后卫李玮锋无疑是重中之重。如果他能加盟，可以将国安队的防线水平提升不少。

早在健力宝队回国之前，国安队就与李玮锋本人和他的家人进行了相关联系，李玮锋也在回国后迅速投身国安参加训练，属于典型的两情相悦。但是，正当国安队早早将李玮锋的培养费

送到足协，希望正式获得这位意中人之时，意外发生：火车头体协也把同样多的培养费送到了足协，表示自己才是李玮锋的真正主人。

这是一场计划经济足球与市场经济足球的正面交锋，在谈判桌上，国安与火车头交锋数回合，国安方面提出的各类条件均被火车头以"只租不卖"的原则挡回，导致谈判陷入僵局。

正在这时，刚刚在京城被国安队以5比0血洗的深圳平安队出现了，他们试图从火车头俱乐部租借李玮锋以渡过难关。深圳方面先找国安俱乐部做工作，随后又向李玮锋和其家人进行承诺，最终，实在折腾不起的李玮锋同意南下，关于他永久转会国安队的事宜只能拖到年底再谈。几个月后，深圳平安队以900万元正式收购了火车头一线队，李玮锋当然也在这个打包计划中。国安队永远失去了李玮锋——一个在此后十余年都叱咤中国足坛的优秀中后卫。

辞职风波

"沈祥福有些变了……"当甲A联赛在世界杯后重新开打时，诸多京城记者们私下议论着这个新发现。冈玻斯从世界杯赛场归来，卡西亚诺在伤停7场后复出，薛申、陶伟和杨璞已经在联赛赛场上展现出了出众的天赋，可度过了人荒危机的沈祥福却很少在脸上挂起那平日里常有的微笑。

7月26日，国安队主场5比0狂胜深圳平安，打了对方新任主帅车范根一个措手不及，令京城媒体兴高采烈。但没过几天，媒体们就接到了俱乐部的官方文件，大意是以后教练和球员都不得随意接受媒体采访，每周只有一次新闻通气会，每个主场比赛前才会短暂开放一次球队训练课。这引起了媒体的普遍不满，只不过出于对国安

6月7日联赛第13轮北京国安（客）0比1广州松日　主教练沈祥福

8月9日联赛第17轮北京国安（客）3比3山东鲁能　国安队7号李东波防守邓乐军

的支持，没什么人站出来提出异议，大家只是猜测着沈祥福准备对球队进行一次大改造。

但谁也没想到，接下来的8月份对于国安队而言竟然过得如此漫长。8月2日第15轮，国安队败走石家庄，1比2不敌刘国江执教的八一队。4天后，安德雷斯终场前的绝杀助国安主场险胜广州太阳神。8月9日，客场面对山东鲁能，一度2比0领先的国安在下半场11分钟内连丢3球，最后侥幸与对手战平，"甲A最佳后防"被打回原形。

噩梦还没完，8月16日，在客场迎战延边敖东时，再度面对压迫式打法的国安队又一次险些溃不成军，以0比2完败。一周后的京沪大战，关系到联赛亚军的最终归属，但沈祥福的队伍依然提不起精神，导致被对手率先进球，直到下半场才由安德雷斯扳平。在比赛以1比1收场后，工体看台上已经响起了零星的嘘声，因为这是国安队职业化以来第一次在家门口被申花队拿分。

战平申花后，足协杯第3轮比赛开打，国安队的对手是甲B球队辽宁天润。有些轻敌的沈祥福在客场比赛前刻意保存了实力，选择让"三杆洋枪"和胡建平休战，但代价就是0比1输掉比赛。4天后回到主场再战，重新紧张起来的国安队也没能实现逆转，0比0的比分意味着已经足协杯两连冠的国安队错过了再次夺冠的机会。

在赛后的新闻发布会上，沈祥福坦言自己作为主教练，对于球队下半年的不佳战绩负有不可推卸的责任，"足协杯的任务没有完成，我会对大家有所交代"。

一天后，沈祥福正式向俱乐部递交辞呈，但在俱乐部管理层的挽留下，沈祥福将辞职报告收回。值得一提的是，在"辞职风波"结束后，国安队联赛最后7轮的战绩是3胜4平。

为什么国安队会在这个赛季遭遇"8月噩梦"？沈祥福后来在接受采访时认为，由于球队兵源较

4月5日联赛第3轮北京国安（客）2比2广州太阳神　国安球迷横幅

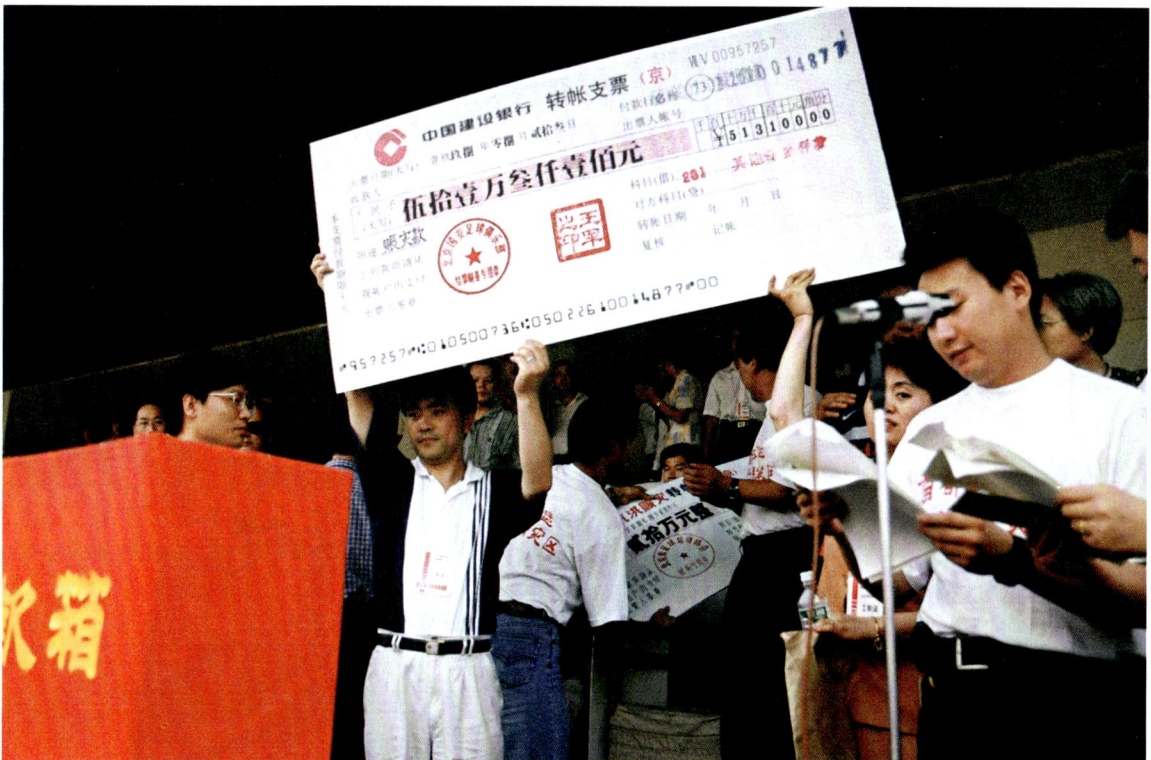

8月23日联赛第19轮北京国安（主）1比1上海申花　中场休息时刘建军代表俱乐部将本场比赛已收门票所得51.31万元捐献灾区

163

之上半段变得充足，他在下半段比赛里有了更多进攻的想法，特别是希望能在客场比赛中攻出去，而不是像上半段那样保守为先，以只拿1分为目标。

"三杆洋枪"谢幕

足协杯的提早出局，让国安队的1998赛季已经变得无欲无求起来，本来还想和上海申花队竞争一下亚军，但贯穿全年的"客场疲软症"让国安队在最后的抢分战役中屡屡失意，令申花队提前3轮就基本锁定了亚军席位。而在新一届的亚优杯赛场上，国安队也同样没有突破，在第2轮早早遭遇韩国的全南龙队，主客场皆以0比2失利。

"三杆洋枪"是不是该换换了？从9月份开始，就有媒体提出了这一观点，毕竟3人的进球效率较之1997赛季已经大幅下降。卡西亚诺的腿部韧带在1998赛季曾两次严重撕裂，但他拒绝了做手术的建议，而是采用保守疗法，导致他这一年有一半时间在养伤；安德雷斯的体能在赛季中段出现了问题，冈玻斯不仅频繁被国家队征召，右腿踝关节的骨刺也影响了他的发挥。更重要的是，安德雷斯和卡西亚诺被普遍认为与沈祥福主导的防守反击打法无法相融，而冈玻斯则迟迟不给俱乐部续约的答复。而且在那时的中国足坛，"好外援最多只能用一年"是公认的理念。

到了10月底甲A联赛结束后，这一猜测已经正式变为了现实。亚优杯与全南龙队的第二回合比赛还没打，就已经有几名新外援出现在工人体育场进行试训。在沈祥福心目中，最理想的外援搭配是一名中后卫、一名中场指挥官和一名冲击型射手。在反复思考之后，他决定放弃与"三杆洋枪"的继续合作。

11月28日亚优杯第2轮北京国安（客）0比2韩国全南

11月4日亚优杯第2轮北京国安队（主）0比2韩国全南龙队　国安11号冈玻斯

11月4日亚优杯第2轮北京国安队（主）0比2韩国全南龙队　国安队14号薛申

VIAG
Interkom

人物访谈
⌄

杨晨

Chen Yang

PUMA

记者：杨晨，你什么时候进入国安一队？

杨晨：最开始我和周宁都是北京二队，后来周宁进入一队，我被调整到三队。我家里的条件不是特别好，那一年我都不想再踢了，但老教练刘敏新把我劝说回来，踢了一年。我进步特别大，北京队直接把我调入了一队。在三队的这一年对我影响很大，让对社会现实状况有些了解。很幸运我遇到了贵人刘敏新指导，他是一个很好的教练。1992年底，我和周宁进入北京队，是当时北京队最年轻的球员。同年，我们俩入选了国奥队。

记者：你进入北京国安队后打的是什么位置？

杨晨：我有时打前锋，有时打前腰，还客串过左边后卫，不过就是很短的几场比赛。

记者：你还记得代表北京国安队打的第一场比赛吗？

杨晨：1994年国安队新赛季，首场比赛客场对阵广东宏远。比赛开始不久，我当时过了两人，打了门将区楚良的一个上角。1比0，首开记录。后来意识到，1994年是中国足球职业联赛第一年。我打进了北京国安队职业联赛历史上的第一个进球。

记者：1997赛季结束后，你当时是怎样一个状态？

杨晨：我当时的状态打不上主力，但又是球队内非常有潜力的球员。1997赛季结束后，青岛海牛想引进我。他们经理就跟国安俱乐部说了，金指说我和周宁是非卖品，不能让我们去青岛。因为这事，金指还跟我谈话，说今后如果有出国锻炼机会，一定让我出去，至少会给我选择一个好的发展道路。后来真有机会去德国试训。去德国试训的介绍人就是金指。

记者：施拉普纳联系德甲球队之前，你是否跟国安说了？当时俱乐部持什么态度？

杨晨：20世纪90年代初时，施拉普纳是国家队主教练，后来他回到德国，一直想找一个年轻的球员去德国踢比赛。他看过国奥队和国安队比赛，对我和周宁特别关注。他希望我进一步提高，去德国试训。他先和国安俱乐部联系，金指极力推荐我。正好双方一拍即合，我也在施拉普纳圈定的范围内。金指说这是一件好事，一定支持我。

记者：当时去德甲试训，是否引起了国内的关注？

杨晨：当时俱乐部就没想到我能试成功。那时大家对于德甲非常关注，中央电视台5频道经常转播德甲，所以德甲在大家心目中的地位很高。我以留学的身份去锻炼，俱乐部特别支持。1997年底开始办理签证，我记得特别清楚，是1998年2月17日拿到护照。我走的时候算是静悄悄地离开的，球队正在冬训，很多人都不知

道我去了德国试训。

记者：在去德国试训之前，去过德国吗？

杨晨：1995年，戚务生指导带国奥队去德国队比赛，当时队里有周宁、谢晖、申思。德国足球水平很高，我们当时打了一些比赛，特别羡慕德国足球环境，心想什么时候能有机会到这儿踢球。我记得特清楚，当时全队一起给我过了21岁生日。我就有这么一个梦想，要到德国踢球。现在回想起来，不知道是预感，还是幸运。

记者：第一次去德国试训是怎样的情况？

杨晨：去德国试训之前，我也不知道能不能成功，心里忐忑不安。我是直飞法兰克福，然后先去了曼海姆，在那边进行了身体训练，倒倒时差。以往出国都是和队友们一起。而那时我自己一个人出国，心里有些空落落的。当时又存在语言不通的问题，在德国能不能闯荡成功，心里也是未知数。没想到，刚在曼海姆试训就受伤了。我在法兰克福养了一个月伤才回到了绿茵场。正是这一个月，帮助我适应了环境。我到法兰克福队试训了一周就通过了，收到了法兰克福队的邀请。后来我才知道，我在曼海姆训练时，当时法兰克福队主教练埃曼特劳特到曼海姆偷偷看过我的比赛。埃曼特劳特和车范根是同时代球员，他把法兰克福队从乙级带了甲级。当时本以为试训一个月就结束了，但因为受伤拖了三个月，也由于受伤延迟，帮助我融入了当时的环境。

记者：第一次亲身感受德国足球是什么滋味？

杨晨：德国足球与中国足球有太多不一样。首先是拼抢太激烈。当时，我在国内打一场90分钟比赛轻轻松松。再加上当时年轻，一场不会有太多体能消耗，还能再踢一场。刚到德国，打一场比赛，90分钟的比赛踢到70分钟体能就用尽了。刚到时，我的体能都达不到比赛的标准。在德甲的第一个赛季，我前三四轮都是打70分钟，就替换下场了。这跟自己不适应比赛节奏有关系，后来逐渐适应了才打满全场。

记者：试训成功后回到国内，俱乐部有什么反应？

杨晨：德甲联赛5月底就结束了，6月放假。我试训成功就回北京休息一个月。回到俱乐部，我跟当时的负责人杨祖武说了，他上报给领导，法兰克福租借我一年。大家都没想到我能试训成功，俱乐部就让我先出去锻炼一年。队友们知道后，都来祝贺我，也挺羡慕的。金指特别高兴，他说，你出国试训没给球队丢脸，争取在德甲联赛打好比赛。这之前，古广明也在德国踢过比赛，但不是欧洲的顶级联赛。我是当时中国第一个打欧洲五大联赛顶级比赛的中国球员。

记者：第二次去法兰克福是怎样的心情？

杨晨：再去德国心里没有那么多担心。因为对环境已经有些熟悉了。我当初确实没有什么目标，没有太高的期望。就是希望有机会上场，哪怕是第一替补也好。7月，联赛集训准备期，训练很艰苦。大家都很尽力，拼主力位置。当时球队除了我之外，还有其他国家的前锋在竞争球队主力前锋的位置。我逐渐融入球队之中，直到联赛开始之前，我才大概知道自己在球队中的位置。

记者：现在我们都知道，你第一个赛季就是法兰克福队的主力前锋，德甲真正开打后是怎样的情形？

杨晨：德甲前锋连续两场不进球外界的压力就变大了。我前两场踢得不错，媒体打分都很高，但没有进球是最大问题。第3轮我进球了。当时互联网没有现在这么发达，主要还是靠电视台、报纸传播。当时新闻联播里播了我进球的新闻，国内一下都知道了。国内的很多朋友给我打电话、发短信，表示祝贺。那一年我联赛进了8个，杯赛进了2个。那年冬天我也入选了国家队。后来在曼谷亚运会上，我进了7个球，表现不错。

记者：德甲第一个赛季取得了成功，租借期满后国安俱乐部是怎样的态度？

杨晨：自从去了德国之后，每次回国都会去俱乐部。德甲1998赛季结束后，我再次回到俱乐部，媒体关注比较多了，那时我跟队友们聚会比较多。1999年，法兰克福派经理来到俱乐部，跟杨祖武谈了3天，最终敲定了转会。我听俱乐部安排，没有任何要求。当时，也有这种可能性，国安要是不放我出去也很正常。毕竟，我是国安培养出的队员，出不去没关系，就在国安踢。第四天，国安俱乐部通知我，我才知道转会了，媒体也报道了。当时我的转会身价是131万马克，外加培养4个年轻球员，就是后来的邵佳一、杜文辉以及两个年轻球员。

记者：什么时候告别工体，搬出国安俱乐部的？

杨晨：1997年试训成功后我就搬出来了，得给其他队友腾地方。当时我跟谢朝阳住一个屋，后来住那屋的又有人去了德国，就是邵佳一。我这个屋，就在小白楼二层，金指房间对面，医务室的旁边，是全队宿舍最靠西的一间。后来，队友说这个屋靠西，所以人都朝西方走。我至今感动的是，当时我回来后，看到门上贴着一张纸，纸上有我的名字，而名字的每个笔画都是用小字写的我的名字，然后组成了一个大字。我真心感谢北京球迷们，无论走到哪里，我都想着他们。

记者：现在想想，俱乐部作出的这个决定在整个中国职业联赛史上有着什么样的意义？

杨晨：国安是培养我的第一个俱乐部，非常感谢国安领导。没有国安，就没有我去德国这个机会。感谢金指、沈指两位教练，他们为了我的发展，支持我走出去。他们在我的足球生涯中的转折时刻起到了重大作用，我这一辈子都不能忘记。我作为第一个去德甲的球员，让德国对于中国球员有所了解。后来，谢晖、周宁和邵佳一也去了德国，我迈出了第一步。我们这些人出国留洋都尽了自己最大的努力。我们代表中国足球走了出去，接受欧洲五大联赛的挑战。现在，德甲有大量韩国和日本球员。我一直坚信中国球员不比他们差。虽然目前没有中国球员在欧洲五大联赛，但我相信今后一定会再有中国球员到五大联赛踢球。我希望趁国安俱乐部成立20周年之机，通过自己的经历，给今后的球员一种启发，让他们有更好的发展。最后，我还要再次感谢国安俱乐部对我的培养，感谢北京球迷对我的支持。

国安队 10 号杨晨

合 同 书

甲方：北京威克瑞足球俱乐部
乙方：北京国安足球俱乐部

为北京市足球事业的整体发展需要，在北京市委、市政府的关心指导下，经北京市体委和北京市足球协会多方协调，本着有利于北京市足球运动良好发展的原则，北京威克瑞足球俱乐部和北京国安足球俱乐部双方经协商，根据中国足协转会规定，就有关问题达成如下协议：

一、 甲方：

1. 甲方将本俱乐部所属男子足球队（北京威克瑞男子足球队）在北京市足球协会注册的教练员（2 名）、运动员（24 名）的人事、劳动等一切关系，根据中国足协的转会规定，办好教练员、运动员的转出、转入至北京国安足球俱乐部的法律手续。

2. 做好该队运动员的思想动员工作。

3. 自合同签字之日起即可停止该队教练员、运动员的一切费用。

二、 乙方：

1. 自合同签字之时即付 600 万元人民币，余款 600 万元

人民币 10 日内由乙方汇入甲方所指定的银行账户上。

2. 按照合同规定做好接纳甲方教练员、运动员的转会及办理注册手续和妥善安置工作。

3. 合同自签字之日起，开始承担由甲方转会过来的教练员、运动员的一切费用，并开始独立行使对转会过来的教练员、运动员的使用、管理等一切权力。

三、 此合同在甲、乙双方签字后即刻生效。

四、 北京市足球协会依据中国足球协会关于教练员、运动员的转会规定，并依照法律程序负责督促、落实此合同的实施。

五、 此合同将经北京市公证处进行公证。

六、 此合同未尽事宜，由甲、乙双方友好协商解决。

七、 此合同原本文件一式三份，甲、乙双方各执一份，北京市足球协会备存一份。

附：1998 年北京威克瑞足球俱乐部男子足球队教练员、运动员在北京市足球协会注册名单

甲方：　　　　　　　　乙方：

法人代表（签字）　　　法人代表（签字）

（公章）　　　　　　　（公章）

一九九八年 9 月 日　　　一九九八年 月 日

1998 年北京威克瑞足球俱乐部男子足球队教练员、运动员在北京市足球协会

注 册 名 单

教练员：2 人
张建国　　杨洪民

运动员：24 人

薛 申	张 晶	穆 斌	杨 铮
李 岩	沙 力	马 荃	张重光
孙永城	张海峰	李同庆	田 野
杨 璞	黄 勇	刘正坤	刘 刚
邵佳一	桂 平	徐云龙	李 洋
王安治	张 猛	陶 伟	杨世卓

全名单

领　队：杨群
主教练：沈祥福
教　练：郭瑞龙、李松海、魏克兴、胡建平（兼）
队　医：双印、张阳

号码	姓名	出生日期	报名身高／体重	备注
门将				
1	刘新伟	1975.01.01	186cm/88kg	新加盟
22	姚健	1973.06.06	190cm/90kg	
后卫				
2	刘建军	1972.05.29	179cm/73kg	
3	谢朝阳	1972.11.11	182cm/75kg	
4	韩旭	1973.09.28	185cm/78kg	
5	李红军	1970.01.23	168cm/65kg	
13	吕军	1968.01.09	178cm/70kg	
15	陶伟	1977.03.11	175cm/68kg	新加盟
18	王少磊	1971.11.18	183cm/70kg	
19	于光	1975.05.21	182cm/75kg	
21	孙永城	1977.01.03	180cm/65kg	新加盟
中场				
6	周宁	1974.04.02	188cm/85kg	
7	李东波	1973.02.22	182cm/74kg	新加盟
8	杨璞	1978.03.30	180cm/70kg	新加盟
8*	魏克兴	1963.02.13	180cm/75kg	仅亚优杯注册
11	冈玻斯	1970.08.11	176cm/69kg	巴拉圭人
12	胡建平	1964.06.24	178cm/74kg	
14	薛申	1977.01.21	180cm/68kg	新加盟
16	李洪政	1973.03.29	169cm/65kg	
17	徐阳	1974.06.06	183cm/75kg	
20	南方	1973.12.15	177cm/72kg	
前锋				
9	田野	1978.02.25	187cm/76kg	新加盟
15*	罗曼	1977.10.25	172cm/64kg	仅亚优杯注册
23	安德雷斯	1967.03.14	194cm/85kg	西班牙人
24	卡西亚诺	1970.08.13	179cm/74kg	巴拉圭人

转会情况

转入		转出	
姓名	**原俱乐部**	**姓名**	**新俱乐部**
刘新伟	重庆嘉陵	符宾	前卫寰岛
李东波	辽宁	谢峰	深圳平安
于光	大连顺发（租借转买断）	曹限东	青岛海牛
陶伟	北京威克瑞	邓乐军	山东鲁能
杨璞	北京威克瑞	王涛	长春亚泰
薛申	北京威克瑞	杨晨	法兰克福（租借）
田野	北京威克瑞	罗曼	波特诺山丘（租借）
孙永城	北京威克瑞	魏克兴	退役

1999年

成长的历练

年度背景

中国足球的重心转移到了国奥队身上，但这支筹备数年的精锐部队在霍顿的带领下依然没有走出"恐韩症"的噩梦，与悉尼奥运会无缘。

中国女足成为这一年中国足球的最大亮点，女足世界杯亚军的荣誉为她们赢得了"铿锵玫瑰"的美名。

北京国安队却开始面临崭新的问题：金志扬挂帅天津泰达，高洪波在广州松日成为"救火教练"；不仅教练席上出现反戈一击，随着北京宽利队开始征战甲B联赛，国安俱乐部已经嗅到了一丝"同城德比"的味道。

6月20日周宁在工体向王军汇报德国留学经历

4 月 29 日联赛第 7 轮北京
国安（客）1 比 2 天津泰
达　国安队 21 号高雷雷第
52 分钟攻入一球

国安球迷在看台上抗议美
国轰炸我驻南联盟使馆

国安队 14 号薛申（左）、11 号庄毅（中）、10 号商毅（右）

经典回忆

1999 年初的工人体育场北门，矗立着一幅巨大的某品牌广告招贴画，李毅、商毅和庄毅是画面中的主角。招贴画的广告词很有创意："越位？不，是越过后卫！"

伴随着 3 位名字为"毅"的中国足坛著名快马的加盟，20 世纪最后一年的北京足球迎来了新的兴奋点，似乎曾经特有的京味儿速度足球即将回归。但是到了年底，人们才发现，那并不是一个成功的广告创意：工体罕见地在一个赛季三次沦陷，联赛三连败发生了两次，"三毅"远未发挥出应有的作用，国安队没有越过多少后卫的防守，反倒是在积分榜上被后面的球队越过，滑到了第六位。

说到收获，除了高雷雷在联赛最后一轮的惊天轰门外，就是在这个换血之年里，国安队收获了多位此后成为球队核心的青年才俊。

大力度瘦身

不到一年时间，沈祥福就从无米之炊的窘迫巧妇，变成了盆满钵满的地主。因为手下的"枪"已经从当年的十几条，变成了 50 多条，这还是在没有计算外援的情况下。

这是一场预料之中的"暴富"。1998 年 4 月 30 日完成对北京威克瑞队的收购之后，国安队的人荒问题就已经得到彻底解决。在青年队领域，北京威克瑞队一直是全国同龄人当中的佼佼者，实力丝毫不逊于当时国内公认的青训"富矿"辽宁队，甚至有人曾断言，如果威克瑞队能够整体在1998赛季的甲B联赛中锻炼一年，那么在1999年的甲A联赛中，也许会比后来险些夺冠的辽宁队抢走更多的风头。

主教练沈祥福

沈祥福教练组

在被国安俱乐部收购后，除了杨璞、薛申等5名球员上调一队外，其余的威克瑞球员以"国安二队"的名字参加了1998赛季的乙级联赛，并作为一线队的替身参加了当年亚优杯第1轮客场与印度绍尔戈卡队的比赛。

不过以当时威克瑞队员普遍二十一、二岁的年龄，继续作为二队留在国安已经很不现实，所以从1998年9月份，沈祥福就开始了对二队的瘦身工作，除了将其中的精锐力量提拔至一队外，还要将潜力平平、发展前途不大的球员送出去。在这场"瘦身运动"中，8名威克瑞小将就近去了同城新升入甲B联赛的北京宽利队，金志扬去天津泰达上任时带了3个，两位有过国字号经历的球员李洋和张重光曾被四川全兴队摘牌，但后来李洋因为身价过高而被全兴队退回，转而加盟陕西国力。

除了瘦身威克瑞队外，国安旗下的另一支青年队也结束了自己的历史使命。这支以1979年和1980年球员为主的队伍，是国安俱乐部当初为了弥补队中球员的年龄断层而准备的，也是为收购威克瑞队失败而留的后手。但随着威克瑞队的整体加盟，原有的二队已经没有存在的必要，因此国安除了将二队的核心射手王硕提拔进一队外，其他18人被整体低价卖给了青岛海利丰队。在这18人中，只有王存此后踢出了一定的知名度，并曾短期加盟过国安一队。

国安一线队的动荡程度比前两年小了很多。金志扬意外被天津泰达相中成为主教练后，把吕军以租借身份带去做伴。一年前刚正式加盟的于光，也卖给天津泰达。难以跻身主力阵容的刘建军也找到了下家，租借给云南红塔。被俱乐部挂牌的李洪政最后被长春亚泰队租走。

引援故事

国安队大力度瘦身的背景，是在转会市场上相对丰厚的收成，尽管这次的收成比起沈祥福最初的预期还是差了很多。

在沈祥福1998年9月上报给俱乐部的1999年球队建设报告中，对于这一年的引援描述格外美好。威震德甲的杨晨如果按原计划于6月份结束租借归队，将是国安队在联赛下半程的重要武器。而一批国内实力派球员也已经向沈祥福等教练打过招呼，表达了希望加盟国安的意向，这一串在当时还严格保密的名字现在已经可以公开，他们是张玉宁、李铁、孙建军、商毅、陈刚、李玮锋、江津、阎毅和蔡晟，但在当时还极不规范的转会模式下，意向和现实是完全无法挂钩的，最终顺利与国安队结缘的，只有商毅一人。

其实商毅加盟国安的过程也绝非顺利。作为留学巴西的健力宝青年队年龄最小的球员，商毅加盟健力宝队之前是天津汇文中学的学生，严格来说既不算天津足协输送，也和天津泰达俱乐部没有任何关系。因此在健力宝队回国后，商毅和家人更愿意自由选择新俱乐部，而不是按计划经济足球的要求，和张效瑞一起去天津泰达队报到。结果自1998年夏天开始，关于商毅的归属权问题就一直悬而未决，商毅想来国安，国安也想要商毅，天津泰达不愿意白白失去人才，天津市足协也自然不会胳膊肘往外拐，到最后，商毅成了牺牲品，眼看着健力宝队友们一个个踢上了职业联赛，他却只能枯等半年。直到1998年底，三方谈判才有了进展，国安俱乐部向天津泰达支付了100万元，正式完成了商毅的引进。

当然，能用钱解决的都算不上难事，难的是李玮锋

3月21日联赛第1轮北京国安（客）0比0深圳平安　国安队领队郭瑞龙（左）与李玮锋

国安队10号商毅

安队客场力克武汉红桃
K，这是球队时隔近一年
半后首次取得联赛客场
胜利。

●4月4日
尽管马永康在第92分钟
的进球让国安队未能在
主场全取3分，但姚健创
造了开季连续361分钟
不丢球的纪录。

●4月25日
国安队主场0比1负于
上海申花队，职业联赛
历史上第一次主场输给
对手，主力门将姚健在
与吴承瑛发生碰撞后小
腿骨折导致赛季提前报
销。

●5月9日
北京国安队主场与山东
鲁能队比赛场边，球迷
们高举"抗议北约暴
行，维护国家主权"等
标语，声讨北约在一天
前对于中国驻南斯拉夫
大使馆的空袭，悼念三
位在空袭中牺牲的同
胞。

●6月
英超曼联俱乐部的国际
营销部主任麦克·法曼
来访，与国安俱乐部
谈判合作事宜。曼联俱
乐部代表后于7月和11
月两次再访，最终因双
方利益问题未能达成一
致。

●6月30日
卡西亚诺飞抵北京，成
为国安队历史上第一位
二度加盟球队的外援。

●7月4日
国安俱乐部召开新闻发
布会，正式宣布杨晨以
131万马克永久转会德
甲的法兰克福俱乐部，

所属权问题。作为当时中国足球悬而未决的公案之一，李玮锋在1998年7月为了尽快踢上职业联赛而暂时以火车头队球员的身份租借至深圳平安队，但国安队一直没有放弃他。随着赛季的结束，国安再一次争取李玮锋的加盟。但由于深圳平安队抢先在1998年底以900万元整体收购了火车头一线队所有人员，相当于已经绕过了国安，提前拥有了李玮锋。尽管李玮锋多次向足协申辩自己与火车头体协实际上没有任何从属关系，足协也承认这是中国足球"转轨"过程中的特殊事件，但因为此事掺和进了深圳平安队的收购事件而变得越来越乱。深圳平安队不可能为没有李玮锋的火车头队花费900万元，那火车头体协是不是该把钱退回去？此事又将衍生出其他十几位火车头球员的归属权问题……

1999年1月，国安俱乐部为了得到李玮锋发起最后一次努力，在1月12日向中国足协发函，希望在国奥队结束越南登喜路杯的比赛任务回国后，将"我俱乐部球员陶伟、李玮锋和李毅的护照借出，以办理赴西班牙集训的签证"。而且在国安俱乐部赴西班牙拉练的第一版名单里，也确实列上了李玮锋的名字。但最终还是让国安俱乐部失望了，李玮锋在1月底决定留在深圳。

就这样，国安队1999年初的阵容补强计划正式结束，引进了一水儿的前场球员。除了李毅和商毅外，仅加盟青岛海牛一年的前国奥队锋线快马庄毅以两百多万元的高价加盟，刷新了国安的引援身价纪录；从武汉红桃K队引进了未满19岁的北京队员高雷雷；又在2月底将没有上榜的辽宁队中场邹鹏引进，只不过这位19岁小将刚刚加盟就遭遇重伤，成为国安队的一名匆匆过客。

为什么国安队这次的引援过于"前倾"？这与沈祥福希望在1999赛季改善进攻的想法有关，"国安队1999年的主导思想是在强调整体攻防的前提下，加强进攻的

1997年8月12日，北京国安队与健力宝队热身赛，商毅代表健力宝队

训练"。过去两年国安队的锋线全由外援支撑，与沈祥福组建"前中后外援中轴"的计划不相符，因此他希望在锋线上打造"土炮＋洋枪"的组合，所以引进"土炮"势在必行。而1998年客场无胜绩也是沈祥福心中的痛，他迫切希望速度型内援的加盟，以便在客场打防守反击时更多威胁对手的球门。

理想很丰满，现实很骨感，等到1999赛季真正开始后，沈祥福才发现，很多想法实行起来真的很难。

路易闹剧

葡萄牙人路易的全名是Rui Estevese，以中国球迷的葡萄牙足球情结，这个名字很容易让人

国安队28号路易

想起鲁伊·科斯塔，葡萄牙足坛一代伟大的中场大脑。而在国安俱乐部管理层眼中，这个名字却如噩梦一般，时常在脑海中浮现。

国安队1999赛季的外援引进工作最早开始，但又最晚结束，这一切都与路易不无关系。

1月8日，国安俱乐部正式与32岁的路易签下了为期两年的工作合同，又在一天后和阿根廷人费雷签约。在后来的体能测试中，路易顺利过关，费雷则与李红军一起未能及格。于是，费雷和国安队的合同宣告取消，路易则登上了飞往西班牙拉练的班机。罗曼也曾飞回北京接受过俱乐部考察，但依然被排除在该赛季的外援候选名单中。

沈祥福一直想为国安队寻找一位外籍中场指挥官来策划球队的进攻，在看过路易的比赛录像后，就认定他是自己需要的人选，相关的签约工作也迅速展开。在当时媒体报道路易的转会细节时，曾经按经纪人提供的资料介绍说，路易曾被评为葡萄牙顶级联赛的最佳中场，在20世纪90年代初入选葡萄牙国家队，在1998赛季的韩国K联赛里取得了不俗的进球和助攻数据……这是一份漏洞百出的资料，只能在互联网尚未发达时起到忽悠人的作用。实际上路易只是葡萄牙二级联赛的一位普通中场，在K联赛效力时也是出场寥寥，在1998年底已经成为自由球员。

尽管多花了冤枉钱，但如果路易真是沈祥福心仪的人选，倒也算不上大事。可问题的关键是，这个路易真的没在国安队踢过几脚球，只是把球队的28号球衣白白占用了一年。

路易给国安队留下的第一印象就是"事儿多"。在1月初完成签约后，他先以处理家事为由回到葡萄牙10天。在昆明结束春训后，又再次回到葡萄牙处理事务，然后再赶到西班牙与球队汇合训练。在西班牙拉练过程中，路易因为身体恢复不充分而受伤，便就此成为国安队的局外人。随队回京后，被认定将至少休息半年的路易闷闷不乐，

开始混在北京，其间既不配合队医的治疗和恢复工作，也不愿意融入球队，每次球队开会都要迟到十分钟以上。等到联赛开始后，路易干脆彻底失踪，在未与俱乐部打招呼的情况下返回葡萄牙，后来给出的理由是治伤。

按照沈祥福的最初想法，球队将根据路易的恢复情况决定是否在联赛下半程为其补报，毕竟他与俱乐部的合同长达两年，不可能说放弃就放弃。

正当国安队处于联赛第一阶段间歇期时，6月14日，杨祖武收到了一份发自国际足联的传真，这是一封路易所写的控诉书，大意是国安俱乐部没有尊重与他的合同，拖欠了应该向他支付的签约费10万美元，并且未按照合同的要求支付全额工资。路易试图用国际足联来向国安俱乐部施压，以索取近30万美元的赔偿金。

国际足联历来重视俱乐部与球员的劳资纠纷，一位欧洲球员状告一个尚处成长期的职业联赛俱乐部，更是引起了他们的注意。一时间，国际足联与国安俱乐部通过传真频繁通话，甚至连国际足联秘书长鲁菲宁都写信来过问此事。如果事态继续扩大化，可能就要面对国际足联施以的罚分或者转会禁令。好在国安俱乐部从容应对，将各类合同与法律文件逐一呈递，甚至还请公证机构鉴定了一些汇款凭证，确保万无一失。

在事实面前，国际足联终于不再过问，而理亏的路易也开始选择躲避，因为国安俱乐部保存着一份汇款凭证，上面显示路易曾在葡萄牙收到过国安俱乐部所汇出的十万美元。那是路易在加盟国安后不久，以家里要买房为由央求国安预支的部分合同保证金和工资。而路易在没打招呼的情况下逃离北京，显然是他自己单方面违约，必须退回保证金，但路易索性赖账，彻底从职业足坛消失。国安俱乐部在讨钱无望的情况下，在2001年底最后一次找国际足联投诉，但依然没有任何回复，导致此事无奈作罢。算起来，国安俱乐部这一次被路易讹走了四五万美元。

如今的路易已经成为了葡萄牙丙级联赛的一名教练，不知道他会如何回忆这一段有诈骗嫌疑的往事。

拉练西班牙

以"奔牛节"著称的西班牙潘普洛纳，是国安队历史上第一次海外冬季拉练的目的地，尽管这里风景优美气候宜人，俨然世外桃源，但沈祥福却闷闷不乐：李玮锋加盟彻底泡汤是其一；一度让他眼前一亮的路易踢了两三场比赛后就因伤退出，让球队顿时没了"大脑"；外援人选难定，虽然几乎每场热身赛都有试训外援加入，但基本都是踢了一场就闪人。沈祥福还曾专门去了趟葡萄牙里斯本选援，郭瑞龙也跑了一次布鲁塞尔，但仍一无所获。

至于热身赛的质量倒还不错，尽管最初的对手有些让队员们大跌眼镜——一支业余队，场边甚至还放着锄头，但国安队也仅仅以2比1小胜。随后的比赛，对手的水平直线提升，从西乙强队奥萨苏纳，到西甲的萨拉戈萨和阿拉维斯，都将国安队压制得几无还手之力。"三毅"和小将王硕的能力逐渐被球队所认可，未满20岁的徐云龙也在中后卫的位置上给了沈祥福惊喜。但总体来看，因为外援未定，这次海外拉练

带来的匈牙利人米哈利和斯洛伐克人马里奥，沈祥福必须在这5个人里挑出3个，完成最后的报名工作。

3月13日的先农坛体育场，重归故里的国安队与北京宽利队进行义赛。这是国安队新赛季第一次在京城球迷面前亮相，也是甲A开战前最后一次热身机会。沈祥福在首发阵容中雪藏了个人

3月16日外援媒体见面会米哈利（左）、托肯（右）、佩塔（中）

并未达到预期的价值。新赛季开始后不久，国安队就暴露出了进攻套路混乱的问题。

20天的拉练结束后，3月7日回到北京的国安队依然是全华班。甲A联赛两周后开打，一切已经迫在眉睫。3月9日，中国足协特意在北京为各队外援统一组织了一次体能测试，国安队一口气派去了5个人参加，他们是从比利时联赛淘来的荷兰中锋托肯，在国安队西班牙拉练时曾参加过几十分钟教学赛的佩塔与何塞巴，以及经纪人

最为欣赏的托肯，试图通过这场比赛从佩塔、米哈利和何塞巴当中选出最后两位外援。

这是一场相当乏味的京城德比，几乎一直是在两队球员的频繁失误中度过的，虽然国安队最终以2比0胜出，但球迷却把更多的掌声送给了由曹限东、宫磊和杨朝晖等名将领衔的北京宽利队。"国安不努力，今年看宽利"的口号一度被京城球迷喊出，他们希望这支甲级联赛的新军能够刺激国安队取得更好的成绩。

成长的烦恼

和1998赛季一样，国安队新赛季首战都是客场对阵深圳平安。与一年前相比，新版国安队的442阵型变得更加积极，托肯和李毅的锋线高快组合也极具杀伤力。开场不久，两人各一次攻门均险些带来进球。李毅下半场一次连过4人后的射门中柱弹出，几乎为沈祥福带来他在甲A联赛中的客场首胜。虽然同样是0比0，但质量要比一年前的开门之战高出很多。

第2轮回到主场，4比0狂胜沈阳海狮则让球迷对国安队新赛季的内心定位拔高了很多。坦率地说，这是一场意外的大胜，归功于庄毅和李毅的爆发，用8分钟的"闪击战"解决了对手。4天后客场对阵武汉红桃K，国安队又借着对方主帅胡之刚的下课危机，在一场"水球"大战中靠着托肯的进球以1比0取胜。3轮7分，与辽宁队并列积分榜首位，俨然一个好年的前兆。

谁也没想到，主场对阵青岛颐中会成为国安队1999赛季的转折点。过去，国安在家门口对青岛保持全胜，3分理应是稳拿的，但这一次的比赛进程却格外艰苦。邵佳一替补登场仅6分钟头球破门，打入其职业生涯处子球，让国安队在第76分钟艰难领先，但青岛队在补时阶段利用任意球制造的混乱，

3月21日联赛第1轮北京国安（客）0比0深圳平安　国安队助理教练胡建平（右）与谢峰

4月4日联赛第4轮北京国安（主）1比1青岛颐中　国安队19号邵佳一替补登场

4月4日联赛第4轮北京国安（主）1比1青岛颐中　国安队19号邵佳一第77分钟攻入一球

3月28日第2轮北京国安（主）4比0沈阳海狮　国安队19号邵佳一（前）和16号李毅（后）

由马永康门前补射破门，令工体陷入了一片寂静。国安小将们建立起来不久的自信心，在很大程度上被这个失球影响了。

和1998赛季开局12场不败相比，1999赛季开局4场不败的运气成分更重一些。对手不强是一方面因素，对于国安队新阵容缺乏研究则是另一方面。虽然沈祥福在赛季初着重改变了左后卫、右后卫和后腰的人员配备，杨璞、徐云龙和陶伟的表现也让人满意，但新人们还没有受到关键比赛的考验。而3位外援也渐渐暴露出了各自的弱点：托肯运动战能力差，容易被盯死；贵为匈牙利前国脚的米哈利虽然有长传的绝活，但动作迟缓，跑动能力不足，不适合担任沈祥福心目中的右中场；而佩塔就个人能力而言并不比韩旭、谢朝阳高出多少，还因为北约对其家乡的轰炸而每天忧心忡忡，心理状态并不适合比赛。

国安队1999赛季的危机正在酝酿中。

反戈，反戈！

终结国安队不败战绩的，又是广州松日。只不过地点由广州变成了贵阳。

1998赛季，开局12轮不败的北京国安在广东省体育场不敌广州松日，那时高洪波还是松日队的首发前锋。一个赛季后，33岁的高洪波在塔瓦雷斯赴川上任后被破格提拔为松日队主帅。由于松日俱乐部将该赛季的主场经营权卖给了贵阳，尽管队名仍然是广州松日，但主场比赛均在贵阳的新体育场进行。

与国安队比赛前，高洪波被禁赛了，原因是他在之前与四川全兴队的赛后新闻发布会上指责裁判不公并且提前离开会场。他不得不在主席台上观看并指挥比赛，而这也减少了他与旧主比赛时的尴尬。

在高洪波的布置下，广州松日队以532阵型阻挡国安队的进攻，这不仅让李毅的速度无从发挥，托肯也逐渐在场上消失。在进攻方面，松日队魏意民和胡志军继续用速度和技术威胁着国安队的后防线。开场仅9分钟，胡志军进球，国安队最终以0比1败走贵阳。

1999年是国安队著名的"反戈"赛季。赛季开始前的义赛面对北京宽利，就遇到了曹限东、闻春雨和多位威克瑞小将的反戈。联赛首轮对深圳，则是谢峰和李玮锋的反戈。如今则被高洪波狠狠反戈了一次，当然这还不算完。

兵败贵阳两周后，国安队主场0比1负于上海申花，历史上第一次在家门口输给了申花，而姚健也在这场比赛中腿部骨折，大半个赛季报销。又过了4天，客战天津泰达，沈祥福必须避

4月25日第6轮北京国安（主）0比1上海申花 赛后新闻发布会

4月29日联赛第7轮北京国安（主）1比2天津泰达 赛后新闻发布会

5月9日联赛第9轮北京国安（主）1比0山东鲁能　国安队16号李毅

免出现联赛三连败。而泰达主帅金志扬也同样输不起，他上任后的战绩是 4 平 2 负，以不胜的战绩在联赛中垫底，如果拿不下国安，他恐怕也有下课之虞。

在这场谁也输不起的比赛里，当时的身份依然是北京国安队总教练、隶属于北京国安俱乐部的金志扬成了胜利者，同样的胜利者还有于光和吕军——两位被金志扬带到天津的旧部。这是天津队职业联赛以来第一次战胜国安队，还是在国安故人的参与之下。而这场比赛也标志着沈祥福

4 月 29 日联赛第 7 轮北京国安（主）1 比 2 天津泰达 国安队 12 号胡建平防守张效瑞

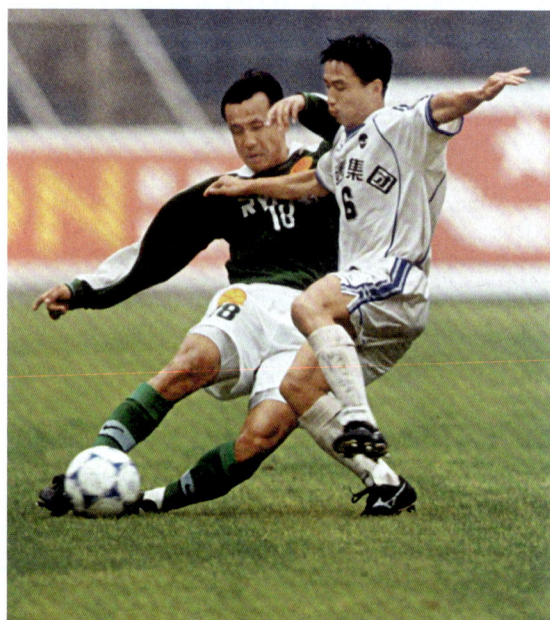

6 月 20 日联赛第 10 轮北京国安（主）0 比 1 重庆隆鑫 国安队 18 号王少磊

6 月 27 日贾庆林接见杨晨、周宁

对于现有三位外援的彻底死心。

3天后客场再战吉林敖东队时，沈祥福把托肯和米哈利放到板凳上，专门用"三毅"担任前锋改打433，收获了一场艰难的平局，也稍稍缓解了一下自己的下课危机。

5月9日，国安队在不被看好的情况下，凭借李毅的进球以1比0战胜了后来夺冠的山东鲁能队，9轮积12分，在积分榜上暂列第7。虽然距离积分榜首仅差3分，但距离倒数第三名也只有3分。本以为国安队会利用40天的联赛休战期有所改变，但国安队在此期间的真正改变只有庄毅重伤，以及沈祥福决定舍弃所有外援打造全华班。等到联赛重开时，第一场比赛，国安队就在工体0比1负于重庆隆鑫，而反戈者则变成了符宾和高峰。符宾力保大门不失，高峰则在终场前凭借一脚20米外的劲射破门。他在进球后以一个克林斯曼式的俯冲动作庆祝，令工体球迷的叫骂声达到了顶峰……

再别杨晨

在国安队战绩不给力的日子里，远在德国的杨晨成为了不少京城球迷的精神支柱，也承载着无数中国球迷的心。从一名国安队的替补，到立足德甲联赛的正印中锋，杨晨的故事足够励志。

1998—1999赛季德甲联赛，杨晨迎来全面爆发，在法兰克福队的保级道路上，"中国杨"连连进球，并在最后一轮联赛中成功助球队神奇保级。随后，杨晨结束租借返回北京，他的去向问题又重新被提到了议事日程上。

沈祥福当然希望杨晨能够回来为国安攻城拔寨，但希望他留在德甲的声音占据大多数。原因很简单，杨晨正处于上升期，德甲有着最适合他的土壤，他的进步将是中国足球之福；如果国安

将其召回，也许杨晨的锐气很快就会磨平或被同化，受损失的依然是中国足球。

所以，国安俱乐部对杨晨的留洋始终都是支持的态度，特别是当杨晨在1998年9月8日完成个人的第一个德甲进球，令法兰克福俱乐部产生

杨晨（左一）、高峰（左二）、施拉普纳（左三）和周宁（左四）在德国观看比赛后合影

了希望把他买断的想法后，国安方面一直非常配合，从未在转会费方面狮子大开口。

1999年1月，法兰克福俱乐部财务总监帕特拉抵京，与国安俱乐部商谈杨晨的正式转会事宜。在这次会晤中，双方明确了杨晨的转会费是85万德国马克，合375万元人民币，另外还包括法兰克福队访华与国安队比赛的门票收入、广告牌收入，以及国安俱乐部派遣青少年球员和教练员赴德培训等相关条件。

在经过了两个多月的交涉后，杨晨转会的细节已经落实得差不多了，国安俱乐部和法兰克福俱乐部签署了相关意向书，国安方面也在3月31日的媒体通气会上宣布杨晨的转会已经完成。

不过，就在转会意向书签订完成后，一些不快事件却险些将这次转会"搅黄"。前中国国家队主教练施拉普纳率先向国安俱乐部发来传真，质疑杨晨绕过他与其他德国经纪人签署代理协议，

而施拉普纳及其儿子乌维的经纪公司，才是中国足协指派的杨晨赴德代理方。在"施大爷"发难过后，法兰克福方面也出了问题，提出取消原定于6月中旬与国安队的商业比赛，原因是球队正深陷保级旋涡，已无心出国比赛。

面对法兰克福俱乐部的单方面违约，国安提出3月份签订的是意向书而非转会合同，真正的转会合同要在6月30日杨晨租借合同结束之后才能签订。结果这次轮到法兰克福急了，代理杨晨个人事务的经纪公司也急了，传真发来了一封又一封。

邵佳一、杜文辉、王硕、崔威四名队员在德国训练生活的合影

国安队杜文辉

国安小队员现场观看杨晨在德甲的比赛

还好国安与法兰克福在杨晨问题上都保持着足够的诚意。6月25日，帕特拉再次来京和国安俱乐部商议矛盾解决方案，决定将那场无法举行的商业比赛折入转会费中。6月30日，国安与德国法兰克福俱乐部签署合同，杨晨正式转会至法兰克福俱乐部。法兰克福俱乐部自1999年7月1日起将为国安4名青少年球员到法兰克福俱乐部培训做好准备。这4员青少年球员是邵佳一、杜文辉、王硕、崔威。最终确认，杨晨将以合计131万马克的价格转会法兰克福，如果杨晨未来转会到其他俱乐部，国安将再收到转会费的10%。

7月3日，杨晨登上了飞往德国的航班，他的国安生涯也宣告结束。杨晨正式转会德甲法兰克福俱乐部，成为中国第一个跻身欧洲五大联赛的球员。

雷霆救兵

告别故人的同时，国安队也迎回了故人。在中国足协外援第二阶段注册开放前，决定更换全部外援的国安队首先考虑的就是迎回卡西亚诺和冈玻斯两位故人。

得知能够重返北京的消息后，卡西亚诺兴奋异常，他把这次回归比作"回家"，坦言自己在回到巴拉圭联赛后，总会怀念在北京的日子，所以最先响应了国安的召唤。但冈玻斯的回归就有些麻烦了。尽管他也在7月初飞到了北京，但心里却惴惴不安，因为他知道自己的回归存在一些障碍。当年1月，在被国安队放弃签约后，这位前甲A联赛最佳球员作出惊人的决定，与甲B俱

8月10日国安队做客明州食府　沈祥福与卡西亚诺儿子的合影

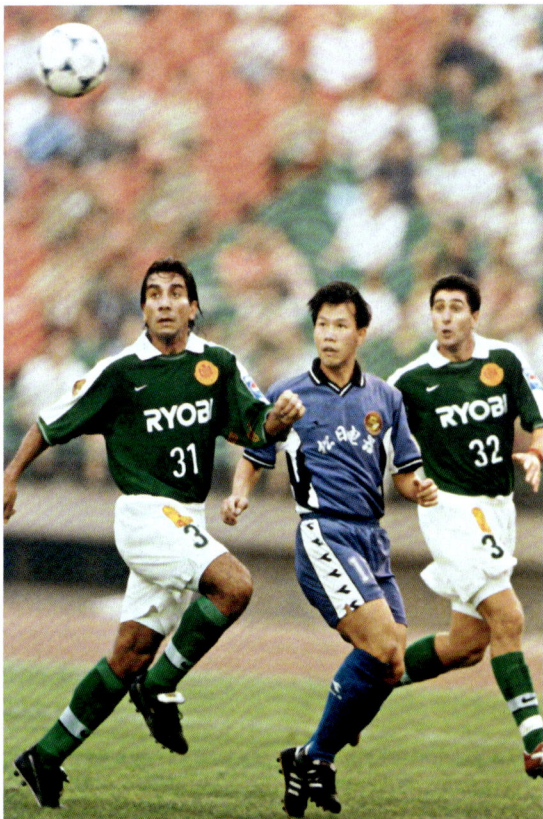

8月8日联赛第18轮北京国安（主）3比0广州松日　国安队31号巴雷德斯（左）和32号拉雷阿（右）

乐部云南红塔签约。但是在签约仅6天后，冈玻斯就以孩子生病需要回巴拉圭照顾为由放弃合同。眼见留不住人，红塔同意让冈玻斯在不支付违约金的情况下离开，但离开前必须签下一份承诺书，保证自己在1999年之内不得与中国境内任何足球俱乐部签订任何合同。果然，这个半年前签下的协议彻底耽误了冈玻斯与国安再续前缘。国安俱乐部总经理张路曾专程飞往昆明游说红塔俱乐部

的背景下，再试用其他外援已经很不现实。

7月18日，"拉圭三剑客"完成首演，国安队也迅速像1997年凑齐"三杆洋枪"之后那样踢出了赏心悦目的进攻足球。主场4比1大胜深圳平安、6比0狂胜武汉红桃K、3比0胜广州松日和吉林敖东，客场也和沈阳海狮队踢出了3比3的高比分。在更换外援的前8场比赛中，国安队保持不败，攻入24球。算上换外援之前的两场不败，不败场

冈玻斯（第一排右二）在巴拉圭国家队的合影

高层，在递交致歉信的同时，也希望能通过向红塔方面支付一定赔偿金来解决此事。但红塔却没打算妥协。最终，冈玻斯在北京待了一周之后遗憾离开，再也没有回到过工人体育场。

冈玻斯回归受阻后，国安队索性直接签下了此前在与英格兰水晶宫队的商业赛中有过出场的乌拉圭试训外援拉雷阿和巴雷德斯。尽管两人绝非签约的最佳人选，但在第二阶段联赛即将开打

数已经累积到10场，在积分榜上也攀升至第4。卡西亚诺重现了1997年的巅峰状态，门前抢点精准。巴雷德斯一头长发，仿佛是另一个卡西亚诺，冲击力不凡。拉雷阿虽然速度不快，但长传和定位球是一绝，他的出现激发了韩旭的杀伤力，国安4号一跃成为甲A联赛的顶级带刀侍卫。

"新洋枪"的"蜜月期"止步于9月9日，而且3个人直到联赛收官都没有再进过球，这是一

件很意外的事。总结原因，除了和1997赛季类似的"南美洋枪一到天冷就受潮"的毛病外，三位外援比前任三剑客更容易被对手死盯也是一个重要因素。当然，这也和对手实力够强有很大关系——国安队最后5轮联赛的对手包括了当年的四强。而这四队除了辽宁外，都是外籍教练挂帅。也正是在这样的背景下，国安高层启动了换帅计划，准备在2000年用洋帅来改变国安。

7月18日联赛第14轮北京国安（主）4比1深圳平安　国安队29号卡西亚诺

所以他也将12月5日与辽宁队的比赛视作自己的告别之战。这本应是一场普通的联赛收官战，但在机缘巧合之下，国安队却成为了决定1999赛季甲A冠军归属的"裁判"。

这是一次极富戏剧性的甲A冠军争夺战，在第21轮联赛结束后，辽宁抚顺队一度领先山东鲁能队多达6分，但穷追不舍的鲁能队又很快把积分差距缩小至1分。赛季最后一轮，辽宁客场迎

12月5日联赛第26轮北京国安（主）1比1辽宁抚顺　国安队21号高雷雷第76分钟攻入一球

阻击辽小虎

沈祥福早就知道国安队即将签约外教的消息，

在11月21日的工人体育场，一位东欧老人出现在了看台上。一周后，他的身影又出现在了大连，这就是后来国安队的主教练、南斯拉夫人乔利奇。

战国安，鲁能则在主场对阵降级已定的武汉红桃K。只要辽宁能在工体拿下国安，鲁能无论取得怎样的结果都将与冠军无缘。

赛前一周，种种谣言通过报纸和广播进行着广泛的传播。

对于那些已经传得没边的谣言，国安俱乐部副董事长李士林明确指示球队必须坚持公平竞赛的原则和应有的社会道德规范，国安队员必须全

12月5日联赛第26轮北京国安（主）1比1辽宁抚顺　赛后双方守门员发生冲突

力以赴。

12月5日的寒风中，工人体育场上演了一次疯狂的肉搏。辽宁球员发现国安队员用一种"变态般"的防守对自己进行阻击，一伙对于名次无欲无求的球员拼了命地与自己赛跑。在曲圣卿第13分钟为辽宁队率先进球后，国安队拼得更凶了。谢朝阳与李金羽在冲撞中同时倒地，令后者头上撞出一道2厘米长的血口，不得不系上纱布继续比赛。第32分钟，辽宁队的吕刚故意踢人被罚下场，将比赛变成了彻底的血战。

下半场，多一人作战的国安队继续向辽宁队球门发起进攻，杨璞在第73分钟的劲射击中横梁是一个信号，3分钟后，高雷雷接陶伟的分球在禁区前大力轰门得手，这位年初刚刚经历了丧父之痛的19岁小伙子脱下球衣疯狂地跑向场边，被队友们扑倒在地。

1比1的比分令辽足彻底崩溃，而国安球迷在看台上则像赢得了一场胜利一样大肆庆祝。远在济南的山东鲁能主场，山东球迷则在庆祝球队夺冠的同时，高喊着"感谢国安""高雷雷万岁"等口号。

面对着这样一个还算满意的结果，沈祥福脸上没有太多的表情。他默默地结束了自己为期两年的国安主帅生涯，准备接受新的挑战。

工体阻击战结束10天后，乔利奇飞抵北京，国安队的外教时代正式开始。

12月15日乔利奇抵达北京

徐云龙

记者：什么时候进入国安一队？

徐云龙：我正式到国安报到是在1998年底。1998年中期，我们威克瑞队的杨璞等人就已经到国安队报到了。我当时在国青队打亚青赛，在国外打比赛，所以到了1998年底，我回到威克瑞队后，队里就通知我去国安队报到。没想到这一报到，转眼就已经过去15年了。

记者：进入国安队打的第一场比赛是什么时候？

徐云龙：1998年11月，我们在主场打亚洲俱乐部优胜者杯，0比2输给了韩国全南天龙。我的第一场职业联赛是1999赛季的联赛第一场比赛，我们客场0比0与深圳队打平了。我记得当时外援托肯，错失了客场一个绝杀机会。很遗憾，第一场比赛没赢球。后来几场，我们打得很顺，成绩不错，可谁想到后面遇三连败，以至于出现了保级危机。

记者：你进入国安队后打的是什么位置？

徐云龙：我在国青队时，就开始打盯人后卫，可能因为那时身体比较好。进了国安队后，还是打后卫。我记得1999年在昆明冬训时，大家拼位置。我们几个新人都很努力，队里的老大哥很照顾我们。最开始，沈祥福指导让我们打442，我打的是边后卫，当时这个位置上有不少人，同龄人是杨璞，比我们大的是王少磊、李红军。1999年时，队里的前锋都走了，就剩下外援托肯、南方他们。队里年龄最大的是胡建平老师，谢朝阳、韩旭他们当时都在队里。那年，我们不仅打442，还打361，两个阵型，根据对手不同，混着打。

记者：第一年打职业联赛，什么时候打上主力的？

徐云龙：在昆明冬训时，大家都在争主力的位置。当时，沈指让我打了不少比赛，挺有自信的，可是到了联赛开始前，心里又有些含糊，不知道能不能打上主力。直到对深圳第一场比赛的准备会上，沈指告诉我打首发，我又感觉有信心了。那年虽然是我第一年打职业联赛，但其实前几年在国青队时不仅跟甲A和甲B球队打过比赛，还跟国外球队打过比赛，包括国安队在内，信心是有的，就是年轻，还缺少经验。第一场比赛打完后，我记得大腿拉伤了，休息了几场后，我的主力位置就固定下来了。无论是打442，还是打361，我都打盯人中卫。那年下半年打足协杯，我的左腿内侧副韧带断了。当时医生建议我手术，队医双印告诉我，你的力量好，保守治疗吧。后来，我夹板打了一个月，两个月恢复，还好赶上了下半年比赛。真算是快的！当时没做手术是对的，一方面是我不想开刀做手术；另一方面一般运动员都觉得，开刀做手术伤元气。现在看，当时保守治疗效果很好，韧带长得不错，到现在也很好。

记者：第一年打联赛，作为年轻球员有没有感到紧张？

徐云龙：沈指对年轻球员要求很严格，球员们触球部位，传球线路，力量大小，他要求得特别细。应该说，这对于我们来说是好事。尤其是在战术方面，沈指要求高，我们年轻球员一时不明白的，老队员们就给我们讲。球队的气氛特别好，北京球员有种特别的包容性。

记者：那年比赛记忆最深刻的是什么？

徐云龙：大起大落吧。那年国安队出现保级危机，主要是年轻球员多，大家没经验。后来，沈指自己都说，那年想起来，真有些后怕。北京队打职业联赛，前几年从来没有掉过前三名。我们联赛一开始打得特别顺，成绩一下上去了。后来几场不顺，有过两个三连败，那时球队的气氛特别紧张。老球员们比我们年轻球员承受得更多，媒体和球迷的批评特别多。我们是年轻球员，批

国安队13号徐云龙

197

评我们的少，但压力都顶在了他们的头上。我们自己也紧张，这口气就一直顶着。印象最深刻的是年初时客场打延边。我们在延边客场从来没占过便宜，如果再输球，对全队的自信心打击就特别大。我记得当时可能是南方的进球，让全队1比1打平了回来。这是一个转折点，后来我们就一步步爬了上来，直到打回第六名。所以说，大起大落，主要还是球队整体年轻。

记者：讲讲最后一场？

徐云龙：那场比赛之所以引人关注部分原因是媒体的作用，辽宁队说要在北京踩着夺冠。那年辽宁队打得是很好，可是来北京之前，有两场比赛没打好，迫不得已在最后一场比赛，要赢我们才能夺冠。我和肇俊哲是国青队的队友，双方球队不像媒体说的那样。那年比赛我们赢得也不多，大家上场后就想好好踢一场。比赛是我们先丢的球，当时是小肇一个直塞，曲圣卿从我身边过去了，我再铲就来不及了，让对方打进去了。辽宁队在甲B再上甲A，打得特别猛。后来，李尧一个空门的机会，推射力量小了点儿。眼看球就要进门线了，也不知道李红军从哪里冲出来的，把球铲了出去。当时，一下特别鼓舞士气，后来雷雷上来了，一脚打进了扳平比分的球。比赛获胜后，媒体赞誉我们公平竞赛，我们一年憋的一口气，到了这时候，终于可以出了。

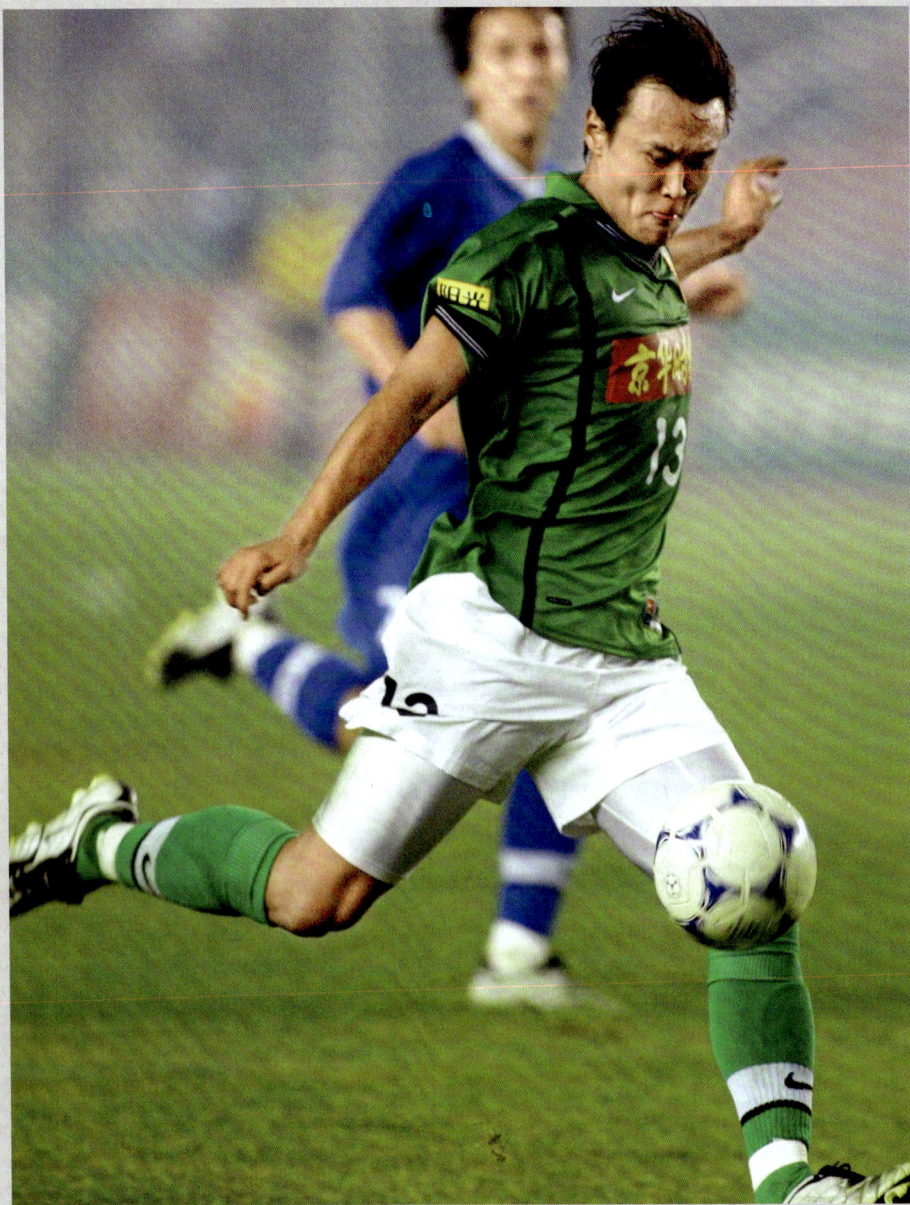

国安队13号徐云龙

全名单

∨

领　队：杨群
主教练：沈祥福
教　练：郭瑞龙、李松海、魏克兴、胡建平（兼）
队　医：双印、张阳

号码	姓名	出生日期	报名身高/体重	备注
门将				
1	刘新伟	1975.01.01	187cm/88kg	
22	姚健	1973.06.06	190cm/86kg	
30	杨世卓	1980.10.25	190cm/75kg	青年队提拔
后卫				
2	佩塔	1974.02.01	186cm/76kg	南斯拉夫人
3	谢朝阳	1971.05.29	182cm/73kg	
4	韩旭	1973.09.28	185cm/75kg	
5	李红军	1970.01.23	168cm/63kg	
13	徐云龙	1979.02.17	181cm/76kg	青年队提拔
15	陶伟	1977.03.11	175cm/68kg	
18	王少磊	1971.11.18	183cm/70kg	
24	刘正坤	1978.02.23	187cm/74kg	青年队提拔
中场				
7	李东波	1973.02.22	182cm/74kg	
8	杨璞	1978.03.30	180cm/70kg	
12	胡建平	1964.06.24	178cm/74kg	
14	薛申	1977.01.21	180cm/68kg	
17	徐阳	1974.06.06	183cm/73kg	
19	邵佳一	1980.04.10	186cm/78kg	青年队提拔
20	南方	1973.12.15	177cm/72kg	
23	杨铮	1977.02.17	178cm/70kg	青年队提拔
26	王涛	1967.04.09	182cm/72kg	
27	米哈利	1968.06.13	183cm/78kg	匈牙利人
32	拉雷阿	1969.12.05	183cm/80kg	乌拉圭人
前锋				
6	托肯	1972.01.03	188cm/90kg	荷兰人
9	田野	1978.02.25	187cm/76kg	
10	商毅	1979.01.20	180cm/70kg	新加盟
11	庄毅	1973.07.11	176cm/68kg	新加盟
16	李毅	1979.06.20	184cm/78kg	新加盟
21	高雷雷	1980.07.15	178cm/70kg	新加盟
25	王硕	1979.01.23	182cm/72kg	
28	路易	1967.01.30	183cm/72kg	葡萄牙人
29	卡西亚诺	1970.08.13	179cm/74kg	巴拉圭人
31	巴雷德斯	1970.11.20	180cm/79kg	乌拉圭人

转会情况

转入	
姓名	**原俱乐部**
商毅	天津泰达
李毅	火车头体协（租借）
庄毅	青岛海牛
高雷雷	武汉红金龙
邹鹏	辽宁抚顺
王涛	长春亚泰（租借期满）
托肯	洛克伦
米哈利	吉奥尔ETO
佩塔	泽蒙
卡西亚诺	卢克尼奥体育
拉雷阿	危地马拉奥罗拉
巴雷德斯	奥林匹亚

转出	
姓名	**新俱乐部**
卡西亚诺	卢克尼奥体育
冈玻斯	墨西哥蓝十字
安德雷斯	
周宁	曼海姆（租借）
杨晨	法兰克福（租借转买断）
于光	天津泰达
吕军	天津泰达（租借）
孙永城	天津泰达（租借）
马荃	天津泰达（租借）
桂平	天津泰达（租借）
刘建军	云南红塔（租借）
李洪政	长春亚泰（租借）
李洋	陕西国力
张重光	四川全兴（租借）
张晶、刘刚	
李岩、沙力	北京宽利（租借）
张海峰、李同庆	
王安治、张猛	
托肯	贝韦伦
米哈利	吉奥尔ETO
佩塔	泽蒙
王存等18名 青年队球员	青岛海利丰

北京国安足球俱乐部
BEIJING GUOAN FOOTBALL CLUB

关于为国安队员杨晨办理
赴德学习、比赛有关手续的请示

国安俱字[1997]094 号

中国足协：

为进一步培养、提高我足球队青年运动员，遵循中国足协"走出去、请进来"的原则，经北京国安足球俱乐部董事会研究决定，将派我俱乐部注册运动员杨晨以自由人身份（保留国安足球俱乐部会籍）到德国某足球俱乐部训练和比赛一年（98 年 1 月 1 日至 98 年 12 月 31 日），以求达到提高运动技术水平、锻炼国安后备人才的目的。

请贵协会协助办理有关国际转会证明和出境签证手续。

北京国安足球俱乐部
一九九七年十二月二十三日

地址：中国北京朝外工人体育场内
邮编：100027
电话：6593.6201 6501.6655-5048
传真：6593.6201

杨指：

见信好！

来法兰克福已近两个月了，生活、训练上的节奏已基本上适应了，就是在语言上的障碍，不过慢慢接触，学习总会有提高的。

上回您跟我讲，让我看看法兰克福俱乐部球迷用品方面有什么比国安多的项目，这些日子我去了几趟俱乐部专卖店，原来您用像机照几张照片，还有收款台上有么一年专门介绍用品的书，还注有价钱，很详细，因此就买了一本，您看看。

另外，我们每名球员都出了一张个人卡，出上第22页上也登了，全队（队员、教练、医生、领队主任）共30～40人之间，为一套，套叶片中有签名的价钱要贵一些，我们每名球员俱乐部要求签名（每人2000张）属于俱乐部，用于对外发及卖用。

今随信寄上这本书和卡片，您如还需要让我了财什么，等过些日子我搬了新住处，有了新地址，就会与您联系的，到时我也会

安装电话，再买个传真机，和俱乐部联系就方便了。

行，杨指，代我向全队、教练、队员问好，也代我向李总、王总问好！

祝：

顺心！

杨晨

21.08.98

2000年

千禧年的保级战

年度背景

THE
ANNUAL
BACKGROUND

桑特拉奇在 1999 赛季率领山东鲁能队取得的"双冠王"所引发的前南效应比预想的还要夸张。一批年龄在 50 岁上下的前南教练一起涌入中国，甲 A 联赛的 14 支球队中有 9 队由洋帅率领，前南教练则占据其中 6 席，而国家队和国奥队中也出现了前南教练米卢蒂诺维奇和拉德的身影。

万达退出，实德接手，从英格兰召回了孙继海的大连队重新恢复了其在中国足坛的霸主级地位，连沪争霸成为了 2000 年甲 A 的主题。而在大西南，四川全兴和重庆隆鑫也迎来了各自的黄金期。

在中国足球新一轮的休养生息过程中，希望在慢慢酝酿，亚洲杯第四名的表现唤回了球迷的信心。而沈祥福率领的国青队在亚青赛上力克韩国队的表现，不仅打破了存在已久的"恐韩症"，也为这一批生于 1981 年之后的年轻人赢得了"超白金一代"的美名。

5 月 21 日联赛第 11 轮北京国安（主）
0 比 0 辽宁抚顺　国安队 13 号徐云龙

2000

中信公司党委为国安队题字

国安球迷冒雨助威

5月21日联赛第11轮北京国安（主）0比0辽宁抚顺　国安队13号徐云龙

经典记忆

　　时间从20世纪迈入21世纪，1999赛季的第六名北京国安队却依旧原地踏步，以同样的第六名结束了2000赛季。但名次的平稳并不意味着球队的平稳，国安队经历了历史上最混乱的一个赛季开局，曾在积分榜尾长期徘徊，在赛季中段不得不以保级为首要目标。所幸球队及时止住了因为引援不力和洋帅问题所导致的危机，逐渐回归正轨，最后取得第六已属不易。

　　不过，"塞翁失马，焉知非福"。所谓乱世出英雄，这个战绩不给力的赛季却给了国安队新人成长的机会，多位20岁出头的小将及时冒头，不仅迅速跻身国字号队伍，而且成为国安队未来数年甚至十余年的核心人物。

前场洗牌

　　尽管乔利奇在1999年12月15日上任之时就喊出了"改造国安队""为国安带来新风格"的豪言壮语，但现实却要求他必须对这支球队的前场特别是锋线进行大力度补充，因为1999赛季国安队的前场球员已经所剩无几。

　　一度热炒的"三毅"组合解体在意料之中。当初以租借身份加盟国安的李毅回归深圳平安是合同要求的，尽管国安俱乐部无比希望能把租借变为永久转会，但深圳平安却没有这个意思。有意思的是，由于李毅在1999赛季最后阶段因为在对阵山东鲁能队的比赛中惹事吃到红牌，遭到中国足协停赛7场的处罚，导致他错过了国安队1999年的最后4轮联赛，而在加盟深圳平安后，他还要在2000赛季再次补停3场比赛才能出场。因此深圳平安俱乐部专门致函国安，希望能让国安出面一起找足协求情，以缩短停赛期。国安也很仗义地写了求情信，但中国足协不为所动。

未满27岁的庄毅也走了。这位一年前花了国安俱乐部二百多万元转会费的锋线快马，仅为国安队出战了8场联赛，就因为跟腱断裂而进行了手术，然后开始了漫长的恢复期。眼看着复出遥遥无期，恢复程度也难以保证，而自己在沈阳还有足球学校，于是庄毅申请上榜，目标直指沈阳海狮俱乐部。这是一次没人"劫和"的转会，庄毅顺利回到了沈阳，不过庄毅在加盟沈阳队后也一直没能出场比赛，并在2001年直接退役。

卡西亚诺则是第二次离开北京了，不过和1998年底国安俱乐部的单方面放弃不同，卡西亚诺这一次放弃了国安，决定接受来自"双冠王"山东鲁能方面的合同。至于1999年下半年加盟的"短工"拉雷阿和巴雷德斯，未获续约倒是很正常的事。

抛开外援问题先不谈，如何让刚刚来到北京的乔利奇理解"内援转会摘牌制"都是一件很困难的事。于是国安队的中方教练组成员提前从密密麻麻的转会上榜名单中挑出够格加盟国安队的球员，然后再将这些球员的比赛录像进行汇总，交给乔利奇统一审查。

1999年登上甲A转会榜的球员星味有限，名气最大的几个都是门将，而这却是国安队最不缺人的位置。加之国安队只能排在第六个摘，恐怕也不会摘到最理想的人选。中方教练组几经比较后，挑出了王涛、申思、魏意民3位重点目标，并列出了朱琪、范学伟和赵昌宏三名后腰。

看过录像后，乔利奇否定了3名后腰，他认

3月10日国安球迷联谊会（小）王涛与球迷见面

为国安队可以从年轻球员当中培养该位置的球员。对于魏意民，乔利奇显得不置可否。其实就连在王涛的选择上，乔利奇都犹豫过，因为他听说这位球员爱酒，所以率先将他否决，但3天后变卦，认为只要王涛能够改掉喝酒的习惯，国安依然可以考虑引进。

其实在这些录像带中，乔利奇最看重的是上海申花队的申思，甚至向教练组提出"只要有可能我们一定要"。但是当国安方面和申思取得联系后却得知，对方已经和大连方面达成了加盟协议，不打算加盟国安。

在后来的摘牌大会上，国安只出手了一次，摘下了本来有意去厦门投奔恩师迟尚斌的王涛。而申思则被第9个摘牌的大连万达收至帐下。但这样一个皆大欢喜的局面，却在几天后变成了争执连连的官司闹剧。

王涛争夺战

在中国联赛执行转会摘牌"顺摘制"的日子里，位列第九的大连万达能够顺利摘下申思，也多亏比该队排名靠前的球队高抬贵手。因此在大连万达摘下申思后，对国安表示感谢，并明确提出王涛的转会费"国安能承担多少是多少"。而王涛本人也在摘牌结束5天后前往国安俱乐部报到，填写了运动员注册表，后来在1月9日与国安在昆明签下了工作合同。

但这桩交易却因为申思的变卦而几乎被搅黄，这是之前所有人都没有想到的。原因也很简单，申思赶上了大连万达的易帜期。2000年初，大连万达老板王健林决定退出中国足坛，并迅速完成了俱乐部的易帜。而申思加盟前的一系列运作都是由大连万达办的，牌也是万达摘的，在临签合同前甲方却变成了身份陌生的大连实德。尽管实德反复向申思承诺之前万达方面对其提出的条件完全不变，但申思本人却动摇了。由于他当时登上转会榜也是因为和申花就加薪续约问题谈不拢才决定的，因此当他处于动摇期时，申花果断开始了续约谈判并且进展顺利。在当时中国足协的转会摘牌政策中，更注重保护的是球员的原属俱乐部。即使球员被摘牌了，只要能够迅速和原属俱乐部达成续约协议，那么摘牌结果就可以不被承认。

大连实德急了，甚至有些怒不可遏，他们怎么也没想到，这煮熟的鸭子也能飞掉。在翻看了转会条文之后，实德无奈承认吃了哑巴亏，于是他们制订了一个计划，让已经在昆明随国安和重庆队参加冬训的王涛和魏意民返回实德队报到。实德此举当然是抱着希望足协改判的侥幸心理——如果国安和重庆也因为球员被撤牌而不满，足协不可能坐视不管，既然法不责众，说不准足协还能把申思判给实德。

1月13日，王涛和魏意民不约而同地把一封信递给了个各自球队的领队，信的内容大体一致，即因为家里出现了难以克服的困难，所以希望撤牌留在大连云云。

而实德俱乐部也表示准备重新收留他俩。1月16日，两人分别把行李从原俱乐部宿舍搬出，搬入实德队宿舍。

果不其然，遭遇被撤牌闹剧的国安和重庆隆鑫也都不满起来，国安俱乐部总经理张路亲自前往海埂与大连实德负责人沟通未果，副总经理杨祖武怒发冲冠，指出："我就是下岗也要把王涛这事儿查清楚！"这场争执从春节前延续到了春节后，王涛不仅错过了国安队的海外拉练，个人的体能状态也没恢复好，导致后来的第一次体能测试也未能过关，错过了联赛前三轮。国安俱乐部2月1日向足协递出诉状，罗列了种种证据，包括王涛与国安草签注册表和工作合同的证据。足协花了20多天裁决完毕，判王涛的所属权依然在国安一方。而魏意民加盟重庆隆鑫就没如此好运了，因为和重庆方面没有相关协议，魏意民留守实德。

国安俱乐部当初之所以心急火燎地和王涛草签协议，也要拜魏意民在1998年初先摘后撤的悔婚闹剧所赐，使得俱乐部再遇到类似事情时都会多留一个心眼。如果不是这份草签的协议帮忙，国安也不可能顺利地把王涛引回；而如果2000赛季没有王涛的13个进球，国安队将面临更大的危机。

乔利奇的失误

从球员眼里的傲老头，到后来的蛮老头，再到最后的蠢老头，总共也就用了两个多月的时间。

在那个"南风"劲吹的年代，以南斯拉夫U21国家队主教练身份加盟国安队的乔利奇因其公职身份而显得颇有来头。球员时代的乔利奇绝非等闲之辈，作为贝尔格莱德红星队的队长，他是红星队垄断南斯拉夫联赛冠军时代的领军人物。但退役后从教的乔利奇执教的主要是南斯拉夫低级别俱乐部。后来在萨尔瓦多执教过俱乐部和国家队，依然战绩平平。返回南斯拉夫后，他担任过南斯拉夫U21国家队主教练。但他这样的身份，恰恰符合当时国安俱乐部的选帅标准，即寻找一位擅长培养青年球员的洋帅。

面对俱乐部历史上的第一位洋教练，国安俱乐部既忐忑不安又充满期待，但还是采用最高规格的接待标准欢迎他的到来。同时，球队的中方教练组和俱乐部工作人员也全方位为乔利奇服务，尽量满足他提出的各种要求。

但矛盾还是意料之中地早早爆发，离他最近

主教练乔利奇

的中方人员——国安队的翻译成了最初的受害者，抵达海埂短短几天时间，两位翻译就先后负气离开，并在海埂面对诸多媒体记者揭露乔利奇的各种恶行。在那个新闻贫瘠期，这样的猛料令海埂的各路记者如获至宝，一时间关于乔利奇的批判已经充斥在各大体育媒体的版面上。在非常时期，乔利奇身边还出现过一位中年女翻译，这位烟瘾极大但中文出色的南斯拉夫女子一度被喊来担任救火翻译，但对足球毫无兴趣的她只能激发起球员对乔利奇更大的不满。

球员们也渐渐发现了乔利奇"没货"。训练缺少特色，对体能储备方面的知识也是一知半解，上了海埂后，本来留给球员准备12分钟跑体能测试的时间就不多，但乔利奇并没有安排什么跑圈练习，让球员普遍担心会因为体测不过而失去联赛上岗证。直到体测前几天，乔利奇在经鲁能队的体能教练同乡提醒后，才匆忙决定让队员开始跑圈。但在第一次测试的时候，国安队还是折了李红军和谢朝阳。

而在海外拉练的决策上，乔利奇也为自己埋下一颗雷。国安俱乐部原本和1999赛季一样安排了西班牙拉练，但乔利奇以西班牙恰逢雨季而提出要开赴塞浦路斯拉练。于是俱乐部立刻改变计划，重新确定了塞浦路斯行程。但等球队抵达塞浦路斯后才发现，这里的雨水一点儿也不比西班牙少，多场教学赛都在泥泞中进行。

最快的下课

在与乔利奇签约之初，国安俱乐部曾希望能够让乔利奇与中方教练一起决定3名外援的人选，决定的方式是中方从资料中甄选出3名，而乔利奇则通过自己的渠道报出3人，最后再根据评测，民主决出最终人选。

其实在乔利奇到来前，国安方面已经将2000赛季的引援大方向确定为南美，并通过多种方式汇集到了多位南美国脚级球员的录像带。但在乔利奇上任后，看了几天录像带就把这些人选一一否定。他提出自己在萨尔瓦多指教时，曾有一员名叫阿玛亚的中场大将极具潜质，符合他的战术要求，希望国安能够同意其加盟。国安方面也立即予以配合，为这位名不见经传的小个子球员花费了重金，远远高出其他甲A俱乐部引援的身价水准。

在第二外援确定为国安队推荐的罗曼后，乔利奇在塞浦路斯拉练期间领来了同乡、33岁的贝尔格莱德红星队后卫别戈维奇。虽然那时的别戈维奇已经逐渐淡出职业足坛，甚至考取了教练资格证书准备从教，但毕竟能力尚可，确实能够提升国安队的防线水准。

2000年3月12日13比50，先农坛体育场，乔氏国安的第一场比赛就严重演砸。在这场于先农坛体育场进行的义赛中，国安队被同城对手、上赛季甲B联赛第7名北京宽利队严重压制，并在下半场一度以1比2落后。面对这样一支既无"小、快、灵"，又无明确战术打法的国安队，深深失望的国安拥趸们陆续倒戈，他们也越发相信过去一段时间媒体上批判乔利奇的文章都是真实的。早早准备好的"乔利奇下课"的标语被举起，嘘声渐渐覆盖看台，直到国安队最后凭借点球取胜也没人喝彩。尽管乔利奇赛后指出球队有5名主力因伤缺阵，但支持他的北京球迷已经减少了很多。

联赛还未开始，乔利奇的信任危机已经无限严重，而偏偏他的甲A第一战就要在客场面对已经重新蓄力、实力方面绝对属于联赛第一的大连实德。出征前，国安

乔利奇教练组

3月26日联赛第2轮
北京国安1比2天津
泰达 主教练乔利奇
和金志扬出席新闻发
布会

队中就有8名伤号，这都是国安队过去两个月攒下来的伤员，本来该花时间休养和治疗的他们，因为被乔利奇怀疑有偷懒嫌疑而一直带伤参加训练比赛，导致伤势恶化无法出场。

　　阵容不整还不算完，乔利奇所提出的"先进备战客场比赛"的理念也被命运开了个玩笑。乔利奇认为一支职业队没必要提前两天就抵达客场，而是赛前一天到即可。面对周日与大连实德的比赛，他让俱乐部订好周六晚间抵达大连的航班。而在起飞前几小时，他还在香河基地里要求球员们进行高强度对抗比赛。等到球队傍晚抵达机场时却得知，所订的航班因意外取消，球队只能在周日清晨才能飞赴大连。

　　中国足坛罕见的一幕就这样发生了，周日早晨7点，疲惫的国安队员起床赶飞机，中午飞抵大连，短暂休息一会儿后，就参加了下午3点与实德队的比赛。在这场让人不堪回首的比赛中，尽管姚健发挥神勇，但国安队仍然被张恩华利用定位球连入两个头球，而国安队则几乎没有还手之力，全场射门仅4次。颇受乔利奇器重的桂平则吃到红牌被罚下。

　　当时还是队中新锐的杨璞在退役后撰写的《璞写》自传中，曾经回忆过乔利奇

2000

3月26日联赛第2轮北京国安（主）1比2天津泰达

的战术："他的战术很简单，就是一个字：'快'。不许回传和横传，一律直传，拿到球就往前踢。"这种粗放型足球在中国足坛早已没了市场，也与北京足球传统的技术足球毫不沾边。而作为乔利奇钦点的中场嫡系，萨尔瓦多人阿玛亚基本就是一个只会回传和横传的主，这更让球员和球迷摸不着头脑。

第2轮主场对天津泰达，工人体育场内的气氛已经格外沉重，到场球迷一方面不愿意再看到国安队输球；一方面又已经对乔利奇极度反感。在这种矛盾的心态下，金志扬率领的泰达队和国安队大打对攻战，并且抓准了国安队定位球防守的漏洞打入两球。在埃莫森终场前5分钟完成绝杀后，天津泰达第一次在客场击败国安。

工人体育场的2万名球迷彻底愤怒了，职业联赛以来第一次发生了球迷对于本队的集体倒戈，京骂声不绝于耳，一些被球迷悄悄带进来的水瓶子被扔入场内，目标直指乔利奇。赛后，更有球迷围堵在国安队的宿舍"小白楼"外，掷入的石块砸碎了多辆汽车的玻璃。

一周后的上海虹口体育场，留给乔利奇的最后一次机会也没有创造奇迹。面对上海申花，5比18的射门显示出了两队的实力已经不在一个档次上。只求1分的国安队守到第68分钟，还是被卞军一头撞破球门……3连败已注定，而一周后还要客场面对强大的四川全兴。

乔利奇的足球让每一个人都看不到希望，有球员在训练场上已经对他怒目相视，他已经彻底不能掌控球队。因此，国安队以"保护乔利奇安全"的理由在3轮结束后剥夺了乔利奇的兵权，而是由领队魏克兴率队出征成都。

退赛风波

乔利奇遭遇失败，也是在国安俱乐部预料之内

213

的，因此在1999年底与他签署合同时，包含着解约条款，但解约的前提是在联赛第10轮到20轮之间。所以尽管乔利奇早被剥夺了兵权，但魏克兴被任命为主教练时已经到了6月份。乔利奇曾经托他在南斯拉夫足协的关系给国际足联写过信，索要一笔需要支付的工资，不过事情并没有闹大。

其实乔利奇在国安队的失败，除了个人能力有限、引援不力等原因外，他的傲慢、暴躁以及那句"绝不与球员交朋友"的名言都是重要因素。乔利奇的前任沈祥福，在球员面前就是一位和蔼的兄长，总能与球员谈心、为球员争取利益。仅仅几个月时间，主教练从"兄长"换成"暴君"，难免会令年轻的国安队员产生心理落差。

回顾乔利奇在国安不到5个月的执教期，留下的唯一积极因素就是将球队的单场发放奖金机制变成了每4轮按积分的多少结算，分高则重奖，这种机制对于鼓励球队连胜，特别是在客场敢于进攻都是有积极效应的。

联赛第4轮，当球队的另一位兄长级人物魏克兴火线上任，而王涛在通过体能补测加入阵中后，国安队的2000赛季才真正开始。在成都市体育中心，排出451保守阵型的国安队尽管全线被动，但一场艰难的0比0总算止住了球队连败的颓势。再回工体，空气中已经充满着悲壮的气氛。尽管对手只是升班马云南红塔，但他们联赛前4轮赢了3场，与山东鲁能并列积分榜首。工体的到场球迷依然有2万人，每个人都清楚，如果这场比赛再拿不下来，国安队就将真的在保级的苦海里越陷越深。

事情果然比想象的还要糟糕。发型古怪的红塔队前锋福迪第32分钟的精妙倒勾破门把国安队逼上绝境，而已经严重缺乏信心的国安队中后场球员在场上越踢越紧张，唯恐失误导致自己成为罪人。下半场，国安"新核"终于勇敢站出，陶

214

魏克兴教练组

5月18日联赛第10轮北京国安（客）2比2重庆鑫隆 国安队4号韩旭

4月16日联赛第5轮北京国安（主）2比1云南红塔 国安队8号杨璞与周挺争顶

伟抓住角球机会连续两次开到前点，助杨璞和王涛先后破门。2比1，国安队以一场逆转赢得了2000赛季首胜。

接下来，国安队又在主场3比0大胜当年最喜欢面对的对手深圳平安，然后客场与青岛颐中互交白卷，魏克兴的球队似乎已经走上了正轨。但球队的稳定氛围很快就遭到了严重破坏：4月30日，国安队客场被联赛积分垫底的吉林敖东队2比1击败，王涛开场仅22分钟便因在争顶过程中疑似肘击对方张庆华而被主裁判张业端罚下，成为了输球的直接原因。

对于当时的国安队而言，输球不可怕，王涛的红牌以及停赛一场的处罚也说得过去，可引起轩然大波的，却是足协裁委会在看完镜头回放后，在三天后决定让王涛在红牌停赛一场的处罚基础上再多停一场。这让原本就锋线乏人的国安俱乐部实在难以接受。

那一周的工体，氛围非常古怪，就连主场面对联赛卫冕冠军山东鲁能，都已经提不起人们的兴趣。国安向足协递交的申诉书迟迟没有收到答复，继而开始继续施压。在和鲁能比赛前一天，国安俱乐部宣称有意退出足坛。而在次日的工体，卡西亚诺的反戈一击，则加重了人们对于国安退出的担忧。

一天后的星期一，中国足协围绕国安队的申诉开了一个长会，最终决定维持原判；而国安俱乐部则在第二天不仅退掉了当天下午飞赴重庆踢客场的机票，还专门举行了新闻发布会，表示如果收到了足协"维持原判"的正式通知的话，国安俱乐部将选择退出。新闻发布会结束后不久，足协的正式通知传真件被传至国安俱乐部，国安似乎真的要退出了……

幸好"退出风波"随着中信集团董事长王军的出面而在周三得到平息。"国安不仅不会退出，反而会加大对俱乐部的投入与建设"，王军董事长

的讲话让人们心中悬着的那块石头落了地。

重新订好机票飞往重庆的国安队在第二天晚上迎来了一场被赋予重要意义的战役。杨璞在第37分钟面对巨大的压力罚入点球，但重庆隆鑫此后扳回两球，还好高雷雷在第78分钟接徐阳的直传追平比分，助国安全身而退。

佳一与云龙

结束了"多事之春"的国安队，开始慎重考虑外援更替的问题了。阿玛亚跟着乔利奇一起在3轮后走人，国安队的中场就开始由本土帮支撑。而"120万美元先生"罗曼也渐渐令教练组失去了耐性，尽管他在这个赛季第一次为国安队奉献了进球，但8场首发只入1球的效率实在让人难以恭维。客场战平重庆隆鑫队的比赛，罗曼已经沦为替补。因此在5月下旬即将开始的外援二次注册过程中，国安队必须找到一个能够起到组织作用的防守型中场，以及一个能和王涛产生化学反应，并能帮其分忧的射手。

南斯拉夫人伊利奇凭借着高大的身材和中场的防守能力而率先被魏克兴相中，但这位攻强守弱的中场显然不能解决国安队的进攻问题。联赛第11轮和第12轮，国安在工体连续两场没有进球，战平了辽宁抚顺队，0比1爆冷被厦门厦新队击败，高大的王涛屡屡深陷对手的防守陷阱，作用大打折扣。

锋线强援可不是那么好找的，当年的"最佳备胎"卡西亚诺已经在山东鲁能队直奔联赛金靴而去，其他诸多试训球员则很难打动国安教练组。眼看着注册期行将截止，国安队只能凑合敲定一人。新援桑德鲁来自深圳平安，是塔瓦雷斯季初执教平安队时的引援，和罗曼一样属于罕见的被中国俱乐部买断的外援，但也和罗曼一样，在联赛前半程只入1

球。随着塔瓦雷斯在深圳的下课，失宠的桑德罗成了多余的人，最终被国安队租来救急。

6月18日，甲A联赛第二循环开打，半程排名联赛倒数第四的国安队在工体迎战联赛领头羊大连实德。谁也没想到，在这个36℃的酷热午后，国安队会有一位年轻英雄勇敢站出。第14分钟，国安队获得前场任意球的机会，20岁的邵佳一挥动左脚，轰出一记冲天炮般的攻门，直飞球门死角，助国安先以1比0领先。虽然大连实德此后攻入两球，意料之中地完成了逆转，但邵佳一的进球却成了京城球迷的长期谈资。7天后的天津民园体育场，邵佳一两度助攻，王涛梅开二度，国安队在津门赢得了艰难的胜利。正是这两场比赛，让国家队主教练米卢认识到这位左脚奇才的价值，国家队的大门此后开始长期为他敞开。

邵佳一的崭露头角，也激励着他在威克瑞队的老队友徐云龙。国安队的13号也在这一年迎来了职业生涯的"二年级"，并且在右后卫的位置上逐渐取代了原来的主力王少磊。京城球迷格外喜欢这位球风硬朗、斗志昂扬，喜欢在右路大范围奔跑的小伙子。只不过徐云龙的所蕴藏的附加价值，一度只有国安队的教练组才清楚。

7月23日的足协杯第3轮比赛第二回合，国安主场再战厦门厦新。3天前的客场比赛，国安队在占据优势的情况下被对手的反击连续3次洞穿球门，3比0的比分让厦新队一只脚已经迈入了足协杯四强。回到主场，王涛意外不在首发阵容中，代之以徐云龙，魏克兴给外界以提前放弃比赛的印象。可正是这样一位奇兵，成了球队完成4球大逆转的主角。徐云龙在锋线上左突右冲，搅乱了对手防线，他个人也有一球进账。

其实徐云龙从小就多次尝试踢前锋位置，在青年队时更是一度被固定在锋线上。在国安队的前场配置逐渐被对手摸透的情况下，魏克兴开始让徐云龙重操旧业，多次对他进行关于射门和跑位的专项训练，才有了这位奇兵的出现。2000赛季后期的联赛与足协杯上，徐云龙开始不时在锋线和卫线上切换，每当对手拿到国安队的出场报名表时，都要揣测一番徐云龙的位置。

青训的胜利

由于联赛上半程"欠债"太多，国安队在2000赛季最终取得的第6名其实也是球队整个赛季的最高排位。但正是这支直到第20轮还排在第9的队伍，竟然一度成为甲A联赛中规模最大的国脚输送队。从年初的两人，到五六月份的3人，到8月份竟然有了5个人。再加上当时在德乙曼海姆效力、实际所有权仍属国安的周宁，国安队竟然贡献了6名现役国脚，也难怪其他球队的球迷颇有微词。

国安国脚群的出现，与前南教练的抱团有一定关系。在乔利奇上任国安之后，曾带来了两名助理教练米连尼奇和拉耶瓦茨，特别是后者，与米卢私交甚笃。乔利奇下课后，拉耶瓦茨依然在国安队中供职，并不时把他在队中发现的潜力人才推荐给米卢。于是，两位同出生在1979年的小将商毅和徐云龙率先被米卢召入国家队，接下来，是在阿玛亚离去后一度独力撑起国安队中场攻防的徐阳，随后是邵佳一和王涛。尽管米卢上任之初曾不止一次从甲B联赛甚至是没有职业联赛经验的球员中发掘出冷门国脚，但这些人往往试训了一两次后就被彻底否决，只有国安队的几名球员一直连续入选集训名单，可见米卢的器重程度。

不仅是一线队国脚的集体涌现，在其他国字号队中，国安青训也展现了价值。2000年中国足坛的一大特点就是"国安系"教练员集体涌入国字号，其中金志扬在米卢到任前曾暂管国家队，沈祥福和唐鹏举成了U19国家队的主教练和助理教练，高洪波则在U16国家队挂帅。这些京籍教练自然希望将北京足球的速度与技术传统引入球队。2000年刚刚被乔利奇提拔至一线队的路姜和张帅开始成为沈祥福帐下的常客，而高洪波的U16国家队（1983年龄组、1984年龄组）因为属于各省市最不受重视的非奥运年龄段，所以只能

国安 79 年青少梯队合影

从梯队建制最完整、不以改年龄来实现竞技目的的国安少年队想办法，一度把8名国安少年队球员召入国少队，杨昊与高洪波持续了十余年的师徒情谊正是从那时开始的。

总体上看，2000年国安青训所推出的诸多人才，是国安俱乐部自1996年开始梯队系统化建设之后收获的成果。以两年为一个年龄段的建制，U15、U17、U19的整体化培养，也是当时大多数甲A俱乐部都不具备的。

助理教练米洛文·拉耶瓦茨

饮恨足协杯

为了给米卢的国家队备战世界杯预选赛留下充分的时间，2000赛季的甲A联赛在10月1日就落下了帷幕，而等待国安队的年度最大考验，就是一个多月后开打的中国足协杯决赛。

这是国安队第三次跻身足协杯决赛，但与过去两次比起来，这一次的晋级之路格外艰难。前两轮单场淘汰赛的对手都来自甲B，但国安都在客场陷入苦战，最后仅以1球小胜。

第3轮面对当季甲A联赛实力倒数的厦门厦新，虽然有着酣畅淋漓的翻盘，但首回合竟然以0比3落败。半决赛的对手武汉红桃K同样来自甲B，没想到国安队会在客场告捷的情况下在工体输给对手。

直到决赛，国安才迎来了真正有实力的对手：连续两届甲A联赛均获第4，均领先国安队两名的重庆力帆，即在甲A联赛落幕后刚刚完成易帜的前重庆隆鑫队。由于国安队在决赛的抽签中抽到先主后客的不利赛程，考虑到西部足球对于冠军的多年渴望，国安队的第三次夺冠已经不被看好。为了给队员宽心，国安俱乐部在赛前就公开表示，无论夺冠与否，都会对球队给予重奖。而重庆方面则受易帜影响而发生了奖金风波。

决赛首回合，国安队果然没有在工体奠定绝对的胜局。隆鑫主帅李章洙有针对性地制定的压迫性打法让国安队一度颇为被动，多亏姚健的神勇才保证了对手没有取得客场进球。这场1比0的代价也相当惨重，国安队中场的两员大将伊利奇和陶伟均受伤不轻，伊利奇的右脚拇指更是被踩得血肉模糊。

7天后的重庆大田湾体育场确实有着魔鬼主场的味道，打着浓浓李章洙烙印的逼抢式足球成为了国安队中后场球员的噩梦。重庆力帆队在前场的每一次抢断都令国安队的禁区受到巨大压力。第17分钟，国安后防经验最老到的别戈维奇拿球失误，被对方的南非外援马克抢断后攻门得手。13分钟后，别戈维奇禁区外犯规，力帆队主罚任意球再下一城，并在第34分钟取得了3比0的优势。尽管下半场国安队通过换人改变了局面，并由桑德鲁打入一球，但已经根本无法阻止打疯了的重庆力帆队夺走足协杯。

1比4的比分堪称一场完败，也让国安队的2000赛季在经历了一个糟糕的开局后，又以一个遗憾的结尾收场。

一朝被蛇咬的国安俱乐部暂时放弃了再引洋帅的念头，希望继续用魏克兴来实现球队的平稳发展。但等待球队的并不是平稳。

11月5日足协杯决赛北京国安（主）1比0重庆力帆　国安队13号徐云龙

11月12日足协杯决赛北京国安（客）1比4重庆力帆

（小）王涛

他是国安克星，曾 7 次攻破国安球门。他更是国安救星，堪称俱乐部 20 年历史中的最成功引援，效力 3 年留下 25 个联赛进球，至今仍保持着国安内援的进球纪录。他在 2000 年联赛三连败的背景下，与魏克兴一道走上前台，二人通力合作带领球队，一个在场上一个在场下，力挽狂澜于即倒。那一年若没有他用 13 个进球挣来的 9 个积分，国安甚至有可能降级。他是（小）王涛，国安迄今为止 20 年里真正的锋线空霸，退役时仍为甲 A 第一射手。

来国安一波三折被杨祖武拼死抢回

王涛来国安队的过程并不顺利，甚至颇为波折。

1999 年末，沈祥福离队，南斯拉夫外教乔利奇接任。这位后来在国安球迷眼中绝对应该下地狱的倔强老头儿，除了留给球队一个空前绝后的开局三连败，还留下了一个王涛，这或是乔利奇于国安的最大功绩。

在中国足协还在执行转会摘牌的大背景下，乔利奇亲自摘下前一年在大连万达都郁不得志的王涛，随后国安义无反顾地放弃了后面的 4 个摘牌机会。王涛成了那一年国安队在转会市场的唯一收获。之后，双方迅速完成了工作合同的签署。俱乐部历史上第一位外教联手甲 A 头号射手，国安队的 2000 赛季看起来很美。

但海埂冬训时，万达与实德完成了更替，大连足球变天了。这时，已经被大连摘牌的申花头牌申思突然悔约，拒绝前往大连效力。多种因素之下，希望保全球队实力的实德俱乐部迅速与旧将王涛取得联系。于是，王涛几日后从国安在海埂的宿舍搬出，重回老东家，似乎也并不让人意外。自此，时任国安俱乐部副总经理杨祖武开始了长达两个月的申诉和据理力争，他必须要为球队留住这位正值当打之年的冠军级内援，因为他知道王涛对年轻的国安队有多么的重要。

事后，王涛曾坦言："如果我早知道实德入主，又换了科萨当教练，我可能就不转会了，毕竟大连是我的家。"王涛的想法并没有任何不妥，但感情是感情，生意是生意，最终国安凭借着与王涛的工作合同，抢回了当年唯一的内援，而此时，王涛本人正随实德队在欧洲拉练，在返回国安之前，实德新帅科萨曾对他说，"乔利奇是个很暴躁的人，你脾气也不算好，控制一下，千万别起冲突"。

王涛最终没有与乔利奇起任何冲突，因为压根儿没机会。在乔利奇执教国安的 3 场比赛中，由于体测没有达标的王涛一直在单练体能，只有通过补测才能在第 4 轮开始出场。而焦头烂额的乔利奇却自始至终没能指望上他亲手摘下的大个子，他一直把王涛当作自己的救命稻草，但三连败让他难逃下课的厄运。

后来王涛提到乔利奇，评价却非常客观。"开局三连败听着吓人，但是细想想，打大连和上海，这是甲 A 前两名的球队，国安这么多年轻球员，客场输了不正常吗？乔利奇真正的失误，恐怕也就是第 2 轮主场输给天津。"

55 岁的乔利奇下课，37 岁的魏克兴上任，30 岁的王涛拿到上岗证，一周之内，三连败的北京国安，日月换新天。

争议红牌险让国安退出中国足坛

魏克兴的上任让球队的各种关系顷刻变得顺畅，但巨大的压力仍把国安队上下压得喘不过气。第 4 轮客战劲旅四川全兴，如何止住连败，成了球队的当务之急。

那一战国安将士三军用命，想趁机拿下 3 分的四川全兴在马明宇、姚夏、魏群的统领下倾力进攻。国安固守反击，王涛甚至屡屡回到本方禁区盯防对方的高大外援鲁纳。虽然终场前，替补出场的罗曼错失了绝杀机会，但一场 0 比 0 终于可以让国安喘口气。

2000 年的 4 月 15 日，联赛第 5 轮国安主场迎战云南红塔，王涛赢得了北京球迷最热烈的掌声。在先失一球的不利局面下，陶伟两次发出角球，助攻杨璞和王涛各进一个头球，2 比 1 逆转取胜。这是王涛第一次在工体亮相，也是他转会国安的第一个联赛进球，此后，这个 1 米 94 的大个子成了工体毫无争议的最大牌。

之后国安队一胜一平，在魏克兴上任后的 4 场比赛里，国安队两胜两平，拿到 8 分，排名也从最后一名上升到了第 10 名，渐渐脱离了降级区，队员们的士气也大大提升。但是意想不到的事情再一次发生了。

第 9 轮国安客场挑战延边队，第 22 分钟，王涛在争顶时左肘打到了在其身后撕扯的救东队后卫张庆华，被主裁判张业端认定为故意犯规出示红牌罚出，王涛下场后大呼冤枉，"后卫一直在我身后拉扯，我总要保持重心吧，没想到一碰就是红牌"。比赛还剩70分钟就失去了王涛，国安败北无悬念。第9轮回到主场，王涛停赛，去年还在国安效力的卡西亚诺，一记头球助山东完成绝杀，国安两连败了。

没想到，这时足协做出了对王涛追加停赛一场的决定，国安立即回应，要求撤销对王涛的追加处罚，否则将就此退出中国足坛，国安队退出联赛。

因为裁判问题声言退出，国安不是第一家，也不是最后一家。1998年，大连万达也因对裁判的错判漏判忍无可忍而一度宣布退出，虽然最后没有采取极端的手段，但在1999年坚持了一年之后，万达就把球队转卖给实德。2008年，武汉因为队员李玮锋被停赛8场不满，干脆直接退出了中超。

最终，这件事以国安俱乐部的妥协告终，王涛继续停赛，国安继续参赛。从这场退赛风波可见王涛在国安高层心中的地位。事后，王涛说："转会到国安，俱乐部从领导到员工都对我很器重，责任感强了。对自己要求比以前更严格。"而在这场风波彻底平息之后，国安和王涛几乎同时进入佳境，球队也开始了疯狂的抢分。

在风起云涌、波澜不断的2000赛季，国安队从前3

8月6日联赛第20轮北京国安（主）4比1青岛颐中　国安队16号王涛第22分钟和第59分钟攻入两球

轮0分追到赛季结束时35分，名列第6名，王涛出场20次打进13球，两球之差名列射手榜次席。他进球的比赛国安队拿到了17个积分。如果说那一年国安队顺利保级的第一功臣是主帅魏克兴，那么毫无疑问，王涛的功劳将排在第二位。

提携年轻队员曾"呵斥"队中国脚

2000年米卢入主中国国家队，国安队近水楼台先得月，先后有徐云龙、商毅、邵佳一、徐阳、王涛等多名球员入选国家队。但在王涛看来，几名20岁上下的年轻国脚，还需要更多的锤炼。"那时候全队结束训练的时候，魏指导会把我和邵佳一留下来单练角球战术，要求就是佳一把球发过对方前门柱的防守球员，我去争顶，也可能是累了，有时候传球并不到位，我急了就会冲佳一嚷嚷几句。"

"你行不行啊？"王涛就是这样呵斥邵佳一。在国安队效力才两年的小将，只能摆摆手表示歉意。"其实有时候也是自己太急了，要求太高吧，可一球磨要是训练都踢不到位，比赛就更没谱儿了，所以还得嚷嚷。"但最终，王涛和邵佳一的努力没有白费，在客场与天津队的比赛中，邵佳一的两个角球都被王涛顶进，2比1的比分，让所有人都觉得这份努力很是值得。

在2000赛季，国安队最重要的一场比赛，恐怕就是足协杯决赛第2回合客场迎战重庆力帆，首回合国安凭借王涛的定位球以1比0小胜，但这个比分实在不保险，国安在重庆面临苦战。没想到，重庆队名扬甲A的外援三叉戟——马克、米伦和比坎尼奇，完全打疯，前30分钟就打进3球，国安直到上半场结束前才找回状态。但最终还是输掉了，重庆首夺足协杯冠军。而王涛则获得了当年足协杯的最佳球员。

王涛后来说："2000年国安年轻球员太多了，让他们维护北京的荣誉什么的，他们根本禁不住这样的压力。真要让他们担起这份责任，是两三年以后的事。"

2001年，王涛为国安再入10球，却又一次在足协杯决赛中折戟。2002年，他首轮助球队绝杀将主场搬到北京的辽宁队，此后却因长时间受伤，年底退役。在国安3年，王涛没有为国安带来冠军，却留下合计30多粒联赛、杯赛进球，他帮助国安走出低谷，也为徐云龙、邵佳一、商毅、杨璞一批年轻国脚做出表率。

在国安20年的历史里，王涛书写的那一笔未见得华丽，却足够坚实。

全名单

∨

领　队：魏克兴、胡建平
主教练：乔利奇（至4月4日）／魏克兴（4月4日起）
教　练：米罗什·米连尼奇、米洛文·拉耶瓦茨、李松海
队　医：双印、张阳

号码	姓名	出生日期	报名身高/体重	备注
门将				
1	刘新伟	1975.01.01	188cm/90kg	
22	姚健	1973.06.06	190cm/95kg	
29	楚志	1982.11.10	188cm/75kg	青年队提拔
30	杨世卓	1980.10.25	190cm/75kg	
后卫				
2	刘建军	1972.05.29	179cm/75kg	
3	谢朝阳	1971.05.29	183cm/75kg	
4	韩旭	1973.09.28	186cm/80kg	
5	李红军	1970.01.23	168cm/71kg	
6	别戈维奇	1967.11.16	181cm/72kg	南斯拉夫人
8	杨璞	1978.03.30	179cm/76kg	
13	徐云龙	1979.02.17	181cm/81kg	
18	王少磊	1971.11.18	183cm/70kg	
26	张帅	1981.07.20	181cm/73kg	青年队提拔
中场				
7	李东波	1973.02.22	182cm/75kg	
10	商毅	1979.01.20	179cm/76kg	
12	阿玛亚	1975.01.04	180cm/75kg	萨尔瓦多人
14	薛申	1977.01.21	181cm/69kg	
15	陶伟	1977.03.11	176cm/71kg	
17	徐阳	1974.06.06	185cm/77kg	
19	邵佳一	1980.04.10	186cm/78kg	
20	南方	1973.12.15	177cm/75kg	
23	杨铮	1977.02.17	177cm/74kg	
24	桂平	1979.04.24	185cm/78kg	新加盟
27	路姜	1981.06.30	182cm/67kg	青年队提拔
31	伊利奇	1972.10.21	187cm/80kg	南斯拉夫人
前锋				
9	田野	1978.02.25	188cm/85kg	
11	罗曼	1977.10.25	176cm/70kg	巴拉圭人
16	王涛	1970.04.22	194cm/90kg	新加盟
21	高雷雷	1980.07.15	180cm/70kg	
25	王硕	1979.01.23	182cm/72kg	
28	陈军	1981.04.27	182cm/70kg	青年队提拔
32	桑德鲁	1973.08.18	181cm/81kg	巴西人

转会情况

转入		转出	
姓名	原俱乐部	姓名	新俱乐部
王涛	大连实德	李毅	深圳平安（租借期满）
桂平	天津泰达（租借期满）	庄毅	沈阳海狮
别戈维奇	贝尔格莱德红星	（大）王涛	八一
罗曼	波特诺山丘（租借期满）	刘正坤	北京宽利（租借）
伊利奇	苏博蒂察斯巴达克	邹鹏	北京宽利（租借）
桑德鲁	深圳平安	卡西亚诺	山东鲁能
阿玛亚	萨尔瓦多阿吉拉		

2001 年

新老更替，蓄势待发

年度背景

THE
ANNUAL
BACKGROUND

为了韩日世界杯，中国足球开始了"世纪豪赌"，只升不降的甲 A 联赛较之以往少了很多看点。但不可否认的是，这种一切以出线为目标的决策最终收到了理想的结局。足协管理层们开始勾勒未来中超联赛的美好蓝图。

中国体育从来没有这么兴奋过，申办奥运成功，进军世界杯，让亿万民众在 3 个月内狂欢了两次。

杨祖武（右）与重庆力帆主教练李章洙（左）

2001

7月1日联赛第14
轮北京国安（客）
1比1青岛啤酒

国安必胜申奥成功

国安球迷庆祝申奥成功

经典回忆

2001 年的天安门广场，两度因为体育而引来万众狂欢，但几公里之外的工人体育场，却几乎整整一个赛季都没有给北京球迷带来愉悦的感受，国安队的战绩跌入历史最低谷：名次追平历史最差，赛季净胜球史上最少，还有惨淡的工体上座率。

在外界看来，2001 赛季也许是北京国安队休养生息的一年，毕竟联赛的只升不降，以及大连实德绝对领先的实力，让很多甲 A 俱乐部都选择"混"上一年，但在国安俱乐部上下，却没有人愿意去混，只不过受到种种偶然因素的影响，才带来了这一年的种种失望。但从另一个角度看，也正是因为 2001 年的低迷，才令国安队知耻而后勇，拼来了 2002 年的好成绩，国安俱乐部也从 2001 年的失意中吸取教训，在未来加大了投入。

严入与宽出

魏克兴留在国安继续任教，并不是一件意外的事，过去的 2000 赛季，临危受命的魏克兴在乔利奇"下课"后顺利将球队带出了降级区，而且还取得了联赛第六并进入足协杯决赛的好成绩。尽管从战术领域看，初执教鞭的魏克兴并没有给国安队打下太多的个人烙印，但球队在去年联赛最后七轮场均超过 3 球的进球率还是令俱乐部高层满意的。除此之外，目前这支国安队的球员几乎都与魏克兴并肩作战过，由他来执教，可以保证球队内部氛围的稳定。

留用少帅魏克兴，是国安俱乐部准备实现新老交替的一个标志。在 2000 赛季，国安队的威克瑞小虎们已经在多个位置"抢班夺权"，有多人进入了国家队的重点观察名单。而 2001 赛季又赶

上联赛取消降级，国安队理应给更多年轻人机会，这让一些在上赛季已经很难踢上比赛的老将们决心转会，包括刘建军、李红军和王少磊等人。刘建军和李红军与国安队前任教练郭瑞龙打好了招呼，确定去成都五牛队参加甲 B 联赛，而王少磊则在自己的 30 岁生日到来前选择挂靴，留在国安俱乐部执教青少年队。同样是替补身份的刘新伟和杨铮也递交了转会申请。

最让教练组感到意外的是徐阳的转会，这位在 2000 赛季进步极快、已经在国家队立足的中场球员，准备结束自己为期 4 年的国安生涯，申请登上转会榜，理由是想换个环境寻求新的挑战。在俱乐部教练组和管理层挽留未果的情况下，徐阳如愿上榜，并受到了多家俱乐部的追逐。

总体上看，2000 年底的中国足球转会市场相当冷清，原因就是足协将摘牌制由原来的顺摘制改为 NBA 选秀式的逆摘，即上赛季名次最差的球队（升班马）最先在榜上选择，目的就是平衡各队的实力。但此举的负面影响就是导致国脚级人物根本不敢登榜。

在扫描完所有登榜人数后，国安俱乐部确定了有限的几个摘牌目标。隶属于辽宁青少俱乐部的前国奥球员郑智是首选，他将是右后卫王少磊退役后的最佳替代人选；广州松日队的赵昌宏则可以取代徐阳在队中的位置；在摘牌大会前几天，又传出国安准备摘下魏意民的消息，因为国安队的头号射手王涛希望与老搭档魏意民在国安队重聚。

中央电视台破天荒地直播了这一次的甲 A 摘牌大会，而最终的摘牌结果却让北京球迷们失望不已：最先摘牌的升班马八一队和陕西国力队分别摘下了魏意民和赵昌宏，让排到第 9 个摘的国

●2月1日
国安队全体队员踏上了飞往西班牙的航班，开始了在西班牙加的斯的集训。

●3月7日
在国安俱乐部的新闻发布会上，副董事长李博伦宣布代总经理杨祖武被正式任命为俱乐部总经理，王涛成为教练兼队员。也是在这次发布会上，3名年轻的哥伦比亚外援首次亮相在京城媒体面前。

●3月8日
国安俱乐部与华友斯达康通讯有限公司签下新赛季赞助胸前广告的合同。

●4月3日
2000年中国足球"龙之队"评选活动在北京民族宫大剧院举行，效力于德甲法兰克福队的前北京国安队球员杨晨获得男子最佳球员奖，国安队现役球员王涛和邵佳一入选"龙之队"阵容。

●4月10日
北京亚都科技股份有限公司与国安俱乐部签约，独家买断了国安队2001赛季的背后广告。

●4月22日
中国国家队开始了韩日世界杯预选赛的第一场比赛，在主场10比1胜马尔代夫的比赛中，国安球员徐云龙首发登场，邵佳一替补上阵。徐云龙在比赛中梅开二度，他也是中国国家队

安队只能盼着郑智不再被截，结果，国安的算盘还是落空了，第6个出手的深圳平安俱乐部放弃了此前看中的徐阳和张永海，主教练朱广沪将当年执教国青时的爱将郑智揽至帐下。就这样，当轮到国安摘牌时，杨祖武只得喊出"弃权"……

摘牌会零内援之余，国安却放走了一批人，刘建军和李红军如愿入川，刘新伟加盟青岛颐中，孙永城和杨铮加盟了另一位北京教练商瑞华执教的四川绵阳队，本想加盟重庆力帆队的徐阳被山东鲁能队截牌，另一位国安新星王硕则被上海申花摘走，成为第一位由国安流向申花的球员，申花看中了这位年轻中锋的潜力。

严格来说，国安俱乐部在2001赛季的唯一"内援"就只剩下了从德乙回归的周宁。周宁1999年初加盟德丙联赛的曼海姆队，当年随队升入德乙，并在1999—2000赛季作为主力参加了德乙联赛。但此后因为曼海姆故意拖欠国安俱乐部的租借费，导致周宁在2000年夏天结束租借后回到北京，一直随国安队训练。

起大早与赶晚集

2000年末，国安队当年的"南美三剑客"曾险些在中国实现重聚，卡西亚诺在鲁能拿到了甲A金靴，安德雷斯被上海中远队引进，并在次年的甲B联赛中拿到银靴。冈玻斯则与上海中远签下了加盟的意向合同，但这次转会最终因为卖方的加价而取消。

国安没有打过任何旧将的主意，因为每家甲A俱乐部都秉承着"下一个才是最好的"引援原则，大多数外援都是一年换一茬。2000年下半程国安队的3位外援，别戈维奇岁数太大肯定走人，桑德鲁浪费机会过多，没有留下的必要，而伊利奇则是明显的守强于攻，所以国安俱乐部需要重新更换全部外援。加之足协在2001赛季允许各队配置4外援(上场3人)，于是国安队早早就确定将用满4外援名额。

国安队5号切尔梅利

论引援的行动时间，国安队无疑又是甲A诸队中最早的。足协杯决赛落幕后不久，国安队就开始追逐重庆队的比坎尼奇，后来则一度考虑过大连实德队的潘塔，但都因无法承受对方开出的高价而放弃。11月底，魏克兴去了贝尔格莱德，与红星和游击队俱乐部都有过接触，并初步达成了一些引援意向。12月，魏克兴再次起程，与俱乐部副董事长李博伦、代总经理杨祖武一起出访阿根廷，但看中的球员集中在博卡青年和河床队，单个人的身价都大大超出国安俱乐部的全年预算。不过李博伦和魏克兴在离开阿根廷前，还是与当地一家球员经纪公司签下协议，对方许诺将在2001年初把三名高水平南美球员送往北京，与国安队会合。

日子一天天过去，12月和1月份的海埂集训，国安队没有外援。回到北京过春节，外援还是连影子都没有。杨祖武整个春节假期几乎都在办公室度过，长途电话一个接一个，阿根廷方面倒是不紧不慢，把3位外援的到队日期推到了2月份，也就是在西班牙和前往加的斯拉练的国安队会合。可是等到海外拉练进行了一半，还是毫无动静。这时国安队才紧张起来，在欧洲临时抓了几位试训外援考察，这其中只有南斯拉夫后卫切尔梅利得到了教练组的一致认可，他是魏克兴3个月前在贝尔格莱德初步敲定的，但因为有诸多家事要处理，导致切尔梅利必须等到3月8日才能抵京与球队会合。

2月28日，是足协规定的各队外援截止日期，但国安队上报给足协的却是一个零外援阵容，3月11日联赛就将开打，起大早的国安队实际上又一次赶了晚集。

小鬼闹剧

和过去两个赛季一样，国安队又把在先农坛

体育场举行的义赛作为向家乡父老展现冬训成果的赛季第一战，这一次的对手是天津泰达队。尽管和一年前乔利奇带队时的首秀相比，这支国安队踢得更具进攻性，而且球员间的配合也更加流畅，但国安队的全华班阵容还是以0比1输掉了比赛，于根伟打入了唯一的进球。到场的球迷还算理智，没有了一年前山呼海啸般的下课声，但每个人心里也着实不爽：虽然小将们个个特点鲜明，但还没影的外援让国安队该如何应对一周后开打的甲A联赛？

3月7日，接到通知的记者们赶到国安俱乐部，因为国安俱乐部将在新闻发布会上揭晓3位新来的外援。发布会一开，记者们集体傻眼：3位稚气未消的南美人出现在会场中，他们都来自哥伦比亚，个子最矮的路易斯踢前锋，两个瘦弱的小伙子迭戈和卡洛斯则担任后卫和后腰，3人的年龄都在19岁到22岁之间。

7月1日联赛第14轮北京国安（客）1比1青岛啤酒　国安队19号邵佳一第45分钟攻入一球

进军韩日世界杯之路上
第一个进球的制造者。

●6月7日
随着劳德伦德国际转会
证明的到来，国安队正
式与其签约，劳德伦德
也成为甲A联赛签下的
第一位德甲联赛现役球
员。

●6月21日
由宋庆龄基金会与中国
足协共同主办的全国第
18届贝贝杯少儿足球赛
新闻发布会在逸夫会议
中心举行，国安俱乐部
副董事长张路和邵佳一
出席并讲话。

●6月24日
国安队在主场2比0战胜
辽宁队，中共中央政治
局委员、北京市委书记
贾庆林、中信国安董事
长王军、亚足联秘书长
维拉潘现场观看了比
赛。

●10月7日
中国国家队在沈阳以1
比0战胜阿曼，提前两轮
晋级韩日世界杯决赛阶
段比赛，国安球员杨璞
是役首发登场。

●11月10日
国安青少梯队在国棉工
厂汇报表演。

●12月30日
足协杯决赛，国安队客
场1比2不敌大连实德，
以总比分1比3失利，连
续第二年获得足协杯亚
军。这场在12月30日进
行的比赛，也是北京国
安队历史上一年里踢得
最晚的一场正式比赛。

4天后，甲A首轮开战，国安队主场迎战青岛啤酒队，首发阵容里只出现了3天前刚刚抵京的切尔梅利一名外援，3位小鬼中只有前锋路易斯进入18人名单且未获出场机会。京城球迷是役对于切尔梅利稳健的首秀颇为满意，也赞叹邵佳一和徐云龙的配合日臻成熟，倒是暂时忘记了小洋枪们。但危机在一周之后就出现了，联赛第2轮仍是主场，对手是上海申花，北京市市长刘淇与4万多球迷一起来到工体助威。国安队虽然由徐云龙铲射先拔头筹，但申花队此后连追3球取得胜利。申花队的3名外援兰柯维奇、拉萨和托米奇展现出了高人一等的实力，而国安队依然只有切尔梅利苦苦支撑，似乎从外援3比1的人数之比上，就可以反映出本场3比1的比分。到底要养3个小孩到什么时候？他们真的是水货吗？很多人都在问。而魏克兴和杨祖武的答案也很一致，即需要时间来检验他们的真正实力。但越来越多的证据显示，国安队正准备将3人退货，证据之一就是俱乐部根本没有为他们配备西班牙语翻译。

3月7日外援签约仪式

第3轮客场对阵重庆力帆，3员小将之一的卡洛斯终于在后腰位置上获得首发机会。这位有些帅气的长发小伙子一上来就有几脚不错的长传，展现了一定的大局观，但因为身体条件有些吃亏，令他在防守中表现平平。但卡洛斯的首秀只持续了63分钟，就因为韧带拉伤而被迫下场，而这也是3位哥伦比亚小将在国安队仅有的63分钟出场时间。几天后，他们黯然回家。

从能力上看，3位小伙子都还不错，但因为来华时他们的职业生涯都仅是刚刚开始，比赛经验极度欠缺，根本无法适应甲A联赛的节奏。其实，在离开中国后不久，他们3个就陆续取得了哥伦比亚超级联赛的主力位置，其中的两人直到今天都还在

3月4日义赛北京国安（主）0比1天津泰达　国安队26号张帅防守高峰

联赛里担任主力。

但国安俱乐部也从 3 位哥伦比亚小伙身上吸取了足够的教训，老外并非人人都是白求恩，所谓无利不起早，让对中国足球缺乏了解的老外操办俱乐部引援的任务，又缺乏实质性的监督，难免不发生水货事件。

暗引米伦

在败绩连连的 2001 赛季，国安队为数不多值得一书的胜利在场外，那就是赢得了一场颇具戏剧色彩的米伦争夺战。

保加利亚人米伦是 2000 赛季甲 A 赛场上的明星之一，当年他在联赛中代表重庆隆鑫队打入 8 球，在足协杯上也是发挥不俗，打入 7 球穿上金靴，特别是在决赛中梅开二度，助重庆隆鑫以 4 比 1 狂胜国安夺得冠军。他与比坎尼奇、马克组成的三叉戟是当年甲 A 赛场上火力最猛的前场。

2000 赛季结束后，重庆隆鑫易主为力帆，3 位老外也成为转会市场上的热门人物，由于 3 人在续约谈判中均开出高价，而力帆方面鉴于甲 A 不降级政策的出台，一一予以拒绝，于是比坎尼奇选择加盟四川全兴，而马克则去了上海中远，搭档安德雷斯。米伦先是在欧洲晃荡了一圈，由于没有收获理想的合同而返回重庆。那时力帆队正酝酿再次签下米伦，于是米伦重返力帆阵中参加训练，只待双方正式谈妥合同后便出场比赛。

前两轮比赛 1 平 1 负尚无进球的重庆力帆巴望着米伦能够尽快办好出场手续，在 3 月 25 日与国安队的比赛中登场，山城球迷对于米伦的归来也是望眼欲穿，可是就在力帆与国安队比赛前两天，却从重庆传来了令人惊讶的消息——米伦不见了，电话不是关机就是忙音，可以被认定为"神秘失踪"。可就在他失踪前不久，力帆俱乐部还与他及经纪人进行过一次长时间谈判，并基本确定了他的合同期限和租借费金额。为了寻找米伦的下落，力帆方面专门派人去重庆江北机场查询出

3月18日联赛第2轮北京国安（主）1比3上海申花　国安队28号周宁

3月25日联赛第3轮北京国安（客）1比1重庆力帆　国安队6号卡洛斯

港人员名单，竟然也没有发现米伦的名字。几小时后，有重庆球迷向重庆媒体爆料，说是在首都机场看到了戴墨镜的米伦。

米伦的临阵脱逃，让国安队在客场与重庆的比赛中防守端压力大减，若不是对方门将符宾发挥神勇，国安本有望在重庆全取 3 分。

2001

7 月 12 日联赛第 16 轮北京国安（主）3 比 0 重庆力帆　国安队 29 号米伦

从重庆返回北京后，国安与米伦的谈判正式开始。由于之前在重庆的密谈已经达成了初步共识，所以在北京的谈判非常顺利。但从 2001 赛季的发挥看，米伦并没有达到预期效果。全年在联赛和足协杯上共攻入 5 球，远逊于 2000 赛季的 15 球，这也与魏克兴让他放弃前锋位置转战边路有很大关系。

不胜怪圈

2001 赛季的甲 A 联赛在世界杯预选赛的大背景下被切割成了三个阶段。在前 6 轮比赛后休战 50 天，留给国家队参加世界杯第 1 轮预选赛。然后再挤出一个半月的时间，密集进行 11 轮联赛，

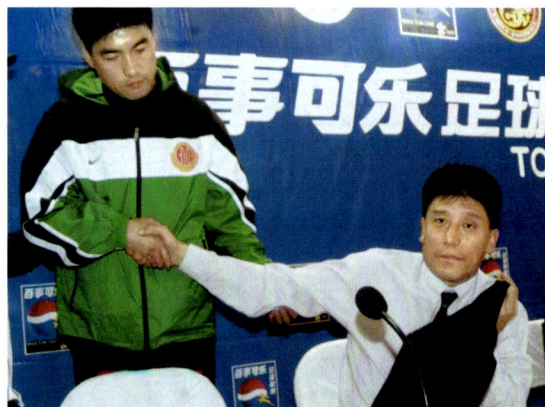
3 月 25 日联赛第 3 轮北京国安（客）1 比 1 重庆力帆　赛后新闻发布会

随后再从 7 月中旬休息到 10 月下旬。等国家队完成十强赛征程后，联赛再踢完最后 9 轮。对于极度渴望世界杯出线的中国足球来说，这种安排实在是不得已而为之，代价就是各俱乐部必须花大力气调整球员的状态，同时又要做到稳定球市，不至于让球迷流失。

而年轻的国安队之所以整个赛季表现不佳，主要就是联赛的开局没有打好。

如果能多一个好外援，如果外援能和球队多

一些磨合时间，国安队的开局不至于这么差……这是媒体在总结国安队前六轮比赛时得出的一致观点。

纵观这一阶段的比赛，国安队一直纠结于王涛的伤病以及边后卫的人选问题。作为中国足坛的第一重型坦克，31 岁的王涛在 2000 赛季加盟国安之前就已经伤痕累累，再加上体重过大导致的膝部磨损，导致王涛的 2001 赛季一直在与伤病搏斗，在赛季之初或者因伤缺阵，或者只能以替补身份登场半小时。为了保证国安队在锋线上的冲击力，魏克兴不得不把由他在 2000 赛季秘制的"锋线奇兵"徐云龙变身为常态，固定顶到锋线上，而徐云龙也以两个进球和一次助攻的表现，参与了国安队前三轮的全部三个进球。后来随着米伦的加盟，徐云龙才又被送回了后防线。

国安队 16 号（小）王涛

另一个令人头疼的问题便是边后卫特别是右后卫的人选。在左路，杨璞和陶伟都可以打，身材高大的桂平也是人选之一。而在右路，赛季初用过谢朝阳，李东波也客串了多次，虽然徐云龙的能力最适合右后卫的位置，但考虑到球队中路防守吃紧，所以更多时候的布阵还是徐云龙在中间，李东波在右路。

在前六轮比赛中，除了第 2 轮 1 比 3 被逆转负于申花属于实力差距外，从第 3 轮到第 6 轮的尴

尬4连平就是运气成分了，也可归咎为年轻的代价。对重庆队时，国安队踢出了几年来做客重庆时打得最好的一场比赛，但在开场仅4分钟就进球后，因为第二个进球迟迟不能来临而导致心态出现问题，最终被对手抓住任意球机会得分，杨璞则因为报复对手而吃到红牌被罚下场。主场对鲁能，因为俱乐部没有收到米伦的转会传真，令国安依旧只能以单外援和对手抗衡，虽然在下半场获得多次绝杀对手的机会，但却没有人可以去扮演终结者的角色。接下来连平云南红塔和四川商务通，国安队的平局都充满遗憾。6轮比赛1胜4平1负积7分列第10，国安队在赛季开局就为自己挖下了大坑。

帅位危机

徐云龙为中国国家队打响了进军韩日世界杯的第一枪！对于全力备战第二阶段联赛的国安队而言，这绝对是一个好消息。但在庆祝之余，摆在教练组面前的最大难题就是如何利用休赛期把球队最棘手的外援问题彻底解决。

时值中国联赛的外援经纪人市场刚刚建立不久，每个中方代理人身上都握有大把外援资源，而国安在退掉了3名哥伦比亚小将后，还有两个外援名额可用。于是各种经纪人和代理人几乎踏破了国安俱乐部的门槛，专程推销自己手中的好货。一时间，在香河基地和工体外场，陌生的洋面孔批量涌现，几乎每堂训练课和分队比赛中，都会有新的老外加入，然后又很快离去。而国安队的选援目标也很明确，那就是首先引进一名中场指挥官，在这个基础上，如果有优秀的强力中锋也可以考虑。

试训外援换了一茬又一茬，直到联赛即将重新开始，最中意的人选才抵达北京。29岁的瑞典人劳德伦德，曾代表瑞典国家队出场两次，此前

在德甲科特布斯队担任替补。来华前几天，才刚刚代表科特布斯队踢完德甲联赛最后一轮。经过短暂的考察，国安教练组就发现劳德伦德的中场拿球组织和长传技术均颇具造诣，正是国安所需要的人选，于是在经过了紧张的谈判工作后，顺利将其引进。在谈判进行期间，国安队先是客场2比4不敌大连实德，然后又在家门口4比1战胜沈阳金德，取得赛季第二胜。

劳德伦德的正式加盟，一方面提升了国安队的实力；另一方面也令京城球迷对于国安队的期望值更高了，这意味着魏克兴必须承担起更大的执教压力。

果不其然，工人体育场在6月14日便响彻了"下课"声，虽然声势明显不及乔利奇在一年前的遭遇，但也足够让人揪心了。在家门口0比1负于天津泰达，直接导致了一批球迷的反戈。

国安队 32 号劳德伦德

6月3日联赛第8轮北京国安（主）4比1沈阳金德 国安队8号杨璞

5 月 31 日联赛第 7 轮北京国安（客）2 比 4 大连实德　国安队 4 号韩旭

6 月 14 日联赛第 10 轮北京国安（主）0 比 1 天津泰达　国安队 15 号陶伟

那个阶段的国安队确实有些背运。负于天津泰达的比赛，国安队射门 26 比 6，角球 11 比 0，却收获了一个 0 比 1 的比分，其他场比赛也有类似的情况。客战八一，姚健一次几年难遇的出击失误送给对手一个点球；客战陕西，国安围着对手禁区一番狂攻，最后的比分却是 0 比 2。

魏克兴是一个心事很重的人，随着连败的发生，他也变得比以往更加沉默。从公正的角度看，魏克兴执教的这支国安队进攻很有特点，观赏性不差，但缺乏一锤定音的关键先生，让球队总是收不到理想的结果。但和乔利奇时代球迷和球员一致倒戈不同，被喊"下课"的魏克兴受到了全体球员的支持，使得国安俱乐部没有考虑换帅。

第 17 轮比赛战罢，国安队仅积 18 分，和重庆力帆并列积分榜倒数第二。在整理这 17 场比赛的数据时，国安队教练组也很难理解为什么球队的名次会滑落到这样一个地步。数据显示，国安

队在 2001 赛季的前 17 轮比赛里场均射门 14 次，射正 6.9 次，进球只有 1.12 个。而在 2000 赛季，则是射门 10.4 次，射正 5.5 次，进球 1.46 个。而在其他方面的统计中，国安队前 17 轮比赛里竟然 9 次把球打在了门框上。

热与冷

火热的北京，冷清的国安，是对那个因体育而疯狂的北京最好的描述。

7 月 13 日晚，当国际奥委会主席萨马兰奇宣布北京申办 2008 年奥运会成功时，整个北京陷入狂欢。人们走到天安门广场庆祝这一历史时刻。那时国安队正在济南备战联赛，全队上下都酝酿着以一场胜利为北京申奥成功献礼，但最终铩羽而归。而在回到北京后，国安球员们却发现，球

243

迷们对这场失败反应平淡。这一方面是因为申奥成功之后的狂喜；另一方面则是对国安队低迷战绩的麻木。

10月7日，凭借于根伟金子般的进球，中国国家队提前进军韩日世界杯。那一晚，上万人再次聚集到天安门广场载歌载舞，欢庆这一中国足球史上的最大胜利。至于国安，恐怕已经被大多数球迷抛至脑后。等到甲A联赛重新开打后，从工人体育场的上座率也看出了冷清。虽然国安队在这个阶段踢出了几场好球，并将自己的名次稳步提升至中游，但对于工体惨淡的球市已经起不到多少积极的作用。这固然与甲A联赛被拖到寒冷的11月、12月比赛有很大关系，但大多数球迷拒绝工体的原因，则是国安队不上不下的战绩。11月25日下午，一场大降温袭击京城，当天下午国安主场对阵八一队时，看台上的球迷人数跌到了千人以下，导致球员和教练的喊话声在看台上都能听得一清二楚。

再失足协杯

12月的最后两个周日午后，国安队的赛季竟然还没有结束，因为球队意外闯入了足协杯决赛。

2001

9月9日足协杯半决赛北京国安（主）3比1武汉红金龙　国安队18号路姜

　　用"意外"来形容确实一点儿都不为过。因为2001赛季的足协杯基本都是在联赛休战期、国脚被大面积抽调时举行，甲A强队纷纷落马，令国安队在冲击决赛的道路上淘汰了一连串弱旅，从云南红塔到深圳科健，半决赛的对手更是来自甲B的武汉红金龙。只不过这种运气无法再次出现在决赛中了，因为对手是绝对强大的大连实德。

　　12月23日的工体，草皮早已经枯黄甚至大面积脱落，体育场不得不给场地喷上绿漆以利于电视直播，但这样的面子工程没有给国安队带来多少优势，反倒是每次摔倒后满身满手的绿色让球员叫苦不迭。那支实德队的实力远在国安队之上，场上站着的都是国字号名将以及强力外援，替补席上则坐满了1981年以后出生的"超白金一代"球员。在工体的首回合比赛，实德队凭借李明的一脚直接任意球取得了1比0的胜利。一周后的大连，尽管国安俱乐部开出了600万人民币的夺冠悬赏，但实力不济的球队还是输了个1比2。

　　随着马来西亚主裁判的一声长哨，国安队艰难的2001赛季在大连落下了帷幕。时间已近12月30日傍晚，距离2002年的到来只剩下20多个小时。

245

魏克兴

魏克兴，是北京国安队的元老功勋。在2000赛季和2001赛季，他是国安队的少帅，尽管那两个赛季里，国安队在积分榜上的排名并不尽如人意。但隔了十多个年头后回顾当时的历程，魏克兴说，这是自己年轻时的宝贵经历。

记者：2000年和2001年都是您带队，现在回想起当时那段经历，您有什么感觉？

魏克兴：2000年的时候，前3轮是乔利奇带的，我应该是第4轮开始接手。那时候我还很年轻，之前确实也没想到能接过这个工作，所以对一些细节和全局上的东西考虑得不是特别清楚，就是年轻气盛，认为俱乐部领导信任我，我就有勇气接过这个工作。如果是现在的话，可能会考虑得更全面，但当时就是凭借一股勇气。那会儿我们的年轻队员多，外援也年轻，虽然这样一支球队取得特别好的成绩并不是很现实，但通过那两年比赛，很多队员也得到了磨炼。比如徐云龙、杨璞和邵佳一在2002年参加了世界杯，他们那会儿才二十二、三岁，可以说，他们比当时很多国内同年龄段球员的成长速度都要快。还有陶伟，他在之后几年里也成长为球队的绝对主力，我认为也是那两年打下的基础。

记者：2001年是您作为主教练带领球队征战的一个完整赛季，在那个赛季开始前，您是怎样规划的？

魏克兴：2001赛季开始前，我们调整了几名球员，国安队那时就是以威克瑞的那批球员为班底。我当时认为，这些年轻队员经过了1999年和2000年的锻炼，应该已经完全成长起来了。但事实并不是这样，球员的成熟与年龄、阅历都有关系，大概说来，一个球员要在25岁左右才能真正成熟，达到自己的巅峰，并且能非常稳定地发挥水平。但那个时候，我也非常年轻，对这方面并没有足够的认识。当时我们队里的年轻队员们有能力，有天赋，也非常努力，但那会儿还没有达到他们的最好状态。

记者：在那两年时间里，作为少帅的您是怎样管理球队的？

魏克兴：我和队员们的关系都很好，当然了，我也是个很严格的教练。其实在这批队员还没进一队的时候，我跟他们踢过比赛。有一年全运会，可以去几个超龄球员，我也去了，就是跟当时威克瑞的队员一起，他们对我也挺认同。

记者：当2001赛季结束的时候，有媒体总结说，那一年国安队的比赛呈现出两种截然不同的情况。上半年球队坚持打整体，打控球，打出了不少经典比赛；而下半年的进攻方式则更简单，经常出现长传急攻。从当时来说，这是理想对现实的妥协吗？

魏克兴：很多时候，大家记住的都是比分，而不是90分钟内的细节。包括我也一样，说起某场比赛，我可能还记得当时的比分，但过程就淡忘了很多。我之前想做得完美一些，但后来认为，应该扎扎实实，针对现实来考虑，来做出安排。我们那两年有一些比赛打得非常好，但是由于队员们年轻，心态有时还会急躁，所以很多机会没能把握住。该赢的时候没赢，队员们的信心也不太足了，所以也出现了之后的那种状态。

1997年国安队6号魏克兴

可以说，不是队员不努力，但是和我之前的判断不一样。我们希望能同时收获好的过程和结果，但不能违背规律，并不是想象中他们达到了什么程度，就真的已经达到了那个程度。

记者：回顾那两个赛季，哪场比赛令您印象深刻？

魏克兴：有几场比赛确实让我印象深刻，如2000年的足协杯1/4决赛和决赛。1/4决赛的时候，我们第一回合客场0比3输给厦门，那会儿连队员们都认为："是不是我们已经没希望了？"那时候确实压力很大，比赛输成这样，就是耻辱。但大家最终都没有放弃，回到主场以后，我们90分钟内进了3个球，外援桑德罗在加时赛"金球制胜"，确实挺考验心脏。

另外还有和重庆队的足协杯决赛，那次我们是跟李章洙交手。首回合比赛里，我们1比0赢了。按照我的设想，我想在第二回合比赛的时候以稳守为主，把王涛撤到后腰位置上，他是大个儿，我们想让他在后面控制、指挥。第二回合比赛前，我们按照这个战术思路练了一周，但后来开会的时候，有建议说，我们最好还是不变，延续我们这一赛季的打法。尽管我还是倾向于变化，希望能出奇制胜，但最后还是采纳了"不变"的建议。

后来回想起来，这也是经验教训。足球比赛不能说后悔，但我还是在想，如果当时我能坚持就好了。毕竟我们之前一直按照的是王涛打后腰的战术练的，这就浪费了一周的训练时间，而且从变到不变，队员们也感到无所适从。后来回想起来，我们那次会议应该在训练前召开，尽早确定战术思路，之后的训练也会更有针对性。

记者：其实2000年，国安队虽然经历了年初的换帅，您又是少帅带领着年轻队员征战，但最后第六名的成绩还是可以接受的。

魏克兴：是的，我记得当时联赛打到最后阶段的时候，有几支球队都有降级可能。说实话，那时候也有不少人来俱乐部，想做做工作什么的。我们的选择是全力以赴，

在倒数第2轮客场赢了厦门队，当年好像厦门队降级了。我觉得这就是国安的传统。竞技体育，即使在打不赢的情况下也要全力以赴。只有我们在赛场上全力以赴了，才是对自己最好的交代，对其他人也才是公平的。

记者：在2001赛季，您也曾因为球队成绩不理想被球迷喊过下课。作为少帅，您当时如何调整了自己的心态？

魏克兴：其实这是很正常的现象，球迷到现场观赛，就是希望能看到漂亮的比赛过程，更希望球队能收获胜利。如果过程和结果无法让球迷满意，那么球迷自然就不会对你满意。作为教练，即使有时候心里会觉得委屈，这些也是必须要承受的。如果承受不了这些，那么就无法从事这个职业。

记者：那两年工体的上座率虽然不是很理想，但依然有铁杆球迷到现场为球队助威。您所感受到的来自球迷的最大支持是什么？

魏克兴：当时俱乐部和球队还在工体小白楼，那时候总会有一些球迷进来跟我聊。我当时是三十多岁，那些球迷是四五十岁，他们都是看着老北京队、老国家队的比赛过来的，是真正懂球的球迷。他们总会跟我聊一些关于技术、战术的问题，给我的帮助挺大。后来这些球迷依然会给我打电话聊，大家也都成了朋友，我觉得这是非常宝贵的收获。

主教练魏克兴

全名单

领　队：胡建平
主教练：魏克兴
教　练：胡建平、李松海、王涛、米洛文·拉耶瓦茨
队　医：双印、张阳

2001

249

号码	姓名	出生日期	报名身高/体重	备注
门将				
1	楚志	1982.11.10	188cm/75kg	
22	姚健	1973.06.06	190cm/86kg	
30	杨世卓	1980.10.25	190cm/80kg	
后卫				
2	刘正坤	1978.02.23	188cm/83kg	租借回归
3	谢朝阳	1971.05.29	183cm/75kg	
4	韩旭	1973.09.28	186cm/80kg	
5	切尔梅利	1972.12.27	184cm/78kg	南斯拉夫人
8	杨璞	1978.03.30	179cm/76kg	
12	迭戈	1982.01.29	179cm/74kg	哥伦比亚人
15	陶伟	1977.03.11	176cm/71kg	
26	张帅	1981.07.20	181cm/73kg	
27	康斯贝	1983.04.07	182cm/75kg	青年队提拔
中场				
6	卡洛斯	1979.11.17	180cm/75kg	哥伦比亚人
7	李东波	1973.02.22	182cm/75kg	
14	薛申	1977.01.21	181cm/69kg	
17	高大卫	1983.08.17	178cm/75kg	青年队提拔
18	路姜	1981.06.30	182cm/67kg	
19	邵佳一	1980.04.10	186cm/78kg	
20	南方	1973.12.15	177cm/75kg	
24	桂平	1979.04.24	185cm/78kg	
25	崔威	1983.04.07	182cm/74kg	青年队提拔
28	周宁	1974.04.02	188cm/80kg	租借回归
32	劳德伦德	1971.12.22	181cm/78kg	瑞典人
前锋				
9	田野	1978.02.25	188cm/85kg	
10	商毅	1979.01.20	179cm/67kg	
11	路易斯	1980.07.04	167cm/70kg	哥伦比亚人
13	徐云龙	1979.02.17	181cm/81kg	
16	王涛	1970.04.22	194cm/90kg	
21	高雷雷	1980.07.15	180cm/70kg	
23	杜文辉	1983.12.19	183cm/70kg	青年队提拔
29	米伦	1974.05.07	181cm/79kg	保加利亚人

转会情况

转入		转出	
姓名	**原俱乐部**	**姓名**	**新俱乐部**
切尔梅利	普埃夫拉	刘新伟	青岛啤酒
劳德伦德	科特布斯	刘建军	成都五牛
米伦	重庆力帆	李红军	成都五牛
路易斯	伊塔圭民族	徐阳	山东鲁能
迭戈	伊塔圭民族	王硕	上海申花
卡洛斯	伊塔圭民族	别戈维奇	卢塞恩
刘正坤	北京宽利（租借期满）	王少磊	退役
周宁	曼海姆（租借期满）	罗曼	巴拉圭自由（租借）
		伊利奇	拉纳卡
		桑德鲁	保利斯塔
		杨铮	绵阳太极

2002年

知耻后勇，错失冠军

年度背景

这原本应该是中国足球最扬眉吐气的一年，现实却不尽如人意，虽然国足从教练到球员都无一例外地成了广告明星，但在6月份的世界杯赛场上，却没有人能够站出来改变国足三战皆负且零进球的命运。中国的足球热潮随即迅速降温。

中国足协以维护社会稳定为出发点，让甲A联赛再次取消降级，在这一年开始实行21岁以下球员登场要求的强制命令。与此同时，北京和上海都主动或被动地迎来了自己的德比大战，虽然热闹，但也暴露出了隐忧。

德甲的"杨晨热"开始降温，但中国球员的"英超热"却迅速升温，随着足协"留洋禁令"的撤销，更多的中国球员希望在欧洲赛场找到自己的位置。

罗宁（右二）、李健一（左一）、马冰（右一）、彼得洛维奇（左二）合影

11 月 30 日联赛第 30 轮
北京国安（主）2 比 0 深
圳平安

2002

绿色狂飙啦啦队

巨变

2001赛季足协杯决赛在12月30日落幕，随后国安队返京，给队员放了半个月假便匆匆解散。2002年的元旦，对于国安俱乐部上下而言，没有感到有什么喜悦，只充满着深深的遗憾。虽然主力阵容在这个冬天没有一个人提出转会，但每个人都心情忐忑。

元旦假期一过，关于国安俱乐部管理层和教练组将发生大变动的消息就在坊间流传。1月4日，总经理杨祖武递交辞呈，1月5日晚，前上海申花主教练彼得洛维奇入住国安宾馆，换帅仿佛只是时间问题，毕竟要有人为2001赛季的惨淡战绩埋单。

1月7日上午，随着各类报纸的面市，关于国安当天将与彼得洛维奇签约的消息已经公开化，记者们傍晚涌向国安宾馆的新闻发布会，也只是为了能在第一时间采访彼得洛维奇。但没想到，发布会上的第一件事，却是公开宣读俱乐部董事长王军和副董事长李士林的辞职报告。

王军董事长在辞职声明中写道："由于本人工作十分繁忙，责任重大。加之时间和精力有限，继续担任国安足球俱乐部董事长恐难尽职尽责。在此提出辞去俱乐部董事长职务……今后我将一如既往地关心和支持俱乐部的建设与发展。希望今后中信国安足球俱乐部为我国足球事业的发展作出更大的贡献。"

而李士林副董事长则在辞呈中坦言，自己作为中信国安集团负责中信国安足球俱乐部常务事务的副董事长，对于球队成绩的逐年下滑负有主要责任，因此决定辞职。

这两份辞呈，犹如两枚炸弹，令当天新闻发布会上的焦点——新帅彼得洛维奇变成了配角。

会后，有不明真相的媒体为此大呼小叫，以为国安准备"不玩了"。而更多理智的京城媒体，则在分析了事件的相关背景后指出，这样的辞呈是一种理性的做法，毕竟一家健康的足球俱乐部需要的是合理经营。在旧有体制下，俱乐部的一切运转都围绕着投资人和决策者，如果决策者要分心到其他领域而不能专心经营俱乐部，那么俱乐部自然效率低下。

可以说，1月7日的这场巨变是一次酝酿了许久的运动，在球队战绩惨淡，俱乐部经营也缺乏亮点的背景下，抛弃旧有模式，打造新的、更有文化也更懂足球运作的管理团队是格外重要的。在俱乐部的经营和管理方面，由原北京体育大学足球教研室主任马冰取代杨祖武出任总经理，也可以带给俱乐部更多新鲜的东西。

很快，球员们就从这次巨变后尝到了甜头，不久后，在球队新赛季的签约过程中，球员们发现自己的收入较之2001年上升了不少，主力球员月薪至少翻倍，部分低薪球员的月收入甚至提升了3倍到4倍。当然，这种提升也并非无条件的，如果国安队这一年的名次低于第7，则每低一名就要扣除5%。反之，如果战绩更好、名次更高，相关累积的赢球奖金也会上涨不少。总之，国安俱乐部在用更科学合理的方式提升球员的战斗力。

彼得来了

彼得洛维奇悄悄抵京时，并没有多少人把他当作救星看待。这位55岁的老人，握有甲A联赛外籍教练当中的最佳荣誉——1990—1991赛季欧洲冠军杯，堂堂"红星大帅"的称号也绝非虚名。2000年，他把上海申花带到了联赛亚军，已经在甲A联赛里初步证明了自己的实力，特别是那个赛季在工人体育场与国安队交锋时，老彼得率领

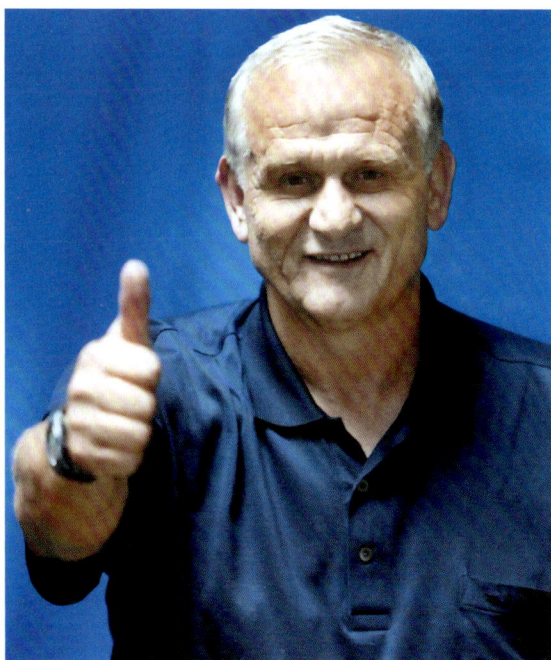
主教练彼得洛维奇

国安俱乐部显然有过这方面的调查与研究，他们发现，在彼得洛维奇执教申花时，几起暴脾气事件都是在向裁判发泄，偶尔会与俱乐部管理层或是媒体冲突。但无论遇到什么样的情况，彼得洛维奇都不会和球员交恶，他能够充分做到尊重球员，而且在培养年轻球员方面也是一把好手。一番比较后，国安俱乐部正式与老彼得签下合同。

正式签约彼得洛维奇之后的第二天，2002赛季中国足球转会摘牌大会就开始了，已经由主教练转为助理教练的魏克兴依然按照原订计划应对，相关的重点摘牌名单，也是他在足协杯决赛结束后的几天与俱乐部管理层连夜商量出来的结果。最终，来自山东鲁能队的李明作为国安队的重点攻坚人选被摘下。李明是一位身体素质极佳的中后卫，是杨晨、周宁那届国奥队的后防中坚，但

申花在1比3落后的情况下直追到3比3，显示出了他的血性。

虽然彼得洛维奇的治军方法很有一套，但缺点也在执教申花的那一年被无限放大。一方面是他的暴躁脾气，因为有过追打裁判的劣迹，他早已经在联赛的裁判圈里挂上了号；另一方面则是他在执教申花队时和媒体交恶，导致即使2000赛季以亚军收场，沪媒都很少为他唱赞歌。2001年底，彼得洛维奇希望重返申花，并与对方初步谈妥。但因为申花俱乐部的所有权发生了变化，导致彼得洛维奇还没来得及上课就被迫下岗，于是才开始联系国安。

京媒不看好彼得洛维奇的原因也很简单，那就是他的脾气。作为国安队历史上的第二任外籍教练，人们总会有意无意地拿彼得洛维奇和乔利奇相比较，而后者的火暴脾气让国安队上下至今仍心有余悸。回顾国安队此前的历史，温和型主帅的战绩显然比暴烈型主帅好很多，一旦球员不买老彼得的账，球队的战绩岂不是又悬了？

12月9日外援巴辛与俱乐部签约.

国安队24号巴辛

2001赛季因为在鲁能队的俄籍主教练鲍里斯帐下失宠而决定转会。

与球队经过了在昆明的初步相处和熟悉之后，2月12日，也是农历的大年初一，老彼得带领国安队一行飞往塞浦路斯，开始了海外拉练。在这一次的海外拉练中，彼得洛维奇正式将他为球队打造的352理念灌输给了全体球员。这一阵型适用于那种缺乏全面型边后卫，但中卫充裕，且前场进攻型球员较为丰富的球队。在彼得洛维奇正式引进了他在执教保加利亚索非亚列夫斯基队时的后防核心、中后卫巴辛之后，他已经确信国安队的防线将随着李明和巴辛的到来而得到质的提升。

由于2001赛季初国安队在引进外援时采用了"委托选援"的方式闹了大笑话，所以俱乐部这一次将引援的拍板决定权直接交到了彼得洛维奇手中。国安俱乐部管理层甚至叮嘱老彼得在引援时花钱不要有顾虑，一旦找到好外援还将有所奖励云云。这才有了巴辛这位甲A联赛时代最好的外援中后卫加盟国安。在敲定了巴辛后，彼得洛维奇又将前上海申花前锋兰柯维奇正式引进。这位33岁的前锋两年前被老彼得带到申花，两个赛季共打入22球，也可以归入甲A联赛的顶级前锋之列。

这是国安队历史上最成功的一次海外拉练，不仅顺利解决了外援问题（第三外援塔尼奇拉练中途到队试训并获准加盟），彼得洛维奇还对球员进行了体能特训，并加强了门将位置的打造。在体能方面，老彼得的同乡巴约维奇很有一套方法，狠狠"折磨"了球员一番。而在门将位置上，前南斯拉夫著名门将托米奇则对姚健进行了特训。要知道，老彼得本来特别希望国安俱乐部能在摘牌大会上摘下江津，但无奈这位国门被标了天价才被迫放弃，这也令老彼得重新重视起了姚健。

2月的最后一天，国安队飞回北京，从每一位球员都被晒得黝黑的皮肤上，就可以看出这次拉练的成果。而姚健更是逢人便说自己被练掉了16斤肉。

4月14日联赛第6轮北京国安（客）1比1上海中远 国安队25号李明

国安队24号巴辛

辽足进京

2002 年被认为是中国足球职业联赛的"德比元年"，虽然广州和沈阳此前早就有了一城两队甚至三队的情况，但这种同城德比的情况还没有在北京和上海发生过。2001 年底，伴随着上海中远队升入甲 A，上海德比已经初步形成。相比之下，北京德比的出现就显得过于突兀了。

辽宁足球队即将进京的消息于 1 月下旬见诸报端，之前连一点儿迹象都没有。消息一出炉，便引来了京辽两地媒体和球迷的一片哗然。为什么辽足会选择北京？当时，辽足俱乐部与抚顺为期 3 年的主场协议已经到期。考虑到辽足无论是继续留在抚顺，还是搬到省内其他城市，都对俱乐部的招商和发展不利，因此俱乐部董事长曹国俊才试图将球队迁往其属下的华堂公司所在地北京。而北京市体育局并没有像人们猜想的那样抵制辽足来京，反倒持格外欢迎的态度，理由之一就是一座大城市应该有自己的足球德比文化。而国安俱乐部更希望通过自己的努力与打上门的辽足进行一次面对面的竞争，看看谁才是这座城市的真正主队。

为了抢夺京城球迷资源，辽足想尽了办法，一方面挖走了国安俱乐部的经营部经理郭维维；另一方面又将京城著名球迷王占军招至帐下负责球迷部事务。昔日支持北京宽利队的球迷团体不少开始追随辽足。辽足又通过其麾下偶像派球员李金羽、张玉宁、肇俊哲等人的魅力，吸引了京城大学里的众多学生球迷。

在这样的球市压力下，国安俱乐部。经过权衡，决定以"50 元看全年"的策略吸引京城球迷入会，并推出了学生优惠票等多种方式刺激球市，短短几天时间，国安俱乐部的套票持有人数就超过了 1 万。虽然国安俱乐部表示低价套票的推出是年初就已经确定下来的，与辽足进京无关，但必须承认，这一措施帮助国安在这场球市争夺战中占了先机，也为工体在这一年极为火爆的球市打下了基础。

还有一件值得一提的事，就是辽足在北京踢的第一个甲 A 联赛主场比赛竟然是在工人体育场进行的，这是工体历史上值得记录的一件怪事——2002 赛季甲 A 联赛第 2 轮，辽宁队在工体主场迎战大连实德队。

当时，已经更名为"波导战斗队"的辽宁队以位于北四环边上的奥体中心体育场作为主场，但因为奥体早在辽足进京前就已经在联赛第 2 轮当天安排了一场国际橄榄球比赛，时间已经不可能更改，这让辽宁队必须在北京寻觅一个临时主场，并与工人体育场签下了临时租赁协议。

辽足占领工体，虽然仅是一场比赛，但已经足够影响国安俱乐部的心情了，甚至比辽足进京还让人难以接受。但工体和国安毕竟也只是租赁关系，国安也无法阻止辽足使用工体。

3月17日15比30，工体历史上唯一一次作为非国安队的甲A球队主场的比赛开打。因为球票销售情况很不理想，辽足干脆采取免票的方式开放工体看台，倒也涌入了2.5万名球迷。其中一批是从辽宁专门赶过来的球迷团体，一批是辽足在北京新招的球迷团体，而数量最大的是来看热闹的京城球迷。最终辽足以2比0击败了大连实德队。

问题青年

国安与辽足，在2002年的关系不仅仅是对手，就在辽足基本确定将要迁至北京的那几天，两队球员却在一起犯事了，那就是当时闹得沸沸扬扬的"泡吧事件"。

1月26日晚，云南昆明红塔基地，在此参加国青队集训的国安队员张帅、路姜，与辽宁队的新秀徐亮溜出基地泡吧，路姜和徐亮半夜归队，而张帅则彻夜未归。这令国青队主教练沈祥福暴怒无比，直接将张帅开除。而足协的管理部门此后也未对路姜和徐亮轻判，决定将两人开除出队。

"泡吧事件"给当时的中国足坛造成了恶劣的影响，特别是这支饱含国人厚望的1981年龄组国青球员，本身就有"超白金一代"的美名，不应该自我放纵，而应该严加管教。

得知小将犯事儿，国安俱乐部极为重视。董事长李建一和总经理马冰很快就赶到昆明召集教练组开会。按俱乐部最初的计划，是取消路姜和张帅参加2002赛季甲A联赛的资格，但由于受到彼得洛维奇的反对，改为停止张帅参加上半年联赛的资格，留队查看一年。而路姜则需在全队做公开书面检查，并受到留队查看的处罚。

老彼得之所以要维护两员小将的利益，除了爱才心切外，最重要的是当年甲A联赛实施了前所未有的规定。为了加快各俱乐部青年球员的成长速度，为未来的国奥队培养更多更好的奥运会适龄球员，中国足协强制规定各支球队每场联赛必须派出至少两名21岁以下的球员出场比赛，否则将取消比赛成绩。而在当时的国安队中，只有路姜和张帅具有甲A联赛经验，老彼得必须为球队的战绩着想。

面对这两位"问题青年"，彼得洛维奇依然给予了足够的信任。在塞浦路斯拉练期间，彼得洛维奇就给了路姜主力位置。等到联赛开打后，路姜依然是主力。联赛第3轮主场面对四川大河，正是路姜在上半场利用角球的机会抢点得分，为球队首开纪录。

张帅也同样没被彼得放弃，在赛季初，坐球监的张帅随预备队训练，后因为训练态度良好且认错诚恳而被俱乐部"减刑"。回到一队后，张帅开始渐渐打上比赛，两次首发的表现也令人满意。

良好开局

比起2001赛季被割裂散碎的赛程，2002赛季的甲A联赛只分为两段，前6轮是第一阶段，随后国家队开始韩日世界杯的备战和比赛，休战80天后联赛再重新开打，连踢24轮后结束。

由于2001赛季的比赛结束得最晚，国安队的集训时间比起其他甲A球员要少10天左右，所以彼得洛维奇在赛季开始前的访谈中表示，第一阶段比赛只能全力去拼，尽量让名次维持在联赛中上游，然后在80天间歇期里"补作业"，加强磨合，并在联赛重开后奋起直追。

对于国安队内大部分主力队员来说，根本没有经历过工人体育场接近爆满的盛况，但2002赛季的甲A第1轮，他们被深深地震撼了。比赛当天上午，工体所有看台的票就被售罄，俱乐部不得不临时加开了两个备用看台，但球票依旧供不

●10月26日
在主场4比1击败天津泰达后，国安队迎来了本队职业联赛史上的首次四连胜。

●11月10日
北京国安队在第27轮联赛中主场7比2大胜陕西国力，单场进7球、单场两队共入9球的表现，都在国安队的职业联赛历史上排第二位。

3月10日赛前小球童进入体育场

应求。国安队首轮就要在主场对阵已经更名为"波导战斗队"的辽足，这是年初就已经定好的，但因为辽足意外进京，才令这场新赛季揭幕战被赋予了更多的意义。

在超过5万名京城球迷的呐喊声中，京城德比拉开了战幕，国安队全新的352阵型踢起来还很别扭，进攻组织存在严重问题，第一次站在前腰位置上的邵佳一总是不由自主地向自己的老位置——左前场跑。

比赛的转折点发生在上半场终场哨响后，正在两队球员走下场的路上，国安前锋兰柯维奇与辽足中场李铁发生冲突，并对打起来，双双被主裁判红牌罚下。关于这次冲突的起因，因为没有被摄像机拍到，所以也就成了谜案。在赛后，李铁自辩，认为兰柯维奇先向他吐痰，然后向他出拳。而兰柯维奇则表示是被李铁用头撞了才导致的冲突。纪律部门本想只加罚两人各一场了事，但因为事发联赛首轮，必须重罚才能遏制这种暴力苗头，所以足协决定让李铁和兰柯维奇各停赛5场至第一阶段结束。

凭借着王涛的进球，国安队艰难取胜京城德比，但兰柯维奇的停赛，以及俱乐部赛季初未能落实的第四外援，导致彼得洛维奇从第2轮开始就要思考前场人员更替的问题，徐云龙从352阵型中的右前卫改打前锋，搭档王涛。

这是一段比较顺利的征程，球队的防守保持着相当高的水准。客场高原作战0比0战平云南红塔，主场2比0拿下已经并入"实德系"的四川大河，直到第4轮客场对青岛队的第29分钟，才被对手打入了一个有越位嫌疑的进球。

联赛第5轮，国安队在工体4比0狂胜重庆力帆队，成了3名国脚徐云龙、杨

彼得洛维奇和王涛

4月6日联赛第5轮北京国安（主）4比0重庆力帆

3月10日联赛第1轮北京国安（主）1比0波导战斗　国安队11号
兰柯维奇

璞和邵佳一在京城球迷面前的"汇报演出"。全
国媒体均不吝溢美之词地称赞国安队，认为彼得
洛维奇的队伍已经露出冠军相。第6轮做客上海
八万人体育场迎战积分相同的上海中远，国安队
收获了一场1比1，保住了"春季冠军"的荣誉。

中期波动

　　80天的时间，改变了很多东西，国安队在追
求成功的道路上忽然"跑偏"，从而影响了整个赛
季的成功。

　　球队这次的中期波动始于4月下旬。在客场
战平上海中远后，国安队就开始了假期，其中主
力休息半个月，替补则休战一周。

　　第一个坏消息是兰柯维奇的离去。南斯拉夫
前锋好不容易熬满了5轮禁赛，却意外地得了腰

椎间盘突出，必须长时间休养，不得不与国安解约，
俱乐部必须重新开始选援。

　　紧接着的坏消息就是足协杯出局。五一长假，
京城球迷又一次集中到工体，面对足协杯的对手、
来自甲B的青岛海利丰，球迷们只想看到一场屠
杀。但没有想到，失去了3员国脚的国安队竟然

主教练彼得洛维奇和翻译蒋晓军

国安队5号普雷迪奇

国安队36号卡西亚诺

10月26日联赛第25轮北京国安（主）4比1天津泰达　国安队19号邵佳一第46分钟和第64分钟攻入两球

踢得极为糟糕，在久攻不下的情况下被对手一剑封喉。足协杯情结极重的国安队，仅踢了90分钟就告别了这项传统赛事，工体看台上响遍了球迷的嘘声。有人为老彼得开脱说，是球队有意放弃杯赛专攻联赛，但俱乐部则认为，让刚刚结束假期仅3天的主力们继续首发参加足协杯是不妥的行为，老彼得该为失利负责。

世界杯开始后，老彼得又来了一招新鲜的，他提出带队去德国集训半个月，这也是国安队历史上第一次在赛季中途外出拉练。这项耗资巨大的拉练到底取得了怎样的效果？至少球员反映不佳。因为当时欧洲各国联赛都处于休战期，根本不可能找到热身赛对手。而另一方面，则是伙食等周边服务极不理想，令球员牢骚满腹。

这样的中期波动对于球队的影响很快就在重新开战的联赛中得到了体现。7月3日，国安队在主场迎战弱旅八一振邦，奥地利新外援、国脚罗兰德首次亮相。尽管国安队在场上占尽优势，光进球机会就挥霍了四五次，但却只在终场前以1比0领先。伤停补时最后30秒，八一队神奇追平比分。"彼得下课！"工体零星地响起了这样的声音。

3天后，徐云龙在上海虹口体育场回敬了一个补时进球，助国安1比1逼平上海申花。但这个进球并非意味着老彼得好运气的开始。

面对着此前主客场从未输过的沈阳金德，国安队竟然输了个0比1。工体的球迷开始倒戈。球员们私下里也对老彼得总是把输球责任推给本土球员而表示不满。"我感觉到俱乐部有一种反对我的势力……"老彼得也沉不住气了。

国安俱乐部管理层开始对内进行整顿，并加速了外援的引进和更换的速度。两位老面孔卡西亚诺和伊利奇重新归队，在国安队内颇受争议的年轻外援塔尼奇则被放弃。

经过了整顿和换援，国安队取得了三连胜，特别是连续两个客场分别击败天津泰达和陕西国力，殊为不易。

罗兰德之误

说起国安队在 2002 赛季的中期波动，罗兰德的名字不可不提。从某种程度上说，这位名气不凡的奥地利人是这次中期波动的牺牲品。

32 岁的罗兰德是奥地利国脚，在场上主要扮演左中场或前腰的角色，是因斯布鲁克蒂罗尔队连夺 3 个赛季奥地利甲级联赛冠军的功臣，也是奥甲联赛的最佳中场。

国安队 39 号罗兰德

按理说，这位经验丰富的中场应对甲 A 联赛绰绰有余，可是从他第一天抵达中国开始，就一直没有被正确地使用。整个 6 月份，国安队一直寻觅的是锋线位置的球员，德甲前锋鲍姆加特和拉巴克都是潜在人选，但国安队最后确定的人选却来自球队最不缺人的中场，罗兰德的技术和意识是打动教练组的主要原因。

但就是这样一位名气极大、在赛前就已被热炒的奥地利大牌，仅踢了 67 分钟就被国安队彻底否决并解约。

罗兰德的失败之处，就是被彼得洛维奇用在了错误的位置上。在经过了几天的试训后，罗兰德被老彼得认为最适合用在后腰的位置上，于是在主场与八一队比赛中，罗兰德也就成为了球队的首发后腰。这场比赛，因为球队的防守压力不大，急欲表现的罗兰德多次带球前插，为队友创造过几次进球机会。但在球队需要加强进攻试图进球的情况下，罗兰德仅踢了 55 分钟就被王涛换了下来。后来由于球队在终场前被八一队扳平了比分，导致罗兰德成了替罪羊，一天后就被解约。

为什么罗兰德成了牺牲品？以当时媒体的报道看，是他的实力无法打动老彼得和俱乐部所致。但真正的原因，则是老彼得对于嫡系球员的过于保护。当时，国安队的 4 外援中，后卫巴辛、中场塔尼奇和普雷迪奇都是老彼得的嫡系，仅剩的一个外援名额肯定要留给前锋，而罗兰德又不可能打前锋。如果老彼得需要再引进一个射手，又不能破坏自己的嫡系部队，就只好拿罗兰德开刀了。

离开北京后，罗兰德回到奥地利联赛，再一次成了奥甲联赛的明星球员，并重新在奥地利国家队打上主力直至 2005 年。

冲冠未果

2002 赛季中段，在取得联赛三连胜后，国安队重回争冠行列，而上半程的最后两轮联赛，国安队要分别在主场迎战大连实德，以及客场对阵

8月4日第14轮北京国安1比2大连实德 国安队18号路姜

深圳平安，恰好是该赛季联赛三强的一次小会战。

国安队实在太想在工体打败大连实德了，除了对冠军的渴望外，实德主帅科萨诺维奇与老彼得之间的互不买账也是原因之一。这一次，工体再度爆满，精英尽出的国安队也早早拉开狂攻的架势，希望先下手为强。但年轻的国安队这一次落到了科萨布下的陷阱里。国安队虽然攻势占优，但实德的反击更加犀利，以2比1的比分从工体凯旋。6天后在深圳，国安队再遭败绩，1比3负于深圳平安。

面对强队的两连败，国安队员基本认清了自己在联赛中的真实排位，心态也平和了许多。正是在这种心态的帮助下，国安队的比赛开始越踢越有耐心。从联赛第二阶段开始，国安队开始了一段稳步攀升的过程，虽然有过客场0比3惨败于重庆力帆的经历，但更多的时候却是球队总能在主场拿下该赢的比赛，又可以在客场凭借反击

10月16日联赛第23轮北京国安（主）2比1上海申花 主教练彼得洛维奇和国安队13号徐云龙

取得胜利或平局。而与此同时，大连实德队因为多名球员被抽调参加釜山亚运会而影响了战绩，深圳平安则开始遭遇伤病危机，国安队又有了争冠的机会。

从第22轮到第25轮，国安队取得了一次破天荒的联赛4连胜，特别是10月26日主场4比1大胜天津泰达队后，国安队以第24轮积46分的表现超过大连实德1分，再次冲上积分榜首位。联赛还剩4轮，国安队已经提前完成了"保四争三"的赛季目标。"冲冠"已经提到了日程上。

按国安队当时的赛程，先在客场迎战山东鲁能，然后是主场对阵弱旅陕西国力，倒数第2轮与大连实德在大连对决，最后一轮则是主场战深圳平安。在各媒体看来，国安队夺冠形势最明显，因为只要能过了鲁能这一关，就可以带着轻松的心态去大连打客场，只需一个平局就能把冠军收入囊中。

当时的鲁能已无欲无求，而1999年国安针对辽宁的"工体阻击战"则直接帮助鲁能拿到了联赛冠军。所以，舆论早已把京鲁之战的3分划到了国安账上。但现实却没那么简单，球员们没想过鲁能会放自己一马，两队必须真刀真枪分个胜负。

国安队还是输了。在巴辛先进一球的情况下，鲁能凭借一个有越位嫌疑的进球追平了比分，并在下半场完成了反超。

兵败济南一周后，国安队以7比2轻取陕西国力队。此时，摆在国安面前的只有一条路：只要客场赢下实德，然后主场战胜深圳，联赛冠军就依然属于国安。

尽管谁都清楚客场击败实德是一件不算现实的事情，但每个人都希望能赌上一把。而且放眼职业化以来的历史，国安队也是甲A所有球队当中在大连赢球次数最多的队伍（含足协杯）。但国安队最后输了，在大连市人民体育场，大连实德

8月18日联赛第17轮北京国安（主）1比0云南红塔

队上半场就凭借两记世界波取得领先。国安队下半场一度顽强反扑，但接连浪费了 3 次必进之球，最终以 1 比 2 饮恨。

曲终人散

失去争冠资格，国安队的 2002 赛季只能以"争第二"为目标了。由于首回合客场 1 比 3 不敌深圳，此番回到主场，国安队必须净胜深圳平安超过两球才能确保获得亚军，如果国安队只能净胜两球，则两队将通过抽签决定名次，而不是看净胜球。由于这一新政策涉及参加首届中超联赛的积分系数，所以球队都很注重名次的先后。

11 月 30 日的工体收官战，国安队不多不少，只净胜了深圳平安两球，只好在足协举行的抽签

11 月 30 日联赛第 30 轮北京国安（主）2 比 0 深圳平安 国安队 26 号张帅防守郑智

会上通过抽扑克牌比大小来决定名次的先后。在抽签过程中，代表国安队出场的魏克兴抽到"J"，而代表深圳平安队出场的前国安队名将谢峰则抽到了"Q"。深圳平安幸运获得亚军，国安队则以季军为2002赛季收场。

在抽签会开始前，老彼得就已经从首都国际机场回国了。他在离开时没有从国安俱乐部带走新的合同，而国安俱乐部也对他的续约不置可否。因为在彼得离开时，双方对未来都充满犹豫。在双方僵持了一段时间后，12月中旬，国安方面从彼得的经纪人处得到了对方不愿续约的消息，这也是在国安俱乐部预料之中的。

11月30日联赛第30轮北京国安（主）2比0深圳平安

2002

人物访谈

邵佳一

对于北京国安队来说，2002年是球队重新崛起的一年。1999赛季和2000赛季，球队都获得第六，2001赛季的成绩是第八名。2002年，国安队迎来了球队历史上首位真正意义的外教（2000年的外教乔利奇只带队打了3轮比赛就黯然下课）。在彼得洛维奇的带领下，球队获得联赛季军。那一年，国安队中最受关注的球员无疑就是冉冉升起的新星邵佳一：联赛中大红大紫，22岁就参加了世界杯，当年年底赴德国试训，并最终加盟慕尼黑1860。对邵佳一来说，那一年有太多的故事。

记者：2002年，你是北京足坛的风云人物，当时国安的不少新闻都跟你有关，比如参加世界杯，比如去德国试训，包括后来最终成功加盟1860，现在回想起那一年，你自己怎么评价？

邵佳一：在我之前为国安队效力的四年里，我认为2002年是我踢得最好的一年。大家也知道，我们前几个赛季的成绩不是很理想，但通过前几年的积淀，也是我们这拨年轻人"起来"的时间了，包括我、徐云龙、陶伟、杨璞……那一年，我们在比赛中比之前表现得都要成熟。我记得那会儿，我们除了跟大连、山东打比赛的时候感觉有点儿吃力，对国内的其他对手都是占据优势。我记得那年我们距离冠军也非常近，直到联赛倒数第2轮的时候，我们还有夺冠的可能。

记者：那年球队整体都给人一种心气很高的感觉。

邵佳一：是的，当时我们的人员配备很强。就拿后防线来说吧。门将是姚健，拖后中后卫是巴辛，两个盯人的是小李明和陶伟。小李明是国内有名的拼命三郎，作风顽强，大家都知道。陶伟和他是截然不同的类型，是靠意识去防守，非常难得。那年联赛前六轮，球队的成绩是三胜三平保持不败，三个主场赢了，三个客场都平了，在我的印象里，我们六轮过后好像是和上海中远并列排在第一。那时候就觉得：今年的感觉和前几年不一样了。

记者：联赛开始前，你对球队的后来有预期吗？

邵佳一：那时候我们三个（邵佳一、杨璞、徐云龙）一直在跟国家队集训，后来是直接去塞浦路斯与球队会合。那会儿没有想那么多，就觉得我们今年的外援挺强，国内球员的水平也都不错。

记者：对你个人来说，2002年也是非常关键的一年。22岁就去参加了世界杯。不过在中国队的世界杯参赛名单正式公布前，外界很多人都认为你比较"悬"？

邵佳一：呵呵，是吗？不过当时我真没觉得自己很"悬"。那时候我的想法很简单，每天高高兴兴地去训练，我都不知道报名时间，也不知道名单公布的时间，更没想过自己会不会落选。那会儿真的没有这根弦，就想着——我今年要去参加世界杯了，要去西归浦、要去济州岛了。可能是名单公布以后，大家看到一些老队员落选，但我们这样的年轻球员反而进入名单，所以才会有那种说法吧。

记者：你的世界杯之旅也有不愉快的事情，比如中国队与土耳其队比赛时，你得到的那张红牌。

邵佳一：也不能说是不愉快吧，虽然到现在为止，我在代表俱乐部比赛时也没得过红牌。当时我的动作太慢了，没跟上去，用我们的话说，是没跟上对方的节奏。我是冲球铲过去的，但对方那个球员比我的动作更快，所以我一下子就踢到了他的小腿。我立马就意识到：坏了，踢到他了！估计裁判该给我黄牌了。结果裁判过来，我一看，啊，是红牌？！后来想想，也很正常，执法世界杯的裁判一般都会更严厉一些。

记者：但对你来说，依然是一种遗憾。

邵佳一：遗憾是肯定的。那场比赛我是替补上的，老米（米卢）中场休息的时候把我叫了过去，半开玩笑地跟我说："你对巴西那场比赛表现不错，态度很好，我准备在下半时给你一个机会。"其实米卢的心态是最好的，那已经是我们的最后一场比赛了，他索性就让大家放开踢，可是我上场10分钟就被罚下来了。

记者：回看当时的报道，很多媒体都说你那时候情绪很低落。

邵佳一：是的，我记得国家队回到北京后，直接就去了昆仑饭店，在那里开了一天会，做总结。那会儿队里让每个人都写总结，在会上念。我写得还不少，年轻队员，比赛又得了红牌，当然得深刻检讨。

记者：除了参加世界杯外，你那一年最受关注的另一条新闻就是去德国试训。不过当时媒体用了一个比较奇怪的词来形容，说你是"私奔"去德甲？我记得，后来国安俱乐部和慕尼黑1860谈判时，一度还因为价格陷

271

入僵局。

邵佳一：呵呵，私奔肯定是不可能的。有些事情已经过去了，何况最终的结果是非常好的。我是一直感谢俱乐部的。其实现在看看，这十年以来，国内俱乐部放队员去留洋的也很少。何况那时候跟现在还不一样，现在合同到期就是自由身，自己就可以选择离开。但在那个时候，即使你合同到期了，如果俱乐部不放人，你也是走不了的。所以当时国安能让我去德国是很难得的，我真的很感激。

记者：那时候你已经是球队的主力，在联赛里表现抢眼，又刚参加了世界杯，是怎么想到去留洋的？

邵佳一：那会儿我觉得我的目标不是在国内，就想出国历练一下。之前我和杜文辉他们也被俱乐部送到德国学习过一段时间，后来想出国，跟那次学习也有一定

关系。我还记得，当时去试训的时候，真的很紧张。我们联赛最后一场比赛是跟深圳吧，比赛踢完第二天，我就坐飞机走了。飞机在法兰克福降落，经纪人在那儿接我。开车路过纽伦堡的时候，我说："不行，我一定得找个健身房先做一下力量训练。"确实是很紧张，不管怎么样，都想先做点准备。

记者：回想起那一年，哪件事是对你之后的经历、想法影响最深的？

邵佳一：应该还是出国踢球吧。当然，我们也参加了世界杯。但在当时那个阶段，在当时那个年龄，还没太觉得去踢世界杯是特别了不起、特别难得的事情。记得那会儿我们还在算呢：我今年22岁、26岁、30岁的时候还能参加世界杯，或许34岁的时候也有可能参加……

邵佳一在德甲慕尼黑1860队

全名单

∨

领　队：魏克兴
主教练：彼得洛维奇
教　练：魏克兴、巴约维奇、拉耶瓦茨、杨洪民、托米奇
队　医：双印、张阳

号码	姓名	出生日期	报名身高/体重	备注
门将				
1	勾鹏	1984.06.29	188cm/79kg	青年队提拔
22	姚健	1973.06.06	190cm/90kg	
30	杨世卓	1980.10.25	188cm/82kg	
40	张思	1983.06.22	184cm/78kg	青年队提拔
后卫				
2	季楠	1984.04.30	185cm/76kg	青年队提拔
3	谢朝阳	1971.05.29	183cm/71kg	
4	韩旭	1973.09.28	184cm/74kg	
8	杨璞	1978.03.30	177cm/76kg	
15	陶伟	1978.03.11	175cm/67kg	
24	巴辛	1973.03.14	187cm/83kg	保加利亚人
25	李明	1975.05.04	183cm/79kg	新加盟
26	张帅	1981.07.20	181cm/76kg	
32	康斯贝	1984.04.07	182cm/76kg	
中场				
5	普雷迪奇	1973.08.11	176cm/74kg	南斯拉夫人
6	塔尼奇	1981.06.28	184cm/78kg	南斯拉夫人
7	李东波	1973.02.22	183cm/72kg	
12	崔威	1983.04.07	182cm/74kg	
14	薛申	1977.01.21	181cm/72kg	
18	路姜	1981.06.30	180cm/71kg	
19	邵佳一	1980.04.10	188cm/80kg	
20	南方	1973.12.15	176cm/74kg	
27	路鸣	1982.09.21	174cm/67kg	青年队提拔
28	周宁	1974.04.02	188cm/81kg	
29	杨昊	1983.08.19	174cm/63kg	青年队提拔
33	吴艳滨	1977.01.13	180cm/74kg	新加盟
38	伊利奇	1977.03.24	187cm/84kg	南斯拉夫人
39	罗兰德	1970.09.29	186cm/78kg	奥地利人
前锋				
9	田野	1978.02.25	189cm/81kg	
10	商毅	1979.01.20	179cm/66kg	
11	兰柯维奇	1969.12.07	183cm/74kg	南斯拉夫人
13	徐云龙	1979.02.17	182cm/79kg	
16	（小）王涛	1970.04.22	194cm/90kg	
17	高大卫	1983.06.17	178cm/73kg	
21	高雷雷	1980.07.15	178cm/69kg	
23	杜文辉	1983.12.19	183cm/70kg	
31	邓晓磊	1983.05.07	177cm/75kg	青年队提拔
36	卡西亚诺	1970.08.13	180cm/76kg	巴拉圭人

转会情况

转入		转出	
姓名	**原俱乐部**	**姓名**	**新俱乐部**
李明	山东鲁能	罗兰德	萨尔茨堡
吴艳滨	河北足协	劳德伦德	恩雪平
普雷迪奇	卢察尼	米伦	瓦尔纳斯巴克
塔尼奇	丘卡里基	切尔梅利	丘卡里基
卡西亚诺	山东鲁能	刘正坤	陕西国力
巴辛	普列文斯巴达克	陈军	陕西国力
兰柯维奇	上海申花	楚志	陕西国力
罗兰德	因斯布鲁克蒂罗尔	桂平	甘肃天马
伊利奇	鲁马斯洛万		

2003年

历经磨难，勇夺足协杯

年度背景

"非典"和伊拉克，是人们关于 2003 年最重要的两段记忆，都在一定程度上影响了国际体育界，特别是"非典"，让中国体育和中国足球都一度暂停。

荷兰人阿里·汉来了，他的目标是带领国家队冲击 2004 年亚洲杯和 2006 年德国世界杯。而沈祥福的国青队在升格为国奥队后，也又一次受到了全民的重视与期待。

末代甲 A，外援水准极度提升，欧美前国脚乃至现役国脚都开始批量涌入中国。八一队则确定将在年底撤编，解散在即；与之对应的，则是中国球员的"留洋潮"开始降温，以杨晨为首的先行者们陆续回国发展。

2003 年国安将士为"非典"期间战斗在一线的英雄医护人员献花

11月22日联赛第28轮
北京现代（主）2比1
上海申花　国安球迷

2003蓝带中国足协杯
冠军

10月1日足协杯决赛北京
现代（沈阳）3比0大连实德
北京现代队获得冠军奖杯

经典回忆

北京的球市用 2002 年一整年的表现证明了：只要国安队能踢出好球，这里变成全国第一金牌球市简直轻而易举；否则，恐怕会是一场噩梦……2003 年最终成为了国安队历史上最混乱、联赛战绩最差的赛季，幸好还有一座足协杯冠军奖杯。

意外的卡洛斯

彼得洛维奇在 2002 年底单方面拒绝国安的续约而回到欧洲，国安俱乐部希望在国内联赛寻找有经验的外籍主教练。

巴西人卡洛斯正是在这样的背景下开始接近国安的。当时的国安俱乐部，从彼得洛维奇身上收获的经验就是，如果要找外教，就一定要找在中国联赛执教过的老面孔，因为这些外教不仅对中国联赛水平有足够的了解，而且不需要再花时间适应中国；另外，国安俱乐部也认定，彼得洛维奇狮子一般的性格容易与年轻球员居多的国安队发生化学反应，新选的洋帅也应该是有脾气的。所以，以严厉著称的甲 A 熟人李章洙、车范根都进入了国安俱乐部备选名单。

严格来说，卡洛斯并非彼得洛维奇那样的狮型主帅，他身上的狼性显然更多一些。作为健力宝青年队留学巴西时的技术指导之一，卡洛斯 1999 年把陕西国力带入甲 A，并在次年带队获得

主教练卡洛斯

278

联赛第 9，积分仅比该赛季的国安队低 1 分。有人说，正是卡洛斯的"狼性"符合陕西国力队"西北狼"的气质，所以才取得了相对不错的战绩。尽管有一种声音认为，卡洛斯的平民气质过浓，技战术方面缺乏过人之处，只适合带弱队，但在当时国安俱乐部十几人的备选名单中，他依然是最符合条件的一位。

其实，就在 2002 年 12 月下旬，在国安俱乐部与卡洛斯谈判当天，车范根的代理人仍在与国安方面接触。而相比之下，国安俱乐部也确实更愿意让车范根来执教球队，但这位韩国足坛名宿当时正在德国陪儿女过圣诞节，对国安的回复过晚，结果落在了卡洛斯后面。国安本想把和卡洛斯的谈判再拖几天，以便等待车范根回复，但由于卡洛斯的经纪人威胁要把卡洛斯带到西安与陕西国力签约，才令国安俱乐部放弃了"骑驴找马"的念头，在全体球员集中前一天，正式宣布了对卡洛斯的任命。

1 月悲喜剧

很多国安队员至今都还很怀念 2003 年的那个 1 月，那时既没有北京的白雪，也没有昆明海埂的湿冷，有的只是阳光、沙滩、海洋……一段温暖的加勒比海之旅，让国安队员们大开眼界。而与此同时，其他甲 A 球队正在为准备中国足协新设立的 yoyo 体能测试忙得焦头烂额。

这一次的漫游加勒比海，并非是度假或者海外拉练，而是一项政治任务。2002 年底，中国政府决定，派中央政治局委员、国务委员吴仪率领政府代表团出访加勒比地区的巴哈马、特立尼达和多巴哥、圣卢西亚三国，为了与上述三国进行更深层次的民间交流，北京国安队一行 24 人也成为代表团成员，与三国的国家队或者冠军俱乐部

踢友谊赛。可以说，这支北京国安队不仅代表着中国联赛的形象，更代表着中国的国家形象。为了显示对这次出访的支持与重视，国安俱乐部把最好的球员悉数派出。在这 4 场交锋中，国安队 3 胜 1 平保持不败，而在每一场比赛中，不仅体育场座无虚席，吴仪也陪同该国领导人到场观看。

16 天的时间，国安队累计飞行 35900 公里，总飞行时间将近 58 小时。由于访问的初期时间安排较紧，所以国安队在前两站的比赛结束后几乎都没有停留，直到抵达第三站圣卢西亚后，才停下了脚步，在这个风景宜人的国度进行全队合练，并考察试训外援。凭借着对圣卢西亚国家队的梅开二度，安德列成为了首位通过海选的新外援。

伴随着好天气的，并非都是美好的心情，离别的伤感在过去一段时间已经出现了多次，而这一次送别的则是邵佳一。邵佳一是在国安队的出访任务进行到一半时被俱乐部召回北京商谈加盟德甲事宜的。在 2002 赛季刚一结束，邵佳一就踏上了飞往慕尼黑的航班，接受德甲慕尼黑 1860 俱乐部的考察和试训。国安俱乐部像当初支持杨晨留洋时一样，为邵佳一的转会事宜大开绿灯。

不过，和 5 年前轻易放杨晨以自由身赴德踢球不同，当年的杨晨在国安队出场机会已经寥寥，国安将其放行，更多的是挽救杨晨的职业生涯，为他找一条更好的出路。而此时的邵佳一不仅是国安队绝对的进攻核心，在国家队的地位也属举足轻重，国安俱乐部放行邵佳一，更多的是对球员职业生涯的一种负责。比起其他甲 A 俱乐部当时开出天价吓退国外买家的做法，国安俱乐部大力支持球员留洋的理念一直遥遥领先于国内同行。

邵佳一是国安俱乐部主动放走的，（小）王涛选择退役则是本人无奈的决定。这位中国足坛第一"高塔"把职业生涯的最后 3 年献给了国安，但满身伤病已经让他无力继续下去，因而决定在 2002 赛季结束后挂靴。

2002 年 12 月 23 日北京国安队在工体重新集结

这个冬天，国安队不仅前场失血严重，后场的人员流失更加致命。李明和巴辛，这一对仅为国安效力一年，就被公认是甲 A 顶级中卫组合的后防搭档，选择同时告别北京。

又见水货

2002 年底，中国足协明确了 2003 赛季甲级联赛的转会原则，即在维持此前转会摘牌"倒摘制"的前提下，各俱乐部拥有一个自由引援名额。只不过这种"自由恋爱"是有限度的，购买方除了要按足协规定的转会费系数支付足额费用外，还要和球员达成薪金的共识，才能完成转会。其实，以当时中国球员转会市场的趋势看，这种"自由恋爱"需要很雄厚的经济实力。尽管国安方面借着距离近的优势在 2002 年与同城的张玉宁、李金羽有过接触，但因为对方开出的天价薪水要求而不能结缘。

自由引援未果后，国安队只剩下在摘牌会上进行努力。但因为有实力的球员基本都在"自由引援期"被瓜分完毕，使得国安队在超过 500 人的转会挂牌名单上只看中了山东鲁能队的郝伟一人。而郝伟一方面希望投奔自己在健力宝青年队时的恩师卡洛斯；另一方面也对老队友李明在 2002 年经历的"国安蜕变"有所触动，所以迫切希望加盟国安。为了摘下郝伟，国安队在摘牌会前也专门询问了排在第一个摘牌、传闻会摘下郝伟的陕西国力俱乐部，在得到对方"不摘郝伟"的答复后，才放心前往摘牌会现场。但事后证明并非如此，过去两年被国安队和北京足协半卖半送，获得了大量北京球员的陕西国力，依然把郝伟摘入囊中。

这一变故导致国安在摘牌会上一无所获，想

3月2日足协杯小组赛北京国安（广州）2比0珠海安平　国安队6号马古斯第61分钟攻入一球

解决人荒的问题只剩下了引进外援这最后一招。

这一次，外援的到位时间倒是挺早。在早早签约安德列后，马古斯与雷吉纳尔多在2月中旬便与全队会合。这两位高大的巴西人均有过巴西甲级联赛的比赛经验，所以未经试训就和国安俱乐部签约。再加上卡洛斯为球队配置的体能教练比利，国安队的"桑巴军团"构建完成。

2003年，中国足协尝试对足协杯进行了一次试验性改革，取消了原来的主客场淘汰赛，而是将所有参赛队分至不同的赛区先进行赛会制小组赛。小组前两名出线后，再重新抽签捉对厮杀单场淘汰，淘汰赛的比赛地也被安排在中立场地。国安队被分到了广州赛区，同组的还有广州香雪、珠海安平和上海中远。这也成为了卡洛斯执教国安队之后的中国赛场处子秀。

新外援的实力就是在广州开始露馅，并逐渐失去队友信任的。2月下旬刚一抵达广州，国安队就与当地的甲B球队广东雄鹰队约战一场，在这场60分钟的训练赛中，国安队0比1不敌对手，安德列浪费了诸多机会，而雷吉纳尔多则被认定与巴辛差着好几个档次。值得一提的是，这场练习赛中为广东雄鹰队守门的，就是日后成为国安队超级门神的杨智。

接下来的足协杯小组赛，卡洛斯终于没有再次在来自甲B的对手

3月8日足协杯小组赛北京国安（广州）3比0上海中远　国安队23号杜文辉

主教练卡洛斯

7月16日联赛第10轮北京现代（主）3比0陕西国力　现代队8号
杨璞第70分钟攻入一球

了。因为国安队一直领先到终场前5分钟，却被
老将韩旭把四川冠城队的一次传中球碰入了自家
大门。韩旭倒在地上，久久都不愿起身。

意外的足协杯

　　国安队从成都归来后，又迎来了40天的休赛
期，这是甲A联赛要为国奥队的奥运会预选赛让
路所致。而对于国安俱乐部和彼得洛维奇来说，
这是救命般的40天，一位解救国安队命运的高水
平外援必须在此期间敲定。

　　因为水货马古斯、因"非典"离京的卡西亚
诺和被俱乐部放弃的马科斯，国安俱乐部2003赛
季的7个外援名额已经浪费了3个，俱乐部的现
有外援为雷吉纳尔多、安德列和恩里克3人，只
剩下了一个引援名额。国安俱乐部一度想以"非典"

导致卡西亚诺离去的特殊因素向足协额外申请一
个名额，但遭到了拒绝。

　　国安终于准备重金引进大牌外援了，这一消
息引发了国内外经纪人圈的疯狂，一沓沓的外援
资料和录像材料被送往国安俱乐部。以巴西射手
贾德尔为首的一批大牌和国安队扯上了关系。只
不过因为当时的欧洲主流联赛已经开战，让国安
的选择范围缩小了很多。

　　8月17日，国安俱乐部正式敲定了救火外援
的人选，匈牙利国脚科内塞以租借半年的方式加
盟国安，而国安俱乐部为引进他所支付的相关费
用已经创造了历史纪录。

　　科内塞与国安队合练了一个月的时间，按理
说磨合时间已经足够，但是当他和国安队一起走
上联赛的赛场后，人们却没有看到多少变化。联
赛重开后的两轮比赛，国安队客场0比1负于辽宁，
主场0比1不敌云南红塔，遭遇6轮不胜。科内
塞虽然已经展现出高人一筹的脚法和定位球能力，
但终究不是一位抢点型射手。

　　谁也不知道国安还会再沉沦多久，所以当球
队借着联赛的一周间歇期离京踢足协杯时，连随
队记者都少了很多。1/4决赛在天津，国安队
2比1险胜甲B球队河南建业。半决赛坐火车到
了鞍山，对手是不久前刚刚在工体击败过自己的
沈阳金德。

8月25日外援科内塞媒体见面会

10月1日足协杯决赛　现代队队长28号周宁

10月1日足协杯决赛　现代队20号杨昊第72分钟攻入一球

2003

10月1日足协杯决赛　现代队37号邱忠辉防守郝海东

293

10月1日足协杯决赛北京现代（沈阳）3比0大连实德

　　鞍山之战进行得火光四溅，沈阳金德利用"准主场"作战的优势发起狂攻，开场1分钟就利用任意球的机会先声夺人。在高雷雷第38分钟扳平比分后，小将杨昊在第85分钟的进球让国安队已经一只脚迈入决赛。但比赛在第89分钟风云突变，金德队的张晓鸥被杨昊在禁区边缘绊倒，主裁判果断判罚点球。情绪失控的国安队员迅速一拥而上，雷吉纳尔多更是将主裁判撞倒在地，徐云龙和张帅也是情绪激动。比赛中断了几分钟后，金德队罚入点球追平比分，双方进入加时赛。加时赛第3分钟，杨昊主罚的直接任意球飞入球网，国安队借着"突然死亡法"的规则赢下了比赛。

　　获胜之后的喜悦根本没有持续几个小时，次日，足协公布了处罚结果：雷吉纳尔多停赛10场，徐云龙和张帅则各停5场，领队魏克兴也被禁止

两场比赛进入球场并罚款2万元。国安队员和京城媒体、球迷一时间全蒙了，因为如此重的处罚力度不仅将令国安队在一天后的足协杯决赛中无人可用，还将对接下来的联赛产生严重影响。

　　人们掰着手指数着国安队能用的后卫名字，在3人停赛，而小将季楠和高大卫又有伤在身的情况下，彼得洛维奇能使用的后卫只剩下了小将崔威和邱忠辉了。

　　10月1日的沈阳五里河球场，北京国安队制造了一场经典的伟大胜利，面对"七冠王"大连实德，一条临时拼凑的后卫线保持了90分钟的稳健。而在前场，科内塞也踢出了一场足以证明其身价的比赛，他以一脚惊世骇俗的直接任意球，和一次门前包抄梅开二度，并助攻杨昊推射空门得分，让国安队取得了3比0的胜利。对于京城

10月1日足协杯决赛北京现代（沈阳）3比0大连实德　第三次获得足协杯冠军

球迷来说，这是最好的一份国庆大礼，而对于已经在和国安俱乐部协商解约的彼得洛维奇来说，则是一份充满悲情的告别礼。

杨祖武的魔法

一座金灿灿的足协杯并没有改变国安俱乐部换帅的决心，夺冠两天后的10月3日，国安俱乐部正式宣布彼得洛维奇从主教练的岗位下课，改任球队顾问，而总经理马冰转而负责青少年队员的培训工作。杨祖武担任教练组组长兼领队，原领队魏克兴成为教练组副组长，总经理的位置则由副董事长张路兼任。

这是一次让人惊讶的人事变动，为什么会作出这样的决定？根本上的原因就是俱乐部的管理层意识到，发生在鞍山的裁判事件以及之前一连串的不理想战绩，均和球队这两年较为松散的管理有很大关系，鞍山事件只是一次爆发，而在之前，徐云龙和张帅已经多次出过问题，受到了足协的批评和处罚。在球队名次仅列倒数第二，又遭遇大面积停赛，且已经无法引援的背景下，只能通过狠抓管理来要成绩了，而杨祖武在管理方面的铁腕又是非常有名的。"我的使命就是进中超！"杨祖武上任后对媒体说。

新的教练班子一出手就是连续3场不败，在足协杯决赛中一战成名的崔威与邱忠辉继续着良好的发挥。主场与青岛贝莱特比赛前，因为科内塞有国家队比赛任务而返回匈牙利，但通过内部挖潜的国安队还是凭借着田野的发挥以4比1大胜对手，艰难取得赛季第三胜，也就此离开了积分榜倒数第二的位置。

尽管此后又经历了一场憋屈的主场失利，0比2不敌上海中远，但整支国安队的上升势头已经不可阻挡。联赛最后8场比赛，国安队以一波8场不败（6胜2平）完成赛季收官。进攻在科内塞的疏导下变得流畅起来，恩里克也展现出了良好的组织能力，再加上陶伟不时的灵光闪现以及徐云龙和张帅在解禁后的活力，国安队又让人依稀看到了2002赛季的影子。在这8场不败中，主场3比2击败山东鲁能（一度3比0领先）、2比0胜深圳都颇有质量，而客场逼平大连实德，则彻底粉碎了对方的卫冕梦想。联赛第28轮，国安队又

在工体阻击了后来夺冠的上海申花。第30轮，在主场3比1战胜四川冠城队后，排名一路蹿升的国安队终于以第9名的名次收官，尽管这是球队参加职业联赛以来的最差名次，但回顾问题多多的2003年，能以排名第9名结束赛季，并收获了一座足协杯，已经是件不容易的事了。

早早为中超第一季进行全方位准备的国安俱乐部，与科内塞签下一份天价的买断合同，显示了俱乐部试图大干一场的决心。

商毅飞往西班牙，即将加盟西乙。张帅在主场与上海申花队比赛后的兴奋剂检测中呈阳性，这位前途被广泛看好的后防新星不得不将再次面对球监。

董事长李建一（右）和教练组组长杨祖武在训练场交谈

296

现代队13号徐云龙

10 月 11 日联赛第 19 轮北京现代（主）4 比 1 青岛贝莱特　现代队 9 号田野

11 月 22 日联赛第 28 轮北京现代（主）2 比 1 上海申花　国安球迷看台

11 月 12 日联赛第 26 轮北京现代（主）2 比 0 深圳健力宝

国安球迷观看升旗仪式

11 月 30 日联赛第 30 轮北京现代（主）3 比 1 四川冠城　现代队 35 号恩里克

11 月 30 日联赛第 30 轮北京现代（主）3 比 1 四川冠城

杨璞

随国家队在十强赛中出线以及后来出征世界杯的经历，让杨璞的信心和状态得到了进一步的提升，在2003年的比赛中，虽然球队因为主教练的问题遇到了一些困难，但杨璞的状态一直不错。拿到足协杯冠军和与英超南安普顿队的邀请失之交臂，是他在2003年的收获和遗憾。

记者： 2003年国安队先后出现了三位主教练，这应该是一个历史之最，卡洛斯和彼得都是在中国联赛成功过的外籍主帅，他们在国安的失败究竟是什么原因？

杨璞： 情况各有不同，但都和他们自己有关。比如卡洛斯，绝对的高开低走。他带国安打了9场比赛，前4战是3场足协杯的小组赛和联赛揭幕战，4战全胜。但当时外援马古斯已经显露出了"水货"的本质，1米85的身高，体重竟然达到了95公斤，私下里队友们都开玩笑说："这哥们儿看着更像是摔跤和柔道队的，根本不像踢球的。"后来，卡洛斯坚持使用马古斯，导致输掉了联赛第2轮，俱乐部紧急换外援，马古斯离队，卡西亚诺第4次穿起绿色战袍，但是这个时候，卡洛斯与俱乐部的矛盾也趋于紧张。之后的几场比赛，我们非平即负，到第6轮，卡洛斯触及了合同里"5场不胜将下课"的底线。

记者： 那年联赛前6轮只赢了一场，是不是也受到了裁判因素的影响？

杨璞： 其实卡洛斯也挺背的。联赛第5轮，国安主场对重庆，比赛最后时刻，我在禁区内被踢倒，主裁判却拒绝判罚点球，我上去问他有没有看见对方犯规，他却怒不可遏，跟我说，"赶紧走，少废话。"我又争执了几句，他立刻出示第二张黄牌把我罚下，一个点球最终变成了红牌。

记者： 你吃了红牌，很快徐云龙又被停赛，是不是联赛遭到误判让球员心态彻底失衡？

杨璞： 徐云龙是真被逼急了。接下来与上海中远队的比赛，卡西一个毫无争议的进球被举越位。比赛以0比1结束，没多大会儿，我手机就响了。徐云龙上来就一句，"估计这回我也得歇两场了"。

记者： 徐云龙很冤，当时究竟发生了什么？

杨璞： 徐云龙后来跟我说："我退场的时候碰上裁判，心平气和地问他'那球是越位吗'。结果他来了一句'回去看录像去，别他妈问我'。总让我们球员尊重裁判，裁判为什么不尊重我们？我现在真的谢谢魏指导，要不是他抱着我，我非打那裁判不可。"徐云龙当年差点打了主裁判，被停赛两场。同时足协领导也公开向国安道歉，

卡西亚诺的进球确实没有越位，越位是误判。可一进一出之间，国安因为裁判错误，损失了进球，损失了积分，还损失了徐云龙。

记者： 彼得来之后正好赶上"非典"爆发，球队有了3个月的磨合时间，怎么成绩还是没有起色？

杨璞： 彼得2002年在国安拿了第三，成绩不错，但是2003年人员变化很大，李明、王涛、巴辛3名大将离队，佳一去了德国，球队的实力是下降的。在彼得接手的5个月时间里，10场联赛只赢1场，积分落到倒数第二，队内矛盾激化，周宁、韩旭、谢朝阳、南方这些老队员失去了位置，有的甚至被下放到预备队。当然我也要承担自己的责任，对八一队和申花队两场比赛，我连续罚失了两个点球，也影响了球队的实力。后来直到退役，我都再也没为球队罚过点球。

记者： 但是彼得是带着足协杯冠军的光环下课的，这里面有什么内幕吗？

杨璞： 按正常的逻辑，一个主教练怎么会在拿到冠军之后就下课呢？其实，从9月底，杨大爷出山开始，彼得就已经失去了对球队的控制，那时候，杨大爷挨个找球员谈话，给大伙打气，魏指导负责球队的训练比赛，甚至可以说，2003年的足协杯冠军，就是魏指导一个暖瓶给摔出来的。

记者： 一支10场联赛只胜1场的球队，怎样焕发出如此强大的战斗力？

杨璞： 足协杯是连打3场淘汰赛，八进四先打河南，周宁在那场比赛中重新首发，上半时他的一脚绝妙传球被安德列漏掉了，两个人在场上就争吵起来，上半时比赛退场的时候，两个人你一句我一句从球场一直吵到了休息室，彼得毫无办法。这时，魏指导突然拿起桌子上一个暖瓶，用力扔到了地上，一声巨响之后，整个房间里再也没有人说话了，队员似乎一下子明白了，争吵解决不了问题，只有团结起来，才能战胜别人。

记者： 可是足协杯半决赛，国安又遭遇了裁判问题，这次的损失是不是更大？

杨璞： 打沈阳我们2比1领先到最后一分钟，可是

2003

这时，杨昊在禁区线外与对方的一次身体接触被莫名其妙地判罚了点球。在联赛中已经被裁判折磨得不堪重负的球员们再也按捺不住，外援雷吉纳尔多猛地冲上去撞翻了主裁判，这时徐云龙再次爆发，他又冲到裁判面前讨说法。比赛在5分钟之后恢复进行，雷吉纳尔多红牌，沈阳队罚进点球。刚满20岁的杨昊无法承受，在球场上就大哭起来。

记者：杨昊加时赛踢进了金球，但决赛前足协的罚单是不是让你们觉得夺冠没戏了呢？

杨璞：要说杨昊还真争气。加时赛他罚进了任意球，我们在10月1日迎战大连实德。但决赛前一天，足协的

处罚决定又来了，雷吉纳尔多停赛10轮，徐云龙、张帅各停赛5轮，连进场劝架的魏指导也被停赛2场。这样一来，我们的后防线几乎都被罚掉，为了应对决赛，球队不得不更换了4个首发球员，夏季转会而来的邱忠辉第一次首发出场，与谢朝阳和20岁的崔威组成三后卫，而他们需要面对的却是郝海东和扬科维奇的冲击，面对双方实力上的悬殊，彼得赛前已经没了信心，倒是杨大爷的口风仍旧不软，"就剩这几个人，我照样要赢大连实德"。

记者：决赛3比0打得全盛时期的大连体无完肤，这个结果你赛前能想到吗？

10 月 1 日足协杯决赛北京现代（沈阳）3 比 0 大连实德　第三次获得足协杯冠军

11 月 12 日联赛第 26 轮北京现代（主）2 比 0 深圳健力宝　现代队 8 号杨璞

杨璞：没想到，所有人都没想到。甚至夺冠当晚球队应赞助商之约去辽宁电视台做节目，我们看到演播室里所有的背景板都是按照大连实德队夺冠来设计制作的，而捧走奖杯的却是我们，比分是一个无可争议的3比0，所有人都猜错了结果。

记者：2003年的足协杯应该是你效力国安的第一个冠军，还有哪些细节印象特别深刻呢？

杨璞：要说那样一场大胜能回忆的细节肯定很多。但我记得最清楚的是比赛的补时阶段，当时大局已定，大家就等着终场哨响庆祝胜利了，突然周宁在中场大喊了一句："都别松劲，今儿咱一个球儿都不让他们进！"我觉得这句话特别震撼。

记者：夺冠之后，彼得下课，教练组重新调整，杨大爷和魏指导联手出山，他们的组合你觉得怎么样？

杨璞：杨大爷在球员中的威信极高，他还是负责思想工作，排兵布阵主要由魏指导定。在最后的12轮联赛中，我们7胜4平1负，积得25分，同期成绩仅次于当年的联赛冠军上海申花队，拿到了第二年的中超资格。从上任之后的第2场比赛开始，魏指导就将陶伟从左后卫的位置上移到前腰，收到奇效，这个变革对于国安队来说是划时代的。之后数年，无论谁执教国安队，陶伟都是前腰的不二人选。

记者：那年你再次有留洋的机会，为什么还是放弃了？

杨璞：2002年的时候，米卢在与朱和元领队聊天，就说我应该早点儿到国外踢球，那样进步会更快。于是我就把出国踢球这件事交给了经纪人，拿的比赛资料是世界杯上中国队打土耳其那场比赛。很快，英超的南安普顿队希望我去试训。但是俱乐部不同意我出国，毕竟球队青黄不接，而且年初刚刚送走了邵佳一，如果我再走也确实有点儿釜底抽薪。我也没有再坚持，即使在自己的全盛时期，也没有被国内其他俱乐部的高薪所吸引而寻求转会。

记者：2003年你应该还接到了苏超球队的邀请吧？

杨璞：那是在"非典"期间，当年苏超联赛第三名并代表苏格兰参加欧洲联盟杯赛的哈茨队向我发出了邀请，但是俱乐部考虑到球队在联赛中成绩太差，正值用人之际，就回绝了对方，为了不影响球队的士气，我甚至没有对外声张，这件事至今也未被媒体曝光。说起最终没能出去踢球，我心里还是比较遗憾的，毕竟每个球员都有继续提高自己的愿望。而如果在一个环境更好的联赛中效力，我可能也不会在31岁就决定退役，也许我出去踢几年最后还会落叶归根回到国安，像现在的佳一那样在国内赛场上再踢上几年。

2003年对于杨璞来说是色彩斑斓的一年，吃过红牌、失过点球、拿过冠军，错过留洋。这一年他迅速成熟，自此成为国安队的中坚力量。2004年，中国足球进入中超时代。之后数年，杨璞经历伤病、经历起伏，却始终坚守着心中的那一抹绿色，直到2009年拿到联赛冠军，完美退役。

全名单

∨

领　队：魏克兴（至10月3日）、杨祖武、康玉明

主教练：卡洛斯（至4月11日）、彼得洛维奇（至10月3日）、杨祖武

教　练：魏克兴、胡建平、赵旭东、托米奇、比利

队　医：双印、张阳

号码	姓名	出生日期	报名身高/体重	备注
门将				
1	勾鹏	1984.06.29	188cm/79kg	
22	姚健	1973.06.06	190cm/90kg	
30	杨世卓	1980.10.25	188cm/82kg	
33	于博	1985.07.17	186cm/85kg	青年队提拔
后卫				
2	季楠	1984.04.30	185cm/76kg	
3	谢朝阳	1971.05.29	182cm/71kg	
4	韩旭	1973.09.28	184cm/74kg	
5	雷吉纳尔多	1971.12.28	184cm/80kg	巴西人
8	杨璞	1978.03.30	177cm/76kg	
13	徐云龙	1979.02.17	182cm/79kg	
15	陶伟	1978.03.11	175cm/67kg	
26	张帅	1981.07.20	181cm/76kg	
32	林震	1985.10.20	180cm/73kg	青年队提拔
37	邱忠辉	1977.06.15	180cm/73kg	半程加盟
中场				
6	马古斯	1973.04.28	189cm/86kg	巴西人
7	李东波	1973.02.22	183cm/72kg	
12	崔威	1983.04.07	182cm/74kg	
14	薛申	1977.01.21	181cm/72kg	
18	路姜	1981.06.30	180cm/71kg	
20	杨昊	1983.08.19	174cm/63kg	
24	王栋	1985.06.11	178cm/74kg	青年队提拔
25	张盟盟	1983.10.17	176cm/69kg	青年队提拔
27	路鸣	1982.09.21	174cm/67kg	
28	周宁	1974.04.02	188cm/81kg	
29	南方	1973.12.15	176cm/74kg	
35	恩里克	1977.08.20	180cm/74kg	巴西人
前锋				
9	田野	1978.02.25	189cm/81kg	
10	商毅	1979.01.20	179cm/66kg	
11	安德列	1978.05.18	182cm/82kg	巴西人
16	马科斯	1974.09.13	178cm/80kg	巴西人
17	高大卫	1983.06.17	178cm/73kg	
21	高雷雷	1980.07.15	178cm/69kg	
23	杜文辉	1983.12.19	183cm/70kg	
31	邓晓磊	1983.05.07	177cm/75kg	
36	卡西亚诺	1970.08.13	180cm/76kg	巴拉圭人
38	科内塞	1977.01.07	178cm/73kg	匈牙利人

转会情况

转入		转出	
姓名	原俱乐部	姓名	新俱乐部
马古斯	累西腓体育	李明	上海中远
马科斯	深圳平安	巴辛	顿涅茨克矿工
安德列	巴西美洲	吴艳滨	新加坡新麒
雷吉纳尔多	圣保罗	邵佳一	慕尼黑1860
恩里克	达伽马	王涛	退役
科内塞	扎列戈塞格	普雷迪奇	海杜克战士
邱忠辉	沈阳金德	伊利奇	扎布热戈尔尼克

2004年

正义永远不会缺席

年度背景

THE
ANNUAL
BACKGROUND

这是属于足球的一年，但却不属于中国足球。中国足球人在 2004 年底把这一年定性为灾年。为何灾年？4 月，国奥无缘雅典奥运会；8 月，"铿锵玫瑰"在奥运会上 0 比 8 惨负德国；11 月 17 日，中国国家队早早无缘德国世界杯。虽然中国队也于同年在家门口拿到了亚洲杯的银牌，但喜悦很快就被世界杯的出局所冲散。

热炒数年的中超联赛盖头终于掀开，但人们迟迟也没有发现中超和甲 A 有大的区别，联赛水平反而因为外援更少、外教更少、上座率更少而降低了。深圳健力宝队最终夺冠，近半数俱乐部存在经营困难，让中超在创办的第一年就遇到了重重困难。

罗宁（左）和教练组组长杨祖武（右）

国安球迷看台助威标语

5月26日联赛第3轮北京现代（主）4比1沈阳金德现代队16号黄博文第89分钟攻入一球

经典回忆

2003赛季的惨淡已经成为过去，北京球迷在努力去遗忘的同时，又对2004赛季充满着憧憬。从甲A到中超，是一个新的开始，手握四大国脚，以及科内塞这样的联赛顶级外援，北京国安队已经具备了向联赛冠军发起冲击的实力，而国安俱乐部也一心准备大干一场，用前所未有的大投入来冲击中超桂冠。

亿元豪赌

2003年12月8日，在国安大厦三层第一会议室，国安俱乐部召开了董事会，这也被认为是俱乐部备战中超首季的开始。在会议上，俱乐部董事除了对球队的2003年工作进行各项总结外，最重要的任务就是制订了2004赛季的详细方案。其中涉及了引援目标以及年度预算。董事会决定，将俱乐部2004年投入的预算总额，由2003年的7000万元提升到1亿元。

"亿元豪赌"的出炉，是国安俱乐部经历了2003年的失败后充分反思的结果。2003赛季的2/3阶段，长期在积分榜上几乎垫底的现实，令国安俱乐部颜面扫地，京城球市也再次陷入惨淡，所以努力提升战绩，以实现触底反弹，才能重新将球迷吸引回球场。而另外，北京奥运会的成功申办，也让北京市体育局代表北京市政府向国安俱乐部提出了"在2008年奥运会前夺一次冠军"的要求。

1亿元该怎么花？国安俱乐部也提前制订了相应方案。对球员进行薪酬体制改革是首要任务，从2004年起，国安俱乐部正式对球员实行年薪制，年薪的标准也参考了其他俱乐部的薪酬数字，把年薪额度明确分为5类，将国安俱乐部球员的薪酬待遇由此前在联赛中的偏下水准向中上水准提升。

另一个该花大钱的将是引进内外援。国安队在2003赛季的一大败因就是在转会市场上的零内援，导致前半程战绩极差，后来在8月的二次转会中，引进的邱忠辉发挥了巨大的作用，对俱乐部高层也是个触动；而在外援方面，科内塞在2003赛季最后两个月的表现已经证明了什么叫"一分价钱一分货"，与其像过去那样引进普通外援，倘若不中意再换人调整，导致巨大的浪费，不如直接掏出重金再引进两个高水平的。因为中超元年各队只许注册3名外援，只有2人能够同时出场。

在这次会议上，国安俱乐部也确定了重点的内援引进目标，这次的人选标准的前提条件是人品好、职业道德水平高、不涉嫌假球与赌博，能力与水平符合球队的位置需要，且有发展潜质的。这份名单包括郝伟、舒畅、王霄、王超、唐田、吕刚、王鹏、李金羽、徐宁、杜苹等，而国安俱乐部的首要攻克目标是李金羽和舒畅。2004赛季，中国足协进一步放宽了球队和球员的"自由恋爱"名额，每队可以在转会摘牌大会前签下3名球员。

如果能签下门前的"抢点精灵"李金羽，与科内塞组成前场搭档，那么国安队的2004赛季将会多么美好。在会议室里，很多人都展开了遐想。

补充兵源

国安方面与李金羽开始了密切接触。当时的李金羽想在北京扎根是不争的事实。如果国安俱乐部能够满足李金羽心目中最低的薪酬预期，相信很有可能将其引进。但当时的情况是，虽然国安俱乐部已经把队内球员的顶级年薪标准抬升至联赛中上游，但依然争不过一些能够开出天价年薪的俱乐部。尽管为一位球员开出超级薪水并非难事，但一位球员的高薪很容易就会引发其他球员的不满，继而引起球队内部问题。就这样，李金羽去了山东鲁能。也同样因为薪水差距过大，让国安俱乐部在那个冬天和山东鲁能队的中后卫舒畅无缘。

幸好 2003 年底的中国足球转会市场是一座"富矿"。顶级联赛由 15 支缩编为 12 支，降级队的大批主力流入球市。而八一队因为撤编解散，全体球员都登上了转会榜，其中有相当数量的球员颇具实力。再加上重庆力帆购买了云南红塔的中超"壳"后两队球员合并，多余的球员也被抛入球市。

现役国脚郝伟在被陕西国力"抢摘"一年后，终于投入了国安队的怀抱，可以出任边后卫和中后卫的郝伟，对于防守人才奇缺的国安队是个有益的补充。国安俱乐部还早早下手，敲定了八一队的中场隋东亮和中锋徐宁。其中隋东亮是陶伟、商毅、郝伟、邱忠辉当年在巴西留学的健力宝青年队的队友，一脚精准的长传球被誉为联赛一绝。而徐宁则是甲 A 联赛本土中锋中的佼佼者，头球和左脚技术均较为出色，能力被认为已经超过了国安队的中锋田野。

2004

5月16日联赛第1轮北京现代（主）1比1四川冠城　现代队6号隋东亮

2001—2004 年，北京国安俱乐部参加参加"绿化江河"义赛，门票收入全部用于捐款，共计500多万元。

● 1月4日
北京国安队员与俱乐部签订了新赛季的工作合同，这也是国安队内第一次实行年薪制。

● 1月8日
北京国安足球俱乐部正式更名为北京国安足球俱乐部有限责任公司。

● 1月8日
商毅正式启程飞往西班牙，以租借身份加盟西乙赫雷斯俱乐部半年，成为历史上第一位参加西班牙职业联赛的中国球员。

● 1月18日
北京国安队在芜湖举行的 2003 赛季超霸杯赛中，以 4 比 3 击败上年赛季联赛冠军上海申花，历史上第二次捧起超霸杯。

● 2月9日
中国足协下发了对"张帅误服禁药"事件的处罚决定，张帅被停赛半年，国安教练组组长杨祖武和队医双印也被停赛半年并罚款，处罚时间从 2003 年 11 月 22日开始算起。

● 4月17日
北京国安俱乐部 2004 赛季球迷入会开始，球迷缴纳 150 元即可观看国安队 2004 赛季的全部比赛并获赠球迷装备。

本来，国安俱乐部还挑中了前八一队的前中后卫唐田，但因为球队的 3 个自由引援名额已经用满，只能寄望于在摘牌会上把唐田摘下。但没想到，对于引进内援历来兴趣不大的大连实德这一次也打起了八一队球员的主意，很快就把唐田收至帐下。

除了上述的内援收购外，国安队还完成了一笔低调交易，将年仅 17 岁的八一青年队球员闫相闯引入阵中。

在球员的转出方面，谢朝阳退役，李东波选择挂靴。田野被天津泰达俱乐部自由引进，他的前威克瑞队友薛申的离去则有些可惜。自 2003 赛季从重伤中痊愈后，以盘带著称的薛申灵气渐失，所以被国安俱乐部放到了转会名单上。

相比之下，商毅的情况最为特殊。他于 2004 年 1 月正式与西乙赫雷斯俱乐部签下了半年的租借合同，成为第一位闯荡西班牙职业联赛的中国球员。但因为赫雷斯俱乐部欠薪，导致商毅在 7 月完成合同后就回到了国安队。半年时间，商毅的球衣号码由走时的 10 号变成了回来后的 37 号，而科内塞则成为了 10 号的新主人。

超霸之喜

2004 年的芜湖和 1998 年的温州很有几分相似，都是在一座缺乏足球传统的城市，由作为足协杯冠军的北京国安队挑战拥有着豪华班底的联赛卫冕冠军，而最终的结果也都完全一致，缺兵少将的国安队凭借着一股气势，令联赛冠军俯首称臣。

虽然上海申花队后来也将这场比赛的败因归结为人手不足，但若论人手，这支申花队还是远比国安队齐整。超霸杯前，国安队把球队拉到了位于成都的毛家湾训练基地进行集训时，阵中球员少得可怜，谢朝阳退役，商毅留洋，被放入转会名单的田野、薛申等人已经离去，杨璞、徐云龙和陶伟跟着国家队在海南集训，路姜养伤，张帅因为兴奋剂问题而被俱乐部停训，在转会市场上的三名新援也还没来球队报到，再加上新外援暂无斩获，让球队打分队比赛时都无人可用，若非足协同意可以让国脚归队参加超霸杯，国安队恐怕连首发阵容都凑不齐。而上海申花队虽然防线稍有影响，但前场的阿尔贝茨、佩特科维奇、曲圣卿和张玉宁都在，论阵容的豪华程度依然远强于国安队。

这是一场精彩的对攻大战，尽管张玉宁接阿尔贝茨的直传，在开场 7 分钟就打入一球，但却激发了国安队员的斗志，特别是由三名现役国脚组成的中场，很快就掌握了比赛的主动权。第 25 分钟，科内塞补射扳平了比分。下半场，国安队由徐云龙和科内塞再入两球，而申花队又连续两次扳平比分。第 73 分钟，徐云龙传中，杨昊垫射，终于将这场进球大战的最终比分锁定为 4 比 3，国安队历史上第二次夺得超霸杯，徐云龙获得"最佳球员"的荣誉。

1月18日超霸杯北京现代（芜湖）4比3上海申花　第二次获得超霸杯冠军。

杨祖武在赛后感慨这座奖杯的来之不易，也很欣慰地看到这支球队顺利实现新老交替。"威克瑞一代"在自己 26 岁左右的年龄，正式成为了国安队的脊梁，加上几位新援和外援科内塞也都是 1977 年左右出生，目前这支国安队的骨干正处于运动生涯的黄金年龄，该到了出成绩的时候。

备战之忧

中超元年受世界杯预选赛、奥运会预选赛、亚洲杯、欧洲杯和奥运会夹击，直到 5 月才开打，开始不久就赶上欧洲杯，球迷在欧洲杯审美疲劳的背景下愈加忽视自己的联赛。此后，国足集训再次拆分了联赛，而发生在 11 月 17 日的世界杯出局事件，更是令最后三轮联赛变得门可罗雀。

没有一支球队经历过开赛如此之晚的联赛，在 1 月 18 日的超霸杯结束后，国家队和国奥队员继续集中，而国安队只能通过练习赛和邀请赛来保持比赛状态。剩下的两个外援名额依然没有敲定，魏克兴曾亲赴东欧，现场观看了克罗地亚联赛和罗马尼亚联赛，并与对方俱乐部进行了初步沟通，敲定了海杜克斯普利特队的中锋尼诺·布莱，以及布加勒斯特迪纳摩队的主力后腰阿莱克萨，两家俱乐部的态度也很明确，只要价钱合适，让球员加盟国安没问题，但前提必须是要等到五六月该国联赛结束后。国安俱乐部起初并不打算等，教练组专程考察过与国家队打热身赛的马其顿国家队球员，也把此前一个赛季上海中远队的主力后腰伊万邀来试训，但都达不到俱乐部管理层提出的"引援必须买精品"的要求，所以悉数放弃，准备以牺牲 3~4 轮的比赛为代价，专心等待阿莱

克萨和布莱的加盟。

　　3月下旬，国安队再次离京出征奔赴扬州，参加有山东鲁能和天津康师傅队参加的三角对抗赛。这是那两个"闲月"里，中超俱乐部间很常见的友谊赛。但这次友谊赛却并不是纯友谊，首场对阵天津康师傅队，国安队的主力后卫邱忠辉遭到对方球员卢欣的严重铲球，邱忠辉的右腿被卢欣的双腿一绞，就再也没有站起来。在赛后的检查中发现，邱忠辉的右腿胫骨粉碎性骨折，虽然手术非常成功，但要想重新回到球场上至少也得8个月时间。这位为国安队夺得2003年足协杯冠军立下大功的后卫，因为这次重伤而严重影响了其职业生涯，复出后再也没有了之前的好状态。而卢欣在继2003年废掉周宁后，再次成为国安球员眼中的"绿茵屠夫"。

　　两天后，还是这次三角赛，在对阵山东鲁能队的比赛中，颇受教练组赏识的中锋徐宁也倒下

了，人们原本以为这只是一次普通的扭伤，但到了医院才发现徐宁的右脚踝韧带已经出现断裂，肯定将缺席中超第一阶段的比赛。

　　又过了两天，国安队南下泉州，受旧将高洪波之邀，与其执教的厦门石狮作赛一场，老将南方在比赛中又被撞得满脸是血。三场热身伤了三人，显然不是新赛季的好兆头。有鉴于此，国安俱乐部决定在未来一个月减少热身赛的安排，专心备战中超联赛。

迷失的"小怪物"

　　《三国演义》中，关云长遭遇吕蒙偷袭，失去荆州三郡，从而有了"大意失荆州"的成语，以形容做事因为疏忽而导致的失败和损失。而2004赛季，国安队第一场正式比赛就是在荆州踢的，结果正是因为大意，导致贵为足协杯卫冕冠军，却在首次出场中就被来自中甲的武汉黄鹤楼队淘汰出局。

　　关于败因，也无外乎就是备战不充分，且外援不到位，而3名国脚在赛前赶回，也没有起到太重要的作用。由于国安队先客后主，即使在客场1比2输了球，按照惯性思维，总认为可以回到家门口作战时轻松翻盘，结果久攻不下变得急躁起来，被武汉黄鹤楼队在第二回合的下半场再偷两球。因为工体需要为亚洲杯比赛修整草皮和内部装修，两队的第二回合比赛是在先农坛体育场踢的，但这支国安队显然没有将老国安队当年保留在这里的那股气势继承下去。

　　足协杯首战出局并非末日，因为在很多人看来，这也许还是个吉兆。毕竟2002赛季就是足协杯首轮在工体出局，但接下来的联赛中，国安队却踢出了几年间最好的战绩；其实在年初超霸杯夺冠后，也有人提起"超霸杯魔咒"，即夺得超霸

5月16日联赛第1轮北京现代（主）1比1四川冠城较 现代队36号耶利奇

杯的球队当年联赛战绩普遍不理想。如今两个魔咒相碰，究竟哪个会更准些?

国安队的外援名额终于在5月16日联赛首轮开打前敲定。罗马尼亚后腰丹·阿莱克萨在5月3日抵京，签约4年。完成签约后，阿莱克萨立刻离京，要直到罗甲联赛结束后才能正式加盟国安，已确定错过前4轮中超。

被国安队教练组寄予厚望的尼诺·布莱却在中超开打前出了问题。国安俱乐部本已备好合同，希望这位2001赛季日本J联赛射手榜上排名第四的高中锋能于5月初来京签约，球员所在俱乐部也已同意放人，但布莱本人却在犹豫一番之后决定放弃，转而接受了奥地利甲级队帕兴队的合同。

由于5月14日就是中超外援注册的截止日，国安队已经没有了选择的时间，索性将一位球市上无人问津的平庸中锋收至帐下，并签下短工合同。这位球员就是耶利奇，当时正在塞黑超级联赛的伏伊伏丁那队因为只能打替补而闷闷不乐。

没想到，国安俱乐部中超历史上的第一个进球竟然来自对手乌龙，这是一件颇为好笑的事情。5月16日主场对阵四川冠城队，陶伟的一脚任意球本来没什么威胁，但冠城队后卫刘宇一个下意识的头球解围却改变了球的线路，直接飞入本队球门死角。以当时对于进球的认定方式，这个进球被很多媒体都放在了陶伟名下，但是按照乌龙球的认定标准，这显然应该是个乌龙。

5月5日足协杯第2轮北京现代（先农坛）0比2武汉黄鹤楼　现代队6号隋东亮

　　中超首个主场是1比1，首个客场也是1比1，面对上海国际队，国安队获得点球，由科内塞主罚得分。

　　"'小怪物'越踢越独"，这是国安队友们对科内塞的评价。2003年最后几个月，被队友们昵称为"小怪物"的科内塞挽救了处于下滑中的国安队，也几乎是凭一己之力为国安队带来了足协杯冠军，又在超霸杯的赛场上梅开二度，俨然已经成为了球队的灵魂人物。但是从2004赛季开始前的足协杯，以及中超前几轮的比赛看，科

国安球迷

内塞已经有些变了，在场上总是闷着头狂带，或是抢罚一切射程范围内的任意球，或是跑动中以一脚"浪射"结束进攻。由于各队都开始对科内塞重点照顾，如果他还不能加强与队友的配合，那么国安队的进攻也将全线受阻。

小闯与小黄

5月26日，工体，北京国安队在第3轮联赛中迎来了中超首胜，对手是此前两个赛季均在工体击败自己的沈阳金德队。

赛前，严重的人荒正在困扰着整支球队。除了季前出现的伤号邱忠辉和徐宁外，杨璞也在几天前动了手术，预计将休养5周。比较令人惋惜的是郝伟，因为在国家队集训中受伤后没有及时休养，反而加重了伤势。为了赶上中超新赛季，

5月26日联赛第3轮北京现代（主）4比1沈阳金德　现代队16号黄博文第89分钟攻入一球

5月26日联赛第3轮北京现代（主）4比1沈阳金德　现代队32号闫相闯

5月26日联赛第3轮北京现代（主）4比1沈阳金德

2001年黄博文（第一排右一）在北京国安1987年梯队的合影

他又一度采取了保守疗法，但收效不大，只能选择手术，也将缺阵两个月左右。

以这样的姿态在主场迎战沈阳金德队，还是历史上第一次，因此很少有人看好国安队能够拿下这场比赛。在首发阵容中，工体球迷意外发现了一位身披 32 号球衣的小将——闫相闯，这对于工人体育场来说，是一个从未听过的陌生名字。

等到比赛一开场，人们就惊叹了，这不是一个活脱脱的"高峰二世"吗？瘦弱的身板，风一样的速度，还有灵巧的盘带，而他的年龄只有 17 岁零 8 个月。面对来自高峰家乡的对手，闫相闯的第一次触球就展现了不凡的能力，每次启动都能够在右路制造威胁。仅仅上半场，他就为球队制造了 4 次角球，并迫使两名金德队员吃到黄牌。第 32 分钟，隋东亮脚后跟妙传，闫相闯小角度劲射破门，打入了国安队本场第二个进球。

第 70 分钟，3 比 1 领先的国安队换人，16 岁

零 10 个月的黄博文替下闫相闯，中国足球的一段历史也被改写。19 分钟后，陶伟传中，耶利奇头球回顶，黄博文跟进一脚劲射破门，4 比 1。中国足球职业联赛的最年轻进球者纪录被刷新。

和闫相闯出自八一俱乐部青训营不同，长沙少年黄博文 2000 年 13 岁时进入秦皇岛的中国足校，一年后被负责组建国安三线队的前国安球员吕军发掘并被带到了北京，随后被国安俱乐部的青训体系打磨成才，并在 2004 年年初进入国安一线队。

这是北京球迷整个 2004 赛季最快乐的一天，倒不是因为创造了赛季的最大比分胜利，而是人们从小闫和小黄身上看到了国安队值得期待的未来。两人也都在国安队首夺顶级联赛冠军的 2009 赛季发挥了重要的作用。

树立"陶核心"

　　罗马尼亚甲级联赛于 6 月 3 日刚刚落幕，阿莱克萨就登上了飞往北京的航班，国安队阵容中的最后一块拼图也宣告完成。

　　阿莱克萨的国安处子秀，就是 6 月 13 日与深圳健力宝队的比赛。是役阿莱克萨与科内塞同时首发，上一轮客场对青岛贝莱特队打入加盟国安处子球的耶利奇则坐到了替补席上。国安队在比赛中取得了梦幻般的开局：第 16 分钟，陶伟开出角球，助攻路姜门前抽射首开纪录。但此后的比赛，国安队忽然变得不会踢球了，两位客串中后卫的崔威和徐云龙成了深圳队攻击的重点，深圳健力宝队在比赛第 35 分钟就已经把比分反超为 3 比 1，并在下半场再下一城。几个月前还在国安队效力的薛申，本场比赛完成了 3 次助攻。而 1 比 4 的比分，不仅终结了国安队中超前 4 轮不败的纪录，也创造了球队职业联赛主场输球的最大比分纪录。

　　到底应该树立"科核心"还是"陶核心"？人们心中已经有了答案。惨败深圳的比赛，科内塞在前场的急躁影响了全队的情绪，与对方门将李蕾蕾发生的冲突也险些令他吃到红牌。该到了给"科内塞热潮"降温的时候了。于是 3 天后与天津康师傅队的主场比赛，杨祖武雪藏了科内塞，让

320

耶利奇和闫相闯搭档锋线，耶利奇在比赛中打进一球，并助攻陶伟一次，成为了国安队完胜天津康师傅队的第一功臣。而陶伟也以个人的赛季第一球，正式开启了国安队的"陶核心"时代。

这是陶伟升入北京国安一线队的第7个赛季，也是他成为球队真正核心的第一季。从入队之初的左前卫，到后来转型为和国奥队一样位置的左后卫，再到乔利奇和魏克兴时代的中前卫，以及彼得洛维奇时代的盯人中卫，具备出色技术和传球意识的陶伟，却一直没有找到一个适合自己发挥进攻才华的位置。2003赛季后半段，杨祖武上台后，为了更好地支持锋线上的科内塞，决定把陶伟推向前腰位置，通过他的组织和做球来提升球队的进攻效率，该赛季国安队的最后8场不败并打入16球，就与陶伟的发挥密不可分。

在阿莱克萨到位后，国安队的外援配置已经变成了一前一后，在基本保证阿莱克萨主力地位不变的情况下，科内塞和耶利奇互为替补，这也要求陶伟要肩负起更多拿球和组织的任务，而陶伟也确实做到了。崇拜齐达内的陶伟，在偶像的位置上拿球游刃有余，传球的隐蔽性和杀伤力也一直在进步，并在2004赛季被打造成"真核"之后，创造了个人的赛季最佳进球数据。

联赛第7轮客场对阵上海申花队，陶伟在第

2004

12月4日第22轮北京现代（主）4比1重庆力帆　现代队15号陶伟

6月13日联赛第5轮北京现代（主）1比4深圳健力宝　现代队18号路姜第16分钟攻入一球

6月16日联赛第6轮北京现代（主）2比0天津康师傅　现代队15号陶伟第54分钟攻入一球

6月16日联赛第6轮北京现代（主）2比0天津康师傅　现代队32号闫相闯

6月16日联赛第6轮北京现代（主）2比0天津康师傅 现代队15号陶伟

36分钟接到阿莱克萨的传球，以一记刁钻的射门击中横梁后弹入球门，助国安以2比1领先。虽然国安队最终只从虹口带回1分，但这个进球却令教练组感到非常兴奋。连续两轮的京津、京沪对战，也成为陶伟奠定国安队核心地位的关键战役。国安队前7轮比赛打入14球，在12支球队当中排名第一，其中一半的进球都和陶伟有直接关系。

罢赛之前

2004年，总有各项赛事在转移着人们对中超联赛的关注，欧洲杯、亚洲杯、奥运会……联赛也因此被拖得格外漫长。近三个月的休赛期，让国安队等回了长期养伤的杨璞、郝伟和徐宁，商毅也从西班牙留洋归来。但国安队也在休赛期里新添了伤号：科内塞在随匈牙利国家队训练时受伤，并在不久后确认大腿肌肉撕裂，提前告别2004赛季。闫相闯则在和国家队踢教学赛时被周挺铲得不轻。其实，从2003赛季起，国安队就已经习惯了主力球员因伤或因停赛而减员的情况，这些倒是影响不大，真正让球队上下不习惯的，还是那糟糕的运气。

尽管运气一直是足球场上不能回避的因素，

联赛重开后的第一战，继续客场对阵辽宁，杨昊在第74分钟把比分变为1比0，下半场本应补时3分钟，而辽宁队则直到第4分53秒才扳平比分。主裁判还在辽宁队进球前罚下了张帅；紧接着主场对山东鲁能，又是第90分钟，矫哲在工体进球，又让领先了大半场的国安队只能吞下平局的苦果；第一循环最后一战，国安队在重庆与重庆力帆互交白卷，挥霍掉了包括两个单刀球在内的3次绝佳良机。

6月6日中超杯第2轮北京现代（主）2比1山东鲁能　现代队36号耶利奇

但像2004赛季上半段这样持续的"背运"还是非常罕见的。间歇期前最后一轮客场挑战大连实德，国安队员在比赛的第89分钟仍然保持着1比1的比分，但却被对手的西历亚克在第90分钟打进1球；

第一循环11场比赛结束，国安队仅取得2胜7平2负的成绩，以13分列积分榜第8，如果能在上述的4场比赛中运气稍好，赶上暂以18分列第2的山东鲁能是一件很容易的事。

联赛第二循环第一战，在客场成都对阵半程不胜的四川冠城队，国安队似乎迎来了走出背运的最好机会。比赛的前22分钟进行得非常顺利，国安队凭借着徐云龙和耶利奇的进球以2比0领先，四川冠城队在上半场结束前追回一球。下半场比赛进行到第19分钟，刚刚在场边接受完紧急治疗的高雷雷在裁判的示意下重新进场，从对方杨朋锋脚下断球后发起反击，国安队经过连续4脚传递后，由耶利奇打空门得手。然而，就在国安队员抱在一起庆祝进球且成都市体育中心的记分牌已经变为"3比1"的情况下，受到主队教练抗议的主裁判在与助理裁判协商之后，决定取消进球，并向高雷雷出示黄牌，改判的理由就是高雷雷在场边完成治疗后，并未征得主裁判的同意便跑回场内进行抢断，属于违规行为。

眼看着记分牌上的3比1又被改回2比1，国安队的教练组坐不住了，冲入场内进行抗议。而国安球员们的脑海中也是一片迷茫，等到比赛重开后不久，刚刚被高雷雷抢断的杨朋锋就完成了进球。终场前1分钟，丹尼尔的进球助四川冠城队以3比2赢得了比赛。

比赛结束后第二天，足协就收到了国安俱乐部的申诉书，国安俱乐部坚持认为高雷雷是在得到主裁判示意的情况下才进场，并提出改判结果或重赛。但由于电视转播没有当时的镜头，所以主裁判维持了当时的判决。其实，从任何角度分析，这一次的"成都事件"都是国安在不久后沈阳罢赛的直接导火索。

罢赛了！

2004年10月2日，沈阳五里河体育场，这座曾经为中国足球带来过世界杯入场券的神圣体育场，也发生了中国足球职业化以来最具轰动效应的事件——"国安罢赛"。

据杨祖武事后回忆，从主裁判周伟新赛前几个小时的表现看，他就断定这场比赛国安赢不了。赛前，周伟新曾以两队球衣颜色过于接近为由，要求国安队换上另一套球衣。而放眼国际足坛，也从来没出现过蓝衣与绿衣被裁判认定"撞色"的情况，于是国安方面果断拒绝。

比赛开始后，周伟新对于双方在判罚尺度上的区别，正在一点一点影响着国安队员的情绪。第29分钟，阿莱克萨吃到第二张黄牌被罚下场，国安队早早就以10人应战。第39分钟，沈阳金德队进球，以1比0领先。第74分钟，国安队获得点球，陶伟主罚命中。仅过了5分钟，沈阳金德队的张杨带球突入禁区，在与张帅的纠缠中突然倒地，周伟新判罚点球。

对于这个点球，国安队员围住了周伟新，但抗争毫无效果。随后，国安队员来到教练席与教练组沟通。场边的杨祖武一直给足协相关领导打电话沟通，在抗议无效的情况下，在听取董事会领导的指示后，为了不使局面失控，为了保护球员，教练组决定终止比赛。

在教练组的带领下，国安队员面无表情地离开了场地。几分钟后，周伟新吹响了比赛结束哨。中国足球职业联赛史上的第一次罢赛诞生了。

10月3日上午10点，众多北京球迷赶到首都机场迎接从沈阳归来的国安将士，并打出了"还我清白，净化赛场"的横幅。有球迷的支持固然让人欣慰，但每个人心里都在焦急等待的只有一件事：足协将如何处理此次罢赛。

国安俱乐部最早表明态度：只要扣除国安队的联赛积分，就立刻退出中国足坛；而以中超联赛的相关章程看，这次的罢赛所涉及的扣分处罚又是必须作出的。国安和足协双方互相打量着对方的底线，也在等待着来自国家体育总局和北京市政府的相关声音。在这个僵持过程中，国安俱

2004

乐部开始主动出击，召开新闻发布会，抨击在联赛中存在的丑恶现象。毕竟中超元年的比赛仅进行了十几轮，围绕裁判的严重争议判罚已经出现了十余次，加之不少场次的比分屡屡暗合澳彩盘口，已经令各俱乐部投资人愤怒不已。

在双方的僵持中，斡旋也悄悄展开，国家体育总局在 10 月 10 日召开的局长办公会上，明确了让此事件得到和平解决的方针。两天后，中国足协关于国安罢赛的处罚正式下达，判国安队以 0 比 3 负于沈阳金德，并再扣除国安 3 个联赛积分。与罚单同时下发的，还有对周伟新停哨 8 轮的处罚。

对于这份罚单，国安俱乐部显然早有准备，并迅速发出声明进行还击。声明指出，这次的处罚决定严重违反程序，处罚决定明显失当，因此国安俱乐部提出申诉。在当晚 23 点 30 分召开的新闻发布会上，中信集团副董事长李士林也正式表达了拒不接受处罚的决定，国安队员们也在当晚得知两天后主场与青岛贝莱特队的比赛有可能取消的消息。

后来，国安的罢赛因为其他俱乐部的介入而变了味，由 7 家俱乐部组成的 G7 集团借此向足协提出召开中超委员会进行重新量刑的请求，并在接下来借势要求争取中超联赛的开发权和经营权，并要求足协公开中超联赛的财务状况，暂停降级，以及设立中国职业足球俱乐部联盟公司等；也是在这几天，中国国家队客场不敌科威特，世界杯

杨祖武在现场给足协相关领导打电话，就比赛中出现的问题提出抗议

预选赛出线形势岌岌可危。在上海，上海德比惊现 4 张红牌，主裁判陆俊也遭人袭击。

在足协的协调下，国安队还是按时参加了与青岛贝莱特的比赛。在这场气氛怪异的比赛中，狂攻不止的国安队以 2 比 0 取得胜利。

接下来的日子，G7 集团还在行动，但是这风波随着 2004 赛季的落幕而渐渐平息。

2011 年 3 月 30 日，也就是罢赛事件结束了 6 年半之后，央视的《法治在线》报道了中国足球裁判收受贿赂的事件，周伟新在镜头前面对亿万观众承认，曾在那场比赛前受到了金德俱乐部领队刘宏关于照顾主队的请求，并在赛后收到了 20 万元的好处费。后来，在一场举世瞩目的"中国足球大宣判"中，周伟新被判处 3 年半的有期徒刑。

草草收场

中超首季，大连实德后来也闹了一次罢赛，也是面对沈阳金德，那次被足协扣掉 6 分。但因为"G7 革命"产生了一个取消降级的结果，球队得以保级。之后，国人开始把目光投向 11 月 17 日中国国家队与中国香港队的世界杯预选赛，因为中国队必须在这场"手足相残"的比赛中追回与科威特队的净胜球差距，才有可能继续自己的世界杯预选赛之路。最后，"11·17 之战"变成了闹剧，国足踢了一场疑似问题球的 7 比 0，而科威特方面也踢了一场问题多多的 6 比 1，中国队仍以净胜球之差，提前告别了德国世界杯。

在种种压抑的气氛中，国安队的最后几轮联赛也踢得颇为压抑。客场 0 比 2 不敌深圳健力宝队，3 天后，国安队又在客场惨败在天津康师傅队脚下。尽管积分多少在这个取消降级的联赛里已经意义不大，也有球员滋生出了放弃 2004 赛季的情绪，但杨祖武绝不允许这种放弃的态度出现。于是他重新运用了自己特有的管理法宝，把球队拉到香河长时间封训，取消假期，有比赛时回京踢一场，然后立刻返回，连停赛的球员都不得请假。

在这样的高压管理下，国安队在最后的 4 个联赛主场取得全胜，总算把名次提升到了第 7，比 2003 赛季进步了两名。而倘若没有那么多被对手终场前的破门，倘若每场比赛都只踢 88 分钟的话，国安队将再增加 8 个积分。如果再算上因罢赛扣掉的 3 分，国安队最后将积 39 分，列积分榜第二……

2004

11月3日联赛第19轮北京现代（主）1比0大连实德　现代队13号徐云龙

11月24日联赛第20轮北京现代（主）2比0辽宁中誉　现代队36号耶利奇第80分钟攻入一球

12月4日第22轮北京现代（主）4比1重庆力帆　现代队21号高雷雷

12月4日第22轮北京现代（主）4比1重庆力帆　现代队13号徐云龙第85分钟攻入一球

杨祖武

正义也许会迟到，但永不会缺席

北京人习惯把比较有范的长者称为"大爷"，"大爷"在这个时候便成为一种尊称。国安20年，只有两任总经理被冠以"大爷"的头衔。一位是现任总经理高潮；另一位就是在国安当过总经理、领队、主教练的杨祖武，不知从什么时候起"杨大爷"就成了杨祖武的代名词。在国安的20年之中，2004年那场罢赛风波，"杨大爷"正是带头者。所以，2004年的国安，属于"杨大爷"。

这球根本没法踢

不用时光穿梭机，杨祖武也能够随时回到2004年10月2日的沈阳五里河体育场。与沈阳金德队比赛之前，杨祖武想到了比赛会很困难，因为国安在前一年的足协杯之中将金德淘汰出局，双方在2004年的首回合之中，国安又以4比1大胜金德。那两年也刚好是国安处于新老交替的时候，因此金德对国安并不服气，2003年的时候就在工体战胜过国安一次，因此总想着能够在主场五里河再"办"国安一次。

国安果然被"办"了，或者说被"绊"倒了。沈阳五里河体育场——曾经见证中国足球梦圆世界杯的福地，在2004年10月2日又见证了中国足球职业联赛的第一次罢赛。

那场比赛之后，"杨大爷"手持电话在场边怒目圆睁的画面在若干年后一直回放，"我当时和裁判说没用，和比赛监督说没用，这比赛只能不踢了，再踢可能就得出大事，北京去的球迷，我们自己队的球员，情绪已经无法控制。因为一周之前我们在四川已经忍过一次了（国安客场与冠城队的比赛同样受到裁判不公正的判罚），我担心球员们在场上做出什么不冷静的事情，所以我向领导请示了之后，又告诉足协联赛部主任郎效农，这球根本没法踢了，我得保护球员。"回忆起当年的那一幕，杨祖武至今记忆犹新。

在"杨大爷"说的这一番话之中，所有人最能理解的就是"我得保护球员"这一句，或者说在某种程度上，

这也是杨祖武在当年带领球队退出比赛的根本原因。"杨大爷"比任何人都清楚，这群堪比初生牛犊的国安小伙子，如果真是发起脾气来，可能真的控制不住。"如果继续踢下去，担心球员们会失去理智，导致不可预料的恶性事件发生，产生更坏的影响。所以选择退赛我不后悔，我被禁赛总比球员们被禁赛强。"杨祖武这样说。

正义永远不会缺席

让"杨大爷"感到欣慰的是，国安罢赛一事终于在8年之后得以沉冤昭雪。随着足球反赌扫黑风暴的全面展开，一批黑哨也终于被绳之以法。

8年之后，作为当年"罢赛风波"的主角，杨祖武在听到这个消息之后非常由衷地说道："虽然这一天来得晚了一些，但我们知道，我们当时的判断是正确的。所以，我坚信，正义有时候也许会迟到，但永远不会缺席。"

"杨大爷"如今退休了，国安足球的路却不会停止，中国足球的路更会一直走下去。前事不忘后事之师，杨祖武直言：在中国足球的历史长河之中，国安"罢赛风波"或许在未来并不算什么，但至少它揭开了俱乐部敢于斗争、敢于反抗的一页。但中国足球不能再出现国安这样的悲剧，不能仅仅依靠受害者牺牲自己的行为才能让某些人觉醒，这就像惩治假球、黑哨绝不能只是司法部门的工作。国安搞足球，最终还要靠国安自己，如今国安已经有了良好的规章制度，不管谁来了，按章办事就行了。同样，中国足球要搞好，也必须健全各方面的制度与规则，也就是建立健康的足球管理体制和运行机制，才能防止再出现类似的现象。所以，也许今后可能偶尔还会出现黑哨，但要避免经常出现，这就需要强大的法律制度和足协部门加强管理的力度。

"如果国安再遇到不公正，还会不会有人像你这样挺身而出？"采访的最后，面对这样一个问题，杨祖武又恢复了京城大爷的那种气势，"'国安'两个字现在不仅仅是一支球队、一家俱乐部的名称，而是一种足球精神，一种足球文化，我相信只要有"永远争第一"这种信念，无论哪一代国安人都会站得直、行得正、睡得安。"

杨祖武（右）和魏克兴（左）

全名单

∨

领　　队：杨祖武
主教练：杨祖武、魏克兴
教　　练：胡建平、赵旭东、托米奇
队　　医：双印、张阳

号码	姓名	出生日期	报名身高/体重	备注
门将				
1	刘鹏	1982.07.19	185cm/84kg	青年队提拔
22	姚健	1973.06.06	190cm/90kg	
30	杨世卓	1980.10.25	189cm/82kg	
33	于博	1985.07.17	186cm/83kg	
后卫				
2	季楠	1984.04.30	185cm/76kg	
3	张帅	1981.07.20	182cm/72kg	
4	韩旭	1973.09.28	184cm/76kg	
5	郝伟	1976.12.27	183cm/72kg	新加盟
7	邱忠辉	1977.06.15	180cm/73kg	
8	杨璞	1978.03.30	178cm/72kg	
12	崔威	1983.04.07	183cm/74kg	
13	徐云龙	1979.02.17	182cm/78kg	
14	李洪哲	1987.02.01	188cm/75kg	青年队提拔
15	陶伟	1978.03.11	176cm/70kg	
17	高大卫	1983.08.17	180cm/73kg	
26	郝强	1986.01.17	181cm/74kg	青年队提拔
34	刘川	1985.06.29	183cm/78kg	新加盟
中场				
6	隋东亮	1977.09.24	180cm/79kg	新加盟
16	黄博文	1987.07.13	177cm/65kg	青年队提拔
18	路姜	1981.06.30	181cm/71kg	
19	李建峰	1986.05.08	173cm/66kg	青年队提拔
20	杨昊	1983.08.19	176cm/63kg	
24	王栋	1985.06.11	179cm/74kg	
25	张盟盟	1983.10.17	176cm/71kg	
27	路鸣	1982.09.21	176cm/69kg	
28	周宁	1974.04.02	188cm/84kg	
29	南方	1973.12.15	177cm/72kg	
32	闫相闯	1986.09.05	180cm/71kg	新加盟
35	阿莱克萨	1979.10.28	181cm/73kg	罗马尼亚人
前锋				
9	徐宁	1979.03.23	186cm/80kg	新加盟
10	科内塞	1977.01.07	178cm/73kg	匈牙利人
21	高雷雷	1980.07.15	178cm/73kg	
23	杜文辉	1983.12.19	183cm/70kg	
31	邓晓磊	1983.05.07	178cm/77kg	
36	耶利奇	1977.05.05	183cm/77kg	塞黑人
37	商毅	1979.01.20	179cm/66kg	租借回归

转会情况

转入		转出	
姓名	**原俱乐部**	**姓名**	**新俱乐部**
隋东亮	八一	勾鹏	西安安馨园
徐宁	八一	田野	天津康师傅
闫相闯	八一	薛申	深圳健力宝
刘川	八一	雷吉纳尔多	巴伊亚
郝伟	陕西国力	安德列	克里丘马
商毅	赫雷斯（租借期满）	恩里克	达迦马（租借期满）
阿莱克萨	布加勒斯特迪纳摩	商毅	赫雷斯（租借半年）
耶利奇	伏伊伏丁那	李东波	退役
		谢朝阳	退役

2005年

重塑未来

年度背景

中超联赛第一季出现了种种负面新闻，第二季仍然没有好转的迹象。尽管进行了足协掌门人的更替，但新掌门谢亚龙依然没有给中国足球带来全新的面貌。

这是中国足球豪赌 2008 的第一年，足协一度抛出了"三年不降"的计划。尽管最后变成了仅 2005 年不降，但也极大地影响了中超联赛的前途。"08 之星"计划开始启动，中青队则在荷兰世青赛上再一次给国人带来了对未来的期盼。

罗宁（左）出席老队员退役仪式

国安球迷围巾墙

4月10日"08之星队"主教练克劳琛在工体观看北京现代队比赛

经典回忆

沈祥福成为职业联赛以来北京国安队第一位两度上任的主教练，他试图通过带领国安队取得佳绩，来一扫执教国奥队时的阴霾记忆。选择沈祥福，除了他曾经给国安队带来过不错的战绩外，更重要的是国安球员们对他的信服与认可。另外，2005年成为中国足球的喘息之年，选择以稳重著称的沈祥福，也有利于球队完成进一步的新老交替。

在这一年，"国安皇马"计划从提出到落实，进展得非常顺利，只不过没有对国安队的战绩带来实质的提升。

换血的主动与被动

北京国安队换血了，而且一换就是一大批。

2004赛季末，"G7革命"的一大成果，就是明确了2005赛季中超联赛的不降级，甚至有可能未来数年的中超都不设降级。

当"05不降"的方案初步出台后，2004赛季中超后期的比赛就有些变化了，各俱乐部多位小将获得了更多的出场时间。表现在北京国安队，就是比姚健小7岁的杨世卓获得了主力守门员的位置。

2004赛季结束后，不光是姚健、韩旭、南方和周宁也都终止了职业生涯，他们的离去，"9比1一代"告别了舞台。在没有降级的压力下，国安队和大多数中超球队一样，把赛季目标放在了培养新人上。放在平时，这4位刚刚30岁出头的老将绝对有实力效力其他中超、中甲俱乐部，但因为"全民换血"的大背景，让他们只好选择退役。

4员老将的离去，是国安俱乐部的一次主动"换血"，而科内塞的离去，则完全是一次被动的做法。2004年9月，科内塞在匈牙利国家队的集训中小腿肌肉撕裂，赛季提前报废。在养伤期间，科内塞动了离开的心思，他一方面表示自己腿伤未愈；

国安队老队员退役仪式

另一方面则坦言家人希望他留在匈牙利踢球，所以希望能和国安俱乐部解约。1月9日，国安俱乐部正式收到了科内塞的解约申请，在进行了相关考量之后，表示初步同意。不过，由于科内塞属于被国安俱乐部买断的球员，如果没有俱乐部愿意将他买下，他只能以国安俱乐部的外租球员身份留在欧洲。

放弃科内塞的另一个原因是，2005赛季中超虽然仍允许各队外援"注三上二"，但外援的出场人数被严格限制为了两人，即每场比赛只有两名外援可以进入球队的18人名单中，不像2004赛季那样可以放入3名外援到大名单中，这在很大程度上削弱了第三外援的作用。实际上，2005赛季有近半俱乐部都索性放弃了使用外援，专心用

赛季唯一正式的新援——效力于中甲深圳科健队的22岁门将杨智。国安队早早就看中了这位年轻门神的潜质，并花费近百万元将他引至帐下。考虑到杨智的顶级联赛经验为零，而此前的"二门"杨世卓经验也有限，所以国安俱乐部又将青年队的两位门将也提拔至一队训练，在赛季报名单上，出现了5个门将的名字。

现代队22号守门员杨智

本土球员来应付赛季。当然也有大连实德和山东鲁能这样搞"特殊化"的俱乐部——因为享受了足协"向国青提供4名球员即可多上一名外援"的优惠措施，这些球队都可以在比赛中同时派3名外援登场，即便是国青球员回归后，依然享受此便利，令外界颇有微词。

在"换血"之余，国安队也早早签下了2005

沈祥福的二次革命

沈祥福二度上任国安队，中间是没有任何磨合期的，一方面是因为现有国安队的脊梁——威克瑞队球员都是被他亲手选入一队的，两位主力

2005

张帅、路姜也都是他在国青队的长期爱将；另一方面则是杨祖武、魏克兴时代国安队主打的352阵型，与沈祥福在执教国青、国奥队时期标志性的361阵型非常接近，基本不需要再作大改动。而且沈祥福自2004年5月从国奥队卸任后，就一直留在国安队中，了解球队的一切情况。

而从媒体角度看，沈祥福在国安队的二次上任，也是国安俱乐部追求平稳过渡的表现。既然早早定性为"换血"练兵之年，性格稳重、打法四平八稳的沈祥福当然是绝佳的主教练人选。而且沈祥福在执教国青队的几年，积累了足够的与年轻人打交道的经验，相信他的到来，也会让国安队中以闫相闯、黄博文为首的希望之星更加健康地成长。

但沈祥福的到来也让更多的人产生了担心，那就是忧心他是否会令国安队本已极差的客场作战能力继续下降。在沈祥福上任前，国安队在2003和2004赛季的客场成绩已经差到了极点，2003赛季13个客场仅胜1场，还是接近赛季末时击败了联赛副班长陕西国力。而在中超元年，11个客场更是一场未胜，这也追平了沈祥福在1998赛季执教国安队全年客场不胜的尴尬纪录。而在执教国安队前，沈祥福在国奥队时也屡屡因为客场战绩不力而饱受诟病。那么，2005赛季国安队的客场表现将会怎样？

联赛的第一场比赛就给沈祥福开了一个小玩笑。强阵出击的国安队亮相几个月前的"罢赛现场"五里河体育场迎战沈阳金德，全队上下急需一场胜利来终结那一段令人不快的回忆。沈祥福排出343阵型，把徐云龙、高雷雷和耶利奇都放在了锋线上以求大胜。而在那场比赛前，沈阳金德5名主力因为拒绝在俱乐部的低薪合同上签字而被封杀，导致该队只能派上多位联赛经验几乎为零的小将。这本来会是一场国安队可以轻松取胜的比赛，但开场仅42秒，被沈祥福改造成中后卫的阿莱克萨就犯下错误，由于与门将

主教练沈祥福

杨世卓配合失误，导致阿莱克萨的解围球砸在金德球员希德的身上弹入空门。

国安队在失球后大举压上，屡屡获得进球机会，但只是由耶利奇在第38分钟利用单刀打入一球。下半场，国安队的进攻受阻，不得不有些沮丧地与并不强大的对手战成平局。

上海克星

2005赛季，京城球迷曾在工体迎来过两次狂欢，因为国安队以相同的4比0分别击败了上海申花和山东鲁能队。其中，击败山东鲁能是这届中超的"省钱派"对"烧钱派"的一次完美血洗；而完胜上海申花，则是国安队2005赛季扮演上海克星角色的第一战，也同样赢得酣畅淋漓。尽管

在赛季结束时，获得亚军的上海申花与季军山东鲁能的积分都比国安队要高出十几分。

对上海申花的4比0，是属于沈祥福的，一直喜欢按常理出牌的他，这次突然变阵为442阵型，这也是国安队2002年以来几乎再也没使用过的阵型。沈祥福让杨璞出任左后卫，路姜担任右后卫，封住了申花队主教练涅波姆尼亚奇重点打造的边路进攻，然后通过在中场的层层逼抢，逐渐掌握比赛主动权。加之沈祥福对于申花阵中国奥球员杜威、于涛和孙吉、孙祥兄弟特点的足够了解，让国安队的进攻和防守都很顺畅。上半场，申花后卫卞军和杜威接连犯错，让国安队打入两球。下半场，耶利奇和杨昊又各下一城，从而带来了一场大胜。难怪涅波姆尼亚奇在赛后会感叹，申花队员的骨子里存在着"惧怕国安队的病毒"。

这个赛季的中超联赛，上海无疑是最热闹

4月10日联赛第2轮北京现代（主）4比0上海申花　现代队11号耶利奇

5月18日中超杯第1轮北京现代（主）1比0上海国际　现代队8号杨璞第71分钟攻入一球

的城市。在容下了上海申花和上海国际队之后，2005年再添一支上海中邦队。这支球队的前身是2004赛季中甲联赛亚军珠海中邦，再往前则是隶属于实德系的大连赛德隆队。在珠海中邦队升入中超后，迁回了中邦集团的大本营上海，导致上海滩出现了一城三队的情况。而面对这座城市的三支球队，国安队完美地扮演了"上海克星"的角色。

2005赛季，国安队在联赛中6战上海球队，取得了5胜1负的佳绩，而在杯赛里，这种"克"又是另一种味道，无论是中超杯对上海国际，还是足协杯对上海申花，国安队都是不甚有利的先主后客，又都是在主场领先的情况下，被对手在客场初步翻盘，但这种翻盘到最后又都只差1球，令两支上海球队饮恨主场。

矛与盾

沈祥福对于国安队的二度改革在第3轮比赛就遭受了沉重的打击，而这也是沈祥福在2005赛季第一次发怒。

这场发生在4月13日的比赛，令很多武汉球迷至今都难以忘怀。当时作为升班马的武汉黄鹤楼队前两轮1平1负且没有进球，主教练裴恩才承受着巨大的压力。而国安队正挟大胜申花的余勇，希望彻底改写球队客场长年不胜的尴尬纪录。比赛的最初阶段完全在沈祥福的掌握中，他的442新阵型在第5分钟就收获了进球，由隋东亮首开纪录。但这个进球却成为武汉黄鹤楼队爆发的开始，

4月17日联赛第4轮北京现代（主）4比1青岛中能　现代队19号杨昊

比赛进行到第36分钟时,武汉队已经将比分变成了3比1,虽然耶利奇在下半场追回一球,但最终的比分仍是武汉队3比2取胜。赛后,沈祥福怒斥国安队员的"小富即安"心理。而武汉队主帅裴恩才"国安克星"的美名也就此传开。这场胜利,是武汉黄鹤楼队2005赛季疯狂7连胜的开始。而对于沈祥福而言,这场2比3成为了他下决心更换门将的开始。4天后主场与青岛贝莱特的比赛,比杨世卓小两岁多的杨智迎来国安队的中超首秀,并就此坐稳了国安队的"一门"宝座。

兵败武汉的代价,就是让沈祥福彻底放弃了4后卫阵型,继续通过钻研3后卫战术来寻找胜机。

那时的国安队赶上了一个很好的赛程安排,第4轮主场遇到弱旅青岛中能,

7月2日联赛第11轮北京现代(主)4比0山东鲁能　现代队11号耶利奇

4 比 1 的大胜并不意外。第 5 轮尽管客场遭遇卫冕冠军深圳健力宝，但时值深圳队的低潮期，联赛前 4 轮已经 4 个 0 比 0。虽然各界均认为国安队此役的胜算不小，但没想到过程如此艰苦，若非小将杜文辉在终场前 10 秒钟接高雷雷右路传中冲顶得手，国安队的连续 15 个客场不胜尴尬恐怕还将持续下去。

在深圳的终场 10 秒绝杀并没有成为国安队战绩的助推器，接下来客场再战同样是问题重重的四川冠城，面对这个满眼娃娃兵的零外援对手，国安队又莫名其妙地输球了，而且是连续两个角球失分。接下来，主场再战辽宁中誉，国安队也没能拿下，国安队在几秒钟内的连续两次射门击中横梁，让沈祥福再次错失 3 分。

尽管没什么征兆，但国安队还是以一波四连胜把自己推上了联赛积分榜次席。这次的四连胜跨越了两个月的时间。其中前面 3 场胜利发生在 5 月，靠的是红得发紫的耶利奇，这位塞黑中锋 3

5月15日联赛第9轮北京现代（主）3比1上海中邦 现代队10号商毅

2005

6月5日足协杯第2轮北京现代（主）2比2山东鲁能 现代队21号高雷雷

345

5月18日中超杯第1轮北京现代（主）1比0上海国际　现代队8号杨璞第71分钟攻入一球

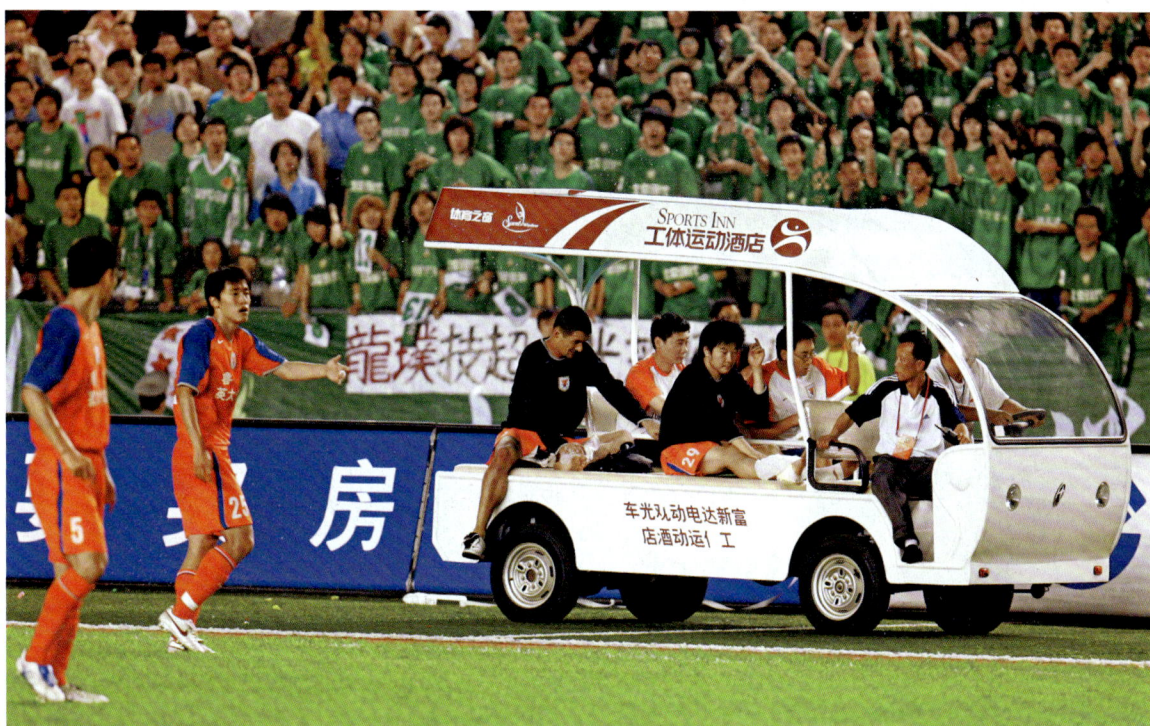

7月2日联赛第11轮北京现代（主）4比0山东鲁能　山东队李金羽和巴辛受伤离场

场比赛打进 5 球，直接为国安队带来了 9 分。此后，中超联赛因为世青赛而暂停，穿插进行中超杯和中国足协杯的比赛。在中超杯第 2 轮，国安与山东鲁能大战 180 分钟，国安队进了 4 个球，鲁能队进了 5 个球，有些遗憾地被淘汰出局。而等到联赛再次重开时，国安队则意外地以一场 4 比 0 的狂胜击垮了该赛季投入最大的山东鲁能队。

耶利奇开场仅 4 分钟的闪电进球，以及鲁能队郑智的停赛，是国安队取得大胜的直接原因。工人体育场也因为这场大胜陷入疯狂。11 轮战罢，排名升至积分榜第二，进球数是联赛中第二多的，失球数又是第二少的，国安队"争第一"的口号又被重新提起。因为从前 11 轮的情况看，国安队的总体表现令人信服，沈祥福为球队灌输的全攻全守理念相当成功，曾经无比惧怕的客场，竟然也能在 6 场比赛中取胜 3 场。

"北京国安队要冲击冠军了。"媒体的论调相当统一。

意料之中的下滑

冲冠军，国安队还缺少点什么？答案是欠缺很多。首先当然是"耶利奇依赖症"。23 个联赛进球，耶利奇占了 12 个，几场关键比赛若非耶利奇的力挽狂澜，国安队将减少大量积分；其次是板凳深度，尽管沈祥福频频在场上变阵为 352 阵型和 442 阵型，但这种变阵几乎是建立在同一拨球员身上的，进入沈祥福轮换阵容的球员往往就是 13～15 人。虽然国安队在当年夏天以零转会费从已经解散的哈尔滨国力队中签下了后卫王存和前锋王振兴，但也只有王存在赛季后期获得了一些出场机会。

第一循环的最后两场比赛，国安队的对手天津康师傅和大连实德都来自争冠军团，从某种意义上说都是重要的"6 分之战"，但已经有些患得患失的国安队却变得不会踢球了。客战天津康师傅，被对手抓住本队防线身后的空当早早打进两球；而在工体迎战大连实德队时，又在浑浑噩噩的情况下被对手打进3球，几乎制造"惨案"。而国安队员们也只有在这种绝境面前才猛然觉醒，把比分追到了3比4。尽管输球，但也收获了京城球迷的掌声。只是人们不明白，为什么国安队只有在落后的情况下才能迸发出战斗力？

花队，联赛排名也终于回到了第6——那个让人非常熟悉的名次上。

谁该为排名的下滑负责？俱乐部着急，沈祥

7月26日商业赛北京现代（主）0比3曼联

萦绕在人们脑海中的问题越来越多，因为从积分榜第二名的位置上滑落的国安队不仅拿不下强队，也开始对弱队无法全取3分了。7月16日，在工体面对沈阳金德，国安队在2比0领先的情况下自乱阵脚，失误连连，终于在第92分钟被对方的刘建业以一脚35米外的远射扳平了比分。4天后，国安队又以0比1败走虹口，负于上海申

福当然也着急。在俱乐部方面，于8月初开始酝酿更换总经理，并在8月16日正式宣布。李小明接替杨祖武出任总经理。杨祖武也继2002年1月"下课"后，再一次离开了俱乐部总经理的位置。

在球队中，沈祥福也是心急如焚，客场负于申花后，防守问题已经严重暴露，沈祥福不得不把徐云龙由锋线调回后卫线救急。虽然接下来的比赛失球数迅速减少，但国安队的进球数也下降很多，耶利奇也因为没了好搭档而开始哑火。

就这样，在经过了赛季中期的短暂疯狂后，国安队开始回归平庸，主要的表现就是回到了"主场胜客场负"的常规模式，积分缓慢增长，一直

维持在联赛的中游水平。虽然沈祥福又在9月踢出了一次3连胜，但到了赛季最后3战连续面对山东鲁能、天津康师傅和大连实德时，国安队却以一个干脆的3连败收官，显示出了与联赛强队间明显的实力差距。

从2004赛季的第7升至第6，国安队一年间的战绩似乎取得了一定的进步，但实际上又是在原地踏步，因为2004赛季如果没有那额外扣掉的3个联赛积分，国安队的最终名次也是第6。而且2004赛季的中超还不像2005赛季那样存在那么多的弱旅，所以整体上看，国安队甚至还有退步的趋势。

国安皇马

无论是叫"国安皇马"还是"皇马国安"，在2005年，这两家足球俱乐部开始了一段姻缘，尽管这段姻缘的影响力随着时间的推移而变得越来越小，甚至很快就从热恋而变得愈加虚幻，但在2005年北京球迷的脑海中，甚至一度比国安队的战绩还让人牵挂。

北京国安俱乐部与皇家马德里俱乐部产生联系并见诸报端是2005年3月的事情，当时，拥有皇马俱乐部无形资产开发权的阿根廷马斯卡尔蒂集团在与国安俱乐部进行了长期谈判后初步决定，出资收购国安俱乐部的一部分股权，借此让皇马俱乐部的品牌资源以及技术和管理人员进入国安俱乐部，从而用皇马的理念来提升和改变国安俱乐部，将其打造为一家国际化大型足球俱乐部。

对于这一次的合作，国安俱乐部表达了浓厚的兴趣，并进行了积极的配合，国安俱乐部名誉董事长罗宁就表示，把外资引入中国足球，将成为中国足球改革的一种新模式，对双方合作的前景充满信心。

从3月的初步接触，到4月下旬皇马副主席

布特拉格诺来京考察，再到7月皇马访华与国安队进行商业比赛，"皇马国安"成为中国足球的热门话题，北京球迷也开始在脑海中勾勒出未来的

皇马队员参观天下第一城

国安队将拥有西甲顶级外援助阵的美好前景。

随着中超大幕的落下，国安与皇马的最终合作细节也得以敲定。11 月 8 日，皇马主席弗洛伦蒂诺在马德里会晤了中信国安集团董事长李士林，双方也在进行了一整天的谈判后确定了合作协议的具体细节。在协议中，由皇马的代理商"11 人国际集团"出资 80 万欧元先收购国安俱乐部 5% 的股份，而皇马将在间接入股国安俱乐部后，开始在竞技和经济方面对国安俱乐部进行扶持。在竞技层面上，皇马将派遣技术人员到国安俱乐部对球队进行会诊，向国安俱乐部推荐外援和外籍技术人员的人选。在经济层面上，皇马则将推动本俱乐部的主赞助商或间接赞助商向国安俱乐部提供经济支持。此外，皇马还将肩负起为国安培养年轻球员和年轻教练等方面的任务。

12 月 15 日，北京国安队全体队员飞抵马德里，

7月20日西班牙皇家马德里队在主席弗洛伦蒂诺的带领下访问天下第一城

皇马队在工体训练

开始了由皇马俱乐部安排的10天集训，这也是国安皇马合作协议里最早落实的一个项目。国安队员们就这样与全球顶级豪门完成了一次亲密接触。

耶利奇再见

联姻皇马的同时，却与耶利奇分手，这样的变故让国安球迷百感交集，如果说人们当时还因为传说中的"皇马强援"而有些无视履历平平的耶利奇的话，到了2006赛季开打后，京城球迷对耶利奇就只剩下了怀念。

对于耶利奇而言，2005赛季无疑是他职业生涯的一段光辉记忆。这位2004年因为顶替尼诺·布莱而来到北京与国安队签下短工合同的普通前锋，凭借着自己的勤勉与努力，在2004赛季收获了11个联赛进球，成为国安队的第一射手，并如愿从国安俱乐部收获了一份合同。2005赛季，耶利奇迎来了一次疯狂的全面爆发，在陶伟、徐云龙的强力支持下，耶利奇贡献了21个联赛进球，各项赛事的总进球则达到了32个，都大幅刷新了国安队队内的进球纪录，北京球迷也第一次因为球队拥有联

赛首屈一指的高产射手而兴奋不已。赛季结束后，耶利奇以令人信服的数据拿下了联赛金靴奖和金球奖，据统计，如果没有他的进球，国安队将至少丢掉13个联赛积分，他是国安队绝对的"关键先生"。

但耶利奇最终却没有再留下，可能是薪水的原因，而国安与皇马合作后的未知性，也加速了他的离开。

在2005赛季结束后，耶利奇因为提出加薪而与国安队的谈判陷入僵持。作为从伏伊伏丁那队租借而来的球员，国安队除了要向伏伊伏丁那队支付租借费外，还要承担耶利奇的全额工资。在2005赛季，凭借着突出表现，耶利奇希望工资增加一半以上，而伏伊伏丁那俱乐部也将租借费增加了不少。本来，以耶利奇在球队中的作用和2005赛季的表现看，国安队为他大幅涨薪并支付更高的租借费用也并非难事，但由于国安俱乐部在2005年年底的工作重心全在皇马，耽搁了续约的进程；此外耶利奇以未与国安续约为由拒绝去马德里与球队会合以接受皇马的考察，导致双方在谈判过程中出现了更多的不快；而在同时，皇马也许诺会为国安推荐更多、更好的外援。在双方未定的情况下，中超升班马、高洪波执教的厦

门蓝狮队主动出击，开出了与国安俱乐部向耶利奇最终报价完全相同的待遇，倒也被耶利奇所接受。

就这样，在 2006 年情人节，耶利奇正式成为了厦门队的一员。国安队失去了史上最高产的射手，直接导致 2006 赛季的进攻能力连降数档；而耶利奇却在加盟厦门队后一蹶不振，不仅进球数

直降至个位，甚至还被转型成中后卫。

"皇马国安"战舰起航，国安俱乐部希望能够借势在新一年实现成绩上的突破，外援开始追求"皇马级"的，内援则由沈祥福再联系他的"超白金一代"旧部，一切都显得很美好，但却很快变成了泡沫。

7月23日商业赛北京现代（主）2比3皇家马德里 现代队11号耶利奇71分钟攻入一球

7月23日商业赛北京现代（主）2比3皇家马德里 现代队11号耶利奇71分钟攻入一球

国安俱乐部小球童在赛场边凝望

耶利奇

属于耶利奇一个人的2005

2005年，对北京国安来说，唯一能够锁定在记忆画面之中的亮点只有一个人，那就是独占最佳球员与最佳射手称号的耶利奇。

在国安20年的历史之中，出现过众多出色前锋，本土球员有"快刀浪子"高峰、门前嗅觉极其灵敏的高洪波，外籍球员之中更是远有"三杆洋枪"，近有堤亚戈、格里菲斯兄弟以及队史上身价最高的卡努特。但是，在所有前锋之中，只有一个人堪称射手之中的"王中王"，他就是耶利奇。在2005赛季，那个面庞清秀、身体并不算强壮的塞黑前锋以21粒进球打破了此前由郝海东保持的中国顶级联赛单赛季18个进球的纪录。

2005年是他在中国成名的一年

早年效力于欧洲著名的贝尔格莱德红星队的耶利奇是一名天生的射手型球员，非常擅长把握门前机会，不过直到来到北京国安之后，耶利奇才充分展示出自己的才华。

2003年是耶利奇第一次走出国门，他第一支效力的海外球队就是北京国安。虽然在2003年还被当时的大牌科内塞压制在替补席上，但耶利奇偶尔出场的灵光一现已经让北京球迷记住了他。随后在2004年下半年科内塞离开之后，终于打上主力的耶利奇开始与国安队的球员配合越来越默契，结果耶利奇在半个赛季的比赛之中打入了11粒球，这在外界看来，已经是很不错的成绩，但谁也没有料到2005年才是耶利奇彻底爆发的一年。

能够在2005年独占"金靴"与"最佳球员"称号，耶利奇要感谢当时的国安队主教练沈祥福，虽然沈祥福倡导防守反击的战术，但在那一年老沈将一直打边后卫的徐云龙推上了前锋，安排在了耶利奇身边，而在他们的身后是当时已经显现出具有中国最好的进攻组织能力的前腰陶伟。这个土洋结合的"三叉戟"让原本那一年整体实力并不占优的国安队却经常打出一些风生水起的比赛，尤其是4比0狂扫上海申花、4比0大胜山东鲁能，都是"三叉戟"的杰出，当然耶利奇更是凭借这些经典战役扬名中超，虽然国安队最终在联赛之中只是排名第6，但耶利奇却为国安赢得了中国足球职业化以来北京队的第一个联赛金靴奖，本人更是成为当年的中超最佳球员。

对国安的2005年来说，这一年的辉煌与荣誉只属于耶利奇一个人。而对于耶利奇来说，2005年在中超联赛、在北京国安的记忆对于他来说也是终生难忘的。

为了让耶利奇这个2005年的唯一主角重新来回忆那个属于他自己的特殊年份，我们也通过翻译蒋晓军再次联系到了耶利奇。虽然已经离开中国7年了，当耶利奇的记忆被再次拉回10年之前，这个头脑清楚的射手非常清晰地记得当年与自己并肩冲锋陷阵的战友，"我一直记得在北京度过的美好时光，直到现在我还经常向别人提起。在北京我留下了自己职业生涯中最深刻与最快乐的记忆，我的儿子马蒂亚正是在北京开始蹒跚学步。国安是我经历的第一家海外俱乐部，在北京的生活也是我生平首次在另一大洲尝试不同的生活方式，体验异域文化。我也记得一起战斗的所有队友们，可能已记不准他们所有人的名字，但他们的每张脸庞仍然清晰如昨。我非常清楚地记得那些在球场上助攻我进球最多的几名球员，如陶伟（15号）和徐云龙（13号）等"。提起那段悠悠往事，早就过了而立之年的耶利奇却依旧显得非常激动。

当提到2005年，耶利奇只是稍稍停顿便回忆起了自己创造的纪录，"可能是进了27个吧（联赛21球，足协杯6球）。我还记得那年还有幸与皇马过招，甚至我还攻陷了他们的城池。有意思的是，我记得那年对每一家中超俱乐部我都取得了进球，这也是我成年队赛季进球最多的一年。所以，无论我走到哪里，我都必须承认，那一年是我在中国成名的一年，也是我在中国度过的时光中最重要的一段，所以这一年将永远深深地印刻在我的记忆中。至今我仍深深地以那段时光给我带来的成就为荣"。

也许有一天他会不请自来

所有的英雄都有老去的一天，耶利奇也不例外。目前生活在澳大利亚珀斯的耶利奇在2011年退役了。退役之前，耶利奇与球队还有一年合同，但痛苦的膝伤让这位射手无法再坚持下去。现在耶利奇已经成了一名教练，负责训练帕斯光荣俱乐部的青少队。当年在北京蹒跚学步的大儿子马蒂亚已经8岁了，而且非常喜欢足球；小儿子乔治也已经5岁。

和所有在北京国安踢过球的球员一样，2005年的北京、2005年的国安、2005年的工体让耶利奇感受最深的还是那种前所未有的足球氛围，耶利奇更是把自己取得的成功归结于这种火爆的气场。"真的，我很享受在工体灯光照耀下为球迷们踢球的感觉，球迷们为我们营造了

现代队11号耶利奇

绝佳的氛围。我能感受到他们对俱乐部由衷的热爱，他们肯定是中国最忠诚的球迷群体，这是我能够攻入一个又一个进球的最大动力与信心。当然，我也能感觉到教练组和俱乐部对我的信任。最后就是球队同伴们对我的支持和尊重。总之，在2005年我自己总是有一种幸运感和满足感，这是一个球员很难拥有的。"

虽然离开北京已经近8年，但耶利奇依旧对在北京的生活很怀念，他甚至坦言当初自己来到北京，就如同跟一个美丽的少女一见钟情一样，立刻就喜欢上了这座城市，这里有悠久的历史，又是一个现代化的国际大都市。记得刚来北京的时候，耶利奇发现：北京的人们起床很早，白天人山人海，而晚上则会突然间安静下来，给人一种住在两个完全不同城市的感觉。

平日里如果有时间，耶利奇会像所有来中国的外国游客一样，不仅仅去逛一逛老北京的青砖绿瓦，更会钻进北京的每一条胡同，去坐一坐北京的三轮车，当然更会去体验北京小饭馆的别样风情，只要每一次回来，耶利奇就会和自己的队友们神侃一番，因为到很多地方，他都会被北京球迷认出来索要签名、合影留念。

在离开北京来到德国之后，耶利奇的神侃对象只有一个人，那就是一起在科特布斯踢球的国安球员邵佳一，耶利奇甚至向邵佳一讲述一些北京的故事。后来转会到澳大利亚珀斯队之后，耶利奇曾经跟随球队来到中国拉练，当飞机落在北京的机场时，耶利奇说自己的心立刻非常激动。

或许正是因为关注北京、关注国安，耶利奇现在也

2005

357

会经常关注中超联赛，耶利奇也知道德罗巴、阿内尔卡这样的大牌球星来到中国足球，当然耶利奇更清楚现在的中国足球投入要比自己2005年在国安的时候大得多了。"我觉得中国足球引来了这些世界级的大牌球星，会让那些本土的年轻球员学到很多，也会增强他们的自信。因为以前这些大牌们只能在电视上看到，而现在他们就和自己同场竞技，这会对自信心的培养起到积极的作用。我认为中国球员能力很强，缺少的就是自信，这也是中国国家队没有取得好成绩的主要原因。"

那么，假设一下，如果当年德罗巴和阿内尔卡这样的大牌球星在2005年就来中超踢球，耶利奇还能不能取得那样的成功呢？对于这个问题，耶利奇在谦逊的回答之中流露着对自己的信心：他们肯定都是世界巨星，我没有他们的名气大。当然他们的存在也许会使我做得更好。他们这样的球星只会给我更大的动力，让我永远努力去做到最好，而自信是我的性格中的强势部分。最好的例子就是当我在任何国家的联赛中与强队比赛时，如

对阵皇马、拜仁、汉堡、上海申花、山东鲁能、大连实德、墨尔本胜利和布里斯班狮吼等，我的表现都是最好的。

最后，当最重要的话题落到已经成立20周年的北京国安俱乐部上面之时，耶利奇的心立刻又澎湃起来："北京国安是中国的大俱乐部，是来自首都的俱乐部，北京国安的球迷阵营在全世界都是非常难见的，对我来说北京国安就像贝尔格莱德红星队一样，他们是我心中永远的两支母队，国安更是一家正在不断成长的俱乐部。我一直渴望能够再次回到北京，如果受到邀请我将欣然接受，当然即使没有人邀请我，我有朝一日也会不请自来，给大家一个惊喜，因为北京是我心中的第二故乡。同时，我更想对北京球迷说的是，你们一直在我心中占据着一个十分特殊的位置，是你们帮助我在国安取得成功，从第一天开始我就感觉自己被你们所接纳，你们的支持与掌声是对我最大的帮助，我对你们永远感恩，我会把最大声的问候与祝福送给你们。"

全名单

⌄

领　队：魏克兴、康玉明
主教练：沈祥福
教　练：魏克兴、赵旭东、托米奇
队　医：双印、张阳

号码	姓名	出生日期	报名身高/体重	备注
门将				
1	于博	1985.07.17	186cm/84kg	
20	林峣	1988.01.11	194cm/75kg	青年队提拔
22	杨智	1983.01.15	186cm/78kg	新加盟
30	杨世卓	1980.10.25	189cm/83kg	
35	于一航	1986.07.25	185cm/83kg	青年队提拔
后卫				
2	季楠	1984.04.30	186cm/77kg	
3	张帅	1981.07.20	182cm/75kg	
5	郝伟	1976.12.27	183cm/72kg	
7	邱忠辉	1977.06.15	180cm/73kg	
8	杨璞	1978.03.30	178cm/76kg	
12	崔威	1983.04.07	183cm/77kg	
14	李洪哲	1987.02.01	188cm/80kg	
26	刘川	1985.06.29	181cm/80kg	
34	王存	1979.08.14	180cm/72kg	新加盟
中场				
4	阿莱克萨	1979.10.28	185cm/79kg	罗马尼亚人
6	隋东亮	1977.09.24	180cm/79kg	
15	陶伟	1978.03.11	176cm/72kg	
16	黄博文	1987.07.13	176cm/68kg	
17	高大卫	1983.08.17	180cm/75kg	
18	路姜	1981.06.30	181cm/71kg	
19	杨昊	1983.08.19	176cm/66kg	
21	高雷雷	1980.07.15	178cm/76kg	
24	王栋	1985.06.11	177cm/75kg	
25	张盟盟	1983.10.17	176cm/73kg	
27	路鸣	1982.09.21	176cm/70kg	
29	王超	1986.02.02	184cm/74kg	青年队提拔
32	闫相闯	1986.09.05	174cm/67kg	
33	郑毅	1985.04.04	182cm/75kg	青年队提拔
前锋				
9	徐宁	1979.03.23	186cm/80kg	
10	商毅	1979.01.20	179cm/69kg	
11	耶利奇	1977.05.05	182cm/77kg	塞黑人
13	徐云龙	1979.02.17	182cm/79kg	
23	杜文辉	1983.12.19	183cm/78kg	
28	杨宇	1985.03.06	182cm/82kg	青年队提拔
36	王振兴	1981.01.17	180cm/72kg	新加盟

转会情况

转入			转出	
姓名	**原俱乐部**		**姓名**	**新俱乐部**
杨智	深圳科健		科内塞	吉奥尔ETO
王存	陕西国力		姚健	退役
王振兴	陕西国力		韩旭	退役
			周宁	退役
			南方	退役

2006年

千锤百炼

年度背景

中超联赛结束两年不降，在这两年间混日子的队伍开始原形毕露，而山东鲁能则通过这两年的充实准备，实力冠绝中超，最终问鼎也在意料之中。

伴随着职业联赛一同诞生的四川队终于成为了历史，尽管从实德系的剥离是大势所趋，也是联赛的最基本要求，但因为没有企业接手，导致曾经火爆无比的四川全兴与金牌球市一起消失，联赛又一次变成了尴尬的单数球队参加。

在上海，三支球队变成了两支，上海国际出走西安，却因为没有接地气而受到排斥；倒是上海中邦摇身一变为上海联城后，借着火得一塌糊涂的网络游戏而成为联赛中的话题球队。

3月29日联赛第4轮北京国安（主）
1比1武汉光谷　国安队17号高大卫

7月26日联赛第20轮北京国安（主）1比0沈阳金德 国安队为班古拉送祝福

2006

9月9日联赛第25轮北京国安（主）0比1上海申花 国安球迷看台

经典回忆

由于皇马领导层的变动，"皇马国安"从焦点变成了泡影，国安队从这位皇家亲戚上得到的收获少之又少，从某种程度上甚至对球队2006赛季的备战工作耽误了不少，从而成为国安队历史上备战效果最差的一个赛季。但备战差并不意味着没有成绩，国安队作为季军追平了球队新世纪以来的联赛最佳名次，而在失球数方面，更是创造了一个令后人难以企及的纪录，对于历来攻强守弱的北京足球来说，这确实是一个突破。

开门全是坏消息

10天的马德里之行，让国安队身上沾了些许"皇家"的味道，但当球队回到国内后却发现，生活还像以前那样平淡，变好的东西并不算多。变差的东西倒有几件，如主场的更换及外援的质量。

徐亮来了！京城球迷奔走相告。2005年12月27日晚，首都机场，一身白衣的徐亮携女友抵达，意味着国安队2006赛季第一笔引援的基本完成。

为了获得这位未满25岁的左路奇才，国安俱乐部没少下功夫。当时辽足俱乐部的资金缺口巨大，需要靠变卖球员维持生存，而国安俱乐部与辽足因为"G7革命"而结下了不错的关系，所以在收购辽宁队的球员时也存在便利。围绕徐亮的转会，国安俱乐部副董事长罗宁与辽足俱乐部执行董事张曙光几乎一天一个电话，最终初步达成了先租借一年，再考虑次年正式转会。于是徐亮第一时间飞抵北京，并于28日一早和恩师沈祥福会面，下午就随国安队一起参加了训练课。

5月13日联赛第13轮北京国安（主）1比0辽宁　徐亮（右）防守国安队11号闫相闯

但这笔两情相悦的转会在徐亮抵京仅23小时后便被叫停，原因是辽宁体育局的中途介入。体育局的态度很明确：辽宁队不能一年放走两个球星。在后卫王亮加盟山东鲁能一事基本确定的情况下，为辽足在2005赛季打入10球的徐亮必须留下。

这是一桩谁也没有预料到的变故。而国安俱乐部显然没有这种心理准备，所以未能在徐亮抵京后第一时间与其签署个人合同，也没有与辽足俱乐部签订相关协议。国安本想以一次低调运作初步完成转会，然后在徐亮的名字出现在转会上榜名单之后完成交易，但徐亮的高调抵京让辽宁体育局迫于压力必须叫停转会，让国安方面想补救、想打官司都已经没了办法，只得眼睁睁地看着徐亮在北京待了36小时后带着行李重返沈阳。这也成为国安俱乐部此后一直铭记于心的教训，即不到转会最终合同完成时，很可能连一点儿消息都不会放出来。

徐亮没来，阿莱克萨却走了，这对国安队有着伤筋动骨的影响。作为被国安队买断的罗马尼亚现役国脚——已经在队中效力了一年半的阿莱克萨不仅防守凶悍，在组织进攻方面也颇有能力，在沈祥福的三后卫和四后卫体系中都占据着重要的位置。

阿莱克萨在离去之前没有半点儿征兆。在2005赛季结束后，他回到罗马尼亚度假，并按时返京，随队前往海南金鑫基地训练。1月中旬，新闻通过互联网从布加勒斯特传来，阿莱克萨的母队布加勒斯特迪纳摩队有意将其召回参加罗马尼亚甲级联赛。起初，身在金鑫基地的阿莱克萨还矢口否认，但这一传闻还是很快变成了现实。在与队友匆匆告别后，阿莱克萨很快就收拾行李返京并回国。

这是一次有预谋的"悔婚"。阿莱克萨提出的原因是妻子怀孕，担心流产，希望回去照顾。但事实上是布加勒斯特迪纳摩队鼓动阿莱克萨与国安解约，希望免费将球员带回，并抓住了国安与阿莱克萨合同中的最低解约金做文章。而在国安表明了阿莱克萨不可能免费走人的态度后，布加

3月19日联赛第2轮北京国安（主）1比2上海联城　国安队10号科内塞

2006

勒斯特迪纳摩又将国安告到了国际足联，认为国安俱乐部限制球员自由转会。好在国安方面已经积攒了不少应对这种国际官司的经验，再加上皇马俱乐部也派出自己的御用律师帮忙，让迪纳摩俱乐部知难而退选择妥协。眼看着勉强留住人也留不住心，国安索性给阿莱克萨放行，象征性地收了20万欧元的转会费。

先失耶利奇，再失阿莱克萨，也给了外界一种假象：难道国安是在为皇马派来的三大新援腾出外援空间吗？

阿莱克萨走后没几天，科内塞却正式回归了。在欧洲冬季转会窗关闭前，一心想去欧洲足球强国闯荡一下的科内塞没少忙试训的事，德甲和英冠俱乐部都留下过他的身影。但因为他的所属权在国安俱乐部，而国安又拒绝以免费或者低价将他外租，也令对其有意的欧洲俱乐部选择放弃。由于匈牙利俱乐部也无法向科内塞开出高薪，于是科内塞在无奈之下，只好重新回国安报到。在离开北京的一年多时间里，科内塞在匈牙利联赛出场28次打进14球，表现还算不错。

内援收获丰

尽管错失徐亮，但国安俱乐部在2006赛季中超转会市场上的表现依然可以打出高分，其中的几位重要人物，不仅为球队2009年的夺冠立下大功，直到2013赛季都是国安队中的支柱型人物。

尽管在外界看来，与皇马"联姻"后的国安俱乐部在转会市场上肯定会大干一场，而且也肯定不差钱，但现实却并不那么美妙。这不是国安俱乐部进行大投入的一年，相反手头还有些紧。冠名商北京现代与国安的3年期赞助进入最后阶段，还有一大笔款项尚未支付，而已经降入德乙、陷入财政危

3月29日联赛第4轮北京国安（主）1比1武汉光谷　国安队20号李尧

国安队27号 周挺

年队在中国足球协会举办的"2006年阿迪达斯杯全国U19青年联赛"中，以12胜3负的战绩获得冠军。

● 7月29日
北京国安俱乐部U17青年队和国安三纺队、国安黑马队在北京市第12届运动会上分别获得足球项目的冠军、亚军、季军。

● 9月24日
国安U17小将祝一帆前往葡萄牙豪门本菲卡俱乐部进行试训。

● 10月22日
结束了2006赛季的最后一场比赛后，国安队主教练沈祥福正式向俱乐部提出辞职。

机的慕尼黑1860俱乐部也欠着300多万元租借费没交。由于刚刚与球员结算完2005赛季的工资和赢球奖，国安俱乐部的账面上并不宽裕。

20岁的中后卫郎征是最早确定加盟的，他是河北全运队参加2005年全运会的主力，具备成为中超联赛主力中后卫的潜质，对中后卫断档的国安队是个有益补充。最终，国安俱乐部从河北足协顺利引进郎征。

大连实德队的左边锋李尧的到来可以让杨璞调到左后卫或者后腰的位置上；沈祥福也向效力于青岛中能队的前国奥替补门将杨君发出邀请，但后者所属的青岛中能俱乐部为他标出了天价转会费，无奈之下，国安俱乐部只能先将其租借一年。

7月16日联赛第18轮北京国安（主）2比0深圳金威 国安队7号王长庆

周挺的加盟稍费了些周折，一年前，他自己掏了一部分转会费，加盟深圳健力宝队，为的是能够夺得一次联赛冠军，但却赶上了深圳队的低潮期，最终只落得联赛倒数第三。而最不能让性格直爽的周挺忍受的，是部分队友毫无责任心的比赛态度，所以他早早通知俱乐部，准备继续转会，目标是一家稳定、正规且照章办事的俱乐部。起初，周挺已经无限接近家乡的大连实德队，但实德队开出的转会费与深圳队的心理预期差距过大。这时，国安俱乐部介入转会，终于收获这位悍将。尽管国安队也同时关注着深圳队的北京籍中场陆博飞，但同样高额的转会费已经让国安方面无法承受。

充满波折的是王长庆的转会案。这位 2001 年全运会北京队的前场核心，在陕西国力队迅速成长，论实力已经够得上中超一线球员，但因为陕西国力俱乐部在 2005 年宣布解散，把球员集体挂牌并开出高价，这导致王长庆尽管从 2005 年夏天就开始随国安队训练，但却由于转会费的障碍而无法加盟。到了 2006 年年初，国安与国力开始就王长庆的问题进行正式磋商，国力只表示可以把

国安队1号杨君

王长庆的身价降下 200 万元，而国安坚持认为，国力已经拖欠王长庆工资超过一年时间，王长庆完全可以作为自由球员加盟国安，国安最多会支付给国力培养费。最后，经过足协仲裁，判国安只需向国力支付几十万元的转会费即可完成转会。但在仲裁结束后，围绕转会费的最终数额，以及该把钱支付给谁，都费了一番周折，等到王长庆拿到参赛证时，联赛已经进行完了 9 轮。

比起 2004 年从八一队的打包引援，2006 年年初国安队的内援引进相对理性且扎实，年龄结构相对合理，都没有花费太多，并且都较好地在球队中找到了自己的位置。

皇马去哪儿了？

2006 年 2 月 27 日，皇马主席弗洛伦蒂诺正式辞去主席一职，全世界都在担心皇马这艘"银河战舰"一年一巨星的政策也许将就此成为历史，而在国安俱乐部方面，担心的则是"皇马国安"合作的搁浅。尽管皇马方面很快就向国安发出回复，表示将继续执行该合作，但从此后的事态发展看，弗洛伦蒂诺的"下野"也确实令皇马与国安的合作受到了很大的影响。

弗洛伦蒂诺的下课，与皇马在 2005—2006 赛季中段极差的战绩有很大关系，而国安皇马的合作之所以此后雷声大雨点小，也有这方面的原因。2005 年 12 月，双方在马德里签署协议时，皇马的联赛排名已经下滑至第 7 位，进入 2006 年，虽然有卡萨诺中途加盟，但皇马也依然长时间只能排在第 6。尽管 11 人国际集团后来派代表抵京参加了国安俱乐部的股东大会，但显然达不到由皇马派人来京的效果。

国安队 2006 赛季的外援引进工作，就这样被"皇马国安"协议耽搁了很长时间。人们起初所憧憬的"三名免费顶级外援"显然已经不可能到来，国安方面也只求皇马或者 11 人国际集团能够推荐够格的外援到来，但这样也变得很难实现。

在阿莱克萨与耶利奇已经确定离队的情况下，国安俱乐部只好依靠自己引进外援。阿根廷中后卫穆萨最早进入沈祥福的视野，这位来自阿根廷的 27 岁大个子之前效力于 K 联赛的蔚山现代俱乐部，也曾随车范根执教的水原三星队参加过亚冠

2006

3月19日联赛第2轮北京国安（主）1比2上海联城 国安队4号穆萨

联赛。后来，穆萨在K联赛中无人问津，车范根便帮他联系了中超俱乐部，最初与穆萨接洽的是车范根执教过的深圳队，但因为深圳方面买不起高价外援，穆萨才被推荐到国安。通过在韩国统营的一系列热身赛，穆萨的能力得到认可，终于在2月底和国安签约。

由于2006赛季中超的外援规矩相比2005又有所修改，再次允许各队可以每场报名3位外援（同时登场的仍为2位），让国安俱乐部非常重视第三外援的选择。这一次，11人国际集团竟然送来了一个老熟人的名字——尼诺·布莱，那位2004赛季初临战把国安队忽悠了的克罗地亚中锋。不过，当初若不是布莱最终决定不来，国安队也发掘不出耶利奇。

布莱的再续前缘倒是颇让国安教练组欣慰，毕竟这位强力中锋的能力在两年前已经得到了国安选援团的认可，所以国安俱乐部也同意了可以不经试训就签下布莱。但这笔几乎板上钉钉的交易最后又出了岔子，布莱再次决定不来，让国安队只能以科内塞和穆萨两名外援出征赛季初期的比赛。

暂别工体

2008年北京奥运会的临近，国安人也在直接或间接地为奥运付出。中信集团成为国家体育场"鸟巢"的承建方，而北京国安队也暂时放弃了工人体育场，以便让工体接受改造，在2008年奥运会上承接部分足球比赛。

离开工体，该搬到哪儿去？这也成了困扰国安俱乐部的一个问题。起初，先农坛体育场是唯一的选择，国安俱乐部也有心重返"梦开始的地方"，创造新的历史。但先农坛体育场在北京宽利队解体后已经很少使用，不仅安保等软件无法达到中超联赛的要求，就连体育场的看台等硬件也因为老化、超出了安全使用年限而需要修缮。最终，国安队无缘重返先农坛，而选用原定的备用主场——丰台体育中心。

选择交通不便的丰体，主要考虑的是球场的安全性，因为刚刚在两年前的亚洲杯上作为参赛队的训练场进行过专门的装修和维护，而且丰体3万人的容量在京城的几座体育场里也是比较大的，而那两年的国安队因为战绩不佳，到场观众最多的比赛也不过3万人，放在能容纳6万多人的工体会显得空落落的。

丰台体育中心外的国安球迷

2006

3月6日，北京国安队的将士们第一次踏上丰体的场地，因为春天还没有到来，黄黄的草皮属预料之中，球员们也可以忍受，但最不能接受的就是场地坑洼不平，让球员们每一次出脚都心里没谱。

丰体，对于国安队和客队都显得很陌生。

371

现代撤退

2006 赛季之初，国安队发生过两件大事。一件是新球衣赞助商的出现；另一件是北京现代集团的撤出。

在耐克与国安俱乐部的合同到期后，阿迪达斯在 2005 年年底敲定了国安队的球衣赞助合同，这也与国安皇马的合作有一定联系，毕竟阿迪达斯也是皇马的常年装备赞助商。这一次，阿迪达斯为国安队提供的球衣也有些皇马的味道，国安俱乐部在赛季初一度选用了以白色为主色调的球

个令他们放弃的重要原因就是国安队搬到了偏远的丰体。

3 月 29 日，国安队主场与武汉光谷队的比赛结束后，胸前印有"北京现代"字样的国安球衣正式成为历史。

丰体魔咒

可能是受到 1999 年"18 棵青松"时代的影响，让好钻研的沈祥福成为一个变阵爱好者，当球队战绩不理想时，因为可用球员资源有限，逼着他只能用改变阵型来寻求新的变化。2005 赛季，

丰台体育中心看台

衣作为主场战袍，但随着赛季的进行，国安队更多地还是身着绿衣参加比赛。

北京现代的撤出多少也在意料之中，央视放弃直播中超，影响了现代集团的品牌传播；另一

沈祥福尝试过 4 后卫，但因为战绩不理想而作罢，只能通过调整徐云龙或阿莱克萨的位置来实现小幅变阵。2005 年年底，国安队赴皇马学习，皇马专家组看完了国安队的训练和练习赛后，明确提

3月19日联赛第2轮北京国安（主）1比2上海联城　国安队11号闫相闯

出3后卫的阵型太过时,国安队要勇于尝试4后卫。这也与沈祥福的想法不谋而合。所以,整个冬训,国安队都在演练442阵型,无论是在昆明的系列热身赛,还是后来兵发韩国参加统营杯,国安队参加的比赛,结果都以小比分居多。

3月11日,中超第1轮,国安队的新赛季首演就令人失望了,客场面对青岛中能,主打442阵型的国安队虽然占据比赛的主动权,但上半场高达13次的失误,以及几乎为零的威胁性射门,均让人对球队新赛季的前景捏了一把汗。

危机出现在联赛第2轮,3月19日丰体迎来中超首秀,1.5万名京城球迷虽然算不上多,但也足以令不大的看台显得颇有人气。客队上海联城队主教练卡洛斯在3年前从国安下课。作为2005赛季的上海滩"头号克星",国安队的这3分在赛前被认为是稳拿的,沈祥福也试图变阵,用他上赛季屡克上海球队的343阵型来应对。开场第11分钟,科内塞一脚弧线任意球挂角入网,国安队

国安球迷在看台举耶利奇的照片

3月29日联赛第4轮北京国安（主）1比1武汉光谷　国安队15号陶伟

早早领先，但客队的张效瑞却在第44分钟扳平了比分。下半场，丰体球迷们对国安队散乱的进攻越发没了耐心，"耶利奇"的名字也不时被喊出。比赛的补时阶段，联城队的巴西高中锋堤亚戈劲射破网，直接导致国安队赛季首败。赛后，"沈祥福下课"已经被球迷高喊。

沈祥福的帅位危机在第3轮比赛后得到了初步缓解。客场4比0轻取深圳金威，国安队在毫无征兆的情况下创造了俱乐部的职业联赛客场最悬殊比分纪录，左路的两位新援周挺和李尧是役发挥出了高水平，而小将高大卫与黄博文则成为取胜的钥匙，再加上深圳队的门将几无中超比赛经验，才成全了国安队的这场大胜。从技战术角度看，这场比赛亮点不多，属于国安队在这个保守赛季里的一场非典型性胜利。

看来，丰体确实有魔咒存在。第4轮国安队又一次在由陶伟先进球的情况下，领先了70多分钟，直到被武汉光谷队的郑斌以一脚直接任意球扳平；第6轮主场对阵天津康师傅队，国安队利用定位球造成对手乌龙而领先，而天津康师傅队则在第73分钟追平了比分并被保持到终场；而在战平天津的3天前，国安队刚刚在丰体的足协杯比赛里，被中甲的浙江绿城队以2比0击败……京城球迷彻底蒙了，他们真的不知道为什么丰体会这么邪门，因为国安队同期已经在客场取得了3战全胜且不失一球的成绩。

4月5日足协杯第2轮北京国安（主）0比2浙江绿城　国安队20号李尧

2006

低迷的科内塞

　　丰体的魔咒是可以破除的，5月6日丰体迎来第一场夜战，队中因为视力最差，最怕夜场作战的闫相闯取得进球，终于让丰体由魔咒之地变为福地。此后国安队在这里又连赢6场，为在积分榜上名列前茅奠定了基础。

　　破除丰体魔咒的关键还是在于国安俱乐部的主动。为了让球员们能够更快地适应丰体，不再有客场的感觉，一方面，国安俱乐部搬出了工体的"小白楼"，入住距丰体仅10分钟车程的天信英合商务花园；另一方面，在接到了足协的球场整改通知后，国安俱乐部也和丰体共同协商，在联赛为世界杯暂停的休赛期里，用优质的草皮和肥料对丰体进行了大力修缮。这两项措施的出炉，终于不再让球员们对丰体产生厌恶感了。

　　宿舍可以搬，球场可以修，但对于外援的问题，却不是搬和修那么简单的事了。尽管大多数人都预料到，科内塞的二度加盟几乎会以失败告终，但没有预料到的是，他的进球数会那么少，但又可以一直在队中坚持到联赛结束。

　　虽然科内塞的"归去来兮"足有一年半的时间，但是当他回归之后，队友们很快就发现"小怪物"还是2004年离队前的"新款"，而非2003年下半年刚到队时的"旧款"。在2004赛季，队员们就对科内塞越来越独的球风颇有微词，但当时的科内塞顶着2003年的光环，可以让他避免太多的质疑。如今，有了耶利奇在2005赛季的闪光，当科内塞再次回归后，人们又难免会拿他与耶利奇相比，自然高下立判。加上国安队现有的442阵型对前锋有了新的要求，眼看着科内塞在中路盲目拿球单打独斗或是一脚不着边际的射门，只能令助攻上来的边路球员干着急。尽管科内塞用一次任意球打入国安队赛季首球，又在客场对沈阳金德时劲射破门，但这已经几乎是他整个赛季的全部贡献。在赛季初，沈祥福经常在中场休息时就

3月25日联赛第3轮北京国安（客）4比0深圳金威　国安队10号科内塞

国安队30号米尔顿

5月6日联赛第11轮北京
国安（主）1比0重庆力帆
国安队11号闫相闯

5月6日联赛第11轮北京
国安（主）1比0重庆力帆
国安队11号闫相闯第57
分钟攻入一球

2006

把科内塞换下，到了赛季中后期，科内塞更是沦为替补，偶尔出场，作着微不足道的贡献。

在保证防守核心穆萨地位不变的前提下，从速搞定第三外援不仅能够丰富球队的打法，还能增加科内塞的危机意识，所以国安俱乐部在尼诺·布莱爽约后，就一直加紧引进一位高中锋作为第三外援，而主场负于上海联城，更是令俱乐部迅速签下了来自玻利维亚的中锋米尔顿。

米尔顿是货真价实的玻利维亚国脚，在南美足坛也享有着较高的知名度，在初步看过米尔顿的履历后，国安俱乐部就已经与对方经纪人达成了初步的意向。但让国安方面没有心理准备的是，米尔顿在来华前因为长期失业，已有半年时间没有踢比赛，虽然技术尚可，但冲击力非常有限，体能也是个大问题。渐渐地，球迷们发现米尔顿完全不是国安队急需的那种攻击手，而是助攻型前锋。经过了几个月的特训后，由于依然看不出

米尔顿的可用之处，国安俱乐部在8月提前终止了米尔顿的租借合同。国安队只能用双外援甚至单外援来面对2006赛季最后阶段的比赛。

无敌防线的炼成

伴随着科内塞和米尔顿的低迷，国安队的"锋无力"已经成为定局，在这样的背景下，除了在稳固防线的基础上靠防守反击赢得胜机，沈祥福也想不出更多解决的办法。

5场0比0，8场1比0，一个赛季28场比赛有23场双方的总进球数低于3个，谁也没想到，仅仅一年时间，国安队就会从2005赛季那支进球够多、失球也不少的狂放球队，变成2006赛季的"1比0主义"球队，而这种防反足球，也曾经是最受京城球迷鄙视的打法。这也导致在该赛

4月30日联赛第10轮北京国安（客）0比0上海申花　国安队20号李尧

季后期，即便国安队能够取得比赛的胜利，丰体看台上也会出现阵阵嘘声。

　　归根结底，沈祥福的442阵型改革重点就是球队的防守能力，但国安队的防线之所以近乎无敌，最重要的还是阿根廷人穆萨的到来。虽然论正面防守能力，穆萨相比国安队2002赛季的中后卫巴辛还有一定差距，但论制空能力，穆萨绝对是国安队历任中卫当中的最强者。对落点判断的准确，以及出脚的稳健，都是穆萨的过人之处。在年初的统营杯上，沈祥福发现了穆萨的最薄弱一环就是转身速度偏慢，一旦没有一个速度快的搭档为他补缺，对手会立刻威胁到杨智把守的打门，所以沈祥福把队中爆发力最强的徐云龙彻底固定在了中卫位置上，为的就是弥补穆萨的缺陷。

主场负上海联城一战，沈祥福曾经把徐云龙推上锋线，而让穆萨与张帅、崔威搭档三后卫，在惨遭失败后，徐云龙就再也没有远离过穆萨。

　　新援周挺联赛第4轮就遭遇重伤，让沈祥福对国安队的防线进行了再次调整，杨璞成为左后卫，右后卫则是张帅，这条稳定的防线在四五月间创造了多场漂亮的零失球，包括在主场逼平山东鲁能，终结了对手的五连胜，以及客场战平上海申花和大连实德。这3场0比0的背后，都是国安队因为前场乏人而挥霍掉了进攻的机会，所以在逼平强敌后，仍让人感到有些遗憾。

　　除了后防四人组外，门将杨智也在这一年彻底走向成熟，多次入选国家队。

　　在联赛上半程，国安队只有一次"失控"，那就是客场 1 比 4 惨败在升班马长春亚泰队脚下，沈祥福昔日在国青队的爱徒王栋、杜震宇和曹添堡等人的反戈一击，令国安队败走长春。这场惨败的深层次原因就是国安队在扳平比分后心态失衡，攻防混乱，从而被对手在短时间内连入三球。

季军之憾

虽然比赛并不好看，但国安队的"1 比 0 主义"以及不俗的客场表现，让自己的名次始终维持在联赛前列。这个赛季的中超联赛，阵容最齐整强

的前锋高大卫，他在主场 2 比 0 击败深圳金威队的比赛中梅开二度，又在一周后对阵武汉光谷的比赛中取得进球，帮球队连拿 4 分。而在赛季后期，新的"关键先生"变成了同为 23 岁的杜文辉，他在联赛第 26 轮到第 29 轮仿佛耶利奇附体，连续 4 轮取得进球，连续为国安队取得 10 分。此外，王长庆、闫相闯和陶伟也都有过在 1 比 0 的比赛里单骑救主的精彩表现。

尽管国安队的进球多点开花，但缺乏稳定射手的下场就是当国安队在焦点战中需要进球时，却没有一个可以站出来改变战局的人。联赛第 24 轮，国安队客场不敌山东鲁能，成为鲁能队夺冠

7月16日联赛第18轮北京国安（主）2比0深圳金威　国安队17号高大卫

10月15日联赛第29轮北京国安（主）1比0长春亚泰　国安队23号杜文辉

大的山东鲁能实力近乎无敌，联赛的悬念早早就变成了亚军之争，即谁能够得到第二张亚冠联赛门票。

在赛季中段，国安队的"关键先生"是 23 岁

庆祝仪式中的陪衬。第 25 轮，国安队又在占尽优势的情况下在丰体 0 比 1 不敌上海申花，让国安队在与申花队的相互竞争中处于下风，即便赛季结束时积分相同，也将排名在申花之后。联赛

第 29 轮，国安与申花同积 49 分，最后一轮国安队只能寄望于在客场击败厦门蓝狮队的同时，拜托辽宁队在主场至少逼平申花，才有可能获得亚军。

结果辽宁队主场 1 比 2 负于申花。而高洪波执教的厦门蓝狮也铁面无私，2 比 0 击败国安，国安队只得以第 3 名结束了这个非常奇怪的赛季。

客场负于厦门蓝狮后，已经格外疲惫的沈祥福决定离开，的确，这种他极不情愿踢出来的防守足球足以令他身心俱疲。但不可否认沈祥福在这两个赛季中的功绩，他把国安队从上任之初时的联赛中游，彻底拉回至联赛前列，让强队之心重新回归这支球队，并且再也不会离开。

9月9日联赛第25轮北京国安（主）0比1上海申花

沈祥福教练组

姓名	联赛	亚冠	总计
堤亚戈	6	4	10
小马丁	7	2	9
黄博文	7	0	7
杜文辉	4	3	7
郭辉	5	1	6
埃尔维斯	4	0	4
陶伟	4	0	4
杨昊	1	1	2
闫相闯	0	2	2
隋东亮	1	0	1
布尔卡	1	0	1
王长庆	0	1	1

2008 中超联赛积分榜

名次 / 球队	胜	平	负	进球	失球	净胜球	积分
1/ 山东鲁能	18	9	3	54	25	29	63
2/ 上海申花	17	10	3	58	29	29	61
3/ 北京国安	16	10	4	44	27	17	58
4/ 天津康师傅	16	9	5	54	29	25	57
5/ 陕西中新	15	7	8	41	29	12	52
6/ 长春亚泰	12	9	9	53	45	8	45
7/ 广州医药	10	10	10	41	42	−1	40
8/ 青岛中能	10	9	11	39	36	3	39
9/ 杭州绿城	9	12	9	38	32	6	39
10/ 河南四五老窖	9	9	12	30	31	−1	36
11/ 长沙金德	7	13	10	28	36	−8	34
12/ 深圳上清饮	8	9	13	35	34	1	33
13/ 成都谢菲联	7	11	12	30	37	−7	32
14/ 大连海昌	6	12	12	30	40	−10	30
15/ 辽宁宏运	6	9	15	34	47	−13	27
16/ 武汉光谷	0	0	30	0	90	−90	0

*武汉光谷队中途退出中国足坛，该队所有已结束和未进行的比赛都被判 0 比 3 负。

2009 年　当年赛事及进球情况

中超联赛

轮次	时间	（主客场）对手	进球者
第 1 轮	2009.03.22	（主）3 比 1 重庆力帆	乔尔·格里菲斯 14'、徐云龙 52'、黄博文 84'
第 2 轮	2009.03.29	（客）0 比 0 长沙金德	
第 3 轮	2009.04.03	（主）1 比 1 江苏舜天	陶伟 67'
第 4 轮	2009.04.12	（客）2 比 0 成都谢菲联	杜文辉 15'、乔尔·格里菲斯 53'
第 5 轮	2009.04.17	（客）2 比 2 山东鲁能	（对方乌龙球）64'、乔尔·格里菲斯 84'
第 6 轮	2009.04.26	（客）0 比 1 陕西中新	
第 7 轮	2009.05.01	（主）0 比 0 上海申花	
第 8 轮	2009.05.10	（客）6 比 2 长春亚泰	杨昊 20'、瑞恩·格里菲斯 30'、50'、闫相闯 56'、86'、隋东亮 68'
第 9 轮	2009.05.15	（主）3 比 1 深圳亚旅	陶伟 16'、杜文辉 49'、埃米尔·马丁内斯 68'
第 10 轮	2009.05.24	（主）3 比 1 青岛中能	杨昊 38'、65'、闫相闯 94'
第 11 轮	2009.06.13	（主）1 比 0 天津康师傅	乔尔·格里菲斯 10'
第 12 轮	2009.06.19	（主）0 比 0 河南建业	
第 13 轮	2009.06.28	（客）1 比 1 广州医药	闫相闯 42'
第 14 轮	2009.07.02	（主）2 比 1 大连实德	乔尔·格里菲斯 16'、路姜 85'
第 15 轮	2009.07.05	（客）1 比 0 杭州绿城	陶伟 81'
第 16 轮	2009.08.02	（客）2 比 3 重庆力帆	陶伟 7'、周挺 85'
第 17 轮	2009.08.09	（主）3 比 0 长沙金德	陶伟 5'、30'、瑞恩·格里菲斯 79'
第 18 轮	2009.08.22	（客）0 比 1 江苏舜天	
第 19 轮	2009.08.26	（主）2 比 2 成都谢菲联	瑞恩·格里菲斯 70'、乔尔·格里菲斯 88'
第 20 轮	2009.08.30	（主）1 比 1 山东鲁能	周挺 78'
第 21 轮	2009.09.04	（客）1 比 0 陕西中新	乔尔·格里菲斯 7'
第 22 轮	2009.09.12	（客）1 比 1 上海申花	黄博文 77'
第 23 轮	2009.09.15	（客）0 比 2 长春亚泰	
第 24 轮	2009.09.19	（客）2 比 2 深圳亚旅	闫相闯 25'、乔尔·格里菲斯 35'
第 25 轮	2009.09.26	（主）1 比 0 青岛中能	郎征 12'
第 27 轮	2009.10.10	（客）2 比 2 河南建业	瑞恩·格里菲斯 16'、埃米尔·马丁内斯 93'
第 26 轮	2009.10.14	（客）0 比 2 天津康师傅	
第 28 轮	2009.10.17	（主）2 比 0 广州医药	瑞恩·格里菲斯 14'、87'
第 29 轮	2009.10.24	（客）2 比 1 大连实德	瑞恩·格里菲斯 8'、黄博文 73'
第 30 轮	2009.10.31	（主）4 比 0 杭州绿城	埃米尔·马丁内斯 4'、52'、80'、周挺 78'

轮次	时间	（主客场）对手	进球者
小组赛	2009.03.10	（主）2 比 0 澳大利亚纽卡斯尔喷气机	瑞恩·格里菲斯 6'、杜文辉 93'
小组赛	2009.03.17	（客）0 比 0 日本名古屋鲸八	
小组赛	2009.04.07	（客）0 比 1 韩国蔚山现代	
小组赛	2009.04.22	（主）0 比 1 韩国蔚山现代	
小组赛	2009.05.06	（客）1 比 2 澳大利亚纽卡斯尔喷气机	瑞恩·格里菲斯 68'
小组赛	2009.05.20	（主）1 比 1 日本名古屋鲸八	郭辉 81'

商业赛

轮次	时间	（主客场）对手	进球者
	2009.07.29	（主）1 比 1（点球 4 比 5）英格兰赫尔城	威廉·保罗 46'
	2009.07.31	（主）0 比 2 英格兰西汉姆联	

年度射手榜

姓名	联赛	亚冠	商业赛	总计
瑞恩·格里菲斯	8	2	0	10
乔尔·格里菲斯	8	0	0	8
陶伟	6	0	0	6
埃米尔·马丁内斯	5	0	0	5
闫相闯	5	0	0	5
杨昊	3	0	0	3
黄博文	3	0	0	3
周挺	3	0	0	3
杜文辉	2	1	0	3
徐云龙	1	0	0	1
路姜	1	0	0	1
隋东亮	1	0	0	1
郎征	1	0	0	1
郭辉	0	1	0	1
威廉·保罗	0	0	1	1

2009 中超联赛积分榜

名次 / 球队	胜	平	负	进球	失球	净胜球	积分
1/ 北京国安	13	12	5	48	28	20	51
2/ 长春亚泰	14	8	8	38	31	7	50
3/ 河南建业	13	9	8	35	26	9	48
4/ 山东鲁能	11	12	7	35	30	5	45
5/ 上海申花	12	9	9	39	29	10	45
6/ 天津康师傅	12	9	9	36	29	7	45
7/ 成都谢菲联	11	6	13	32	39	−7	39
8/ 大连实德	10	8	12	27	31	−4	38
9/ 广州医药	9	10	11	38	38	0	37
10/ 江苏舜天	9	10	11	30	30	0	37
11/ 深圳红钻	10	10	10	36	40	−4	37
12/ 陕西中新	9	10	11	26	24	2	37
13/ 青岛中能	9	12	10	36	36	0	36
14/ 长沙金德	6	15	9	23	31	−8	33
15/ 杭州绿城	8	8	14	30	42	−12	32
16/ 重庆力帆	7	8	15	25	49	−24	29

*由于在中国足坛的"反毒扫黑风暴"中被查出曾实施贿赂行为，成都谢菲联和广州医药在赛季结束后被中国足协处罚，降入中甲联赛。

2010 年　当年赛事及进球情况

中超联赛

轮次	时间	（主客场）对手	进球者
第 1 轮	2010.03.27	（主）2 比 0 南昌衡源	乔尔·格里菲斯 56'、王晓龙 82'
第 2 轮	2010.04.04	（主）1 比 2 深圳红钻	瑞恩·格里菲斯 53'
第 3 轮	2010.04.10	（客）1 比 0 长春亚泰	瑞恩·格里菲斯 31'
第 4 轮	2010.04.18	（主）1 比 0 陕西中建	祝一帆 71'
第 5 轮	2010.04.23	（客）1 比 1 河南建业	徐亮 51'
第 6 轮	2010.05.05	（主）1 比 1 青岛中能	徐云龙 55'
第 8 轮	2010.05.16	（主）0 比 1 长沙金德	
第 9 轮	2010.05.22	（客）2 比 3 上海申花	乔尔·格里菲斯 4'、瑞恩·格里菲斯 80'
第 10 轮	2010.05.26	（主）0 比 2 杭州绿城	
第 11 轮	2010.05.30	（主）0 比 1 天津康师傅	
第 17 轮	2010.06.06	（客）1 比 1 深圳红钻	乔尔·格里菲斯 77'
第 14 轮	2010.07.07	（主）3 比 0 辽宁宏运	黄博文 74'、周挺 74'、王长庆 85'
第 12 轮	2010.07.14	（主）1 比 0 重庆力帆	张永海 30'
第 13 轮	2010.07.18	（客）0 比 3 大连实德	
第 15 轮	2010.07.28	（客）1 比 0 江苏舜天	小马丁内斯 39'
第 16 轮	2010.08.01	（客）1 比 0 南昌衡源	小马丁内斯 13'
第 18 轮	2010.08.14	（主）2 比 0 长春亚泰	乔尔·格里菲斯 9'、32'
第 19 轮	2010.08.18	（客）0 比 0 陕西中建	
第 20 轮	2010.08.22	（主）2 比 2 河南建业	张希哲 3'、9'
第 7 轮补	2010.08.26	（客）0 比 1 山东鲁能	
第 21 轮	2010.08.29	（客）0 比 1 青岛中能	
第 22 轮	2010.09.11	（主）2 比 3 山东鲁能	徐亮 28'、（对方乌龙球）78'

第 23 轮	2010.09.19	（客）0 比 1 长沙金德	
第 24 轮	2010.09.25	（主）4 比 1 上海申花	乔尔·格里菲斯 33'，徐亮 74'，小马丁内斯 84'，杜文辉 90'
第 25 轮	2010.09.29	（客）2 比 1 杭州绿城	小马丁内斯 3'，乔尔·格里菲斯 65'
第 26 轮	2010.10.17	（主）1 比 1 天津康师傅	徐亮 66'
第 27 轮	2010.10.23	（主）1 比 2 重庆力帆	杜文辉 33'
第 28 轮	2010.10.27	（主）2 比 1 大连实德	王长庆 42'，乔尔·格里菲斯 69'
第 29 轮	2010.10.31	（客）2 比 2 辽宁宏运	杨昊 8'，王长庆 25'
第 30 轮	2010.11.06	（主）1 比 0 江苏舜天	乔尔·格里菲斯 70'

亚冠联赛

轮次	时间	（主客场）对手	进球者
小组赛	2010.02.23	（主）1 比 0 墨尔本胜利	乔尔·格里菲斯 51'
小组赛	2010.03.09	（客）3 比 1 川崎前锋	乔尔·格里菲斯 37'，王长庆 64'、86'
小组赛	2010.03.23	（客）1 比 3 城南一和	罗斯 17'
小组赛	2010.03.31	（主）0 比 1 城南一和	
小组赛	2010.04.14	（客）0 比 0 墨尔本胜利	
小组赛	2010.04.28	（主）2 比 0 川崎前锋	乔尔·格里菲斯 26'，奥托 47'
1/8 决赛	2010.05.11	（客）0 比 2 水原三星	

商业赛及友谊赛

轮次	时间	（主客场）对手	进球者
	2010.07.21	（国家体育场）0 比 1 英格兰伯明翰	
	2010.08.08	（国家体育场）0 比 3 西班牙巴塞罗那	
	2010.09.08	（石景山体育场）0 比 1 中国国奥队	

年度射手榜

姓名	联赛	亚冠	总计
乔尔·格里菲斯	9	3	12
王长庆	3	2	5
小马丁内斯	4	0	4
徐亮	4	0	4
瑞恩·格里菲斯	3	0	3
杜文辉	2	0	2
张希哲	2	0	2
王晓龙	1	0	1
祝一帆	1	0	1
杨昊	1	0	1
周挺	1	0	1
黄博文	1	0	1
张永海	1	0	1
徐云龙	1	0	1
罗斯	0	1	1
奥托	0	1	1

2010 中超联赛积分榜

名次／球队	胜	平	负	进球	失球	净胜球	积分
1/ 山东鲁能	18	9	3	59	34	25	63
2/ 天津康师傅	13	11	6	37	29	8	50
3/ 上海申花	14	6	10	44	41	3	48
4/ 杭州绿城	13	9	8	38	30	8	48
5/ 北京国安	12	10	8	35	29	6	46
6/ 大连实德	10	12	8	40	37	3	42
7/ 辽宁宏运	10	10	10	39	36	3	40
8/ 河南建业	9	13	8	31	31	0	40
9/ 长春亚泰	10	8	12	40	41	-1	38
10/ 陕西中建	9	10	11	33	36	-3	37
11/ 江苏舜天	8	11	11	27	27	0	35
12/ 深圳红钻	8	8	14	34	41	-7	32
13/ 南昌衡源	8	8	14	33	35	-2	32
14/ 青岛中能	6	12	12	31	44	-13	30
15/ 重庆力帆	7	9	14	36	48	-12	30
16/ 长沙金德	6	12	12	24	42	-18	30

2011 年　当年赛事及进球情况

中超联赛

轮次	时间	（主客场）对手	进球者
第 1 轮	2011.04.03	（客）2 比 0 江苏舜天	王长庆 59'，乔尔·格里菲斯 61'
第 2 轮	2011.04.10	（主）1 比 3 杭州绿城	乔尔·格里菲斯 16'
第 3 轮	2011.04.17	（客）2 比 2 广州恒大	徐亮 25'，王晓龙 49'
第 4 轮	2011.04.25	（主）3 比 0 大连实德	乔尔·格里菲斯 26'，张希哲 78'，小马丁内斯 90'
第 5 轮	2011.04.30	（客）3 比 0 南昌衡源	罗贝托 32'，小马丁内斯 74'，王长庆 90'
第 6 轮	2011.05.08	（客）3 比 0 成都谢菲联	王晓龙 46'，小马丁内斯 75'，徐亮 82'
第 7 轮	2011.05.15	（主）2 比 0 青岛中能	罗贝托 75'，小马丁内斯 84'
第 8 轮	2011.05.22	（客）0 比 0 辽宁宏运	

第 9 轮	2011.05.30	（主）4 比 0 深圳红钻	小马丁内斯 19'、44'，于洋 29'，乔尔·格里菲斯 63'
第 10 轮	2011.06.11	（客）1 比 1 河南建业	乔尔·格里菲斯 18'
第 11 轮	2011.06.18	（主）1 比 1 山东鲁能	乔尔·格里菲斯 48'
第 13 轮	2011.06.26	（主）1 比 1 天津康师傅	罗贝托 78'
第 14 轮	2011.07.02	（客）1 比 1 陕西人和	徐亮 46'
第 15 轮	2011.07.06	（主）3 比 0 上海申花	乔尔·格里菲斯 9'，雷腾龙 28'，王晓龙 56'
第 16 轮	2011.07.10	（主）2 比 1 江苏舜天	徐亮 43'、80'
第 17 轮	2011.07.14	（客）0 比 0 杭州绿城	
第 18 轮	2011.08.01	（主）1 比 1 广州恒大	小马丁内斯 75'
第 19 轮	2011.08.06	（客）0 比 0 大连实德	
第 20 轮	2011.08.13	（主）1 比 0 南昌衡源	王长庆 26'
第 21 轮	2011.08.17	（主）3 比 0 成都谢菲联	王长庆 52'，周挺 57'，徐亮 89'
第 22 轮	2011.08.21	（客）0 比 2 青岛中能	
第 23 轮	2011.09.10	（客）0 比 2 辽宁宏运	
第 12 轮补	2011.09.14	（客）1 比 2 长春亚泰	凯塔 9'
第 24 轮	2011.09.18	（客）3 比 0 深圳红钻	小马丁内斯 67'，乔尔·格里菲斯 76'，徐亮 93'
第 25 轮	2011.09.24	（主）3 比 0 河南建业	小马丁内斯 21'，乔尔·格里菲斯 75'，徐亮 89'
第 26 轮	2011.09.28	（客）1 比 1 山东鲁能	周挺 39'
第 27 轮	2011.10.15	（主）4 比 1 长春亚泰	王晓龙 21'、48'，乔尔·格里菲斯 61'，（对方乌龙球）81'
第 28 轮	2011.10.22	（客）1 比 0 天津康师傅	乔尔·格里菲斯 75'
第 29 轮	2011.10.29	（主）2 比 3 陕西人和	王晓龙 55'，小马丁内斯 88'
第 30 轮	2011.11.02	（客）0 比 1 上海申花	

中国足协杯

轮次	时间	（主客场）对手	进球者
第 2 轮	2011.05.11	（主）1 比 0 上海东亚	张希哲 58'
第 3 轮	2011.05.25	（主）6 比 1 南城衡源	王晓龙 18'，乔尔·格里菲斯 19'、25'，徐亮 30'，罗贝托 59'，马季奇 82'
第 4 轮	2011.09.21	（客）2 比 0 杭州绿城	凯塔 12'，王晓龙 88'
半决赛	2011.10.19	（客）0 比 0（点球 3 比 4）山东鲁能	

年度射手榜

姓名	联赛	足协杯	总计
乔尔·格里菲斯	11	2	13
小马丁内斯	10	0	10
徐亮	8	1	9
王晓龙	6	2	8
王长庆	4	0	4
罗贝托	3	1	4
周挺	2	0	2
张希哲	1	1	2
凯塔	1	1	2
雷腾龙	1	0	1
于洋	1	0	1
马季奇	0	1	1

2011 中超联赛积分榜

名次／球队	胜	平	负	进球	失球	净胜球	积分
1/ 广州恒大	20	8	2	67	23	44	68
2/ 北京国安	14	11	5	49	21	28	53
3/ 辽宁宏运	14	8	8	38	23	15	50
4/ 江苏舜天	14	5	11	43	28	15	47
5/ 山东鲁能	13	8	9	37	31	6	47
6/ 青岛中能	12	9	9	37	33	4	45
7/ 长春亚泰	11	12	7	33	31	2	45
8/ 杭州绿城	10	9	11	28	32	-4	39
9/ 陕西人和	10	8	12	34	41	-7	38
10/ 天津康师傅	8	13	9	37	41	-4	37
11/ 上海申花	11	4	15	31	41	-10	37
12/ 大连实德	8	9	13	27	43	-16	33
13/ 河南建业	7	11	12	29	35	-6	32
14/ 南昌衡源	8	5	17	20	41	-21	29
15/ 成都谢菲联	5	12	13	27	47	-20	27
16/ 深圳红钻	5	8	17	27	53	-26	23

2012 年　当年赛事及进球情况

中超联赛

轮次	时间	（主客场）对手	进球者
第 1 轮	2012.03.10	（客）1 比 3 广州富力	雷纳尔多 90'
第 2 轮	2012.03.16	（主）3 比 2 上海申花	朴成 44'，马努 54'，毛剑卿 83'
第 3 轮	2012.03.25	（客）0 比 1 杭州绿城	
第 4 轮	2012.03.30	（主）3 比 1 天津康师傅	雷纳尔多 50'，徐亮 54'，张希哲 73'
第 5 轮	2012.04.08	（客）0 比 0 大连实德	
第 6 轮	2012.04.13	（主）2 比 1 山东鲁能	雷纳尔多 16'，徐亮 71'
第 7 轮	2012.04.22	（客）0 比 0 辽宁宏运	
第 8 轮	2012.04.27	（主）1 比 0 上海申鑫	徐云龙 50'
第 9 轮	2012.05.06	（客）2 比 2 河南建业	张希哲 56'，雷纳尔多 79'
第 10 轮	2012.05.11	（主）2 比 0 贵州茅台	卡鲁德洛维奇 70'，朴成 83'
第 11 轮	2012.05.20	（客）1 比 0 长春亚泰	朴成 21'
第 12 轮	2012.05.25	（主）1 比 0 大连阿尔滨	王晓龙 27'
第 13 轮	2012.06.16	（客）0 比 0 青岛中能	
第 14 轮	2012.06.23	（主）0 比 1 江苏舜天	
第 15 轮	2012.07.01	（客）2 比 3 广州恒大	徐亮 12'、45'
第 16 轮	2012.07.07	（主）1 比 0 广州富力	邵佳一 64'
第 17 轮	2012.07.14	（主）1 比 3 上海申花	王晓龙 81'
第 18 轮	2012.07.21	（客）0 比 2 杭州绿城	
第 19 轮	2012.07.28	（客）1 比 2 天津康师傅	卡努特 77'
第 20 轮	2012.08.04	（主）1 比 0 大连实德	徐亮 74'
第 21 轮	2012.08.11	（客）0 比 4 山东鲁能	
第 22 轮	2012.08.17	（主）1 比 1 辽宁宏运	卡鲁德洛维奇 75'
第 23 轮	2012.08.25	（客）2 比 1 上海申鑫	徐亮 9'，王晓龙 51'
第 25 轮	2012.09.23	（客）2 比 0 贵州茅台	徐亮 48'，雷纳尔多 73'
第 26 轮	2012.09.29	（主）0 比 4 长春亚泰	
第 24 轮补	2012.10.03	（主）3 比 0 河南建业	邵佳一 25'、69'，张希哲 63'
第 27 轮	2012.10.06	（主）1 比 3 大连阿尔滨	（对方乌龙球）86'
第 28 轮	2012.10.20	（主）2 比 0 青岛中能	格隆 3'，王长庆 26'
第 29 轮	2012.10.27	（客）0 比 0 江苏舜天	
第 30 轮	2012.11.03	（主）1 比 0 广州恒大	张希哲 93'

中国足协杯

轮次	时间	（主客场）对手	进球者
第 4 轮	2012.07.18	（主）6 比 0 青岛中能	卡努特 3'、35'，王晓龙 14'、22'，格隆 18'，（对方乌龙球）64'
1/4 决赛	2012.08.01	（主）3 比 4 贵州茅台	徐亮 12'、54'，格隆 90'

亚冠联赛

轮次	时间	（主客场）对手	进球者
小组赛	2012.03.06	（客）1 比 2 韩国蔚山现代	朴成 52'
小组赛	2012.03.20	（主）1 比 1 澳大利亚布里斯班狮吼	朴成 7'
小组赛	2012.04.04	（主）1 比 1 日本东京 FC	王晓龙 10'
小组赛	2012.04.17	（客）0 比 3 日本东京 FC	
小组赛	2012.05.02	（主）2 比 3 韩国蔚山现代	张希哲 46'，邵佳一 90'
小组赛	2012.05.17	（客）1 比 2 澳大利亚布里斯班狮吼	李翰博 34'

商业比赛

轮次	时间	（主客场）对手	进球者
	2012.07.24	（主）0 比 6 德国拜仁慕尼黑	

年度射手榜

姓名	联赛	亚冠	足协杯	总计
徐亮	7	0	2	9
王晓龙	3	1	2	6
雷纳尔多	5	0	0	5
张希哲	4	1	0	5
朴成	3	2	0	5
邵佳一	3	1	0	4
卡努特	1	0	2	3
格隆	1	0	2	3
卡鲁德洛维奇	2	0	0	2
马努	1	0	0	1
毛剑卿	1	0	0	1
徐云龙	1	0	0	1
王长庆	1	0	0	1
李翰博	0	1	0	1

2012 中超联赛积分榜

名次 / 球队	胜	平	负	进球	失球	净胜球	积分
1/ 广州恒大	17	7	6	51	30	21	58
2/ 江苏舜天	14	12	4	49	29	20	54
3/ 北京国安	14	6	10	34	35	-1	48
4/ 贵州茅台	12	9	9	44	33	11	45
5/ 大连阿尔滨	11	11	8	51	46	5	44
6/ 长春亚泰	12	8	10	37	40	-3	44
7/ 广州富力	13	3	14	47	49	-2	42
8/ 天津康师傅	10	10	10	29	30	-1	40
9/ 上海申花	8	14	8	39	34	5	38
10/ 辽宁宏运	8	12	10	40	41	-1	36
11/ 杭州绿城	9	9	12	34	46	-12	36
12/ 山东鲁能	8	12	10	46	43	3	36
13/ 青岛中能	10	6	14	26	34	-8	36
14/ 大连实德	8	10	12	39	49	-10	34
15/ 上海申鑫	6	12	12	36	35	1	30
16/ 河南建业	7	5	18	28	56	-28	26

球迷风采

图书在版编目（CIP）数据

北京国安足球俱乐部二十年光辉纪念 ／ 北京国安足
球俱乐部编著．— 北京 ： 北京出版社，
2013.8
ISBN 978－7－200－09960－7

I．①北… II．①北… III．①足球运动—俱乐部—概
况—北京市 IV．①G843.62

中国版本图书馆CIP数据核字（2013）第179464号

出 版 人：乔玢 曲仲
选 题 策 划：安东 刘扬 毛雷
责 任 编 辑：安东 严艳
责 任 印 制：李巍
装 帧 设 计：一鸣文化
数 据 支 持：足球周刊
俱乐部统筹：白克
统 筹 助 理：王菲菲
特 邀 记 者：周萧 陈赢 袁野 胡博轩 孙玮 武一帆
特邀摄影师：刘占坤 胡金喜 魏彤 殷楠 陈金超 王雨 张吉忠

北京国安足球俱乐部二十年光辉纪念
BEIJING GUO'AN ZUQIU JULEBU ERSHI NIAN GUANGHUI JINIAN
北京国安足球俱乐部 编著
*
北 京 出 版 集 团 公 司
出版
北 京 出 版 社
（北京北三环中路6号）
邮政编码：100120
网 址：www.bph.com.cn
北 京 出 版 集 团 公 司 总 发 行
新 华 书 店 经 销
北 京 华 联 印 刷 有 限 公 司 印 刷
*
889毫米×1194毫米 16开本 39.75印张 430千字
2013年8月第1版 2013年8月第1次印刷
ISBN 978－7－200－09960－7
定价：120.00元
质量监督电话：010-58572393

10月15日联赛第29轮北京国安（主）1比0长春亚泰　国安队23号杜文辉第69分钟攻入一球

沈祥福

沈祥福两次临危受命

记者： 您曾经两次在国安正处于青黄不接的时刻接手球队。

沈祥福： 是啊，1998年我从金志扬教练手中接过国安，金指导带国安3年有了自己的风格和底蕴，我接手的不利条件是国安从1997赛季开始几乎转变了一个阵容，此国安已非彼国安，而球队只有18个人，当时被誉为"18棵青松"，这个专用名词年轻人已经不知道了，那是样板戏《沙家浜》中新四军18个伤病员在极端困难的情况下坚持革命，而我们也是18个男人。说困难确实有困难，漫长的赛季有几个伤病更麻烦。好在"三杆洋枪"犹在，有他们在我心里踏实多了，所以依然保持了第3，在第一集团里。

记者： 人虽少，但外援实打实。1998超霸杯就让您露了一次脸，从北京球迷到大连队教练徐根宝，都没有想到悻悻而归的竟是谁见谁怕的万达。在缺兵少将的国安9人对10人的艰难时刻，您独出心裁让国安全线压上，结果出现了周宁长驱40米，安德雷斯包抄抢点金球夺魁的动人一幕。

沈祥福： 那时候就是赌一把，结果运气在我们这一边。联赛周期漫长，不像超霸杯就一场，所以人少就很吃力。前几轮阵容上的捉襟见肘之势已很明显，在与广州太阳神队比赛时，我不得不让从未踢过前锋的周宁踢前锋，由不擅前卫的吕军客串前卫，在下半场时又无奈地把发着烧的卡西亚诺与受伤未愈的李东波请上场。每次国安队比赛时，我们座位席上的候补队员寥寥无几，与各队相比在气势上就矮了一截，其人数上的"惨淡"为甲A各队所未有。但是我们保持了在前10轮不败的战绩，那一年国安在非常困难的情况下获得了甲A第3名，保持了一个老牌强队的荣誉。

记者： 但1999赛季"三杆洋枪"离开，引进的外援与他们相比差距很大，困难就很明显了。

沈祥福： 是啊，刚到20岁的徐云龙、21岁的陶伟和19岁的邵佳一以及和他们同一年龄段的杨璞、商毅、薛申等一个阵容连乙级联赛都没有参加过，加上外援不理想，所以很吃力。早在联赛前我们去西班牙集训，就感到哪怕人家一个业余球队，他们的阵型与整体意识都是可圈可点的。尤其我们同皇家社会队比赛，对方阵容只上了六七名主力，可人家的配合、跑位、整体意识真让我们摸不着头脑。尽管我们偶然有个不错的小配合，当

地的观众也给我们鼓掌。但实力的差距使我们以0比4失败，我恨不能地上有个缝儿钻进去，我感到我们踢的是一种落伍的足球，既然球队年轻，交学费也就在所难免。

记者： 1999年底您离开国安曾对北京新闻界的朋友讲，别看北京现在没有国脚，几年后一定会有，而且不止一个，后来真的有了三个——徐云龙、邵佳一、杨璞，而且都在2002年世界杯上一显身手。人们都评价您善于培养青年球员。

沈祥福： 1999年是国安职业联赛以来最困难的一年，也是我最困惑、最感吃力的一年。最后拿了第6。不管别的教练怎么想，我体验到中国教练该是充电学习的时刻了。在赛后的宴会上，我对李士林董事长说："球员要学习，教练也得学习，我希望俱乐部能让我充充电。"李总大度地同意我去学习。

记者： 充电还是挺管用的，不久您就做了米卢的助手，辅佐他冲进世界杯，接着担任国青队教练，取得相当不错的成绩。2001年的世青赛，中青队被阿根廷誉为是整个赛事中最难对付的对手。

沈祥福： 当时中青队被誉为"超白金一代"，我诚惶诚恐地说："能是好钢材就不错了，千万别这么捧他们，拜托了。"10多年过去，我们的青年队在亚洲都毫无地位了。

记者： 您2004年回到国安，2005年正式成为球队主教练。2005年和2006年球队的成绩都有了很大的提升。总体讲是把国安重新带回到第一集团。很有意思的是，给国安当救火教练，您已是第二次了。

沈祥福： 2004年的球员基本都是20世纪70年代末和80年代之后出生的球员，虽然在职业联赛打拼几年，但他们还没有做强者的自信心。我感到两三年让这批队员夺冠没希望，但把他们带回第一集团是有希望的，几年过后可以向冠军发起冲击。

记者： 您带年轻球员的心得是什么？圈里人都说您属于那种举轻若重的人，这也适宜管理和调教年轻球员，因为年轻球员的理解能力与自控能力较差。无论中青队队员还是国安队球员都知道，沈祥福也从来不指使球员做训练之外的一点事，小至给足球打气、小范围平整场地，只要自己能干的他就事必躬亲。一来您需要球员精力集中；二来您做事精细，对队员不放心。

沈祥福： 对年轻球员尤其需要以身作则，在训练中，我的运动量几乎和球员一样，一块儿踢，一块儿撞，只是我不停下来纠正球员动作。徐云龙曾经和媒体说过："沈指导比我们大20多岁，他这么投入，我们能不好好

2006

385

练吗？"这种实干会让不努力的球员不好意思。我虽然严厉，但从不羞辱球员，平日我对他们晓之以理，但一旦他们违规了，我也会让他下不来台。一次看到一个球员夜里不熄灯玩游戏机，第二天早上集合，我说你昨天违规，很晚还玩游戏机，今天你训练能好吗？你现在去把游戏机取来。我当着全队的面把这个队员的游戏机踩碎。

记者：但我为这本纪念册访问一些球员时，他们都很敬佩您，杨智说您像"慈父"，徐云龙说是您培养了他……

沈祥福：首先，我要感谢队员对我的理解和支持，但就业务范畴而言，我认为一个教练不是和队员成为朋友才是最合理的状态，教练和队员要有距离，因为你随时要指出他的缺点。年轻时年维泗对我特别严厉，有一次当着全队的面把我说哭了，但他确实有真东西，几十年过去，我觉得最尊敬的教练就是年维泗。

记者：2006赛季，国安终于成为季军，您也再一次放心地离开。

沈祥福：2006年球员的自信心有了，往后几年直到今天，国安都没出第一集团，还在2009年获得久已向往的冠军，这是大家包括球迷努力的结果。未来的日子里，我依然衷心希望国安队取得好成绩。

沈祥福和徐云龙

沈祥福和黄博文

全名单

⌄

领　队：魏克兴
主教练：沈祥福
教　练：魏克兴、赵旭东、托米奇
队　医：双印、张阳

2006

号码	姓名	出生日期	报名身高/体重	备注
门将				
1	杨君	1981.06.10	187cm/78kg	新加盟
22	杨智	1983.01.15	186cm/78kg	
25	于一航	1986.07.25	185cm/83kg	
后卫				
2	郎征	1986.07.22	188cm/79kg	新加盟
3	张帅	1981.07.20	182cm/75kg	
4	穆萨	1979.01.15	190cm/83kg	阿根廷人
5	邱忠辉	1977.06.15	180cm/74kg	
8	杨璞	1978.03.30	178cm/76kg	
12	崔威	1983.04.07	182cm/78kg	
13	徐云龙	1979.02.17	181cm/80kg	
26	郝强	1986.01.17	180cm/78kg	青年队提拔
27	周挺	1979.02.05	181cm/78kg	新加盟
28	于雷	1985.05.22	180cm/77kg	青年队提拔
中场				
6	隋东亮	1977.09.24	178cm/79kg	
7	王长庆	1981.03.21	178cm/75kg	新加盟
14	王栋	1985.06.11	177cm/74kg	
15	陶伟	1978.03.11	176cm/70kg	
16	黄博文	1987.07.13	181cm/72kg	
18	路姜	1981.06.30	181cm/71kg	
19	杨昊	1983.08.19	176cm/66kg	
20	李尧	1977.11.21	175cm/65kg	新加盟
21	高雷雷	1980.07.15	178cm/76kg	
24	王超	1986.02.02	182cm/77kg	
前锋				
9	徐宁	1979.03.23	186cm/80kg	
10	科内塞	1977.01.07	178cm/73kg	匈牙利人
11	闫相闯	1986.09.05	174cm/66kg	
17	高大卫	1983.08.17	180cm/75kg	
23	杜文辉	1983.12.19	182cm/78kg	
29	商毅	1979.01.20	179cm/67kg	
30	米尔顿	1975.04.05	184cm/83kg	玻利维亚人

转会情况

转入		转出	
姓名	**原俱乐部**	**姓名**	**新俱乐部**
杨君	青岛中能	阿莱克萨	布加勒斯特迪纳摩
郎征	河北足协	季楠	北京宏登
王长庆	陕西国力	路鸣	北京宏登
李尧	大连实德	郝伟	沈阳金德
周挺	深圳健力宝	杨世卓	江苏舜天
穆萨	蔚山现代	耶利奇	厦门蓝狮
米尔顿	伊奥尼科斯	王存	成都谢菲联
科内塞	吉奥尔ETO（租借期满）	于博	广东日之泉
		刘川	北京巴士

2007 年

丰体雨夜

年度背景

THE
ANNUAL
BACKGROUND

北京奥运会临近，新一届世界杯预选赛也将打响，让联赛习惯性地成为牺牲品，纵然央视强势回归，重新大力度直播中超，但这也无法改变中超联赛品牌价值逐年缩水的命运，"裸奔"早已是必然。

山东鲁能依然像 2006 赛季那样强大，但敢于向其发起挑战的队伍已经多了起来，其中最受关注的当属新版本的上海申花，朱骏在赛季开始前 20 余天完成了上海联城和上海申花的合并，但上海足球并未因此而回到春天。

因为重庆力帆的降级，中国顶级联赛的西南板块在 2007 赛季没有了代表，但在足球并不发达的浙江与河南，却在这一年第一次有了顶级联赛的参赛队。还有长沙，因为沈阳金德的空降，这里忽然出现了一支中超队。

国安队向冠军发起冲锋

国安球迷高举李章洙头像

2007

8月5日商业赛北京国
安（主）0比3巴塞罗那
国安队23号杜文辉

经典回忆

沈祥福走，李章洙来，北京国安队在时隔4年后，又一次将教鞭交给了外国人，尽管李章洙早已是一位深谙中国国情与中国足球的"假老外"。

李章洙用其特有的体能训练法宝，辅以他的进攻足球基因，令已经打好了足够防守基础的国安队在进攻层面上提升不少，这支越发全面的球队终于可以向着联赛的冠军发起冲击。但一个凄冷的丰体雨夜，却浇灭了那团夺冠之火。

如果不是一个接一个的失误，也许最后的结果都不会因只差2分而无缘冠军了，但这就是足球，不接受"如果"。

选帅迷局

2006赛季，在"丰体不胜"期间国安俱乐部为加强教练组实力，曾将老师洪元硕以专家身份加入教练组，辅佐沈祥福。联赛后期沈祥福带队日渐稳定，已经展现了其驾驭球队的超强能力，所以国安俱乐部董事会达成一致意见，会让沈祥福继续执教2007赛季。

但沈祥福却不愿意再留了。结束了2006赛季最后一轮的征战后，沈祥福在沉思良久后致电俱乐部管理层，表达了"希望离开主教练岗位一年"的想法，这显然令国安俱乐部有些措手不及。所以俱乐部先把沈祥福的辞职申请压在手里不作答复，一方面尝试挽留；另一方面则开始紧急启动选帅工作。

10月的最后几天，沈祥福辞职的消息已经从国安俱乐部正式传出，如何迅速敲定一位新主帅，以便在球队重新集中后迅速展开引援和冬训，是国安俱乐部亟须解决的。

按媒体的猜测，如果不扶正洪元硕，离国安队最近的主教练人选应该是时任国家队主教练的朱广沪，因为当时曾一度风传，将由杜伊科维奇执教的国奥队直接转为国家队参加2007年的亚洲杯和世界杯预选赛，这也就意味着国家队主教练已经成为一个闲职。不过国安俱乐部很快就否认了朱广沪的传闻。

在外教方面，由皇马派驻国安的技术总监哈维尔曾经是人选之一，同样出现在候选名单上的还有时任巴林国家队主教练的尤里西奇和新加坡国家队主教练阿夫拉莫维奇，以及几年前曾与中国国家队帅位无比接近的荷兰人范哈内亨。

进入11月下旬，正在韩国K联赛执教首尔FC俱乐部的李章洙已经与国安无限接近了。李章洙此前在中国足坛执教6年，联赛成绩平平，只

主教练李章洙

是为重庆和青岛各拿了一座足协杯，国安俱乐部选中他，首先看中的是他执教中国联赛的经验；其次则是他对球队铁腕的管理方式。

在完成了K联赛的赛季后，2006年12月2日李章洙与国安俱乐部正式签下了为期两年的执教合同。

内援之乱

花了近40天时间来选帅，国安队的内外援引进工作都耽误了很多，可以说是错过了引援黄金期。那些原本已经和国安队教练组打过招呼、有意向转会的内援，或者改变主意放弃转会，或者已经选择了新的东家。

在李章洙上任前，国安俱乐部选援小组在多次开会后，已经为2007赛季的内援人选列了一个

候选表格，按需求度排序，第一位是杨君，第二位是王新欣，再往后是胡兆军、徐亮、吴昊、黄希扬、李鲲、万厚良和赵铭等人，但由于主教练迟迟未定，导致这些意向人选一个也没拿下。当然，即便李章洙早早上任，想把这些目标带到国安也不是件容易的事。比如杨君，在2006赛季后期已经威胁到了杨智的首发位置，国安队也一心想把他的身份由租借变为买断，但青岛中能俱乐部却把杨君收回后转卖给了天津泰达。而对于徐亮来说，他执意跟着沈祥福去了中甲的广州医药队。在其他人选中，无缘年轻中卫赵铭颇为可惜，由于延边俱乐部迫切需要拿他套现，最终被出手最快的沈阳金德队引进。而两位京籍中后卫吴昊和李鲲则因为被各自的俱乐部挽留而未能登上转会名单。

在李章洙上任后，教练组再次列出了内援的重点攻坚名单，这次的目标变成了两位辽宁人王亮和王新欣。作为前国脚，右后卫王亮当时刚加

●1月15日
北京国安队在海口的金鑫基地参加了2007赛季的YOYO体测,老将杨璞因犯规而被逐出场。不过他在两周的补测中顺利过关,拿到联赛上岗证。

●2月1日
国安俱乐部破天荒地通过官方网站正式宣布2007赛季的引援成果,签下了包括张永海、郭辉、薛申和程月磊4名内援,以及堤亚戈、阿德拉尔多2名外援。

●2月26日
因为堤亚戈在与国安队签署的合同保护期内旧伤复发,国安俱乐部终止了其转会国安俱乐部的资格。

●2月27日
北京国安队2007赛季套票的办理工作开始,超过2000名球迷于当天一早抵达丰体排起长队。这一年的球迷入会费用为100元。

●3月3日
中超首轮,北京国安队在上海源深体育场以2比0击败上海申花队,职业联赛史上第一次客场战胜申花。

●6—7月
北京国安俱乐部为贫困地区捐款10万元。

●7月7日
第14届亚洲杯开幕,张帅是唯一进入中国队23人名单的北京国安队球员。

盟山东鲁能仅一年,但因为主力位置受到了诸多小将的冲击而希望转会,并向国安俱乐部表达了加盟的愿望。但山东鲁能不愿意扮演冤大头的角色,希望至少以8折价格转给国安,这自然是国安不愿意的。而最受李章洙青睐的王新欣则是辽足的“非卖品”,尽管李章洙为了引进王新欣而不惜向他当年执教重庆队时的俱乐部总经理、后来的辽宁队总经理程鹏辉游说,但效果甚微,最终王新欣的名字也没有出现在转会榜上。

　　重点目标落空后,国安队只能从各队的转会上榜名单中寻找突破口。进入1月中旬,国安队的训练场上已经出现了陆博飞、郭辉和程月磊的身影。来自辽宁队的

8月22日联赛第18轮北京国安(主)4比1武汉光谷　国安队28号郭辉

郭辉是前国青队的主力射手，因为岁数偏大而被辽足放到球市上套现。北京孩子程月磊13岁离开北京去四川发展，18岁就在中超首发，在国安队无缘杨君的情况下，他被领队洪元硕喊来增强球队的门将环节。

另一位北京籍球员陆博飞也是国安队常年想揽入的，作为深圳队的中场核心，能够回归家乡自然是他所期待的。但就在陆博飞随国安队训练

在昆明临时开过一次会，商议是否引进张永海。围绕这名后卫的转会，李章洙认为，目前球队的后卫线最需要补充力量，而张永海适合球队的需要，他也有信心把张永海改造好。在获得了董事会的支持后，国安队的教练组迅速行动起来，将这名28岁后卫收入囊中，尽管最终的成交价格没有向外界透露，但张永海应该是2007赛季中超转会市场上的"标王"了。

几天后，竟然重现了一年前徐亮来了又走的闹剧。陆博飞拖着行李搬出国安队训练营，前往武汉光谷俱乐部报到，当时的官方说法是，深圳队在接受了国安队的报价后，又去与同样对陆博飞感兴趣的武汉光谷谈价钱，而武汉队的开价要比国安高，于是深圳队又把陆博飞转给了武汉。

在转会窗关闭前的1月26日，国安队教练组

除了上述几人，国安队还将3年前离京加盟深圳队的薛申低价收回，希望在新赛季里发挥这名老将的经验。此外，李章洙还把多位国安U19队的小将调入一队，这批球员是U19队主教练吕军的得意门生，在2006年的全国U19青年联赛里拿到冠军。

在离队球员方面，国安俱乐部只放走了高雷

● 8月1日
伤愈的堤亚戈在通过试训后与国安俱乐部重新签约，获得 42 号战袍征战中超。

● 8月5日
在丰台体育中心进行的"2007 巴萨中国行"比赛中，北京国安队以 0 比 3 负于以主力阵容出战的西甲劲旅巴塞罗那队。客队主教练里杰卡尔德在赛后表示，国安队的 23 号球员(杜文辉)给他留下了比较深刻的印象。

8月8日
北京国安队在山东省体育中心以 6 比 1 狂胜山东鲁能队，创造了球队职业联赛史上的客场最大比分胜利，这也是国安队职业联赛史上第一次客场击败山东队。

● 9月23日
中超联赛第 23 轮，北京国安队主场对阵青岛工艺品城的比赛现场，中信公司总经理助理罗宁、国安俱乐部总经理李小明向北京市原副市长、现北京市足协主席胡昭广针对北京国安队近期的工作和成绩作了详细汇报。次日，胡昭广特向北京市市长王岐山、常务副市长吉林汇报了国安队的近期工作和比赛成绩。王岐山市长表示，"如果北京国安队能够取得今年的联赛冠军，市政府将给予一定的奖励"。

● 10月
北京国安俱乐部为"西部地区失学儿童"捐款 13 万元。

雷和邱忠辉。前者希望到国外闯荡，而后者因为已经在国安队打不上主力，向俱乐部提出回到家乡青岛并被批准。

外援更乱

"国安还要穆萨吗？"2006 赛季刚一结束，穆萨的中方经纪人就发了一纸传真到国安俱乐部，询问国安是否有意与这位阿根廷中卫续约。凭借着 2006 赛季的表现，穆萨的实力已经得到了广泛认可，也收到了一些中超俱乐部的邀请，但因为国安队握有他的优先续约权，所以经纪人必须先征求国安方面的意见。而当时国安俱乐部还处在选帅期，所以迟迟没有给对方答复。12 月初，李章洙上任，俱乐部很快就把穆萨的名字报给了他，但李章洙几乎毫不犹豫就拒绝了这位阿根廷人，认为穆萨偏慢的速度不适合他后防线整体前压的理念。就这样，穆萨与国安缘尽。2007 年初，他因伤错过了加盟陕西中新队的机会，此后几次来华试训也没能得到一份合同。后来穆萨 30 岁出头就选择退役去美国读书了。

2007 赛季中超的外援政策变成了"注四上三"，比 2006 赛季多了一个注册和登场的外援名额。因为李章洙早早就确定要放弃 2006 赛季的所有外援，所以国安队必须要在 3 个多月的时间里敲定 4 位外援，至少也得先搞定 3 名首发外援。

在 2006 赛季 12 月下旬，国安俱乐部初步敲定的外援方案是"引 3 试 1"，即根据主教练和教练组的意见引进 3 名外援，然后从试训外援当中选拔 1 位用作第 4 外援。

在李章洙的计划中，"引 3"的目标是 1 名高中锋、1 名速度型边锋和 1 名中后卫，人选也初步确定。其中的高中锋是巴西人堤亚戈，边锋是他在 K 联赛里颇为青睐的浦项制铁队巴西人卢西亚诺·恩里克，中后卫的人选是国安队的老熟人巴辛。

作为深受京城球迷喜爱的外援，巴辛在中超元年返回中超加盟山东鲁能，连续 3 个赛季表现出众，但因为在 2005 赛季的亚冠联赛中辱骂裁判，遭致亚足联禁止其参加亚洲赛事两年的严惩，停赛期至 2007 年底。由于山东鲁能 2007 赛季有亚冠任务，如果留用巴辛，将只能在亚冠比赛中派出两名外援，所以外界均认为鲁能将和巴辛分手，令这位保加利亚人与国安再续前缘。

但足协增加一个外援名额的决定挽救了巴辛和鲁能的缘分，也令国安空等一场；很快，另一条坏消息也传来：巴西边锋恩里克因为厌倦了亚洲的生活而决定回巴西发展。

在去海口参加 YOYO 体测前，国安队中就已经有了试训外援的身影，到了昆明春训时，试训外援的阵容在壮大，但敲定的却只有一个堤亚戈。1 月底，国内球员转会窗关闭后，国安队很快就通过官网宣布，在签下 4 名内援的同时，也与堤亚戈和另一名前上海联城队外援后卫阿德拉尔多签下了工作合同。

2月初，国安队兵发韩国，通过热身赛来进行阵容的最后搭建，而人们最不愿意看到的事情却在此时发生了。堤亚戈身上的老伤根本没有痊愈，想参加比赛至少还得三四个月的时间。而阿德拉尔多则是体重严重超标，短期内也达不到中超的比赛要求。

国安俱乐部异常愤怒，但如何在仅剩半个月的时间里签约外援才是最重要的任务。至于堤亚戈，国安俱乐部先撤回了他在足协的报名，等他痊愈后再根据身体状况决定是否签约。而对于阿德拉尔多，只能采取跑圈的方式让他先减下体重再说。

奇兵摧花

毫无疑问，一方面，在李章洙的大运动量训练下，从海口到昆明，再到赴韩拉练直至驻扎上海备战首轮中超，国安将士度过了最艰苦的一段冬训时光，打下了非常不错的体能底子；另一方面，试训的外援前锋"一个比一个不靠谱"，导致4个外援名额空着3个，唯一一个签约的阿德拉尔多也因为身体状况和参赛证问题而不知道何时能够参赛。上海申花在与联城队合并后的超强国内球员配置以及豪华的乌拉圭国字号外援组合，让同在上海备战新赛季的国安队羡慕不已，而国安队的赛季首战对手正是全新的上海申花队。李章洙已经做好了用"全华班"挑战申花的准备。

正当全队都对新外援不抱希望的时候，与申花比赛的前一天晚上，阿德拉尔多以及两名新外援的参赛证被送到了国安队在上海入住的酒店，两位新外援是洪都拉斯人沃尔特·马丁内斯和巴西人阿尔松。

后来被京城球迷亲切地称作"小马丁"的马丁内斯加盟国安队的道路颇为曲折，他最早是上

海申花队引进的外援，在1月底抵沪后，已经与申花俱乐部签下了工作合同，但朱骏控股的联城俱乐部几天后就宣布收购申花成功，这也令小马丁和隆尼等申花队的新外援成为了新申花队中的冗员——申花队的乌拉圭籍主帅吉梅内斯显然更青睐于来自他祖国的3名国脚，小马丁和隆尼只好一边跟着新申花队训练，一边等着被俱乐部租借到其他队。而在李章洙的引援计划中，一个具备突破能力的边锋又是必需的，于是挑中了小马丁。至于阿尔松，则只是一个紧急救火的援兵，此前在国安队曾短期试训并参加练习赛，虽然有过进球但总体表现平平。

3月3日的上海源深体育场，国安队开始了2007赛季的征程，李章洙的首发阵容不出意料地使用了"全华班"，几位新内援中也只有郭辉跻身首发，在451阵型中出任单箭头。

国安阵中的唯一新援，成了赛季首战的进球之匙：第10分钟，徐云龙中场送出妙传，郭辉快速插上形成单刀，在禁区内被王大雷绊倒，国安队获得点球，陶伟主罚命中。

下半场一开始，李章洙就派上小马丁，用洪都拉斯人的速度大打防守反击。国安队的防线在下半场屡屡受到考验，徐云龙的因伤下场更是令防守压力倍增。但最后取得进球的却是国安队。第80分钟，小马丁头球摆渡，助攻替补登场仅1分钟的阿尔松门前铲射破门，2比0，国安队历史上第一次在客场击败上海申花队。李章洙首演成功。

首登榜首

客胜申花的喜悦在北京持续了很长一段时间，而接下来颇为有利的赛程，显然有助于国安队在赛季初便大量抢分。只不过没想到的是，一个尴尬的三连平破坏了李章洙的取分计划。

第2轮主场对阵升班马河南建业，核心陶伟在赛前训练中受伤，加大了国安队冲击对手铁桶阵的难度，而被委以首发重任的阿尔松也原形毕露，换来了丰体球迷的阵阵嘘声，而在建业队中，年初曾被国安队盯上的中后卫吴昊发挥出了高水平，成为了客场0比0逼平国安队的头号功臣。

第3轮，李章洙的尴尬在继续，客场又以0比0与武汉光谷队互交白卷。到了第4轮主场面对深圳上清饮，为了不再吃到平局，李章洙索性也模仿起沈祥福时代的战术，把徐云龙推上了前锋线与郭辉搭档。虽然小马丁以一脚世界波在第60分钟令丰体陷入疯狂，但国安队在终场前的防守失误还是葬送了这场胜利，遭遇三连平。

4月1日第4轮北京国安（主）1比1深圳上清饮　国安队29号商毅

3月11日联赛第2轮北京国安（主）0比0河南四五老窖　国安队28号郭辉

2月29日联赛第8轮北京国安（主）3比0辽宁西洋　国安队8号杨璞

4月29日联赛第8轮北京国安（主）3比0辽宁西洋　国安队15号陶伟

2007赛季中超初期，联赛诸强或多或少都存在着问题，鲁能在郑智赴英后，攻防均出现了问题，后防线的舒畅和巴辛轮番出错；大连实德则在扬科维奇被禁赛后找不到替身；上海申花匆忙合并后尚处磨合期；天津康师傅队则受困于没有射手。相比之下，国安队尽管缺乏中锋，但至少拥有两个飞快的边翼——左路的小马丁和右路的闫相闰，他俩在球队的进攻一筹莫展之际，均奉上了宝贵的进球。闫相闰的梅开二度助国安客场险胜厦门蓝狮，两人后来又联手奉上三球，国安队也以3比1战胜大连实德，取得丰体赛季首胜。

第7轮客场与浙江绿城队互交白卷后，国安队以净胜球的优势排到积分榜首位。而在第8轮比赛里，陶伟的爆发则助国安队以3比0完胜辽宁西洋，8战4胜4平，联赛中唯一不败的国安队坐稳榜首，而这也是建立在大多数的时间只使用

小马丁一名外援的情况下。只不过外界对于国安队前8轮的榜首成绩评价并不算高，认为李章洙的球队更多是占了对手不强的便宜，尽管后防保持了沈祥福时代的高水准，但进攻能力依然很不理想，积分榜上的位置并没有说服力。

五战不胜

阵容存在致命硬伤的国安队很快就被打回了原形，遭遇赛季首败，而出此重手的正是李章洙上一次在中国执教时的青岛队。虽然国安队在青岛已近10年不胜，但一度被对手3比0遥遥领先的局面却也出乎所有人意料。早已经被国安队队友们讽为"肉松"的阿尔松依然首发，但45分钟后，被李章洙就此否定。当然，导致这场败局的重要

5月13日联赛第10轮北京国安（主）0比0沈阳金德　国安队11号闫相闰

5月27日联赛第12轮北京国安（主）1比1陕西宝荣　陕西宝荣队主教练成耀东将球踢向看台

5月27日联赛第12轮北京国安（主）1比1陕西宝荣　陕西宝荣队队员与安保人员发生冲突

原因还是国安队的中场防守缺乏硬度，被对手冲散后导致后防线屡屡暴露在对方的进攻火力下。

锋线必须要调整，第4外援也在国安俱乐部的加紧办理下有了眉目。即将34岁的中超老熟人潘塔，在塞尔维亚联赛的赛季结束后踏上了飞往北京的航班，和国安俱乐部签约半年。作为前南国脚，擅长突破的潘塔为大连实德夺取2000赛季和2005赛季冠军立下大功，是一位出色的"9号半"球员，李章洙希望他的到来，能够提升球队的进攻厚度。

但潘塔的到来根本无法解决国安队进攻缺乏支点的问题，接下来的两轮联赛，国安队又是连续180分钟交出两张白卷，其中固然有运气成分，比如杜文辉在对阵沈阳金德时击中的两次门柱，但深层次原因还是球队没有射手，李章洙不得不在最需要进球的阶段把此前基本被打入冷宫的阿德拉尔多派出场担任中后卫，以便把徐云龙顶上锋线，但同样没有迎来进球。

国安队的低潮在继续，第12轮主场与陕西宝荣1比1战平，第13轮又客场0比1不敌天津康

6月16日联赛第13轮北京国安（客）0比1天津康师傅队　国安队9号小马丁

师傅队。5 场比赛中国安队 3 平 2 负只进 2 球，而且 1 个是对方的乌龙球，另 1 个是后卫张帅在大比分落后情况下的进球。在积分榜上，国安队 13 轮战罢仅列第 6。在第 14 轮完成了常规的"轮空"之后，名次更是滑至第 8。

有人将国安队"中盘"战绩不佳的原因归咎为赛程安排不公，因为 2007 赛季中超在由 16 队减为 15 队后，仅将最初的赛程进行微调，殊不知在这种情况下，国安队成了最大的受害者，因为每轮比赛的对手都是此前一轮被轮空的球队。在赛季开始前就发现此问题后，足协曾征询过国安俱乐部的态度，不过李章洙却拒绝了再改赛程的提议，在他看来，赛前休息时间过长的球队反而会因为训练比赛时间安排比平时更不系统而更好对付。

所以，国安队的五战不胜需要从自身找原因，

除了老生常谈的没有前场支点外，李章洙一些变阵尝试没有收到理想效果也是重要原因。

堤亚戈归来

按照与国安俱乐部的合同，如果连续五轮不胜，国安俱乐部有权直接解约李章洙，而在负于天津康师傅队第二天，领队洪元硕被撤换，由魏克兴担任领队，也被外界猜测成换帅的信号。

感谢中超联赛为亚洲杯让路的 40 余天时间给李章洙迎来了喘息之机，这对球员伤病较多且外援不力的国安队而言也是一个改变处境的好机会。

7 月 1 日，国安队兵发昆明，罕见地一年内两赴海埂，除了为躲避京城的高温外，最重要的是利用高原储备好球队在联赛第二阶段的体能。在

2007

海埂，李章洙得到了另一利好消息，那就是国安队只有张帅一人入围了中国队的亚洲杯阵容，这对球队的战术演练大有好处。

巴西人堤亚戈是随国安队一起抵达昆明的，

虽然其老伤已经痊愈，但由于状态不得而知，国安队不敢贸然与他重新签下合同，而是把他作为试训外援之一带到海埂，接受球队的考察。

国安俱乐部并不是专门在等堤亚戈痊愈，按

6月16日联赛第13轮北京国安（客）0比1天津康师傅队　主教练李章洙

6月16日联赛第13轮北京国安（客）0比1天津康师傅队　国安队5号阿德拉尔多

照原定计划，在与阿尔松解约后，国安队会签约K联赛全南龙队的巴西前锋桑德罗，这位27岁的射手是2001赛季K联赛的"金靴"，李章洙在联赛间歇期曾回韩国与其经纪人有过接触。但这次谈判并不顺利，因为桑德罗的所有权在水原三星俱乐部，对方表示把球员卖给国安没问题，但国安必须在3个多月的使用期里支付至少9个月的工资和租借费。由于磋商未果，国安俱乐部放弃了桑德罗，后者后来加盟了沈阳金德。

尽管涌向海埂找国安队试训的外援前锋不少，但他们的水平却比堤亚戈低了太多，堤亚戈不仅伤势恢复得很好，在养伤期内也很好地控制了体重，加上他平易近人的性格，受到了所有人的喜爱，和国安的签约已无悬念。

2007

客场王

国安队的海埂"补课"非常成功，从昆明回京后，俱乐部第一时间与堤亚戈签下了效力至赛季结束的合同。

8月5日，相对简陋的丰体迎来了世界豪门巴塞罗那队的到访，这支由里杰卡尔德执教的队伍，在罗纳尔迪尼奥的率领下成为2006年国际足坛最

11月14日联赛第30轮北京国安（主）1比0山东鲁能　国安队16号黄博文

成功的足球队。在过去，国安队肯定会在这场商业比赛中全力出击，但因为3天后中超联赛重新开战，国安队将前往济南迎战山东鲁能，所以除了门将杨智外，主力阵容均只踢了半场就被换下。比赛最后以0比3收场。虽然输球不是好事，但巴塞罗那队却给国安队好好地上了一课，国安队在联赛下半程踢出的漂亮足球，也确实有了些巴萨的影子。

2007年8月8日，在北京举行了规模盛大的北京奥运会倒计时一周年的庆祝活动，而在济南，国安将士们则以一场经典的6比1大胜为奥运"献礼"。国安队职业联赛的客场最大比分赢球纪录就此诞生并保持至今。

这是一场之前毫无征兆的大胜，鲁能在积分榜上排名第1，国安是第8，国安队此前13次做客济南的战绩是5平8负，而与国安的比赛中，此前半年在英超效力的郑智也首发出场，由于他已经确定要继续赴英，这场比赛也是郑智的鲁能告别赛。

比赛的过程并不像比分所体现的那样一边倒，国安队新捏合的"三杆洋枪"——潘塔、小马丁和堤亚戈面对鲁能队的巴辛、尼古拉双外援加王超、舒畅两名本土球员组成的后防线，在比赛的开始阶段并没有占到太多便宜，但随着比赛的进行，小马丁的速度还是在这条"中超最慢后防线"面前发挥了优势。第21分钟，小马丁传中，鲁能

8月5日商业赛北京国安（主）0比3巴塞罗那 国安队22号杨智

后卫冒顶，潘塔的射门击中立柱后弹出，被回防的舒畅挡入了球门。5分钟后，周海滨接郑智的传球扳平比分，而李金羽在第30分钟射门击中立柱，险些将比分反超。

但比赛的第41分钟和第44分钟，堤亚戈和小马丁在陶伟的策动下连续踢出精妙配合，国安队又将比分领先为3比1。下半场，在顶住了鲁能队前15分钟的狂攻后，国安队再次接管了比赛，第80分钟闫相闯换下黄博文，国安队的进攻再次提速，闫相闯在10分钟内连下两城，堤亚戈则在鲁能队禁区里杂耍般的表现连续过人后射门得分，6比1，山东省体育中心一片死寂。

算上赛季初的客胜申花和厦门，济南之胜已经是国安队的赛季客场第3胜了，而这些只不过是国安队这个神奇客场赛季的一部分；接下来，国安队又连续客场取胜河南和深圳，带来绝杀的分别是堤亚戈和徐云龙；而在赛季末段，国安队又在客场赢了辽宁和长沙，将赛季的客场取胜纪录提升到了7场。整个2007赛季，国安队14个客场比赛取得了7胜5平2负进20球失10球的历史最好成绩，客场拿下了26个积分，几乎与主场的28个积分不相上下。其中固然有运气的眷顾，但李章洙在客场敢于将防线前压，与对手对攻的做法才是取得佳绩的主因。

硬仗之憾

客场狂胜卫冕冠军，虽然在积分榜上只帮助国安队提升了两位，但却足以给全队注入一针强心剂，如果继续在主场拿下申花，国安队完全有实力借助接下来的轻松赛程直奔冠军而去，可惜，那个在客场的手下败将，却成为了丰体的最终胜利者。

主场与上海申花的比赛，只比济南之战晚4天，

8月22日联赛第18轮北京国安（主）4比1武汉光谷　国安队10号堤亚戈

10月4日联赛第26轮北京国安（主）0比1长春亚泰　国安队4号周挺

11月4日联赛第28轮北京国安（主）2比0天津康师傅　国安队6号隋东亮

但因为申花队上一轮按例轮空，在体能和备战方面都占据绝对优势。上文提到的赛程弊病，虽然在这个赛季的大多数一周一赛的比赛里都成为了国安队的有利因素，但倘若碰上一周双赛，就会立刻带来负面影响。由于亚足联临时决定将南非世界杯预选赛的资格赛调至2007年进行，所以足协在5月中旬修改了联赛下半段的赛程，增加了一周双赛的频率，直接导致国安队备战京沪之战的时间由最初的7天变成了4天。国安俱乐部曾向时任足协副主席的南勇提出把与鲁能队的比赛提前至8月5日进行，但因为与巴塞罗那这场中西文化年的商业比赛后来也被定在了8月5日，

8月12日联赛第16轮北京国安（主）2比3上海申花　国安队42号堤亚戈

导致国安俱乐部放弃了更改赛程的想法。

决战丰体，上海申花队用上了加盟不久的前英超米德尔斯堡队的中锋里卡德，而国安方面因为徐云龙累积黄牌停赛，只能组成郎征和张永海的中路防守搭档。刚开场1分钟，闫相闯就接堤亚戈的妙传，晃过门将邱盛炯而射空门得分，丰体提前开始了庆祝。但几乎是"纯国脚＋明星外援"组合的申花队此后展现了不俗的实力，并在第68分钟时将比分逆转为2比1，尽管堤亚戈在第75分钟扳平了比分，但前中超"金靴"萨乌尔·马丁内斯在第82分钟打进制胜球，国安队主场2比3告负。

在家门口输给最不该输的对手，不仅令国安队重回积分榜第8，也让京城球迷刚刚积累起来的心气坠入谷底。但也正是在这种不被看好的情况下，国安队发起了职业联赛以来最疯狂也是最提气的一次战役，9场比赛8胜1平进19球失6球，包括两个4连胜，积分狂涨25分，在9月29日第25轮客场击败长沙金德后，国安队正式跃居积分榜首，领先山东鲁能队1分，领先少赛1场的长春亚泰队2分，让京城球迷度过了一个最开心的国庆节。谁都清楚，只要在10月4日主场与长春亚泰的比赛中击败对手，国安队甚至有提前夺冠的可能。

这场事关夺冠的"准决战"在京城一票难求，仅能容纳3万人的丰体承载了所有北京足球人的梦想，这也是李章洙在中国执教的第200场比赛。

11年前国安队场上的"冷面杀手"高洪波，在一场秋雨里扮演了终结国安队夺冠梦想的冷面杀手，他的亚泰队用稳健的防守反击，对抗着全场狂攻的国安队。比赛的上半场，国安队如潮的攻势屡屡从亚泰队门前涌过。下半场，更加急躁的国安队受到了惩罚，第71分钟，闫相闯的挑射击中横梁弹出，国安队丧失了领先的最好机会。仅过了6分钟，亚泰队的埃尔维斯就飞身冲顶打破僵局，国安队输掉了这场"天王山之战"。

输球之后，虽然夺冠的主动权已经不在国安队手中，但舆论的普遍看法是，只要国安队能在最后3场比赛里保持全胜，夺冠希望依然超过80%，因为最后4轮1主3客的长春亚泰队想拿到8分并不容易。

但遗憾的是，李章洙错过了机会。联赛为国家队的世界杯预选赛资格赛让路的20余天时间，国安队并没有琢磨出太多客战陕西宝荣队的克敌良策，等到比赛打响后，人们也明显感觉到陕西队的斗志要比国安队旺盛许多，国安队在客场无精打采甚至险些输球的表现，丝毫看不出希望夺冠的进取心。就这样，在客场与陕西宝荣队互交白卷后，国安队的夺冠希望已经化为泡影，最后两场在丰体击败山东鲁能和天津康师傅只能算是为荣誉而战了。反观长春亚泰，最后4战仅拿7分，但也足以凭借1分的优势力压国安队夺冠了。

11月14日，北京国安队与山东鲁能队在丰体进行了赛季最后一战，国安队只要净负对手5球以内即可获得亚冠门票，但整个丰体乃至整个北京的球迷，此时的心思都放在深圳，盼望联赛倒数第2名的深圳上清饮队能帮助国安队完成对长春亚泰队的阻击。但亚泰队开场仅2分钟就取得进球，上半场就把比分锁定在4比1，宣告着国安队冠军梦的破灭。

尽管充满遗憾，但时隔12年再夺联赛亚军，已经足以刺激京城球市，而球队在联赛下半程的强大气势，以及堤亚戈超强的个人能力，都让人们坚信国安队已经无比接近2008赛季的中超冠军。而且，亚冠也来了。

杨智

最遗憾主场输亚泰，最感谢沈指导

记者： 2007年是你在北京国安更为成熟的一年，那一年给你印象最深的是哪一场比赛？

杨智： 当然是在雨中的丰台体育场因输给亚泰而痛失冠军的一场。那一年我们的形势很好，下半年强力反弹，在与亚泰比赛前9胜1平1负，像客场6比1胜山东、客场3比2胜辽宁打得都很精彩，堤亚戈表现得很抢眼，半个赛季进了10个，陶伟作为枢纽虽然进球不是他的主要任务，但下半年也进了5个，小闫几次爆发还有绝杀，如果上半年有这个势头就提前几轮夺冠了。而和我们咬得比较紧的只有长春亚泰。如果主场打平，冠军就是我们的了，那场比赛我们机会不少，可惜几次打门柱，上帝不在我们这一边。

记者： 这场球被人们议论很久，很多人分析，如果李章洙不是一味强攻，反而不至于输。

杨智： 这个很难讲，比赛输了大家会说用另一种方法和战术就会赢，球场不会给你马后炮的机会。李章洙执教国安以后的确有一套办法，作为韩国教练也很自信，这也正是韩国足球强于我们的地方。这场比赛贯穿的就是进攻进攻再进攻。下半场过半，亚泰埃尔维斯顶进那个球时，门前的太空了，这也是为狂攻付出的代价吧。

记者： 那一晚你的心情很糟。

杨智： 全队都糟，在休息室里没有声音，大家意识到我们期盼已久的联赛冠军又一次从我们身边溜走了，彼此之间连互相安慰都没有，因为都太难过了。我那时在马家堡租房，开车回家，一个晚上都难以入睡。一个球员也许一辈子都在为一个冠军奋斗，我们俱乐部也为此奋斗了十几年，想起这些万念俱灰，好几天都调整不过来。其实如果我们精力集中一些，在后来对陕西的比赛赢下来依然有机会。特别庆幸的是，两年后我们终于拿了冠军，为北京这座伟大的城市和几百万球迷献上了一份礼物。

记者： 前不久国安成立20周年的庆祝会，你当选为第一阵容，心情一定很高兴。

杨智： 是这样的，国安作为20年来唯一坚持下来的俱乐部，有不少优秀球员，我当选守门员第一阵容是莫大的荣誉。

记者： 国安队从职业联赛开始第一任守门员是李长江；第二年换成符宾；后来有刘新伟、姚健、杨世卓；只有你守的时间最长。

记者： 您说的几位守门员有的我都没见过他们的风采，因为我还在上中学，我又不在北京，这也说明国安的历史和传承。我特别要感恩的是，国安一手培养了我。

记者： 你的确是国安历史上的特例，因为国安之前还没培养过一个广东籍球员，而广东球员也很少向北京流动。

杨智： 说起来也有些偶然，2001年我在广州代表广东打全运会，仅仅是广东队的第3号门将，由于AB角高健斌、韩峰都受伤，才意外轮到C角的我补上来。有一场是广东对辽宁，那时辽宁集合了大连、辽宁两支甲A球队的精英，郝海东、肇俊哲等都在辽宁，所以广东的球门一再告急。18岁的我虽然尽力扑救，还是被攻进4球，我们以1比4的大比分告负。说实在的，那场球我经验不足，有两个球放在今天是可以救出来的，平时轮不上我打比赛，突然让我上，的确有些紧张。比赛结束，在中青队做守门员教练的李立新找到我，问我愿意不愿意去北京国安，我当时有些突兀，因为我既没名也没有业绩，怎么会看上我了？

记者： 你的条件不错啊！作为守门员，你的速度在全队都是前几名，你的弹跳让马布里都表扬，你曾经在他面前暴扣篮筐？

杨智： 在马布里面前扣篮是班门弄斧。我的速度和弹跳都可以，但这并不意味着成功，如果国安没有接纳我，

413

也有可能一事无成。守门员不同于其他位置，可用的人也很少，所以机会显得尤为重要。李指导提出让我去国安，18岁的我做不了主，广东人都比较恋家，更喜欢这里的气候和饮食。但李立新还是把我调进国青队，平时在深圳科健，做替补门将，心里还是挺焦急的。后来李立新对主教练王宝山说过，科健升不上甲A也掉不进乙级，就让杨智多上场培养他，我的机会才会多起来了。

记者： 李立新说看上你弹跳、敏捷、爆发力很出色，尤其是自制力非常好，不言不语，可心里很有准，小小年纪就似乎明白了干这行必须会约束自己。

杨智： 父亲是我人生的第一个老师，他教我收敛地

也不是沈指导愿意看到的。比赛后徐云龙、邵佳一、杨璞和我都去看恩师，沈指导心情很沉重，依然表现出对我们的爱抚，虽然彼此话不多，也一切尽在不言中。

记者： 卡马乔重用你，打世界杯小组外围赛虽然失利，可你的出色表现乃至百米奔袭到对方门前险些让中国队起死回生，都给全国球迷留下深刻印象，可你受伤后再也无缘进国家队，心里也会焦急吧？

杨智： 在省港杯比赛受伤后，也就没有再进国家队，不仅主力位置没有，大名单也进不去。伤病是运动员的大敌，通过这个变故也让我明白了很多事。焦急也没有用，目前训练达不到国家队主力的标准，先好好恢复身体再

做人，努力地做事。后来的王宝山、李立新、托米奇尤其是沈祥福对我的成长都非常有帮助。2004年李立新指导到我家诚恳地对父亲说："北京这地方不排外，要想发展就快去。正好北京国安需要守门员，他们是个大俱乐部，也有信誉，咱们要抓住机会！"这样我来到北京。

记者： 其实北京当时的守门员还可以，杨君不错，还有杨世卓也培养了多年。

杨智： 我来北京的时候一开始不是主力，还当过杨世卓的替补，沈祥福指导对我要求严也很鼓励我，尤其在我不成熟的时候也给我机会，没多久就成为主力了。

记者： 记得2012年联赛尾声国安面对保级的河南，对方教练是沈祥福，那场3比0大胜基本宣告河南保级无望，你心里怎么想？

杨智： 沈祥福在我眼里就是慈父，让他掉级是一件很痛苦的事，但职业球员必须有职业精神，如果不努力

说，而当务之急是尽快回到受伤前的水准，在2013年联赛中能有好的表现。

记者： 曾经有一阵，风传你要转会回广东？

杨智： 球员在获得某种成功之后总会有诱惑，但我也要讲究北京的厚德精神，是北京国安培养了我，我不会轻易离开，而且我曾经承诺，我不会以自由身来谋取更高的利益，而且北京是我的首选。

记者： 你准备在北京定居了？

杨智： 好几年我都是在北京租房住，球队在工体，我就在东边租，球队在丰台，我又到南边租，直到我2008年登记结婚，2009年在东三环买房，漂泊感才结束了。我女儿杨淑钰是我和太太的精神支柱，为了女儿和我太太辞去了工作当全职太太，我必须更努力踢好球，为她们也为无怨无悔地支持我们的球迷们。

全名单

∨

领　队：洪元硕（至2007年7月）／魏克兴
主教练：李章洙
教　练：李春满、洪元硕、赵旭东、托米奇
队　医：双印、张阳

2007

号码	姓名	出生日期	报名身高/体重	备注
门将				
1	张思鹏	1987.05.14	188cm/78kg	青年队提拔
22	杨智	1983.01.15	186cm/79kg	
34	侯森	1989.06.30	188cm/71kg	青年队提拔
35	程月磊	1987.10.28	188cm/80kg	新加盟
后卫				
2	郎征	1986.07.22	188cm/79kg	
3	张帅	1981.07.20	182cm/75kg	
4	周挺	1979.02.05	181cm/78kg	
5	阿德拉尔多	1977.06.14	182cm/76kg	巴西人
12	崔威	1983.04.07	182cm/78kg	
13	徐云龙	1979.02.17	181cm/80kg	
26	郝强	1986.01.17	180cm/78kg	
30	张永海	1979.03.15	183cm/75kg	新加盟
37	李洪哲	1987.02.01	188cm/75kg	
39	于雷	1985.05.22	180cm/77kg	
中场				
6	隋东亮	1977.09.24	178cm/79kg	
7	王长庆	1981.03.21	178cm/75kg	
8	杨璞	1978.03.30	178cm/76kg	
14	王栋	1985.06.11	177cm/74kg	
15	陶伟	1978.03.11	176cm/70kg	
16	黄博文	1987.07.13	181cm/72kg	
18	路姜	1981.06.30	181cm/71kg	
19	杨昊	1983.08.19	176cm/66kg	
20	李尧	1977.11.21	175cm/65kg	
24	王超	1986.02.02	182cm/77kg	
25	薛申	1977.01.21	181cm/71kg	新加盟
33	姚爽	1987.10.21	183cm/65kg	青年队提拔
36	祝一帆	1988.03.01	182cm/67kg	青年队提拔
38	薛飞	1987.10.29	178cm/62kg	青年队提拔
40	王皓	1989.02.18	177cm/63kg	青年队提拔
41	桑一非	1989.02.18	175cm/68kg	青年队提拔
前锋				
9	马丁内斯	1982.03.28	165cm/69kg	洪都拉斯人
10	阿尔松	1976.05.26	186cm/82kg	巴西人
11	闫相闯	1986.09.05	174cm/66kg	
17	高大卫	1983.08.17	180cm/75kg	
23	杜文辉	1983.12.19	182cm/78kg	
27	潘塔	1973.09.04	175cm/68kg	塞尔维亚人
28	郭辉	1978.04.09	177cm/72kg	新加盟
29	商毅	1979.01.20	179cm/67kg	
31	越恺豪	1987.10.19	183cm/78kg	青年队提拔
32	胡崎岭	1987.07.19	182cm/72kg	青年队提拔
42	堤亚戈	1977.12.04	194cm/87kg	巴西人

转会情况

转入		转出	
姓名	**原俱乐部**	**姓名**	**新俱乐部**
薛申	深圳上清饮	杨君	青岛中能（租借期满）
张永海	辽宁	邱忠辉	青岛中能
郭辉	辽宁	于一航	北京宏登
程月磊	大连实德	徐宁	浙江绿城
堤亚戈	上海联城	科内塞	匈牙利瓦绍什
阿德拉尔多	上海联城	高雷雷	新西兰骑士
阿尔松	巴拉圭奥林匹亚	米尔顿	智利奥辛吉斯
马丁内斯	洪都拉斯马拉松		
潘塔	伏伊伏丁那		

2008年

亚冠的洗礼

年度背景

汶川大地震和北京奥运会，是 2008 年中国发生的最大的两件事。

北京奥运会的成功举行，以及中国健儿的优异表现令国人沸腾，但中国足球却扮演了添堵的角色。国奥队在筹备数年后依然没有小组出线，而更受关注的中国国家队则在奥运会开幕前就已经提前和 2010 年南非世界杯告别。

中超联赛第一次凑齐了 16 支参赛队，但联赛还没进行完，武汉光谷队就选择退出中国足坛。而辽宁宏运队的再次降级，以及大连实德的继续滑落，则令人无奈叹息。

4月9日亚冠小组北京国安（客）0比1
鹿岛鹿角

3月12日亚冠小组赛北京国安（客）3比1越南南定

5月21日亚冠小组赛北京国安（客）3比5泰京银行　国安球迷

2008

国安球迷

经典回忆

2007 赛季的亚军，进一步提升了李章洙的雄心，北京国安队也迎来了首夺职业联赛冠军的黄金机会。但种种意外的发生，导致冠军一步步远离。也是在这一年，北京城第一次体验到亚冠的滋味，但这种滋味并不美妙。

内援多磨难

按常理，一支获得了亚冠门票的球队完全有实力、财力和感召力来吸引精英的加盟，俱乐部自身也会扩充阵容，满足双线作战的人员需求，但 2007 年底到 2008 年初的这段日子，与国安队有关的内援转会传闻却是少之又少，偶有一两条，也是捕风捉影。

坦率地讲，2008 年初的中国足球转会市场属于公认的"小年"，虽然和往年一样，依然有四五百人登上转会榜，但大腕并没有几个。李玮锋因为与申花俱乐部的续约谈判破裂，被抛入转会市场，他连同被大连实德因纠纷而抛出的一部分国字号球员，是市场上仅有的"大鱼"。李玮锋曾被媒体"生拉硬拽"地和国安扯上关系，这位中国国家队的后防支柱球技没得说，但高额的转会费以及工资，让国安俱乐部基本没有考虑过他的加盟。

国安不是没打算通过引援提升实力，账上也

不是没钱，但问题是，该怎样对现有阵容进行补充。

　　李章洙的态度很明确，那就是补强中轴线，2007赛季国安队的最大问题就是中路，缺乏一个铁塔型的中后卫，也缺少一个身体强悍的中场组织者，主场输给上海申花和长春亚泰，归根结底也是这两个环节出现的问题。在转会市场开门前，国安队的重点引援名单是河南建业队的中后卫吴昊，以及青岛中能队的中后场多面手刘健，也游说过辽宁队的肇俊哲和王新欣，但后三人均属于球队的支柱型球员，在转会费500万元封顶的时代，其所属俱乐部不可能放人，所以即便李章洙四处做工作，最终也没有让这些名字出现在转会榜上。

　　在这种情况下，京籍球员吴昊成为国安俱乐部重点追逐的唯一目标，而竞争者是当时正在紧缩银根的山东鲁能。那时的鲁能在转会市场上只

准备出手一次，引进一名中后卫填补巴辛离去后的空缺，第一人选是申花队的杜威，替补人选是吴昊。国安只有等着鲁能成功引进杜威后，才能把吴昊买走。而申花又显然不会在把李玮锋挂牌的情况下再放走杜威。于是鲁能退而求其次，买入了吴昊，国安空等一场。

　　按照国安俱乐部定下的2008赛季内援引进方针，引进的内援在实力上必须高于国安队现有的替补球员，否则不予考虑，所以从上榜的球员中筛来筛去，也只剩下了季铭义、阎嵩和陆博飞等人。国脚季铭义的确是国安队防线所缺少的角色，但他的年龄和伤病让国安颇为顾忌，索性放弃。而阎嵩虽然也进入了国安视线，但大连实德方面的标价过高且不愿意降价，导致交易也没了下文。陆博飞也再一次与国安取得了联系，因为与武汉

6月30日联赛第11轮北京国安（主）0比2上海申花　主教练李章洙

国安队17号王珂

2008

421

光谷俱乐部的不愉快，导致他又一次希望回到北京踢球，但同样卡在了身价上。

在内援引进大门关闭前，国安队中仅有秦升一名试训球员，这位 21 岁的后腰已经有了 30 多场中超联赛的经验，但因为比赛态度问题而被青岛中能俱乐部下放至预备队，于是秦升来到国安队试训碰运气，虽然表现得到了认可，但面对青岛中能开出的近 300 万元价码，国安完全无法接受。就这样，秦升回到了青岛。

1 月 28 日，中超转会窗行将关闭，眼看着国安队将以"零内援"开始 2008 赛季，这时一度陷入僵局的王珂转会交易却出现了松动的迹象。作为一名以盘带著称的"矮脚虎"，25 岁的王珂曾随上海申花青年队赴巴西留学，是一位不错的中场组织者。在登上转会名单后，王珂曾与长春亚泰走得最近，但因为亚泰和申花在转会费的问题上没有谈拢，才给了国安将其引进的机会。由于当时中超转会规定的截止日期相对宽松，也让国安和申花能有充裕的时间讨价还价。终于，经过了近 10 天的砍价，这笔交易才最终敲定，王珂也成为历史上第一位由申花直接转会加盟国安的球员。

在双线作战的情况下，没有通过内援转会提升球队的板凳深度，被认为是国安 2008 赛季不算成功的原因之一。

外援多闹剧

吸取了一年前引进外援下手过晚带来的一系列教训，国安俱乐部在 2008 赛季的外援行动可以说是早早出击。

首要任务就是老外援的续约问题。阿德拉尔多在赛季结束前就确定不被续约，老将潘塔虽然在之前的半年表现勤勉，他本人也表达出了希望留下的愿望，但国安俱乐部显然希望引进一位冲击力更强且更能进球的"九号半"球员。

2007 赛季大获成功的两位外援堤亚戈与小马丁，早已经凭借实力征服了京城球迷，续约是理所应当的，但两人的续约谈判都并非完全顺利，也耽误了俱乐部不少时间。

相比之下，小马丁的谈判是相对顺利的，而堤亚戈的问题就麻烦多了。2007 年年底，在全民呼吁"续约堤亚戈"的大背景下，堤亚戈的经纪人索性狮子大开口，将堤亚戈的薪水要求大幅提升，甚至接近了天价，这还不包括提供更好的住宿，以及家人的往返机票等附加条件，而且还要一签两年，这在当时的中超联赛里绝对是罕见合同，用在一个即将 31 岁、腿部受过重伤，而腰部也存在隐患的前锋身上是极不合理的。国安俱乐部的心理预期与堤亚戈方面的条件差距过大，所以双方从 2007 年 12 月初就开始僵持，迟迟没有解冻的迹象。

在僵持的过程中，国安俱乐部的一笔秘密交易浮出水面，那就是陕西浐灞俱乐部的巴西前锋隆尼，这位技术不错的前锋一年前和小马丁一样，都是"申联合并"后的外援冗员，后以租借身份加盟陕西浐灞。在迟迟与堤亚戈谈不妥的情况下，国安向隆尼开价，并初步谈妥了签约一年的口头协议。这桩交易本来将成为国安俱乐部外援引进史上又一个经典案例，但隆尼的经纪人忽然提价，导致彻底谈崩。

失去隆尼后，国安俱乐部一方面表示将赴欧选援；另一方面也重新恢复了与堤亚戈的续约谈判。而堤亚戈方面显然也清楚，除了国安，也不可能再有俱乐部为他支付高薪。最终，在一月初，双方正式签下一年合同。

由于亚冠报名迫在眉睫，第3外援也需要从速解决，而意外也再次发生，这里所说的"意外"，

3月19日亚冠小组赛北京国安（主）4比2泰京银行 国安队25号斯托扬

4月9日亚冠小组北京国安（客）0比1鹿岛鹿角 国安队20号小马丁

2008

423

● 11月30日

北京国安队主场2比0击败成都谢菲联队，迎来联赛连续13场不败，以季军的成绩为2008赛季收官。这也是国安队最后一次以丰体作为主场。

● 11月

北京国安俱乐部向"青海藏区格桑花助学行动"捐款13万元，捐款用于资助青海藏区两所贫困小学购买50头带崽牦牛，建成一个小牧场，让两所小学400名孩子受益，帮助青海藏区实现可持续性发展。

● 12月4日

中超全明星义赛在济南举行，李章洙作为明星队主教练与联赛冠军山东鲁能队进行了一场表演赛，国安队球员杨智、徐云龙和黄博文被选入明星队名单。

是第3外援的敲定前所未有的果断且迅速，而名气又是前所未有的小，小个子马其顿人斯托扬·伊戈纳托夫仿佛从天而降，迅速与国安俱乐部完成签约。

据李章洙的描述，是被斯托扬的一盘整场比赛的录像带所打动的，认为他就是自己所需要的中场全能型选手，所以抢在多家欧洲俱乐部购买前把他引进到国安队。但等斯托扬真正抵达北京开始训练后，无论队员还是媒体都犯起了嘀咕，因为这个马其顿人并没有展现出多少高人一等的实力，而且队医也发现，斯托扬有些长短腿，李章洙未经试训就与其签约是很不妥的。

小马丁、堤亚戈和斯托扬成为国安队首次征战亚冠联赛的3名外援，签下中场斯托扬，而不是给球队薄弱的防线引进一名中后卫，为即将开始的赛季埋下了隐患。

6月30日联赛第11轮北京国安（主）0比2上海申花　国安队4号周挺防守大马丁

首征亚冠

2008 赛季的亚冠联赛，是亚冠扩军至 32 队之前的最后一届，也是鱼腩球队最多的一届。因为印尼未能按时上报参加亚冠的球队名单，导致亚足联直接施以重手，剥夺了属于印尼的两个亚冠席位，而给泰国和越南各增加了一张"外卡"。

正当大多数中超俱乐部还在集中备战新赛季时，2008 年 3 月 12 日在越南河内，北京国安队的 2008 赛季已经正式打响，这是国安队历史上的第一场亚冠联赛，对手是越南南定队。尽管这是一场没有悬念的比赛，但比赛的进程却远没有预想的顺利，南定队开场仅 12 分钟就射门得分，并将 1 比 0 的比分保持至上半场结束。第 38 分钟，堤亚戈受伤后主动示意换人，替补他登场的杜文辉成为逆转的功臣，他在下半场 1 传 1 射扭转了

3月12日亚冠小组赛北京国安（客）3比1越南南定　主教练李章洙

很快，好消息从吉隆坡传来，在 2008 亚冠分组抽签中，国安队顺利避开了与韩、澳、日三国中的两队同分一组的两张下签，取得了唯一一张上签，同组不仅只有日本的鹿岛鹿角队，而且来自泰国和越南的对手也不是该国联赛冠军队，恰恰是新增的两支外卡队。鉴于当时的亚冠各组只有小组第一才能够出线，只要国安队能够拼掉鹿岛鹿角，即可轻松跻身亚冠八强。

战局，与梅开二度的闫相闯成为了国安队亚冠首胜的功臣。

尽管从河内得胜而归，但鹿岛鹿角队客场 9 比 1 狂胜泰国泰京银行队的结果，已经让国安队上下非常清楚，如果不能在两队两回合的正面交锋中取得占优的胜负关系，那么最后去比净胜球的话，国安队几乎没有机会。

一周后在丰体再战泰京银行，这个首轮 1 比 9

3月12日亚冠小组赛北京国安（客）3比1越南南定　国安队首发阵容

3月19日亚冠小组赛北京国安（主）4比2泰京银行　国安队9号杜文辉

告负的队伍丝毫没有鱼腩的味道，在顶住了国安队的开场狂攻后，泰国人组织起的有效反击对于国安队临时拼凑起的后防线威胁极大。第50分钟，国安队好不容易由小马丁把比分扩大为2比0，但仅过了12分钟，丰体的记分牌就已经变为2比2。比赛的最后阶段，小马丁和杜文辉各进1球，国安队才以4比2胜出。

两场比赛共净胜4球，而鹿岛鹿角队已经净胜了14球，国安队只剩下在第三、第四轮背靠背的交锋中"死磕"鹿岛，才能为小组出线迎来生机。

4月9日的客场之战，李章洙的球队并不保守，堤亚戈和小马丁在陶伟的策动下屡屡威胁对手城池，在比赛的前30分钟时间里，令当时正在J联赛积分榜上领跑的鹿岛鹿角队非常被动。但是在比赛的第32分钟，周挺吃到第二张黄牌被罚出场，国安队才把主动权让给了对手，并在第53分钟城池失守。失球后的国安队发起了疯狂反扑，2分钟后，堤亚戈在禁区内被拉倒地，国安队获得点球，但堤亚戈主罚的点球被对方门将扑出，王珂的头球补射也击中了横梁。接下来的比赛，10人应战的国安队继续威胁着对手，小马丁也在终场前错失机会，国安队的0比1充满遗憾。

两周后回到丰体再战，国安队员已经有了足够的克敌心得，虽然只有净胜对手两球才算真正完成任务，但全队的信心很足。比赛开场仅10分钟，攻势如潮的国安队就浪费了两个单刀球。上半场结束前，国安队快发任意球，堤亚戈冷静推射破门，助国安队1比0领先。下半场，国安队的体能已经下降不少，但仍然努力制造着进球机会，陶伟和替补登场的杨昊均错过了把比分扩大为2比0的机会。终场哨响，国安队员们并没有击败劲敌后的喜悦，没有踢成2比0，意味着国安队只有在最后两场比赛中比对手多净胜10个球才有出线的可能，实际上基本等同于小组出局。

小组第五战，国安队主场3比0击败越南南定，

4月9日亚冠小组北京国安（客）0比1鹿岛鹿角　国安队15号陶伟

5月7日亚冠小组赛北京国安（主）3比0越南南定　国安队27号于洋

2008

429

但与鹿岛鹿角队的净胜球差距已经拉大到 14 个，有人建议李章洙派替补去曼谷例行公事，留下主力专注联赛。但铁帅没打算放弃，他把本应去国家队报到的国脚扣下，带着全主力兵发泰国。

这是国安队外战史上的耻辱记忆，在曼谷雨后闷热潮湿的天气下，泰京银行队一上来就连灌了全主力出战的国安队 4 球，堤亚戈在败局已定的情况下上演"帽子戏法"（包括 2 个点球），国安队以 3 比 5 惨败。

尽管充满着不甘心，但国安队首次亚冠之旅还是以失败告终，受板凳深度和伤病影响，国安队没有踢出最好的足球，但至少从两场与鹿岛鹿角队的比赛看，这支球队的亚冠首秀并不怯场，而且时有闪光点。

3月12日亚冠小组赛北京国安（客）3比1越南南定　国安队7号王长庆

4月23日亚冠小组赛北京国安（主）1比0鹿岛鹿角　国安队10号堤亚戈

5月7日亚冠小组赛北京国安（主）3比0越南南定　国安队24号杨运

5月21日亚冠小组赛北京国安（客）3比5泰京银行　国安队10号堤亚戈

远去的堤亚戈

国安队的阵容危机其实在亚冠首轮开始前就已经出现，徐云龙、张帅和杨智被国家队抽调集训，"龙队"因伤退出，只能在场边跑圈，张帅则直到

去左路顶替杨璞的空缺。

在亚冠赛场上，堤亚戈的状态已经引发了人们的担心，起初人们还以为是亚冠首战遭遇的轻伤作祟，但随着赛事的全面展开，堤亚戈已经越来越不像是2007年的堤亚戈了。队员们发现，在训练中，堤亚戈变成了懒洋洋的姿态，很多训练课都敷衍了事；而在球场上，该巴西中锋也是杀

5月21日亚冠小组赛北京国安（客）3比5泰京银行 李章洙教练组

亚冠开始前几天才回到国安队中参与合练。而杨璞也早在联赛开始前就因伤高挂免战牌，联赛前两个月的比赛根本无法参加，这让本身就急缺后卫的国安队只剩下了周挺、张永海、张帅和郎征。国安在年初的转会期内对防线的"零补充"结下了苦果。无奈之下，李章洙除了重点磨炼国安青年队的队长于洋外，就是对右边锋王长庆进行改造，希望把他打造成右后卫，这样就可以让周挺

气全无，跑动不积极，精神不集中，经常轻易挥霍陶伟和小马丁为他送出的妙传。为了备战亚冠联赛，国安队把集中的日期定在了2007年12月中旬，但由于合同谈判的耽搁，导致堤亚戈直到1月中旬才回到北京，错过了最好的体能储备期，而且从回到北京后的身体状况看，堤亚戈很有可能是长期荒废了身体训练，所以教练组必须给他"开小灶"，但堤亚戈易受伤的体质，特别是腰部

国安队28号郭辉

和腿部的旧伤，也让加量训练颇有风险。就这样，无论是教练组、队员还是京城球迷，只能眼巴巴地看着几个月前的"大霸王"逐步沦为"水货"，但谁也舍不得轻易放弃他，毕竟2007年下半年的堤亚戈是绝对顶级的，也许等到赛季进行到中后段，"正版"堤亚戈就会归来？

堤亚戈的退步，直接导致国安队在2008赛季初段踢得非常艰苦。首战主场对阵河南四五老窖，靠的是场上最矮的小马丁贡献的一粒头球，以及杜文辉的锦上添花。而这已经是杜文辉在连续第三场比赛中（含亚冠前两轮）替补出场打进的第4个球。但这位被寄予厚望的攻击手此战过后便因为在训练中受伤而错过多场比赛。

第2轮主场对山东鲁能，国安队依然没有显示出强队风范，若非小马丁在第80分钟接陶伟的挑传头球救主，丰体很可能遭遇赛季首败。紧接着的第3轮，郭辉在终场前接陶伟开出的角球头球破门，助国安队客场1比0小胜武汉光谷，勉强将积分保持在积分榜的第一集团。

危机的真正来临是4月27日客场与陕西中新浐灞队的比赛。4天前国安队刚刚在主场与鹿岛鹿角队苦战一场，虽以1比0取胜，但亚冠出线已经极为渺茫，球队心气已经遭受沉重打击，而作为国安队"金牌防线"的重要一环，腹股沟拉伤的张永海将缺阵两个月，也令李章洙苦不堪言。客战陕西，李章洙不得不把张帅拉到中卫位置，由黄博文出任右后卫，但效果很不明显，在处处被动的情况下，1比2兵败西安也是个合理的结局，

3月30日联赛第1轮北京国安（主）2比0河南四五老窖 国安队30号张永海

而为国安队进球的又是小马丁。

一周后，继续客场作战的国安队和弱旅深圳上清饮队0比0战平。从场面上看，虽然国安队全场攻门15次，但论进球的绝对机会，却是深圳队以2比0占优。赛后，李章洙公开批评了跑动不积极的堤亚戈。

混乱阶段

堤亚戈终于进球了，联赛第7轮主场对阵辽宁宏运，堤亚戈跟跟跄跄地将一次带球失误转化成了进球。继不久前在亚冠开斋后，堤亚戈总算将自己的联赛进球账户"清零"。而他的这次进球，也多少是被"逼"的，因为国安队开始着手试训外援，并首选锋线位置，香河基地不时有提着行李和装备抵达的试训者。

积极引进前锋是国安俱乐部迫不得已的决定，

不仅是因为堤亚戈状态低迷，更重要的是斯托扬早已经被李章洙弃置不用，这位马其顿中场不仅防守不到位，进攻时也亮点有限，能力完全达不到国安队的要求。

选择斯托扬的失败，让国安队在联赛初期只能以双外援对抗对手的三外援，而中国足协在北京奥运会前出台的"有球员被抽调参加国奥集训的球队可以同时派出四外援"的政策也没能帮上国安队，在闫相闯被抽调走后，根本没有配备四外援的国安队只能吃哑巴亏。

5月21日，亚冠小组赛正式结束后，因为国家队的世界杯预选赛任务，国安队也迎来了一个月的休息期。虽然国安俱乐部早已经明确了要把4个外援名额用满，即在解约斯托扬之后引进中后卫和前锋各一名，但进展非常缓慢，有能力来试训的球员也是能力极差。之所以出现这样的问题，主要是欧洲赛季当时刚刚结束，有实力的球员或者选择休假，或者正想办法留在欧洲，暂时不考

4月5日联赛第2轮北京国安（客）1比1山东鲁能　国安队3号张帅

2008

435

慮远赴亚洲。而有闲心来华试训的基本都是至少失业半年以上的，竞技状态得不到保证。在试训了一批外援后，长春亚泰队的中锋埃尔维斯进入了国安队的视野。这位 7 个月前刚刚在丰体雨夜里绝杀国安的洪都拉斯前锋，因为在联赛前几个月的表现过差而在亚泰队失去了出场机会，于是被经纪人推荐到了国安。本来，以埃尔维斯的名气，基本可以不经试训就与国安签约，但是当这位"黑铁塔"出现在北京时，所有人都吓了一跳：几个月前的"黑铁塔"怎么变成了黑胖子？相信这与埃尔维斯在远离亚泰队主力阵容后的自暴自弃有很大关系。所以在 2008 年夏天，埃尔维斯一直在抓紧时间跑步减肥，以求赢得国安的合同。

联赛重开后首战，国安队先赢后平，客场 1 比 1 战平浙江绿城队，付出了门将杨智颧骨骨折，以及两大核心徐云龙和小马丁受伤下场的代价。

4 天后，国安队在丰体迎战老对手上海申花，遭遇了该赛季最大规模伤情的国安队已经到了无人可用的地步。虽然杨智暂时放弃了手术，但全队无法出场的名单还是包括了杨璞、徐云龙、小马丁、阎相闯等多人，后防无人，前场边路瘫痪，李章洙不得不把 19 岁的于洋放到右后卫的位置上，用张帅和带伤出战的张永海搭档中后卫，在前场则是用隋东亮、陶伟、黄博文和杨昊等一干中路好手临时搭配，与人员齐整的上海申花形成了鲜明的对比。

这是京沪大战历史上，国安队在主场罕见的一次完败。上半场，杨智高接抵挡，瓦解了对方多次极具威胁的攻势。而堤亚戈也在获得单刀球后，照例"挥霍"掉。下半场一开始，于涛补射得手先下一城，几分钟后，申花队再次进球，张帅把对方姜坤的一脚抽射挡入了自家大门。0 比 2，国安队干脆地输掉了比赛，"助"上海申花登上了积分榜首位。

京沪之战的失利，极大地影响了国安队员的

信心，而 3 天后又是客场与天津康师傅队的比赛，根本没有人看好这支哀兵能在客场取分。但国安队越不被看好就越能给人以惊喜的传统依然保持，

5月10日联赛第7轮北京国安（主）2比0辽宁宏运　国安队10号堤亚戈第51分钟攻入一球

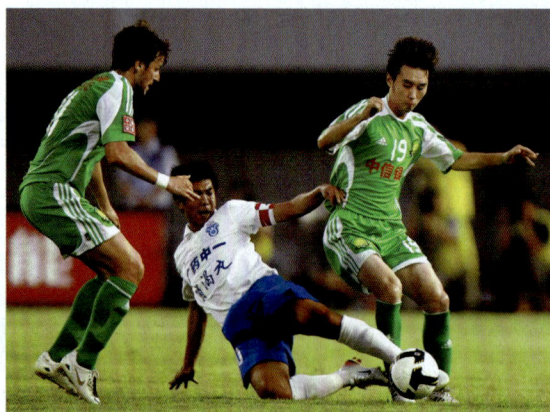

7月16日联赛第4轮北京国安（主）3比2广州医药　国安队19号杨昊防守徐亮

黄博文在比赛中显然没有受到落选国奥队的影响，开场仅 2 分钟就首开纪录。下半场，郭辉把比分改写为 2 比 0。第 80 分钟，替补登场仅 2 分钟的

埃尔维斯打入国安队第3球，最终国安队以3比1取得了一场难得的胜利。

签约埃尔维斯是国安队在比赛当天凌晨才正

斯队高价加盟的布尔卡也颇为稳健，国安队正在走上正轨。若不是北京奥运会导致联赛暂停一个半月，也许国安队会提早掀起一波抢分潮。

国安队22号杨智

式敲定的，该洪都拉斯人随即在中午乘车抵达天津，并在当晚的比赛中进球。这样的雪中送炭，也极大地提升了国安队全队的信心：同样是在客场战胜强敌，同样是新外援首秀即进球，国安队也许将复制2007赛季下半段的追分奇迹？

至少在接下来的几轮联赛里，国安队是有这样的势头的，北京奥运会前的最后3轮联赛，国安队2胜1平，球队的进攻被盘活，感受到压力的堤亚戈打入2球。而在防守端，由德甲科特布

武汉风波

北京奥运会在全国人民的欢呼声中落幕后，中超联赛也再度重启。40多天的时间，对于满营伤兵的国安队是绝对的好消息，几名伤号陆续复出，而埃尔维斯也减下了8斤体重，正在逐步找回最佳状态。

但赛程却对试图重整旗鼓的国安队不是好消息，联赛重启后，国安队就面临连续4个客场，其中的3场是常规的赛程安排，另1场则是汶川大地震后暂停的那轮联赛改期所致。但在出征4个客场前，最不好的消息传来，已经获得认可的中后卫布尔卡因为腰伤要休息一个多月的时间。

"四连客"首战，国安队就在升班马成都谢菲联队身上遭遇当头一棒，下半场失球之后还一度被对手围攻，幸亏李章洙在比赛的最后阶段派出三前锋，才勉强逼平对手；一周后客战大连实德，对方阵中由19岁的李凯和20岁的李学鹏联手打

0比2的完败。在积分榜上，国安队在第17轮比赛战罢后名次已经滑落至第5位。

9月28日在丰台体育中心，在中国足坛引发轩然大波的事件正式上演，北京国安队在主场迎战武汉光谷，对手当时已经连续7轮不胜，在积分榜上垫底，保级形势非常危急，不久前高价从上海申花引进李玮锋，就是为了能在保级大战中发挥作用。

对于国安队而言，这是一场糟糕的演出，在小马丁于第43分钟进球后，国安队迟迟未能把比分扩大，反而给了对手可乘之机。第86分钟，屡

9月28日联赛第18轮北京国安（主）1比1武汉光谷 李玮锋防守国安队18号路姜

入3球，令国安队以1比3饮恨。

负于实德后，李章洙迅速调整了球队的中后场人员配置，终于在客场与河南队的比赛中取得胜利，埃尔维斯在终场前7分钟完成绝杀。但一周后，国安队又在山东鲁能队的主场吃到了一场

屡与国安队无缘的陆博飞主罚直接任意球破门，把比分扳为1比1。

就在比赛行将结束之时，李玮锋的解围击中上前封堵的路姜，在路姜倒地后，李玮锋一脚踩在了路姜的胸口上，并在转身后还有一个疑似蹬

9月28日联赛第18轮北京国安（主）1比1武汉光谷　国安队20号小马丁

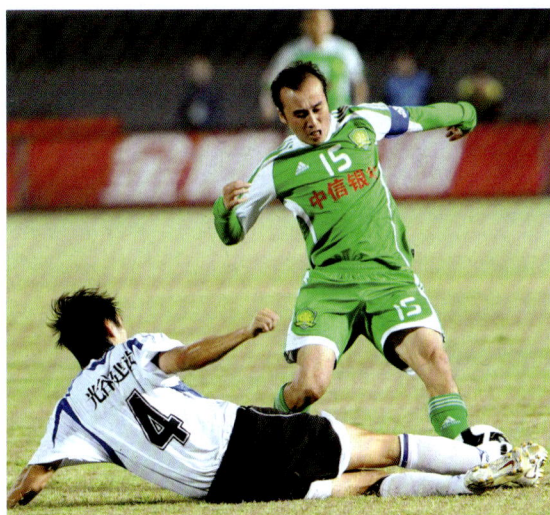
9月28日联赛第18轮北京国安（主）1比1武汉光谷　国安队15号陶伟

9月28日联赛第18轮北京国安（主）1比1武汉光谷　国安队10号堤亚戈

踏的动作，路姜迅速起身，掐住李玮锋的脖子将其推倒，被主裁判王津出示红牌罚下，而李玮锋则逃脱了处罚。

赛后，对主裁判表示强烈愤怒的国安俱乐部上书中国足协表示不满，而中国足协裁判委员会也在调取录像、搜集证据后认为，李玮锋故意踩踏路姜属于暴力行为，应该被红牌罚下，而路姜的行为被出示红牌也不为过。最终，中国足协纪律委员会在9月30日作出追加处罚，对李玮锋和路姜各停赛8场、罚款8000元。

处罚出炉后，武汉光谷俱乐部显然无法接受，毕竟李玮锋是该队保级的唯一希望，刚刚加盟没几天就遭受长期停赛，几乎等同于宣判武汉光谷俱乐部降级。于是武汉光谷俱乐部在10月1日正式表态，一旦足协不更改处罚，就将退出中国足坛。当天，武汉光谷俱乐部高层与李玮锋一起进京与足协谈判，在谈判破裂后，武汉光谷俱乐部方面在10月2日正式宣布退出中国足坛。

有人认为国安是武汉光谷俱乐部退出中国足坛的直接原因。但事实上，在李玮锋和路姜的冲突发生后，国安俱乐部上书足协的做法只是追求一种公平公正的判罚，绝没有将武汉光谷俱乐部推入深渊的想法，把武汉光谷俱乐部退出的原因推到国安身上是毫无道理的。

成熟的黄博文

武汉光谷退出中超后，该队所有已参加和未参加的联赛都被判0比3，这对国安队在积分榜上的位次没有多少改变，依然是联赛第5，依然距离亚冠的参赛资格有一段距离。不过好在国安队的恐怖赛程已经基本结束，在联赛前17轮踢了11个客场后，国安队在最后的12轮联赛里握有8个主场，该进入抢分的高潮期了。而这次抢分的带

国安队16号黄博文

头者，是21岁的黄博文。

从2004年中超元年突然冒尖后开始，黄博文就一直是深受中国足坛关注的中超新星，但他此后的成长速度并不如人们预想得那样快，虽然每位教练都承认他技术全面且天赋过人，但大多数教练都不愿意起用他。一方面是因为国安队前场已经有了技术大师陶伟，不可能让黄博文担任前场组织核心。而倘若把黄博文放在后腰位置上，他偏弱的防守能力尚不能在中超联赛中立足，加上国安队已经有了出色的组织型后腰隋东亮，这也令黄博文若想成为国安队中主力就必须加强练

位置也稍稍前提。当时，随着路姜的禁赛，国安队的左路人员严重短缺，迫使李章洙把球队的阵型改为442中场平行站位，把陶伟调到了左后卫位置，这也就要求黄博文在前场必须与两位前锋相接应。

变阵之后，黄博文的攻击才华得到了进一步展现，在主场对阵长春亚泰和大连实德的两场硬仗中均首开纪录，是国安队创纪录的联赛5连胜的重要功臣。联赛倒数第2轮，在争夺亚冠的最关键阶段，黄博文又在终场前以一脚精彩的直接任意球破门，率队以1比0击败长沙金德队。

10月26日第24轮北京国安（主）2比1大连海昌 国安队19号杨昊

2008

习防守能力，扮演好"蓝领"的角色。

尽管需要面对诸多挑战，但黄博文还是顺利撑了下来，联赛上半程中他与隋东亮一起担任双后腰，用适时的前插取得了3个进球，而进入赛季中后段，随着李章洙的大力度变阵，黄博文的

整个2007赛季，黄博文贡献了7粒联赛进球，有6粒是为球队首开纪录的关键进球，另1粒则是国安队的赛季最后一个进球。而在黄博文取得进球的7场比赛中，国安队6胜1平。后来在中超全明星赛上，黄博文也同样有球进账。随着老

国安队6号隋东亮

国安队15号陶伟

核心陶伟逐渐淡出主力阵容，黄博文适时地冒尖的确令人感到惊喜。

到赛季结束，国安队以13场不败结束了2008赛季的征程，最后13轮9胜4平取得31分，在积分榜上由第5名上升到第3名，顺利抓住亚冠扩军的机会取得了亚冠联赛的入场券。虽然2008赛季进行中波折颇多，但最后的结局依然理想。毕竟以2008赛季球队的季前准备和阵容厚度，能在双线作战的情况下还能以季军收场，已经不是一件容易的事情。

10月22日联赛第23轮北京国安（主）2比1长春亚泰　国安队13号徐云龙

国安队与球迷助威团合影

王文

感谢球迷对国安俱乐部一往情深

记者： 国安成立20周年，俱乐部始终没有忘记球迷20年来的贡献。

王文： 非常感谢俱乐部对球迷的付出给予的肯定与鼓励。在欢乐谷召开的庆功会，我们球迷也作为重要的群体接受奖杯。这是国安俱乐部的一贯做法。

记者： 自职业联赛以来，北京球迷人数飙升，这也成为北京的一道城市风景。北京市球迷协会也有了用武之地，作为北京市球迷协会会长，你的感触应该很深。

王文： 我曾在北京公交公司工作，历任车队队长、党支部书记。后辞职下海，可以有更多自己支配的时间看球，后来我被推举为北京国安足球俱乐部球迷部部长、俱乐部总干事。2002年12月国安球迷部会员已达13000多人！2004年9月12日，正式成立北京市球迷协会，我担任法人会长。后来共青团北京市委看到球迷主体是年轻人，足球在年轻人中影响力很大，也加强了指导。

记者： 北京主场如今已经是全国上座率最高的了，北京球迷对国安真是一往情深。

王文： 其实也有反复。1995年是职业联赛最火的一年，那一年出现半夜排队买票的景象，在球迷李劲、张忠等积极参与下，我们北京球迷协会完成了海、陆、空异地观战的壮举，我们坐飞机去上海，坐火车、汽车去济南、天津，坐轮船去大连，这样的盛况至今没有再现。而21世纪初，受成绩滑坡与明星球员转会的影响，一度出现上座率极度萎缩的状况。我和副会长张忠一起数过观众人数，最惨的时候只有几百人。我们想了很多办法，比如到大学发展球迷。后来观众逐渐回升，2009年拿了冠军以后便再也没有出现低谷，这已经有点像英超、德甲的观众，死忠一家俱乐部。

记者： 足球已经成为北京市民生活的一部分，国安一比赛总有几百万人关注。

王文： 随着网络的发达，大家有了更多的交流和娱乐的机会，我有时经常下载我们会员的感想，比如一位球迷在国安贴吧上写道："爱国安、爱聊天、爱踢球、爱聚会，那你就来吧！欢迎广大的国安球迷加入我们的团队一起分享国安给我们带来的快乐，在这里因为我们共同的信仰——北京国安，大家相知、相识，从陌生到熟悉，到朋友，从网络到现场，我们一起为那一抹绿色摇旗呐喊，因为你的加入使得我们的团体一点一滴地在壮大，因为你的加入使得我们又多了一个朋友，因为你的加

入又增加了那一抹绿色。来吧，为了我们心中的挚爱——北京国安！"

记者： 每当工体比赛，球赛激烈精彩，看台球迷的壮观也相映成趣，置身绿色的看台和气势宏大的围巾墙，真的很震撼。

王文： 北京球迷协会的"主力部队"是绿色狂飙啦啦队，2002年在北京国安足球俱乐部的支持和帮助下，绿色狂飙啦啦队正式成立，并组织招募了上千球迷为国安队助威，啦啦队主要由20岁左右的年轻人组成，他们在赛场上用自己的激情和汗水一次次地为自己的球队呐喊助威，用一个个动人的故事感动着身边的球迷。后来队伍不断壮大，一些思想超前的球迷效仿欧洲球迷配备了定音鼓等助威装备，并统一服装、统一动作、统一口号，以全场站立的方式为北京国安队助威。我们北京球迷协会在引导球迷方面也下了功夫，协会多次带球迷到异地甚至外国观战，由于工作做得细，从未发生过不愉快的事件。2005年9月亚洲杯在中国举行，一位亚足联的官员因一件不大的事情得出结论称中国无能力办好亚洲杯，进而对北京能否举办奥运会公开提出质疑。我们觉得北京奥运会尚未举办，怎能武断地先否定它呢？我和张忠、徐东风3个人代表北京球迷对这位官员的言论进行交涉，向这位官员指出他的讲话不妥，这位官员在24小时内进行了道歉！

记者： "京骂"已经成为一个标签，北京球迷协会是如何引导的呢？

王文： 北京球场的"京骂"已经闻名，但屡禁不绝。尽管在球场骂人不是北京的专利，但不要忘了北京是首都，被誉为"首善之区"，北京赛场有必要为其他赛场作出文明的表率而不是"京骂"的朗朗上口。喊口号不能图一时痛快，不能自己怎么出气怎么来，尤其所有球员都是足球界的人才，"京骂"是对球员的不尊重。当全场震耳欲聋的骂声轰响，的确有些汗颜和难为情。很多家长不敢带孩子尤其是女孩子来球场，就是怕这种负面的感染太强烈了。北京球迷协会也想了多种办法。首先协会成员绝不允许"京骂"，否则不再接纳他为会员。同时会员用不骂人的方式加油，用自己激情、时尚、专业的啦啦队发挥积极的助威作用。用站立、欢快、热情、澎湃的方式与"京骂"拉开距离。

记者： 但是这最终也解决不了……

王文： 北京解决不了，各地也都没有解决。我们想尽了所有的办法，之所以不能制止，是由于球场有非常特殊的氛围，因为顷刻间承载了太多胜利的荣誉与失败

的羞耻，而且其中也夹杂着城市竞争、工作学习紧张需要释放压力的一些因素。其实到很多赛场看看，有的比"京骂"还难听，但我们不想为"京骂"找理由。我观察了，有的人离开球场之后在单位、学校说这个词会脸红，还有些是十几岁的孩子。1995年开始"京骂"的那批年轻人已经为人父，他们也远离了"京骂"。我们以后也会为杜绝"京骂"继续做力所能及的工作，还希望社会上的朋友不要认为北京球迷都"京骂"，很多球迷从来不骂。更应该看到，20年职业联赛，北京出现的球场事端最少。北京自国安2009年首次夺冠后，历年主场人数为全国之最，为丰富北京市民的文化生活立了功！

记者：有一度球场用高音喇叭盖住"京骂"，后来为什么撤了？

王文：有人指出这种做法全世界都没有，用噪声掩盖喊声不可取。不仅对"京骂"不该这样，2010年南非世界杯期间走红的南非乐器"呜呜祖啦"颇受中国球迷青睐，北京球迷也准备用"呜呜祖啦"进场加油。我请教了一位声学家，得出结论是"呜呜祖啦"发出的声音会严重干扰其他观众观赛，同时会对场内运动员的发挥产生影响，所以建议国内赛场不要普及"呜呜祖啦"。他的号召力使得这个球场"特殊武器"未能在北京球场生根，事实证明各国也没有推广这种加油方式。

记者：工体已经被称为北京"最大的四合院"，这里确实演绎着人生的悲欢离合。

王文：真是这样，工体的很多故事非常感人，前不久一位女教授告诉我，她的儿子是北京市统计局年轻的公务员，小时候买了国安队服，并有数位球员签名，他一直珍藏了十几年。但去年决定送给儿时的同学，因为同学是血癌晚期，儿子愿意在好友生命的最后时刻给他快乐。同学拿到球衣时说："天堂里也会看到国安。"

记者：真的令人感动！

王文：咱不敢说北京球迷素质全国最高，但热情绝对最高。其他赛场有闹事的球迷，是因为部分人不懂球。京城的爷们儿绝对是最懂球的，他们真正热爱足球，在赛场得到了真正的快乐，所以能够理解球队的胜负。国安永远争第一，我们球迷也要争第一，努力打造中超最有素质的球迷团体。

全名单

∨

领　队：魏克兴
主教练：李章洙
教　练：李春满、赵旭东、托米奇
队　医：双印、张阳

2008

号码	姓名	出生日期	报名身高/体重	备注
门将				
1	张思鹏	1987.05.14	188cm/78kg	
12	程月磊	1987.10.28	188cm/80kg	
22	杨智	1983.01.15	186cm/79kg	
34	侯森	1989.06.30	188cm/71kg	
后卫				
2	郎征	1986.07.22	188cm/79kg	
3	张帅	1981.07.20	182cm/75kg	
4	周挺	1979.02.05	181cm/78kg	
13	徐云龙	1979.02.17	181cm/80kg	
26	郝强	1986.01.17	180cm/78kg	
27	于洋	1989.08.06	183cm/72kg	青年队提拔
30	张永海	1979.03.15	183cm/75kg	
40	徐怀冀	1989.05.07	181cm/65kg	青年队提拔
41	布尔卡	1980.03.16	183cm/73kg	罗马尼亚人
中场				
5	桑一非	1989.02.18	175cm/68kg	
6	隋东亮	1977.09.24	178cm/79kg	
7	王长庆	1981.03.21	178cm/75kg	
8	杨璞	1978.03.30	178cm/76kg	
14	王栋	1985.06.11	177cm/74kg	
15	陶伟	1978.03.11	176cm/70kg	
16	黄博文	1987.07.13	181cm/72kg	
17	王珂	1983.08.31	168cm/70kg	新加盟
18	路姜	1981.06.30	181cm/71kg	
19	杨昊	1983.08.19	176cm/66kg	
21	姚爽	1987.10.21	183cm/65kg	
24	杨运	1989.07.18	183cm/72kg	青年队提拔
25	斯托扬	1979.12.22	170cm/68kg	马其顿人
33	王皓	1989.02.18	177cm/63kg	
35	薛飞	1987.10.29	178cm/62kg	
36	祝一帆	1988.03.01	182cm/67kg	
37	刘博	1988.10.13	179cm/75kg	青年队提拔
38	黄骏	1990.03.08	175cm/65kg	青年队提拔
39	刘腾	1989.01.06	178cm/67kg	青年队提拔
前锋				
9	杜文辉	1983.12.19	182cm/78kg	
10	堤亚戈	1977.12.04	194cm/87kg	巴西人
11	闫相闯	1986.09.05	174cm/66kg	
20	马丁内斯	1982.03.28	165cm/69kg	洪都拉斯人
23	越恺豪	1987.10.19	183cm/78kg	
28	郭辉	1978.04.09	177cm/72kg	
29	商毅	1979.01.20	179cm/67kg	
31	胡崎岭	1987.07.19	182cm/72kg	
32	埃尔维斯	1978.07.01	185cm/83kg	洪都拉斯人

转会情况

转入		转出	
姓名	**原俱乐部**	**姓名**	**新俱乐部**
王珂	上海申花	李尧	浙江绿城
斯托扬	拉博特尼基	崔威	长春亚泰
埃尔维斯	长春亚泰	高大卫	安徽九方
布尔卡	科特布斯	王超	北京理工
		潘塔	伏伊伏丁那
		阿德拉尔多	圣卡埃塔诺
		薛申	退役

2009年

我们是冠军

年度背景

中国体育进入"后北京奥运时代"的第1年，中国足球也因为再度无缘世界杯预选赛而选择重建，高洪波在竞聘中胜出，成为国家队的掌舵人。

困扰中国足坛数年的"假赌黑"在这一年开始被政府施以重手加以整治，一连串的问题球员、教练和裁判以及足协官员成为阶下囚，有过相关劣迹的俱乐部开始惶惶不可终日。

周海滨、冯潇霆等人借着中国足协针对出国大开绿灯而免费出国踢球，这也成为中国足球旧有转会制度覆灭的导火索，2009年也成为中国足坛实行转会"挂牌摘牌"的最后一年。

2月28日教练组慰问排队购买套票的球迷

3月22日联赛第1轮 北京
国安（主）3比1重庆力
帆 国安球迷

2009

12月14日国安答谢晚会

10月31日联赛第30轮北京国安（主）4比0浙江绿城　市领导与球队合影庆祝

经典记忆

夺冠了！北京足球在职业化开始后苦等了16年的顶级联赛冠军终于在2009年10月31日化为现实，但在冠军到手之后，回顾2009年的风风雨雨，人们的心中百感交集，谁也没能想到，这一次夺冠的过程是那样艰苦。

10月31日联赛第30轮北京国安（主）4比0杭州绿城　球迷横幅

李章洙的军令状

执教北京国安队的两个赛季，李章洙带来了一个亚军和一个季军，连续两个赛季获得亚冠入场券，论战绩的稳定性绝对是国安队历任主教练当中最好的，所以当2008赛季结束后，在李章洙为期两年的执教合同即将到期之际，国安俱乐部与其续约几乎没有悬念。

但是这个几乎没有的悬念最终还是出现了，

1月22日中信国安集团授予国安俱乐部"从未获得联赛冠军奖"，授予国安队"永踢真球奖"

双方迟迟没有落笔签约，预示着彼此间还有事情没有谈妥。渐渐地，焦点问题开始浮出水面：李章洙希望国安俱乐部能够对球队投入更多，买入更好的内外援。而国安俱乐部却对此心有顾虑，不是因为俱乐部预算有限，而是俱乐部董事会对于李章洙主抓的外援引进能力一直感到不满。2007赛季最失败的阿尔松是李章洙拍板引进的，而第一次签约堤亚戈和阿德拉尔多时的决策也是由李章洙作出的。2008赛季斯托扬未经试训的加盟，虽然与门将教练托米奇的推荐有很大关系，这也成为后者离开国安的导火索，但李章洙同样难辞其咎。甚至可以说，国安队在2008赛季初的联赛低迷、亚冠遇阻，与长期只能使用两名外援有直接关系。倘若不是因为赛季初失分太多，国安队在联赛后半程不是没有追上最终夺冠的山东鲁能队的可能。如今，李章洙想夺冠，国安俱乐部同样也想，但必须规范主教练负责制下的引援流程，避免操作失误。

在双方的僵持下，12月10日李章洙飞回了韩国，在韩国期间，李章洙写了一份夺冠书发回国安俱乐部，展现了他的勃勃雄心。12月27日，在国安俱乐部办公室，李章洙与总经理李小明签下了续约合同。合同中，在引进外援的权限方面，强调了俱乐部和主教练一起把关的流程。

续约时间仅为1年，李章洙签下的仿佛是一张军令状，而2009年的目标只有1个，那就是冠军。

2009

主教练续约

455

有力的援手

2008—2009年，全球金融危机的影响在持续，也直接或间接冲击和影响着中超俱乐部的财务状况。但北京市体育局的及时介入，对国安俱乐部的帮助无异于雪中送炭。

进入21世纪，北京体育特别是球类项目均发生了大幅度滑坡。北京男足常年无冠，北京女足退步明显，男篮屡屡无缘季后赛，女篮则和女排、男排一样都经历过降级。在圆满完成北京奥运会的"大考"后，北京市体育局从2008年下半年开始酝酿重振"三大球"，而作为北京足球的代表，推动北京国安队在联赛中取得佳绩是首要目标。

同样，北京国安俱乐部和广大北京球迷，也同样在盼望着来自北京市政府的支持。职业联赛之初，各地都涌现过足球省长、足球市长、足球书记，为当地的足球发展大开绿灯。而北京因为城市的特殊性，不可能得到来自市政府的大力度支援，很难推动国安队的成绩得到进一步提升。但在北京国安俱乐部的历史上，两大重要的历史时刻都与北京市政府、北京市体育局（体委）有密切关系，第一次当然是1992年组建国安俱乐部；第二次则是1998年，由隶属于体育局的威克瑞俱乐部与国安俱乐部的合并。

2009年1月18日上午，北京市体育局和国安俱乐部正式宣布，在2009赛季展

1月18日，北京体育局和国安俱乐部召开新闻发布会，宣布2009赛季全面展开合作

开全面的合作，由体育局带人、带钱、带管理，进入国安俱乐部，打造一支与首都形象相符的球队。北京市体育局局长孙康林在发布会上表示，"现在要往火坑里跳，

既然要跳了，就做好凤凰涅槃的心理准备，但这也表明了我们的一种决心"。

北京市体育局的支援，对北京国安俱乐部的帮助是全方位的，不仅可以加强经理层执行的工作力度，其专家委员会也可以为俱乐部提出相关的建议与帮助。最重要的是可以把全国的人才更方便、更广泛地吸引到国安队，因为北京市体育局将尽力解决球员的后顾之忧。

在2009年，北京市体育局投入到国安俱乐部的资金不低于2000万元，按北京市委、市政府的指示，大部分费用被用于国安三四线队的建设与培养。

内援之失

如果整理一下2008年底互联网上各种言之凿凿的新闻标题就会发现，早在2008年12月初，媒体就已经为国安俱乐部搞定了两大国字号内援——王新欣和万厚良。

因为辽宁宏运队的降级以及武汉光谷队的解散，2009赛季的中超转会市场大牌云集，相当火爆，而对于李章洙而言，他从2007赛季就开始苦苦追逐的王新欣，也似乎该到了加盟的时候。

在外界看来，这是一次毫无悬念的交易，因为辽宁宏运急于抛售球员，国安也有实力引进，两家俱乐部在2007年的郭辉、张永海的交易中已经非常熟悉；而且作为李章洙的头号引援目标，国安追逐王新欣已经两年了，君子该有成人之美，因此大多数俱乐部也无意添乱；此外，王新欣的好友张永海已经在国安站稳脚跟，他显然会劝好朋友来到北京，一同完成向冠军的冲击。所以，诸多媒体已经将王新欣的名字提前列入了国安队的新赛季名单当中，并冠以"新赛季第一签约""准标王"之类的美名。

在舆论普遍看好的大背景下，国安队开始了对王新欣的追逐，原本400万元左右的价格可以被双方接受，但辽宁方面希望提价将王新欣和肇

9月15日联赛第23轮北京国安（主）0比2长春亚泰　国安队20号张辛昕

2009

457

俊哲以600万元一并打包,国安俱乐部考虑到肇俊哲的年龄,且与黄博文的位置重叠,拒绝了此提议,转会陷入了僵局。由于国安俱乐部当时与李章洙的续约也在僵持中,王新欣的转会也暂时冰冻。也就在这个阶段,天津泰达俱乐部的低调行动收到了效果,他们单独收购王新欣的报价也被辽足所接受,至于加盟哪家俱乐部将完全取决于王新欣的态度。最终,王新欣"非天津不去"的态度决定了他与国安无缘。

错过王新欣后,国安也试图引进辽宁队其他的优秀小将,比如同为21岁的门将张鹭和边锋于汉超,但辽足视两位小将为球队参加中甲联赛的基石,标出了千万元的价格,国安也只好作罢。

至于22岁的京籍小将万厚良,也在几个月的时间里从"内定加盟"变成了彻底泡汤。作为参加了北京奥运会的国奥队员,万厚良可担任中卫、边卫、后腰的"万金油"特性令李章洙欣赏,他一个人就可以改变国安队2008赛季后场轮流伤停后的人荒窘境。陕西浐灞俱乐部本来同意万厚良回家乡发展,但由于主教练成耀东迟迟买不到心仪的中后卫,加之万厚良的名字出现在了国家队名单上,陕西浐灞俱乐部开出了超高的转会费。由于价格差距大,浐灞俱乐部没有把万厚良放上转会榜,国安俱乐部又白等一场。

无缘万厚良,也让左后卫张辛昕成为了国安队最重要的追逐目标,这一次倒没有遇到太多的障碍。作为武汉女婿,北京人张辛昕同样希望回到家乡效力,而在武汉光谷俱乐部退出足坛后,所有球员都被挂靠至湖北足协,身价相对合理,最终国安俱乐部将张辛昕收入帐下。

2009赛季国安队的另一个内援是用程月磊交换的深圳队门将张磊,张磊比程月磊年长两岁,2006赛季开始亮相中超,加盟国安队之前已经有20余场中超经验,入选过国奥队名单,比起连续数年中超零出场的替补门将程月磊让人放心很多。但从后来的发展轨迹看,成功者显然是程月磊,他凭借着在深圳队的神勇表现进入了国家队,而张磊在国安队仅待了一年就去了长沙金德,再后来只能在中甲赛场担任主力了。

在亚冠报名截止期前,国安队还在内援方面进行着最后的努力,重点人选是上海申花队的后腰郑科伟、沈阳金德队的前国奥队左后卫张可,以及刚刚在武汉光谷队冒尖的中场新星邓卓翔,但郑科伟和张可同样卡在了身价上,而邓卓翔则去江苏舜天投奔恩师裴恩才。

外援给力

在2008年年末,酝酿在2009赛季改革亚冠联赛的亚足联正式规定,亚冠联赛每队可以报名4位外援,每场比赛4人可以同时登场,但其中必须有1名亚洲外援。

5月1日联赛第7轮北京国安（主）0比0上海申花　国安队23号瑞恩

8月30日第20轮北京国安（主）0比0山东鲁能　国安队5号马季奇

2009

夜——国安永远感谢
您"答谢晚会。

●12月16日
由于李小明因身体原因
辞去俱乐部总经理职务，
国安俱乐部董事会在12
月16日任命高潮为俱
乐部新任总经理，两天
后高潮正式上任。

新规定出台后，以国安队为首的中超亚冠代表立刻向中国足协提出，希望中超联赛也能顺应亚冠联赛的外援人数要求，中国足协在进行了相关斟酌后决定，将中超联赛的外援注册由原来的同时注册4人登场3人，变为同时注册5（4+1亚外）人登场4（3+1亚外）人，这5名外援的水准将决定着国安队2009赛季能否夺取冠军。

6月19日第12轮北京国安（主）0比0河南建业　国安队29号乔尔

　　国安队2008赛季后期的4名外援已经陆续确定了自己的未来。退步明显的高价外援堤亚戈被最早放弃，优点和缺点同样明显的埃尔维斯也因为水平有限而没有收到续约合同，表现稳定的中后卫布尔卡租借合同到期已经回归德甲，只有小马丁的去留存在争议。支持派认为，以小马丁的勤奋以及两个赛季进14球的效率理应留下；而反对派则表示，洪都拉斯国家队2009年将向世界杯入场券发起最后一搏，续约小马丁将很可能错过至少8～10轮联赛。最终，支持续约小马丁的声音占了上风，但此时的小马丁却以回国处理家庭问题而消失，导致续约暂缓。到了1月下旬，小马丁忽然与西乙联赛的阿拉维斯俱乐部签下合同，主动抛弃了国安。

　　没了小马丁，国安队必须在5名外援方面全部选用新人，但在1月底，新援只敲定了澳大利亚前锋瑞恩·格里菲斯。这位在辽宁宏运队效力了两年的前锋凭借着够硬的脚头获"澳洲大炮"之称。

　　进入2009年2月，国安队开始加快引援速度，并在2月4日完成了一笔重磅交易，将连续两个赛季的"中超抢断王"、效力于天津康师傅队的克罗地亚中场马季奇纳入阵中。

马季奇一直是李章洙所欣赏的防守型中场，在2008年年初就打过他的主意。不过马季奇是一名喜欢稳定的球员，他对于转会北京不算热衷。但马季奇是在与天津泰达俱乐部的谈判过程中却发生了不快，由于妻子计划在中国生育，马季奇希望与泰达签下两年合同，以便在稳定的状态下照顾妻子和孩子。但泰达方面却对这位已经在津效力两年的外援提出了"1+1"的合同，即先签一年合同，第二年拥有优先续约权，这令马季奇颇不乐意。正在此时，有经纪人向泰达俱乐部送来了意大利名将托马西的资料，泰达俱乐部也开始倾向于选择这位大牌中场，而不是纯工兵的马季奇。这导致马季奇一怒之下与泰达俱乐部终止谈判，而接受了国安方面提出的两年合同。

在签约马季奇的同时，国安俱乐部与纽卡斯尔喷气机俱乐部关于乔尔·格里菲斯的谈判也已接近尾声。作为瑞恩的哥哥，乔尔的录像资料在1月初被放到国安俱乐部案头，并由洪元硕领衔组成的专家组撰写了技术分析报告。分析报告指出，乔尔的跑动、控球和门前抢点能力非常不错，

而且专家组还通过其他途径打听到，乔尔的场上拼搏和敬业精神都非常不错，值得向李章洙推荐。另外，能够引进乔尔，还可以削弱亚冠同组对手纽卡斯尔喷气机队的实力。

不过李章洙起初对乔尔并不感冒，他认为瑞恩和乔尔技术特点接近，搭档锋线不会有太好的效果。李章洙还是希望引进一名高中锋，但根据董事会的指示，国安队2009赛季的外援引进必须吸取过去的教训，要做到尽量快速、果断、准确，一亮相就要给外界一个新面貌，而选择高中锋已经来不及了。于是，国安俱乐部很快完成了对乔尔·格里菲斯10个月租借的工作。

金援加盟

未试训就签下3大外援，国安看中的是这3人已经在中超或澳超赛场上得到证明的能力，而第4外援则必须通过试训来检测了。和过去两个赛季一样，国安队的冬训依然是先在昆明练体能，

北京国安与昌原市队合影

然后在韩国进行战术演练。在昆明，国安队的外援中卫来过不少，进入最终考察名单的基本都是1.87米左右的大个子，分别是葡萄牙人乌戈、喀麦隆人威廉·保罗和智利人亚当·贝尔加拉。从履历上看，乌戈来华前效力葡超，保罗则是葡甲球员，亚当出自瑞士甲级联赛的苏黎世FC队，在智利国青队效力期间，他曾与沈祥福的国青队在世青赛上大战过一场。

经过了在昆明的轮番试阵后，3人当中体能最好的威廉·保罗成为了胜利者，至于胜出的原因，恐怕只能归结为体能优势，保罗可以一天之内连踢两场教学赛的体能打动了李章洙，于是选择与其签约，并把他带到了韩国进行最后的阵容磨合。

3月10日，国安队迎来了2009赛季的首次亮相，并在重归工体的第1场比赛里以2比0完胜澳超的纽卡斯尔喷气机队，马季奇和格里菲斯兄弟都打出了身价，收获了工体球迷潮水般的掌声。

赢得了亚冠首胜后，京城球迷很快就因为几天后的一则消息陷入了疯狂：在3月15日中超转会窗关闭前，高效率的国安俱乐部完成了震惊整个中超联赛的转会交易——高价签下了上赛季的中超最有价值球员、洪都拉斯中场埃米尔·马丁内斯。虽然埃米尔也将因为世界杯预选赛而缺席，虽然埃米尔错过了亚冠联赛的报名，但他在2008赛季代表上海申花队的8个进球加9个助攻的表现早已经征服了中超。埃米尔成为了国安队2009赛季阵容的最后一块拼图。

为什么埃米尔会来到国安？这与他在2008年年底与申花的续约谈判陷入僵局有很大关系。2008赛季当选中超MVP后，埃米尔的经纪人试图大幅提价，他所效力的马拉松俱乐部也要涨租借费，令申花方面无从接受。但埃米尔在亚冠报名截止前，也没有在亚洲找到能开得出价码的俱乐部，而欧洲转会窗也已经关闭，美洲俱乐部更是付不起高薪。埃米尔的经纪人只好把目光重新

投向中超，但申花已经完成了外援的引进工作，联赛里唯一能开出符合埃米尔价码且有外援空位的只剩下了国安。曾与国安俱乐部有过生意往来的埃米尔中方经纪人找到了国安俱乐部，埃米尔方面降价不少，双方最终以国安能够接受的报价达成一致。

埃米尔·马丁内斯的到来，彻底将国安队推上了联赛的争冠军团，在中超赛季开始前的媒体调查中，过半的中超俱乐部总经理都把国安队列为夺标最大热门。

开局乏力

拥有中超最好的门将杨智，最稳定的后防老将组合徐云龙、张永海、周挺，得分力最强的新人黄博文，以及2008赛季的联赛抢断王马季奇和MVP埃米尔·马丁内斯，还有联赛速度最快的边锋闫相闯与老当益壮的陶伟，格里菲斯兄弟也是名声在外，国安队纸面上的实力已经明显超过了

3月17日亚冠小组赛北京国安（客）0比0名古屋鲸八　国安队18号路姜

山东鲁能和长春亚泰队许多，但2009赛季之初，国安队的开局实在很不理想。

单纯按亚冠初期的表现看，国安队的开局是值得称道的，在首轮2比0击败纽卡斯尔喷气机队后，第2轮客场面对本组实力最强的名古屋鲸八队，国安队也踢出了高水平，李章洙和一年前客战鹿岛鹿角队一样，用压迫式的攻击性打法与对方进行对攻。特别是在下半场，国安队利用体能上的优势一度压制住了名古屋队，徐云龙和黄博文先后错过机会。第87分钟，郭辉接乔尔·格里菲斯的妙传一脚劲射击中立柱，几乎攻克对手主场，但0比0的比分已经相当理想。

3月22日，中超联赛首轮打响，主场面对降级热门重庆力帆，国安队的取胜不出意外，但暴露出的隐患却格外多。陶伟淡出主力阵容后，缺

少核心的国安队进攻极乱，黄博文还无法承担起领袖重任，替补登场的埃米尔·马丁内斯则因为到队时间太短而无法与队友合拍，但更大的问题是中路防守，保罗一次莽撞的头球顶空，让对手扳平了比分。在这场3比1的比赛中，国安队运动战零进球，3个进球均是通过定位球导致对方防线混乱而打进的。

真正让国安队陷入低谷是从接下来的第2轮联赛开始，客战长沙金德，国安队场面极为被动，防线也屡屡被对手突破。比赛的最后阶段，乔尔·格里菲斯铲倒对方门将而吃到红牌下场，杜文辉则在补时阶段匪夷所思地把一个进比不进还难的球踢到了横梁上。比赛以0比0收场。第3轮，国安队又在主场与升班马江苏舜天苦战90分钟而勉强战平。3轮联赛面对弱旅只取5分，国安队成了

4月22日亚冠小组赛北京国安（主）0比1蔚山现代　国安队16号黄博文

4月22日亚冠小组赛北京国安（主）0比1蔚山现代　国安队13号徐云龙

5月1日联赛第7轮北京国安（主）0比0上海申花　国安队11号闫相闯

公认的"伪强队"。

联赛受挫，亚冠赛场也变得严峻起来，与蔚山现代的两回合交锋，国安队尽显疲态，客场一战，全场被对手压制，苦守到第 69 分钟被对方的韩国国脚吴章银打破僵局，而黄博文则在第 84 分钟挥霍了一个来之不易的点球，0 比 1；回到主场，誓破"恐韩症"的国安队一心狂攻，但黄博文在第 20 分钟脚踝严重扭伤被直接送往医院，这一重伤给场上的国安队队员埋下了心理阴影，比赛的主动权也很快丧失。在第 72 分钟再次被对方的吴章银进球后，国安队以两个 0 比 1 结束了抗韩之战，亚冠出线的可能性已经非常渺茫。

赛后，黄博文确定至少休战 3 个月，这令国安队的伤停危机更加严重。因为在黄博文重伤前 5 天，国安队已经在客场与山东鲁能的第 5 轮联赛中连折两将。虽然国安队在两度落后的情况下以 2 比 2 结束了战斗，但主裁判在比赛中以被辱骂为由把周挺红牌罚下，赛后中国足协纪律委员会判周挺停赛 6 场，而首席射手乔尔·格里菲斯则因为被发现在比赛中有肘击对手的行为而被停 5 场。

连折大将的国安队在第 6 轮联赛中遭遇重创，客场 0 比 1 不敌陕西浐灞。紧接着，则是在主场 0 比 0 与上海申花互交白卷，积分已经滑至联赛第 8 名。赛后，陶伟坦言国安队的外援水准甚至还不如 2008 赛季。

半程榜首

李章洙是一个爱赌博的人，一年前的亚冠末轮，国安队在同分但是落后十几个净胜球的情况下仍以全主力兵发泰国，赌的是鹿岛鹿角能在河内客场不胜，但结局却是鹿岛赢得很稳，国安输得很惨。一年后，李章洙却不愿再赌了。按当时的亚冠形势，如果国安队能够客场赢下纽卡斯尔，

回到主场再拿下届时很可能提前出线、派出替补的名古屋鲸八，国安队仍然能够以小组第 2 出线，可以说命运还握在自己手里。但此时的李章洙已经赌不起了，即使派出全主力远渡大洋，也不可

5 月 6 日亚冠小组赛北京国安（客）1 比 2 纽卡斯尔喷气机　国安队 23 号瑞恩。

能有绝对的实力赢球，而主力们从澳大利亚回京时，距离客战长春亚泰只剩 3 天，估计届时想平都难；另外，即使亚冠两连胜出线，16 强战估计也是客场迎战强大的浦项制铁，晋级概率微乎其微，反而会继续拖累联赛战绩……总之，李章洙 2009 赛季的任务是联赛夺冠，亚冠并无绝对目标，孰轻孰重，他心里非常清楚。

于是，国安队在雪藏了马季奇、陶伟等主力的情况下，派出若干替补出征澳大利亚。而国安"二队"竟也在客场一度踢得不错——小将杨运替补登场后妙传瑞恩·格里菲斯在第 68 分钟首开纪录，几乎为国安队拿到 3 分，但纽卡斯尔喷气机队在第 87 分钟追平了比分，又在补时第 4 分钟实现反超，1 比 2，国安队的亚冠梦彻底破碎。

李章洙作出了轮换的赌博，而这次用替补出征澳大利亚的做法，在此后被认为是国安队 2009 赛季走上联赛夺冠之路的关键转折点。

5月6日亚冠小组赛北京国安（客）1比2纽卡斯尔喷气机　主教练李章洙

5月10日的长春，国安队像2007赛季那样创造了一次客场大捷，6比2狂胜积分榜暂列第3的长春亚泰，休整了9天的陶伟再现"魔术师"本色，已经升职为助理教练的他用一次次的妙传盘活了国安队的进攻，而此前一度在国安队的豪华中场难觅位置的杨昊，则在接到陶伟的脚后跟妙传后，一记劲射为国安队首开纪录。9分钟后，陶伟妙传瑞恩·格里菲斯，后者一记劲爆远射再度破门。接下来的比赛，瑞恩再次得分，大打防守反击的国安队又用闫相闯的速度再进两球，隋东亮锦上

5月15日联赛第9轮北京国安（主）3比1深圳亚旅 国安队为四川灾区捐款

6月13日联赛第11轮北京国安（主）1比0天津泰达 国安队教练组

6月13日联赛第11轮北京国安（主）1比0天津泰达 国安队5号马季奇（右）和托马西（左）

2009

467

6月13日联赛第11轮北京国安（主）1比0天津泰达 国安队29号乔尔第10分钟攻入一球

添花，国安队以一场酣畅的 6 比 2，吹响了联赛争冠的号角。

虽然伤停危机没有解除，但一段美妙的赛程却让国安队的一波反弹格外强劲，赛程的美妙在于，国安队连续 4 个主场作战，对手除天津康师傅外均非强队，而国安队提前放弃亚冠的做法也意味着球队最多一周一赛，对年龄偏大的国安队主力阵容而言，这种安排非常理想。

在这段美妙的赛程中，国安队取得了三连胜，两个 3 比 1 分别击败深圳亚旅和青岛中能，第 3 场在乔尔·格里菲斯复出的情况下，凭借他在第 10 分钟的一记巧射，力擒拥有 7 名国脚的天津康师傅队。其实，在第 10 轮 3 比 1 击败青岛中能队后，国安队就已经在和山东鲁能队积分相同的情况下以净胜球的优势登上积分榜首位。而在接下来的

3 轮联赛，国安与鲁能同赢同平，直到第 14 轮主场险胜大连实德的比赛，伴随着路姜终场前用身体把球撞入球门，以 2 比 1 获胜的国安队才借着鲁能平局的机会单独领跑积分榜。

李章洙危机

酷热的夏天，李章洙的内心也烦躁得像着了火。

联赛第 15 轮，尽管国安队客场 1 比 2 不敌杭州绿城，但仍以 1 分优势赢得半程冠军。不过这种半程冠军毫无实质意义，并不强大的杭州绿城队终结了国安队的 7 场不败，反而提升了所有其他球队的信心。而在国安方面，停赛风暴刚刚解除，

2009

469

伤病风暴却袭来了，徐云龙、王长庆和杜文辉相继倒下，特别是徐云龙的缺阵让保罗和张永海的中卫组合拉响了国安队的防线警报。

8月2日，中超联赛在休战近一个月后，开始了第2循环的15轮比赛。第1场比赛，国安队就爆了大冷门：联赛"领头羊"在客场负于联赛副班长，而重庆力帆队前15轮只有9个积分。国安队的防线危机完全爆发，在率先由陶伟罚入任

8月26日联赛第19轮北京国安（主）2比2成都谢菲联国安队10号大马丁

9月12日联赛第22轮北京国安（客）1比1上海申花

8月30日联赛第20轮北京国安（主）1比1山东鲁能　国安队4号周挺

意球后，重庆力帆连追3球，此后乔尔罚飞点球，也让周挺在终场前的进球变得毫无意义。

在第17轮主场3比0击败长沙金德后，国安队紧接着又在客场0比1负于江苏舜天，遭遇客场三连败。第19轮主场面对成都谢菲联，国安队竟然在上半场就以0比2落后，导致工体的一部分球迷早早喝起了倒彩，若非格里菲斯兄弟在比赛的最后20分钟各入一球追成平局，李章洙也许在这场比赛后就会被免职。

"我已经做好下课的准备了，"李章洙说。但国安俱乐部管理层否定了撤换李章洙的可能。因为任何一家俱乐部都不会在球队领跑积分榜时撤换主教练。

但李章洙的帅位确实随着一场场的失败而越发动摇，不时有媒体曝出国安队的内部问题，也有媒体把球员私下对李章洙的牢骚登了出来，认为韩国主帅不应该在赛程的频密期狂抓体能。

8月30日中超第20轮，国安队主场迎战山东鲁能的比赛被认为将是决出2009中超冠军的决赛，5.4万名球迷涌入工体见证这一历史时刻，但比赛的进程同样不顺，山东鲁能队第31分钟进球，周挺在第78分钟罕见地以点球手的身份出现，把球罚入球门，以1比1结束了这场关键战。

在第21轮主场1比0险胜陕西中新队后，国安队又一次回到了积分榜首。而第22轮客场在0比1落后的情况下，由伤愈复出的黄博文进球，扳平上海申花，也再一次挽救了李章洙的命运，国安队在积分榜上还是第1。

洪元硕救火

李章洙终于下课了，对手还是2007年在北京终结了他冠军梦想的长春亚泰，而这个对手在上半个赛季还在主场2比6输给国安队。国安队重

返工体后的联赛不败纪录被终结。

这是一场糟糕的比赛，在3.8万名球迷的眼皮底下，国安队继续着进攻时雷声大雨点小的毛病，而长春亚泰队的防守反击战术则是越踢越有心得。下半场开场不久，亚泰队依靠点球以1比0领先，接下来的比赛，国安队倾巢出动，但有威胁的攻势寥寥，而亚泰方面则是每次进攻都能威

9月15日联赛第23轮北京国安（主）0比2长春亚泰　国安队4号周挺

9月15日联赛第23轮北京国安（主）0比2长春亚泰　主教练李章洙

胁到杨智把守的球门。在梅尔坎把比分变成2比0后，亚泰队依然有继续进球的机会，导致工体看台上"李章洙下课"的喊声越响越烈。

一天后的9月16日晚间，李章洙的国安执教生涯正式结束。谈到李章洙的下课，罗宁表示，李章洙对国安队作了很大的贡献，也很努力，"换

帅不仅仅是因为成绩，还有很多综合因素"。

洪元硕正式出山了，联赛第 1 循环客场战胜长春亚泰后，洪元硕开始以技术顾问的身份进入国安队教练组。如今，又是在与亚泰的比赛后，洪元硕第 1 次成为主教练。而选择他出任主教练的原因，除了看中他的经验外，就是传说中的"换手如换刀"，也许当一支球队陷入一种误区时，只

着国安队最终的命运。

首战深圳，国安队在先失 1 球的情况下连追两球，尽管最后依然只能和对手 2 比 2 战平，但这艰难的 1 分还是稳定了国安队的军心。7 天后客战青岛中能，这一次的英雄是此前默默无闻的郎征，这是他的职业生涯第一球，也是他第 1 次为国安队进球。

9月15日联赛第23轮北京国安（主）0比2长春亚泰 国安队10号大马丁

有通过更换教练员，才能为球队带来新的运气。联赛最后 7 轮，国安队 5 客 2 主，赛程几乎是所有竞争冠军的球队中最差的，而洪元硕接手时，球队的名次已经跌至积分榜第 2，如何在这不利的赛程中实现争第 1 的梦想，难度真的很大。

洪元硕的考验开始了，连续 4 个客场，决定

由于担心国庆假期中的京津之战过于火爆，原定 10 月 5 日进行的第 26 轮天津康师傅主场与国安的比赛被改在了 10 月 14 日进行，这也导致第 27 轮客场与河南建业的比赛提前上演。

国安客场与河南建业的比赛，也成为了中超的又一场潜在的决战预演。作为中超典型的"平

主教练洪元硕

名誉董事长罗宁

民部队"，河南建业队在 2009 年上演了伟大的奇迹，在波兰射手奥利萨德贝和巴西射手内托的率领下，他们一直在国安和鲁能队的身后进行"跟随跑"，然后又趁着两大强队低迷之际迅速超车，从第 23～26 轮一直领跑积分榜，极具夺冠可能。国安客场对建业，如果告负，积分将被建业领先 4 分，可能将就此无缘冠军。

　　这是一场极具戏剧性的比赛，瑞恩·格里菲斯在第 16 分钟为国安队首开纪录，随后国安队竟然连续射中 3 次门框，仅以 1 比 0 领先上半场。下半场，建业队两分钟之内连入两球将比分反超，而比赛的 6 分钟补时则引起全场哗然。第 93 分钟，埃米尔·马丁内斯补射得分，国安队幸运地从郑州带回 1 分。

　　而这场比赛结束后，网上讨论的焦点话题除了超长的补时进球外，就是一张乔尔·格里菲斯

在扳平比分后疑似竖中指的照片。

关于内定

　　在 2009 赛季持"国安内定论"说法的人们眼中，国安建业的超长补时 6 分钟就是"内定论"最好的证据，但这一证据显得格外苍白无力。

　　的确，补时 6 分钟在中超赛场不常见，但就那个年头河南建业队的风格而言，这种超长补时应该发生在大多数的比赛中。从建业主场对国安的比赛下半场来看，建业队因队员受伤耽搁时间不短于 8 分钟，裁判补时 6 分钟并不为过。

　　而京豫之战后，围绕乔尔·格里菲斯的中指事件 7 场禁赛也同样欠缺说服力，因为网络上那张竖中指的图片并不清楚，而且就连手指所对准

国安队29号乔尔

的方向都难以判别，但乔尔却因此被停赛至2010赛季，国安队的首席射手就此无缘联赛的最后关键战。

"国安内定论"令国安队的球员、教练员，以及北京球迷愤怒异常，足协官员也对这样的说法非常气愤。其实从2009赛季所有国安队的比赛中可以看出，虽然有过从裁判方面的获益，但也同样遇到许多裁判的误判，比较典型的例子就是主场与申花一战，杜文辉上半场在禁区内被铲倒，申花队理应被处以"点球＋红牌"的惩罚，但却被裁判放过。而在下半场，裁判又"找平衡"似的把申花队的一个进球吹出来，从而给外界带来了说词。

反观国安队这个赛季遭受的处罚，却都被"内定论"者选择性遗忘，比如周挺在济南客场莫名其妙吃到的红牌，以及接下来的6场禁赛，而乔尔·格里菲斯在这场比赛中一次没有被裁判判罚的犯规动作，也在赛后被补罚了5场。现在乔尔再次因为疑似中指而被剥夺了国安队最后4场的比赛机会，怎么会是内定呢？

终于夺冠

没了乔尔，国安队的攻击力大幅下滑，但全队的战斗精神却更强了，客战天津康师傅队，杨智用脚挡出毛彪的单刀球，力助国安队与对手互交白卷。这场补赛结束后，国安队也以净胜球优势占据积分榜首位。第28轮回到主场，迎战沈祥福率领的广州医药，凭借着瑞恩·格里菲斯的梅开二度，国安队以2比0完胜。

第29轮，国安队迈过了2009赛季最后一个难过的关卡，客场面对大连实德队，已经在积分榜上无欲无求的实德队无精打采，在心态方面和一心冲冠的国安队差了好几个档次，国安队也凭

借着瑞恩·格里菲斯和黄博文的各一个进球，从中超前霸主的主场带走3分。

10月31日，北京足球具有伟大意义的一天到来了，在赛前的积分榜上，国安队与河南建业队同积48分；长春亚泰队47分，国安队只要主场战胜杭州绿城，就可以稳获联赛冠军。如果不胜，则冠军很有可能易主。反观杭州绿城队，如果不能从工体拿到1分的话，将以倒数第二名降级。

对于冠军的渴望，令京城球迷陷入扑票狂潮，赛前5天就有球迷在工体外排起长队等待购票，

10月17日联赛第28轮北京国安（主）2比0广州医药

10月17日联赛第28轮北京国安（主）2比0广州医药　国安队23号瑞恩

10月31日联赛第30轮北京国安（主）4比0杭州绿城

国安队5号马季奇

国安队13号徐云龙

2009

479

10月31日联赛第30轮北京国安（主）4比0杭州绿城 国安队10号大马丁

10月31日联赛第30轮北京国安（主）4比0杭州绿城

11月6日国安庆功大会

等到比赛当天，球票已经被炒至原价的数倍。工人体育场的60000个座位都已坐满，每一名球迷都迫切期待成为冠军的见证者。

进球的欢呼声来得格外的早，第4分钟，此前整个赛季只打进两球，但正是在郑州攻入关键球的埃米尔·马丁内斯从左翼杀奔禁区，靠个人能力先下一城，令国安队上半场以1比0领先。下半场，国安队继续狂攻，埃米尔在第52分钟把比分扩大为2比0。第78分钟，周挺主罚点球成功，3比0。第80分钟，埃米尔又是一次突破后的劲射世界波，把比分锁定为4比0，北京国安队强势夺取2009赛季中超联赛冠军！看台上，球迷们的眼泪在飞，球场内球员们忘情地庆祝中超冠军的到手，61岁的洪元硕，被球员们一次又一次地抛起。

赛后，球迷们高喊着"国安是冠军"的口号，走在京城的大街小巷。

领导与球员握手

领导与球员握手

夺冠后球队与老领导合影

2009

485

洪元硕

感谢俱乐部给了我机会

记者： 您在北京国安执教时间算是比较短的，但您短短的任期内却拿了职业联赛的冠军，这个荣誉肯定是您一生中最值得珍视的吧？

洪元硕： 当然，搞了一辈子足球，进入花甲之年，能有如此报偿，真是难能可贵。

记者： 您17岁进入北京体工大队，22岁成为北京队主力，后来担任队长，进过年维泗执教的国家队，和容志行、徐根宝、戚务生做队友，资历能力都不错，为什么到60岁以后才有机会做北京队教练？

洪元硕： 教练和球员不一样，机会要少得多。一个球队有20多名球员，但主教练只有一个。到这个位置需要水平同样还需要机会……我不是一个特别爱争取的人，多年来一直从事培养青少年球员的工作，也是颇有意义的。

记者： 记得2001年广州全运会您带着一批青少年参赛，老队员只有谢朝阳几个，一直打进前8名，遇到辽宁队，那是大连和辽宁组合的，大腕儿云集，郝海东、孙继海、肇俊哲、张玉宁都上场了，狂人科萨执教，没想到场面并不难看，直到下半时中段才被对方破门，当时我就觉得您是个好教练。

洪元硕： 带青少年队也很有成就感，看着他们从小孩变为球星，或者把一些人才挖掘出来，确实很愉悦。

记者： 曹限东、杨晨、陶伟、路姜、王长庆、张辛昕、闫相闯、黄博文年轻时都是您的学生，真可谓桃李满天下了。尤其是高峰，完全是您锲而不舍发掘的。

洪元硕： 高峰十六七岁打完青运会后属于被辽宁队淘汰的那拨人，我当时是北京青年队的主教练，我只看过他十几分钟的比赛，我发现高峰虽然对抗能力差，但随着年龄增长就可以改变，而他速度快，过人技术好的突出特长是不多见的。我和杨洪民教练与辽宁队谈，由于高峰属于淘汰队员，辽宁队也没要任何转会费。但高峰的母亲却不同意他来北京，因为高峰年纪小又调皮，若踢不出来，就是个"废人"了。我和杨洪民分别7次北上沈阳，做高峰父母的工作。高峰到北京少年队后，我便把他推荐给中国少年队教练朱广沪，高峰进北京队一个月就随国家少年队去苏格兰打世界少年赛，高峰回来就对我说同欧美选手交了手，自己也明白该怎么踢了。

记者： 后来您进国安教练组，从幕僚到前台，思想有没有准备？

洪元硕： 我也感觉到俱乐部对我越来越信任。尤其

2009年客场对长春亚泰，俱乐部高层开始征询我的想法，罗宁的意思是让我直飞长春跟李章洙沟通。我确实一直在琢磨阵容的事，首先俱乐部信任我，我就要对得起这种信任；其次我喜欢足球，无论做青少年教练还是赋闲，没有一天不关注足球。我一直想，闫相闯2007赛季爆发，后来状态下降，但他有特点，我还觉得小格里菲斯作风硬朗、射门果断，不妨让这两个人上，尽管以前他们机会不多，但实力并不差。我跟李章洙多次交流，李章洙调整了阵容，小格和小闫都上了。那场比赛，小格里菲斯和闫相闯各进两球，最终的比分是6比2，出乎很多人的意料。

记者： 还剩7轮，国安本来领先有望登顶，但主场输给长春，造成6轮仅得6分，形势很危急，您临危受命，心情怎样？

洪元硕： 李章洙是个很有特点的教练，但好教练也常常会在某个阶段出现误区，那一段积分始终上不去，李章洙的性格比较硬，与队员的矛盾升级，于是俱乐部希望改变一下。我受到任命，感到责任重大，我想国安俱乐部打拼十几年，投入那么多，年初北京市体育局给国安数千万元赞助，为国安引好外援向冠军冲击提供了真金白银。球迷也一直盼着拿个冠军，我们以前又有几次机会失之交臂，这次机会很难得。还要考虑到陶伟、徐云龙、周挺等一批球员都30岁了，如果再错过机会就更难了。

记者： 当时外部环境对国安也不利，一个说法是内定，甚至有人挑头号召，不断喊出"国安已经被足协内定冠军""大家一起阻截国安夺冠""谁得冠军也不能让国安得冠军"……这声浪让风雨飘摇、艰难登高、疲惫不堪的国安雪上加霜。

洪元硕： 我们也听到了，我们只有用行动让这样的声音消失。

记者： 浊者自浊，清者自清，几个月后足坛扫黑，恰恰是喊得欢的人企图自己被内定，而国安是经得起考验的。

洪元硕： 7场比赛，我合计了一下，几乎不能再输球，而对我们形成威胁的不是一个球队，而是长春亚泰、河南建业和山东鲁能等几个球队。第1场是客场对深圳，小闫的抽射和大格巧妙的头球吊射让我们两次领先，最后两次被扳平。赛后传来这一轮山东、长春平了，河南输了，所以这1分也依然是珍贵无比的。接着对主场很有战斗力的青岛，我用了谭天澄首发，算是出乎意料，他打得不错，而身材高大的郎征顶进制胜一球，算是我

上任后第1场胜利。

记者：其中最揪心的是对河南建业，实际上是一场提前的冠军争夺战，国安最后时刻扳平真可以称为命悬一线，现在想起来都有些后怕。

洪元硕：这场球如果输了，国安对建业的微弱领先将翻盘，长春也更有机会。而河南主场历来难打，虽然我们先进一球，但没有抓住扩大比分的机会，建业终于在观众的狂热鼓励声中反超。而时间不多了，用通常的方法已经很难，此时只有力挽狂澜。我换上了保罗，这个球员一直伴随着争议，我对他说，就要利用你的身高体重去冲对方尤其是争顶高空球。我还换上了大马丁，他曾经是中超先生，但在国安这一年没发挥很大作用，我觉得他的经验和能力毕竟不凡，适合这种生死战。正是保罗的争抢高空球与马丁出色的门前嗅觉，让我们最后时刻打进一球，那时已经是第94分钟了。

记者：马丁在最后战胜绿城夺冠中也起了关键的作用。

洪元硕：是啊，就冲马丁这两场球，我们引进他就不亏。

记者：夺冠时您被球员抛起来了，心情一定很好。

洪元硕：这无疑是我一生中最有意义和最幸福的时刻了，我接手7场，4胜3平，首先是俱乐部给了我机会，是队员和历任教练的努力，是眼前那么多球迷支持的结果。我被抛起的那一刻，我觉得天空是那么开阔，欢乐的海洋是那么激动人心……

记者：后来您很快得到续约的通知？

洪元硕：是的，2010年我在内援方面引进了王晓龙、吴昊和徐亮。我们死拼亚冠，尽管小组出线，成为亚冠扩军后首个小组出线的中超球队，并在主、客场双杀日本球队川崎前锋。但中国球队双线作战能力欠缺的弱点同样也暴露在我们身上，我下课了，屈指一算，正好一年零五天。

记者：问个私人的问题，足球运动员、教练员里，像您这样生于高级知识分子家庭的，绝无仅有，对您从事足球事业，您的父亲洪谦教授同意吗？

洪元硕：我父亲洪谦早年远渡日、德留学，1934年获奥地利维也纳大学哲学博士学位。回国后曾任清华大学哲学系讲师、西南联大哲学系教授、北京大学哲学系教授、英国牛津大学客座研究员，出了不少著作。我中学时代就喜欢踢球，被北京队看上，我父亲没支持也没反对。有一次我家里来了一位父母的老朋友，就是后来成了国家领导人的雷洁琼。她让我和爸爸一样做学问，不要踢球。后来我还是选择了踢球。如果不踢球，很快就是上山下乡，球踢不成，书也读不成，不可能像父亲那样学贯中西，所以当初的选择还是对的。

全名单

∨

领　队：魏克兴（至9月16日）、吕军
主教练：李章洙（至9月16日）、洪元硕
教　练：李春满、吕军、李立新、赵旭东、陶伟（兼）
队　医：双印、张阳

2009

号码	姓名	出生日期	报名身高/体重	备注
门将				
1	张思鹏	1987.05.14	188cm/78kg	
12	张磊	1985.04.06	187cm/77kg	新加盟
22	杨智	1983.01.15	186cm/79kg	
34	侯森	1989.06.30	188cm/71kg	
后卫				
2	郎征	1986.07.22	188cm/79kg	
3	威廉·保罗	1979.05.18	186cm/85kg	喀麦隆人
4	周挺	1979.02.05	181cm/78kg	
13	徐云龙	1979.02.17	181cm/80kg	
20	张辛昕	1983.10.19	178cm/76kg	新加盟
26	高大卫	1983.08.17	180cm/73kg	
27	于洋	1989.08.06	183cm/72kg	
30	张永海	1979.03.15	183cm/75kg	
40	徐怀冀	1989.05.07	181cm/65kg	
44	姚羽	1991.05.17	184cm/72kg	青年队提拔
中场				
5	马季奇	1980.09.26	183cm/81kg	克罗地亚人
6	隋东亮	1977.09.24	178cm/79kg	
7	王长庆	1981.03.21	178cm/75kg	
8	杨璞	1978.03.30	178cm/76kg	
10	埃米尔·马丁内斯	1982.09.09	171cm/70kg	洪都拉斯人
14	王栋	1985.06.11	177cm/74kg	
15	陶伟	1978.03.11	176cm/70kg	
16	黄博文	1987.07.13	181cm/72kg	
17	王珂	1983.08.31	168cm/70kg	
18	路姜	1981.06.30	181cm/71kg	
19	杨昊	1983.08.19	176cm/66kg	
21	姚爽	1987.10.21	183cm/65kg	
24	杨运	1989.07.18	183cm/72kg	
25	张兆辉	1989.01.12	184cm/72kg	青年队提拔
33	王皓	1989.02.18	177cm/63kg	
35	薛飞	1987.10.29	178cm/62kg	
36	祝一帆	1988.03.01	182cm/67kg	
37	李提香	1989.09.01	181cm/72kg	青年队提拔
38	黄骏	1990.03.08	175cm/65kg	
39	刘腾	1989.01.06	178cm/67kg	
41	孟洋	1989.07.16	183cm/74kg	
42	张希哲	1991.01.23	180cm/65kg	青年队提拔
45	肖依洋	1991.07.08	176cm/66kg	青年队提拔
前锋				
9	杜文辉	1983.12.19	182cm/78kg	
11	闫相闯	1986.09.05	174cm/66kg	
23	瑞恩·格里菲斯	1981.08.21	183cm/80kg	澳大利亚人
28	郭辉	1978.04.09	177cm/72kg	
29	乔尔·格里菲斯	1979.08.21	181cm/78kg	澳大利亚人
31	胡崎岭	1987.07.19	182cm/72kg	
32	越恺豪	1987.10.19	183cm/78kg	
43	谭天澄	1991.05.15	174cm/79kg	青年队提拔

转会情况

转入			转出	
姓名	**原俱乐部**		**姓名**	**新俱乐部**
张磊	深圳红钻		程月磊	深圳红钻
威廉	吉尔文森特		张帅	退役
张辛昕	武汉光谷		商毅	退役
马季奇	天津泰达		埃尔维斯	长春亚泰
埃米尔·马丁内斯	上海申花		布尔卡	科特布斯（租借期满）
瑞恩·格里菲斯	辽宁宏运		堤亚戈	圣卡埃塔诺
乔尔·格里菲斯	纽卡斯尔喷气机		小马丁内斯	阿拉维斯
高大卫	安徽九方（租借期满）		郝强	安徽九方
			斯托扬	波利特尼卡

2010年

卫冕失利

年度背景

南勇锒铛入狱，韦迪临危受命，中国足球管理机构遭遇大变局，韦迪上任伊始的中国足球一度变得很美好，比如国家队 3 比 0 克韩，以及中超俱乐部在亚冠联赛初期的骄人战绩，但美好持续的时间并不长。

连续数年平平淡淡的中国足坛，在这一年因为意外资本的涌入而越变越热。人和集团入主陕西浐灞俱乐部，在 2010 年年初的巨额投入被外界描述为"中超皇马"的诞生。而在中甲赛场，恒大入主被罚降级的广州队，也代表着一个时代的开始。

8月3日中信银行和国安俱乐部合作推出"国安借记卡"和"国安市政公交一卡通"

亚冠赛场的国安球迷

2010

5月24日血友病儿童参观
俱乐部

经典回忆

一个来之不易的中超冠军,让北京城庆祝了很久,国安俱乐部也迫切期待着能借夺冠的东风开启一个王者时代,加大投入,加强青训,瞄准亚冠,再夺一个令所有人信服的中超冠军,是俱乐部2010年的目标。

但赛季的进程却远没有设想的那样顺利,虽然亚冠艰难出线,但在中超赛场上,洪元硕的球队并没有带来好看的足球,即便魏克兴在赛季最后阶段接手球队,距离亚冠入场券也仍差一步。国安队的未来还得靠高水平的外教,这是2010赛季留给国安俱乐部的最深感触。

内援早市

中超冠军奖杯"火神杯"已经摆放到了国安俱乐部,各式各样的庆祝活动也连续举行了多场,进入2009年12月,一切该到了收心的时候,"主教练要选北京人,内援引进也要优先考虑北京人",国安俱乐部希望在2010年打出"京味儿足球"。

老帅洪元硕的留任一度存在悬念,毕竟年事已高,双线作战对身体和心理都是一种考验,不过洪元硕坚持认为自己的身体扛得住,所以俱乐部也全力支持他留任,他从2009赛季最后7轮的代理主教练身份被正式扶正。

2010赛季中,中国足协正式开放了国内球员转会市场,不再设立转会的挂牌与摘牌,处于合同期内的球员,只要买卖双方的俱乐部谈妥转会费即可完成转会。而合同到期的球员,则可以零转会费自由离队,这种与国际接轨的转会政策,开始全方位冲击中超转会市场,也逐渐改变着中国足球俱乐部的经营理念。

洪元硕教练组

国安队6号徐亮

国安队3号吴昊

在这样的背景下，国安俱乐部的内援人选传闻也不再像以前那么多了，在维持着2009赛季冠军队主力阵容大体不变的情况下，确定要弥补的位置包括一个高个子中后卫、一个专职边后卫、一个大型中锋和一个具备突破能力的中场。而在人选方面，也初步有了轮廓，在京籍球员方面，山东鲁能队的吴昊、王晓龙，一年前差点加盟国安队的万厚良，同样来自北京的山东鲁能队员李微、吕征，以及在成都谢菲联效力的张远也都是备选。在非京籍球员当中，徐亮自然是首选。随着广州医药队被罚降入中甲后，已经被广州足协托管的广州队未来难测，面对大球会的向往，使徐亮离开广州。

吴昊与王晓龙加盟的进展一度是最顺利的，两人彼时在鲁能队的身份都颇为尴尬，吴昊虽然加盟鲁能仅两个赛季，但在队中已经沦为第四中

卫，从而被国家队放弃；王晓龙空有"中国马拉多纳"的美誉，但2009赛季竟然在联赛中零首发，这些都导致两人希望能够回家乡发展。而鲁能方面也没过多阻拦。1月3日，吴昊与王晓龙就来到了工体开始随队训练，仿佛加盟已经板上钉钉。但这两人的转会最终拖了很久，最后鲁能甚至官方发文叫停转会，要求两人必须回队报到，直到转会截止前，京鲁双方在谈判桌前进行了最后磋商，才谈拢价格。

徐亮的加盟也发生了类似的故事。鉴于当时广州队的所有球员都被广州足协托管，徐亮等人的身价都不算高，而且还有砍价的余地，所以国安俱乐部又像2007年那样先把徐亮喊到队中参加训练。结果国安的报价又和广州足协的定价相差200多万元，险些重演2007年的闹剧，徐亮也在微博上发出了谈判可能破裂的感慨，表示可能会

●2月10日

国安队在日本拉练期间与韩国浦项制铁队发生群殴事件，来自对手的挑衅是这次斗殴的导火索。

●4月

国安俱乐部为玉树地震灾区捐款22.5万元。

●4月28日

亚冠小组赛中国安队在主场2比0完胜日本川崎前锋队后，以小组第2名的身份第一次从亚冠小组赛出线，但球队在两周后与水原三星队单场决胜的1/8决赛中不敌对手，止步亚冠16强。

●5月24日

国安俱乐部联合北京市慈善协会邀请血友病儿童来俱乐部做客，并观摩国安队训练。

●5月26日

中超第10轮，国安队在主场0比2不敌杭州绿城，替补登场的陶伟在比赛的最后阶段罚失点球，这也是这位老将最后一次作为球员代表国安队比赛。

●7月13日

刚刚参加完南非世界杯的前国安队外援沃尔特·马丁内斯与国安俱乐部总经理高潮在国安俱乐部完成签约，新合同期为一年半。

●7月21日

国安队与伯明翰队的慈善义赛，共为残联募集100万元。

国安队19号王晓龙

出国踢球。好在最终双方各让了一步，才使陷入僵局的转会重现生机并最终谈妥。

比起上述3人转会的好事多磨，另一个热门人选万厚良的转会还是搁浅了。当时的陕西人和俱乐部根本不准备低价放走这位现役国脚，也没留下什么谈判余地，所以转会早早作罢。

外援点缀

相比内援的好事多磨，2010赛季外援的引进倒是干脆很多。有了2009赛季打下的良好外援基础，这次的外援引进只需要弥补两个漏洞即可。把喀麦隆中卫威廉·保罗勉强留到上赛季结束纯属无奈，如今有了高个子的吴昊，徐云龙和张永海这对高龄组合也被认为可以再战几年，所以中后卫的隐患已经不大，因此格里菲斯三兄弟中的老二亚当也就没能从国安拿到合同。真正要命的只剩下了边后卫，在杨璞退役后，左后卫尚有张辛昕，周挺也随时可以客串到左路，相比之下，右路就要薄弱多了，如果周挺或张辛昕一人有恙，就只好用黄博文或路姜来补漏了。

于是，中超联赛罕见地迎来了一位外籍专职边后卫——莫里斯·罗斯，32岁的苏格兰右后卫，曾于2002—2003年代表苏格兰队参加过欧洲杯预选赛，履历方面相当不错。考虑到英式边后卫热衷助攻且传中精准的普遍特点，罗斯在国安队的前景被颇为看好。

至于锋线外援的人选，作出抉择更要费一番思量。乔尔·格里菲斯虽然不错，但2009赛季光是停赛就有10场。不过乔尔确实很喜欢北京，在纽卡斯尔喷气机队有意强留他的情况下，他放出了"不让我走宁愿退役"的话，几乎是逼着喷气机队让他转会。

而埃米尔·马丁内斯的缺口就暂时难找替代者了。作为2009赛季国安队的"冠军之匙"，俱乐部上下都希望他能留下，正式接替陶伟成为国安的新核，但埃米尔的野心显然在欧洲或美洲的顶级联赛，与国安队的一年合同到期后，他就琢磨着走，并最终和墨西哥超级联赛的因迪奥斯俱乐部签下合同。

失去埃米尔后，国安俱乐部决定把这个外援名额放到高中锋的人选上，再造一个堤亚戈式的能得分、能护球分球的高中锋是终极理想。

在国安俱乐部领导的案头上，早早就摆上了重庆力帆前锋金尼、广州医药队射手拉米雷斯和杭州绿城队中锋奥托的简历，3人的

国安队33号罗斯

2010

2009赛季进球都在10个以上，而拉米雷斯则是联赛"金靴"，奥托是"铜靴"。几经权衡，身体最单薄的金尼最先被否，而在拉米雷斯和奥托的PK下，年轻3岁的奥托成为了胜利者。虽然奥托在杭州的两年一直以浪费机会著称，但两个赛季的24个进球、前场的奔跑能力，以及1.93米的身高都令人不敢小视。

雪夜胜川崎

和李章洙时代的冬训规律稍有不同，虽然球队保持着昆明冬训不变，但在京完成了短暂休整后，下一站由此前的韩国变成了日本。更换集训地的做法倒不是为了转运，而是在日本可以面对更多的对手。一般情况下，日本球队去韩国冬训的不多，反倒是韩国球队颇爱前往日本进行季前拉练。所以在日本集训，可以在短时间内安排多场和韩日俱乐部的热身赛，对于立誓亚冠出线的国安队而言，这是一个非常不错的选择。

2月7日抵达日本后，洪元硕就迅速敲定了几个热身对手，头两场比赛将分别对阵韩国球队水原三星和浦项制铁，接下来的几场对手都是日本球队。

两天后，国安队驱车两个小时抵达水原三星队所在的训练基地。国安队在这场比赛的上下半场排出了不同的阵型，分别是442中场平行站位和4321的三后腰阵型，这也是洪元硕在国安队引援结束后，根据新援的特点打造的两个阵型。在比赛中，国安队的场面和对手不相上下，徐亮的一记40米吊射破门非常精彩，但最后因为防守疏忽送给对手一粒点球，才以1比2惜败。

2月10日，国安队的热

2月23日亚冠小组赛北京国安（主）1比0墨尔本胜利　国安队19号王晓龙

身在继续，这一次是迎战新科亚冠冠军浦项制铁队。上半场王长庆先下一城，下半场比赛中浦项队的巴西外援莫塔对国安小将姚爽恶意犯规，而洪元硕也在找对方主教练进行协调时被推搡，导致场面顿时无法控制，才发生了群殴的一幕。

2010年2月10日这一天确实值得铭记。斗殴发生两个多小时后，同样是在日本，高洪波执教的中国国家队在东亚四强赛中以3比0狂胜韩国队，国安队的两名国脚杨智和杨昊均打满90分钟且有上佳表现，长期困扰中国足球的"恐韩症"因为这个3比0而被初步治愈。

结束了日本拉练，国脚们也从国家队回归，留给洪元硕备战亚冠联赛的时间只剩下了几天。因为赛程受世界杯拖累较严重，2010赛季的亚冠联赛较平时早开踢一周的时间，工人体育场也在2月23日就迎来了新赛季的第1场正式比赛，这几乎是这座球场历史上最早被使用的一天。

说到2010赛季的目标，国安俱乐部提出的是联赛夺冠，亚冠小组出线，这也是俱乐部第一次在亚冠赛场上给球队提出明确的成绩要求。在已经实现了联赛夺冠的理想后，国安俱乐部也希望能够作为中超最强的代表在亚洲赛场有所作为。而从亚冠小组赛的分组形势看，国安队的签位并不算有利，对手川崎前锋是2009赛季J联赛亚军，也是进球最多的球队，城南一和是K联赛亚军，而墨尔本胜利队则是澳大利亚超级联赛的冠军。在赛程上，倒是和国安队的2009赛季亚冠征程完全一致：主场先对澳大利亚；然后客场对日本球队；第3、第4场是背靠背对韩国球队；第5场远征澳大利亚，最后一战在主场对阵日本。

2月23日，国安队在工体迎来了2010赛季首秀，洪元硕打造了颇久的4231阵型首次亮相，几位新援也悉数上阵。这是一次比较成功的首秀，取代黄博文和杨昊登场的祝一帆毫不怯场，出任左前卫的徐亮也展现了不俗的传球脚法，右后卫

罗斯的助攻意识极强，主力中后卫吴昊的制空能力也值得称道，王晓龙虽然只在终场前亮相了几分钟，但他的盘带技术已经引来满场叫好。唯一让人担心的就是中锋奥托，在禁区内挥霍了不少机会。这场比赛中国安队全场攻门19次，一直压着对手进攻。凭借着乔尔·格里菲斯的进球，国安队以1比0取胜。虽然比分不算过瘾，但对于在冬夜里看球的国安球迷来说，已经相当欣慰。

两周之后移师川崎，在雨雪交加的天气下，国安队与川崎前锋队展开大战。川崎队中拥有名将川岛永嗣和稻本润一，锋线上有几个月后在南非世界杯上火起来的郑大世。从比赛一开场，川崎队就大兵压上试图提早破门。但在满场积雪的

3月9日亚冠小组赛北京国安（客）3比1川崎前锋　国安队7号王长庆

情况下，双方的进攻都较为拘谨。第36分钟，徐亮直塞，乔尔·格里菲斯单刀破门。但两分钟后，川崎队就追平了比分。下半场川崎队两次错失破门良机，而国安队的防守反击战术大获成功。中场休息时才替补徐亮登场出任左前卫的王长庆先是接奥托妙传劲射得分，然后又在第87分钟以一记精彩的吊射把比分锁定在3比1。值得一提的是，国安队本场比赛只有3次射门命中球门范围，但

3月9日亚冠小组赛北京国安（客）3比1川崎前锋　国安队5号马季奇

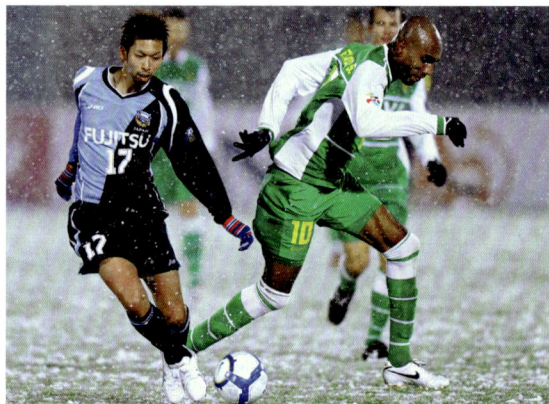

3月9日亚冠小组赛北京国安（客）3比1川崎前锋　国安队10号奥托

3月9日亚冠小组赛北京国安（客）3比1川崎前锋　国安队13号徐云龙

都取得了进球。而川崎队的门将川岛永嗣则是南非世界杯上表现最出色的门将之一。

雪夜胜川崎，是洪元硕执教国安队期间最具代表性的取胜记忆，也是北京国安队在亚冠历史上最辉煌的胜利之一。这场3比1，也给其他中超俱乐部在亚冠赛场上对阵日本提供了足够的作战经验和无尽的勇气。

双线之痛

虽然国足在年初东亚四强赛上取得3比0的大胜，但2010赛季的亚冠小组赛，中超球队面对韩国球队的8场比赛却全败。

3月23日客场与城南一和队一战，在一定程度上打破了洪元硕的神话，这是洪元硕执教国安队以来第一次在正式比赛中失利，虽然从领先到落后只用了10分钟时间，但却给人一种兵败如山倒的感觉。其实从排兵布阵上看，洪元硕是相当有针对性的，起用郎征来对付城南一和队的高中锋拉东契奇，也强调了两翼的压上助攻，在客场敢于和对手进行对攻。

利用定位球的机会，国安队由罗斯先下一城。虽然此后的场面颇为被动，但国安队的防守阵型保持得相当整齐，几次反击也是有声有色。比赛进行到下半场，城南一和队的攻势更盛，但也更为急躁，眼看着国安队就将彻底改写逢韩不胜的历史，但城南一和队的及时换人和变阵改变了比

3月23日亚冠小组赛 北京国安（客）1比3城南一和 国安队4号周挺

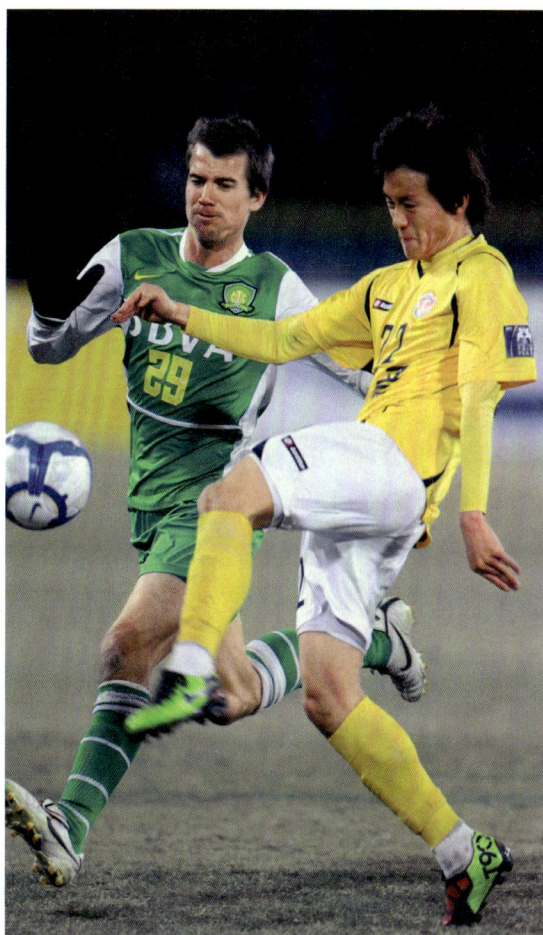

3月31日亚冠小组赛北京国安（主）0比1城南一和 国安队29号乔尔

2010

501

4月4日联赛第2轮 北京国安（主）1比2深圳红钻 国安队13号徐云龙

4月18日联赛第4轮 北京国安（主）1比0陕西中建 国安队9号杜文辉

赛结果。第 80 分钟，罗斯防守漏人，给了对方前锋莫利纳轻松传球的机会，替补登场的宋浩英把球打进。7 分钟后，又是宋浩英助攻拉东契奇得分。终场前，全线压上的国安队被对手打了反击，杨智铲球吃到红牌，只好由黄博文出任门将。伤停补时阶段，国安队再失一球，以 1 比 3 结束了比赛。

8 天后，国安队回到工体再战城南一和，这天恰逢洪元硕的 62 岁生日，全队上下都希望用一场胜利给洪元硕过个生日，所以从比赛一开始，国安队就掌握着主动权，频频威胁着对方球门。但狂攻并没有换来进球，第 73 分钟，城南一和队直传，准备接球的拉东契奇处在越位位置上，而张永海在倒地拦截时有明显的故意手球。是判此球越位在先，还是给张永海红牌并判罚任意球？可惜，主裁判选择了后者，城南一和队凭借这个任意球取得了比赛的胜利。

两负城南一和，其实对国安队的亚冠小组出线形势并没有严重影响，按当时的积分情况，城南一和 4 战积 12 分，已经提前两轮锁定小组第一；而国安队积 6 分；川崎前锋和墨尔本胜利队各 3 分，国安队只要最后两轮比赛都取得平局即可小组出线。尽管难度不算大，但由于中超联赛已经开打，双线并进将极大考验洪元硕的国安队。

中超首轮，人们已经隐隐感觉到了国安队队员身上的疲惫，在工体面对升班马南昌衡源队的一班后生，国安队的进攻显得很不流畅，运动战打不开局面，两个进球都是角球发起。特别是第一个球，和 2009 赛季国安队的中超首球如出一辙：徐云龙接定位球在禁区内传中，乔尔·格里菲斯抢点破门。

在主场与城南一和队交锋仅 4 天后，国安队迎来第 2 轮联赛，同样是主场，同样是不算强大的深圳红钻，国安队却迅速陷入了困境。这场比赛，也是国安队过去两年的弃将堤亚戈、程月磊和王栋首回工体的"汇报演出"，而洪元硕则第一次采用了轮换制，王晓龙、王珂、杨昊和张辛昕这些亚冠替补球员均进入首发阵容。

但洪元硕的轮换制尝试却在这场比赛中遭遇重击：第 11 分钟，堤亚戈制造任意球；小赫莱布主罚得分。在瑞恩·格里菲斯下半场扳平比分仅 9 分钟后，小赫莱布再次破门。整场比赛，虽然国安队射门高达 27 次，控球率超过 60%，但一夫当关的程月磊在工体的完美演出，让国安队早早吃到了赛季联赛主场首败。

一场失利不会动摇洪元硕亚冠出线的雄心，第 3 轮客场对阵长春亚泰，国安队继续小幅轮换，无缘亚冠报名的小格以一脚漂亮的禁区外劲射攻入了全场比赛的唯一进球，也让客队主帅沈祥福身上的下课压力进一步加大。

2009 赛季中，李章洙的国安队在远征澳大利亚 4 天后客战长春亚泰，当时他选择用替补去澳大利亚，主力战亚泰，结果 6 比 2 大胜。而这一次，

3月27日中超开幕式在工体举行，队长徐云龙代表中超球员宣誓

2010

4月28日亚冠小组赛 北京国安（主）2比0川崎前锋 国安队29号乔尔

4月28日亚冠小组赛 北京国安（主）2比0川崎前锋 国安队10号奥托

5月11日亚冠淘汰赛北京国安（客）0比2水原三星 国安队17号王珂

洪元硕则是半主力客战亚泰，4天后用全主力客战澳大利亚球队。两相比较，洪元硕是赢家，国安队在墨尔本浪费颇多机会，与东道主战平，但同样已经把亚冠出线的主动权握在了自己手中。

为了备战4月28日主场对川崎前锋队的亚冠生死战，国安队的第4、第5轮联赛依然在轮换。主场对阵陕西中建，借着轮换制才跻身主力阵容的祝一帆以惊世骇俗的一脚为国安队带来3分。而在客场对阵河南建业队时，洪元硕更是将包括门将杨智在内的主力阵容更换了8人，最终带来了一个1比1。

洪元硕用轮换制赌亚冠出线，也终于收到了效果。4月28日面对川崎前锋队，打平就能出线的国安队再也没犯中国足球的老毛病，虽然在开场阶段颇为被动，但乔尔·格里菲斯利用反击打进的一球稳定了军心，并在下半场由奥托锁定胜局。国安队首次从亚冠小组出线，也是中超4个代表中的唯一出线队。

按当时亚冠联赛的规矩，小组第2名两周后需要在另一个小组第1的主场进行单场淘汰赛，胜者进入亚冠8强，这意味着国安队的双线折磨还得持续一段时间。尽管足协将国安队的第7轮联赛推迟至8月进行，但对于双线作战的压力缓解不大。亚冠1/8决赛客场对阵水原三星队的前后各一场联赛，国安队在主场连续被青岛中能和长沙金德队逼平，丢掉了计划内的6分。

水原没有奇迹，拥有大半韩国国脚，且有李玮锋助阵的水原三星队实力明显占优，国安队只抵抗到第28分钟，便因为一个角球而失分，又在终场前再失一球，以0比2完败。

无奈的腰痛

虽然亚冠无缘8强，但国安队已经完成了小

国安队36号祝一帆

国安队8号杨昊

组出线的任务，在足协杯仍然停办的背景下，以国安队现有的人员配备，只需面对单线作战显然有些奢侈。但这套厚实的阵容，却给洪元硕的排兵布阵带来了不小的难题，这种难题主要体现在"腰"的问题上，包括前腰和后腰。

后腰是2010赛季国安队最引以为傲的环节，在高洪波的国家队中扮演绝对中场大闸角色的杨昊竟然在国安队要为主力位置苦战就是证明。从2009赛季开始，国安队的主力后腰搭档就是马季奇和黄博文，而洪元硕又在2010年提拔了祝一帆，更加剧了这个位置的球员竞争。加上左前卫徐亮也具备踢后腰的能力，在第5轮客场对河南建业队进行大轮换时，他就在这个位置上踢过，所以国安队的后腰位置人员堆积过于严重。

而与此同时，在前腰位置上，国安队却陷入了人荒，这又是赛季初没想到的。

2010赛季中国安队面临的最大任务就是"去陶伟化"。33岁的"陶核心"已进入职业生涯末期，2009赛季就转为球员兼助理教练身份，但还是出场25次，为国安队的夺冠立下大功。2009赛季结束后的庆功会上，中信集团领导亲自挽留陶伟，希望他能再踢一年，用经验带带小将，陶伟也爽快地答应了。在通过了YOYO体能补测后，陶伟就具备了出场资格，但洪元硕却希望队员们能够尽早摆脱对陶伟的依赖。

乔尔是最早确定的前腰人选，在日本拉练期间，他就活跃在奥托身后，扮演影子前锋兼前腰的角色。但由于奥托的得分能力实在太过平庸，

2010

505

国安队29号乔尔

导致乔尔还是很快就回到了锋线上。至于其他的前腰人选，如王晓龙和王珂，虽然都是中国足坛有名的盘带王，但得分能力不强，送出致命一传的能力也较普通，场上位置也不得不靠向边路。

赛季初，当国安队在主场陷入苦战时，陶伟

5月26日联赛第10轮 北京国安（主）0比2杭州绿城 国安队15号陶伟

7月7日联赛第14轮 北京国安（主）3比0辽宁宏运 国安队7号王长庆

5月16日联赛第8轮 北京国安（主）0比0长沙金德 国安队6号徐亮

也曾是洪元硕的救命稻草，虽然陶伟在3场共计92分钟的出场时间里改善了球队的攻势或者自己制造威胁，但却没有为球队策划一个进球。联赛第10轮，国安队主场0比2完败在杭州绿城队脚下，年初被国安队放弃引进的拉米雷斯梅开二度。在比赛的最后阶段，王长庆曾经制造了一个点球，但陶伟射出的点球被扑出，令工体一片哗然。这场比赛的结束哨，也成为陶伟职业生涯的终场哨。

2010年下半年，陶伟开始淡出球队，谋划去西班牙学习，而黄博文则成为了陶伟前腰位置的接班人。洪元硕也真正开始将黄博文、马季奇和杨昊这三名后腰同时派到场上。虽然这个全新的组合创造过主场3比0击败辽宁宏运队的大捷，前腰黄博文在比赛中也攻入了个人赛季的唯一进球，但这样一个中场组合很快就暴露出了进攻创造力不足的问题。国安队开始陷入进球荒，甚至客场0比3惨败在大连实德脚下。这导致洪元硕很快就改变了最初的计划，把后腰的新人选确定为徐亮。

退步的足球

在一片"Vuvuzela"制造的噪声中，中超联赛暂停，让路于南非世界杯。作为32强当中最不起眼的球队，洪都拉斯队却成为了不少北京球迷的"主队"，因为这个队中的15号球员叫沃尔特·马丁内斯，是深受北京球迷喜爱的那个"小马丁"。离开北京一年半了，一头小辫的小马丁依然被北京球迷所关注，而其中的很大一部分原因，就是大伙对球队现有的外援质量不满，认为他们都不具备小马丁的拼命精神。

在输掉了主场和杭州绿城队的比赛后，奥托被裁的命运就已基本确定，这位巴西巨人也成了国安队"10号魔咒"的牺牲品，全无前两个赛季的高进球率。曾经在杭州绿城队带过奥托的主教练吴金贵就认为，奥托的风格更适合防守反击的球队，而国安队则更讲求层层推进，这样只会将奥托脚下活糙以及射术不精且不擅头球的弱点一一暴露。

同样接近走人的还有罗斯。苏格兰边卫从亚冠第3场小组赛开始，便受到了外界的质疑，攻强守弱的他，总会在身后留下大大的空当。而且罗斯的性格较怪，不合群。

国安俱乐部本想在二次转会期间换掉奥托和

仅剩的一个外援名额是再买一个高中锋，还是引进小马丁？在与希腊国家队中锋查里斯蒂亚斯传了一阵子绯闻，又在鸟巢与伯明翰队的商业比赛中试用了巴西前锋克劳迪内后，小马丁还是如愿被留用了。洪都拉斯快马在实现了自己的世界杯之梦后，又回到他最想念的北京，在与国安俱乐部签约了一年半后，他披上了国安队的35号战袍。

他还是那个小马丁，像黑色闪电一样在场上永远不知疲倦地奔跑，总可以打进精彩的进球，

国安队35号小马丁

7月21日慈善赛北京国安0比1英国伯明翰　试训外援克劳迪内

罗斯，在引进两名攻击型外援的同时，买进万厚良弥补边路防守，但时运不济的万厚良在赛季开始前就遭遇重伤，不得不出国接受手术，属于无法解渴的"远水"。而国安队左后卫张辛昕也因为在第8轮比赛中韧带撕裂，至少休息3个月，这无形中救了罗斯，让他得以留到赛季结束。

却又屡屡浪费必进之球。人们确实把小马丁当成了救世主，因为他重新代表国安队亮相的第1场比赛里，就取得了进球，第2场，又进了一个。连续两个客场，国安队均以1比0击败江苏舜天和南昌衡源，小马丁的两个进球带来了6分。加上第18轮主场2比1再胜长春亚泰队，取得了三

连胜的国安队一跃回到积分榜第3，少赛一场落后上海申花队2分，与"领头羊"山东鲁能队也仅差6分，而两队在8月26日和9月11日将交锋两场，如果拿出2009赛季主客场双杀对手的劲头，国安队依然冠军有戏。

国安队真正有实力卫冕吗？答案是否定的。8月18日的西安，面对仅列积分榜第10的陕西中建队，国安队踢出了多年来发挥最差的一场比赛，射门数4比22，控球率36%比64%，若非横梁帮忙，以及杨智的班克斯式扑救，国安队也许将收获一场完败。

新援乏力，丧失血性，缺乏新意，一个退步中的国安队让人颇感失望。

一战成名张希哲

"西安之耻"发生仅4天之后的8月22日，洪元硕就在工体给阵容增添了新意。在对阵河南建业队的出场名单里，21岁的杨运出任单前锋，而在前腰位置上则是身披42号战袍的张希哲。一年前，也是8月，李章洙曾在国安队主场与辽宁宏运队比赛的最后12分钟，把张希哲派出场。整整一年后，张希哲才迎来第二次出场。

这是张希哲职业生涯中第一次美妙的回忆。开场仅3分钟，他就在禁区前远射破门。第9分钟，他又是一脚挑射把比分扩大为2比0。但因为小格在比赛开场不久就吃到红牌下场，长时间以少打多的国安队一直场面被动，在终场前被建业队扳平了比分。

张希哲是中国足坛在2009年的一大发现，当时在全运会上，他代表北京队出战成为最佳射手，无论脚下技术还是定位球都值得称道。虽然张希哲在全运会后就开始随国安一线队训练，但因为国安队前场人才济济且争冠形势非常紧张，才使

他没有出场机会。

2010赛季中，国安俱乐部开国内俱乐部之先河，将俱乐部1989—1991年出生的球员组成国安精英队，出征新加坡联赛，里面不仅包括李提香、王皓等球员，还有堪称全中超最精锐的1991年出生的球员，当中的张希哲、谭天澄、雷腾龙、马冲冲和张俊哲等人都是国青队的主力球员。远征新加坡，就是希望让这些青年才俊提前感受职业联赛的氛围，尽早为一线队提供帮助。

但张希哲在新加坡留下的记忆却非常有限，

7月21日慈善赛 北京国安（主）0比1英国伯明翰 国安队24号杨运

除了国青队的不时抽调集训外，他还在4月初的香河基地进行的一次选拔活动中胜出，作为中国区的唯一代表获得了去马德里的巨星足球学校受训的机会。在马德里，张希哲受到了齐达内的当面点拨，这样的经历也让他获益不小。

从西班牙归来后，中超二次转会大幕已经拉

2008年U17世俱杯　国安队谭天澄

10月27日联赛第28轮　北京国安（主）2比1大连实德　国安队42号张希哲

国安队张希哲

2008年U17世俱杯国安0比1皇马　国安队张希哲

9月11日联赛第22轮　北京国安（主）2比3山东鲁能　国安队42号张希哲

开，张希哲和谭天澄这对国青"双子星"也如愿被国安队注册进一队名单，张希哲在对河南建业队的比赛中横空出世，而谭天澄则在客场对辽宁队的比赛中奉献了关键助攻。

魏克兴救火

被河南建业队逼平后，北京国安队和"领头羊"山东鲁能队的差距已经拉大到 7 分，领先第 5 名杭州绿城队也不过 1 分。和山东鲁能队的连续两场交锋如能拿下 6 分，将仍有夺冠希望，反之，则连新赛季的亚冠门票都难以保住。

第一回合客场比赛中，国安队占据控球优势，而鲁能队的机会更多。李金羽在第 15 分钟就接邓卓翔妙传取得进球；比赛第 84 分钟，闫相闯在禁区前的劲射击中横梁，错失了扳平比分的机会，但综观整场比赛，0 比 1 也属正常。

9 月 11 日，两队工体再战，国安队也依然没有显示出强者风范，两度落后，两度勉强扳平比分，最后被对方的京籍前锋吕征在终场前绝杀，2 比 3。这场比赛是山东鲁能队 10 年间第一次在京城取胜，两队的积分差距也因此被拉大到了 15 分，国安队不仅彻底告别卫冕，在积分榜上距离第 9 名也仅有 3 分优势，再加上小格在比赛中锁骨骨折，国

魏克兴教练组

9月25日联赛第24轮　北京国安（主）4比1上海申花　国安队35号小马丁（北京市体育记者协会举办的精彩一瞬　体育摄影比赛一等奖摄影师杨林）

安全队的信心都遭受致命打击。

国安俱乐部管理层的耐心在下降，终于，在 9 月 19 日客场败在忙于保级的沈阳金德队脚下后，国安俱乐部宣布洪元硕不再担任主教练职务，已

9月25日联赛第24轮北京国安（主）4比1上海申花　国安队22号杨智

10月17日联赛第26轮北京国安（主）1比1天津泰达　国安队16号黄博文

10月27日联赛第28轮北京国安（主）2比1大连实德　国安队11号闫相闯

经远离一线队一年时间、主要负责俱乐部青训的副总经理魏克兴出任教练组组长，他的角色就是负责球队过渡，打好最后7轮联赛，争取拿到亚冠入场券。一年前，也是还剩7轮时，洪元硕临危受命带队夺冠。一年后，魏克兴的任务也足够艰巨。

所谓换帅如换刀，虽然在阵容上基本维持了洪元硕时代的那一套，但球员时代就对攻破申花队球门颇有心得的魏克兴，就在上任后的第一个对手上海申花队身上让国安队员们找回了信心。加盟国安后，以直接任意球著称但却沉寂了大半年的徐亮终于展现了价值，他先是用一脚任意球令对方门将脱手，使乔尔·格里菲斯首开纪录。又在比分被扳平后再次主罚任意球得分，再加上小马丁和杜文辉的锦上添花，国安队取得了一场4比1的大捷。

4天后，凭借着小马丁和乔尔的进球，国安队在客场战胜杭州绿城，在积分榜上又重回四强，亚冠门票在望。

但魏克兴却没有洪元硕一年前的好运。第26轮主场面对天津康师傅，徐亮一次"勺子"点球的失准，将胜利变成了平局。而第27轮客场面对垫底的重庆力帆队，国安队又一次惨遭失败。在杜文辉先下一城后，重庆力帆队由被国安拒绝的金尼一传一射完成2比1的逆转，导致国安队又一次滑至第6，距亚冠门票又有了3分之差。

最后3轮联赛，虽然国安队艰难取得2胜1平拿下7分，但亚冠门票的直接竞争对手杭州绿城豪取3连胜，稳稳保住第4名。北京国安队以第5名的成绩结束2010赛季，连续4个赛季入围亚冠的梦想破灭。

结束了救火使命的魏克兴再次离任，国安队开始了新洋帅的选拔。而在南方，广州恒大顺利升级后开始大力买人，一时中超转会市场热闹起来。

陶伟

对于 2010 年的国安足球，陶伟一定是最特殊的那颗星。这一年，在自觉有些走下坡路的情况下，他毅然地选择离开了绿茵场。那一刻，记者曾经在私下里问过他："你后悔吗？你心痛吗？"他露出了少有的笑容，但绝不否认有些苦涩，"有点儿心痛，但是我不后悔。因为我想把我最辉煌、最耀眼那一刻留给球迷。"

在那之后，陶伟在国安俱乐部的帮助下远渡重洋，来到了世界杯冠军西班牙的首都马德里。这一举措即便放眼全国也属凤毛麟角：将一名退役球员送到高水平国家的最高水平俱乐部，进行教练员方面的全方位镀金。陶伟应该算是中国第一人。那一刻的陶伟，让人能够深切地感觉到他是幸福的。

记者：你一向都不是一个很爱说话的人，这一点对你作为教练员是不是会有些影响？

陶伟：我确实不太爱说话，有时也不知道该怎么说。我承认，这个问题需要改一改。来到西班牙，接受了不少教练员的调教，我深切地明白了一点，如果想做好一个教练员，语言表达能力必须要提高。如果不能表达好自己想要的东西，无论如何也都不能成为一个好的教练员。我想，如果有机会的话，在我学完了教练这部分业务课程后，需要像你一样，找个媒体去联系一段时间，我发现，你们记者的口才都很好。当当记者，练好口才！

记者：我们都知道，国安俱乐部开创了中国足球史的第一次，将一位具备优秀教练潜质的退役球员送到世界知名俱乐部学习。

陶伟：这一点，我必须要感谢俱乐部。罗宁董事长、高潮总经理、武又文副总经理等对我这次留学的帮助非常大。我不是一个非常善于表达情感的人，我也从来没有当面对他们表达过感谢，但是这份谢意一直都埋在我的心里。我始终都认为，自己在很多方面都有所欠缺，但是几位领导都给予了我很大信心，他们认为我有能力成为一个帮助国安队取得进步的教练员。能够到皇马进行这种几乎寸步不离的学习，别说在中国，就是放眼亚洲，恐怕也少之又少，但是国安俱乐部做到了这一点，我很幸运，得到了这个机会。我要做的就是努力学习，全力回报俱乐部。

记者：能不能介绍一下在西班牙的生活起居等方面的情况？

陶伟：俱乐部给了我很大的帮助。其实我在这里很简单，就是去训练场学习。但是俱乐部为了减少我的困难，在西班牙总是都我选择最佳地段的住房，交通很方便，

而且环境也很不错，还很安全。同时，对我家里也总是尽最大可能照顾。应当说，我在西班牙的这段时间，始终都是没有后顾之忧的。我只需要认真工作、认真学习就好！

记者：现在已经学成归来，你觉得自己的收获如何？

陶伟：收获很大，在皇马的确可以学到很多东西。我首先认清楚的就是做教练和做队员的区别。很多优秀队员可能未必是好教练，我感觉恐怕就是因为角色转换没有做好。做球员，只需要按照教练要求去做就足够了，这是一对一的关系，很好处理；但是做教练，是一个领导者，要考虑的东西很多，要研究每个队员的特点，这是一对多的关系，更不能以我为主。到皇马后，我首先学到的就是这种角色变换以前不觉得这有多难，但是真的进入学习角色后才发现，还真不是一件容易的事。

记者：中国和西班牙的差距非常大，你觉得你学到的东西在回去之后可以完全适用吗？

陶伟：照搬肯定不行。我也和很多西班牙教练沟通过，他们也都给了我提示。很多训练方式可能对欧洲球员合适，但是拿到美洲或者亚洲就未必合适。他们也给我讲述了许多方法，同时他们也给了我很多针对亚洲人甚至中国人的训练建议。但是在一些球场上的东西是共通的。你也看了我的训练笔记，他们也会很认真地进行两脚球练习、二对二练习。只是，我会从他们那里学到更先进、有别于目前中国训练方法的方式。帕切科教练的很多方法就比较西班牙化，但是看得出来，他就针对中国运动员的特点进行了微调和改变。例如跑动距离、训练时间，都有一些明显变化，但核心内容不变。这些问题，我还要在学习中不断积累经验。

记者：你回到球队时，正好是俱乐部成立 20 周年之际，

作为职业生涯从未离开过北京国安队的队员，你是否很激动？

陶伟：是的，我为自己在这个集体里感到非常自豪。在国外待了几年，我深切地明白，20年对于足球高水平国家而言不算什么，但是在中国，20年不仅是一支俱乐部的历史，更代表了一支俱乐部的积累和沉淀。现在可以肯定地说，确实没有谁能够做到这一点，但是国安俱乐部做到了。我也看到有人说过，20年算什么？是的，在足球历史的长河中，20年确实不算什么，但是如果你想发展到50年、100年，那么20年是必经之路。国安俱乐部已经做到了这一点，那么就是值得期待的。的确，国安在这20年中的成绩算不上最出色，但未来还在。只要将这份信仰坚持下去，我们就一定有机会打造出自己的王朝。也许以后，我们可以骄傲地说，北京国安俱乐部在中国足球历史上第一个进入百年俱乐部行列之中。而那时，我相信我的后人也会非常自豪地说："我的先辈曾经是这支球队的一员，他曾经是夺得过这支球队历史上第一个顶级联赛冠军的成员。"必须承认，作为这支球队的一员，我非常自豪！

陶伟和穆里尼奥

全名单

∨

领　队：吕军

主教练：洪元硕（至9月21日）、魏克兴

教　练：吕军、李立新、赵旭东、薛申、王少磊、李长江

队　医：双印、张阳

2010

号码	姓名	出生日期	报名身高/体重	备注
门将				
1	张思鹏	1987.05.14	188cm/78kg	
12	侯森	1989.06.30	188cm/71kg	
22	杨智	1983.01.15	186cm/79kg	
26	杨鹏程	1992.01.11	182cm/73kg	二次转会注册
后卫				
2	郎征	1986.07.22	188cm/79kg	
3	吴昊	1983.02.19	192cm/84kg	新加盟
4	周挺	1979.02.05	181cm/78kg	
13	徐云龙	1979.02.17	181cm/80kg	
20	张辛昕	1983.10.19	178cm/72kg	
30	张永海	1979.03.15	183cm/75kg	
32	于洋	1989.08.06	183cm/72kg	二次转会注册
33	罗斯	1981.02.03	182cm/82kg	苏格兰人
37	韩伟辰	1991.09.01	179cm/67kg	二次转会注册
38	张俊哲	1991.02.20	174cm/69kg	二次转会注册
40	蒋志良	1991.03.28	186cm/78kg	二次转会注册
中场				
5	马季奇	1980.09.26	183cm/81kg	克罗地亚人
6	徐亮	1981.08.12	182cm/75kg	新加盟
7	王长庆	1981.03.21	178cm/75kg	
8	杨昊	1983.08.19	176cm/66kg	
15	陶伟	1978.03.11	176cm/70kg	
16	黄博文	1987.07.13	181cm/72kg	
17	王珂	1983.08.31	168cm/70kg	
18	路姜	1981.06.30	181cm/71kg	
19	王晓龙	1986.03.11	176cm/68kg	新加盟
21	姚爽	1987.10.21	183cm/65kg	
24	杨运	1989.07.18	183cm/72kg	
25	薛飞	1987.10.29	178cm/62kg	
34	文博	1991.02.17	173cm/65kg	二次转会注册
35	马丁内斯	1982.03.24	168cm/68kg	洪都拉斯人
36	祝一帆	1988.03.01	182cm/67kg	
42	张希哲	1991.01.23	180cm/65kg	二次转会注册
前锋				
9	杜文辉	1983.12.19	182cm/78kg	
10	奥托	1980.11.22	193cm/80kg	巴西人
11	闫相闯	1986.09.05	174cm/66kg	
14	谭天澄	1991.05.15	174cm/79kg	二次转会注册
23	瑞恩·格里菲斯	1981.08.21	183cm/80kg	澳大利亚人
29	乔尔·格里菲斯	1979.08.21	181cm/78kg	澳大利亚人
31	胡崎岭	1987.07.19	182cm/72kg	
36	勾术亮	1991.09.10	183cm/75kg	二次转会注册
39	李翰博	1991.01.26	170cm/62kg	二次转会注册

转会情况

转入	
姓名	**原俱乐部**
吴昊	山东鲁能
王晓龙	山东鲁能
徐亮	广州医药
奥托	杭州绿城
罗斯	苏格兰阿伯丁
马丁内斯	洪都拉斯马拉松

转出	
姓名	**新俱乐部**
埃米尔·马丁内斯	墨西哥因迪奥斯
张磊	长沙金德
威廉·保罗	葡萄牙阿罗卡
王栋	深圳红钻
郭辉	大连阿尔滨
于洋	大连阿尔滨（租借半年）
隋东亮	退役
杨璞	退役
高大卫	退役
越恺豪	退役（转为五人制球员）
奥托	日本湘南大海

李提香、王皓、孟洋、刘腾等进入2009国安一线队名单的球员连同雷腾龙、马冲冲、唐森等国安二队球员一起，以国安精英队的名义前往新加坡参加联赛。

2011 年

无冕之王

年度背景

2011 年的中国足球,主题基本可以概括为房地产、出局和扫黑。徐家印的广州恒大以升班马的身份轻松夺冠之余,也把同城的富力带进了足球圈,广州富力队在买壳之后也完成了一年升超的任务。同在这一年,王健林率万达回归足球圈,花钱为中国国家队聘来卡马乔,又冠名中超联赛,还把一批少年送到国外。

在这一年国奥队无缘伦敦,国家队则在大战之前换掉高洪波,让新帅卡马乔甫一上任就尝到出局的苦果。

1月4日主教练帕切科媒体见面会

522

6月18日联赛第11轮北京
国安（主）1比1山东鲁能
国安队29号乔尔

国安球迷

2011

523

经典记忆

　　无缘亚冠，大将流失，年龄老化，投入缩减，2011 年的北京国安队在赛季开始前遭受了前所未有的轻视，但帕切科的到来令这支阵容实力充其量仅为联赛中游的球队早早锁定亚军，而且还在赛季进行期间打破了队史的连续不失球纪录和连续不败纪录。从技战术表现看，2011 赛季的北京国安队甚至比 2009 赛季的那支冠军队还要优秀。

寻帅像场戏

尽管早在 2010 赛季末段由魏克兴顶替洪元硕临时救火时，国安俱乐部就公开表示过会立刻启动选帅程序，但等到联赛落幕时，也没有什么关于新帅的靠谱消息传出，名单倒是长长一串，但真正接触过的却没几个。

这次选帅究竟该瞄准什么方向？俱乐部内部有几种不同的声音，力挺"韩派"的有不少，毕竟李章洙是历史上第一位让国安队的战绩持续稳定在争冠军团之中的外籍主帅，而且韩国教练的严格以及对于体能的重视，肯定会把国安队员从

● 1月4日

已经在2010年年底与国安俱乐部完成签约的新任主教练帕切科携助理教练路易斯和体能教练法耶抵达北京。

● 3月5日

国安俱乐部通过官方微博宣布，与延边俱乐部的中场球员朴成签约，这也是国安队在2011赛季引进的唯一一名内援。

● 6月11日

在中超第10轮客场与河南建业队的比赛中，杨智在第78分钟被对方球员内托罚入点球，但仍以620分钟创造了中超连续不失球纪录。

● 7月6日

北京国安在主场以3比0轻取上海申花队，欧洲杯、世界杯冠军得主西班牙国家队主力门将卡西利亚斯携女友现场观战，并在中场休息时向全场球迷问好。

● 8月17日

在主场3比1击败成都谢菲联队后，国安队创造了赛季连续18场不败的队史纪录，但由于4天后客场负于青岛中能，使得连续不败场数止步在18场。

● 10月12日

北京国安俱乐部在2012年招商推介会现场宣布正式续约主教练帕切科两年。

2010年的低迷中拉出。但韩国教练的最大问题就是缺乏战术，以至于李章洙在离开北京时都没有摘下"体能教练"的帽子；另一种声音是支持前南派，搬出了在2010赛季最成功的两位洋帅伊万科维奇和布拉泽维奇的例子。不过反对声音也同样很大，也有提到巴西教练的，还有西欧教练的，但都算不上主流声音。

随着2010赛季的结束，选帅成了国安俱乐部备战新赛季的首要任务。11月10日，韩国前国脚赵允焕出现在北京，与国安俱乐部管理层会面。4天后，在黄博文的婚礼上，国安俱乐部名誉董事长罗宁在闲聊时的一句"新教练可能来自巴西"又让记者们如获猛料。再往后，"特鲁西埃因为太贵无缘国安""吉马良斯已经看完2010赛季的国安队比赛录像""文加达与国安的谈判由于卡在细节上而泡汤"等。当各俱乐部正在抓紧时间展开新赛季的内外援引进工作时，与国安队有关的只有一连串的教练名字：金鹤范、车范根、拉德科、图拔科维奇、维斯雷恩，甚至还有亚平宁半岛上的泽曼、多纳多尼和里皮的名字……帅位迟迟无法落实，也令球迷心烦，由球迷制作的视频《选帅大业》一度在网上流传。

进入12月，随着队员们陆续结束假期，教练问题也到了必须解决的时候了。而国安俱乐部在和文加达谈判破裂后，依然坚持着西欧路线，葡萄牙人雅伊梅·帕切科凭借着在葡萄牙联赛的执教成就，以及曾在亚洲执教的经历，成为了最接近国安帅位的人选。

论履历，帕切科虽然不能算欧洲顶级名帅，但也确实是葡萄牙足坛的传奇人物了。球员时代踢后腰的帕切科，是葡萄牙国家队在20世纪80年代中期的主力，参加了1984年欧洲杯和1986年世界杯。成为教练后，帕切科将一支几乎没有球星的博阿维斯塔队带成了葡萄牙超级联赛冠军，历史上第一次打破了传统三强对联赛冠军的垄断。在来华前，他执教沙巴布队获得了沙特杯赛的冠军。虽然在执教经历中也有过因为脾气暴而受罚或是与大牌球星交恶的段子，但帕切科对于球队的打造能力，以及对于亚洲赛场的熟悉，都是他进入国安俱乐部视野的最大优势。

12月14日下午，经历了数小时的谈判后，国安即将签约帕切科的消息已经从

2010年12月24日帕切科与俱乐部通过传真签约

俱乐部传出，只剩下走流程一项。按原计划，国安俱乐部将与帕切科在15日的赞助商晚宴上完成正式签约，但变故却在15日下午发生。当时，帕切科刚刚考察完香河基地，在返京准备参加晚宴的车上，一个意外的来电却让他痛哭流涕，原因是妻子重病发作，他必须立刻返回葡萄牙。就这样，帕切科立刻收拾行李，于当晚乘机回国，签约被无限期拖延。

这样一幕电影式的情节让所有人措手不及，有人猜测帕切科是收到了更好的合同而临时变故，罗马尼亚媒体也迅速跟进，称此前已经与帕切科谈判数月的克卢日俱乐部将正式签下帕切科。《足球》报12月16日的头版则用一幅迷宫的画面结合京城拥堵的交通设计了一个"国安·堵城"的标题来描绘这次选帅的复杂程度。

是等帕切科，还是重启选帅？令俱乐部总经理高潮非常头疼，他最终选择了前者，但也做好了让魏克兴继续带队征战新赛季的准备。

还好，守信用的帕切科在圣诞节前与国安俱乐部恢复了联系，表示妻子的病情已经得到控制，自己将继续来华执教。很快，双方通过传真完成了合同的签订。2011年1月4日，帕切科带着两位助手来到北京，国安俱乐部的长篇选帅故事才宣告结束。

被自由撞了一下腰

在国安忙于选帅的日子里，虽然中国足协规定的转会窗还没有打开，但不少交易已经提前完成，其中尤以广州恒大狂签内援最为引人注目。4000万元拿下冯潇霆、姜宁和张琳芃，对于外援的投资也接近8000万元，这样的举动令一度宛如死水的中超转会市场迅速活跃起来，一名普通国脚的身价也迅速由两三年前的二三百万元飙升至千万元以上。

球员身价的激增，除了恒大的介入外，首次实行的合同到期球员可以自由转会的政策也推动了这一现象的出现。新政推出后，球员可以不必像前两年那样想尽办法先免费加盟国外俱乐部，

1月4日主教练帕切科媒体见面会

2011

527

再兜个圈子回到国内，而是可以掌握自己的命运与前途，用自由之身的便利来换取一份高薪合同。而那些有了心理准备的俱乐部，早早就与球员完成续约，一旦遇到上门求购者，就回一个天价，等待愿者上钩。放在过去，大半求购者听到报价后都会知难而退，但现在有了恒大，一切都变得不太一样。而对于那些有意挣大钱的球员来说，在成为自由之身后，则可以提出高薪续约的条件，或是用自由之身来向新东家提出高额签字费加高薪合同。

因为教练人选一直没有敲定，也耽误了国安俱乐部与几名待续约球员的谈判，毕竟很多球员是走是留，首先要听主教练的。但国安俱乐部总经理高潮也深知，把有实力的球员免费送走，也根本不是一家成熟俱乐部的做法。所以高潮也很早就提出了与几人的续约意向。在5人当中，徐云龙和王长庆最希望留下，与俱乐部的待遇谈判虽有差距但并非巨大。杜文辉则是去意已决，因为舜天方面除了提供了更高的薪水，还有他最期待的主力位置。至于两位国脚黄博文和杨昊，前者有意赴韩发展；后者则对去留不置可否。所以杨昊也成为高潮需要重点攻克的目标。2010年年底国家队在广州集训期间，高潮曾专程南下与杨昊商谈续约事宜，杨昊也表示过"既然国安不让我走，我就不走"的态度，并答应亚洲杯结束后回京细谈。但在亚洲杯结束后，"细谈"并未收到效果，杨昊在1月23日以一封公开信向国安俱乐部和北京球迷告别。

挽留杨昊未果，杜文辉也去了江苏舜天报到，黄博文加盟韩国全北现代俱乐部。只有徐云龙和王长庆在续约合同上签下了名字。国安队的2011年开局不畅。

演兵葡萄牙

虽然直到1月3日才匆匆抵京，但帕切科很

2月16日教学赛北京国安（葡萄牙）0比2拉科鲁尼亚

2月13日，国安队到布拉加，观看葡超布拉加与波尔图的比赛，试训外援罗贝托一同前往

快就进入新的工作状态，海埂冬训期间，帕切科对国安队庞大的一、二线队进行了细致观察。在年轻球员方面，着重考察了从新加坡归来的国安精英队队员，以及留在国内的梯队小将，从中提拔了10人补充进一线队。而在离队球员方面，加盟仅一年的吴昊和已在国安效力3年的王珂，以及两名在一线队报名多年却从未在联赛出场过的姚爽和薛飞都被通知可以离开。

2月10日大年初八，国安队启程奔赴葡萄牙开始海外拉练，选择葡萄牙，也是帕切科在昆明冬训期间才向俱乐部提出的。这倒不是因为帕切科想家了，而是他认为自己对葡萄牙的环境更熟悉，而且以自己的人脉，可以更方便地安排热身赛和进行外援试训。

从2月10日出发，到3月3日返京，国安队在葡萄牙期间进行了5场教学赛，收到了练兵的效果，队员也对帕切科的战术要求有了进一步了解，也被帕切科式的魔鬼训练折磨得足够疲惫。唯一没有达到的目的就是试训外援。整个拉练期间，只有一位33岁的巴西中锋罗贝托参加过国安队的教学赛，但因为没有出彩表现而被外界普遍认为将被国安放弃。

从朴成到戴维

没有新内援，没有新外援，3月初的国安队给人留下了要啥没啥的印象。同期，广州恒大已经完成了阵容的构建工作，配置相当豪华。而在已经打响的亚冠联赛中，山东鲁能、上海申花的外援质量也令人艳羡。

终于，新赛季的唯一内援朴成在3月5日正式完成了签约。这名来自中甲延边长白虎队的中场球员是国奥队的中场核心。国安俱乐部在2月与延边俱乐部展开正式沟通，当时对朴成有意的还有辽宁宏运队和天津康师傅队，但国安方面无论是诚意还是报价都是最能打动延边俱乐部的。起初，国安俱乐部还想在引进朴成之余，把他的"小弟"、年仅19岁的希望之星金敬道带到北京，但延边俱乐部希望再留这位球员两年，国安只好作罢。

除了朴成外，国安俱乐部这一年的另一个重点引援目标就是谭望嵩。这位2009赛季因为飞踹杨智而被京城球迷列入"黑名单"的球员从当年年末就是国安的重点目标，他能踢左右边后卫，可以极大地缓解国安队边路防守的压力。但河南建业队也瞅准了国安在边后卫方面求贤若渴的心理，提出了用国安队的三位河南籍小将马冲冲、王昊智和王皓打包交换的要求，最终被国安拒绝。

虽然"补边"未果，但朴成的到来多少不至于让国安以零内援开始2011赛季。接下来的最大问题就是外援了。3月18日，一度被猜测已被国

2011

529

3月28日戴维签约国安

安放弃的罗贝托现身国安俱乐部，与国安签约半个赛季。为什么罗贝托会杀个"回马枪"？国安俱乐部表示，帕切科一直认可罗贝托的能力，即使在热身赛中表现平平，但帕切科依然向俱乐部提出与其签约。

罗贝托显然不是帕切科迫切需要的，帕切科最想签的外援中锋是布拉加队的凯塔，但后者因为刚与俱乐部续约而无法成行。无奈之下，国安俱乐部只好继续攻坚帕切科开出的3人候选名单里的第2人——塞内加尔边锋苏古。此人虽然不是帕切科的嫡系弟子，但在多年来的葡超征战中，总能给帕切科的球队带来重创，是帕切科心仪已久的球员。起初，国安俱乐部和苏古的经纪人谈得很顺，苏古也希望来中超踢球，甚至连抵京的时间都已经敲定为3月24日，但科因布拉大学俱乐部最终变卦，阻止了苏古的中超梦。

由于中超转会窗原定于3月23日关闭，导致国安队将不得不以四外援开始2011赛季，不过中国足协在调查了各队的引援进度后，决定放宽外援引进时间，这也就意味着国安俱乐部又有了20天的寻找外援时间。

这20天，国安联系到了巴西中锋戴维，此人身高体壮，职业生涯的辉煌期曾在日本J联赛留下过出场17次进10球的表现，后来加盟卡塔尔联赛之初也有过不俗表现，只不过因为与球队主教练滕卡特交恶，才被贬入冷宫。国安能得到这样一位实力派球员，令球迷颇感欣慰。

但数据是一回事，现实是另一回事。3月28日，当戴维出现在首都机场时，他夸张的身材吓了所有人一跳。这根本不是他简历中写到的85公斤左右的体重，臃肿的体形证明从2010年10月起被剥夺联赛出场机会后，戴维一直在卡塔尔和巴西没有参加过系统正规的训练。

国安不是没见过这种巴西来的大胖子球员，卡洛斯时代的马古斯、李章洙时代的阿德拉尔多来国安时都已经够胖，所以迎接他们的前若干堂训练课都是跑圈。但既然戴维敢于接手10号战袍，既然他在日本和卡塔尔都留下了不少令人印象深刻的进球，就让他从跑圈做起吧。

可是戴维只在国安队训练了一天就消失了，因为来京后旧病复发，导致他根本无法训练，只能卧床休养。本来总经理高潮希望戴维能在北京接受治疗，但戴维却希望回巴西找其私人医生，并希望家人能在他身边陪伴。沟通未果后，戴维离开了北京。国安方面一度想等他回来，但戴维很快就与俱乐部失去了联系，双方签下的合同也等同于作废，国安队白白浪费了一个外援名额，不仅联赛上半程只能用4名外援，等到转会窗重开时，也只能再更换2人。

再往后的故事就更有戏剧性了。2011年6月，戴维与J2联赛的甲府风林队签约，但整个2011赛季出场10次一球未进。2012赛季，他出场38次打进32球，助甲府队以J2联赛冠军身份升入J联赛。2013年，他成为豪门鹿岛鹿角队的一员。

5月25日足协杯第3轮北京国安（主）6比1南昌衡源 国安队8号罗贝托第59分钟攻入一球

绝佳开局

相比洪元硕时代，帕切科手中的牌在赛季初显得格外匮乏，仅有的两个新援朴成和罗贝托由于是冬训后加盟的，赛季初期只能当替补，而比起2010年同期的国安一线队轮转阵容，帕切科更是足足少了7个人（瑞恩·格里菲斯、罗斯、王珂、吴昊、黄博文、杨昊、杜文辉），这个阵容用"有减无增"来形容最为贴切。但帕切科仿佛大厨一般，用仅剩不多的原材料，烹制出了一盘盘精美的菜肴。

联赛第1轮做客南京，帕切科就展现了自己

的"魔法"，面对近两个赛季进步神速的江苏舜天队，国安队的防守体系相当整齐，而进攻中配合和相关变化也非常多，两名在上赛季就被认为已经有些过气的边后卫周挺和张辛昕状态神勇，不仅防守到位，在进攻中更是成为了球队的一大发起点，国安队在比赛的大多数时间里都用的是2010赛季的阵容，朴成直到2比0领先后才替补出场。

可能是联赛首战的胜利让帕切科过于自信，一周后迎来自己的工体首秀时，他的球队竟然遭受了杭州绿城队的沉重打击。这场比赛中，徐亮早早因伤下场，令国安队少了主要的进攻组织者，但乔尔·格里菲斯第16分钟的进球几乎让所有人都忘记了危机。下半场危机突然到来，国安克星拉米雷斯在禁区内近乎无敌的发挥让徐云龙和郎

国安队8号罗贝托

征轮番犯错，拉米雷斯扳平比分后，国安队盲目压上，给了对手太多的反击机会。第83分钟，巴力为客队反超了比分，拉米雷斯又在补时阶段把比分扩大为3比1。工体球迷喝起了倒彩，帕切科的工体首战几乎完败。

帕切科从来都是一个不轻言放弃的人，而国安队的传统则是越不被看好就越能有出人意料的发挥。这样的组合总可以迸发出巨大的战斗力，所以联赛第3轮客场面对广州恒大，也就成为了帕切科的正名之战。毫无疑问，这是国安队整个赛季里最想赢得的一场比赛，不仅因为对方主帅是李章洙，也不仅因为杨昊的自由转会，国安更希望用自己近20年的底蕴来和广州恒大这样一个可以开出单场500万元赢球奖的新俱乐部进行一次正面较量。而且国安队几乎做到了，徐亮在比赛第25分钟首开纪录，穆里奇6分钟后扳平；王晓龙下半场开场仅4分钟以一记冲顶再次帮助国安队领先，而广州恒大直到比赛进行到第88分钟才再次追平了比分。赛后，国安俱乐部发放了几年间数额最大

球失0球，打造了队史最佳的后防线。而在进攻端，朴成已经展现出了成为中场助推器的才华，但因为在客场与南昌衡源队的比赛中受伤，导致他不得不休养一个半月。其他进攻球员中，罗贝托连续两场首开纪录，完全不是赛季开始前饱受非议的水货；小马丁的一脚倒勾破门堪称经典，徐亮的任意球依然犀利，连小将于洋都能利用有限的机会取得进球，帕切科的执教开局着实美妙。

9轮比赛下来，国安队在积分榜上紧咬广州恒大，以1分之差排名第2，赛季前无人看好的国安令所有人感到意外。

帕切科的财富

帕切科具体给国安带来了什么？从布阵来看区别不大，后防4人基本是洪元硕时代的配置。在中场，让徐亮打后腰也绝非帕切科首创，洪元硕和魏克兴时代都有过多场尝试。即便是球队的

6月18日联赛第11轮北京国安（主）1比1山东鲁能　国安队29号乔尔

5月15日足协杯第2轮北京国安（主）1比0青岛中能　国安队19号王晓龙

的一笔平球奖，奖励将士们的拼搏精神。

2比2的比分意味着帕切科结束了执教初期的波折期，他与国安队的蜜月期迅速来临。从4月25日的第4轮开始，到5月30日的第9轮结束，国安队在6场比赛里取得5胜1平的佳绩，进15

4231阵型，也是早在李章洙执教国安之初就使用的了。

帕切科真正带给国安的，除了其特有的战斗精神外，一是在技战术层面上更加强调了对边路的控制。葡式足球特有的技术型边锋被搬入国安

2011

535

6月26日联赛第13轮北京国安（主）1比1天津康师傅　国安队8号罗贝托

6月26日联赛第13轮北京国安（主）1比1天津康师傅　国安队5号马季奇

主教练帕切科续约成功与总经理高潮合影

队的战术中，王晓龙则从 2010 赛季的半主力一跃成为核心球员。再加上由徐亮和朴成"双核"把控的中场攻防，以及乔尔和小马丁大范围的跑动能力，让国安队的攻防运转均相当整齐和系统化。

仅用了几轮联赛，帕切科就征服了包括球员、媒体和球迷在内的几乎所有人，"续约老帕"已经成为全北京城的呼声。国安俱乐部也顺应民心，从 6 月就开始与帕切科的经纪人商讨续约问题。

但是在续约谈判初期，国安队却连续遭遇了 4 场尴尬的 1 比 1，而其中的 3 场都应该是可以拿下的胜利。客场对河南建业，除了乔尔·格里菲斯的进球外，国安队还两度击中门框，而对方终结杨智连续不失球纪录的点球，严格说来也是个误判；第 11 轮主场对阵山东鲁能，国安队在错过多次机会的情况下被对手在第 89 分钟扳平；第 14 轮客场陕西人和，派出诸多替补的国安队在这个著名的"魔鬼主场"用狂攻压制住了主队，可惜屡屡与进球失之交臂。

4 连平后，国安队在积分榜上被广州恒大队抛开了 7 分，也被山东鲁能队追平了积分。国安俱乐部一方面酝酿引进强援，在积分榜上再博一次冠军；另一方面也渐渐接受了现实，将获得亚冠入场券作为赛季的最低目标。也就是或者名列前 3，或者在足协杯上夺冠。

在这个阶段，帕切科因为在京津大战中向对方教练竖中指被拍照，而受到了足协本赛季对他的第 2 次处罚，即停赛 8 场。

发力未果

7 月 6 日，联赛上半程最后一战，国安队主场

7月6日联赛第15轮北京国安（主）3比0上海申花　国安队21号祝一帆

7月6日联赛第15轮北京国安（主）3比0上海申花　国安队6号徐亮

7月10日联赛第16轮北京国安（主）2比1江苏舜天　国安队30号张永海

8月1日联赛第18轮北京国安（主）1比1广州恒大　国安队13号徐云龙

3比0干净利落地击溃上海申花，获得半程第2名。虽然与恒大仍有7分之差，和身后的诸多追兵的差距也只有一场球，但帕切科的夺冠雄心并没有变，两位他钦定的外援已经随国安队训练了一段时间，并在预备队联赛中获得出场。同时，国安俱乐部也试图在二次转会窗开放后的内援市场有所斩获。

外援方面，深受球迷喜爱的大个子罗贝托最终还是难逃被替换的下场，接替他的是塞内加尔前锋凯塔。他是帕切科比较青睐的那种"黑又硬"型前锋，有过单赛季葡超联赛打入10球的表现，也是年初帕切科最想带到北京的3名外援之一。弗朗索瓦也是塞内加尔人，出自博阿维斯塔俱乐部青训营，帕切科最后一次执教博阿维斯塔一线队时，弗朗索瓦还是俱乐部青年队球员，加盟国安前弗朗索瓦刚刚积累了10场左右的葡超比赛经

验。帕切科主要看中的是弗朗索瓦1.94米的身高，认为22岁的他将改变国安队屡弱的后防空战能力，甚至会在未来成为国安队的后防高塔兼领袖。

外援落听，内援却没能按计划完成，国安俱乐部曾在这年夏天密切追逐成都谢菲联队的京籍锋线快马张远，希望对方能将这名合同只剩不到半年的球员低价出让，但成都谢菲联俱乐部以急需保级为由不愿轻易出手，回了一个不低的价格，双方因为转会费数额的差距导致转会失败。几个月后，张远以零转会费离开成都，投奔中超升班马广州富力队。

7月10日中超第2循环开打后，国安队出现了一段低迷期，这与球队的板凳深度不足却又遭遇连续一周双赛有很大关系。乔尔·格里菲斯遭遇连续9场进球荒，新射手凯塔也迟迟找不到进

球的感觉，反而因为与队友配合欠缺默契而浪费了不少机会。第16轮，国安队主场2比1险胜江苏舜天，在比赛的最后阶段曾遭遇对手围攻；第17轮面对杭州绿城，也就是当时中超唯一一支击败过帕切科的球队，老帕在客场罕见变阵，用五后卫来限制对方中锋拉米雷斯，虽然场面足够难看，但帕切科至少捞到了艰难的1分。

8月1日，国安队在工体迎来了与广州恒大队的第二次大战，工体迎来了超过5.3万名球迷，彼时的广州恒大已经天价引进了巴甲联赛MVP、阿根廷中场孔卡，攻击力绝对称得上冠绝亚洲，而工体也被认为是终结恒大不败，甚至是国安队超越恒大的最后战场。但国安队并没有打好这场天王山之战，锋线和中场均没有发挥出上半赛季的水准，给了恒大不少机会。在郜林于第66分钟为客队首开纪录后，小马丁在9分钟后接角球后头球入门扳平了比分。

主场战平恒大后，两队的差距已经拉大到11分，再提联赛夺冠已经很不现实。在帕切科心中，足协杯冠军已经变成了最现实的任务；其次就是保住联赛亚军；而留给外界的悬念则变成国安队究竟可以把球队的联赛不败纪录延续到多少场。

最后的"亮马乔"

8月21日，中超第22轮，也是联赛间歇期前的最后一场比赛。在青岛，北京国安队在毫无征兆的情况下输掉了比赛，18场不败的队史纪录就此被终结。青岛中能队的主教练张外龙是役充分抓住了国安队中场和后防队员高龄的弱点，进行轮番冲击，而国安队也受累于之前的一周双赛而

2011

导致进攻乏力，输球并不意外。

等到卡马乔的国家队完成了首期集训，联赛重新开始后，国安队仍未走出低迷。主场战平辽宁宏运，又在客场补赛中1比2负于长春亚泰，国安队跌入了赛季最低谷。一些对帕切科的质疑声也已响起，比如国安队2011赛季的大多数积分都是在积分榜中下游的球队身上取得，对强队的胜绩却几乎为零（两平恒大，两平辽宁，也没有赢下山东、辽宁、长春）。

所幸帕切科对于球队的控制与调整非常见效，国安队在赛季的最后阶段重新找到了赛季初的不败感觉，而这一波不败的主角，正是令京城球迷疯狂的"亮马乔"组合。第24轮，国安队客场击败深圳红钻，乔尔·格里菲斯先助攻小马丁破门，随后乔尔主罚点球，结束了自己的9场进球荒。第25轮，"亮马乔"再次各进1球，成就了国安队2011赛季的第6个3比0。

联赛亚军近在眼前，杯赛也在向前进发，凯塔打入了他在国安效力的半年时间里最重要的进球，助国安队闯入四强。但在与山东鲁能进行的半决赛中，国安队没能走得更远，在山东省体育中心的单场淘汰赛中，张辛昕开场30分钟就被红牌罚下，帕切科也被驱逐到看台上，但10打11的国安队依然错过数次进球机会。点球大战中，徐亮和小马丁射失点球，国安队遗憾出局。

好在国安队没有把遗憾延续到联赛中，第27轮和第28轮，帕切科的队伍终于击败了强队，在工体以4比1大胜长春亚泰，又在客场1比0击败天津康师傅。特别是击败天津康师傅一战，在比赛的最后阶段发生了太多故事。乔尔·格里菲斯在第75分钟取得进球，而天津队球员则在补时阶段的最后几秒钟在国安禁区内被绊倒，主裁判判罚点球，但杨智彰显门神本色，将球稳稳扑出。这精彩一扑，让国安队提前两轮锁定联赛亚军，进入亚冠正赛。

尽管最后两轮比赛，国安队均负于对手，但这并不妨碍京城球迷在最后一个联赛主场结束后，向帕切科以及全体国安队员送上经久不息的掌声，帕切科用他的能力将总体实力和外援水准均非顶级的国安队打造成了联赛亚军。而在帕切科的调教下，徐云龙、周挺、徐亮这些已经接近职业生涯末期的老将又重新焕发了第二春，推动着国安队前进。2011赛季中，国安队的取胜场数、进球数、失球数和联赛积分都完全超越了球队2009赛季的那次夺冠，确实是一个含金量十足的亚军。

欢庆之后，假期开始，帕切科给球队放了50天长假，国安俱乐部则开始为2012赛季提早进行准备，希望用最强的阵容，取得最好的战绩，向俱乐部的20岁生日献礼。

副董事长张路向工体中心主任原浩赠送锦旗

2011

541

9月10日联赛第21轮北京国安（主）0比0辽宁宏运　国安队20号张辛昕

9月24日联赛第25轮北京国安（主）3比0河南建业　国安队15号小马丁

10月15日联赛第27轮北京国安（主）4比1长春亚泰　国安队39号朴成

10月29日澳大利亚驻华大使在工体为球迷抽奖

2011

帕切科

不论最终结局如何，2011年的帕切科都是中国足坛最成功的人。年初接手国安时，几乎没人相信帕切科可以将一支年龄老化、人员也并不出众的球队带到联赛亚军的位置。不仅如此，帕切科给中国足坛带来的西欧风，也可以算作他在这一年成功的印证。虽然从未公开，但事实上，如果在这一年之后国安没有与帕切科续约，那么他至少有一半的可能要进入中国国家队。总之，这一年的帕切科在中国掀起的旋风，丝毫不亚于十级台风。那个时而诙谐幽默、时而固执己见、时而火暴脾气的帕切科给我们留下了相当深刻的印象。2011年结束时，帕切科在国安俱乐部的会议室里接受专访时认真地说："如果有可能，我愿意一直留在国安队！"

记者： 很多媒体都将这一年的最佳教练颁发给你，能谈谈你的感受吗？

帕切科： 我很开心，我没有能够带队夺冠，但是依然得到了广泛的认可，这也是对我这一年工作的认可。我很感谢这些支持我的朋友。我来到中国的第一年，各方面工作肯定都会有困难，不过，我和我的球队全都坚持了下来，我更应该感谢的是我的队员，是他们的努力造就国安今天的成绩。这并不是我一个人的功劳。

记者： 这一年中，你遭受了多次处罚，这是你的性格使然吗？

帕切科： 我很想说，有的时候确实是我做得不够好，没有能够控制住自己的脾气。不过有时，有些事，确实也是我无法理解的。当然，在有些情况下，我的做法确实是过激了一些，不过这一切都不妨碍带领我的队员们取得好成绩。今年我曾经遭受了多次停赛，给队伍的比赛也带来了不小的压力，但大家都坚持住了。现在我只能说，如果明年我可以留下的话，我会尽力控制自己的情绪，不要再出现停赛的情况。我停赛，对球队的影响确实非常大。

记者： 综合所有这些因素，你怎么看待"最佳"这个称号的？

帕切科： 如果从成绩上看，我认为我是当得起"最佳教练"的称号的。相比广州恒大队，我没有那么强大的人员配备，但是我依然可以取得现在的成绩，我想成绩是印证一个教练员好坏的标准。不过，我承认，确实在有些情况下，我违反了赛场纪律，这可能对评选最佳教练有一定的影响。不过，坦白说，拿到最佳教练我会很开心，但是没有这个称号，我也不会很难过。最重要的就是队伍的成绩能够好。实际上这一年，我并没有纠结自己是否能拿到奖项，我比较奇怪的是，作为一支联赛亚军的球队，我们进入国家队的队员非常少，一度甚至只有一个人。我认为，国安队中应该有许多值得进入国家队的队员，这也是对我们这支队的认可。

记者： 能够谈谈你对国安队年轻人的期望吗？

帕切科： 今年的一些比赛中，就已经有队员得到了表现自己的机会，比如李提香、王皓，他们都得到了机会。以后，这种机会可能会更多。因为有些年轻队员在我看来很有潜力，他们理应得到表现自己的机会。不过，毕竟这是一支球队，而且在比赛开始后，我们要做得更多的就是争取胜利。所以，虽然有些年轻球员在准备期的表现很好，可也有可能不会得到直接首发的机会。我想，这一点他们是可以理解的。但是，未来这么多的比赛，他们是有机会表现自己的。对他们，我的要求就是随时准备好，只有随时做好准备，才不会让机会溜走！

记者： 经过这一年的合作，你认为你和国安之间的合作前景如何？

帕切科： 这就好像一支球队一样，时刻都需要磨合。我和俱乐部之间也是这样。经过这一年，我们之间的合作非常愉快，磨合得也很顺畅。世界上任何一家俱乐部与主教练之间，都会有各种各样的问题，重要的就是看沟通得如何。我认为这一年，我和俱乐部之间的沟通非常顺畅，我们之间继续合作下去的可能性非常大。虽然目前我们还没有最后签约，但是有一点可以肯定，我们是在向着继续合作下去的方向努力。

记者： 同样，今年的外援也发生了不小的变化，从目前情况来看，你满意他们的表现。

帕切科： 我可以很直接地说，我并不是很满意。他们并没有表现出自己的水平，而且和队伍的磨合也还不够。来到队里后，他们有的受伤；有的是因为到队时间比较晚，和队伍的熟悉还很不够。但是我相信他们是具备了能力的队员。

记者：可以谈谈你自己吗？要知道，上个赛季，你受到了不少处罚。

帕切科：那些都已经过去了，就不要再提了。我就是这样一个风格的教练员，有时在场上可能会有些暴躁，不过，以后我一定会注意到这些问题，尽量控制一下自己的情绪。至于有些处罚，我不想谈论它的公平性，但我承认，例如我竖起中指的动作，这在任何一个国家的比赛中都会被加以处罚。至少对于这个处罚，我接受并且认可，这是我做错了，而且以后我也不会再这样做。我深知，对于一支球队来讲，如果主教练不在替补席上，影响是非常巨大的！

记者：点评一下你心目中的中国足球可以吗？对于国安队来讲，最大的对手是谁？

帕切科：对于一支球队来讲，每个对手都是非常可怕的，我们要做的准备并不是针对某一支球队，而是要针对每一支球队。我认为最重要的就是做好我们自己，如果不能做好自己，那么一切都是徒劳的。所以，我不是很想去评价对手。对于中国足球，我认为我可以很欣喜地看到在进步。虽然这一年中，中国的国字号队伍成绩并不是很好，但是中国的联赛越来越红火，我知道现在有很多球队都加大了投入的力度，这是一个很好的现象，促进联赛发展才能让中国足球整体取得进步。这一年，我不仅仅是葡萄牙队的球迷，同时还是中国队的球迷，以后也会是这样，我会一直支持中国国家队。

帕切科和翻译付豪

全名单

≫

领　队：魏克兴

主教练：帕切科

教　练：路易斯、法耶、谢峰、李立新、薛申

队　医：双印、张阳

2011

号码	姓名	出生日期	报名身高/体重	备注
门将				
1	张思鹏	1987.05.14	188cm/78kg	
12	侯森	1989.06.30	188cm/71kg	
22	杨智	1983.01.15	186cm/79kg	
后卫				
2	郎征	1986.07.22	188cm/79kg	
3	于洋	1989.08.06	183cm/72kg	租借回归
4	周挺	1979.02.05	181cm/78kg	
13	徐云龙	1979.02.17	181cm/80kg	
20	张辛昕	1983.10.19	178cm/72kg	
23	丁海峰	1991.07.17	178cm/72kg	青年队提拔
25	姜涛	1989.06.28	180cm/73kg	青年队提拔
27	张永海	1979.03.15	183cm/75kg	
30	雷腾龙	1991.01.17	183cm/70kg	青年队提拔
33	马冲冲	1991.01.17	183cm/74kg	青年队提拔
36	张俊哲	1991.02.20	174cm/69kg	
40	弗朗索瓦	1989.11.30	194cm/83kg	塞内加尔人
中场				
5	马季奇	1980.09.26	183cm/81kg	克罗地亚人
6	徐亮	1981.08.12	182cm/75kg	
7	王长庆	1981.03.21	178cm/75kg	
11	闫相闯	1986.09.05	174cm/66kg	
14	杨运	1989.07.18	183cm/73kg	
15	马丁内斯	1982.03.24	168cm/68kg	洪都拉斯人
16	张希哲	1991.01.23	180cm/65kg	
17	徐武	1991.02.14	170cm/61kg	青年队提拔
18	路姜	1981.06.30	181cm/71kg	
19	王晓龙	1986.03.11	176cm/68kg	
21	祝一帆	1988.03.01	182cm/67kg	
24	李翰博	1991.01.26	170cm/62kg	
28	王昊智	1991.02.27	186cm/78kg	青年队提拔
32	崔宇	1989.06.27	178cm/64kg	青年队提拔
34	张兆辉	1989.01.12	178cm/64kg	青年队提拔
35	李提香	1989.09.01	181cm/65kg	青年队提拔
37	高腾	1991.01.17	177cm/72kg	青年队提拔
38	孟洋	1989.07.16	180cm/73kg	青年队提拔
39	朴成	1989.08.21	176cm/67kg	新加盟
前锋				
8	罗贝托	1978.07.28	186cm/78kg	巴西人
9	谭天澄	1991.09.15	177cm/70kg	
10	戴维	1984.03.10	185cm/85kg	巴西人
29	乔尔·格里菲斯	1979.08.21	181cm/78kg	澳大利亚人
31	胡崎岭	1987.07.19	182cm/72kg	
41	凯塔	1983.04.29	186cm/79kg	塞内加尔人

转会情况

转入		转出	
姓名	原俱乐部	姓名	新俱乐部
朴成	延边长白虎	罗斯	苏格兰马瑟韦尔
戴维	乌姆萨拉尔	黄博文	韩国全北现代
罗贝托	特里波利斯	瑞恩·格里菲斯	澳大利亚纽卡斯尔喷气机
凯塔	布拉加	杨昊	广州恒大
弗朗索瓦	塞图巴尔	杜文辉	江苏舜天
于洋	大连阿尔滨（租借结束）	闫相闯	大连实德（二次转会租借）
		郎征	南昌衡源（二次转会租借）
		马冲冲	四川都江堰（二次转会租借）
		崔宇	青海森科（二次转会租借）
		姚爽	北京八喜
		薛飞	北京八喜
		韩伟辰	陕西人和
		吴昊	自由球员
		王珂	自由球员

2012 年

风雨 20 年，梦想与坚持

年度背景

在各项赛事中的一败再败，令中国足球在2012年沦为了大赛的看客，拿着超级薪水的卡马乔彻彻底底混了一年，"帮助"中国国家队在巴西遭遇了0比8的超级败仗。

广州恒大借着"7外援"的便利条件，在中超联赛轻松卫冕，但在亚冠联赛里却痛失好局，止步1/4决赛。以江苏舜天为代表的新势力迅速崛起，初步动摇了恒大的霸权地位。但真正让中超引发全球关注的，却是接连引进了阿内尔卡和德罗巴的上海申花。在夏天接连引进了德罗巴、里皮、巴里奥斯、雅库布和卡努特等人后，中超的购买力彻底震动了国际足坛。

"反赌扫黑"工作在年初正式结束并陆续宣判，只不过对涉案俱乐部的惩罚推到了2013年。

12月29日国安俱乐部成立20周年纪念活动

4月4日亚冠小组北京国
安（主）1比1东京FC
闵鹿蕾（右）和马布里
（左）为国安队助威

11月3日联赛第30
轮北京国安（主）
1比0广州恒大　冒
雨观赛的国安球迷

2012

经典记忆

　　该如何度过 20 周岁的生日？国安俱乐部悉心筹备，希望用前所未有的高投入换来前所未有的好名次，但投入出去之后，却最终没有得到最好的回报。帕切科延续了国安俱乐部历史上大多数外籍人士"第一年闪光，第二年疲软"的尴尬现象，眼含热泪告别北京。

　　尽管最终获得第 3 名，拿到了亚冠门票，但整个过程中却充满着不堪回首的记忆，多项数字都创造了俱乐部历史最差纪录，也让国安俱乐部的 20 周岁生日过得并不开心。

长假之祸

2011年11月2日，中超第30轮，国安队客场0比1不敌上海申花队，也宣告着2011赛季的全部比赛任务彻底结束。按照运动队的传统，这也就意味着假期的开始。但国安队却没有，而是在回到北京后加练一周。这算不上先进的欧洲训练方法，因为不可能给新赛季的备战带来什么帮助。帕切科给出的解释是，需要通过这一周来考察队中球员的去留。但在很多人眼中，这是帕切科希望留在葡萄牙过完圣诞节后再回京的理由。因为国安队将放50天长假已经不是什么秘密，但如果11月3日就开始放假的话，归队时间依然在圣诞节之前。暂且不谈这50天长假是否科学，但至少从这一次的"补训"事件上，就为2012赛季埋下了矛盾的种子。

补训开始，球员们的心思却早已经不在球场上，绷紧了一个赛季的弦一松，意外就会发生。结果在第4天，雷腾龙就因为右脚外侧趾骨骨折将至少休养半年。而在雷腾龙受伤前一天，替补门将张思鹏也伤了韧带，这样的受伤影响了球员们的心情，也让补训的价值几乎变成了零。

长假开始，球员们带着帕切科留下的"寒假作业"开始休息。尽管国安队员的职业素养很高，但这种个人训练显然无法保证质量。而反观其他中超球队，早在12月初就开始集中备战新赛季了。

在过于松弛的状态下，杨智登上了伤病名单。长假期间，杨智回到了家乡广州，并受邀加入广东联队，参加与香港联队的省港杯比赛。这是一项5天两战的邀请赛，杨智参加了两回合共210分钟比赛后，在点球大战中因为扑救点球摔伤了肩膀，预计休战半年。

杨智的重伤，为国安队的2012赛季早早蒙上了一层阴影。

告别进行时

2011赛季国安队内排名前两位的射手都选择了告别，两人与国安俱乐部的合同都已到期，但在续约的问题上，两人所处的位置却不太一样。国安握有小马丁的优

队医双印在给张思鹏做康复训练

先续约权，但对于续约的态度显然不算积极。在帕切科眼中，小马丁的优点和缺点同样明显，他的速度、爆发力和拼搏精神值得称道，但较糙的技术、平庸的传中以及挥霍机会都是他的缺陷所在。帕切科早早瞄准了他在波兰联赛效力的同乡马努，导致小马丁早在赛季结束后就已经知道自

5月31日国安队30号雷腾龙参加大方家幼儿园庆六一活动

小马丁和女儿向球迷告别

己彻底无缘国安。

而乔尔·格里菲斯也结束了在国安队的3年生涯，签约上海申花，成为了京城球迷心中的痛。为什么乔尔要离开？虽然帕切科在2011年年初对乔尔存在成见，但澳大利亚前锋用一个赛季的表现征服了帕切科，老帕认为国安应该有这样一位高效的外援，所以在赛季结束前就向俱乐部建议与乔尔续约。国安方面的续约态度比较积极，而乔尔则有些闪烁其词，接受媒体采访时也不愿意说定自己的未来。赛季结束后，乔尔及其经纪人更是一度拒接国安方面的续约来电，而他与申花方面的"私情"也渐渐浮出水面。1月2日，乔尔面对澳大利亚媒体正式承认接受了来自上海申花的合同。

告别还在继续。在2011赛季彻底失宠的闫相闯回家乡效力大连实德队半年后，已经深受实德喜爱，酝酿买断。而国安方面曾有意用闫相闯与实德完成球员交换，换来国安最为期望的边后卫人选赵宏略或赵明剑，但在运作的过程中，实德以两人为"非卖品"而拒绝交换。最后在经过多轮谈判后，闫相闯在转会窗关闭前转到了实德。

老将路姜2011赛季都在国安预备队度过，在2012赛季加盟了中甲的湖南湘涛队。

新人也在离去，不被帕切科看重的丁海峰、马冲冲等人陆续找到了下家，特别是丁海峰，作为国安队一手培养的左后卫，却在球队最需要边后卫的时候被转出。而河南籍防线小将马冲冲、王昊智则去了河南建业队。

2亿元预算的背后

对于国安俱乐部而言，2012赛季是一个只许成功不许失败的赛季，不仅一线队的成绩要力争20年最好，俱乐部的其他环节也希望借着成立20

化以来在主场的最大比
分失利纪录。

●10月27日
北京国安队在客场与江
苏舜天队0比0战平后，
提前一轮锁定积分榜第
三，获得2013赛季亚
冠联赛的资格，算是为
这个不成功的赛季挽回
了一丝颜面。

●11月3日
凭借着张希哲在补时阶
段的进球，北京国安队
在主场1比0绝杀广州
恒大队，历史上第一次
击败这个对手。

●11月18日
执教北京国安队两个赛
季的葡萄牙籍主教练帕
切科正式告别北京，上
千球迷赶往首都国际机
场为他送行。

●12月15日
北京国安俱乐部举行新
闻发布会，与前大连阿
尔滨队主教练、塞尔维
亚人斯塔诺耶维奇签约
一年。

●12月29日
北京国安俱乐部在欢乐
谷的华侨城大剧场举行
成立20周年庆典颁奖典
礼，20年来为俱乐部的
发展作出突出贡献的集
体和个人受到了表彰，
深受球迷欢迎的"老洋
枪"卡西亚诺和安德雷
斯也受邀参加。

年的东风来一次大幅度的改变。名誉董事长罗宁在2011赛季结束后已经通过北京电视台的《天天体育》节目公开表示了俱乐部将加大投入的决心。一时间，"投入超2亿元"的消息开始在坊间传播。真的超过2亿元吗？在2012赛季结束后，很多人仍在质疑这个数字。

其实，对于一家足球俱乐部而言，大投入涵盖的方面有很多，只不过在球迷眼中，只能直观体现在对于新内、外援的引进上，如果新援不够给力，就立刻变成了"说大话使小钱"。

逐项对比国安俱乐部2012和2011两个赛季的预算和实际花费情况就会发现，"超2亿元"绝非虚言。2011赛季，在无亚冠、无涨薪、外援平价，外教第一年非高薪，且内援仅有朴成一人的情况下，国安俱乐部的实际支出也超过了1.2亿元，因为支出的环节还包括赢球奖金、比赛安保费用、香河基地维护及使用费、工体场租、球队差旅伙食等，所以总额上亿并不意外。

为了在2012年这样一个特殊的年份取得突破，国安俱乐部作出了多项与时代背景相符的决策。首先是在国安球员的工资待遇方面，通过加薪向国内中上游俱乐部的工资标准靠拢。实际上，国安一线队的薪酬体系此前已经维持了7年不变，在中超联赛跌入低谷的那些年，国安队的工资待遇虽然不属顶尖，但至少有一定的竞争力。但随着其他俱乐部逐步加大投入以及球市的回暖，当年的高薪已经变成了低薪。所以国安俱乐部在横向比较了中超其他主要竞争对手的薪酬情况后，开始为一线队涨薪。

投入增加的另一个重要方向是外援费用预算。从2009年开始，中超外援的水准和身价已经较之过去有了巨幅调整，不仅广州恒大敢于掏出1000万美元购买一名

球员，已经有四五家俱乐部都敢为一名外援花费二三百万美元，所以国安俱乐部也把2012赛季最初的外援引进预算大幅提高到2011赛季的263%。而实际上，随着2012下半赛季引进格隆和卡努特，国安俱乐部的外援实际花费超过了9000万元。

内援投入也同样如此。以一线队现有的人员构成，还远远无法支撑多线作战，必须再补充5~6名实力派球员，在转会费方面的投入也大幅提高。

此外，像帕切科教练组续约后薪水翻倍、U19梯队因为参加中乙联赛而增加的差旅和餐饮费、香河基地服务人员人工成本和房屋设备维护支出，乃至因为参加亚冠而需额外支付的场租、安保及接待客队和主裁判的费用，各方面支出相加，导致年度投入预算额早早超过了2亿元。

外援"打眼"

马努创造了两个纪录，一个是作为新外援创造了与国安俱乐部签约最早的纪录；另一个则是最快被认定失败引援的纪录。

从履历上看，马努确实不"水"，他踢过意乙，也踢过希腊超级联赛，还代表葡超豪门本菲卡参加过欧冠资格赛，来华前效力波兰联赛豪门华沙莱吉亚队时，也有过单赛季9次助攻的表现，据说有着冠绝中超的速度和精准的传球，这些都是"野路子"风格的小马丁所不具备的。所以当帕切科得知马努有意来投的消息后，果断堵死了小马丁的续约之路。而马努也在与华沙莱吉亚俱乐部顺利解约后，于12月初登上了飞往北京的航班。

　　因为马努属于解约加盟，让国安队在转会费的支出上变成了零，这也就帮助他的经纪人在找

2月8日卡鲁德洛维奇和雷纳尔多在葡萄牙参加体检

国安方面要价时可以索取更高的年薪。最终，马努与国安签约两年，年薪几乎是2011赛季小马丁的一倍。

　　在保留了2011赛季的马季奇和弗朗索瓦两名防守型外援，并签下马努后，国安队另两个外援名额都留给了前场。一度被热炒的古蒂加盟很快被证明只是个美好的愿望。

　　因为广州恒大的出现，以及上海申花队破天荒地签下阿内尔卡，给中超俱乐部在全球范围内都留下了深刻印象，欧美俱乐部和球员经纪人，面对来自中国的报价，都敢于狮子大开口，将几年前30万美元就可以轻松签下的外援动辄报价百万美元。而在欧美足坛，受全球经济不景气的影响，球员的身价和薪水实际上是呈下滑的趋势。所以，即便国安俱乐部花费百万美元去求购，引

4月27日记联赛第8轮北京国安（主）1比0上海申鑫　国安队8号马努

进的外援水准恐怕还不如当年的马季奇。

不过，既然外援提价是大势所趋，国安也只能硬着头皮去选择。2012年1月初，当国安队重新集中时，来自巴西的大个子雷纳尔多开始和国安越走越近。从履历上看，扮演中锋的雷纳尔多的确算不上高产射手，但帕切科看中了他在前场的奔跑和逼抢能力，而更重要的是这个"防守型前锋"在澳超闯荡数年后已经拿到了澳大利亚护照，可以作为亚洲外援登场，所以国安方面和雷纳尔多签下两年合同。

至于唯一的非亚外援前锋人选，则是国安俱乐部在2012赛季初最重要的赌注。如果能引进一位身高体壮能突能射的中锋，将可以彻底改变国安队2011赛季持续已久的禁区内抢点能力不强的痼疾，国安队新赛季的阵容拼图也可就此完成。

当时令帕切科最为期待的人选就是在葡超马里蒂莫队效力的塞内加尔前锋巴巴·迪亚瓦拉，刚满24岁的他已经成为葡超联赛最好的前锋之一，继2010—2011赛季出场29次打进11球后，2011—2012赛季前11轮葡超攻入9球，领跑射手榜，已经受到了欧洲主流联赛的广泛关注。如果国安能够将其买下，无论实力还是影响力，都将不逊于恒大签下的克莱奥、穆里奇。

考虑到葡超"金靴"的地位，以及巴巴的年龄，马里蒂莫倘若将他出售给欧洲主流联赛，转会费恐怕也将不低于500万欧元。再加上不菲的年薪，都将大幅超出国安队的赛季预算。但这样水准的外援，又确实是可以给球队带来真正实力提升的明星级球员。所以国安俱乐部经过权衡，下决心与马里蒂莫俱乐部进行接触。总经理高潮也专程

5月11日联赛第10轮北京国安（主）2比1贵州茅台　国安队37号雷纳尔多

2012

飞赴葡萄牙与对方洽谈。谈判的过程相当艰苦，国安方面也抢在大多数欧洲俱乐部之前，与马里蒂莫俱乐部谈妥了转会费。但是当高潮已经拿出合同，希望与巴巴正式商谈加盟事宜时，却遭到了对方的拒绝。24 岁的巴巴认为自己还年轻，有实力闯荡欧洲主流联赛，最终拒绝了签约，而是很快就接受了来自西甲塞维利亚俱乐部的合同，与卡努特当起了队友。

引进巴巴受挫后，国安只能迅速接触替代人选，同为 24 岁的卡鲁德洛维奇浮出水面。效力于贝尔格莱德红星队的卡鲁是塞尔维亚边缘国脚，是 2009—2010 赛季的塞超"银靴"，2010—2011 赛季的塞超"金靴"（并列），两个赛季打入 30 球，同样在欧洲赛场具备不错的影响力。这一次，求贤若渴的国安俱乐部没有再将"猎物"放跑。在用报价打动了红星俱乐部，又用合同令卡鲁动心后，如愿与卡鲁签约 3 年。

尽管从身形上看，卡鲁远不是国安所急需的"黑又硬"中锋，而是一名抢点型射手，但毕竟他的履历摆在那里，而且每一个国安人都无比怀念拥有耶利奇的日子。既然卡鲁在塞超联赛的表现要远超耶利奇，也许在中超的成就同样会远超耶利奇。

5月11日联赛第10轮北京国安（主）2比1贵州茅台
国安队15号卡鲁德洛维奇

内援的数量与质量

"国安队肯定要用满5个内援名额"，罗宁在2011赛季结束后就表明了俱乐部新赛季的引援态度。因为若想在2012年与恒大抗衡，必须引进高水平的内外援来补充球队的短板。凭借着连续几个赛季的稳定发挥，特别是2011赛季的优异表现，北京国安队在球市上已经拥有了足够高的号召力，加上国安俱乐部在2012赛季加大投入、提升薪水的做法，也令其他球队的不少球员颇感兴趣。所

以2011赛季还没结束时，国安俱乐部就已经为新赛季的内援候选人列出了长长的名单，其中既有于大宝、毛剑卿这样的中超一线球星，还有张远、张晓彬等京籍球员，也有张健、李建滨等希望之星的名字。

但2012赛季中超的内援市场远没有国安预想的那样乐观，除了广州恒大依然继续自己的国脚战略外，两支联赛升班马广州富力和大连阿尔滨也计划重金补强阵容，他们用高薪来网罗自由球员，而在吸引有合同在身的球员方面，他们报出的转会费价码也导致球员的身价水涨船高，中超球市的"虚火"旺盛。

6月16日联赛第13轮北京国安（主）0比0青岛中能国安队29号邵佳一

2012

561

在正面战场的对抗中，国安队的收获寥寥。比如，国安最早接触了于大宝，但最后变成了大连阿尔滨与广州恒大的竞争，最终阿尔滨胜出，也令于大宝成为2012赛季中超的标王；原本加盟国安几乎板上钉钉的张远也发生变数，随着王宝山前往广州富力俱乐部担任副总，张远决定跟随恩师加盟富力；小将李建滨则与队友彭欣力一起高价加盟广州恒大；至于梦寐以求的边后卫人选也依然没有着落，媒体先后传出过国安确定签约赵宏略、赵明剑的消息，但这些传言随着大连实德的拒绝放人而作罢。

2011年12月13日，国安俱乐部通过官方微博正式宣布，与邵佳一签订了为期两年的工作合同，邵佳一兑现了当初"回国肯定回国安"的承诺。在与德乙的杜伊斯堡俱乐部提前解约后，他结束了为期9年的留德生涯后回到国安，成为了北京国安队新赛季的第一内援。而且由于邵佳一不属于国内球队间转会，因此无须占用内援名额。

国安队的内援引进工作在继续。2011年12月26日，国安队连签毛剑卿和张健两位速度型球员；2012年1月5日又引进了天津康师傅队后腰张晓彬，接下来的两个内援名额则确定引进一名门将和一名边后卫。其中门将位置是最无奈的引援，在杨智、张思鹏受伤且杨智的续约仍遥遥无期的情况下，必须在替补门将的位置上早作打算。

在2012年1月初的海口冬训期间，帕切科从二队调上小将刘广旭、张瑀和孙超凡，试图从中找到边后卫的接班人，但很显然几名小球员都无法达到帕切科的要求。与此同时，国安方面也做通了武汉卓尔队门将吴龚的工作，希望能收购这位合同期只剩一年的年轻门将。但武汉方面却认为吴龑是球队不可或缺的一员，宁可再强留一年也不愿将他卖掉。

结束了海口冬训并回京过完春节后，国安队1月21日重新集中，阵容中也出现了两张新面孔，即前南昌衡源队的替补门将柏小磊，和前杭州绿城队的左后卫程谋义，他俩跟随国安队前往葡萄牙集训。柏小磊最终从国安俱乐部获得合同，而程谋义则因为表现缺乏亮点而被帕切科在结束葡萄牙集训后放弃。

2月27日，在亚冠报名即将截止前，国安俱乐部正式确定了从山东鲁能俱乐部租来左后卫矫哲，尽管从年龄上看，矫哲并非国安队的最佳选择，但因为边路球员补充的屡屡受挫，国安方面只能选择用租借一年的方式作为权宜之计。

近4个月时间，6名内援被补充入队，看似收获颇丰，但真正够实力跻身主力阵容，可以弥补球队弱点的强援却没有一个，只能说在一定程度上提升了板凳厚度，为球队的双线作战提供了兵源补充。

刀尖上行走的帕切科

和一年前相比，虽然同是葡萄牙拉练，但住宿和餐饮条件要好上一些。尽管练习赛缺乏实质意义，但当国安队面对不强的热身对手时，无论战绩还是场上表现都差强人意，人们在心中难免拿2012年和2011年的冬训效果做比较。得出的结论就是冬训开始时间偏晚，比2011赛季少了近两周体能训练的时间，战术训练时间也相应减少，不得不用高频率的热身赛来代替训练。等到2月25日返回北京时，距离亚冠首战只剩10天，距离中超首战也只剩下14天，已经不能再像前几年那样找个南方城市恢复几天以调整状态了。

3月6日，国安队迎来新赛季首秀，亚冠客场

2月2日教学赛北京国安（葡萄牙）0比3葡甲阿洛卡

2012

563

3月10日联赛第1轮北京国安（客）1比3广州富力　国安队37号雷纳尔多

3月16日联赛第2轮北京国安（主）3比2上海申花　国安队33号毛剑卿第82分钟攻入一球

不变的信仰

3月10日联赛第1轮北京国安（客）1比3广州富力　国安球迷远征军

4月4日亚冠小组北京国安（主）1比1东京FC　国安队7号王长庆

挑战蔚山现代队，人们担心的事情很快就发生了。第 26 分钟，主队高中锋金信煜就利用角球机会首开纪录。8 分钟后，主队由高瑟基再下一城，尽管朴成的进球颇为精彩，但这个球显然运气成分更多些。1 比 2 的比分并不能反映出比赛的全部，因为整场比赛的射门比是 12 比 26。

4 天后，广州越秀山体育场再一次让帕切科遭遇"滑铁卢"，升班马广州富力队开场仅 14 分钟就同样利用角球首开纪录。中场休息前，弗朗索

对性。

3 月 16 日第 2 轮联赛回到工体，京沪大战倒是进行得跌宕起伏。朴成抓住对方后卫失误而先下一城，马努锦上添花。但这位葡萄牙边锋在第 66 分钟，他的低级回传失误"助攻"阿内尔卡扳平了比分。第 82 分钟，替补登场的毛剑卿再次展现了他擅长反戈一击的特点，一记头球令工体疯狂。3 比 2，国安队迎来赛季首胜，但却丝毫没有给人以畅快之感。

4月27日联赛第8轮北京国安（主）1比0上海申鑫

瓦因为防守失误而莽撞犯规，代价就是自己重伤离场，赛后被诊断为十字韧带撕裂，至少休养半年。下半场开始后不久，富力队再次进球，尽管国安队在补时阶段扳回 1 球，但富力队又立刻打入一球，把比分变成了 3 比 1。

仅仅两场比赛，帕切科就已经陷入了信任危机，球队防守慌乱，进攻毫无章法，外援能力受到质疑，而连续角球失分则证明备战严重缺乏针

从击败上海申花队开始，帕切科和国安队就走起了钢丝，大概的过程就是总会在联赛主场拿到 3 分，令球迷万众沸腾，但紧接着的联赛客场却踢得毫无生气，机会寥寥。其间穿插着的亚冠联赛也是难取一胜。5 月 17 日，在客场 0 比 3 被东京 FC 队踢得体无完肤之后，国安队提前两轮亚冠出线无望。帕切科只能专心转回中超赛场。

但亚冠出局并不意味着单线作战的国安队就

国安队29号邵佳一

可以轻松应对中超。进攻乏力、缺乏射手的毛病根本不会因为比赛密度的降低而好转。好在危难之际，总有不同的人挺身而出拯救球队，包括徐亮、张希哲、朴成、王晓龙和卡鲁德洛维奇在内的球员都打入过造成绝杀或者准绝杀的关键进球。

渐渐地，在亚冠赛场上踢得一塌糊涂的国安队竟然取得了中超9场不败，6胜3平拿下21分，在积分榜上与广州富力并列第2，仅比受困双线作战的广州恒大队少两分。5月25日，在主场艰

5月11日联赛第10轮北京国安（主）2比1贵州茅台　国安队4号周挺

难战胜大连阿尔滨队后，中超为国家队集训让路，国安队迎来了3周的休整期。总结前12轮联赛，尽管场面上远不及2011赛季，但至少取分率还足够高，也许国安队正向着"1比0主义"的球队转化。

如果国安队能够在前场引进实力派外援，后场随着杨智的逐渐痊愈和于洋的成熟也会变得更加稳固，那么国安队仍有可能在积分榜上追赶恒大。

多事的七月

3周间歇期，对于国安队至关重要的任务就是更换外援，在各队都只有7人次外援注册名额的情况下，国安队只剩两个外援调整名额，取消马努和弗朗索瓦的注册资格，引进高水准外援是提升战绩的唯一途径。

在广泛阅读了外援资料后，国安队初步圈定了前南美解放者杯MVP、厄瓜多尔现役国脚边锋格隆。而另一个高中锋的名额，国安队选择了2007年度非洲足球先生卡努特。

正当国安俱乐部为引进外援进行痛苦抉择时，在河北香河，中国足球职业联赛理事会执委会正式通过了广州恒大提出的"亚冠出线队专享7外援优惠政策"的临时提案。

休赛期很快结束，但连续两个主场的便利赛程却变成了国安队的噩梦。6月16日，主场面对联赛垫底的青岛中能，国安队落入了刚刚在青岛二度上任的张外龙布置的铁桶阵，最终双方互交白卷。一周后，还是主场，攻势如潮的国安队被江苏舜天偷袭，以0比1失利。接下来客场面对广州恒大，尽管徐亮面对旧主梅开二度，但国安队还是以2比3落败。在联赛半程的积分榜上，国安队滑至第4名，积分落后广州恒大10分。

2012年7月，中超的外籍大牌球员大范围涌入，名气最大的当然是德罗巴，而凯塔、巴里奥斯和雅库布同样名声响亮。相比之下，国安队引进的影响力仅限于南美的格隆和已经35岁的卡努特，倒是算不上轰动。

7月14日在上海虹口足球场，德罗巴第一次

在上海球迷面前公开亮相，而这场比赛不仅是格隆第一次代表国安队首发，也是卡努特第一次进入国安队名单。结果，虽然德罗巴只是在包厢里看完比赛，但他的到来已经为申花队员注入了精神力量，申花队9次射门就打入3球，一度3比0领先国安。而国安队空有26次射门，却只踢入一粒点球。1比3，国安兵败上海滩。

如果说这个7月还有什么让国安球迷感到兴奋的，就剩下了一场足协杯比赛。在工体，国安

能队派到北京的只是一支预备队。

国安队的尴尬表现在继续。7月21日，一场暴雨肆虐北京，而国安队要在晚上迎战杭州绿城。国安俱乐部提出了改期的请求，但却被绿城方面拒绝。在这场暴雨中，国安队依旧狂攻不止，但却被绿城队两次偷袭成功，吞下了0比2的苦果。

笑容就此从帕切科的脸上消失，连战不胜令他再一次感受到帅位的压力。他把球队拉到香河封闭训练，派出替补阵容与访华的拜仁慕尼黑进

国安队8号格隆

国安队6号徐亮

队以6比0横扫青岛中能，卡努特在比赛中展现了超强的个人能力，而格隆则奉上了一脚经典倒勾。这会是国安队的赛季转折点吗？肯定不是，因为冷静的人们早已发现，致力于保级的青岛中

行商业比赛。结果，面对精英尽出的拜仁，国安预备队干脆地输了个0比6。这样的放弃，也令主席台上来自北京市体育局和中信集团的领导很不满意。

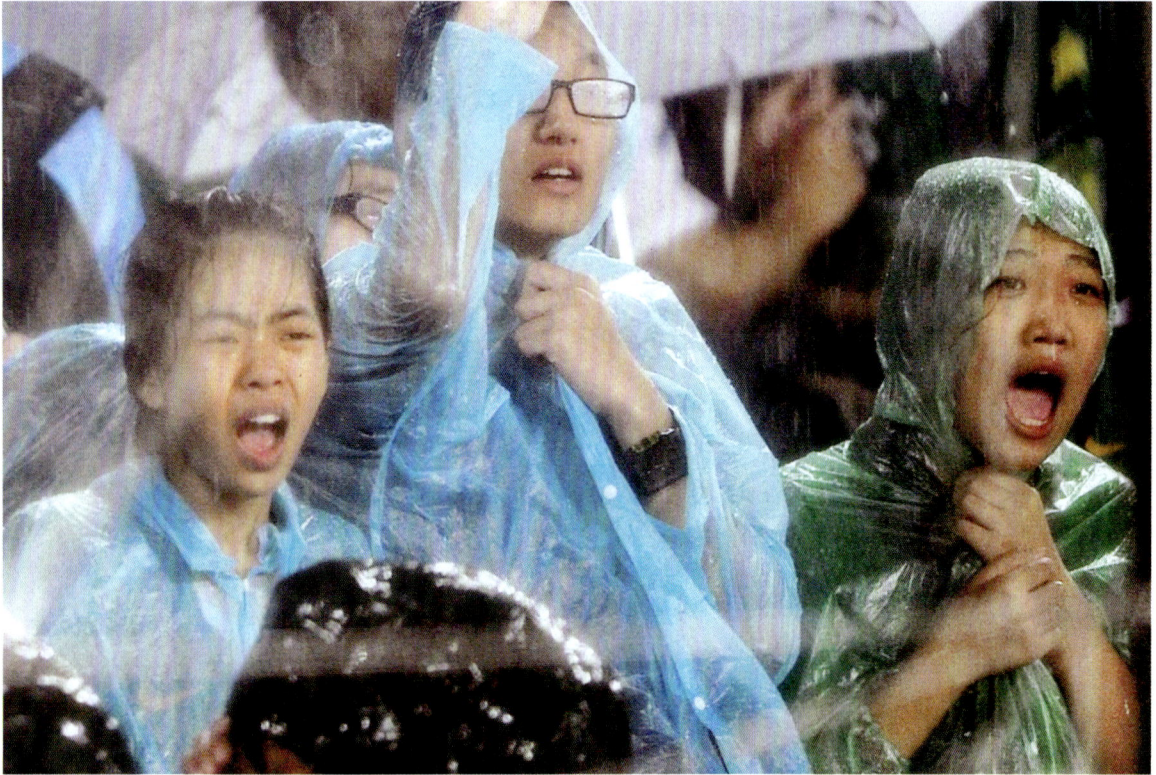

7月21日联赛第18轮北京国安（主）0比2杭州绿城　冒雨观赛的国安球迷

7月21日联赛第18轮北京国安（主）0比2杭州绿城　国安队11号卡努特

2012

国安队10号张希哲

7月24日商业赛北京国安（主）0比6拜仁慕尼黑　国安队35号李提香

7月24日商业赛北京国安（主）0比6拜仁慕尼黑　球迷入场

8月1日足协杯北京国安（主）3比4贵州茅台　国安队20号张辛昕

7月的最后一战，国安队客场1比2不敌天津康师傅队，遭遇联赛三连败，第二阶段开始后7战1胜1平5负只积4分，取分能力还不如保级队。

稳住帅位

眼看着联赛争冠彻底无望，帕切科不得不把足协杯作为自己取得亚冠门票的最便捷路线。但此时的国安，确实已经到了见谁输谁的地步。8月1日在工体，国安队在足协杯半决赛中对阵贵州茅台队，这是单场决胜的比赛，徐亮开场仅12分钟就利用任意球首开纪录，但高洪波执教的贵州队在顶住了国安队的狂攻后，用最简单的"定位球＋头球轰炸"连扳3球。下半场中，徐亮再次用任

意球拉近比分，但对手也再度进球，比分也最终定格在了3比4，国安队2012赛季"三大皆空"的命运已定，帕切科的帅位危机也进一步加剧。

8月11日，国安队客场对山东鲁能队以0比4惨败，负4球追平了球队职业联赛史上的单场净负球纪录。输球次日，"倒帕"浪潮从全国各地媒体上涌来，围绕球队的各种不和谐声音与各种传闻充斥在报纸和网络上。

不能说老帕的"命硬"，他的运气也算不上有多好。自从1999年那场"辽宁争冠阻击战"后，辽宁队已经长达11年没在国安队主场取得过进球，可唯一"开斋"的一次就是在8月17日，在于汉超第54分钟为辽宁队首开纪录后，离帕切科交出教鞭只剩下了36分钟。好在一直被帕切科轻视的卡鲁德洛维奇在第75分钟扳平了比分，给了帕切

国安队6号徐亮。

科"缓刑"的机会。但这位2012赛季只攻入两球的前塞超"金靴"，还是选择在8月31日欧洲联赛转会窗关闭前回到欧洲，加盟西乙的桑坦德竞技俱乐部，在国安迟迟得不到出场机会是他决定告别的主要原因。

显然，对辽宁的1分救不了帕切科，最后8轮的5个客场才是真正决定他命运的关键。一旦国安队最终不能进入联赛前三，导致无缘2013赛季亚冠，那么他与国安俱乐部的两年合同肯定将提前终止。在第22轮联赛结束后的积分榜上，国安队32分暂列第5，距离第3名仅差2分。

两个关键客场让国安队在亚冠门票争夺战中占了先机。8月25日和9月23日，国安队连续迎战上海申鑫和贵州茅台队，特别是第二场比赛，直接PK掉了贵州茅台这个亚冠的有力竞争者。而这两战，国安队的首功都记在了徐亮头上，他的两个运动战远射都助国安队在客场率先领先并最终取胜，帕切科的帅位又稳定了下来。

亚冠保卫战

人们原本以为，影响国安队在2012赛季末段抢分的最不利因素是客场太多，但谁也没想到，国安队的最终崩盘却是在主场。9月29日，国庆长假前的周末，国安队在家门口遭遇了前所未有的惨败，又一个0比4，创造了国安队的主场大比分输球的新纪录。其实这场比赛和国安队这个赛季大多数没有赢的主场比赛如出一辙，即狂攻后遭遇偷袭，于是倾巢出动搏命换人，导致继续失球。只不过这次的失球过多，从第70分钟开始，对手长春亚泰队的每一次反击机会都能形成单刀并导致进球。本来，0比4的比分就是不可接受的，而帕切科在赛后一句"0比4和0比1没区别"的讲话更是惹恼了几乎所有人，在国安俱乐部管理

层看来，这样的讲话就是拿俱乐部的荣誉当儿戏。因此，这句话也被视作帕切科与俱乐部决裂的真正导火索。

联赛还剩5轮，跟国安队竞争季军的直接对手只剩下了同积41分的广州富力，潜在对手则包括贵州茅台、天津康师傅和大连阿尔滨等队。

10月3日，主场面对急需保级的河南建业队，长期被帕切科忽视的邵佳一梅开二度，最终助国安队3比0完胜。但3天后，国安队在大连金州体育场再遭溃败，斯塔诺率领的大连阿尔滨队又是一度取得了3比0的巨大优势，直到终场前才奉上一粒乌龙球作为礼物。而更让人悲哀的是，人们对于输球已经麻木了。这是国安队赛季第10场联赛失利，是球队自2006年以来输球最多的一个赛季，而35个失球和负4的净胜球，也都是多年以来的最差表现。

11月3日联赛第30轮北京国安（主）1比0广州恒大　国安队6号徐亮

主教练帕切科

11月3日联赛第30轮北京国安（主）1比0广州恒大

9月29日联赛第26轮北京国安（主）0比4长春亚泰　国安队39号朴成

10月3日联赛第24轮北京国安（主）3比0河南建业　国安队5号马季奇

幸好，这是国安队 2012 赛季的最后一场失利。接下来，国安队客场通过成功的防守反击战术以 2 比 0 击败青岛中能，又在客场 0 比 0 逼平了已经锁定亚军的江苏舜天，而同期几个亚冠门票的竞争对手则相继阴沟翻船，让国安队在联赛第 29 轮结束后就已经锁定亚冠门票。

2012 年 11 月 3 日，国安球迷盼了一整年的主场与广州恒大的对决终于上演，但比赛却因为对双方的成绩和名次都没有任何影响而变成了鸡肋。广州恒大派出二线阵容亮相，而帕切科则派出全主力。在双方周旋了 90 分钟后，张希哲在补时第 3 分钟上演绝杀，1 比 0，国安队历史上第一次击败广州恒大队。在秋雨中，帕切科绕场与球迷洒泪告别，种种迹象表明，他和这支球队的缘分已尽。

这天深夜，秋雨变成了大雪，将京城彻底覆盖。每个人都记起 2009 年的那个夺冠夜，也下起了秋雨，并在半夜转为了大雪。

帕切科没有悬念地离开了，在和俱乐部洽谈完解约事宜后，他和他的教练团队于 11 月 18 日正式告别北京，同样选择离开的还有徐亮和王长庆。

在大连，经历了阿尔滨俱乐部一系列选帅闹剧后，年轻的斯塔诺愤然离去，并在不久后接受

11月3日联赛第30轮北京国安（主）1比0广州恒大　国安队10号张希哲

11月3日联赛第30轮北京国安（主）1比0广州恒大

12月29日总经理高潮正式将主教练聘任书授予斯塔诺

了来自国安的合同，未满40岁的他也成为执教国安队年龄最小的洋帅。

12月29日，在国安俱乐部成立20周年庆典上，新老国安人在一起讲述着自己的故事。岁月如歌，经历了风风雨雨之后，北京国安足球队依然屹立在那里，依然为"永远争第一"的目标而努力。

2012

卡努特

2012 年，国安队中出现了一个国际大牌球星，他的名字叫弗雷德里克·卡努特。对于熟悉和了解英超、西甲的球迷来讲，这个名字一点儿都不陌生，在他巅峰时期，卡努特这个名字几乎就是得分和进球的代名词。所以，他的到来对国安俱乐部来讲，算得上是划时代的。国安队中，第一次有了国际知名的大牌球星。在他到队后，记者也第一时间对他进行了专访。

记者：你好，卡努特。如此称呼你，是因为中国人对姓名称呼的习惯，而且你在遥远的外国成名时，大家几乎都这么叫你。你可以告诉大家，在西方应该如何叫你的名字吗？

卡努特：我的名字应该叫作"弗雷德里克"，我知道中国和西方对姓名的称呼习惯不同，所以没关系，我可以接受大家对我的任何一种称呼。不过，无论在英国还是在西班牙，大家都习惯叫我弗雷德里克。如果关系更加亲近一些的朋友会叫我"弗迪克"！但是没关系，只要大家喜欢就好！

记者：初来北京，能够谈谈你对北京这个城市的感觉吗？

卡努特：NICE，NICE。真的非常好。我承认，对于中国，我是有些陌生的，但是到北京后，我真的感觉这是一个非常好的城市，它确实是一个国际化的大都市。在这里，我一切都感觉很舒服、很惬意。我想，我真的是喜欢这座城市了。

记者：到中国来踢球，是什么原因打动了你？

卡努特：有我经纪公司对我的帮助，当然还有国安俱乐部对我表现出的诚意。这一切，都让我感觉到我应该到中国来。也许，这里的足球水平不是最高的，但是中国的联赛实际上很知名了，因为有很多明星球员都到这里来踢球。这一点至少证明，这是一个在全心全意力争搞好足球的国家。对我而言，足球很重要，我已经不需要考虑太多其他问题。国安俱乐部对我也表现了足够的尊重，我想我必须用一些行动来回报他们！

记者：你刚才提到了，有很多知名球员都到中国来踢球了，你是否了解这些情况呢？

卡努特：是的，我很清楚这一点，毕竟现在媒体通信都十分发达，我可以通过网络了解这些情况。我认为，这是一件好事，如果有更多俱乐部都可以做到这一点，对中国足球的进步肯定也会是一件好事。我相信，当这

些明星球员为中国足球带来更多进步的时候，以后也会有更多的大牌球星来到中国。在这种情况下，中国足球、中国的联赛一定会是成功的。

记者：你了解你现在所效力的国安俱乐部，以及中国足球吗？

卡努特：必须承认，我对中国足球的了解并不多，因为在欧洲，几乎是不可能通过电视转播的方式看到中国的比赛，所以如果不是因为我可能加盟北京国安队，我对中国足球不会有了解。而对于国安俱乐部，我知道这是中国联赛中坚持最久的一家俱乐部，已经有了20年的历史，虽然在欧洲20年可能并不值得炫耀，但是有人给我介绍过，在中国，职业联赛的时间还不足20年，从这一点来看，这就是一家值得尊重的俱乐部。当然，对于国安队的情况，我也不是很了解，只是在我确定加盟国安队后，通过网络观看了一场国安队的比赛。这是一支很有激情的球队，能够加入这样一支球队也是我非常渴望的一件事。

记者：你是否知道，你是国安俱乐部这20年来最大牌的球员，甚至在目前的中国联赛里，你也是最知名球员中的一位。这是否会对你带来压力？

卡努特：对我而言，在足球场上比赛，仅仅是一份工作。我要做的就是努力去把自己应该做的这份工作做到最好。所以，我不会给自己太多压力，那样可能只会让我无法达到最佳的状态。我知道我过去的名气，是大家对我寄予厚望的原因，但现在我已经到了一个新的国家、新的联赛，我要做的就是重新开始，把我自己的能力展现出来，让大家看到一个努力为国安队取得胜利的我。

记者：一切都这么顺利，你是否考虑过会把家人都带过来，当然对于国安队来讲，你是否考虑过有朝一日留在这里做教练员吗？

卡努特：我的家人会过来，我的妻子和孩子都会到

北京来，我想他们也一定会爱上这个城市。至于我未来的工作，就好像我现在来到国安队踢球一样，我们只能努力去做，但是结果是什么，恐怕没有人知道。也许在我退役离开球场的那一天，确实有可能留在中国做一名教练员，但那都是以后的事情了。现在我的想法就是争取为国安队进更多的球。

记者：最后，能对北京球迷说两句话吗？他们对你真的是非常期待，也非常希望你能为国安队带来更多进球。

卡努特：来到北京后，我见识了北京球迷的热情，在现场观看比赛时，我更是看到数以万计的球迷在现场为我的球队加油助威。这种感觉太棒了，北京的球迷让我感动。我想对他们说，我会非常努力去完成我在赛场上的工作，也许我无法保证能够很快进球，或者进很多球，但是我一定会像这支球队中的每个队员一样，努力为国安队拼搏每一分钟。

双印

25年是什么概念？是一个呱呱坠地的婴儿长大成人的时间，是一对新婚夫妇成为银婚夫妇的时间，是足够一家私人企业成为上市集团的时间……是神医双印在北京足球队、北京国安足球俱乐部效力的时间……双印是谁？北京国安队的队医！一个神话，一个奇迹，一个忠诚的诠释者……

　　早在30年前，双印的本职工作不仅与足球，甚至与医生都毫不沾边。他是一个举重运动员，并且曾经参加过全运会的比赛。有人说双印曾经获得过举重全国冠军，双印乐了："还冠军呢，我记得有一次比赛，我的抓举都没有成绩！"双印记得自己获得过的全国最好成绩是第5名，而且这是有历史记录在案的，并不是因为他的成绩不行，而是因为那时中国举重的强手甚多，一两公斤的差距可能在名次上就差了三四名。"我们那会儿名将很多，现在最出名的就是总局摔举柔运动管理中心主任马文广。大家都知道广州有何英强、何灼强兄弟俩，他们都是我们后边一批了！"双大夫笑着回忆说："举重比赛分成抓举和挺举，我还记得有一次比赛的时候，前两次抓举都没起来，最后一次试举，当时都举起来了，结果一下子力量猛了，带过去了。大家看举重都知道，杠铃一过肩，就必须放下，不然不是受伤那么简单，很可能就会是一辈子的毛病。结果，肯定就是没成绩。"双印这个人，不太在乎名利，所以谈起自己"走麦城"的这段经历，他依然笑容满面。交谈时，双印还透露了一个小秘密，"我们那会儿的队员现在当医生的很多，各个运动队的队医都有！"至于为什么会出现这种情况，双印认真地解释说："举重这个项目是真正的全身运动，几乎身体每个位置我都了解。而且，举重这项运动是真正结合了体能、爆发力、持久力、上下肢力量的运动，要求非常全面，所以退役后，我就选择了学习运动医学。我觉得对我们这些当过运动员的人来讲，学习运动医学更有优势，因为我们了解运动员的身体和心理，也就更容易沟通。"不过，这一干就是20多年，还真是让双印自己也没想到，"我喜欢足球，来到北京队就这么干下去了，干到现在，也没觉得有什么不好。整天跟这帮孩子在一起，也让我的性格乐观了许多。从克兴还是队员的时候，我就跟着，到现在，克兴都是我领导了。我真的没觉得有什么太大变化，也没觉得自己老！"不过，对双印来讲，虽然人在北京足球队，但名满北京体育圈，记者的一位曾经在北京女子垒球队效力的好友就曾经数次受益于双印的医术。当记者提起那位队员的名字时，双印乐了："知道，怎么不知道啊，那会儿跟女垒的关系特别好，她们队几乎就没人没让我看过病。"

　　聊起过去的故事，双印眯起眼回忆着说："那会儿体育不像现在职业化，好多队伍都在一起集中训练。我们在先农坛那会儿，那简直就是北京体育圈的窝子，就那一个院里，后来出了多少世界冠军、多少名将！现在想想，好多队都是有点儿事都过来找我看看，没辙，咱好心眼，管谁不管谁？现在想想，女足的、排球的、田径的、后来还有棒球的、垒球的……这么说吧，那会儿凡是在一起的，就没有没找我看过伤的。而且那会儿我们好多队医也都熟，因为整天都在一起啊，他们有时候忙不过来了，也往我这儿推。直到今天，仍然有好多队员都还记得我，没事还发个信息，打个电话逗逗闷子。我记得那会儿还有大晚上把我请过去的，因为第二天有比赛，所以有伤的治伤，没伤的恢复……那会儿医疗设备没那么先进，好多时候队医治病就靠经验和技术，所以就我那治疗室，就跟个俱乐部似的，有事没事的也是一堆人在那里，要不治疗，要不就是探讨业务，什么事都没有也去我那里喝点儿茶。"随后，他笑了笑说："日子过得真快啊，这一转眼快30年了！"就是30年之后，也仍然会有很多其他项目的运动员来找双印看病治伤，"咱就别说是谁了，反正有好多呢，他们爱来找我，我就给看看"。更有甚者，有很多从国安队转会的队员，也依然还会找到他，黄博文和邵佳一就是最典型的。邵佳一虽然现在已经回归，但在德国效力期间，他每年回北京总会到队里找双印进行检查和恢复。而黄博文在上赛季比赛结束后，回京第一件事就是赶到俱乐部让双印帮助恢复右腿的伤势。"人在做，天在看！"双印说，"我对他们好，他们也对我好。所以，我现在过得很踏实！"

　　其实，这20多年里，双印并不是没机会离开北京。更多的钱、更好的待遇、更高的名声，都曾经距离他很近，不过他都拒绝了。中国联赛职业化以来，不仅队员和教练员流通多了，就连队医这种专业人才也同样流通多了。有不少俱乐部都曾经开出过不菲价格以吸引双印，不过他似乎连想都没想就拒绝了。而且，中国国家队也曾经想吸收双印作为随队队医，他同样没有离开国安，"我没那么多名利心，北京人都恋家，我想都没想过离开。别管是好还是不好，这是我的根儿"。

　　当然，双印的队医生涯并不是那么一帆风顺。1993年，双印被确诊为淋巴癌，当时他的医生告诉他，他的生命只剩3年。"3年，我的生命只有3年了！"双大夫回忆起那段时光，竟然笑了："不怕，怎么都是活着，我不是还有3年吗？好好治疗，好好活着！"用双印自己的话说，这世界上，没人不怕死，但是我连活着这么累的事都能玩儿得转，更别说死了。"所以，我就该干吗干吗，绝不委屈自己！"他这句话说得还真没错，因为就算自己已经命悬一线了，他人生的两大爱好也没有放弃。"别看我自己就是大夫，但是我生病的时候，还真是不听大夫的话！"治疗过程中，他不仅不听话，而且是非常不听话。"这话是现在跟你说，就生病那会儿，我也至少一天一瓶啤酒，烟也没戒过！"说完后，双大夫像个孩子一样笑起来："真的，我本来就那么两年活头了，干吗还给自己找不痛快啊。索性，该治疗我治疗，但是我也别亏了自己。我现在想想，其实这样就对了，好心态延续了我的生命，要不然，我估计我真挺不过去！"从双印身上，你绝对可以领会什么叫好人好命，即便他如此"叛逆"地接受着治疗，也没有能够让阎王爷战胜他。"他那门太窄，我太胖，进不去！"

国安队队医双印

2012

583

双印总会拿自己开玩笑！

提起生病那段时间，双印清晰地记得在病房中发生的事情。"就我那病房是最热闹的地方，大夫跟护士老得检查，因为我那屋里老有人。那会儿探视的时间非常严格，一个星期可能也就那么一两天，而且一般还得是直系亲属。不像现在，每天只要按点去，登记就让进。所以来看我的不少人都是偷偷进来的。我现在琢磨着，估计因为他们大多都是运动员，速度快吧，看门的一不留神，他们就能溜进来！"据说，不仅是国安俱乐部，包括很多其他队的人也都以大部队的形式来看望他。"什么田径的，垒球的，多了去了，教练带着就来了。"当然，最让双大夫感动的，还是整支国安队的到来。"一个都不少，全来了。我当时都'判死刑了'，他们却还跟我这逗闷子，一说一闹一笑，再加上他们鼓励，我也就这么稀里糊涂挺过来了。然后就继续干吧，还得伺候这帮小子，而且这一代又一代的，就这么伺候下去了。你现在要是让我离开国安，我可真是舍不得，我就干到我干不动的时候吧，我现在还行，虽然身上毛病还是不少，不过没有要命的事，只要还用得上我，我就在这儿干！"

曾经距离死亡如此之近，所以他也就不会再有什么牵挂的事情。双印就是这样无欲无求，"我都是活了两回的人了，我还有什么可惦记的？"要说头几年，挂在双印嘴上最多的一句话就是"拿一次冠军，我就退休喽"！2009年之后，他还是没退，"哎，我都不知道我要是离开这支队，我还能干点什么！"其实，他完全可以开个诊所，慕名而来的绝对不在少数，只是现在，"我还离不开这些孩子"！双印认真地说。

转瞬间，2012年来了，这一年是国安俱乐部成立20周年，而对双印来讲，这却已经是他在北京队效力的第25个年头了。国安20年的庆典上，双印眼含热泪地和俱乐部一起过了一次生日。庆典结束后，双印万分感动地说："只要我还干得动，我就会一直在国安干下去，争取能有更多的20年！"

全名单

⌄

领　队：魏克兴

主教练：帕切科

教　练：路易斯、安东尼奥、法耶、谢峰、李立新、薛申

队　医：双印、张阳、王凯

号码	姓名	出生日期	报名身高/体重	备注
门将				
1	张思鹏	1987.05.14	188cm/78kg	
12	侯森	1989.06.30	188cm/71kg	
22	杨智	1983.01.15	186cm/79kg	
36	柏小磊	1985.09.04	188cm/83kg	新加盟
后卫				
2	张俊哲	1991.02.20	183cm/69kg	
3	于洋	1989.08.06	183cm/72kg	
4	周挺	1979.02.05	181cm/78kg	
13	徐云龙	1979.02.17	181cm/80kg	
18	郎征	1986.07.22	188cm/79kg	
20	张辛昕	1983.10.19	178cm/72kg	
23	姜涛	1989.06.28	180cm/73kg	
25	矫哲	1981.08.21	181cm/70kg	新加盟
27	张永海	1979.03.15	183cm/75kg	二次转会注册
30	雷腾龙	1991.01.17	183cm/70kg	
40	弗朗索瓦	1989.11.30	194cm/83kg	塞内加尔人
中场				
5	马季奇	1980.09.26	183cm/81kg	克罗地亚人
6	徐亮	1981.08.12	182cm/75kg	
7	王长庆	1981.03.21	178cm/75kg	
8	马努	1982.08.28	172cm/68kg	葡萄牙人
10	张希哲	1991.01.23	180cm/65kg	
14	杨运	1989.07.18	183cm/73kg	
16	张晓彬	1985.02.14	175cm/75kg	新加盟
17	徐武	1991.02.14	170cm/61kg	
19	王晓龙	1986.03.11	176cm/68kg	
21	祝一帆	1988.03.01	182cm/67kg	
24	李翰博	1991.01.26	170cm/62kg	
26	王皓	1989.02.18	177cm/63kg	
28	张健	1989.02.28	170cm/67kg	新加盟
29	邵佳一	1980.04.10	186cm/78kg	新加盟
35	李提香	1989.09.01	181cm/65kg	
38	孟洋	1989.07.16	180cm/73kg	
39	朴成	1989.08.21	176cm/67kg	
前锋				
9	谭天澄	1991.09.15	177cm/70kg	
11	卡努特	1977.09.02	192cm/82kg	马里人
15	卡鲁德洛维奇	1987.07.05	181cm/77kg	塞尔维亚人
31	胡崎岭	1987.07.19	182cm/72kg	二次转会注册
32	格隆	1985.04.28	176cm/74kg	厄瓜多尔人
33	毛剑卿	1986.08.08	187cm/80kg	新加盟
37	雷纳尔多	1984.06.13	194cm/84kg	澳大利亚人

转会情况

转入		转出	
姓名	**原俱乐部**	**姓名**	**新俱乐部**
柏小磊	上海申鑫	丁海峰	深圳红钻
张晓彬	天津康师傅	马冲冲	河南建业
张健	重庆力帆	王昊智	河南建业
邵佳一	杜伊斯堡	闫相闯	大连实德
矫哲	山东鲁能（租借）	路姜	湖南湘涛
毛剑卿	贵州茅台	崔宇	青海森科
马努	华沙莱吉亚	高腾	青海森科
雷纳尔多	拉埃德	张兆辉	重庆力帆
卡鲁德洛维奇	贝尔格莱德红星	凯塔	布拉加（租借期满）
卡努特	塞维利亚	乔尔·格里菲斯	上海申花
格隆	巴拉那竞技	马丁内斯	重庆FC
		卡鲁德洛维奇	桑坦德（二次转会租借）
		张思鹏	北京亿通酷车（二次转会租借）

北京国安足球俱乐部首创的多项纪录

>> 第一支蝉联足协杯冠军的球队。（1996年、1997年）

>> 第一支三次夺得足协杯冠军的球队。（1996年、1997年、2003年）

>> 第一个在主场比赛前举行升国旗奏国歌仪式。1994年5月1日，俱乐部在当时的主场先农坛体育场举行的甲联赛对大连队的比赛之前升国旗奏国歌，这是在中国国内比赛中的首创。1995年，中国足协规范甲A联赛所有赛场赛前都要举行升国旗奏国歌仪式，并延续至今。

>> 第一支正式访问欧洲与职业甲级俱乐部比赛的职业俱乐部球队。1996年11月正式访问意大利与那不勒斯比赛，访问德国与罗斯托克比赛。

>> 第一支正式与欧洲职业甲级俱乐部比赛进球的球队。1996年11月正式访问意大利与那不勒斯比赛，郭维维攻入一球。

>> 第一个向欧洲职业队输送球员的球队。1998年杨晨转会至德国法兰克福队（甲级），2003年邵佳一租借至德国慕尼黑1860队（甲级），2006年邵佳一租借至德国科特布斯队（甲级）。

>> 第一个拥有网页的中国足球俱乐部。1996年8月15日，北京国安足球俱乐部与中国黄页举行了签约仪式和新闻发布会，宣布北京国安足球俱乐部网页诞生，由中国黄页免费提供10年以上服务。这是中国体育界第一个官方网页，也是国安俱乐部创造的科技含量方面的一个"第一"。

>> 第一家拥有青少年培训体系的中国足球俱乐部。1996年9月29日，甲A联赛北京国安主场对阵大连万达的比赛中场休息期间，有关领导向北京国安足球俱乐部冠名的华亚飞鹰、华星、奥体中心三家足球学校正式颁牌，标志着国安俱乐部的青少年梯队正式成立。在全国各甲A俱乐部中，如此成规模、成建制的梯队建设，国安是第一家。

北京国安足球俱乐部人才的输送（截至 2012 年）

北京国安队为历届中国各级国家男子足球队累计输送超过 70 名球员，并首创多项骄人纪录。

>> 入选中国国家队 36 人，他们是：

高峰、曹限东、魏克兴、符兵、王涛（大）、王涛（小）、谢峰、高洪波、李红军、姚健、谢朝阳、王少磊、李东波、杨晨、徐阳、李明（小）、徐云龙、邵佳一、杨璞、陶伟、杨智、杜文辉、张帅、路姜、郝伟、隋东亮、张永海、黄博文、于洋、王晓龙。

>> 入选国家奥林匹克队 18 人，他们是：

周宁、杨晨、薛申、陶伟、商毅、徐云龙、李毅、田野、路姜、张帅、闫相闯、黄博文、于洋、侯森、王皓、朴成、张希哲、雷腾龙。

>> 入选国家青年队 26 人，他们是：

邵佳一、李洋、王硕、王玥、徐晓飞、杨昊、季楠、闫相闯、黄博文、林峣、李洪哲、祝一帆、于洋、侯森、王皓、刘腾、谭天澄、张希哲、雷腾龙、张俊哲、马冲冲、王皓智、李翰博、丁海峰、邹宇成、罗希。

北京国安足球俱乐部青少年梯队大事记

>> 国安 79 梯队

成立时间：1995 年　主教练：谷大泉

>> 国安 83 梯队

成立时间：1998 年　主教练：赵旭东

主要成绩：全国青少年足球联赛第二名

>> 国安 81 梯队

成立时间：1996 年　主教练：郑小田

>> 国安 85 梯队

成立时间：2000 年　主教练：张建国

>> 国安 87 梯队

成立时间：2002 年　主教练：吕军

主要成绩：2005 年全国"优胜者杯"青年锦标赛（U19）
　　　　　第一名
　　　　　2006 年全国青年联赛（U19）第一名
　　　　　2006 年赴意大利参加国际青少年足球邀请赛

>> 国安 89 梯队

成立时间：2004 年　主教练：郑小田

主要成绩：2005 年全国"优胜者杯"青年锦标赛第二名
　　　　　2006 年全国男子足球青年联赛第二名
　　　　　2007 年全国男子足球青年联赛第二名
　　　　　2007 年全国男子足球锦标赛第一名
　　　　　2008 年全国男子足球青年联赛第一名
　　　　　2009 年全运会男子足球比赛甲组第五名
　　　　　2010 年 89 梯队和 91 梯队合队参加新加
　　　　　坡足球联赛

>> 国安 91 梯队

成立时间：2006 年　主教练：王少磊

主要成绩：2007 年全国男子足球青年联赛第三名
　　　　　2007 第六届全国城市运动会男子足球项目
　　　　　第二名
　　　　　2008 年由 91 年龄段参加 89 年龄段优胜者
　　　　　杯全国足球青年联赛第二名
　　　　　2009 年赴瑞士参加蓝星杯世界青少年足球
　　　　　锦标赛

>> 国安 93 梯队

成立时间：2008 年 11 月　　**主教练**：张建国

主要成绩：2009 年赴西班牙参加世界（U18）俱乐部
杯足球锦标赛

2010 年全国男子足球青年联赛第六名

2011 年全国男子足球青年甲组联赛（U19）
第一名

2011 年全国男子足球锦标赛（U19）第五名

2011 年"北京长城杯"国际青少年足球
邀请赛（U19）第一名

2012 年全国男子足球乙级联赛北区第七名

>> 国安 95 梯队

成立时间：2010 年 10 月　　**主教练**：翟飙

主要成绩：2011 年全国男子足球青年乙组联赛北区第
一名

2011 年全国男子足球青年乙组联赛（U17）
第六名

2012 年全国男子足球青少年锦标赛（U17）
第一名

2012 年全国男子足球青年乙组联赛总决赛
第二名

>> 国安 97 梯队

成立时间：2011 年 8 月　　**主教练**：黄勇

主要成绩：2012 年"宋庆龄"杯全国重点城市足球
锦标赛第三名

以下为国安梯队培养进入国安一队名单（截至 2012 年）

王　硕　王　存　季　楠　路　姜　杨世卓　楚　志
张　帅　高大卫　杨　昊　杜文辉　刘　鹏　路　鸣
邓晓磊　崔　威　于　博　李洪哲　林　峗　王　栋
郝　强　黄博文　于一航　于　雷　张思鹏

**以下为国安梯队培养进入国字号球队球员名单（截至
2012 年）**

入选中国国家队（7 人）：

杜文辉、张帅、路姜、黄博文、杨昊、于洋、唐淼

入选国家奥林匹克队（7 人）：

路姜、张帅、黄博文、侯森、刘腾、王皓、于洋

入选国家青年队（29 人）：

王硕、杨昊、季楠、王玥、徐小飞、于一航、郝　强、
黄博文、林峗、李洪哲、祝一帆、黄　骏、于洋、候　森、
张希哲、谭天澄、马冲冲、雷腾龙、邹宇成、王昊智、
张俊哲、李翰博、同乐、孙超凡、赵天赐、盛鹏飞、
魏鑫、巴顿、钟纪宇

北京国安足球俱乐部 20 周年庆典活动各种奖项和获奖嘉宾名单

>> **终身成就奖**：

原北京市人大常委会主任张健民、原北京市副市长张百发、胡昭广，中信集团老董事长王军、国安集团董事长李士林。

>> **特别贡献奖**：

北京市足协

>> **杰出贡献奖**：

唐鹏举（主教练）、金志扬（主教练）、沈祥福（主教练）、洪元硕（主教练）、彼得洛维奇（主教练）、李章洙（主教练）、帕切科（主教练）、双印（队医）、付梅（员工）

>> **获得最佳阵容第一阵容是**：

杨智、徐云龙、巴辛、谢峰、曹限东、陶伟、冈玻斯、马季奇、高峰、卡西亚诺、耶利奇。

>> **获得最佳阵容第二阵容是**：

符宾、周挺、杨璞、谢朝阳、徐亮、邵佳一、小马丁内斯、邓乐军、高洪波、安德雷斯、乔尔·格里菲斯。

>> **特别贡献奖**：

中信银行、西班牙对外银行（BBVA）、中信建投证券股份有限公司、华夏银行、耐克中国公司、北京现代汽车、中信国安葡萄酒业股份有限公司、中信国安信息科技产业股份有限公司、中国建设银行北京市分行。

>> **突出贡献奖**：

《人民日报》汪大昭、《中国青年报》毕熙东、北京社科院金汕、《北京晚报》李永广、《北京晚报》李戈、北京电台梁言、北京电台李轩、北京电视台宋健生、北京电视台赵迎军、《北京青年报》王咏、《北京青年报》胡金喜、《足球周刊》刘晶捷。

>> **风雨同舟奖**：

北京球迷协会、绿色狂飙、御林军、绿翼京师、兄弟连、闪亮工体、绿色旗帜。

北京国安足球俱乐部香河足球训练基地介绍

北京国安香河足球训练基地共占地 658 亩，目前拥有 10 块天然草皮训练场和 1 块人工草皮训练场及 1 幢综合楼。

综合楼共占地 18000 平方米，可同时容纳 5 支球队入住，楼内拥有现代化餐厅及先进的配套设施，并建有游泳馆、健身房、更衣室、电化教室、医疗恢复设施、桑拿及会议等相关的训练及文化教育设施。

自香河足球训练基地正式启用以来，国安足球队及青少梯队均在基地进行封闭训练。

基地曾接待过皇马、曼联等多支世界知名球队，国际足联、亚足联来华考察人员也曾多次对基地的软硬件设施表示肯定，并高度评价基地能与欧洲大俱乐部的基地媲美。

基地综合楼大堂

基地训练场

北京工人体育场介绍

北京工人体育场于 1959 年由全国总工会和北京市总工会共同投资兴建，它是 20 世纪 50 年代北京著名的十大建筑之一，它的命名定于 1958 年 8 月中共中央政治局北戴河会议。北京工人体育场是新中国建设的第一个大型体育建筑，标志着中国体育从此翻开了新的篇章。工体曾经举办过中华人民共和国第一届全国运动会，也是此后的多届全运会主会场。在 2008 年北京奥运会期间，此处进行了足球比赛的 1/4 决赛与半决赛与女子足球决赛；北京工人体育场见证了几十年来北京体育运动的发展和成绩。

从 1996 年开始，北京国安足球俱乐部选择工体作为自己的主场，北京足球新的辉煌历史开始了。1996 年和 1997 年，国安队在工体两次捧起足协杯冠军奖杯。1997 年 7 月 20 日北京国安主场血洗上海申花，9 比 1 的比分制造了震惊甲 A 的"工体惨案"，同时又创下了"总进球最多的比赛、单队进球最多的比赛、赢球比分最大的比赛"的三项联赛纪录。2009 年 10 月 31 日北京国安队在工体战胜杭州绿城队首次获得联赛冠军！从此工体成为国安球迷心中的神圣殿堂，工体也被球迷亲切地称为"圣工体"。工体的球迷文化已经成为京城一道亮丽的风景线。之前、现在抑或是将来的日子里，我们知道，只要有比赛，无论风霜雨雪全城的球迷都会从四面八方汇集到工体为国安呐喊助威。球队、球迷和球场已经融为一体，共同庆祝胜利、抛洒泪水、追求胜利、享受体育运动带来的欢乐和荣耀。

圣.工体全貌

1994，共 22 轮 ∨

第 1 轮／（客）2 比 0 广东宏远

杨晨 61'，谢峰 71'

门将：李长江／后卫：姜滨、谢朝阳、栾义军、刘建军（46' 邓乐军）／中场：吕军、胡建平、曹限东／前锋：谢峰、杨晨（87' 韩旭）、高峰

- -

第 2 轮／（客）3 比 4 上海申花

邓乐军 71'，曹限东 78'、89'／范志毅 6'，李晓 17'、65'，瓦洛嘉 82'

门将：李长江／后卫：谢朝阳、栾义军（46' 邓乐军）、吕军、姜滨／中场：周宁、胡建平、曹限东／前锋：谢峰、杨晨（80' 韩旭）、高峰

- -

第 3 轮／（主）2 比 2 大连万达

高峰 49'，谢朝阳 89'／徐晖 59'，（大）王涛 65'

门将：李长江／后卫：姜滨、谢朝阳、刘建军（80' 郭维维）、吕军（80' 韩旭）／中场：周宁（35' 杨晨）、邓乐军、胡建平、曹限东／前锋：谢峰、高峰

- -

第 4 轮／（主）0 比 1 四川全兴

魏群 43'

门将：李长江／后卫：姜滨、谢朝阳、栾义军、吕军／中场：周宁（46' 邓乐军）、胡建平、曹限东／前锋：谢峰（46' 郭维维）、杨晨、高峰（76' 杨庆九）

- -

第 5 轮／（客）0 比 0 吉林三星

门将：李长江／后卫：姜滨、韩旭、吕军、杨庆九／中场：谢峰、魏克兴、胡建平、曹限东／前锋：杨晨、高峰

- -

第 6 轮／（客）1 比 0 沈阳六药

吕军 68'

门将：李长江／后卫：姜滨、谢朝阳、韩旭、吕军／中场：谢峰、魏克兴、胡建平、曹限东（周宁）／前锋：杨晨、高峰

- -

第 7 轮／（主）3 比 1 辽宁远东

高峰 32'、65'、85'／徐冀宁 53'

门将：李长江／后卫：姜滨、谢朝阳、魏克兴、吕军／中场：谢峰、周宁、胡建平（韩旭）、曹限东（邓乐军）／前锋：杨晨（栾义军）、高峰

- -

第 8 轮／（主）0 比 0 解放军

门将：李长江／后卫：谢朝阳、韩旭、栾义军（杨晨）、吕军／中场：周宁、魏克兴、胡建平、曹限东／前锋：谢峰、高峰

- -

第 9 轮／（客）2 比 3 广州太阳神

周宁 3'，曹限东 66'／胡志军 8'、84'，彭锦波 80'

门将：李长江／后卫：姜滨、邓乐军（杨庆九）、胡建平、魏克兴、周宁、曹限东／前锋：谢峰

- -

第 10 轮／（客）1 比 1 济南泰山

谢峰 10'／邢锐 15'

门将：李长江／后卫：姜滨、吕军、谢朝阳、杨庆九（杨晨）／中场：周宁、胡建平、魏克兴、曹限东／前锋：杨晨、高峰

- -

第 11 轮／（主）4 比 1 江苏迈特

谢峰 15'、88'，韩旭 31'，曹限东 42'／吴军 86'

门将：李长江／后卫：谢朝阳、韩旭、姜滨、吕军／中场：栾义军、魏克兴、邓乐军、曹限东／前锋：杨晨、谢峰

- -

第 12 轮／（主）2 比 2 广东宏远

谢峰 58'，曹限东 83'／琼斯 3'，姚德彪 13'

门将：李长江／后卫：谢朝阳、韩旭、栾义军、姜滨（邓乐军）／中场：周宁、吕军、魏克兴、曹限东／前锋：谢峰、高峰（杨晨）

- -

第 13 轮／（主）5 比 1 上海申花

魏占奎 2'，高峰 14'、60'，魏克兴 21'，谢峰 46'／刘军 17'

门将：李长江／后卫：谢朝阳、韩旭、栾义军、吕军／中场：周宁（76' 李洪政）、魏克兴、曹限东／前锋：谢峰、魏占奎、高峰

- -

第 14 轮／（客）1 比 4 大连万达

高峰 30'／（小）王涛 5'、25'，孙明辉 85'，高旭 89'

门将：李长江／后卫：谢朝阳（26' 杨晨）、韩旭、栾义军、刘建军／中场：周宁、魏克兴、曹限东（89' 李洪政）／前锋：谢峰、魏占奎（59' 杨庆九）、高峰

- -

第 15 轮／（客）1 比 4 四川全兴

杨晨 37'／刘斌 24'、26'，何斌 50'，马明宇 67'

门将：姚健／后卫：姜滨、韩旭、谢朝阳、吕军（57' 杨庆九）／中场：周宁、魏克兴、曹限东／前锋：杨晨、魏占奎（38' 李洪政）、高峰

- -

第 16 轮／（主）1 比 2 吉林三星

谢峰 57'／朴文虎 17'，高钟勋 88'

门将：李长江／后卫：韩旭、谢朝阳、栾义军、吕军（46' 杨晨）／中场：周宁、魏克兴、曹限东／前锋：谢峰、高峰

- -

第 17 轮／（主）6 比 0 沈阳六药

魏克兴 65'，高峰 66'，邓乐军 68'、72'，谢峰 73'，周宁 78'

门将：李长江／后卫：谢少军（46' 邓乐军）、谢朝阳、姜滨、吕军／中场：魏克兴、栾义军、曹限东（80' 郭维维）／前锋：谢峰、杨晨、高峰（76' 周宁）

- -

第 18 轮／（客）1 比 3 辽宁远东

周宁 52'／曲圣卿 7'，隋波 62'，徐冀宁 72'

门将：李长江／后卫：谢少军、谢朝阳、栾义军、吕军／中场：周宁、邓乐军、魏克兴、曹限东（72' 韩旭）／前锋：谢峰（72' 高峰）、杨晨

- -

第 19 轮／（客）2 比 2 解放军

杨晨 35'，谢峰 42'／潘毅 9'，孙新铭 74'

门将：李长江／后卫：谢少军、谢朝阳、栾义军、杨庆九／中场：周宁、邓乐军、吕军／前锋：谢峰、郭维维、杨晨（60' 高峰）

- -

第 20 轮／（主）1 比 1 广州太阳神

高峰 75'／彭伟国 8'

门将：李长江／后卫：姜滨、谢朝阳、栾义军、吕军／中场：周宁、邓乐军、曹限东／前锋：谢峰、杨晨、高峰

- -

第 21 轮／（主）2 比 2 济南泰山

谢峰 20'，刘越 53'（乌龙球）／邢锐 13'，李明 24'

门将：李长江／后卫：姜滨、韩旭、栾义军、吕军／中场：周宁、魏克兴（46' 郭维维）、曹限东／前锋：谢峰、杨晨（46' 邓乐军）、高峰

- -

第 22 轮／（客）2 比 0 江苏迈特

谢峰 3'，邓乐军 6'

门将：李长江／后卫：姜滨、谢朝阳、栾义军、吕军／中场：邓乐军、魏克兴、曹限东／前锋：谢峰、杨晨、高峰

1995，共 22 轮 ⌄

第 1 轮／（客）1 比 2 济南泰山
杨晨 27'／宿茂臻 13'，唐晓程 23'
门将：符宾／后卫：谢朝阳、姜滨、刘建军（46'邓乐军）、吕军／中场：胡
建平（46'高洪波）、周宁、曹限东／前锋：谢峰、杨晨、高峰

第 2 轮／（主）2 比 0 上海申花
曹限东 40'，高峰 67'
门将：符宾／后卫：胡建平、韩旭、姜滨（8'刘建军）、谢朝阳、吕军／中场：
高洪波（86'周宁）、杨晨、曹限东／前锋：高峰、谢峰

第 3 轮／（主）3 比 0 天津三星
高峰 6'，高洪波 46'，谢峰 76'
门将：符宾／后卫：谢朝阳、韩旭、刘建军、吕军／中场：谢峰、周宁、高
洪波（68'郭维维）、曹限东（82'邓乐军）／前锋：高峰、杨晨

第 4 轮／（客）0 比 2 延边现代
金光柱 52'，金永洙 57'
门将：符宾／后卫：胡建平、韩旭（65'郭维维）、刘建军、谢朝阳、吕军／中场：
高洪波、周宁（34'邓乐军）、曹限东／前锋：高峰、谢峰

第 5 轮／（主）2 比 1 大连万达
高峰 10'，南方 16'／魏意民 53'
门将：符宾／后卫：谢峰、韩旭、刘建军、谢朝阳、邓乐军／中场：南方（69'
周宁）、胡建平、曹限东／前锋：高峰、杨晨

第 6 轮／（主）2 比 0 四川全兴
高洪波 47'，曹限东 62'
门将：符宾／后卫：胡建平、韩旭、姜滨、谢朝阳、吕军／中场：周宁、高
洪波、曹限东／前锋：高峰、杨晨

第 7 轮／（客）1 比 0 辽宁
曹限东 65'
门将：符宾／后卫：谢峰、谢朝阳、姜滨、吕军、邓乐军／中场：周宁、胡
建平（46'高洪波）、曹限东／前锋：高峰、杨晨

第 8 轮／（客）2 比 2 广州太阳神
高洪波 58'、89'／胡志军 54'，谭恩德 88'
门将：符宾／后卫：谢峰、韩旭、刘建军、谢朝阳、邓乐军／中场：周宁（82'
李长江）、胡建平、曹限东／前锋：高峰、杨晨（46'高洪波）

第 9 轮／（主）4 比 0 青岛海牛
周宁 22'，韩旭 34'，杨晨 64'，谢峰 78'
门将：李长江／后卫：谢峰、韩旭、姜滨、谢朝阳、邓乐军／中场：周宁、
胡建平（65'吕军）、南方／前锋：高洪波（60'李洪政）、杨晨

第 10 轮／（主）1 比 0 八一
韩旭 14'
门将：符宾／后卫：谢峰、韩旭、刘建军、吕军、邓乐军／中场：周宁（85'
高洪波）、胡建平、曹限东（83'郭维维）／前锋：高峰、杨晨

第 11 轮／（客）0 比 3 广东宏远
李朝阳 44'，黎兵 61'，马明宇 75'
门将：符宾／后卫：谢峰、韩旭、姜滨、谢朝阳、吕军（64'邓乐军）／中场：
周宁（46'南方）、胡建平、曹限东／前锋：高洪波、杨晨

第 12 轮／（主）1 比 1 济南泰山
高洪波 84'／唐晓程 51'
门将：符宾／后卫：谢少军（56'高洪波）、刘建军、郭维维、姜滨、邓乐
军／中场：南方、胡建平、周宁／前锋：高峰、杨晨

第 13 轮／（客）0 比 1 上海申花
谢晖 62'
门将：符宾／后卫：谢峰、韩旭、刘建军、谢朝阳、邓乐军（60'高洪波）／
中场：周宁、胡建平（86'郭维维）、曹限东／前锋：高峰、杨晨

第 14 轮／（客）4 比 1 天津三星
曹限东 5'，高洪波 64'、77'、84'／王俊 55'
门将：符宾／后卫：谢峰、韩旭、姜滨、谢朝阳、吕军／中场：高洪波、胡
建平、曹限东／前锋：高峰、杨晨（61'周宁）

第 15 轮／（主）1 比 1 吉林现代
谢朝阳 73'／李玄熙 10'
门将：符宾／后卫：谢峰、刘建军、谢朝阳、邓乐军／中场：周宁、胡建平
（35'高洪波）、曹限东／前锋：谢峰、杨晨（50'郭维维）、高峰

第 16 轮／（客）0 比 0 大连万达
门将：符宾／后卫：吕军、韩旭、刘建军、谢朝阳、邓乐军／中场：周宁、南方、
胡建平、曹限东（76'高峰）／前锋：谢峰（85'杨晨）

第 17 轮／（客）3 比 2 四川全兴
韩旭 52'，高峰 54'，邓乐军 77'／翟飙 56'，法比亚努 71'
门将：符宾／后卫：谢峰（46'高峰）、韩旭、刘建军、谢朝阳、邓乐军／中场：
周宁、南方（82'郭维维）、胡建平、曹限东／前锋：杨晨

第 18 轮／（主）2 比 1 辽宁
高洪波 15'，韩旭 25'／庄毅 70'
门将：符宾／后卫：谢峰、韩旭、刘建军、谢朝阳、邓乐军／中场：周宁、
胡建平、南方（65'杨晨）／前锋：高峰、高洪波（60'曹限东）

第 19 轮／（主）3 比 1 广州太阳神
高洪波 21'，南方 42'、49'／彭锦波 16'
门将：符宾／后卫：谢峰、韩旭、刘建军、谢朝阳、邓乐军／中场：周宁、
胡建平、南方／前锋：高峰、高洪波

第 20 轮／（客）0 比 0 青岛海牛
门将：符宾／后卫：谢峰、韩旭、刘建军、谢朝阳、邓乐军／中场：周宁（74'
杨晨）、胡建平、南方／前锋：高峰（83'郭维维）、高洪波

第 21 轮／（客）1 比 1 八一
高峰 79'／郝海东 91'
门将：符宾／后卫：谢峰、韩旭、刘建军、谢朝阳、吕军（30'邓乐军）／中
场：周宁、高洪波、胡建平／前锋：高峰、杨晨（85'郭维维）

第 22 轮／（主）3 比 1 广东宏远
高峰 27'、43'，高洪波 72'／阿曼杜 87'
门将：符宾／后卫：谢峰、韩旭、刘建军、谢朝阳、邓乐军／中场：周宁、
胡建平、曹限东／前锋：高峰、高洪波

第 1 轮 ／（客）0 比 1 八一
黄岩 76'
门将：符宾 / 后卫：谢峰、韩旭、刘建军、谢朝阳、吕军 / 中场：魏克兴（60' 胡建平）、王涛、曹限东 / 前锋：李洪政（80' 邓乐军）、南方（71' 高峰）

第 2 轮 ／（主）2 比 2 延边现代
曹限东 28'，邓乐军 43' ／ 玄春浩 59'，高钟勋 76'
门将：符宾 / 后卫：胡建平、韩旭、刘建军、谢朝阳、邓乐军 / 中场：谢峰、王涛、魏克兴、曹限东 / 前锋：高峰

第 3 轮 ／（客）1 比 0 广州松日
南方 75'
门将：符宾 / 后卫：谢峰、韩旭、魏克兴、谢朝阳、邓乐军 / 中场：胡建平、王涛、曹限东（83' 吕军）/ 前锋：高洪波（85' 李洪政）、南方

第 4 轮 ／（主）4 比 0 天津三星
高洪波 60'，谢峰 62'，高峰 76'，85'
门将：符宾 / 后卫：谢峰、韩旭、刘建军、谢朝阳、邓乐军 / 中场：胡建平、王涛（50' 高洪波）、曹限东 / 前锋：高峰、南方

第 5 轮 ／（客）1 比 3 济南泰山
高洪波 82' ／ 唐晓程 1'、62'，宿茂臻 73'
门将：符宾 / 后卫：谢峰、韩旭、刘建军、谢朝阳、邓乐军 / 中场：王涛（46' 高洪波）、胡建平、曹限东（75' 魏克兴）/ 前锋：高峰、南方

第 6 轮 ／（主）1 比 0 广州太阳神
谢峰 30'
门将：符宾 / 后卫：谢峰、吕军、刘建军、谢朝阳、邓乐军 / 中场：魏克兴、胡建平、曹限东（69' 高洪波）/ 前锋：南方、高峰（85' 李洪政）

第 7 轮 ／（客）1 比 3 大连万达
韩旭 39' ／（小）王涛 8'，斯文森 41'，魏意民 44'
门将：符宾 / 后卫：谢峰、韩旭、刘建军、谢朝阳、吕军（58' 邓乐军）/ 中场：胡建平（54' 魏克兴）、王涛、南方 / 前锋：李洪政（58' 高洪波）、高峰

第 8 轮 ／（主）3 比 1 四川全兴
李洪政 16'，邓乐军 22'，高洪波 65' ／ 邹侑根 90'
门将：符宾 / 后卫：胡建平、谢朝阳、刘建军、吕军、邓乐军 / 中场：高洪波、魏克兴、南方（75' 王涛）/ 前锋：李洪政（83' 韩旭）、谢峰（61' 高峰）

第 9 轮 ／（主）1 比 1 深圳
谢峰 6'，高兰 32'
门将：符宾 / 后卫：胡建平（46' 高洪波）、吕军、刘建军、谢朝阳、邓乐军 / 中场：南方（69' 王涛）、魏克兴、李洪政 / 前锋：谢峰、高峰（81' 韩旭）

第 10 轮 ／（客）0 比 1 广东宏远
黎兵 75'
门将：符宾 / 后卫：胡建平、韩旭（72' 郭维维）、刘建军、谢朝阳、吕军 / 中场：李洪政（66' 周宁）、王涛、魏克兴、邓乐军（80' 曹限东）/ 前锋：谢峰

第 11 轮 ／（客）1 比 1 上海申花
魏克兴 87' ／ 范志毅 62'
门将：符宾 / 后卫：谢峰、韩旭、刘建军、谢朝阳、吕军（71' 邓乐军）/ 中场：周宁、胡建平（71' 高峰）、魏克兴、曹限东 / 前锋：南方

第 12 轮 ／（主）2 比 2 八一
高峰 13'，邓乐军 62' ／ 胡云峰 27'，姜滨 89'
门将：符宾 / 后卫：谢峰、韩旭、魏克兴、谢朝阳、邓乐军 / 中场：南方（46' 胡建平）、周宁（77' 李洪政）、曹限东 / 前锋：高峰、杨晨（68' 林德诺）

第 13 轮 ／（客）2 比 0 延边现代
高峰 73'，南方 89'
门将：符宾 / 后卫：谢峰、韩旭、魏克兴、吕军、刘建军 / 中场：周宁（46' 曹限东（85' 南方））、王涛、胡建平 / 前锋：高峰、林德诺（62' 杨晨）

第 14 轮 ／（主）4 比 2 广州松日
曹限东 1'、85'，谢峰 67'，胡建平 68' ／ 叶志彬 80'，谢育新 88'
门将：符宾 / 后卫：谢峰、韩旭、魏克兴、吕军、刘建军 / 中场：周宁（63' 高洪波）、王涛、曹限东 / 前锋：高峰、杨晨（46' 南方（48' 胡建平））

第 15 轮 ／（客）2 比 2 天津三星
杨晨 67'、81'，奥斯瓦尔多 47'，罗贝多 85'
门将：符宾 / 后卫：谢峰、韩旭、魏克兴、谢朝阳、邓乐军 / 中场：胡建平、王涛、曹限东 / 前锋：周宁（28' 高洪波（79' 李洪政））、高峰（61' 杨晨）

第 16 轮 ／（主）0 比 1 济南泰山
宿茂臻 37'
门将：符宾 / 后卫：谢峰、韩旭、魏克兴、谢朝阳、刘建军（63' 邓乐军）/ 中场：王涛（46' 杨晨）、胡建平、曹限东 / 前锋：林德诺、南方（63' 高洪波）

第 17 轮 ／（客）1 比 0 广州太阳神
高洪波 28'
门将：符宾 / 后卫：谢峰、谢朝阳、魏克兴、吕军、邓乐军 / 中场：南方、胡建平、曹限东（71' 刘建军）/ 前锋：杨晨（89' 郭维维）、高洪波（71' 李洪政）

第 18 轮 ／（主）0 比 0 大连万达
门将：符宾 / 后卫：谢峰、韩旭、魏克兴、谢朝阳、邓乐军 / 中场：南方（46' 李洪政）、王涛（55' 吕军）、曹限东 / 前锋：杨晨、高洪波（65' 林德诺）

第 19 轮 ／（客）0 比 2 四川全兴
姚夏 43'，彭晓方 52'
门将：符宾 / 后卫：谢峰（82' 郭维维）、韩旭、吕军、谢朝阳、邓乐军 / 中场：李洪政（72' 刘建军）、胡建平、曹限东 / 前锋：林德诺（72' 魏克兴）、杨晨

第 20 轮 ／（客）1 比 2 深圳飞亚达
邓乐军 13' ／ 陈大英 25'，高兰 77'
门将：符宾 / 后卫：谢峰、韩旭、魏克兴、谢朝阳、邓乐军 / 中场：南方（46' 李洪政）、胡建平、曹限东 / 前锋：杨晨（72' 高洪波）、高峰

第 21 轮 ／（主）2 比 1 广东宏远
高洪波 13'、19' ／ 马明宇 49'
门将：符宾 / 后卫：谢峰、韩旭、吕军、谢朝阳、邓乐军 / 中场：李洪政（87' 刘建军）、胡建平、曹限东（78' 南方）/ 前锋：林德诺（63' 高峰）、高洪波

第 22 轮 ／（主）1 比 0 上海申花
谢峰 57'
门将：符宾 / 后卫：谢少军（54' 谢峰）、韩旭、吕军、谢朝阳、邓乐军 / 中场：胡建平、魏克兴、曹限东（65' 杨晨）/ 前锋：高洪波（78' 李洪政）、高峰

第 1 轮 ／（主）0 比 0 四川全兴

门将：符宾／后卫：谢朝阳、吕军、韩旭、李红军／中场：周宁、王涛（85'
胡建平）、曹限东（68'邓乐军）、南方（68'魏克兴）／前锋：杨晨、
谢峰

第 2 轮 ／（客）1 比 2 广东宏远

胡建平 52'／马克 4'，埃米尔 58'

门将：符宾／后卫：谢峰（46'南方）、吕军、韩旭、李红军、邓乐军／中
场：胡建平、王涛（68'徐阳）、曹限东（68'李洪政）／前锋：杨晨、
周宁

第 3 轮 ／（主）2 比 1 济南泰山

胡建平 4'，谢峰 75'／李霄鹏 77'

门将：符宾／后卫：胡建平、谢朝阳、吕军、韩旭、李红军／中场：周宁、
魏克兴（69'王涛）、曹限东／前锋：杨晨、李洪政（55'谢峰）

第 4 轮 ／（主）1 比 1 八一

英加纳 89'／胡云峰 48'

门将：符宾／后卫：谢峰（46'魏克兴）、于光、吕军、韩旭、李红军／中场：
徐阳（56'英加纳）、曹限东（81'南方）、胡建平／前锋：周宁、冈
玻斯

第 5 轮 ／（客）0 比 0 前卫寰岛

门将：符宾／后卫：胡建平、韩旭、吕军、谢朝阳、李红军／中场：周宁（64'
谢峰）、魏克兴（88'李洪政）、冈玻斯／前锋：杨晨（16'南方）、英
加纳

第 6 轮 ／（客）1 比 1 天津三星

韩旭 51'／孙建军 22'

门将：符宾／后卫：邓乐军（46'英加纳）、韩旭、谢朝阳、李红军／中场：
南方（86'李洪政）、胡建平、魏克兴、冈玻斯／前锋：安德雷斯、周
宁（46'曹限东）

第 7 轮 ／（主）2 比 0 青岛海牛

李洪政 61'，吕军 72'

门将：符宾／后卫：谢峰、韩旭、谢朝阳、李红军／中场：南方（70'吕军）、
曹限东（46'李洪政）、胡建平、冈玻斯／前锋：安德雷斯、周宁（32'
杨晨）

第 8 轮 ／（客）3 比 0 广州太阳神

英加纳 10'、44'，周宁 75'

门将：符宾／后卫：谢峰、谢朝阳、吕军、李红军／中场：李洪政（56'南方）、
邓乐军（85'刘建军）、胡建平、冈玻斯／前锋：安德雷斯、英加纳（73'
周宁）

第 9 轮 ／（客）1 比 5 大连万达

冈玻斯 71'／（小）王涛 14'，郝海东 67'、75'、87'，王鹏 73'

门将：符宾／后卫：谢峰、韩旭（64'英加纳）、谢朝阳、李红军／中场：李
洪政（46'南方）、胡建平、魏克兴、吕军（46'杨晨）／前锋：安德雷斯、
冈玻斯

第 10 轮 ／（主）9 比 1 上海申花

卡西亚诺 33'、63'、81'，冈玻斯 36'、44'，安德雷斯 17'、68'、76'，
曹限东 20'／吴承瑛 24'

门将：符宾／后卫：王少磊、吕军（58'刘建军）、谢朝阳、李红军／中场：周宁、
胡建平、曹限东（80'李洪政）、冈玻斯／前锋：安德雷斯、卡西亚诺
（83'谢峰）

第 11 轮 ／（客）2 比 2 延边敖东

曹限东 1'，安德雷斯 70'／黄东春 45'、77'

门将：符宾／后卫：谢峰、王少磊、谢朝阳、于光／中场：周宁（46'南方）、
胡建平、曹限东（46'邓乐军）、冈玻斯／前锋：安德雷斯、卡西亚诺
（79'李洪政）

第 12 轮 ／（客）2 比 0 四川全兴

冈玻斯 30'，卡西亚诺 42'

门将：符宾／后卫：刘建军、吕军、谢朝阳、李红军／中场：李洪政（68'
邓乐军）、胡建平、曹限东（64'周宁）、冈玻斯／前锋：安德雷斯、
卡西亚诺

第 13 轮 ／（主）4 比 1 广东宏远

安德雷斯 7'、35'、37'，卡西亚诺 80'／马克 9'

门将：符宾／后卫：刘建军、吕军、谢朝阳、李红军／中场：王涛（60'周宁）、
胡建平、曹限东（82'杨晨）、冈玻斯／前锋：安德雷斯、卡西亚诺

第 14 轮 ／（客）0 比 0 济南泰山

门将：姚健／后卫：王少磊、吕军、谢朝阳、李红军／中场：南方、王涛、
胡建平、冈玻斯／前锋：安德雷斯、卡西亚诺

第 15 轮 ／（主）0 比 0 前卫寰岛

门将：姚健／后卫：王少磊、吕军、谢朝阳、李红军／中场：周宁、胡建平、
魏克兴、冈玻斯／前锋：安德雷斯、卡西亚诺（75'南方）

第 16 轮 ／（客）0 比 1 八一

潘毅 81'

门将：符宾／后卫：王少磊（75'谢峰）、刘建军、韩旭、谢朝阳、李红军／中场：
南方、王涛（46'杨晨）、冈玻斯／前锋：安德雷斯、李洪政（58'邓乐军）

第 17 轮 ／（主）1 比 1 天津三星

邓乐军 80'／孙建军 82'

门将：姚健／后卫：谢峰、刘建军、韩旭、谢朝阳、邓乐军／中场：李洪政、
王涛（65'魏克兴）、冈玻斯／前锋：安德雷斯、卡西亚诺（80'南方）

第 18 轮 ／（客）1 比 0 青岛海牛

安德雷斯 62'

门将：姚健／后卫：谢峰、吕军、谢朝阳、李红军（60'刘建军）／中场：南
方（71'杨晨）、胡建平（46'王涛）、魏克兴、冈玻斯／前锋：安德雷斯、
李洪政

第 19 轮 ／（客）1 比 1 广州太阳神

安德雷斯 24'／胡志军 10'

门将：符宾／后卫：王少磊（49'谢峰）、吕军、谢朝阳、李红军／中场：周宁、
胡建平、魏克兴（58'李洪政）、冈玻斯／前锋：安德雷斯、南方

第 20 轮 ／（主）0 比 0 大连万达

门将：姚健／后卫：谢峰、韩旭、吕军、谢朝阳、刘建军／中场：周宁（83'
南方）、邓乐军、冈玻斯／前锋：安德雷斯、卡西亚诺（83'杨晨）

第 21 轮 ／（客）1 比 2 上海申花

冈玻斯 24'／吴承瑛 7'，祁宏 33'

门将：符宾／后卫：谢峰、韩旭、谢朝阳、刘建军／中场：周宁（70'卡西亚诺）、
邓乐军、吕军、冈玻斯／前锋：杨晨（60'胡建平）、南方（60'安德雷斯）

第 22 轮 ／（客）2 比 1 延边敖东

卡西亚诺 48'，安德雷斯 57'／李灿杰 37'

门将：姚健／后卫：王少磊、吕军、谢朝阳、李红军／中场：南方（46'邓乐军）、
胡建平、魏克兴、冈玻斯／前锋：安德雷斯、卡西亚诺

第 1 轮 ／（客）0 比 0 深圳平安

门将：姚健／后卫：王少磊、韩旭、谢朝阳、李红军／中场：南方、李东波、胡建平、冈玻斯／前锋：安德雷斯、李洪政（46' 周宁）

第 2 轮 ／（主）1 比 0 八一
卡西亚诺 60'

门将：姚健／后卫：刘建军（46' 王少磊）、韩旭、谢朝阳、胡建平／中场：周宁、李东波（73' 吕军）、南方（46' 李红军）、冈玻斯／前锋：安德雷斯、卡西亚诺

第 3 轮 ／（客）2 比 2 广州太阳神
安德雷斯 28'、李东波 88' ／伊万沙 21'、谭恩德 33'

门将：姚健／后卫：王少磊、韩旭、谢朝阳、李红军／中场：南方（46' 卡西亚诺）、胡建平、吕军（46' 李东波）、冈玻斯／前锋：安德雷斯、周宁（78' 李洪政）

第 4 轮 ／（主）3 比 1 山东鲁能
南方 18'、李洪政 46'、王少磊 77' ／邢锐 68'

门将：姚健／后卫：王少磊、吕军、谢朝阳、李红军／中场：南方、李东波、胡建平、李洪政／前锋：安德雷斯、周宁

第 5 轮 ／（主）2 比 0 延边敖东
周宁 51'，安德雷斯 58'

门将：姚健／后卫：王少磊、吕军、谢朝阳、李红军／中场：李洪政、李东波、胡建平、冈玻斯／前锋：安德雷斯、周宁

第 6 轮 ／（客）0 比 0 上海申花

门将：姚健／后卫：王少磊、吕军、谢朝阳、李红军／中场：李洪政、李东波、胡建平、冈玻斯／前锋：安德雷斯、卡西亚诺

第 7 轮 ／（主）2 比 0 沈阳海狮
安德雷斯 30'、88'

门将：姚健／后卫：王少磊、吕军、谢朝阳、刘建军（75' 于光）／中场：南方、李东波、胡建平、冈玻斯／前锋：安德雷斯、周宁（57' 李洪政）

第 8 轮 ／（客）0 比 0 武汉雅琪

门将：姚健／后卫：王少磊、吕军、谢朝阳、于光／中场：李洪政、李东波、胡建平、冈玻斯／前锋：周宁、南方（46' 安德雷斯）

第 9 轮 ／（主）2 比 1 青岛海牛
李东波 61'，安德雷斯 78' ／纪玉杰 90'

门将：姚健／后卫：王少磊、吕军、谢朝阳、李红军（78' 于光）／中场：李洪政、李东波、胡建平、冈玻斯（86' 刘建军）／前锋：周宁（59' 南方）、安德雷斯

第 10 轮 ／（客）0 比 0 四川全兴

门将：姚健／后卫：王少磊、吕军、谢朝阳、李红军／中场：李洪政、李东波、胡建平、冈玻斯／前锋：周宁、安德雷斯

第 11 轮 ／（客）0 比 0 重庆隆鑫

门将：姚健／后卫：王少磊、吕军、韩旭、李红军／中场：南方（30' 徐阳）、李东波、胡建平、于光／前锋：周宁、安德雷斯

第 12 轮 ／（主）1 比 1 大连万达
李东波 38' ／郝海东 20'

门将：姚健／后卫：王少磊、吕军、韩旭（30' 于光）、李红军／中场：周宁、李东波、胡建平、南方／前锋：卡西亚诺、安德雷斯

第 13 轮 ／（客）0 比 1 广州松日
赵昌宏 55'

门将：姚健／后卫：王少磊、于光、吕军、李红军／中场：周宁、李东波、胡建平、南方（65' 韩旭）／前锋：卡西亚诺（72' 徐阳）、安德雷斯（57' 李洪政）

第 14 轮 ／（主）5 比 0 深圳平安
安德雷斯 35'，卡西亚诺 60'、85'、90'，于光 89'

门将：姚健／后卫：王少磊、吕军、谢朝阳、李红军／中场：南方、胡建平（77' 田野）、徐阳（66' 陶伟）、冈玻斯（85' 于光）／前锋：卡西亚诺、安德雷斯

第 15 轮 ／（客）1 比 3 八一
徐阳 20' ／潘毅 8'、85'，黄勇 78'

门将：姚健／后卫：王少磊、刘建军（26' 李东波）、谢朝阳、李红军／中场：南方、胡建平（32' 周宁）、徐阳、冈玻斯／前锋：卡西亚诺（46' 田野）、安德雷斯

第 16 轮 ／（主）1 比 0 广州太阳神
安德雷斯 86'

门将：姚健／后卫：王少磊、吕军、谢朝阳、李红军（78' 杨璞）／中场：南方（73' 田野）、李东波、胡建平、冈玻斯／前锋：周宁（46' 薛申）、安德雷斯

第 17 轮 ／（客）3 比 3 山东鲁能
胡建平 42'、69'，冈玻斯 60' ／阿米尔 51'，宿茂臻 53'，李霄鹏 63'

门将：姚健／后卫：王少磊、吕军、谢朝阳、李红军（78' 于光）／中场：南方（58' 韩旭）、李东波、胡建平、冈玻斯／前锋：周宁（58' 薛申）、安德雷斯

第 18 轮 ／（客）0 比 0 延边敖东

门将：姚健／后卫：王少磊（66' 南方）、吕军、谢朝阳、于光／中场：薛申（46' 周宁）、李东波、胡建平（54' 徐阳）、冈玻斯／前锋：李洪政、安德雷斯

第 19 轮 ／（主）1 比 1 上海申花
安德雷斯 68' ／弗拉维奥 44'

门将：姚健／后卫：王少磊、吕军、谢朝阳（28' 韩旭）、李红军／中场：周宁（80' 南方）、李东波、胡建平、冈玻斯／前锋：李洪政（55' 薛申）、安德雷斯

第 20 轮 ／（客）0 比 0 沈阳海狮

门将：姚健／后卫：刘建军、吕军、韩旭、李红军／中场：薛申（72' 田野）、陶伟（74' 南方）、胡建平、周宁／前锋：李洪政、安德雷斯

第 21 轮 ／（主）2 比 1 武汉雅琪
冈玻斯 2'，安德雷斯 13' ／余捷 59'

门将：姚健／后卫：吕军、韩旭、李红军／中场：薛申（42' 李洪政）、王少磊、陶伟（74' 南方）、胡建平、李东波、冈玻斯／前锋：安德雷斯（81' 周宁）

第 22 轮 ／（客）2 比 2 青岛海牛
韩旭 18'，薛申 23' ／庄毅 48'，曹限东 78'

门将：姚健／后卫：王少磊、吕军、韩旭、李红军、陶伟／中场：薛申（55' 李洪政）、胡建平、李东波、冈玻斯／前锋：安德雷斯

第 23 轮 ／（主）0 比 0 四川全兴

门将：姚健／后卫：王少磊、谢朝阳、韩旭、李红军／中场：薛申、胡建平、陶伟、南方（78' 杨璞）／前锋：安德雷斯（12' 周宁）、卡西亚诺

第 24 轮 ／（主）2 比 0 前卫寰岛
冈玻斯 37'，周宁 81'

门将：姚健／后卫：谢朝阳、韩旭、李红军／中场：王少磊、薛申（83' 南方）、李东波、陶伟、冈玻斯／前锋：安德雷斯（65' 胡建平）、卡西亚诺（78' 周宁）

第 25 轮 ／（客）0 比 0 大连万达

门将：姚健／后卫：王少磊、谢朝阳、李红军、韩旭、陶伟／中场：薛申、李东波、冈玻斯／前锋：安德雷斯、卡西亚诺（69' 周宁）

第 26 轮 ／（主）2 比 1 广州松日
冈玻斯 36'，卡西亚诺 68' ／胡志军 5'

门将：姚健／后卫：王少磊（46' 周宁）、谢朝阳、李红军、韩旭（60' 吕军）、陶伟／中场：薛申、李东波、冈玻斯／前锋：安德雷斯、卡西亚诺

第 1 轮 ／（客）0 比 0 深圳平安
门将：姚健 / 后卫：徐云龙、韩旭、谢朝阳、陶伟 / 中场：米哈利、李东波、佩塔、庄毅 / 前锋：李毅、托肯（71' 薛申）

第 2 轮 ／（主）4 比 0 沈阳海狮
托肯 23'、27'，李毅 31'，高雷雷 87'
门将：姚健 / 后卫：王少磊、韩旭、谢朝阳、杨璞 / 中场：米哈利（82' 邵佳一）、李东波、陶伟、庄毅（75' 商毅）/ 前锋：李毅、托肯（78' 高雷雷）

第 3 轮 ／（客）1 比 0 武汉红桃 K
托肯 48'
门将：姚健 / 后卫：王少磊、韩旭、谢朝阳、杨璞 / 中场：米哈利、李东波、陶伟（46' 徐云龙）、庄毅（46' 邵佳一）/ 前锋：李毅、托肯（84' 商毅）

第 4 轮 ／（主）1 比 1 青岛颐中
邵佳一 76' / 马永康 92'
门将：姚健 / 后卫：王少磊、韩旭、谢朝阳、杨璞（68' 高雷雷）/ 中场：庄毅（80' 商毅）、米哈利、李东波、陶伟 / 前锋：李毅、托肯（70' 邵佳一）

第 5 轮 ／（客）0 比 1 广州松日
胡志军 38'
门将：姚健 / 后卫：王少磊（53' 高雷雷）、韩旭（64' 薛申）、谢朝阳、杨璞 / 中场：米哈利、胡建平（46' 徐云龙）、李东波、邵佳一 / 前锋：李毅、托肯

第 6 轮 ／（主）0 比 1 上海申花
祁宏 87'
门将：姚健（15' 刘新伟）/ 后卫：王少磊、徐云龙、谢朝阳、佩塔 / 中场：米哈利、李东波、(大）王涛（88' 高雷雷）、庄毅 / 前锋：李毅、托肯（79' 杨璞）

第 7 轮 ／（客）1 比 2 天津泰达
高雷雷 52' / 孙建军 44'，阿迪巴 69'
门将：刘新伟 / 后卫：佩塔、韩旭、谢朝阳、杨璞 / 中场：薛申（46' 李毅）、徐阳（46' 胡建平）、王涛、米哈利 / 前锋：托肯、高雷雷（70' 庄毅）

第 8 轮 ／（客）1 比 1 吉林敖东
南方 66' / 泰尼 22'
门将：刘新伟 / 后卫：王少磊、谢朝阳、佩塔 / 中场：徐云龙、李东波、南方、陶伟 / 前锋：商毅（65' 托肯（84' 邵佳一））、李毅、庄毅（65' 高雷雷）

第 9 轮 ／（客）1 比 0 山东鲁能
李毅 43'
门将：刘新伟 / 后卫：徐云龙、谢朝阳、佩塔 / 中场：米哈利（89' 王少磊）、李东波、南方、陶伟 / 前锋：薛申（60' 商毅）、李毅、庄毅（80' 杨璞）

第 10 轮 ／（主）0 比 1 重庆隆鑫
高峰 86'
门将：刘新伟 / 后卫：徐云龙、李红军、谢朝阳 / 中场：王少磊、薛申、李东波、陶伟、邵佳一（90' 高雷雷）/ 前锋：李毅、商毅（84' 托肯）

第 11 轮 ／（客）0 比 1 四川全兴
哈吉 77'
门将：刘新伟 / 后卫：徐云龙、李红军、佩塔 / 中场：薛申、李东波（80' 徐阳）、南方、杨璞（87' 高雷雷）、陶伟 / 前锋：李毅、托肯（39' 商毅）

第 12 轮 ／（主）2 比 1 大连万达
南方 20'、92' /（小）王涛 81'
门将：刘新伟 / 后卫：徐云龙、李红军、佩塔 / 中场：王少磊、薛申（86' 高雷雷）、李东波、南方、徐阳（56' 邵佳一（77' 商毅））、杨璞 / 前锋：李毅

第 13 轮 ／（客）1 比 1 辽宁抚顺
杨璞 24' / 张玉宁 32'
门将：刘新伟 / 后卫：徐云龙、李红军、谢朝阳 / 中场：杨璞（79' 王少磊）、李东波、商毅、南方、薛申（67' 徐阳）、陶伟 / 前锋：李毅（86' 高雷雷）

第 14 轮 ／（主）4 比 1 深圳平安
卡西亚诺 20'、76'，南方 25'，商毅 90' / 张军 75'
门将：刘新伟 / 后卫：谢朝阳、韩旭、李红军 / 中场：王少磊、薛申（59' 陶伟）、拉雷阿、李东波（89' 徐阳）、南方 / 前锋：卡西亚诺、巴雷德斯（72' 商毅）

第 15 轮 ／（客）3 比 3 沈阳海狮
韩旭 24'，拉雷阿 55'，商毅 77' / 隋广陆 4'，谢育新 61'，埃迪瓦多 83'
门将：刘新伟 / 后卫：谢朝阳、韩旭、李红军 / 中场：王少磊（68' 商毅）、南方、拉雷阿、李东波、薛申（46' 陶伟）/ 前锋：卡西亚诺、巴雷德斯

第 16 轮 ／（主）6 比 0 武汉红桃 K
韩旭 9'、75'，卡西亚诺 23'、42'，巴雷德斯 37'、46'
门将：刘新伟 / 后卫：李红军（46' 李毅）、谢朝阳、韩旭、陶伟 / 中场：薛申、拉雷阿（63' 刘正坤）、徐阳、南方 / 前锋：卡西亚诺、巴雷德斯（58' 商毅）

第 17 轮 ／（客）2 比 2 青岛颐中
巴雷德斯 66'，韩旭 90' / 彭伟军 29'，威廉 46'
门将：刘新伟 / 后卫：李红军、谢朝阳、韩旭、陶伟（51' 薛申）/ 中场：南方、拉雷阿、徐阳 / 前锋：卡西亚诺（83' 商毅）、巴雷德斯、李毅（41' 杨世卓）

第 18 轮 ／（主）3 比 0 广州松日
卡西亚诺 55'、79'、88'
门将：杨世卓 / 后卫：王少磊（75' 李东波）、谢朝阳、韩旭、李红军（46' 陶伟）/ 中场：薛申（56' 商毅）、拉雷阿、徐阳、南方 / 前锋：卡西亚诺、巴雷德斯

第 19 轮 ／（客）2 比 2 上海申花
卡西亚诺 78'，李毅 89' / 马塞罗 35'、52'
门将：刘新伟 / 后卫：王少磊（52' 商毅）、李红军、谢朝阳、陶伟 / 中场：薛申、拉雷阿、徐阳（69' 李东波）、南方 / 前锋：卡西亚诺、巴雷德斯（46' 李毅）

第 20 轮 ／（主）1 比 1 天津泰达
巴雷德斯 38' / 张效瑞 70'
门将：刘新伟 / 后卫：王少磊（60' 陶伟）、韩旭、谢朝阳、李红军 / 中场：薛申（56' 商毅）、徐阳、拉雷阿（69' 李东波）、南方 / 前锋：卡西亚诺、巴雷德斯

第 21 轮 ／（主）3 比 0 吉林敖东
韩旭 27'，卡西亚诺 85'，李毅 92'
门将：刘新伟 / 后卫：王少磊、韩旭、谢朝阳、陶伟 / 中场：薛申、徐阳、拉雷阿、南方（46' 李毅）/ 前锋：卡西亚诺（90' 商毅）、巴雷德斯（56' 李红军）

第 22 轮 ／（客）0 比 2 山东鲁能
宿茂臻 35'，巴力斯塔 55'
门将：刘新伟 / 后卫：杨璞、韩旭、谢朝阳（76' 高雷雷）、李红军 / 中场：南方（46' 李毅）、徐阳、拉雷阿、陶伟 / 前锋：卡西亚诺、巴雷德斯（60' 商毅）

第 23 轮 ／（客）0 比 2 重庆隆鑫
马克 35'、78'
门将：刘新伟 / 后卫：杨璞（46' 徐阳）、韩旭、谢朝阳、陶伟 / 中场：王少磊、李东波、拉雷阿、商毅（75' 高雷雷）/ 前锋：卡西亚诺、巴雷德斯（50' 南方）

第 24 轮 ／（主）0 比 1 四川全兴
邹侑根 25'
门将：刘新伟 / 后卫：李红军（70' 王涛）、徐云龙、韩旭（46' 谢朝阳）、陶伟 / 中场：薛申（46' 巴雷德斯）、胡建平、拉雷阿、南方、商毅 / 前锋：卡西亚诺

第 25 轮 ／（客）1 比 0 大连万达
商毅 9'
门将：刘新伟 / 后卫：李红军、徐云龙、谢朝阳、陶伟 / 中场：李东波、南方、杨璞、商毅（73' 高雷雷）/ 前锋：卡西亚诺、巴雷德斯（92' 刘正坤）

第 26 轮 ／（主）1 比 1 辽宁抚顺
高雷雷 76' / 曲圣卿 14'
门将：刘新伟 / 后卫：李红军、徐云龙、谢朝阳、陶伟 / 中场：李东波、南方（65' 王涛）、杨璞、商毅（60' 韩旭）/ 前锋：卡西亚诺、巴雷德斯（73' 高雷雷）

第1轮／（客）0比2大连实德
张恩华 13'、79'
门将：姚健／后卫：徐云龙、刘建军、别戈维奇、桂平／中场：商毅（75'
李东波）、阿玛亚、杨璞、陶伟／前锋：南方（46'高雷雷）、罗曼（79'
王硕）

第2轮／（主）1比2天津泰达
别戈维奇 59'／刘欣 28'、埃默森 85'
门将：姚健／后卫：徐云龙、别戈维奇、谢朝阳（51'南方）、李红军（46'
薛申）／中场：商毅、李东波、阿玛亚、杨璞／前锋：高雷雷（66'王
硕）、罗曼

第3轮／（客）0比1上海申花
卞军 71'
门将：姚健／后卫：徐云龙、别戈维奇、谢朝阳、刘建军／中场：商毅、李
东波、阿玛亚、杨璞／前锋：高雷雷（60'薛申）、罗曼（53'陶伟）

第4轮／（客）0比0四川全兴
门将：姚健／后卫：徐云龙、别戈维奇、谢朝阳、李红军／中场：南方、李东波、
商毅（60'罗曼）、杨璞／前锋：高雷雷（46'薛申）、（小）王涛

第5轮／（主）2比1云南红塔
杨璞 55'、王涛 67'／福迪 33'
门将：徐阳／后卫：杨璞、徐云龙、别戈维奇、李红军、刘建军（46'
徐阳）／中场：薛申、李东波、陶伟／前锋：罗曼（91'高雷雷）、王涛

第6轮／（主）3比0深圳平安
徐阳 22'、罗曼 30'、陶伟 54'
门将：姚健／后卫：杨璞、别戈维奇（86'韩旭）、谢朝阳、李红军／中场：
薛申（80'南方）、李东波、徐阳、陶伟／前锋：罗曼（71'高雷雷）、
王涛

第7轮／（客）0比0青岛颐中
门将：姚健／后卫：杨璞、别戈维奇（46'韩旭）、谢朝阳、李红军／中场：
薛申（65'南方）、李东波、徐阳、陶伟／前锋：罗曼、王涛

第8轮／（客）1比2吉林敖东
南方 69'／千学峰 52'、马赛罗 54'
门将：姚健／后卫：杨璞、别戈维奇、谢朝阳、李红军／中场：薛申（71'
高雷雷）、李东波（58'徐阳）、桂平、陶伟／前锋：罗曼（62'南方）、
王涛

第9轮／（主）0比1山东鲁能
卡西亚诺 65'
门将：姚健／后卫：杨璞、别戈维奇、徐云龙、李红军／中场：薛申（67'南方）、
李东波、徐阳、陶伟／前锋：罗曼、高雷雷（73'韩旭）

第10轮／（客）2比2重庆隆鑫
杨璞 37'、高雷雷 78'／魏新 43'、徐鑫 72'
门将：姚健／后卫：杨璞（76'陶伟）、别戈维奇（80'罗曼）、谢朝阳、李红
军／中场：徐云龙、徐阳、桂平、南方／前锋：商毅（60'高雷雷）、
韩旭

第11轮／（主）0比0辽宁抚顺
门将：姚健／后卫：杨璞、别戈维奇、谢朝阳、李红军／中场：徐云龙、徐阳、
桂平（60'陶伟）、南方（75'薛申）／前锋：商毅（54'韩旭）、王涛

第12轮／（主）0比1厦门厦新
门将：姚健／后卫：徐云龙、别戈维奇、谢朝阳、李红军／中场：南方（57'
邵佳一）、徐阳（70'薛申）、伊利奇、陶伟／前锋：罗曼（63'高雷雷）、
王涛

第13轮／（客）2比0沈阳海狮
王涛 60'、69'
门将：姚健／后卫：徐云龙、韩旭、谢朝阳、杨璞／中场：南方（46'商毅）、
李东波、伊利奇、邵佳一（92'刘建军）／前锋：田野（74'高雷雷）、
王涛

第14轮／（主）1比2大连实德
邵佳一 14'／张恩华 21'、潘塔 67'
门将：姚健／后卫：徐云龙（46'刘建军）、韩旭、谢朝阳、杨璞／中场：路姜（46'
徐阳）、李东波、陶伟、邵佳一／前锋：田野（76'南方）、王涛

第15轮／（客）2比1天津泰达
王涛 43'、54'／张效瑞 89'
门将：姚健／后卫：王少磊、韩旭、谢朝阳、李红军／中场：商毅（73'薛申）、
李东波、杨璞、邵佳一／前锋：桑德鲁（83'田野）、王涛

第16轮／（主）3比3上海申花
王涛 18'、30'、桑德鲁 51'／祁宏 48'、66'、兰柯维奇 68'
门将：姚健／后卫：王少磊、韩旭、谢朝阳、李红军（68'徐云龙）／中场：
商毅（50'李东波）、杨璞、伊利奇、邵佳一／前锋：桑德鲁、王涛

第17轮／（主）1比0四川全兴
桑德鲁 24'
门将：姚健／后卫：徐云龙、韩旭、别戈维奇（82'李红军）、杨璞／中场：
商毅（64'南方）、徐阳（71'谢朝阳）、伊利奇、邵佳一／前锋：桑德鲁、
王涛

第18轮／（客）0比0云南红塔
门将：姚健／后卫：徐云龙、韩旭、别戈维奇、杨璞／中场：李东波（78'商毅）、
徐阳（86'谢朝阳）、伊利奇、邵佳一／前锋：桑德鲁（65'高雷雷）、
王涛

第19轮／（客）0比2深圳平安
陈永强 43'、李毅 50'
门将：姚健／后卫：徐云龙、别戈维奇、谢朝阳、杨璞／中场：薛申、王涛、
伊利奇（46'李东波）、邵佳一／前锋：桑德鲁（62'商毅）、高雷雷（54'
陶伟）

第20轮／（主）4比1青岛颐中
王涛 22'、60'、谢朝阳 40'、徐阳 87'／希尔维拉 71'
门将：姚健／后卫：李东波、别戈维奇、谢朝阳、杨璞／中场：南方（80'
桑德鲁）、徐阳、伊利奇（90'李红军）、邵佳一／前锋：王涛（83'韩
旭）、徐云龙

第21轮／（主）4比1吉林敖东
王涛 42'、72'、南方 65'、田野 91'／泰克 70'
门将：姚健／后卫：李东波、别戈维奇（58'韩旭）、谢朝阳、杨璞／中场：南方、
徐阳（78'田野）、伊利奇、邵佳一／前锋：王涛、徐云龙

第22轮／（客）1比1山东鲁能
徐阳 14'／卡西亚诺 70'
门将：姚健／后卫：杨璞、刘建军、韩旭、李红军／中场：李东波、徐阳（81'
桑德鲁）、伊利奇、邵佳一／前锋：田野、徐云龙（68'薛申）

第23轮／（主）3比2重庆隆鑫
伊利奇 35'、田野 39'、邵佳一 45'／比坎尼奇 63'、曾斌 79'
门将：姚健／后卫：杨璞、刘建军、韩旭、李红军／中场：李东波、徐阳（68'
南方）、伊利奇、邵佳一／前锋：田野（65'王涛）、徐云龙

第24轮／（客）1比2辽宁抚顺
桑德鲁 59'／张玉宁 60'、78'
门将：姚健／后卫：杨璞、刘建军、韩旭、陶伟／中场：薛申、徐阳、伊利
奇、邵佳一／前锋：田野（46'南方）、桑德鲁（59'高雷雷）

第25轮／（客）4比2厦门厦新
邵佳一 11'、徐云龙 46'、53'、桑德鲁 85'／王海波 23'、唐晓程 39'
门将：姚健／后卫：杨璞、刘建军、韩旭、李红军／中场：李东波、徐阳（72'
谢朝阳）、伊利奇、邵佳一（63'陶伟）／前锋：田野（77'桑德鲁）、
徐云龙

第26轮／（主）3比3沈阳海狮
王涛 12'、36'、韩旭 39'／谢尔盖 14'、托比 20'、杜苹 62'
门将：姚健／后卫：李东波、刘建军、韩旭、杨璞／中场：薛申、徐阳（77'
陶伟）、伊利奇、邵佳一／前锋：王涛、徐云龙

第 1 轮／（主）1 比 0 青岛啤酒
邵佳一 45'
门将：姚健／后卫：谢朝阳、韩旭、切尔梅利、杨璞／中场：周宁、李东波、陶伟、邵佳一（75' 南方）／前锋：王涛、徐云龙（90' 商毅）

第 2 轮／（主）1 比 3 上海申花
徐云龙 13'／申思 53'，兰柯维奇 57'，拉萨 87'
门将：姚健／后卫：谢朝阳、韩旭、切尔梅利、杨璞／中场：周宁、李东波、陶伟（71' 薛申）、邵佳一／前锋：王涛（80' 田野）、徐云龙

第 3 轮／（客）1 比 1 重庆力帆
徐云龙 4'／赵立春 72'
门将：姚健／后卫：李东波、韩旭、切尔梅利、杨璞／中场：薛申（71' 商毅）、周宁、南方、卡洛斯（63' 王涛）、邵佳一（81' 田野）／前锋：徐云龙

第 4 轮／（主）0 比 0 山东鲁能
门将：姚健／后卫：李东波、韩旭、切尔梅利、桂平／中场：薛申(50' 高雷雷)、周宁、陶伟、邵佳一／前锋：田野（73' 杜文辉）、徐云龙

第 5 轮／（客）2 比 2 云南红塔
切尔梅利 16'，王涛 71'／王光伟 10'，斯特里安 62'
门将：姚健／后卫：李东波（76' 商毅）、韩旭、切尔梅利、桂平／中场：薛申（30' 王涛）、周宁、陶伟、邵佳一（66' 高雷雷）／前锋：徐云龙、米伦

第 6 轮／（主）1 比 1 四川商务通
王涛 65'／黎兵 52'
门将：姚健／后卫：徐云龙、韩旭、切尔梅利、桂平（59' 高雷雷）／中场：米伦、周宁、陶伟、李东波、邵佳一（88' 南方）／前锋：王涛

第 7 轮／（客）2 比 4 大连实德
王涛 16'、70'，邹捷 13'、奥兰多 25'，郝海东 75'，王鹏 90'
门将：姚健／后卫：徐云龙、韩旭、切尔梅利、陶伟／中场：商毅（46' 薛申）、周宁（68' 高雷雷）、李东波、邵佳一／前锋：米伦、王涛

第 8 轮／（主）4 比 1 沈阳金德
米伦 31'，杨璞 54'，田野 85'／闵劲 60'
门将：姚健／后卫：李东波、徐云龙、韩旭、杨璞／中场：薛申（74' 南方）、周宁、邵佳一（66' 高雷雷）、陶伟／前锋：米伦、王涛（84' 田野）

第 9 轮／（客）1 比 1 八一振邦
薛申 1'／魏意民 50'
门将：姚健／后卫：李东波、徐云龙、切尔梅利、杨璞／中场：薛申（65' 高雷雷）、周宁、劳德伦德、邵佳一（56' 王涛）、陶伟／前锋：米伦（74' 田野）

第 10 轮／（主）0 比 1 天津泰达
卡斯蒂亚诺 27'
门将：姚健／后卫：李东波、徐云龙、切尔梅利、杨璞／中场：薛申、周宁、劳德伦德、陶伟(46' 邵佳一)／前锋：米伦（52' 韩旭）、王涛（73' 田野）

第 11 轮／（客）0 比 2 陕西国力
周皓罡 31'，马科斯 60'
门将：姚健／后卫：李东波（55' 韩旭）、徐云龙、切尔梅利、陶伟／中场：薛申（36' 高雷雷）、周宁（43' 米伦）、劳德伦德、杨璞、邵佳一／前锋：王涛

第 12 轮／（主）2 比 0 辽宁抚顺
米伦 31'，田野 45'
门将：杨世卓／后卫：李东波、韩旭、切尔梅利、陶伟／中场：商毅、劳德伦德（69' 桂平）、杨璞、米伦／前锋：徐云龙（66' 高雷雷）、田野（61' 王涛）

第 13 轮／（客）0 比 2 深圳平安
堤亚戈 43'，郑智 53'
门将：杨世卓／后卫：李东波、韩旭（46' 王涛）、切尔梅利、陶伟／中场：南方（58' 邵佳一）、劳德伦德、杨璞、米伦（65' 田野）／前锋：徐云龙、商毅

第 14 轮／（客）1 比 1 青岛啤酒
邵佳一 40'／埃默森 78'
门将：杨世卓／后卫：徐云龙、谢朝阳、切尔梅利、杨璞／中场：李东波、周宁、劳德伦德（67' 陶伟）、邵佳一／前锋：王涛（90' 米伦）、田野（81' 高雷雷）

第 15 轮／（客）0 比 1 上海申花
申思 11'
门将：杨世卓／后卫：徐云龙、谢朝阳、切尔梅利、陶伟／中场：商毅（46' 王涛）、周宁（66' 米伦）、李东波、桂平（46' 劳德伦德）、邵佳一／前锋：田野

第 16 轮／（主）3 比 0 重庆力帆
邵佳一 2'，王涛 20'，米伦 61'
门将：杨世卓／后卫：李东波、谢朝阳、切尔梅利、陶伟（72' 韩旭）／中场：米伦、劳德伦德、杨璞、邵佳一（23' 商毅）／前锋：王涛、田野（53' 周宁）

第 17 轮／（客）0 比 2 山东鲁能
兰普蒂 8'、84'
门将：杨世卓／后卫：谢朝阳、韩旭、切尔梅利／中场：李东波、米伦、劳德伦德、杨璞（66' 高雷雷）、陶伟／前锋：王涛、徐云龙（26' 周宁（72' 田野））

第 18 轮／（主）4 比 1 云南红塔
王涛 1'、50'，田野 55'、57'／胡伟 74'
门将：姚健／后卫：张帅、谢朝阳、切尔梅利、陶伟／中场：商毅（54' 薛申）、李东波、劳德伦德、米伦（73' 南方）／前锋：王涛（61' 高雷雷）、田野

第 19 轮／（客）0 比 2 四川商务通
孙晓轩 13'，姚夏 32'
门将：姚健／后卫：张帅、谢朝阳、切尔梅利、陶伟／中场：商毅（52' 薛申）、李东波、邵佳一、劳德伦德（52' 杨璞）、米伦／前锋：王涛（67' 高雷雷）

第 20 轮／（主）1 比 3 大连实德
杨璞 33'／巴奇 21'，郝海东 39'、68'
门将：杨世卓／后卫：周宁、张帅、切尔梅利、陶伟／中场：薛申（68' 李东波）、劳德伦德、杨璞（74' 高雷雷）、米伦／前锋：田野、南方（78' 王涛）

第 21 轮／（客）2 比 1 沈阳金德
杨璞 79'，南方 90'／杜苹 12'
门将：杨世卓／后卫：周宁、张帅（74' 谢朝阳）、切尔梅利、陶伟／中场：薛申（80' 韩旭）、李东波（46' 南方）、劳德伦德、杨璞、米伦／前锋：田野

第 22 轮／（主）1 比 0 八一振邦
劳德伦德 33'
门将：姚健／后卫：周宁、韩旭、切尔梅利、陶伟／中场：李东波（82' 商毅）、劳德伦德、杨璞、米伦／前锋：田野（77' 高雷雷）、南方

第 23 轮／（客）0 比 2 天津泰达
桑托斯 67'，韩燕鸣 71'
门将：姚健／后卫：周宁（76' 韩旭）、谢朝阳、切尔梅利、陶伟／中场：李东波、劳德伦德、杨璞、米伦（68' 邵佳一）／前锋：南方（46' 田野）、高雷雷

第 24 轮／（主）2 比 0 陕西国力
王涛 7'，田野 9'
门将：姚健／后卫：张帅、谢朝阳、切尔梅利、陶伟／中场：李东波（48' 路姜）、劳德伦德、杨璞、邵佳一／前锋：王涛、田野（84' 米伦）

第 25 轮／（客）0 比 2 辽宁抚顺
李金羽 67'，张玉宁 84'
门将：姚健／后卫：张帅（55' 高雷雷）、谢朝阳、切尔梅利、陶伟／中场：南方、李东波、劳德伦德、邵佳一（73' 路姜）／前锋：王涛（83' 韩旭）、田野

第 26 轮／（主）1 比 0 深圳平安
王涛 72'
门将：姚健／后卫：李东波、谢朝阳、切尔梅利、陶伟／中场：商毅(57' 米伦)、劳德伦德、杨璞、邵佳一／前锋：王涛、田野（80' 徐云龙）

第 1 轮 ／（主）1 比 0 辽宁波导

王涛 46'

门将：姚健／后卫：李明、巴辛、陶伟／中场：徐云龙、李东波（82' 杨昊）、邵佳一、塔尼奇、杨璞（90' 韩旭）／前锋：王涛（85' 路姜）、兰柯维奇

第 2 轮 ／（客）0 比 0 云南红塔

门将：姚健／后卫：李明、巴辛、陶伟／中场：路姜（83' 高雷雷）、李东波、邵佳一（64' 周宁）、塔尼奇、杨璞（89' 杨昊）／前锋：王涛、徐云龙

第 3 轮 ／（主）2 比 0 四川大河

路姜 26'、李东波 78'

门将：姚健／后卫：李明、巴辛、陶伟／中场：路姜、李东波、邵佳一（69' 高雷雷）、塔尼奇、杨璞／前锋：王涛（88' 周宁）、徐云龙（90' 杨昊）

第 4 轮 ／（客）1 比 1 青岛颐中

塔尼奇 5'／乌克亚 29'

门将：姚健／后卫：李明、巴辛、陶伟／中场：徐云龙、李东波、邵佳一（55' 周宁）、塔尼奇、杨璞／前锋：王涛、高大卫（63' 高雷雷）

第 5 轮 ／（主）4 比 0 重庆力帆

杨璞 29'、81'，邵佳一 37'，徐云龙 46'

门将：姚健／后卫：李明、巴辛、陶伟／中场：路姜、李东波、邵佳一（87' 杨昊）、塔尼奇、杨璞／前锋：王涛（67' 田野）、徐云龙（71' 高雷雷）

第 6 轮 ／（客）1 比 1 上海中远

巴辛 41'／姆巴 71'

门将：姚健／后卫：李明、巴辛、陶伟／中场：路姜（78' 高雷雷）、李东波、邵佳一（93' 杨昊）、塔尼奇、杨璞／前锋：田野（92' 商毅）、徐云龙

第 7 轮 ／（主）1 比 1 八一

高雷雷 64'／钱峰 90'

门将：姚健／后卫：李明、巴辛、陶伟／中场：路姜、罗兰德（55' 王涛）、邵佳一（80' 张帅）、塔尼奇（55' 高雷雷）、孙祥／前锋：田野、徐云龙

第 8 轮 ／（客）1 比 1 上海申花

马丁内斯 17'／徐云龙 91'

门将：姚健／后卫：李明、巴辛、陶伟／中场：路姜、李东波、邵佳一（58' 王涛）、塔尼奇（85' 杨昊）、杨璞／前锋：田野（46' 高雷雷）、徐云龙

第 9 轮 ／（主）0 比 1 沈阳金德

杜苹 50'

门将：姚健／后卫：韩旭、巴辛、陶伟（77' 南方）／中场：路姜、普雷迪奇（61' 李东波）、邵佳一、塔尼奇、杨璞／前锋：田野（54' 高大卫）、徐云龙

第 10 轮 ／（客）1 比 0 天津泰达

李明 81'

门将：姚健／后卫：李明、巴辛、韩旭／中场：徐云龙、路姜、李东波、普雷迪奇（70' 卡西亚诺）、邵佳一（90' 谢朝阳）、陶伟／前锋：王涛（82' 商毅）

第 11 轮 ／（主）2 比 0 山东鲁能

卡西亚诺 44'，杨璞 82'

门将：姚健／后卫：李明、巴辛、韩旭（88' 谢朝阳）／中场：徐云龙、李东波、邵佳一、杨璞、陶伟／前锋：卡西亚诺（79' 普雷迪奇）、王涛

第 12 轮 ／（客）2 比 1 陕西国力

卡西亚诺 40'、徐云龙 69'／桑德鲁 42'

门将：姚健／后卫：李明、巴辛、韩旭／中场：徐云龙、李东波、邵佳一（65' 普雷迪奇）、杨璞、陶伟／前锋：卡西亚诺（91' 谢朝阳）、王涛（73' 路姜）

第 13 轮 （轮空）

第 14 轮 ／（主）1 比 2 大连实德

卡西亚诺 70'／郝海东 45'，阎嵩 50'

门将：姚健／后卫：李明、巴辛、韩旭（75' 南方）／中场：徐云龙、伊利奇（60' 普雷迪奇）、邵佳一、杨璞、陶伟／前锋：卡西亚诺、王涛（58' 路姜）

第 15 轮 ／（客）1 比 3 深圳平安

王涛 53'／王宏伟 14'，郑智 45'、76'

门将：姚健／后卫：李明、巴辛、韩旭（34' 王涛）／中场：徐云龙、路姜、伊利奇（51' 邵佳一）、李东波、杨璞、陶伟（89' 杨昊）／前锋：卡西亚诺

第 16 轮 ／（客）2 比 1 辽宁波导

周宁 70'，卡西亚诺 80'／王新欣 71'

门将：姚健／后卫：李明、巴辛、谢朝阳（66' 张帅）／中场：徐云龙、路姜、李东波、普雷迪奇（71' 邵佳一）、周宁、陶伟／前锋：卡西亚诺（93' 商毅）

第 17 轮 ／（主）1 比 0 云南红塔

徐云龙 45'

门将：姚健／后卫：张帅、巴辛、谢朝阳／中场：徐云龙、路姜、周宁（90' 伊利奇）、普雷迪奇（81' 邵佳一）、杨璞、陶伟／前锋：卡西亚诺（91' 商毅）

第 18 轮 ／（客）3 比 3 四川大河

卡西亚诺 39'、邵佳一 90'，徐云龙 92'／黎兵 22'、63'，姚夏 77'

门将：姚健／后卫：徐云龙、巴辛、韩旭／中场：李东波、路姜、周宁、普雷迪奇、杨璞、陶伟（86' 邵佳一）／前锋：卡西亚诺（86' 王涛）

第 19 轮 ／（主）4 比 1 青岛颐中

卡西亚诺 6'，巴辛 36'、43'，杨璞 79'／比坎尼奇 78'

门将：姚健／后卫：韩旭、巴辛、陶伟／中场：李东波、路姜、邵佳一（62' 张帅）、伊利奇、杨璞／前锋：卡西亚诺（73' 普雷迪奇（85' 南方）、徐云龙

第 20 轮 ／（客）0 比 3 重庆力帆

邱卫国 38'，吴庆 80'，常辉 81'

门将：姚健／后卫：谢朝阳（71' 张帅）、巴辛、陶伟／中场：徐云龙、路姜、普雷迪奇（53' 邵佳一）、李东波、杨璞／前锋：卡西亚诺、商毅（53' 王涛）

第 21 轮 ／（主）1 比 1 上海中远

高雷雷 72'／阿尔西诺 75'

门将：姚健／后卫：李明、韩旭、陶伟／中场：李东波（68' 高雷雷）、路姜、普雷迪奇（83' 田野）、伊利奇、杨璞／前锋：卡西亚诺、徐云龙

第 22 轮 ／（客）2 比 1 八一

卡西亚诺 33'、71'／孙新波 18'

门将：姚健／后卫：李明、巴辛、韩旭／中场：李东波（63' 高雷雷）、路姜、邵佳一（87' 谢朝阳）、伊利奇、杨璞／前锋：卡西亚诺、徐云龙

第 23 轮 ／（主）2 比 1 上海申花

伊利奇 10'，徐云龙 56'／曲圣卿 49'

门将：姚健／后卫：李明、韩旭、陶伟／中场：李东波（80' 普雷迪奇）、路姜、邵佳一（71' 谢朝阳）、伊利奇、杨璞／前锋：卡西亚诺（89' 高雷雷）、徐云龙

第 24 轮 ／（客）1 比 0 沈阳金德

邵佳一 57'

门将：姚健／后卫：李明、韩旭、陶伟／中场：李东波（87' 巴辛）、路姜、邵佳一、伊利奇、杨璞／前锋：卡西亚诺（92' 高雷雷）、徐云龙

第 25 轮 ／（主）4 比 1 天津泰达

卡西亚诺 14'、75'，邵佳一 46'、64'

门将：姚健／后卫：李明（78' 韩旭）、巴辛、陶伟／中场：李东波（81' 高雷雷）、路姜（89' 商毅）、伊利奇、杨璞、邵佳一／前锋：徐云龙、卡西亚诺

第 26 轮 ／（客）1 比 2 山东鲁能

巴辛 20'／莫雷诺 45'、谢尔盖 79'

门将：姚健／后卫：徐云龙、李明、巴辛、陶伟／中场：李东波、路姜（49' 高雷雷）、伊利奇、杨璞（85' 田野）、邵佳一／前锋：卡西亚诺

第 27 轮 ／（主）7 比 2 陕西国力

卡西亚诺 7'、张帅 18'、李东波 43'、邵佳一 47'、70'，徐云龙 72'，高大卫 89'／孙峰 83'，黄磊 88'

门将：姚健／后卫：韩旭（67' 谢朝阳）、巴辛、陶伟／中场：李东波（62' 高雷雷）、张帅、伊利奇、杨璞、邵佳一／前锋：徐云龙（74' 高大卫）、卡西亚诺

第 28 轮 （轮空）

第 29 轮 ／（客）1 比 2 大连实德

普雷迪奇 89'／韦德克 35'，扬科维奇 36'

门将：姚健／后卫：李明、巴辛、陶伟／中场：张帅（66' 路姜）、李东波、伊利奇（76' 普雷迪奇）、杨璞、邵佳一（81' 商毅）／前锋：徐云龙、卡西亚诺

第 30 轮 ／（主）2 比 0 深圳平安

李明 12'，徐云龙 82'

门将：姚健／后卫：李明、巴辛、韩旭／中场：张帅、李东波（67' 高雷雷）、路姜、杨璞（77' 商毅）、邵佳一／前锋：徐云龙、田野

第 1 轮 ／（主）2 比 0 辽宁

路姜 9'，安德列 27'

门将：姚健／后卫：谢朝阳、韩旭、雷吉纳尔多／中场：徐云龙、周宁、路姜（90' 李东波）、杨璞、陶伟／前锋：安德列（90' 田野）、杜文辉（75' 薛申）

第 2 轮 ／（客）0 比 1 云南红塔

杨威 27'

门将：姚健／后卫：谢朝阳、韩旭、雷吉纳尔多／中场：路姜（46' 杜文辉）、周宁、马古斯（73' 薛申）、杨璞、陶伟（63' 李东波）／前锋：徐云龙、安德列

第 3 轮 ／（主）0 比 0 天津康师傅

门将：姚健／后卫：谢朝阳、韩旭、雷吉纳尔多／中场：徐云龙、周宁、路姜（79' 薛申）、杨璞、杜文辉（74' 李东波）／前锋：卡西亚诺、马科斯（81' 安德列）

第 4 轮 ／（客）1 比 2 青岛贝莱特

张卫华 28'（乌龙球）／彼得洛维奇 23'，乌克亚 70'

门将：姚健／后卫：徐云龙、韩旭、雷吉纳尔多、谢朝阳（75' 杜文辉）／中场：李东波、路姜（88' 田野）、张帅、杨璞／前锋：卡西亚诺（67' 马科斯）、安德列

第 5 轮 ／（主）2 比 2 重庆力帆

马科斯 23'，安德列 75'／哈吉 27'，魏新 65'

门将：姚健／后卫：李东波（46' 安德列）、韩旭、雷吉纳尔多（20' 徐云龙）、杨璞／中场：薛申、路姜、张帅、高雷雷／前锋：卡西亚诺、马科斯

第 6 轮 ／（客）0 比 1 上海中远

祁宏 4'

门将：姚健／后卫：李东波、韩旭（68' 谢朝阳）、徐云龙／中场：薛申（62' 田野）、路姜、张帅、杜文辉／前锋：安德列、卡西亚诺（75' 高雷雷）、马科斯

第 7 轮 ／（客）0 比 2 八一

刘俊威 33'，黄勇 40'

门将：姚健／后卫：李东波、韩旭（73' 商毅）、雷吉纳尔多、陶伟／中场：路姜、张帅、杨璞、高雷雷（48' 田野）／前锋：安德列、马科斯（48' 杨昊）

第 8 轮 ／（客）0 比 0 山东鲁能

门将：姚健／后卫：张帅、韩旭、雷吉纳尔多、陶伟／中场：路姜、李东波、杨昊（69' 崔威）、杨璞／前锋：安德列（63' 田野）、杜文辉（78' 高雷雷）

第 9 轮（轮空）

第 10 轮 ／（主）3 比 0 陕西国力

张帅 14'，安德列 51'，杨璞 70'

门将：姚健／后卫：韩旭、雷吉纳尔多、陶伟／中场：李东波、路姜（81' 高雷雷）、杨昊、张帅（90' 薛申）、杨璞／前锋：安德列、徐云龙（87' 崔威）

第 11 轮 ／（客）0 比 1 深圳健力宝

张辛昕 92'

门将：杨世卓／后卫：韩旭、雷吉纳尔多、陶伟／中场：李东波、张帅、路姜、杨璞、杜文辉（83' 高雷雷）／前锋：徐云龙、安德列（69' 田野）

第 12 轮 ／（主）2 比 2 大连实德

徐云龙 24'，安德列 52'／史尔江 44'，李尧 83'

门将：姚健／后卫：韩旭、雷吉纳尔多、陶伟／中场：李东波、张帅、路姜、恩里克、杜文辉（69' 高雷雷）／前锋：徐云龙、安德列（86' 杨昊）

第 13 轮 ／（客）0 比 1 上海申花

阿贝茨 24'

门将：姚健／后卫：韩旭、雷吉纳尔多、陶伟／中场：李东波（46' 商毅）、张帅、路姜（81' 薛申）、恩里克、杨璞、杜文辉（65' 高大卫）／前锋：徐云龙

第 14 轮 ／（主）1 比 3 沈阳金德

杨昊 74'／拉蒂尼奥 3'，阿尤 12'、55'

门将：姚健／后卫：韩旭、雷吉纳尔多、陶伟（76' 南方）／中场：李东波、张帅、路姜（46' 杨昊）、恩里克（46' 杜文辉）、杨璞／前锋：徐云龙、安德列

第 15 轮 ／（客）1 比 1 四川冠城

安德列 43'／韩旭（乌龙球）85'

门将：姚健／后卫：韩旭、谢朝阳、陶伟／中场：李东波、张帅、路姜、恩里克、杨璞（89' 商毅）／前锋：安德列（73' 田野）、杜文辉（94' 南方）

第 16 轮 ／（客）0 比 1 辽宁中顺

吕刚 61'

门将：姚健／后卫：谢朝阳、韩旭、雷吉纳尔多、陶伟／中场：李东波、路姜、恩里克（70' 安德列）、杨璞（76' 周宁）／前锋：徐云龙（83' 薛申）、科内塞

第 17 轮 ／（主）0 比 1 云南红塔

孙治 83'

门将：姚健／后卫：韩旭、雷吉纳尔多、陶伟／中场：徐云龙、李东波、张帅、路姜、周宁（46' 杨璞）／前锋：科内塞（73' 杜文辉（88' 高雷雷）、安德列

第 18 轮 ／（客）1 比 1 天津康师傅

杨璞 27'／于根伟 88'

门将：姚健／后卫：谢朝阳、邱忠辉、崔威／中场：李东波（68' 韩旭）、路姜、陶伟、恩里克、杨璞／前锋：科内塞（83' 安德列）、商毅（73' 杨昊）

第 19 轮 ／（主）4 比 1 青岛贝莱特

田野 21'、53'，恩里克 27'，安德列 37'／彼得洛维奇 59'

门将：姚健／后卫：谢朝阳、邱忠辉、崔威／中场：周宁（59' 薛申）、路姜、陶伟、恩里克、杨璞／前锋：安德列（90' 南方）、田野（78' 商毅）

第 20 轮 ／（客）0 比 0 重庆力帆

门将：姚健／后卫：谢朝阳、邱忠辉、崔威／中场：周宁（35' 路姜）、李东波、陶伟（90' 南方）、恩里克、杨璞／前锋：田野、田野（60' 韩旭）

第 21 轮 ／（主）0 比 2 上海国际

罗金斯 39'，伊万 82'

门将：姚健／后卫：谢朝阳、邱忠辉、韩旭／中场：周宁（71' 商毅）、李东波、杨昊（53' 路姜）、杨璞、高雷雷／前锋：安德列（46' 田野）、科内塞

第 22 轮 ／（主）5 比 0 八一

安德列 20'、61'，科内塞 52'、62'，陶伟 67'

门将：姚健／后卫：谢朝阳、邱忠辉（68' 韩旭）、张帅／中场：徐云龙（75' 高雷雷）、路姜、陶伟、恩里克、杨璞（75' 商毅）／前锋：安德列、科内塞

第 23 轮 ／（主）3 比 2 山东鲁能

科内塞 22'、56'，杨璞 51'／谢尔盖 78'，基里亚科夫 80'

门将：姚健／后卫：谢朝阳、邱忠辉、崔威（76' 李东波）／中场：徐云龙、路姜、陶伟、张帅、恩里克、杨璞（87' 韩旭）／前锋：科内塞（94' 商毅）

第 24 轮（轮空）

第 25 轮 ／（客）2 比 0 陕西国力

恩里克 68'，陶伟 71'

门将：姚健／后卫：谢朝阳（67' 李东波）、邱忠辉、崔威／中场：徐云龙、张帅、路姜、恩里克、陶伟（80' 杨昊）／前锋：安德列（90' 商毅）、科内塞

第 26 轮 ／（主）2 比 0 深圳健力宝

徐云龙 32'、80'

门将：姚健／后卫：张帅、邱忠辉、崔威／中场：徐云龙、路姜、陶伟（89' 杨昊）、恩里克、杨璞／前锋：安德列（93' 田野）、科内塞（92' 商毅）

第 27 轮 ／（客）0 比 0 大连实德

门将：姚健／后卫：张帅、邱忠辉、崔威／中场：周宁（75' 高雷雷）、路姜、陶伟（75' 商毅）、恩里克、杨璞／前锋：徐云龙、科内塞（92' 杨昊）

第 28 轮 ／（主）2 比 1 上海申花

科内塞 27'，路姜 43'／张玉宁 90'

门将：姚健／后卫：雷吉纳尔多、邱忠辉、崔威／中场：徐云龙、张帅、路姜、陶伟（90' 杨昊）、恩里克、杨璞／前锋：科内塞（76' 安德列）

第 29 轮 ／（客）0 比 0 沈阳金德

门将：姚健／后卫：雷吉纳尔多、邱忠辉、崔威／中场：徐云龙、张帅、路姜、恩里克、周宁（53' 杨昊）、高雷雷／前锋：安德列（78' 田野）

第 30 轮 ／（主）3 比 1 四川冠城

安德列 28'、75'，雷吉纳尔多 77'，轧亚 92'

门将：姚健／后卫：张帅、雷吉纳尔多、崔威／中场：徐云龙（78' 田野）、路姜、恩里克、陶伟、杨璞（79' 周宁）、高雷雷（84' 杜文辉）／前锋：安德列

第 1 轮 ／（主）1 比 1 四川冠城

刘宇 24'（乌龙球）／ 丹尼尔 88'

门将：姚健／后卫：徐云龙、韩旭、崔威／中场：路姜、隋东亮（70' 周宁）、陶伟、杨璞／前锋：高大卫（65'耶利奇）、科内塞、高雷雷

第 2 轮 ／（客）1 比 1 上海国际

科内塞 60'／ 王赟 52'

门将：姚健／后卫：徐云龙、张帅、高大卫／中场：路姜、隋东亮、崔威、杨昊、陶伟／前锋：耶利奇（82'高雷雷）、科内塞（90'南方）

第 3 轮 ／（主）4 比 1 沈阳金德

高雷雷 27'、闫相闯 38'、科内塞 67'、黄博文 89'／ 于贵君 44'

门将：姚健／后卫：徐云龙、崔威、张帅／中场：路姜、隋东亮、杨昊（90'高大卫）、陶伟／前锋：闫相闯（70'黄博文）、科内塞（71'耶利奇）、高雷雷

第 4 轮 ／（客）3 比 3 青岛贝莱特

耶利奇 44'、91'、科内塞 65'／ 孙新波 14'、42'、高明 53'

门将：姚健／后卫：徐云龙、崔威、张帅／中场：路姜（46'黄博文）、隋东亮（65'高大卫）、杨昊、陶伟／前锋：闫相闯、科内塞、高雷雷（33'耶利奇）

第 5 轮 ／（主）1 比 4 深圳健力宝

路姜 16'／ 考瓦克斯 27'、72'、吉马 32'、忻峰 35'

门将：姚健／后卫：徐云龙、崔威、张帅／中场：路姜（69'闫相闯）、隋东亮、阿莱克萨（62'耶利奇）、杨昊、陶伟／前锋：科内塞、高雷雷（46'韩旭）

第 6 轮 ／（主）2 比 0 天津康师傅

耶利奇 48'、陶伟 54'

门将：姚健／后卫：徐云龙、崔威、张帅／中场：路姜、隋东亮、阿莱克萨、杨昊、陶伟（89'杜文辉）／前锋：耶利奇、闫相闯（87'黄博文）

第 7 轮 ／（客）2 比 2 上海申花

科内塞 29'、陶伟 36'／ 阿尔贝茨 20'、皮特·维拉 67'

门将：姚健／后卫：徐云龙、崔威、张帅／中场：路姜、隋东亮（80'高大卫）、阿莱克萨、杨昊、陶伟／前锋：科内塞（70'耶利奇）、闫相闯（87'黄博文）

第 8 轮 ／（客）1 比 2 大连实德

耶利奇 59'／ 郝海东 22'、西历亚克 89'

门将：姚健／后卫：徐云龙、崔威、张帅／中场：路姜、隋东亮（46'高雷雷）、阿莱克萨、杨昊、陶伟／前锋：科内塞（58'耶利奇）、闫相闯（68'黄博文）

第 9 轮 ／（客）1 比 1 辽宁中誉

杨昊 74'／ 朱楷 94'

门将：姚健／后卫：郝伟、阿莱克萨、张帅／中场：路姜、隋东亮、杨璞、陶伟、杨昊／前锋：耶利奇、徐云龙

第 10 轮 ／（主）1 比 1 山东鲁能

高雷雷 30'／ 矫喆 90'

门将：姚健／后卫：徐云龙、郝伟（82'高大卫）、崔威／中场：杨昊、隋东亮、杨璞、路姜、陶伟／前锋：耶利奇、高雷雷（90'商毅）

第 11 轮 ／（客）0 比 0 重庆力帆

门将：姚健／后卫：张帅、郝伟、崔威／中场：徐云龙、阿莱克萨、陶伟（89'路姜）、杨璞（57'隋东亮）、杨昊／前锋：耶利奇、高雷雷（74'黄博文）

第 12 轮 ／（客）2 比 3 四川冠城

徐云龙 19'、耶利奇 22'／ 王锁龙 44'、杨朋锋 74'、丹尼尔 89'

门将：姚健／后卫：张帅、郝伟、崔威／中场：路姜、阿莱克萨、陶伟、杨璞（75'商毅）、高雷雷／前锋：耶利奇、徐云龙

第 13 轮 ／（主）2 比 0 上海国际

门将：姚健／后卫：张帅、郝伟、崔威／中场：杨昊（79'高大卫）、阿莱克萨、陶伟、隋东亮、高雷雷（67'路姜）／前锋：耶利奇、徐云龙（86'商毅）

第 14 轮 ／（客）1 比 1 沈阳金德（后被判 0 比 3）

陶伟 76'／ 王若吉 41'

门将：姚健／后卫：张帅、郝伟、崔威／中场：杨昊、阿莱克萨、陶伟、隋东亮、高雷雷（46'杨璞）／前锋：耶利奇、徐云龙

第 15 轮 ／（主）2 比 0 青岛贝莱特

陶伟 15'、耶利奇 86'

门将：姚健／后卫：徐云龙、郝伟、崔威／中场：路姜（90'邱忠辉）、隋东亮、陶伟、杨璞、杨昊／前锋：耶利奇（90'徐宁）、高雷雷（61'商毅）

第 16 轮 ／（客）0 比 2 深圳健力宝

忻峰 63'、马里科 79'

门将：姚健／后卫：张帅、郝伟、邱忠辉（83'杜文辉）／中场：徐云龙（74'高大卫）、隋东亮、陶伟、阿莱克萨、杨璞／前锋：耶利奇、商毅（60'高雷雷）

第 17 轮 ／（客）0 比 3 天津康师傅

张恩华 1'、于根伟 23'、加利 34'

门将：姚健／后卫：张帅、郝伟、邱忠辉（60'杜文辉）／中场：杨昊、崔威、阿莱克萨、路姜（34'隋东亮）、陶伟（81'徐宁）／前锋：耶利奇、徐云龙

第 18 轮 ／（主）3 比 0 上海申花

陶伟 6'、44'、89'

门将：杨世卓／后卫：张帅、郝伟、崔威／中场：杨昊、阿莱克萨、陶伟、隋东亮、杨璞（69'路姜）／前锋：耶利奇（89'商毅）、徐云龙（89'高大卫）

第 19 轮 ／（主）1 比 0 大连实德

耶利奇 62'

门将：杨世卓／后卫：张帅、崔威、邱忠辉／中场：徐云龙、阿莱克萨、隋东亮、杨璞、杨昊／前锋：耶利奇（90'南方）、高雷雷（83'路姜）

第 20 轮 ／（主）2 比 0 辽宁中誉

高雷雷 39'、耶利奇 81'

门将：杨世卓／后卫：张帅、郝伟、崔威／中场：徐云龙、阿莱克萨、陶伟、隋东亮、杨昊／前锋：耶利奇、高雷雷（76'商毅）

第 21 轮 ／（客）2 比 5 山东鲁能

高雷雷 53'、隋东亮 71'／ 王超 21'、韩鹏 37'、李金羽 65'、周海滨 84'、92'

门将：杨世卓／后卫：张帅、郝伟、崔威（65'邱忠辉）／中场：徐云龙、阿莱克萨、高大卫、隋东亮、杨昊（69'路姜）／前锋：耶利奇、高雷雷（69'徐宁）

第 22 轮 ／（主）4 比 1 重庆力帆

耶利奇 20'、81'、徐云龙 86'、高雷雷 90'

门将：姚健／后卫：张帅、郝伟、崔威／中场：路姜（67'高雷雷）、阿莱克萨、陶伟（86'商毅）、隋东亮、杨昊／前锋：耶利奇、徐云龙

第 1 轮 ／（客）1 比 1 沈阳金德

耶利奇 34'／希德 1'

门将：杨世卓／后卫：崔威、阿莱克萨、张帅／中场：姜、隋东亮、陶伟、杨璞／前锋：徐云龙、耶利奇、商毅（48'高雷雷）

第 2 轮 ／（主）4 比 0 上海申花

耶利奇 12'、73'，徐云龙 29'，杨昊 82'

门将：杨世卓／后卫：路姜、崔威、张帅、杨璞／中场：杨昊、隋东亮（67'闫相闯）、阿莱克萨、陶伟／前锋：徐云龙（83'郝伟）、耶利奇（78'高雷雷）

第 3 轮 ／（客）2 比 3 武汉黄鹤楼

隋东亮 7'，耶利奇 67'／吉奥森 10'、27'，郑斌 36'

门将：杨世卓／后卫：张帅、崔威、阿莱克萨、杨璞（60'闫相闯）／中场：路姜、隋东亮、陶伟、杨昊／前锋：徐云龙、耶利奇

第 4 轮 ／（主）4 比 1 青岛中能

杨昊 30'、50'，耶利奇 58'，杜文辉 91'／刘俊威 56'

门将：杨智／后卫：崔威、阿莱克萨、张帅／中场：路姜（83'高雷雷）、隋东亮、陶伟（85'黄博文）、杨昊、杨璞／前锋：徐云龙、耶利奇（87'杜文辉）

第 5 轮 ／（客）1 比 0 深圳健力宝

杜文辉 92'

门将：杨智／后卫：徐云龙、崔威、张帅／中场：路姜（74'杜文辉）、隋东亮、陶伟、阿莱克萨、杨璞（57'高雷雷）／前锋：杨昊、耶利奇（85'高大卫）

第 6 轮 ／（客）1 比 2 四川冠城

高雷雷 62'／张耀坤 51'，杨朋锋 61'

门将：杨智／后卫：徐云龙、崔威、张帅、杨璞／中场：路姜（46'杨昊）、隋东亮、陶伟、阿莱克萨、杨璞（55'杜文辉）／前锋：高雷雷、耶利奇

第 7 轮 ／（主）0 比 0 辽宁中誉

门将：杨智／后卫：崔威、郝伟（84'杜文辉）、张帅／中场：杨昊、隋东亮（78'高雷雷）、陶伟、阿莱克萨、杨璞（25'路姜）／前锋：徐云龙、耶利奇

第 8 轮 ／（客）2 比 0 上海国际

耶利奇 44'、48'

门将：杨智／后卫：崔威、阿莱克萨、张帅／中场：路姜（93'高大卫）、隋东亮、陶伟（90'黄博文）、杨昊、杨璞／前锋：徐云龙、耶利奇（90'杜文辉）

第 9 轮 ／（主）3 比 1 上海中邦

陶伟 11'，耶利奇 36'、60'／杨林 53'

门将：杨智／后卫：崔威、郝伟（56'商毅）、张帅／中场：路姜（42'杜文辉）、隋东亮、陶伟、阿莱克萨、杨昊（6'杨璞）／前锋：徐云龙、耶利奇

第 10 轮 ／（客）1 比 0 重庆力帆

耶利奇 75'

门将：杨智／后卫：崔威、徐宁（82'商毅）、张帅／中场：杜文辉（58'高大卫）、隋东亮、陶伟（90'黄博文）、阿莱克萨、杨璞／前锋：徐云龙、耶利奇

第 11 轮 ／（主）4 比 0 山东鲁能

耶利奇 4'、78'，陶伟 27'，王超（乌龙球）34'

门将：杨智／后卫：张帅、崔威、郝伟、杨璞／中场：路姜（70'高雷雷）、隋东亮、阿莱克萨、陶伟（83'杜文辉）／前锋：徐云龙、耶利奇（81'闫相闯）

第 12 轮 ／（客）1 比 2 天津康师傅

耶利奇 48'／吴伟安 9'，卢彦 23'

门将：杨智／后卫：郝伟、张帅、崔威、杨璞（76'黄博文）／中场：路姜（63'闫相闯）、隋东亮、阿莱克萨、陶伟／前锋：徐云龙、耶利奇（81'闫相闯）

第 13 轮 ／（主）3 比 4 大连实德

耶利奇 59'，高雷雷 62'，徐云龙 70'／扬科维奇 17'，潘塔 36'，邹捷 51'，马帅 60'

门将：杨智／后卫：郝伟（70'杜文辉）、崔威、张帅、陶伟／中场：闫相闯（53'路姜）、隋东亮、杨璞、高雷雷／前锋：徐云龙（85'商毅）、耶利奇

第 14 轮 ／（主）2 比 2 沈阳金德

杨璞 59'，徐云龙 63'／陈涛 76'，刘建业 92'

门将：杨智／后卫：张帅、崔威、杨璞／中场：路姜、隋东亮、阿莱克萨、陶伟（88'杜文辉）／前锋：徐云龙、耶利奇（88'商毅）、高雷雷

第 15 轮 ／（客）0 比 1 上海申花

肖战波 90'

门将：杨智／后卫：张帅、崔威（66'郝伟）、徐宁／中场：路姜（77'高雷雷）、隋东亮、陶伟、阿莱克萨、杨璞／前锋：徐云龙、耶利奇（88'商毅）

第 16 轮 ／（主）1 比 0 武汉黄鹤楼

隋东亮 64'

门将：杨智／后卫：徐云龙、张帅、徐宁（84'王存）／中场：路姜、隋东亮、陶伟（89'杜文辉）、阿莱克萨、杨璞／前锋：高大卫、耶利奇（84'高雷雷）

第 17 轮 ／（客）0 比 1 青岛中能

陆峰 56'

门将：杨智／后卫：徐云龙、张帅、崔威／中场：路姜、陶伟、阿莱克萨、杨璞／前锋：高大卫、耶利奇（76'郝伟）、高雷雷（56'杜文辉）

第 18 轮 ／（主）1 比 1 深圳健力宝

耶利奇 7'／王新欣 31'

门将：杨智／后卫：徐云龙、张帅、崔威／中场：路姜（84'闫相闯）、隋东亮、陶伟、阿莱克萨、杨璞／前锋：高大卫、耶利奇（84'徐宁）

第 19 轮 ／（主）3 比 1 四川冠城

耶利奇 42'、55'、75'，王鹏 68'

门将：杨智／后卫：徐云龙、崔威、张帅／中场：闫相闯（64'路姜）、隋东亮、陶伟、阿莱克萨、杨璞／前锋：高大卫（33'杜文辉）、耶利奇（90'高雷雷）

第 20 轮 ／（客）2 比 3 辽宁中誉

徐云龙 5'，耶利奇 16'／亮亮 24'，肖震 66'，丁捷 88'

门将：杨智／后卫：邱忠辉（68'杜文辉）、崔威、张帅／中场：闫相闯、隋东亮（84'高大卫）、陶伟、阿莱克萨、杨璞／前锋：徐云龙、耶利奇

第 21 轮 ／（主）3 比 1 上海国际

陶伟 47'，耶利奇 61'，闫相闯 84'／万厚良 33'

门将：杨智／后卫：崔威、张帅、徐宁／中场：闫相闯、隋东亮、陶伟（88'路姜）、阿莱克萨、杨璞（46'高雷雷（70'王存））／前锋：徐云龙、耶利奇

第 22 轮 ／（客）2 比 1 上海中邦

陶伟 6'、75'，赵志鹏 27'

门将：杨智／后卫：崔威、张帅、徐宁（46'王存）／中场：闫相闯、隋东亮（54'杜文辉）、陶伟、杨璞（75'黄博文）、路姜／前锋：徐云龙、耶利奇

第 23 轮 ／（主）2 比 0 重庆力帆

耶利奇 62'，闫相闯 65'

门将：杨智／后卫：崔威、张帅、杨璞／中场：闫相闯、隋东亮、陶伟（85'邱忠辉）、阿莱克萨、路姜（46'高雷雷）／前锋：徐云龙、耶利奇（76'杨昊）

第 24 轮 ／（客）2 比 4 山东鲁能

隋东亮 19'，徐云龙 91'／周海滨 16'，韩鹏 40'，丹丘内斯库 55'、77'

门将：杨智／后卫：邱忠辉（48'闫相闯）、张帅、杨璞／中场：徐云龙、隋东亮、陶伟、阿莱克萨、王存（80'高雷雷）／前锋：徐宁、耶利奇

第 25 轮 ／（主）0 比 1 天津康师傅

吴伟安 45'

门将：杨世卓／后卫：崔威、张帅、杨璞／中场：路姜（56'闫相闯）、隋东亮、陶伟、阿莱克萨、高雷雷（62'徐宁）／前锋：徐云龙、耶利奇

第 26 轮 ／（客）1 比 2 大连实德

崔威 84'／邹捷 64'，阎嵩 86'

门将：杨世卓／后卫：崔威、张帅、杨璞／中场：闫相闯、隋东亮、陶伟（80'杜文辉）、阿莱克萨、王存／前锋：徐云龙、耶利奇

第1轮 /（客）0比0青岛中能

门将：杨智/后卫：张帅、穆萨、徐云龙、周挺/中场：闫相闯（67'黄博文）、隋东亮（57'杜文辉）、陶伟、杨璞/前锋：科内塞、高大卫

第2轮 /（主）1比2上海联城

科内塞11' / 张效瑞44'、堤亚戈92'

门将：杨智/后卫：崔威、穆萨、张帅/中场：闫相闯（69'徐宁）、周挺、陶伟、隋东亮、高雷雷（63'高大卫）/前锋：科内塞、徐云龙

第3轮 /（客）4比0深圳金威

高大卫17'、杨昊26'、李尧78'、黄博文89'

门将：杨智/后卫：张帅、穆萨、徐云龙、周挺/中场：杨昊（63'黄博文）、隋东亮、陶伟、李尧/前锋：科内塞（63'闫相闯）、高大卫（85'高雷雷）

第4轮 /（主）1比1武汉光谷

陶伟6' / 郑斌78'

门将：杨智/后卫：张帅、穆萨、徐云龙、周挺/中场：杨昊（66'杨璞）、陶伟、李尧/前锋：科内塞（46'闫相闯）、高大卫（80'黄博文）

第5轮 /（客）1比0沈阳金德

科内塞64'

门将：杨智/后卫：张帅、穆萨、徐云龙、周挺/中场：杨昊、杨璞、陶伟、李尧/前锋：科内塞（76'闫相闯）、高大卫（91'杜文辉）

第6轮 /（主）1比1天津康师傅

曹阳（乌龙球）67' / 吴伟安73'

门将：杨智/后卫：张帅、穆萨（46'崔威）、徐云龙、周挺（75'杨昊）/中场：闫相闯、杨璞、陶伟、李尧/前锋：科内塞、高大卫（66'米尔顿）

第7轮 /（客）2比0西安国际

徐云龙8'、闫相闯91'

门将：杨智/后卫：张帅、穆萨、徐云龙、杨璞/中场：闫相闯、隋东亮、陶伟（90'崔威）、杨昊/前锋：科内塞（59'米尔顿）、高大卫

第8轮（轮空）

第9轮 /（主）0比0山东鲁能

门将：杨智/后卫：张帅、穆萨、徐云龙、杨璞/中场：杨昊、隋东亮、陶伟、李尧（56'高雷雷）/前锋：科内塞（57'米尔顿）、高大卫

第10轮 /（客）0比0上海申花

门将：杨智/后卫：张帅、穆萨、徐云龙、杨璞/中场：杨昊、隋东亮、陶伟（72'闫相闯）、李尧/前锋：科内塞（61'米尔顿）、高大卫（55'高雷雷）

第11轮 /（主）1比0重庆力帆

闫相闯58'

门将：杨智/后卫：张帅、穆萨、徐云龙、杨璞/中场：杨昊、隋东亮、陶伟、李尧（46'闫相闯）/前锋：科内塞（46'米尔顿）、高大卫（83'高雷雷）

第12轮 /（客）0比0大连实德

门将：杨智/后卫：张帅、穆萨、徐云龙、杨璞/中场：杨昊、隋东亮、陶伟、李尧（46'闫相闯）/前锋：米尔顿（76'高雷雷）、高大卫

第13轮 /（主）1比0辽宁

陶伟37'

门将：杨智/后卫：张帅、穆萨、徐云龙、杨璞/中场：闫相闯、隋东亮、陶伟、杨昊（67'商毅）/前锋：米尔顿、高雷雷（85'王长庆）

第14轮 /（客）1比4长春亚泰

张帅66' / 埃尔维斯10'、唐京72'、卡巴雷罗84'、曹添堡92'

门将：杨智/后卫：张帅、穆萨、徐云龙、杨璞/中场：闫相闯、隋东亮、陶伟、杨昊（86'科内塞）/前锋：米尔顿（31'高雷雷）、高大卫（55'王长庆）

第15轮 /（主）1比0厦门蓝狮

陶伟53'

门将：杨智/后卫：张帅、穆萨、徐云龙、杨璞/中场：闫相闯（38'商毅）、隋东亮、陶伟、王长庆/前锋：科内塞（81'米尔顿）、高大卫（90'崔威）

第16轮 /（主）1比0青岛中能

王长庆66'

门将：杨智/后卫：张帅、穆萨、徐云龙、杨璞/中场：高雷雷（73'黄博文）、隋东亮、陶伟、王长庆/前锋：科内塞（58'米尔顿）、高大卫

第17轮 /（客）0比0上海联城

门将：杨智/后卫：张帅、穆萨、徐云龙、杨璞/中场：闫相闯（67'李尧）、隋东亮、陶伟、王长庆/前锋：科内塞（61'杜文辉）、高大卫

第18轮 /（主）2比0深圳金威

高大卫51'、73'

门将：杨智/后卫：张帅、穆萨、崔威、杨璞/中场：闫相闯（77'周挺）、隋东亮、陶伟、王长庆/前锋：科内塞（82'米尔顿）、高大卫（79'高雷雷）

第19轮 /（客）1比1武汉光谷

高大卫66' / 王小诗80'

门将：杨智/后卫：张帅、穆萨、徐云龙、周挺（72'米尔顿）/中场：闫相闯（85'高雷雷）、隋东亮、陶伟、杨璞/前锋：高大卫、王长庆

第20轮 /（主）1比0沈阳金德

闫相闯14'

门将：杨智/后卫：张帅、穆萨、徐云龙、杨璞/中场：闫相闯（86'周挺）、隋东亮、陶伟、王长庆/前锋：科内塞（63'高雷雷）、高大卫

第21轮 /（客）0比0天津康师傅

门将：杨智/后卫：张帅、穆萨、徐云龙、周挺/中场：闫相闯（60'高雷雷）、隋东亮、陶伟、王长庆/前锋：科内塞（68'杨昊）、高大卫

第22轮 /（主）3比1西安国际

陶伟11'、57'、高大卫89' / 郑涛45'

门将：杨智/后卫：张帅、穆萨、徐云龙、周挺/中场：闫相闯（90'李尧）、隋东亮、陶伟、杨璞/前锋：科内塞（58'王长庆）、高大卫

第23轮（轮空）

第24轮 /（客）0比1山东鲁能

韩鹏3'

门将：杨智/后卫：张帅、穆萨、徐云龙（85'李尧）、周挺/中场：闫相闯（54'杜文辉）、隋东亮、陶伟（66'高雷雷）、杨璞/前锋：王长庆、高大卫

第25轮 /（主）0比1上海申花

沈龙元53'

门将：杨智/后卫：张帅、穆萨、徐云龙、周挺/中场：闫相闯（70'高雷雷）、隋东亮、陶伟、杨璞/前锋：科内塞（61'杜文辉）、王长庆

第26轮 /（客）1比1重庆力帆

杜文辉27' / 吴庆41'

门将：杨智/后卫：张帅、崔威、徐云龙、杨璞/中场：闫相闯（86'李尧）、隋东亮、陶伟、王长庆/前锋：高大卫（36'高雷雷）、杜文辉（60'商毅）

第27轮 /（主）1比0大连实德

杜文辉86'

门将：杨君/后卫：张帅、穆萨、崔威、杨璞/中场：闫相闯、隋东亮、陶伟（46'杜文辉）、周挺、李尧（83'黄博文）/前锋：徐云龙（70'王长庆）

第28轮 /（客）2比1辽宁

杜文辉24'、王长庆83' / 郭辉49'

门将：杨君/后卫：张帅（79'商毅）、穆萨、崔威、杨璞/中场：闫相闯（68'科内塞）、隋东亮、陶伟、李尧（58'王长庆）/前锋：杜文辉、徐云龙

第29轮 /（主）1比0长春亚泰

杜文辉70'

门将：杨君/后卫：张帅、穆萨、崔威、杨璞/中场：闫相闯（82'李尧）、周挺、陶伟（46'商毅）、王长庆/前锋：杜文辉（90'郎征）、徐云龙

第30轮 /（客）0比2厦门蓝狮

邹侑根9'、王博65'

门将：杨君/后卫：张帅、穆萨（11'王长庆）、徐云龙、崔威/中场：闫相闯（71'郎征）、周挺、陶伟、隋东亮、杨璞（46'商毅）/前锋：杜文辉

第 1 轮／（客）2 比 0 上海申花

陶伟 10'、阿尔松 81'

门将：杨智／后卫：周挺、张帅、徐云龙（53'张永海）、杨璞／中场：王长庆（46'小马丁内斯）、黄博文、陶伟、隋东亮、杜文辉／前锋：郭辉（79'阿尔松）

第 2 轮／（主）0 比 0 河南四五老窖

门将：杨智／后卫：张帅、徐云龙、张永海、杨璞／中场：小马丁内斯、黄博文（46'周挺）、隋东亮、杜文辉／前锋：郭辉（62'闫相闯）、阿尔松（70'高大卫）

第 3 轮／（客）0 比 0 武汉光谷

门将：杨智／后卫：张帅（64'黄博文）、徐云龙、张永海、周挺／中场：闫相闯（46'杜文辉）、隋东亮、陶伟、杨璞／前锋：郭辉（76'阿尔松）、小马丁内斯

第 4 轮／（主）1 比 1 深圳上清饮

小马丁内斯 60'／桑托斯 86'

门将：杨智／后卫：周挺、张永海、张帅、杨璞／中场：小马丁内斯、隋东亮（73'商毅）、陶伟、王长庆（46'闫相闯）／前锋：郭辉（54'阿尔松）、徐云龙

第 5 轮／（客）2 比 1 厦门蓝狮

闫相闯 3'、75'

门将：杨智／后卫：周挺、张帅、徐云龙、杨璞／中场：闫相闯（89'杨昊）、隋东亮、陶伟（90'路姜）、黄博文、小马丁内斯／前锋：阿尔松（55'杜文辉）

第 6 轮／（主）3 比 1 大连实德

小马丁内斯 21'、74'，闫相闯 47'／德利尼奇 75'

门将：杨智／后卫：张永海、徐云龙、杨璞（46'黄博文）／中场：闫相闯、周挺、陶伟（58'杜文辉）、隋东亮、小马丁内斯／前锋：郭辉（70'王长庆）

第 7 轮／（客）0 比 0 浙江绿城

门将：杨智／后卫：张帅、张永海、徐云龙、杨璞／中场：闫相闯（85'王长庆）、周挺、陶伟、隋东亮、小马丁内斯／前锋：杜文辉（67'阿尔松）

第 8 轮／（主）3 比 0 辽宁西洋

杜文辉 33'，杨昊 80'，陶伟 86'

门将：杨智／后卫：张帅、张永海、徐云龙、杨璞／中场：闫相闯（70'路姜）、隋东亮、陶伟、小马丁内斯（77'杨昊）／前锋：郭辉（86'黄博文）、杜文辉

第 9 轮／（主）1 比 3 青岛中能

张帅 91'／刘健 19'、39'，曲波 51'

门将：杨智／后卫：张帅、张永海（80'崔威）、徐云龙、杨璞／中场：小马丁内斯、隋东亮、陶伟、杜文辉／前锋：阿尔松（46'杨昊）、郭辉（46'闫相闯）

第 10 轮／（主）0 比 0 长沙金德

门将：杨智／后卫：周挺、张永海、徐云龙、杨璞／中场：闫相闯（88'阿德拉尔多）、陶伟、隋东亮、小马丁内斯／前锋：杜文辉、郭辉（53'杨昊）

第 11 轮／（客）0 比 0 长春亚泰

门将：杨智／后卫：张帅、张永海（77'阿德拉尔多）、徐云龙、周挺／中场：闫相闯（46'高大卫（85'阿尔松））、路姜、陶伟、黄博文、小马丁内斯／前锋：杜文辉

第 12 轮／（主）1 比 1 陕西宝荣

万厚良（乌龙球）66'／奥利维拉 12'

门将：杨智／后卫：张帅、张永海、徐云龙、周挺／中场：闫相闯（84'郭辉）、杨璞、陶伟、隋东亮（57'潘塔）、小马丁内斯／前锋：杜文辉（88'路姜）

第 13 轮／（客）0 比 1 天津康师傅

武奇科 14'

门将：杨智／后卫：郎征、张帅、阿德拉尔多、周挺／中场：闫相闯（66'商毅）、陶伟、黄博文、潘塔（83'杨昊）／前锋：小马丁内斯、郭辉（60'杜文辉）

第 14 轮（轮空）

第 15 轮／（客）6 比 1 山东鲁能

陶伟 41'，舒畅（乌龙球）22'，堤亚戈 44'、91'，闫相闯 82'、90'／周海滨 26'

门将：杨智／后卫：张帅、张永海、徐云龙、杨璞／中场：小马丁内斯、黄博文（80'闫相闯）、陶伟（88'郎征）、隋东亮、潘塔（75'阿德拉尔多）／前锋：堤亚戈

第 16 轮／（主）2 比 3 上海申花

闫相闯 2'、堤亚戈 76'／杜威 56'、阿隆索 69'、大马丁内斯 82'

门将：杨智／后卫：张帅、张永海、郎征、杨璞／中场：周挺、陶伟、潘塔（71'阿德拉尔多）／前锋：堤亚戈、小马丁内斯

第 17 轮／（客）2 比 1 河南建业

特兰切夫（乌龙球）41'，堤亚戈 90'／奥利弗 52'

门将：杨智／后卫：张帅、张永海（73'隋东亮）、徐云龙、杨璞／中场：小马丁内斯、黄博文、陶伟、周挺、潘塔（63'闫相闯）／前锋：堤亚戈

第 18 轮／（主）4 比 1 武汉光谷

黄博文 35'，小马丁内斯 47'、90'，郭辉 83'／王小诗 85'

门将：杨智／后卫：周挺、张帅、徐云龙、杨璞／中场：小马丁内斯、黄博文（65'阿德拉尔多）、陶伟、隋东亮、潘塔（79'闫相闯）／前锋：堤亚戈（46'郭辉）

第 19 轮／（客）1 比 0 深圳上清饮

徐云龙 20'

门将：杨智／后卫：张帅、阿德拉尔多（46'张永海）、徐云龙、杨璞／中场：小马丁内斯、黄博文、陶伟、周挺、潘塔（85'王长庆）／前锋：郭辉（68'闫相闯）

第 20 轮／（主）4 比 1 厦门蓝狮

陶伟 16'、27'，杨璞 54'，堤亚戈 57'／乐倍思 45'

门将：杨智／后卫：张帅、张永海、徐云龙、杨璞／中场：小马丁内斯、黄博文（46'张永海）、陶伟、隋东亮、潘塔（61'闫相闯）／前锋：堤亚戈（85'郭辉）

第 21 轮／（客）1 比 1 大连实德

闫相闯 16'／朱挺 51'

门将：杨智／后卫：张帅、张永海（57'黄博文）、徐云龙、杨璞／中场：闫相闯（71'杜文辉）、周挺、隋东亮、潘塔（86'王长庆）／前锋：堤亚戈、小马丁内斯

第 22 轮／（主）1 比 0 杭州绿城

堤亚戈 93'

门将：杨智／后卫：周挺、张帅、徐云龙、杨璞／中场：小马丁内斯（68'闫相闯）、黄博文（59'郭辉）、陶伟、隋东亮、潘塔／前锋：堤亚戈

第 23 轮／（客）3 比 2 辽宁西洋

陶伟 10'，潘塔 17'，闫相闯 91'／丁捷 32'、于汉超 84'

门将：杨智／后卫：周挺（75'张永海）、张帅、徐云龙、杨璞／中场：小马丁内斯（67'闫相闯）、黄博文、陶伟、隋东亮、潘塔／前锋：堤亚戈

第 24 轮／（主）3 比 0 青岛中能

小马丁内斯 6'、74'，陶伟 25'

门将：杨智／后卫：周挺、张帅、徐云龙、杨璞／中场：小马丁内斯、黄博文、陶伟（80'郭辉）、隋东亮、潘塔（78'闫相闯）／前锋：堤亚戈（88'路姜）

第 25 轮／（客）2 比 0 长沙金德

堤亚戈 13'，陶伟 92'

门将：杨智／后卫：周挺、张帅、徐云龙、杨璞／中场：小马丁内斯（73'闫相闯）、黄博文、陶伟、隋东亮、潘塔（88'王长庆）／前锋：堤亚戈

第 26 轮／（主）0 比 1 长春亚泰

埃尔维斯 77'

门将：杨智／后卫：周挺、张帅、徐云龙、杨璞／中场：小马丁内斯、黄博文、陶伟、隋东亮（63'闫相闯）、潘塔／前锋：堤亚戈

第 27 轮／（客）0 比 0 陕西宝荣

门将：杨智／后卫：张帅、张永海、徐云龙、周挺／中场：小马丁内斯、黄博文、陶伟（81'隋东亮）、杨璞、潘塔（46'闫相闯）／前锋：堤亚戈

第 28 轮／（主）2 比 0 天津康师傅

堤亚戈 43'、74'

门将：杨智／后卫：张帅、张永海、徐云龙、杨璞／中场：闫相闯（87'王长庆）、黄博文、隋东亮、潘塔／前锋：堤亚戈（85'郭辉）、小马丁内斯

第 29 轮（轮空）

第 30 轮／（主）1 比 0 山东鲁能

堤亚戈 30'

门将：杨智／后卫：张帅、张永海、徐云龙、杨璞／中场：小马丁内斯、周挺、黄博文（54'闫相闯）、隋东亮、潘塔（90'阿德拉尔多）／前锋：堤亚戈（78'杜文辉）

第 1 轮／（主）2 比 0 河南四五老窖
小马丁内斯 38'，杜文辉 78'
门将：杨智／后卫：张帅、张永海、徐云龙（88' 斯托扬）、周挺／中场：闫相闯（68' 杜文辉）、黄博文、陶伟、隋东亮、小马丁内斯（90' 王长庆）／前锋：堤亚戈

第 2 轮／（主）1 比 1 山东鲁能
小马丁内斯 80'／周喜滨 44'
门将：杨智／后卫：张帅、张永海、徐云龙、周挺／中场：闫相闯（78' 王珂）、黄博文（78' 斯托扬）、陶伟、隋东亮、小马丁内斯（88' 王长庆）／前锋：堤亚戈

第 3 轮／（客）1 比 0 武汉光谷
郭辉 86'
门将：杨智／后卫：张帅、张永海、徐云龙、周挺／中场：王珂（50' 闫相闯）、黄博文、陶伟、隋东亮（83' 斯托扬）、小马丁内斯／前锋：堤亚戈（83' 郭辉）

第 4 轮／（主）3 比 2 广州医药
隋东亮 42'、堤亚戈 58'、陶伟 76'／徐亮 61'、高明 86'
门将：杨智／后卫：王长庆、布尔卡、徐云龙、周挺（82' 杜文辉）／中场：杨昊、黄博文、陶伟、隋东亮、郭辉／前锋：堤亚戈

第 5 轮／（客）1 比 2 陕西宝荣
小马丁内 34'／忻峰 19'、姜晨 68'
门将：杨智／后卫：黄博文、张帅、徐云龙、杨璞／中场：王长庆（36' 闫相闯）、杨昊（76' 郭辉）、陶伟、隋东亮、小马丁内斯（76' 王珂）／前锋：堤亚戈

第 6 轮／（客）0 比 0 深圳上清饮
门将：杨智／后卫：周挺、张帅、徐云龙、杨璞（38' 小马丁内斯）／中场：闫相闯（69' 王珂）、黄博文、陶伟、隋东亮、杨昊（80' 斯托扬）／前锋：堤亚戈

第 7 轮／（主）2 比 0 辽宁宏运
黄博文 25'，堤亚戈 50'
门将：杨智／后卫：周挺、张帅、徐云龙、杨璞／中场：闫相闯、黄博文、陶伟、隋东亮、郭辉／前锋：堤亚戈（79' 杨昊）

第 8 轮／（客）1 比 1 长春亚泰
黄博文 76'／陈雷 1'
门将：杨智／后卫：周挺、张帅、徐云龙、杨璞（64' 郭辉）／中场：闫相闯、黄博文、陶伟、隋东亮、小马丁内斯／前锋：堤亚戈

第 9 轮／（客）1 比 3 大连实德
杨昊 53'／李凯 42'、李学鹏 48'、63'
门将：杨智／后卫：王长庆、张永海、徐云龙、周挺／中场：闫相闯（53' 小马丁内斯）、黄博文（30' 杨昊）、隋东亮、杜文辉／前锋：堤亚戈、郭辉（72' 埃尔维斯）

第 10 轮／（客）1 比 1 杭州绿城
陶伟 29'／蔡楚川 50'
门将：杨智／后卫：周挺、张帅、徐云龙（90' 于洋）、杨璞／中场：杨昊、黄博文、陶伟、隋东亮、小马丁内斯（64' 郭辉）／前锋：堤亚戈

第 11 轮／（主）0 比 2 上海申花
于涛 47'、姜坤 54'
门将：杨智／后卫：于洋、张帅、张永海（82' 商毅）、周挺／中场：杨昊（73' 斯托扬）、黄博文、陶伟、隋东亮、郭辉（73' 杜文辉）／前锋：堤亚戈

第 12 轮／（客）3 比 1 天津康师傅
黄博文 2'、郭辉 58'、埃尔维斯 81'／毛彪 83'
门将：杨智／后卫：王长庆、张永海、徐云龙、周挺／中场：杨昊、黄博文、陶伟、隋东亮（90' 郎征）、郭辉（78' 埃尔维斯）／前锋：堤亚戈（85' 于洋）

第 13 轮／（主）1 比 0 青岛中能
堤亚戈 66'
门将：杨智／后卫：王长庆、张永海、徐云龙、周挺／中场：杨昊、黄博文、陶伟、隋东亮（63' 埃尔维斯）、郭辉（85' 于洋）／前锋：堤亚戈（80' 王珂）

第 14 轮／（客）1 比 1 长沙金德
郭辉 13'／塔雷斯 93'
门将：杨智／后卫：王长庆、布尔卡、徐云龙、周挺／中场：杨昊（85' 商毅）、黄博文、陶伟（90' 于洋）、隋东亮、郭辉／前锋：堤亚戈（69' 埃尔维斯）

第 15 轮／（客）1 比 1 成都谢菲联
堤亚戈 75'／丹尼尔森 48'
门将：杨智／后卫：王长庆、张永海、徐云龙、周挺／中场：闫相闯、黄博文、陶伟、隋东亮（66' 郭辉）、小马丁内斯（42' 埃尔维斯（75' 杜文辉））／前锋：堤亚戈

第 16 轮／（客）2 比 1 河南四五老窖
小马丁内斯 1'，埃尔维斯 82'／奥利萨德贝 37'
门将：杨智／后卫：路姜、郎征、徐云龙、杨璞（83' 张永海）／中场：小马丁内斯、杨昊、陶伟、隋东亮（78' 闫相闯）、杜文辉／前锋：堤亚戈（57' 埃尔维斯）

第 17 轮／（客）0 比 2 山东鲁能
李金羽 6'，王永珀 45'
门将：杨智／后卫：路姜、郎征、徐云龙、杨璞／中场：小马丁内斯、黄博文、隋东亮（50' 陶伟）、杜文辉（89' 王长庆）／前锋：堤亚戈（63' 闫相闯）、埃尔维斯

第 18 轮／（主）1 比 1 武汉光谷
小马丁内斯 42'／陆博飞 86'
门将：杨智／后卫：路姜、张永海、徐云龙、杨璞／中场：闫相闯（68' 埃尔维斯）、黄博文、陶伟、隋东亮、小马丁内斯／前锋：堤亚戈（83' 杜文辉）

第 19 轮／（客）1 比 1 广州医药
小马丁内斯 3'／迭戈 71'
门将：杨智／后卫（右至左）：徐云龙、张永海、布尔卡、杨璞／中场：闫相闯（64' 郎征）、黄博文、杨昊、隋东亮（52' 陶伟）、小马丁内斯／前锋：埃尔维斯（74' 堤亚戈）

第 20 轮／（主）1 比 1 陕西宝荣
郭辉 73'／隆尼 91'
门将：杨智／后卫：徐云龙、张永海、布尔卡、杨璞／中场：小马丁内斯、黄博文、陶伟（89' 王长庆）、隋东亮、郭辉（86' 杨昊）／前锋：埃尔维斯（70' 杜文辉）

第 21 轮／（主）1 比 0 深圳上清饮
杜文辉 36'
门将：杨智／后卫：徐云龙、张永海、布尔卡（84' 杨昊）、周挺／中场：杜文辉（75' 郎征）、黄博文、陶伟、隋东亮、郭辉（59' 闫相闯）／前锋：堤亚戈

第 22 轮／（客）2 比 1 辽宁宏运
杜文辉 65'，埃尔维斯 89'／罗曼 5'
门将：杨智／后卫：徐云龙、张永海、布尔卡、周挺／中场：王长庆（59' 闫相闯）、黄博文、王珂（46' 埃尔维斯）、杨昊、杜文辉（90' 郎征）／前锋：堤亚戈

第 23 轮／（主）2 比 1 长春亚泰
黄博文 14'，小马丁内斯 60'／曹添堡 76'
门将：杨智／后卫：徐云龙、张永海、布尔卡、周挺／中场：小马丁内斯、黄博文、王珂（85' 郎征）、杨昊、杜文辉（93' 闫相闯）／前锋：埃尔维斯（64' 堤亚戈）

第 24 轮／（主）2 比 1 大连实德
黄博文 16'，埃尔维斯 21'／詹姆斯 41'
门将：杨智／后卫：徐云龙、张永海、布尔卡、陶伟／中场：小马丁内斯、黄博文、王珂、杨昊、杜文辉（84' 郎征）／前锋：埃尔维斯（70' 闫相闯）

第 25 轮／（主）1 比 0 杭州绿城
郭辉 84'
门将：杨智／后卫：徐云龙、张永海、布尔卡、陶伟／中场：王珂（55' 闫相闯）、黄博文、杨昊（75' 郭辉）、杜文辉／前锋：埃尔维斯、堤亚戈（86' 郎征）

第 26 轮／（客）1 比 1 上海申花
杜文辉 42'／毛剑卿 35'
门将：杨智／后卫：徐云龙、张永海、郎征（80' 布尔卡）、陶伟（46' 郭辉）／中场：小马丁内斯（67' 闫相闯）、黄博文、杨昊、隋东亮、杜文辉／前锋：埃尔维斯

第 27 轮／（主）2 比 2 天津康师傅
堤亚戈 33'，陶伟 79'／吴伟安 4'，蒿俊闵 39'
门将：杨智／后卫：徐云龙、张永海、布尔卡、陶伟／中场：小马丁内斯（72' 闫相闯）、黄博文、王珂、隋东亮、杜文辉（59' 郭辉）／前锋：埃尔维斯（46' 埃尔维斯）

第 28 轮／（客）2 比 1 青岛中能
堤亚戈 24'，布尔卡 76'／郑龙 67'
门将：杨智／后卫：路姜、徐云龙、布尔卡、周挺／中场：王珂（53' 闫相闯）、黄博文、隋东亮、杨昊／前锋：埃尔维斯（81' 郎征）、堤亚戈

第 29 轮／（主）1 比 0 长沙金德
黄博文 79'
门将：杨智／后卫：路姜、张永海、布尔卡、周挺／中场：闫相闯（46' 王珂）、黄博文、杨昊、杜文辉／前锋：埃尔维斯（68' 陶伟）、郭辉（87' 隋东亮）

第 30 轮／（主）2 比 0 成都谢菲联
陶伟 56'，黄博文 93'
门将：杨智／后卫：路姜、张永海、布尔卡、周挺／中场：王长庆（52' 陶伟）、黄博文、杨昊、杜文辉／前锋：堤亚戈（75' 闫相闯）、郭辉（59' 埃尔维斯）

第1轮 ／（主）3比1重庆力帆
乔尔·格里菲斯 14'、徐云龙 52'、黄博文 84' ／ 金尼 19'
门将：杨智／后卫：路姜、保罗（72'埃米尔·马丁内斯）、徐云龙、张辛昕／中场：闫相闯（72'郎征）、黄博文、马季奇、王长庆／前锋：瑞恩·格里菲斯（87'杜文辉）、乔·格里菲斯

第2轮 ／（客）0比0长沙金德
门将：杨智／后卫：路姜、郎征、徐云龙、张辛昕／中场：王长庆（46'闫相闯）、黄博文、埃米尔·马丁内斯、马季奇、瑞恩·格里菲斯（73'杜文辉）／前锋：乔·格里菲斯

第3轮 ／（主）1比1江苏舜天
陶伟 66' ／ 戈麦斯 5'
门将：杨智／后卫：路姜（75'闫相闯）、张永海、徐云龙、张辛昕／中场：王长庆（46'陶伟）、黄博文、马季奇、埃米尔·马丁内斯／前锋：郭辉（46'杜文辉）、瑞恩·格里菲斯

第4轮 ／（客）2比0成都谢菲联
杜文辉 15'、乔·格里菲斯 52'
门将：杨智／后卫：路永海、徐云龙、周挺／中场：埃米尔·马丁内斯、杨昊、陶伟（75'黄博文）、马季奇、杜文辉（70'闫相闯）／前锋：乔·格里菲斯（91'王珂）

第5轮 ／（客）2比2山东鲁能
西切罗（乌龙球）64'、乔·格里菲斯 86' ／ 韩鹏 3'、72'
门将：杨智／后卫：周挺、张永海、徐云龙、张辛昕／中场：埃米尔·马丁内斯、黄博文、陶伟（56'杜文辉）（92'保罗）、马季奇、杨昊（85'闫相闯）／前锋：乔·格里菲斯

第6轮 ／（客）0比1陕西中新
王尔卓 16'
门将：杨智／后卫：徐云龙、保罗、张永海、张辛昕／中场：王长庆（46'郭辉）、隋东亮（76'瑞恩·格里菲斯）、埃米尔·马丁内斯、马季奇、王珂（56'闫相闯）／前锋：杜文辉

第7轮 ／（主）0比0上海申花
门将：杨智／后卫：张辛昕、徐云龙（89'郎征）、保罗、杨璡／中场：闫相闯（67'瑞恩·格里菲斯）、隋东亮（82'杨昊）、陶伟、马季奇、埃米尔·马丁内斯／前锋：杜文辉

第8轮 ／（客）6比2长春亚泰
杨昊 21'、瑞恩·格里菲斯 30'、50'、闫相闯 55'、86'、隋东亮 68' ／ 曹添堡 82'、埃米维斯 92'
门将：杨智／后卫：张辛昕、保罗、张永海、杨璡（74'郎征）／中场：闫相闯、杨昊（46'隋东亮）、陶伟、马季奇、埃米尔·马丁内斯／前锋：瑞恩·格里菲斯（61'杜文辉）

第9轮 ／（主）3比1深圳上清饮
陶伟 15'、杜文辉 50'、埃米尔·马丁内斯 66' ／ 柳超 79'
门将：杨智／后卫：张辛昕、保罗、张永海、杨璡／中场：闫相闯（46'杜文辉）、杨昊、陶伟（80'王长庆）、马季奇、埃米尔·马丁内斯／前锋：瑞恩·格里菲斯（91'徐云龙）

第10轮 ／（主）3比1青岛中能
杨昊 38'、63'、闫相闯 93' ／ 姜宁 73'
门将：杨智／后卫：张辛昕、张永海、徐云龙、杨璡（72'路姜）／中场：闫相闯、杨昊、陶伟（92'保罗）、马季奇、埃米尔·马丁内斯／前锋：瑞恩·格里菲斯（79'杜文辉）

第11轮 ／（主）1比0天津康师傅
乔尔·格里菲斯 10'
门将：杨智（93'张思鹏）／后卫：徐云龙、张永海、保罗、张辛昕／中场：埃米尔·马丁内斯、杨昊、陶伟（84'祝一帆）、马季奇、杜文辉（46'闫相闯）／前锋：乔·格里菲斯

第12轮 ／（主）0比0河南建业
门将：杨智／后卫：徐云龙、张永海、保罗（84'瑞恩·格里菲斯）、张辛昕／中场：闫相闯（51'杜文辉）、杨昊、陶伟（72'王长庆）、马季奇、埃米尔·马丁内斯／前锋：乔·格里菲斯

第13轮 ／（客）1比1广州医药
闫相闯 42' ／ 徐亮 62'
门将：杨智／后卫：周挺（22'张永海）、徐云龙、保罗、张辛昕／中场：闫相闯、杨昊、埃米尔·马丁内斯、马季奇、王长庆（59'祝一帆）／前锋：乔·格里菲斯（82'瑞恩·格里菲斯）

第14轮 ／（主）2比1大连实德
乔·格里菲斯 16'、路姜 86' ／ 詹姆斯 70'
门将：杨智／后卫：徐云龙、保罗（76'瑞恩·格里菲斯）、张永海、张辛昕／中场：闫相闯（79'王长庆）、杨昊、陶伟（76'路姜）、马季奇、埃米尔·马丁内斯／前锋：乔·格里菲斯

第15轮 ／（客）1比2杭州绿城
陶伟 81' ／ 马成 34'、黄隆 76'
门将：杨智／后卫：路姜、张永海、保罗、张辛昕／中场：王长庆（32'闫相闯）、杨昊（70'陶伟）、埃米尔·马丁内斯（55'瑞恩·格里菲斯）、马季奇、杜文辉／前锋：乔·格里菲斯

第16轮 ／（客）2比3重庆力帆
陶伟 6'、周挺 86' ／ 金尼 33'、黄希扬 45'、71'
门将：杨智／后卫：路姜（46'周挺）、张永海、保罗、张辛昕／中场：闫相闯（76'王珂）、杨昊、陶伟、马季奇、埃米尔·马丁内斯（60'瑞恩·格里菲斯）／前锋：乔·格里菲斯

第17轮 ／（主）3比0长沙金德
陶伟 4'、29'、瑞恩·格里菲斯 79'
门将：杨智／后卫：周挺、张永海、保罗、张辛昕／中场：闫相闯、隋东亮（55'黄博文）、陶伟（82'杨昊）、马季奇、埃米尔·马丁内斯／前锋：乔·格里菲斯（78'瑞恩·格里菲斯）

第18轮 ／（客）0比1江苏舜天
谭斯 8'
门将：杨智／后卫：路姜、张永海、保罗、周挺／中场：闫相闯、杨昊（33'乔尔·格里菲斯）、黄博文（46'陶伟）、马季奇、埃米尔·马丁内斯／前锋：郭辉（69'王珂）

第19轮 ／（主）2比0成都谢菲联
瑞恩·格里菲斯 70'、乔尔·格里菲斯 88' ／ 纳托 14'、布兰登 34'
门将：杨智／后卫：周挺、张永海、保罗（52'瑞恩·格里菲斯）、张辛昕／中场：闫相闯（52'郎征）、黄博文、埃米尔·马丁内斯、马季奇、陶伟（75'杨昊）／前锋：乔·格里菲斯

第20轮 ／（主）1比1山东鲁能
周挺 79' ／ 韩鹏 32'
门将：杨智／后卫：周挺、张永海（66'郎征）、徐云龙、张辛昕／中场：埃米尔·马丁内斯、杨昊（79'张希哲）、陶伟（58'闫相闯）、马季奇、瑞恩·格里菲斯／前锋：乔·格里菲斯

第21轮 ／（主）1比0陕西中新
乔尔·格里菲斯 7'
门将：杨智／后卫：周挺、郎征（85'隋东亮）、徐云龙、张辛昕／中场：埃米尔·马丁内斯、黄博文（64'杨昊）、陶伟（75'闫相闯）、马季奇、瑞恩·格里菲斯／前锋：乔·格里菲斯

第22轮 ／（客）1比1上海申花
黄博文 76' ／ 小赫莱布 29'
门将：杨智／后卫：周挺、郎征、徐云龙、张辛昕／中场：王长庆（46'闫相闯）、黄博文、陶伟（46'埃米尔·马丁内斯）、马季奇、瑞恩·格里菲斯／前锋：乔·格里菲斯

第23轮 ／（客）0比2长春亚泰
曹添堡 56'、梅尔坎 86'
门将：杨智／后卫：周挺、郎征、徐云龙、张辛昕（59'陶伟）／中场：埃米尔·马丁内斯（80'王长庆）、黄博文、杨昊（68'薛飞）、马季奇、瑞恩·格里菲斯／前锋：乔·格里菲斯

第24轮 ／（客）2比2深圳上清饮
闫相闯 26'、乔尔·格里菲斯 35' ／ 巴尔克斯 15'、53'
门将：杨智／后卫：周挺、郎征、张永海（71'徐云龙）、张辛昕／中场：闫相闯、杨昊（64'陶伟）、马季奇、瑞恩·格里菲斯／前锋：埃米尔·马丁内斯（46'王长庆）、乔·格里菲斯

第25轮 ／（客）1比0青岛中能
郎征 11'
门将：杨智／后卫：徐云龙、郎征、张永海、周挺／中场：闫相闯（83'张辛昕）、黄博文、马季奇、王珂（51'乔尔·格里菲斯）／前锋：谭天澄（60'陶伟）、瑞恩·格里菲斯

第26轮 ／（客）0比0天津康师傅
门将：杨智／后卫：周挺、张永海（17'郎征）、徐云龙、张辛昕／中场：闫相闯、黄博文、杨昊（54'埃米尔·马丁内斯）、马季奇、杜文辉（70'陶伟）／前锋：瑞恩·格里菲斯

第27轮 ／（客）2比2河南建业
瑞恩·格里菲斯 16'、埃米尔·马丁内斯 94' ／ 宋泰林 57'、内托 60'
门将：杨智／后卫：徐云龙、张永海（81'保罗）、郎征、周挺／中场：闫相闯、黄博文、杨昊、王珂（75'杜文辉）／前锋：瑞恩·格里菲斯、乔·格里菲斯（66'陶伟）

第28轮 ／（主）2比0广州医药
瑞恩·格里菲斯 12'、88'
门将：杨智／后卫：周挺、郎征、徐云龙、张辛昕／中场：闫相闯、黄博文、陶伟（58'杜文辉）、马季奇、埃米尔·马丁内斯（91'保罗）／前锋：瑞恩·格里菲斯

第29轮 ／（客）2比1大连实德
瑞恩·格里菲斯 8'、黄博文 73' ／ 李凯 89'
门将：杨智／后卫：周挺、郎征（59'保罗）、徐云龙、张辛昕／中场：闫相闯（86'王长庆）、黄博文、王珂（60'陶伟）、马季奇、埃米尔·马丁内斯／前锋：瑞恩·格里菲斯

第30轮 ／（主）4比0杭州绿城
埃米尔·马丁内斯 3'、49'、79'、周挺 76'
门将：杨智／后卫：周挺、郎征（68'保罗）、徐云龙、张辛昕／中场：闫相闯（87'王长庆）、黄博文、陶伟（72'杜文辉）、马季奇、埃米尔·马丁内斯／前锋：瑞恩·格里菲斯

第 1 轮 ／（主）2 比 0 南昌衡源
乔尔·格里菲斯 56'，王晓龙 82'
门将：杨智／后卫：罗斯、张永海、徐云龙、张辛昕／中场：闫相闯、祝一帆（69' 杨昊）、马季奇、杜文辉（63' 王晓龙）／前锋：瑞恩·格里菲斯、奥托（46' 乔尔·格里菲斯）

第 2 轮 ／（主）1 比 2 深圳红钻
瑞恩·格里菲斯 53'／小赫莱布 11'、62'
门将：杨智／后卫：周挺、郎征、徐云龙、张辛昕／中场：王珂（46' 闫相闯）、杨昊、马季奇、王晓龙（60' 陶伟）／前锋：瑞恩·格里菲斯、奥托（46' 乔尔·格里菲斯）

第 3 轮 ／（客）1 比 0 长春亚泰
瑞恩·格里菲斯 31'
门将：杨智／后卫：罗斯、张永海、徐云龙、周挺／中场：闫相闯（75' 王晓龙）、黄博文、马季奇、王珂（88' 杜文辉）／前锋：乔尔·格里菲斯（91' 奥托）、瑞恩·格里菲斯

第 4 轮 ／（主）1 比 0 陕西中建
祝一帆 71'
门将：杨智／后卫：罗斯（64' 乔尔·格里菲斯）、吴昊、张永海、张辛昕／中场：王珂（86' 郎征）、祝一帆、马季奇、杜文辉（63' 周挺）／前锋：瑞恩·格里菲斯、奥托

第 5 轮 ／（客）1 比 1 河南建业
徐亮 51'／内托 62'
门将：张思鹏／后卫：周挺、郎征、徐云龙（46' 张永海）、张辛昕／中场：闫相闯、黄博文、徐亮、王珂（62' 奥托）／前锋：乔尔·格里菲斯（89' 杨昊）、瑞恩·格里菲斯

第 6 轮 ／（主）1 比 1 青岛中能
徐云龙 55'／罗迪奇 71'
门将：杨智／后卫：罗斯（55' 奥托）、吴昊、徐云龙、张辛昕／中场：闫相闯、祝一帆（75' 杨昊）、马季奇、徐亮／前锋：乔尔·格里菲斯、瑞恩·格里菲斯（86' 王晓龙）

第 7 轮 ／（客）0 比 1 山东鲁能
李金羽 15'
门将：杨智／后卫：罗斯（70' 徐亮）、郎征、张永海、周挺／中场：小马丁内斯、祝一帆、张希哲（60' 杜文辉）、马季奇、王晓龙（54' 闫相闯）／前锋：乔尔·格里菲斯

第 8 轮 ／（主）0 比 0 长沙金德
门将：杨智／后卫：罗斯、张永海、徐云龙、张辛昕（14' 周挺）／中场：马季奇、黄博文、徐亮、王珂／前锋：乔尔·格里菲斯、奥托（67' 陶伟）、杜文辉（71' 闫相闯）

第 9 轮 ／（客）2 比 3 上海申花
戴琳 9'，恩朗 10'，里亚斯科斯 32'／乔尔·格里菲斯 4'，瑞恩·格里菲斯 80'
门将：杨智／后卫：罗斯（69' 奥托）、吴昊、徐云龙、周挺／中场：闫相闯、祝一帆（46' 黄博文）、马季奇、王珂（57' 杨昊）／前锋：乔尔·格里菲斯、瑞恩·格里菲斯

第 10 轮 ／（主）0 比 2 杭州绿城
拉米雷斯 73'、80'
门将：杨智／后卫：黄博文、罗斯、徐云龙、周挺／中场：王长庆、杨昊、马季奇、王晓龙（53' 闫相闯）／前锋：奥托（65' 陶伟）、瑞恩·格里菲斯（51' 乔尔·格里菲斯）

第 11 轮 ／（客）0 比 0 天津康师傅
门将：杨智／后卫：罗斯、张永海、周挺／中场：闫相闯、黄博文、马季奇、王珂（87' 王长庆）／前锋：乔尔·格里菲斯、瑞恩·格里菲斯

第 12 轮 ／（主）1 比 0 重庆力帆
张永海 30'
门将：杨智／后卫：路姜、张永海、徐云龙、周挺／中场：闫相闯（66' 王长庆）、杨昊（81' 祝一帆）、黄博文、马季奇、瑞恩·格里菲斯（66' 徐亮）／前锋：乔尔·格里菲斯

第 13 轮 ／（客）0 比 3 大连实德
朱挺 51'，阎峰 62'，安贞焕 88'
门将：杨智／后卫：路姜、张永海、徐云龙、周挺／中场：闫相闯（70' 小马丁内斯）、杨昊、黄博文（46' 乔尔·格里菲斯）、马季奇、王珂（61' 徐亮）／前锋：瑞恩·格里菲斯

第 14 轮 ／（主）3 比 0 辽宁宏运
黄博文 20'，周挺 74'，王长庆 85'
门将：杨智／后卫：路姜、张永海、徐云龙、周挺／中场：闫相闯（65' 王长庆）、杨昊、黄博文（80' 祝一帆）、马季奇、瑞恩·格里菲斯（75' 徐亮）／前锋：乔尔·格里菲斯

第 15 轮 ／（客）1 比 0 江苏舜天
小马丁内斯 38'
门将：杨智／后卫：路姜、张永海、徐云龙、周挺／中场：小马丁内斯、杨昊（81' 徐亮）、黄博文（64' 郎征）、马季奇、瑞恩·格里菲斯（62' 闫相闯）／前锋：乔尔·格里菲斯

第 16 轮 ／（客）1 比 0 南昌衡源
小马丁内斯 13'
门将：杨智／后卫：路姜（77' 郎征）、张永海、徐云龙、周挺／中场：小马丁内斯、祝一帆（46' 杨昊）、徐亮、马季奇、瑞恩·格里菲斯／前锋：乔尔·格里菲斯（68' 闫相闯）

第 17 轮 ／（客）1 比 1 深圳茅台
乔尔·格里菲斯 76'／小赫莱布 62'
门将：杨智／后卫：罗斯、张希哲（70' 郎征）、徐云龙、周挺／中场：闫相闯、黄博文（77' 杨昊）、马季奇、王珂（30' 杜文辉）／前锋：瑞恩·格里菲斯、乔尔

第 18 轮 ／（主）2 比 1 长春亚泰
乔尔·格里菲斯 9'、32'／克劳迪内 65'
门将：杨智／后卫：路姜（71' 罗斯）、张永海、徐云龙、周挺／中场：小马丁内斯（90' 郎征）、祝一帆、徐亮（77' 王珂）、王长庆／前锋：乔尔·格里菲斯、瑞恩·格里菲斯

第 19 轮 ／（客）0 比 0 陕西中建
门将：杨智／后卫：罗斯、张永海（46' 郎征）、徐云龙、周挺／中场：闫相闯（59' 杨运）、徐亮、小马丁内斯、马季奇、王长庆（73' 王珂）／前锋：乔尔·格里菲斯

第 20 轮 ／（主）2 比 2 河南建业
张希哲 3'、9'／徐洋 71'，内托 82'
门将：杨智／后卫：罗斯、张永海、徐云龙（88' 郎征）、徐亮／中场：小马丁内斯、祝一帆、张希哲（79' 乔尔·格里菲斯）、马季奇、瑞恩·格里菲斯／前锋：杨运（66' 王珂）

第 21 轮 ／（客）0 比 0 青岛中能
门将：杨智／后卫：徐云龙、张永海、郎征、周挺／中场：闫相闯、马季奇（90' 王珂）、小马丁内斯（50' 杜文辉）、徐亮、瑞恩·格里菲斯／前锋：乔尔·格里菲斯（63' 杨运）

第 22 轮 ／（主）2 比 3 山东鲁能
徐亮 28'，凯塔（乌龙球）78'／韩鹏 18'，莱昂 44'，吕征 88'
门将：杨智／后卫：周挺、张永海、徐云龙、徐亮／中场：小马丁内斯、祝一帆（66' 黄博文）、张希哲（86' 杨昊）、马季奇、瑞恩·格里菲斯（10' 闫相闯）／前锋：乔尔·格里菲斯

第 23 轮 ／（客）0 比 1 长沙金德
张成林 84'
门将：杨智／后卫：周挺、张永海、徐云龙、徐亮／中场：闫相闯（79' 王长庆）、黄博文（46' 郎征）、小马丁内斯、马季奇、张希哲／前锋：杜文辉（66' 王晓龙）

第 24 轮 ／（主）4 比 1 上海申花
徐亮 32'、74'，小马丁内斯 83'，杜文辉 90'／冯仁亮 48'
门将：杨智／后卫：周挺、张永海、徐云龙、徐亮／中场：闫相闯（64' 王长庆）、杨昊（55' 郎征）、黄博文、马季奇、小马丁内斯（88' 杜文辉）／前锋：乔尔·格里菲斯

第 25 轮 ／（客）2 比 1 杭州绿城
小马丁内斯 3'，乔尔·格里菲斯 60'／拉米雷斯 5'
门将：杨智／后卫：罗斯、郎征、张永海、周挺／中场：闫相闯（55' 王长庆）、杨昊、黄博文（82' 祝一帆）、马季奇、小马丁内斯（91' 路姜）／前锋：乔尔·格里菲斯

第 26 轮 ／（主）1 比 1 天津康师傅
徐亮 66'／卢西亚诺 74'
门将：杨智／后卫：周挺、郎征、徐云龙、徐亮／中场：小马丁内斯、杨昊（87' 祝一帆）、黄博文（74' 张希哲）、马季奇、杜文辉（62' 闫相闯）／前锋：乔尔·格里菲斯

第 27 轮 ／（客）1 比 2 重庆力帆
杜文辉 34'／金尼 54'，张健 57'
门将：杨智／后卫：周挺、张永海、徐云龙、徐亮／中场：闫相闯（68' 王长庆）、黄博文、小马丁内斯、马季奇、杜文辉（76' 王晓龙）／前锋：乔尔·格里菲斯（60' 谭天澄）

第 28 轮 ／（主）2 比 1 大连实德
王长庆 43'，乔尔·格里菲斯 70'／马丁 24'
门将：杨智／后卫：黄博文、张永海、周挺／中场：闫相闯（82' 小马丁内斯）、杨昊（69' 徐亮）、张希哲、马季奇、王长庆（92' 祝一帆）／前锋：乔尔·格里菲斯

第 29 轮 ／（客）2 比 2 辽宁宏运
杨昊 7'，王长庆 24'／贺西马 1'，杨旭 6'
门将：杨智／后卫：周挺、郎征、张永海、徐亮（46' 徐云龙）／中场：小马丁内斯（75' 闫相闯）、杨昊、张希哲、马季奇、王长庆（61' 乔尔·格里菲斯）／前锋：谭天澄

第 30 轮 ／（主）1 比 0 江苏舜天
乔尔·格里菲斯 70'
门将：杨智／后卫：黄博文（32' 闫相闯）、张永海、徐云龙、周挺／中场：王长庆（87' 祝一帆）、杨昊、张希哲（80' 杜文辉）、马季奇、徐亮／前锋：乔尔·格里菲斯

第 1 轮／（客）2 比 0 江苏舜天
王长庆 59'，乔尔·格里菲斯 61'
门将：杨智／后卫：周挺、郎征、徐云龙、张辛昕／中场：小马丁内斯、马季奇、张希哲（62'朴成）、徐亮、王长庆（89'闫相闯）／前锋：乔尔·格里菲斯

第 2 轮／（主）1 比 3 杭州绿城
乔尔·格里菲斯 16'／拉米雷斯 50'、92'，巴力 83'
门将：杨智／后卫：周挺、郎征、徐云龙、张辛昕（85'罗贝托）／中场：小马丁内斯、马季奇、张希哲（46'朴成）、徐亮（9'祝一帆）、王长庆／前锋：乔尔·格里菲斯

第 3 轮／（客）2 比 2 广州恒大
徐亮 25'，王晓龙 49'／穆里奇 31'、88'
门将：杨智／后卫：周挺、张永海、徐云龙、张辛昕／中场：小马丁内斯、马季奇、朴成（83'郎征）、徐亮、王长庆（46'王晓龙）／前锋：乔尔·格里菲斯（89'祝一帆）

第 4 轮／（主）3 比 0 大连实德
乔尔·格里菲斯 26'，张希哲 78'，小马丁内斯 90'
门将：杨智／后卫：周挺、张永海、徐云龙、张辛昕／中场：小马丁内斯、马季奇、朴成、徐亮、王晓龙（72'张希哲）／前锋：乔尔·格里菲斯（81'闫相闯）

第 5 轮／（客）3 比 0 南昌衡源
罗贝托 32'，小马丁内斯 74'，王长庆 90'
门将：杨智／后卫：周挺、张永海、徐云龙、张辛昕／中场：小马丁内斯（88'谭天澄）、徐亮、朴成、马季奇、王晓龙（67'王长庆）／前锋：罗贝托（78'张希哲）

第 6 轮／（客）3 比 0 成都谢菲联
王晓龙 46'，小马丁内斯 75'，徐亮 82'
门将：杨智／后卫：周挺、张永海、徐云龙、张辛昕／中场：小马丁内斯、马季奇、张希哲、徐亮（89'王长庆）、王晓龙（62'祝一帆）／前锋：乔尔·格里菲斯（84'闫相闯）

第 7 轮／（主）2 比 0 青岛中能
罗贝托 75'，小马丁内斯 84'
门将：杨智／后卫：周挺、张永海、徐云龙、张辛昕／中场：小马丁内斯、马季奇、张希哲（69'罗贝托）、徐亮、王晓龙（82'王长庆）／前锋：乔尔·格里菲斯（79'祝一帆）

第 8 轮／（客）0 比 0 辽宁宏运
门将：杨智／后卫：周挺、张永海、徐云龙、张辛昕／中场：小马丁内斯、马季奇、张希哲（27'祝一帆）、徐亮（84'罗贝托）、王晓龙（65'闫相闯）／前锋：乔尔·格里菲斯

第 9 轮／（主）4 比 0 深圳红钻
小马丁内斯 19'、44'，于洋 29'，乔尔·格里菲斯 63'
门将：杨智／后卫：周挺、张永海、徐云龙、张辛昕（81'王长庆）、马季奇、张希哲、徐亮、王晓龙（83'闫相闯）／前锋：乔尔·格里菲斯（71'罗贝托）

第 10 轮／（客）1 比 1 河南建业
乔尔·格里菲斯 18'／内托 78'
门将：杨智／后卫：周挺、张永海、徐云龙、张辛昕／中场：闫相闯（63'张希哲）、马季奇、祝一帆、徐亮、王晓龙（79'谭天澄）／前锋：乔尔·格里菲斯

第 11 轮／（主）1 比 1 山东鲁能
乔尔·格里菲斯 48'／奥比纳 89'
门将：杨智／后卫：周挺、张永海、徐云龙、张辛昕／中场：闫相闯（46'王长庆）、马季奇、张希哲（69'祝一帆）、徐亮、王晓龙／前锋：乔尔·格里菲斯

第 12 轮／（客）1 比 2 长春亚泰
凯塔 9'／王栋 17'，克劳迪内 69'
门将：杨智／后卫：周挺、朗朗索瓦、徐云龙、张辛昕（81'王长庆）／中场：张希哲、马季奇、朴成、祝一帆（74'乔尔·格里菲斯）、王晓龙／前锋：凯塔

第 13 轮／（主）1 比 1 天津康师傅
罗贝托 76'／于大宝 21'
门将：杨智／后卫：周挺、张永海、徐云龙、张辛昕／中场：小马丁内斯（88'祝一帆）、马季奇、朴成（61'罗贝托）、徐亮、王晓龙（72'王长庆）／前锋：乔尔·格里菲斯

第 14 轮／（客）1 比 1 陕西人和
徐亮 45'／曲波 27'
门将：杨智／后卫：周挺、张永海、雷腾龙、张辛昕／中场：张希哲、祝一帆、朴成（73'李提香）、徐亮、王晓龙（77'闫相闯）／前锋：罗贝托（84'谭天澄）

第 15 轮／（主）3 比 0 上海申花
乔尔·格里菲斯 9'，雷腾龙 28'，王晓龙 56'
门将：杨智／后卫：周挺、张永海、雷腾龙、张辛昕／中场：小马丁内斯（72'王长庆）、马季奇、张希哲（79'祝一帆）、徐亮（85'路姜）、王晓龙／前锋：乔尔·格里菲斯

第 16 轮／（主）2 比 1 江苏舜天
徐亮 43'、80'
门将：杨智／后卫：周挺、张永海、雷腾龙、张辛昕／中场：小马丁内斯（20'凯塔）、马季奇、朴成（89'李提香）、徐亮、张辛昕／前锋：乔尔·格里菲斯（82'祝一帆）

第 17 轮／（客）0 比 0 杭州绿城
门将：杨智／后卫：周挺、张永海、徐云龙、张辛昕／中场：张希哲、马季奇、朴成、王晓龙（89'朴成）／前锋：乔尔·格里菲斯（79'凯塔）

第 18 轮／（客）1 比 1 广州恒大
小马丁内斯 75'／郜林 67'
门将：杨智／后卫：周挺、张永海、徐云龙、张辛昕／中场：张希哲（64'祝一帆）、马季奇、朴成（46'小马丁内斯）、徐亮、王晓龙（58'凯塔）／前锋：乔尔·格里菲斯

第 19 轮／（客）0 比 0 大连实德
门将：杨智／后卫：周挺、张永海、徐云龙、张辛昕／中场：小马丁内斯（82'凯塔）、马季奇、朴成（88'弗朗索瓦）、徐亮、张辛昕／前锋：乔尔·格里菲斯（90'王皓）

第 20 轮／（主）1 比 0 南昌衡源
王长庆 26'
门将：杨智／后卫：周挺、张永海、徐云龙、张辛昕／中场：小马丁内斯（85'王皓）、马季奇、张希哲、徐亮、王长庆（60'朴成）／前锋：乔尔·格里菲斯（70'凯塔）

第 21 轮／（主）3 比 1 成都谢菲联
王长庆 52'，周挺 57'，徐亮 89'／布兰登 84'
门将：杨智／后卫：周挺、张永海、徐云龙、张辛昕／中场：小马丁内斯（64'朴成）、马季奇、张希哲、徐亮（76'王晓龙）、王长庆／前锋：乔尔·格里菲斯（72'凯塔）

第 22 轮／（客）0 比 1 青岛中能
宋文杰 9'
门将：杨智／后卫：周挺、张永海、徐云龙、张辛昕／中场：小马丁内斯、马季奇、张希哲（46'朴成）、徐亮（70'祝一帆）、王长庆／前锋：乔尔·格里菲斯（61'王晓龙）

第 23 轮／（主）0 比 0 辽宁宏运
门将：杨智／后卫：周挺、弗朗索瓦、徐云龙、张辛昕／中场：王长庆（56'小马丁内斯）、马季奇、朴成、徐亮、王晓龙（77'张希哲）／前锋：乔尔·格里菲斯

第 24 轮／（客）3 比 0 深圳红钻
小马丁内斯 67'，乔尔·格里菲斯 76'，徐亮 93'
门将：杨智／后卫：周挺、张永海、徐云龙、张辛昕／中场：小马丁内斯（77'王晓龙）、马季奇、朴成（71'徐亮）、祝一帆、张希哲／前锋：乔尔·格里菲斯（90'雷腾龙）

第 25 轮／（主）3 比 0 河南建业
小马丁内斯 21'，乔尔·格里菲斯 75'，徐亮 89'
门将：杨智／后卫：于洋、弗朗索瓦、徐云龙（83'张永海）、周挺／中场：小马丁内斯、马季奇、朴成（70'祝一帆）、徐亮、王晓龙（57'张希哲）／前锋：乔尔·格里菲斯

第 26 轮／（客）1 比 1 山东鲁能
周挺 39'／王永珀 20'
门将：杨智／后卫：周挺、弗朗索瓦、徐云龙、张辛昕／中场：张希哲、马季奇、朴成（85'祝一帆）、徐亮、王晓龙（64'乔尔·格里菲斯）／前锋：凯塔（68'小马丁内斯）

第 27 轮／（主）4 比 1 长春亚泰
王晓龙 21'、45'，乔尔·格里菲斯 61'，姜鹏翔（乌龙球）81'／多利 39'
门将：杨智／后卫：周挺、弗朗索瓦、徐云龙、张辛昕／中场：小马丁内斯（82'王长庆）、马季奇、朴成（35'张希哲）、徐亮、王晓龙／前锋：乔尔·格里菲斯（84'凯塔）

第 28 轮／（客）1 比 0 天津康师傅
乔尔·格里菲斯 75'
门将：杨智／后卫：周挺、弗朗索瓦、徐云龙、张辛昕（51'雷腾龙）／中场：小马丁内斯、马季奇、祝一帆、徐亮（60'杨运）、张希哲／前锋：乔尔·格里菲斯（84'凯塔）

第 29 轮／（主）2 比 3 陕西人和
王晓龙 55'，小马丁内斯 88'／曲波 23'、63'，久比奇 96'
门将：杨智／后卫：周挺、弗朗索瓦、徐云龙、张辛昕（75'王长庆）／中场：小马丁内斯、马季奇（86'凯塔）、张希哲、徐亮（69'朴成）、王晓龙／前锋：乔尔·格里菲斯

第 30 轮／（客）0 比 1 上海申花
姜坤 90'
门将：杨智／后卫：周挺、弗朗索瓦、雷腾龙、张辛昕／中场：小马丁内斯（62'王长庆）、马季奇、祝一帆、朴成（70'杨运）、王晓龙／前锋：乔尔·格里菲斯（86'张希哲）

第1轮／（客）1比3广州富力
雷纳尔多 90'／李喆 17'，吴伟安 55'，达维 90'
门将：侯森／后卫：周挺、弗朗索瓦（45' 于洋）、徐云龙、张辛昕／中场：马努、马季奇（57' 卡鲁德洛维奇）、张希哲、徐亮、王晓龙（76' 毛剑卿）／前锋：雷纳尔多

第2轮／（主）3比2上海申花
朴成 44'，马努 54'，毛剑卿 83'／乔尔·格里菲斯 62'，阿内尔卡 67'
门将：侯森／后卫：周挺、于洋、徐云龙、张辛昕／中场：马努（77' 毛剑卿）、马季奇、朴成（87' 郎征）、徐亮、王晓龙（64' 张希哲）／前锋：雷纳尔多

第3轮／（客）0比1杭州绿城
汪嵩 55'
门将：侯森／后卫：周挺、于洋、徐云龙、张辛昕（87' 卡鲁德洛维奇）／中场：张希哲、马季奇、朴成、徐亮（60' 马努）、王晓龙（57' 毛剑卿）／前锋：雷纳尔多

第4轮／（主）3比1天津康师傅
雷纳尔多 50'，徐亮 54'，张希哲 73'／王新欣 67'
门将：侯森／后卫：周挺、于洋、徐云龙、张辛昕／中场：马努（60' 张希哲）、马季奇、朴成（82' 祝一帆）、徐亮、王晓龙（87' 毛剑卿）／前锋：雷纳尔多

第5轮／（客）0比0大连实德
门将：侯森／后卫：周挺（46' 郎征）、于洋、徐云龙、张辛昕／中场：马努（55' 徐亮）、马季奇、朴成、祝一帆、王晓龙（64' 毛剑卿）／前锋：雷纳尔多

第6轮／（主）2比1山东鲁能
雷纳尔多 16'，徐亮 71'／马塞纳 9'
门将：侯森／后卫：周挺、于洋、徐云龙、张辛昕／中场：王长庆（50' 毛剑卿）、马季奇、朴成（75' 郎征）、徐亮、王晓龙（58' 张希哲）／前锋：雷纳尔多

第7轮／（客）0比0辽宁宏运
门将：侯森／后卫：周挺、于洋、徐云龙、张辛昕／中场：马努（63' 王晓龙）、马季奇、朴成、张晓彬、张希哲（80' 徐亮）／前锋：卡鲁德洛维奇（83' 邵佳一）

第8轮／（主）1比0上海申鑫
徐云龙 50'
门将：侯森／后卫：周挺、于洋、徐云龙、张辛昕／中场：马努（55' 邵佳一）、马季奇、朴成、徐亮、王晓龙（53' 张希哲）／前锋：雷纳尔多（82' 卡鲁德洛维奇）

第9轮／（客）2比2河南建业
张希哲 56'，雷纳尔多 79'／陆峰 17'，64'
门将：侯森／后卫：周挺、于洋、徐云龙、张辛昕（33' 徐亮）／中场：张希哲（65' 邵佳一）、马季奇、朴成、张晓彬、王晓龙／前锋：卡鲁德洛维奇（55' 雷纳尔多）

第10轮／（主）2比1贵州茅台
卡鲁德洛维奇 70'，朴成 83'／穆斯利莫维奇 44'
门将：侯森／后卫：周挺、于洋、徐云龙、徐武（55' 张希哲）／中场：朴成、马季奇、邵佳一、徐亮、王晓龙（83' 张晓彬）／前锋：雷纳尔多（61' 卡鲁德洛维奇）

第11轮／（客）1比0长春亚泰
朴成 21'
门将：侯森／后卫：矫喆（75' 郎征）、于洋、徐云龙、周挺／中场：朴成、马季奇、邵佳一、徐亮、王晓龙（62' 张希哲）／前锋：雷纳尔多（78' 张晓彬）

第12轮／（主）1比0大连阿尔滨
王晓龙 27'
门将：侯森／后卫：矫喆、于洋、徐云龙、周挺／中场：朴成、马季奇、邵佳一（88' 郎征）、徐亮、王晓龙（83' 毛剑卿）／前锋：雷纳尔多（46' 张希哲）

第13轮／（主）0比0青岛中能
门将：侯森／后卫：周挺、于洋、徐云龙、张辛昕（27' 毛剑卿）／中场：朴成、马季奇、邵佳一（59' 张希哲）、徐亮、王晓龙前锋：雷纳尔多（59' 卡鲁德洛维奇）

第14轮／（主）0比1江苏舜天
任航 24'
门将：侯森／后卫：周挺、于洋、徐云龙、张辛昕（88' 郎征）／中场：毛剑卿、马季奇、朴成、张晓彬（71' 邵佳一）、王晓龙／前锋：卡鲁德洛维奇

第15轮／（客）2比3广州恒大
徐亮 12'，45'／姜宁 15'，穆里奇 35'，克莱奥 68'
门将：侯森／后卫：周挺、于洋、徐云龙、张辛昕／中场：朴成（83' 邵佳一）、马季奇、徐亮、张晓彬（36' 祝一帆）、王晓龙／前锋：毛剑卿（70' 张健）

第16轮／（主）1比0广州富力
邵佳一 64'
门将：侯森／后卫：周挺、于洋、徐云龙、张辛昕（62' 格隆）／中场：毛剑卿（62' 卡鲁德洛维奇）、马季奇、朴成、徐亮、王晓龙／前锋：邵佳一（88' 张希哲）

第17轮／（客）1比3上海申花
王晓龙 81'／宋博轩 20'，曹赟定 53'，莫伊塞斯 74'
门将：侯森／后卫：周挺、于洋（68' 张希哲）、徐云龙、张辛昕（35' 卡努特）／中场：格隆、马季奇、朴成、徐亮、王晓龙／前锋：邵佳一（75' 毛剑卿）

第18轮／（主）0比2杭州绿城
马佐拉 14'，雷纳托 81'
门将：侯森／后卫：周挺、于洋（81' 毛剑卿）、徐云龙、徐武（46' 邵佳一）／中场：格隆、马季奇、张希哲（65' 朴成）、徐亮、王晓龙／前锋：卡努特

第19轮／（客）1比2天津师傅
卡努特 77'／阿尔斯 53'，杜震宇 78'
门将：杨智／后卫：周挺、张永海、徐云龙、张辛昕（62' 毛剑卿）／中场：格隆（81' 邵佳一）、马季奇、朴成（86' 雷纳尔多）、徐亮、张希哲／前锋：卡努特

第20轮／（主）1比0大连实德
徐亮 74'
门将：杨智／后卫：周挺、于洋、马季奇、张辛昕／中场：格隆（59' 王晓龙）、祝一帆、朴成（93' 雷腾龙）、徐亮、张希哲／前锋：邵佳一（52' 卡努特）

第21轮／（客）0比4山东鲁能
王永珀 8'，39'，吕征 80'，87'
门将：杨智／后卫：于洋（46' 格隆）、马季奇、徐云龙、张辛昕／中场：张希哲、祝一帆、朴成、徐亮（81' 李提香）、王晓龙（66' 邵佳一）／前锋：卡努特

第22轮／（主）1比1辽宁宏运
卡鲁德洛维奇 75'／于汉超 54'
门将：杨智／后卫：周挺、马季奇、徐云龙、张辛昕／中场：王长庆、祝一帆（73' 卡鲁德洛维奇）、朴成、徐亮、张希哲（46' 王晓龙）／前锋：雷纳尔多（46' 卡努特）

第23轮／（客）2比1上海申鑫
徐亮 9'，王晓龙 51'／邹仲霆 35'
门将：杨智／后卫：周挺、于洋（72' 郎征）、徐云龙、张辛昕／中场：王长庆、马季奇（67' 祝一帆）、徐亮、张晓彬（46' 王晓龙）、朴成／前锋：卡鲁德洛维奇

第24轮／（主）3比0河南建业
邵佳一 25'，69'，张希哲 63'
门将：杨智／后卫：于洋、徐云龙（79' 李提香）、张辛昕／中场：张希哲、马季奇、邵佳一（83' 杨运）、徐亮、朴成／前锋：雷纳尔多（59' 王晓龙）

第25轮／（客）2比0贵州茅台
徐亮 48'，雷纳尔多 73'
门将：杨智／后卫：周挺、郎征、徐云龙、张辛昕／中场：格隆（64' 王晓龙）、马季奇、朴成、徐亮（89' 祝一帆）、张希哲／前锋：卡努特（29' 雷纳尔多）

第26轮／（主）0比4长春亚泰
曹添堡 17'，威尔顿 74'，王栋 83'，佩雷亚 88'
门将：杨智／后卫：周挺、郎征、徐云龙、张辛昕／中场：格隆（64' 王长庆）、祝一帆、朴成、徐亮、王晓龙（76' 张希哲）／前锋：雷纳尔多（64' 邵佳一）

第27轮／（客）1比3大连阿尔滨
王宏有（乌龙球）86'／凯塔 37'，乌塔卡 45'，74'
门将：杨智／后卫：周挺、于洋、徐云龙、张辛昕／中场：张希哲、马季奇、朴成（73' 李提香）、徐亮（82' 杨运）、王晓龙（68' 邵佳一）／前锋：格隆

第28轮／（客）2比0青岛中能
格隆 3'，王长庆 26'
门将：杨智／后卫：于洋、郎征、徐云龙（71' 杨运）、周挺／中场：王长庆、马季奇、邵佳一（60' 卡努特）、李提香、张希哲／前锋：格隆（72' 王晓龙）

第29轮／（客）0比0江苏舜天
门将：杨智／后卫：于洋、徐云龙、周挺／中场：王长庆、马季奇、卡努特、李提香（69' 王晓龙）、张希哲（66' 徐亮）／前锋：格隆

第30轮／（主）1比0广州恒大
张希哲 93'
门将：杨智／后卫：于洋、郎征、徐云龙、张辛昕／中场：王长庆（83' 杨运）、马季奇、卡努特（74' 邵佳一）、李提香、张希哲／前锋：格隆（60' 徐亮）

1993 年　当年赛事及进球情况

全国俱乐部锦标赛（A组）

轮次	时间	（主客场）对手	进球者
第一阶段			
第 1 轮	1992.12.31	（鹤山）0 比 0 大连华录（点球 4 比 3）	
第 2 轮	1993.01.14	（客）1 比 2 广州太阳神	高洪波
第 3 轮	1993.01.17	（客）5 比 1 佛山	高洪波 x2，高峰 x2，谢峰
第 4 轮	1993.01.24	（三水）1 比 2 大连华录	高洪波
第 5 轮	1993.01.26	（鹤山）0 比 1 广州太阳神	
第 6 轮	1993.01.28	（鹤山）4 比 1 佛山	高洪波，高峰 x2，郭维维
第二阶段			
第 1 轮	1993.02.07	（广州）2 比 0 广东宏远	高峰，邓乐军
第 2 轮	1993.02.14	（鹤山）1 比 1 辽宁东药	高峰，杨庆九
第 3 轮	1993.02.21	（鹤山）2 比 2 广东宏远（点球 4 比 6）	邓乐军，谢朝阳
第 4 轮	1993.02.28	（广州）1 比 1 辽宁东药	韩旭

第七届全国运动会

轮次	时间	（主客场）对手	进球者
小组赛			
第 1 轮	1993.09.03	（主）5 比 3 天津	高洪波，曹限东 x2，翟飙，高峰
第 2 轮	1993.09.05	（主）2 比 1 火车头（加时）	高洪波，谢峰
第 3 轮	1993.09.07	（主）1 比 1 四川（点球 4 比 6）	高峰
1/4 决赛	1993.09.09	（主）2 比 0 吉林	高峰 x2
半决赛	1993.09.11	（主）0 比 0 山东（点球 5 比 3）	
决赛	1993.09.15	（主）0 比 2 辽宁	
热身赛	1993.05.08	（主）1 比 2 中国国家队	杨晨 43'
商业赛	1993.08.22	（主）0 比 2 巴西桑托斯	

年度射手榜

姓名	锦标赛	全运会	热身赛	总计
高峰	4	4	0	8
高洪波	5	2	0	7
邓乐军	2	0	0	2
谢峰	1	1	0	2
曹限东	0	2	0	2
郭维维	1	0	0	1
杨庆九	1	0	0	1
谢朝阳	1	0	0	1
韩旭	1	0	0	1
翟飙	0	1	0	1
杨晨	0	0	1	1

1994 年　当年赛事及进球情况

甲 A 联赛

轮次	时间	（主客场）对手	进球者
第 1 轮	1994.04.17	（客）2 比 0 广东宏远	杨晨 61'，谢峰 71'
第 2 轮	1994.04.24	（客）3 比 4 上海申花	邓乐军 71'，曹限东 78'、88'
第 3 轮	1994.05.01	（主）1 比 2 大连万达	高峰 48'，谢朝阳 90'
第 4 轮	1994.05.08	（主）0 比 1 四川全兴	
第 5 轮	1994.06.05	（客）0 比 0 吉林三星	
第 6 轮	1994.06.12	（客）1 比 0 沈阳六药	吕军 68'
第 7 轮	1994.06.19	（主）3 比 1 辽宁远东	高峰 32'、66'、85'
第 8 轮	1994.06.26	（主）0 比 0 八一	
第 9 轮	1994.07.03	（客）2 比 3 广州太阳神	周宁 3'，曹限东 70'
第 10 轮	1994.07.10	（客）1 比 0 济南泰山	谢峰 19'
第 11 轮	1994.07.17	（主）4 比 1 江苏迈特	谢峰 17'、88'，韩旭 32'，曹限东 45'
第 12 轮	1994.07.24	（主）2 比 2 广东宏远	谢峰 58'，曹限东 83'
第 13 轮	1994.07.31	（主）5 比 1 上海申花	魏占奎 2'，高峰 14'、60'，魏克兴 35'，谢峰 46'
第 14 轮	1994.08.07	（客）1 比 4 大连万达	高峰 30'
第 15 轮	1994.08.14	（客）1 比 4 四川全兴	杨晨 38'
第 16 轮	1994.08.21	（主）1 比 2 吉林三星	谢峰 56'
第 17 轮	1994.08.28	（主）6 比 0 沈阳六药	魏克兴 63'，高峰 65'，邓乐军 67'、71'，谢峰 72'，周宁 77'
第 18 轮	1994.09.04	（客）1 比 3 辽宁远东	周宁 53'
第 19 轮	1994.10.23	（客）2 比 2 八一	杨晨 36'，谢峰 42'
第 20 轮	1994.10.30	（主）1 比 1 广州太阳神	高峰 75'
第 21 轮	1994.11.06	（主）1 比 2 济南泰山	高峰 20'，高峰 53'
第 22 轮	1994.11.13	（客）2 比 0 江苏迈特	谢峰 4'，邓乐军 7'

热身赛

轮次	时间	（主客场）对手	进球者
	1994.02.20	（客）0 比 1 江苏迈特	
	1994.02.23	（上海）3 比 0 江苏迈特	胡建平、谢峰、吕军
	1994.02.25	（上海）2 比 0 八一	曹限东、谢峰
	1994.02.27	（上海）0 比 0 上海申花	
	1994.09.24	（主）2 比 3 中国国家队	邓乐军 33'，周宁 39'

商业赛

轮次	时间	（主客场）对手	进球者
	1994.05.05	（主）1 比 0 科林蒂安	周宁 59'
	1994.05.28	（主）0 比 0（抽签胜）柏林网球（德乙）	
	1994.06.16	（主）2 比 1AC 米兰	谢峰 13'，高峰 48'

年度射手榜

姓名	联赛	热身赛	商业赛	总计
谢峰	11	2	1	14
高峰	10	0	1	11
曹限东	5	1	0	6
邓乐军	4	1	0	5
周宁	3	1	1	5
杨晨	3	0	0	3
魏克兴	2	0	0	2
吕军	1	1	0	2
谢朝阳	1	0	0	1
韩旭	1	0	0	1
魏占奎	1	0	0	1
胡建平	0	1	0	1

1994 甲 A 联赛积分榜

名次 / 球队	胜	平	负	进球	失球	净胜球	积分
1/ 大连万达	14	5	3	43	21	22	33
2/ 广州太阳神	11	5	6	36	27	9	27
3/ 上海申花	10	6	6	36	36	0	26
4/ 辽宁东药	11	3	8	47	36	11	25
5/ 济南泰山	10	4	8	22	22	0	24
6/ 四川全兴	8	7	7	31	24	7	23
7/ 广东宏远	8	7	7	28	21	7	23
8/ 北京国安	7	8	7	42	34	8	22
9/ 八一	6	9	7	15	19	−4	21
10/ 吉林三星	6	7	9	25	31	−6	19
11/ 沈阳六药	1	9	12	16	39	−23	11
12/ 江苏迈特	1	8	13	13	44	−31	10

（首届甲 A 联赛实行 2 分制）

1995 年　当年赛事及进球情况

甲 A 联赛

轮次	时间	（主客场）对手	进球者
第 1 轮	1995.04.16	（客）1 比 2 济南泰山	杨晨 27'
第 2 轮	1995.04.23	（主）2 比 2 上海申花	曹限东 40'，高峰 67'
第 3 轮	1995.04.30	（主）3 比 0 天津三星	高峰 6'，高洪波 46'，谢峰 76'
第 4 轮	1995.05.07	（客）0 比 2 延边现代	
第 5 轮	1995.05.14	（主）2 比 1 大连万达	高峰 8'，南方 15'
第 6 轮	1995.05.21	（客）2 比 4 四川全兴	曹限东 63'
第 7 轮	1995.05.28	（客）1 比 0 辽宁	曹限东 65'
第 8 轮	1995.06.11	（主）2 比 2 广州太阳神	高洪波 58'、90'
第 9 轮	1995.08.06	（主）4 比 0 青岛海牛	周宁 22'，韩旭 34'，杨晨 64'，谢峰 78'
第 10 轮	1995.08.13	（主）1 比 0 八一	韩旭 14'
第 11 轮	1995.09.03	（客）0 比 3 广东宏远	
第 12 轮	1995.09.10	（主）1 比 0 济南泰山	高洪波 84'
第 13 轮	1995.09.17	（客）0 比 1 上海申花	
第 14 轮	1995.09.24	（主）4 比 1 天津三星	曹限东 5'，高洪波 46'、77'、84'
第 15 轮	1995.10.01	（主）1 比 1 延边现代	谢朝阳 73'
第 16 轮	1995.10.08	（客）0 比 0 大连万达	
第 17 轮	1995.10.15	（主）3 比 2 四川全兴	韩旭 52'，高峰 54'，邓乐军 77'
第 18 轮	1995.10.22	（主）2 比 1 辽宁	高洪波 17'，韩旭 28'
第 19 轮	1995.10.29	（客）3 比 3 广州太阳神	高洪波 21'，南方 43'、50'
第 20 轮	1995.11.05	（客）0 比 0 青岛海牛	
第 21 轮	1995.11.12	（客）1 比 1 八一	高峰 76'
第 22 轮	1995.11.19	（主）3 比 1 广东宏远	高峰 27'、43'，高洪波 65'

中国足协杯

轮次	时间	（主客场）对手	进球者
第 1 轮	1995.06.25	（客）1 比 0 八一	谢峰 67'
	1995.07.02	（主）4 比 0 八一	高峰 9'、35'，邓乐军 12'，韩旭 53'
第 2 轮	1995.07.09	（客）1 比 0 大连万达	南方 58'
	1995.07.16	（主）1 比 0 大连万达	邓乐军 8'
半决赛	1995.07.23	（主）2 比 1 济南泰山	南方 68'，韩旭 73'
	1995.07.30	（客）1 比 2 济南泰山（点球 4 比 5）	南方 20'

商业赛

轮次	时间	（主客场）对手	进球者
	1995.05.17	（主）2 比 1 阿森纳	吕军 60'，谢峰 75'
	1995.06.14	（主）0 比 0AC 米兰（点球 3 比 4）	
	1995.08.01	（主）1 比 1 现代老虎（点球 2 比 4）	高峰 7'
	1995.08.08	（主）3 比 2 弗拉门戈	曹限东 15'，高洪波 76'、82'

友谊赛

轮次	时间	（主客场）对手	进球者
	1995.02.21	（客）0比0台北大同	（因大雨只象征性进行了25分钟）
	1995.02.23	（客）6比2台南	魏克兴 14'、邓乐军 24'、44'、谢朝阳 29'、谢峰 70'、郭维维 85'
	1995.02.25	（客）1比1高雄雷鸟	（进球者不详）

年度射手榜

姓名	联赛	足协杯	商业赛及友谊赛	总计
高洪波	110	2		13
高峰	7	2	1	10
韩旭	4	2	0	6
南方	3	3	0	6
曹限东	4	0	1	5
谢峰	2	1	2	5
邓乐军	1	2	2	5
杨晨	2	0	0	2
谢朝阳	1	0	1	2
周宁	1	0	0	1
吕军	0	0	1	1
魏克兴	–	–	1	1
郭维维	0	0	1	1

1995甲A联赛积分榜

名次/球队	胜	平	负	进球	失球	净胜球	积分
1/ 上海申花	14	4	4	39	16	23	46
2/ 北京国安	12	6	4	36	20	16	42
3/ 大连万达	12	6	4	27	22	5	42
4/ 广东宏远	12	4	6	35	22	13	40
5/ 广州太阳神	7	7	8	28	27	1	28
6/ 济南泰山	6	9	7	27	28	−1	27
7/ 延边现代	6	9	7	24	29	−5	27
8/ 天津三星	7	3	12	20	40	−20	24
9/ 八一	5	8	9	24	23	1	23
10/ 四川全兴	6	4	12	28	31	−3	22
11/ 青岛海牛	5	7	10	20	32	−12	22
12/ 辽宁	4	5	13	29	47	−18	17

1996年　当年赛事及进球情况

甲A联赛

轮次	时间	（主客场）对手	进球者
第1轮	1996.04.14	（客）0比1八一	
第2轮	1996.04.21	（主）2比2延边现代	曹限东 29'、邓乐军 44'
第3轮	1996.04.28	（客）1比1广州松日	南方 75'
第4轮	1996.05.05	（主）4比0天津三星	高洪波 60'、谢峰 62'、高峰 76'、85'
第5轮	1996.05.12	（客）1比3济南泰山	高洪波 87'
第6轮	1996.05.19	（主）1比1广州太阳神	谢峰 29'
第7轮	1996.05.26	（客）1比3大连万达	韩旭 40'
第8轮	1996.06.02	（主）3比1四川全兴	李洪政 14'、邓乐军 20'、高洪波 70'
第9轮	1996.06.09	（主）1比0深圳飞亚达	谢峰 7'
第10轮	1996.06.16	（客）0比1广东宏远	
第11轮	1996.06.23	（客）1比1上海申花	魏克兴 87'
第12轮	1996.08.11	（主）2比2八一	高峰 14'、邓乐军 62'
第13轮	1996.08.18	（客）2比0延边现代	高峰 73'、南方 89'
第14轮	1996.09.01	（主）4比2广州松日	曹限东 2'、85'、谢峰 67'、胡建平 68'
第15轮	1996.09.08	（客）2比3天津三星	杨晨 67'、81'
第16轮	1996.09.15	（客）0比0济南泰山	
第17轮	1996.09.22	（客）1比0广州太阳神	高洪波 28'
第18轮	1996.09.29	（主）0比0大连万达	
第19轮	1996.10.06	（客）0比2四川全兴	
第20轮	1996.10.13	（客）1比2深圳飞亚达	邓乐军 13'
第21轮	1996.10.20	（主）2比1广东宏远	高洪波 13'、20'
第22轮	1996.10.27	（主）1比0上海申花	谢峰 57'

中国足协杯

轮次	时间	（主客场）对手	进球者
第2轮	1996.07.07	（客）1比1上海豫园	邓乐军 58'
	1996.07.10	（主）3比2上海豫园	周宁 7'、高峰 21'、谢峰 24'
第3轮	1996.07.14	（客）0比2四川全兴	
	1996.07.21	（主）4比0四川全兴	胡建平 8'、谢朝阳 24'、韩旭 42'、谢峰 60'
半决赛	1996.07.28	（主）3比0大连万达	南方 5'、胡建平 66'、83'
	1996.08.04	（客）1比3大连万达	王涛 69'
决赛	1996.11.03	（主）4比1济南泰山	高洪波 21'、高峰 44'、68'、邓乐军 70'

商业赛

轮次	时间	（主客场）对手	进球者
	1996.04.09	（主）3比2格雷米奥	谢峰 43'、王涛 55'、70'
	1996.05.30	（主）0比3那不勒斯	
	1996.06.27	（客）2比4现代老虎	
	1996.07.25	（主）1比2博卡青年	曹限东 47'
	1996.11.05	（主）1比0美国职业明星	南方 55'
	1996.11.09	（主）1比3那不勒斯	郭维维 87'
	1996.11.12	（客）0比6罗斯托克	

友谊赛

轮次	时间	（主客场）对手	进球者
	1996.01.23	（梅州）2比0广东宏远	邓乐军 13'、谢峰 70'
	1996.01.25	（梅州）1比3中国国家队	谢峰 44'
	1996.04.05	（客）1比2上海申花	高峰 61'

年度射手榜

姓名	联赛	足协杯	商业赛及友谊赛	总计
谢峰	5	2	3	10
高洪波	6	2	0	8
高峰	4	2	1	7
邓乐军	4	2	1	7
曹限东	3	0	1	4
南方	2	1	1	4
胡建平	1	3	0	4
王涛	0	1	2	3
杨晨	2	0	0	2
韩旭	1	1	0	2
李洪政	1	0	0	1
魏克兴	1	0	0	1
周宁	0	1	0	1
谢朝阳	0	1	0	1
郭维维	0	0	1	1

1996甲A联赛积分榜

名次/球队	胜	平	负	进球	失球	净胜球	积分
1/ 大连万达	12	10	0	42	18	24	46
2/ 上海申花	10	9	3	38	18	20	39
3/ 八一	8	11	3	28	19	9	35
4/ 北京国安	9	6	7	30	25	5	33
5/ 济南泰山	8	7	7	23	24	−1	31
6/ 四川全兴	7	9	6	22	23	−1	30
7/ 广州太阳神	7	8	7	26	25	1	29
8/ 天津三星	6	8	8	20	30	−10	26
9/ 广东宏远	5	10	7	20	25	−5	25
10/ 延边现代	4	8	10	20	30	−10	20
11/ 深圳飞亚达	3	7	12	13	29	−16	16
12/ 广州松日	2	9	11	10	26	−16	15

1997年　当年赛事及进球情况

甲A联赛

轮次	时间	（主客场）对手	进球者
第1轮	1997.03.16	（主）0比0四川全兴	
第2轮	1997.03.23	（客）1比2广东宏远	胡建平 52'
第3轮	1997.03.27	（主）2比1济南泰山	胡建平 4'、谢峰 75'
第4轮	1997.03.30	（主）1比1八一	英加纳 89'
第5轮	1997.04.06	（客）0比0前卫寰岛	
第6轮	1997.06.29	（客）1比1天津三星	韩旭 51'
第7轮	1997.07.06	（主）2比2青岛海牛	李洪政 61'、吕军 71'
第8轮	1997.07.10	（客）3比1广州太阳神	英加纳 11'、44'、周宁 75'
第9轮	1997.07.13	（客）1比5大连万达	冈玻斯 71'
第10轮	1997.07.20	（主）9比1上海申花	卡西亚诺 17'、68'、81'、冈玻斯 19'、44'、曹限东 32'、安德雷斯 38'、63'、76'
第11轮	1997.07.24	（客）2比2延边敖东	曹限东 1'、安德雷斯 70'
第12轮	1997.07.27	（主）2比0四川全兴	冈玻斯 30'、卡西亚诺 42'
第13轮	1997.08.03	（客）4比1广东宏远	安德雷斯 7'、36'、37'、卡西亚诺 80'
第14轮	1997.11.16	（客）0比0济南泰山	
第15轮	1997.11.20	（主）0比1八一	
第16轮	1997.11.23	（主）0比0前卫寰岛	
第17轮	1997.11.30	（主）1比1天津三星	邓乐军 80'
第18轮	1997.12.04	（主）1比0青岛海牛	冈玻斯 67'
第19轮	1997.12.07	（主）1比0广州太阳神	安德雷斯 26'
第20轮	1997.12.14	（主）0比0大连万达	
第21轮	1997.12.18	（客）1比2上海申花	冈玻斯 24'
第22轮	1997.12.21	（主）2比1延边敖东	卡西亚诺 49'、安德雷斯 59'

中国足协杯

轮次	时间	（主客场）对手	进球者
第1轮	轮空		
第2轮	1997.05.10	（客）3比1辽宁双星	南方15'、谢朝阳53'、周宁59'
	1997.05.18	（主）1比1辽宁双星	冈玻斯15'
第3轮	1997.09.07	（客）1比0上海豫园	卡西亚诺43'
	1997.09.14	（主）1比1上海豫园	卡西亚诺87'
半决赛	1997.09.20	（客）5比0八一	安德雷斯5'、12'、卡西亚诺54'、南方80'、83'
	1997.10.07	（主）3比0八一	安德雷斯45'、54'、（大）王涛64'
决赛	1997.12.28	（主）2比1上海申花	卡西亚诺35'、南方80'

亚洲优胜者杯

轮次	时间	（主客场）对手	进球者
第1轮	1997.08.27	（主）4比0马尔代夫新雷蒂安特	周宁28'、邓乐军47'、南方58'、魏克兴76'
	1997.08.29	（客/温州）8比0马尔代夫新雷蒂安特	罗德雷斯X5、曹限东、冈玻斯、（大）王涛
第2轮	1997.09.25	（客）1比0孟加拉阿巴哈尼	卡西亚诺60'
	1997.11.02	（主）2比0孟加拉阿巴哈尼	安德雷斯55'、卡西亚诺59'
第3轮	1997.12.03	（客）2比0川崎贝尔迪	周宁47'、冈玻斯70'
	1997.12.11	（主）1比0川崎贝尔迪	南方36'

超霸杯

轮次	时间	（主客场）对手	进球者
	1997.03.09	（深圳）2比3大连万达	杨晨1'、谢峰60'

商业比赛

轮次	时间	（主客场）对手	进球者
	1997.06.14	（主）0比0（点球3比4）韩国现代老虎	
	1997.10.28	（石家庄）1比2乌拉圭飓风	邓乐军35'
	1997.11.09	（主）3比0福冈黄蜂	安德雷斯18'、61'、82'

1998 年 当年赛事及进球情况

甲A联赛

轮次	时间	（主客场）对手	进球者
第1轮	1998.03.22	（客）0比0深圳平安	
第2轮	1998.03.29	（主）1比0八一	卡西亚诺57'
第3轮	1998.04.05	（客）2比2广州太阳神	安德雷斯30'、李东波87'
第4轮	1998.04.23	（主）3比1山东鲁能	南方19'、李洪政46'、王少磊77'
第5轮	1998.05.06	（主）2比0延边敖东	周宁52'、安德雷斯68'
第6轮	1998.04.19	（客）0比0上海申花	
第7轮	1998.04.26	（主）2比0沈阳海狮	安德雷斯31'、88'
第8轮	1998.04.30	（客）0比0武汉雅琪	
第9轮	1998.05.03	（主）2比1青岛海牛	李东波61'、安德雷斯68'
第10轮	1998.05.10	（客）0比0四川全兴	
第11轮	1998.05.17	（客）0比0前卫寰岛	
第12轮	1998.05.31	（主）1比1大连万达	李东波38'
第13轮	1998.06.07	（客）0比1广州松日	
第14轮	1998.07.26	（主）5比0深圳平安	安德雷斯35'、卡西亚诺60'、85'、90'、于光89'
第15轮	1998.08.02	（客）1比2八一	徐阳20'
第16轮	1998.08.06	（主）1比1广州太阳神	安德雷斯86'
第17轮	1998.08.09	（客）3比2山东鲁能	宋黎辉（乌龙）15'、胡建平42'、69'
第18轮	1998.08.16	（主）0比2延边敖东	
第19轮	1998.08.23	（主）1比1上海申花	安德雷斯68'
第20轮	1998.09.06	（客）0比0沈阳海狮	
第21轮	1998.09.13	（主）2比1武汉雅琪	冈玻斯2'、安德雷斯13'
第22轮	1998.09.20	（客）1比2青岛海牛	韩旭18'、薛申23'
第23轮	1998.10.04	（主）0比0四川全兴	
第24轮	1998.10.11	（主）2比0前卫寰岛	冈玻斯38'、周宁81'
第25轮	1998.10.18	（客）0比0大连万达	
第26轮	1998.10.25	（主）2比1广州松日	冈玻斯35'、卡西亚诺66'

中国足协杯

轮次	时间	（主客场）对手	进球者
第1轮	轮空		
第2轮	1998.07.15	（客）3比1天津泰达	卡西亚诺6'、安德雷斯38'、李东波43'
	1998.07.19	（主）2比0天津泰达	安德雷斯20'、徐阳70'
第3轮	1998.08.26	（客）0比1辽宁天润	
	1998.08.30	（主）0比0辽宁天润	

亚洲优胜者杯

轮次	时间	（主客场）对手	进球者
97/98 半决赛			
	1998.04.10	（利雅得）0比5韩国水原三星	
97/98 三四名决赛			
	1998.04.12	（利雅得）4比1土库曼斯坦克派达格	卡西亚诺21'、57'、89'、李洪政63'
98/99 第1轮	1998.09.09	（客）0比1印度绍尔戈卡	
	1998.10.03	（主）4比0印度绍尔戈卡	谢朝阳、冈玻斯、薛申、胡建平
98/99 第2轮	1998.11.04	（主）0比2韩国全南龙	
	1998.11.28	（客）0比2韩国全南龙	

超霸杯

轮次	时间	（主客场）对手	进球者
	1998.03.12	（温州）2比1大连万达	安德雷斯85'、118'

义赛及商业比赛

轮次	时间	（主客场）对手	进球者
	1998.03.15	（客）2比0武汉雅琪	罗曼48'、58'
	1998.05.20	（主）2比3法国波尔多	卡西亚诺75'、83'
	1998.05.26	（主）1比3南斯拉夫贝尔格莱德红星	安德雷斯43'

年度射手榜

姓名	联赛	国内杯赛	洲际赛	商业赛	总计
安德雷斯	9	4	0	1	14
卡西亚诺	5	1	3	2	11
冈玻斯	4	0	1	0	5
李东波	3	1	0	0	4
胡建平	2	0	1	0	3
周宁	2	0	0	0	2
李洪政	1	0	1	0	2
徐阳	1	1	0	0	2
薛申	1	0	1	0	2
罗曼	0	0	0	2	2
南方	1	0	0	0	1
韩旭	1	0	0	0	1
王少磊	1	0	0	0	1
于光	1	0	0	0	1
谢朝阳	0	0	1	0	1

1998 甲A联赛积分榜

名次/球队	胜	平	负	进球	失球	净胜球	积分
1/ 大连万达	19	5	2	64	16	48	62
2/ 上海申花	11	12	3	43	23	20	45
3/ 北京国安	10	13	3	32	19	13	43
4/ 广州松日	10	6	10	23	33	-10	36
5/ 四川全兴	8	10	8	32	34	-2	34
6/ 青岛海牛	8	8	10	24	30	-6	32
7/ 前卫寰岛	8	8	10	29	29	0	32
8/ 武汉红金龙	8	8	10	26	33	-7	32
9/ 山东鲁能	8	8	10	37	40	-3	32
10/ 沈阳海狮	7	10	9	19	28	-9	31
11/ 延边敖东	9	4	13	25	31	-6	31
12/ 深圳平安	7	9	10	29	43	-14	30
13/ 八一	8	5	13	27	37	-10	29
14/ 广州太阳神	4	8	14	25	41	-16	20

1999 年 当年赛事及进球情况

甲A联赛

轮次	时间	（主客场）对手	进球者
第1轮	1999.03.21	（客）0比0深圳平安	
第2轮	1999.03.28	（主）4比0沈阳海狮	托肯23'、27'、李毅31'、高雷雷87'
第3轮	1999.04.01	（客）1比0武汉红桃K	托肯50'
第4轮	1999.04.04	（主）1比1青岛颐中	邵佳一77'
第5轮	1999.04.11	（客）0比0广州松日	
第6轮	1999.04.25	（主）0比0上海申花	
第7轮	1999.04.29	（客）1比2天津泰达	高雷雷52'
第8轮	1999.05.02	（主）1比0吉林敖东	南方66'
第9轮	1999.05.16	（主）1比0山东鲁能	李毅43'
第10轮	1999.06.20	（主）0比1重庆隆鑫	
第11轮	1999.06.24	（客）0比1四川全兴	
第12轮	1999.06.27	（主）2比0大连万达实德	南方20'、92'
第13轮	1999.07.04	（客）1比1辽宁抚顺	杨璞24'
第14轮	1999.07.18	（主）4比1深圳平安	卡西亚诺20'、76'、南方25'、商毅90'
第15轮	1999.07.25	（客）3比3沈阳海狮	韩旭24'、拉雷阿55'、商毅77'
第16轮	1999.07.29	（主）6比0武汉红桃K	卡西亚诺23'、42'、巴雷德斯37'、46'、韩旭9'、75'
第17轮	1999.08.01	（客）2比2青岛颐中	巴雷德斯66'、韩旭90'

第18轮	1999.08.08	（主）3比0广州松日	卡西亚诺 55′、79′、88′
第19轮	1999.08.15	（客）2比2上海申花	卡西亚诺 78′、李毅 89′
第20轮	1999.08.29	（主）1比1天津泰达	巴雷德斯 38′
第21轮	1999.09.05	（主）3比0吉林敖东	韩旭 27′、卡西亚诺 85′、李毅 92′
第22轮	1999.09.09	（客）0比2山东鲁能	
第23轮	1999.09.12	（客）0比2重庆隆鑫	
第24轮	1999.11.21	（主）0比1四川全兴	
第25轮	1999.11.28	（主）1比0大连万达实德	商毅 9′
第26轮	1999.12.05	（主）1比1辽宁抚顺	高雷雷 76′

中国足协杯

轮次	时间	（主客场）对手	进球者
第1轮	轮空		
第2轮	1999.05.23	（客）3比0广东宏远	薛申 34′、托肯 67′、商毅 81′
	1999.05.30	（主）5比2广东宏远	托肯 18′、田野 27′、49′、杨璞 59′、徐云龙 70′
第3轮	1999.06.05	（主）0比0山东鲁能	
	1999.07.11	（客）0比1山东鲁能	

义赛及商业比赛

轮次	时间	（主客场）对手	进球者
	1999.02.08	（番禺）0比0韩国安阳LG（点球4比3）	
	1999.03.13	（客）2比0北京宽利	韩旭 11′、米哈利 85′
	1999.05.15	（主）2比2（点球4比5）巴西明星联队	谢朝阳 31′、徐阳 63′
	1999.06.06	（澳门）3比1澳门蓝白	南方 44′、邵佳一、薛申
	1999.06.08	（澳门）1比1（点球4比6）巴西选拔队	徐阳 47′
	1999.06.14	（主）1比2韩国安阳LG	托肯
	1999.07.07	（主）1比2英格兰水晶宫	韩旭 89′
	1999.10.06	（主）1比2莫斯科鱼雷	徐云龙 28′
	1999.11.07	（主）0比1韩国现代老虎	

年度射手榜

姓名	联赛	国内杯赛	商业赛	总计
卡西亚诺	9	0	0	9
韩旭	5	0	2	7
托肯	3	2	1	6
南方	4	0	1	5
李毅	4	0	0	4
巴雷德斯	4	0	0	4
商毅	3	1	0	4
高雷雷	3	0	0	3
杨璞	1	1	0	2
邵佳一	1	0	1	2
田野	0	2	0	2
薛申	0	1	1	2
徐云龙	0	1	1	2
徐阳	0	0	2	2
拉雷阿	1	0	0	1
谢朝阳	0	0	1	1
米哈利	0	0	1	1

1999甲A联赛积分榜

名次/球队	胜	平	负	进球	失球	净胜球	积分
1/山东鲁能	13	9	4	33	13	20	48
2/辽宁抚顺	13	8	5	42	24	18	47
3/四川全兴	12	9	5	38	20	18	45
4/重庆隆鑫	10	10	6	40	27	13	40
5/上海申花	9	11	6	26	25	1	38
6/北京国安	9	9	8	38	25	13	36
7/天津泰达	8	11	7	32	28	4	35
8/吉林敖东	8	9	9	27	40	-13	33
9/大连万达实德	7	10	9	30	30	0	31
10/青岛颐中	8	6	12	30	36	-6	30
11/沈阳海狮	5	13	8	28	32	-4	28
12/深圳平安	7	7	12	22	39	-17	28
13/广州松日	7	6	13	24	36	-12	27
14/武汉红桃K	3	8	15	18	53	-35	17

2000年 当年赛事及进球情况

甲A联赛

轮次	时间	（主客场）对手	进球者
第1轮	2000.03.19	（客）0比2大连实德	
第2轮	2000.03.26	（主）1比2天津泰达	别戈维奇 59′
第3轮	2000.04.02	（客）0比1上海申花	
第4轮	2000.04.09	（客）0比0四川全兴	
第5轮	2000.04.16	（主）2比1云南红塔	杨璞 56′、王涛 68′
第6轮	2000.04.20	（主）3比0深圳平安	徐阳 21′、罗曼 30′、陶伟 54′
第7轮	2000.04.23	（客）0比0青岛颐中	

第8轮	2000.04.30	（客）1比2吉林敖东	南方 70′
第9轮	2000.05.14	（主）0比1山东鲁能	
第10轮	2000.05.18	（客）2比2重庆隆鑫	杨璞 37′、高雷雷 78′
第11轮	2000.05.21	（主）0比0辽宁抚顺	
第12轮	2000.05.28	（客）0比1厦门厦新	徐阳 14′
第13轮	2000.06.04	（客）2比0沈阳海狮	王涛 58′、69′
第14轮	2000.06.18	（主）1比2大连实德	邵佳一 13′
第15轮	2000.06.25	（主）2比1天津泰达	王涛 43′、54′
第16轮	2000.07.02	（主）3比1上海申花	王涛 18′、30′、桑德鲁 52′
第17轮	2000.07.09	（主）1比0四川全兴	桑德鲁 23′
第18轮	2000.07.16	（客）0比0云南红塔	
第19轮	2000.07.30	（客）0比2深圳平安	
第20轮	2000.08.06	（主）4比0青岛颐中	王涛 22′、59′、徐阳 39′、86′
第21轮	2000.08.20	（主）4比0吉林敖东	王涛 41′、71′、南方 64′、田野 89′
第22轮	2000.09.10	（客）0比1山东鲁能	
第23轮	2000.09.14	（主）3比2重庆隆鑫	伊利奇 34′、田野 38′、邵佳一 44′
第24轮	2000.09.17	（客）1比2辽宁抚顺	桑德鲁 60′
第25轮	2000.09.24	（客）4比2厦门厦新	邵佳一 10′、徐云龙 45′、52′、桑德鲁 85′
第26轮	2000.10.01	（主）3比0沈阳海狮	王涛 10′、35′、韩旭 39′

中国足协杯

轮次	时间	（主客场）对手	进球者
第1轮	2000.05.07	（客）3比2河南建业（加时）	王涛 8′、96′、徐云龙 85′
第2轮	2000.06.11	（客）2比1八一振邦	邵佳一 48′、王涛 60′
第3轮	2000.07.20	（客）0比3厦门厦新	
	2000.07.23	（主）4比0厦门厦新（加时）	杨璞 47′、75′、徐云龙 65′、桑德鲁 92′
半决赛	2000.08.24	（客）3比1武汉红桃K	韩旭 18′、80′、杨璞 41′
	2000.08.27	（主）0比0武汉红桃K	
决赛	2000.11.05	（主）1比0重庆力帆	王涛 50′
	2000.11.12	（客）1比4重庆力帆	桑德鲁 53′

义赛及商业比赛

轮次	时间	（主客场）对手	进球者
	2000.03.08	（客）0比0山东鲁能	
	2000.03.12	（客）2比2北京宽利波导（点球6比5）	罗曼 28′、南方 80′
	2000.05.30	（主）1比1阿贾克斯（点球5比6）南方 80′	

年度射手榜

姓名	联赛	国内杯赛	商业赛	总计
王涛	13	4	0	17
桑德鲁	4	2	0	6
杨璞	2	3	0	5
徐阳	4	0	0	4
邵佳一	3	1	0	4
徐云龙	2	2	0	4
南方	2	0	2	4
韩旭	1	2	0	3
田野	2	0	0	2
罗曼	1	0	1	2
别戈维奇	1	0	0	1
陶伟	1	0	0	1
高雷雷	1	0	0	1
伊利奇	1	0	0	1

2000甲A联赛积分榜

名次/球队	胜	平	负	进球	失球	净胜球	积分
1/大连实德	17	5	4	50	21	29	56
2/上海申花	14	8	4	37	24	13	50
3/四川全兴	12	8	6	33	21	12	44
4/重庆隆鑫	10	11	5	46	33	13	41
5/山东鲁能	12	4	10	35	31	4	40
6/北京国安	9	8	9	38	32	6	35
7/沈阳海狮	8	10	8	35	32	3	34
8/辽宁抚顺	8	8	10	28	26	2	32
9/深圳平安	8	8	10	27	27	0	32
10/天津泰达	8	7	11	28	37	-9	31
11/青岛颐中	6	11	9	22	29	-7	29
12/云南红塔	8	5	13	24	42	-18	29
13/厦门厦新	6	5	15	22	45	-23	23
14/吉林敖东	4	5	17	20	45	-25	17

2001 年　当年赛事及进球情况

甲 A 联赛

轮次	时间	（主客场）对手	进球者
第 1 轮	2001.03.11	（主）1 比 0 青岛啤酒	邵佳一 45'
第 2 轮	2001.03.18	（主）1 比 3 上海申花	徐云龙 13'
第 3 轮	2001.03.25	（客）1 比 1 重庆力帆	徐云龙 4'
第 4 轮	2001.03.29	（主）0 比 0 山东鲁能	
第 5 轮	2001.04.01	（客）2 比 2 云南红塔	切尔梅利 16'、王涛 68'
第 6 轮	2001.04.08	（主）1 比 1 四川商务通	王涛 66'
第 7 轮	2001.05.31	（客）2 比 4 大连实德	王涛 16'、71'
第 8 轮	2001.06.03	（主）4 比 1 沈阳金德	米伦 31'、杨璞 52'、王涛 75'、田野 86'
第 9 轮	2001.06.10	（客）1 比 1 八一振邦	薛申 2'
第 10 轮	2001.06.14	（主）1 比 1 天津泰达	
第 11 轮	2001.06.17	（客）0 比 2 陕西国力	
第 12 轮	2001.06.24	（主）2 比 0 辽宁抚顺	米伦 29'、田野 45'
第 13 轮	2001.06.28	（客）0 比 2 深圳科健	
第 14 轮	2001.07.01	（客）1 比 0 青岛啤酒	邵佳一 40'
第 15 轮	2001.07.08	（客）0 比 1 上海申花	
第 16 轮	2001.07.12	（主）3 比 0 重庆力帆	邵佳一 2'、王涛 18'、米伦 60'
第 17 轮	2001.07.15	（客）0 比 2 山东鲁能	
第 18 轮	2001.10.25	（主）4 比 1 云南红塔	王涛 1'、50'、田野 54'、57'
第 19 轮	2001.10.28	（客）0 比 2 四川商务通	
第 20 轮	2001.11.14	（主）1 比 3 大连实德	杨璞 31'
第 21 轮	2001.11.18	（客）2 比 0 沈阳金德	杨璞 80'、南方 90'
第 22 轮	2001.11.25	（主）1 比 0 八一振邦	劳德伦德 33'
第 23 轮	2001.12.02	（客）0 比 2 天津泰达	
第 24 轮	2001.12.06	（主）2 比 0 陕西国力	王涛 7'、田野 9'
第 25 轮	2001.12.09	（客）0 比 2 辽宁抚顺	
第 26 轮	2001.12.16	（主）1 比 0 深圳科健	王涛 73'

中国足协杯

轮次	时间	（主客场）对手	进球者
第 2 轮	2001.05.26	（客）1 比 0 云南红塔	米伦 67'
第 3 轮	2001.07.29	（主）2 比 1 深圳科健	田野 33'、王涛 51'
	2001.08.05	（客）1 比 1 深圳科健	田野 10'
半决赛	2001.09.02	（客）0 比 0 武汉红金龙	
	2001.09.09	（主）3 比 1 武汉红金龙	薛申 47'、米伦 66'、商毅 92'
决赛	2001.12.23	（主）0 比 1 大连实德	
	2001.12.30	（客）1 比 2 大连实德	徐云龙 54'

义赛及商业比赛

轮次	时间	（主客场）对手	进球者
	2001.03.04	（主）0 比 1 天津泰达	

年度射手榜

姓名	联赛	国内杯赛	总计
王涛	10	1	11
田野	5	2	7
米伦	3	2	5
杨璞	3	0	3
邵佳一	3	0	3
徐云龙	2	1	3
薛申	1	1	2
切尔梅利	1	0	1
劳德伦德	1	0	1
南方	1	0	1
商毅	0	1	1

2001 甲 A 联赛积分榜

名次 / 球队	胜	平	负	进球	失球	净胜球	积分
1/ 大连实德	16	5	5	58	31	27	53
2/ 上海申花	15	3	8	39	28	11	48
3/ 辽宁抚顺	15	3	8	39	32	7	48
4/ 四川商务通	14	5	7	36	29	7	47
5/ 深圳科健	13	7	6	34	18	16	46
6/ 山东鲁能	13	6	7	42	32	10	45
7/ 天津泰达	10	6	10	38	31	7	36
8/ 北京国安	9	6	11	30	33	−3	33
9/ 陕西国力	8	10	10	31	41	−10	32
10/ 云南红塔	8	7	11	34	32	2	31
11/ 重庆力帆	7	10	9	24	27	−3	31
12/ 八一振邦	5	10	11	24	36	−12	25
13/ 青岛啤酒	5	7	14	22	35	−13	22
14/ 沈阳金德	2	1	23	23	69	−46	7

2002 年　当年赛事及进球情况

甲 A 联赛

轮次	时间	（主客场）对手	进球者
第 1 轮	2002.03.10	（主）1 比 0 波导战斗	王涛 46'
第 2 轮	2002.03.17	（客）0 比 0 云南红塔	
第 3 轮	2002.03.24	（主）2 比 0 四川大河	路姜 26'、李东波 78'
第 4 轮	2002.03.31	（主）1 比 1 青岛哈德门	塔尼奇 5'
第 5 轮	2002.04.06	（主）4 比 0 重庆力帆	杨璞 29'、81'、邵佳一 37'、徐云龙 46'
第 6 轮	2002.04.14	（主）1 比 1 上海中远	巴辛 41'
第 7 轮	2002.07.03	（主）1 比 1 八一振邦	高雷雷 64'
第 8 轮	2002.07.06	（客）1 比 1 上海申花	徐云龙 90'
第 9 轮	2002.07.14	（主）0 比 1 沈阳金德	
第 10 轮	2002.07.18	（客）1 比 0 天津泰达	李明 81'
第 11 轮	2002.07.21	（主）2 比 0 山东鲁能	卡西亚诺 44'、杨璞 82'
第 12 轮	2002.07.28	（客）2 比 1 陕西国力	卡西亚诺 40'、徐云龙 69'
第 13 轮	轮空		
第 14 轮	2002.08.04	（主）1 比 2 大连实德	卡西亚诺 70'
第 15 轮	2002.08.10	（客）1 比 3 深圳平安	王涛 53'
第 16 轮	2002.08.15	（客）2 比 1 波导战斗	周宁 70'、卡西亚诺 80'
第 17 轮	2002.08.18	（主）1 比 0 云南红塔	徐云龙 45'
第 18 轮	2002.08.25	（客）3 比 3 四川大河	卡西亚诺 39'、邵佳一 90'、徐云龙 92'
第 19 轮	2002.09.01	（主）4 比 1 青岛哈德门	卡西亚诺 6'、巴辛 36'、43'、杨璞 79'
第 20 轮	2002.09.04	（客）0 比 3 重庆力帆	
第 21 轮	2002.09.08	（主）1 比 1 上海中远	高雷雷 72'
第 22 轮	2002.09.15	（客）2 比 1 八一振邦	卡西亚诺 33'、71'
第 23 轮	2002.10.16	（主）2 比 1 上海申花	伊利奇 10'、徐云龙 56'
第 24 轮	2002.10.20	（客）1 比 0 沈阳金德	邵佳一 57'
第 25 轮	2002.10.26	（主）4 比 1 天津泰达	卡西亚诺 14'、75'、邵佳一 46'、64'
第 26 轮	2002.11.03	（客）1 比 2 山东鲁能	巴辛 20'
第 27 轮	2002.11.10	（主）7 比 2 陕西国力	卡西亚诺 7'、张帅 18'、李东波 43'、邵佳一 47'、70'、徐云龙 72'、高大卫 89'
第 28 轮	轮空		
第 29 轮	2002.11.24	（客）1 比 2 大连实德	普雷迪奇 89'
第 30 轮	2002.11.30	（主）2 比 0 深圳平安	李明 12'、徐云龙 82'

中国足协杯

轮次	时间	（主客场）对手	进球者
第 2 轮	2002.05.02	（主）0 比 1 青岛海利丰	

义赛及商业比赛

轮次	时间	（主客场）对手	进球者
	2002.03.03	（主）5 比 0 八一振邦	南方 4'、30'、高雷雷 24'、田野 63'、邵佳一 80'
	2002.05.18	（主）0 比 2 贝尔格莱德红星	

年度射手榜

姓名	联赛	其他比赛	总计
卡西亚诺	11	0	11
徐云龙	8	0	8
邵佳一	7	1	8
杨璞	4	0	4
巴辛	4	0	4
高雷雷	2	1	3
王涛	2	0	2
李东波	2	0	2
李明	2	0	2
南方	0	2	2
路姜	1	0	1
塔尼奇	1	0	1
周宁	1	0	1
伊利奇	1	0	1
张帅	1	0	1
高大卫	1	0	1
普雷迪奇	1	0	1
田野	0	1	1

2002 甲 A 联赛积分榜

名次 / 球队	胜	平	负	进球	失球	净胜球	积分
1/ 大连实德	17	6	5	48	27	21	57
2/ 深圳平安	14	10	4	42	21	21	52
3/ 北京国安	15	7	6	49	29	20	52
4/ 山东鲁能	14	3	11	42	42	0	45
5/ 波导战斗	12	6	10	45	44	1	42
6/ 重庆力帆	10	11	7	28	25	3	41
7/ 云南红塔	9	8	11	30	28	2	40
8/ 青岛哈德门	9	9	10	30	34	−4	36
9/ 上海中远	9	8	11	37	39	−2	35
10/ 天津泰达	9	7	12	35	34	1	34
11/ 沈阳金德	8	10	10	34	34	0	34
12/ 上海申花	9	5	14	37	41	−4	32
13/ 八一振邦	6	12	10	37	47	−10	30
14/ 四川大河	7	7	14	39	55	−16	28
15/ 陕西国力	2	7	19	24	53	−29	13

2003年 当年赛事及进球情况

甲A联赛

轮次	时间	(主客场)对手	进球者
第1轮	2003.03.16	（主）2比0辽宁	路姜9'，安德列27'
第2轮	2003.03.23	（客）0比0云南红塔	
第3轮	2003.03.26	（主）0比0天津康师傅	
第4轮	2003.03.29	（主）1比2青岛贝莱特	（对方乌龙球）28'
第5轮	2003.04.05	（主）2比2重庆力帆	马科斯23'，安德列75'
第6轮	2003.04.09	（客）0比1上海中远	
第7轮	2003.07.02	（客）0比2八一湘潭	
第8轮	2003.07.06	（客）0比0山东鲁能	
第9轮	轮空		
第10轮	2003.07.16	（主）3比0陕西国力	张帅14'，安德列51'，杨璞70'
第11轮	2003.07.19	（主）2比2深圳健力宝	
第12轮	2003.07.26	（主）2比2大连实德	徐云龙24'，安德列52'
第13轮	2003.07.30	（客）0比1上海申花	
第14轮	2003.08.03	（主）1比3沈阳金德	杨昊74'
第15轮	2003.08.10	（主）1比1四川冠城	安德列43'
第16轮	2003.09.21	（客）0比1辽宁中顺	
第17轮	2003.09.24	（客）0比1云南红塔	
第18轮	2003.10.05	（主）1比1天津康师傅	杨璞27'
第19轮	2003.10.11	（主）4比1青岛贝莱特	田野21'、53'，恩里克27'，安德列37'
第20轮	2003.10.15	（客）0比2重庆力帆	
第21轮	2003.10.18	（主）0比2上海国际	
第22轮	2003.10.26	（主）5比0八一湘潭	安德列20'、61'，科内塞52'、62'，陶伟67'
第23轮	2003.10.29	（主）3比2山东鲁能	科内塞22'、56'，杨璞51'
第24轮	轮空		
第25轮	2003.11.09	（客）2比0陕西国力	恩里克68'，陶伟71'
第26轮	2003.11.12	（主）2比0深圳健力宝	徐云龙32'、80'
第27轮	2003.11.16	（客）0比0大连实德	
第28轮	2003.11.22	（客）2比1上海申花	科内塞27'，路姜43'
第29轮	2003.11.26	（客）0比0沈阳金德	
第30轮	2003.11.30	（主）3比1四川冠城	安德列28'、75'，雷吉纳尔多77'

中国足协杯

轮次	时间	(主客场)对手	进球者
小组赛	2003.03.02	（广州）2比0珠海安平	马古斯61'，徐云龙68'
小组赛	2003.03.05	（广州）5比2广州香雪	（对方乌龙球）38'，杨璞53'、79'，雷吉纳尔多82'，徐云龙87'
小组赛	2003.03.08	（广州）3比0上海中远	杜文辉8'、67'，田野19'
1/8决赛	2003.08.16	（主）3比2武汉国测	安德列4'，徐云龙71'
1/4决赛	2003.09.27	（天津）2比1河南建业	高雷雷63'，安德列78'
半决赛	2003.09.29	（鞍山）3比2沈阳金德	高雷雷38'，杨昊85'、93'
决赛	2003.10.01	（沈阳）3比0大连实德	科内塞43'、87'，杨昊72'

出访及义赛

轮次	时间	(主客场)对手	进球者
	2003.01.06	（客）4比1巴哈马国家队	徐云龙、张帅、高雷雷、周宁
	2003.01.08	（客）1比1特立尼达和多巴哥选拔队	杨昊
	2003.01.13	（客）2比1圣卢西亚VSADC队	徐云龙、杨璞
	2003.01.15	（客）2比0圣卢西亚国家队	安德列x2
	2003.09.07	（主）1比0沈阳金德	恩里克81'

年度射手榜

姓名	联赛	足协杯	其他比赛	总计
安德列	10	2	2	14
徐云龙	3	3	2	8
科内塞	5	2	0	7
杨璞	3	2	1	6
杨昊	1	3	1	5
田野	2	1	0	3
恩里克	2	0	1	3
高雷雷	0	2	1	3
陶伟	2	0	0	2
路姜	2	0	0	2
雷吉纳尔多	1	1	0	2
张帅	1	0	1	2
杜文辉	0	2	0	2
马科斯	1	0	0	1
马古斯	0	1	0	1
周宁	0	0	1	1

2003甲A联赛积分榜

名次/球队	胜	平	负	进球	失球	净胜球	积分
2/上海国际	16	6	6	39	26	13	54
3/大连实德	15	8	5	44	22	22	53
4/深圳健力宝	12	11	5	42	21	21	47
5/沈阳金德	11	10	7	35	31	4	43
6/辽宁中顺	11	8	9	39	34	5	41
7/云南红塔	11	7	10	30	27	3	40
9/北京现代	9	9	10	34	26	8	36
11/青岛贝莱特	10	5	13	40	50	−10	35
12/山东鲁能	8	9	11	42	46	−4	33
13/重庆连	6	8	14	21	34	−13	26
14/八一湘潭	6	4	18	23	59	−36	22
×/上海申花	17	4	7	56	33	23	55
×/四川冠城	9	10	9	41	42	−1	37
×/天津康师傅	8	12	8	32	33	−1	36
×/陕西国力	3	5	20	28	62	−34	14

注：中国足协于2013年2月18日剥夺了上述四支带"×"标记球队的2003赛季联赛成绩。

2004年 当年赛事及进球情况

甲A联赛

轮次	时间	(主客场)对手	进球者
第1轮	2004.05.16	（主）1比1四川冠城	（对方乌龙球）23'
第2轮	2004.05.22	（客）1比1上海国际	科内塞60'
第3轮	2004.05.26	（主）4比1沈阳金德	高雷雷25'，闫相闯32'，科内塞67'，黄博文89'
第4轮	2004.05.29	（客）3比3青岛贝莱特	耶利奇44'、91'，科内塞65'
第5轮	2004.06.13	（主）1比4深圳健力宝	路姜16'
第6轮	2004.06.16	（主）1比0天津康师傅	耶利奇48'，陶伟54'
第7轮	2004.06.19	（客）2比2上海申花	科内塞29'，陶伟36'
第8轮	2004.06.27	（客）1比2大连实德	耶利奇59'
第9轮	2004.09.11	（客）1比1辽宁中誉	杨昊74'
第10轮	2004.09.15	（主）1比1山东鲁能	高雷雷30'
第11轮	2004.09.19	（客）0比1重庆力帆	
第12轮	2004.09.25	（主）2比3四川冠城	徐云龙18'，耶利奇22'
第13轮	2004.09.29	（主）0比2上海国际	耶利奇9'，陶伟30'
第14轮	2004.10.02	（客）1比1沈阳金德	陶伟74'——本场比赛后来判国安队以0比3负
第15轮	2004.10.16	（主）2比2青岛贝莱特	陶伟15'，耶利奇85'
第16轮	2004.10.20	（客）0比2深圳健力宝	
第17轮	2004.10.23	（客）0比3天津康师傅	
第18轮	2004.10.31	（主）3比0上海申花	陶伟6'、44'、89'
第19轮	2004.11.03	（主）1比0大连实德	耶利奇62'
第20轮	2004.11.24	（主）2比0辽宁中誉	高雷雷40'，耶利奇80'
第21轮	2004.11.28	（客）2比5山东鲁能	高雷雷51'，隋东亮70'
第22轮	2004.12.04	（主）4比1重庆力帆	耶利奇21'、82'，徐云龙85'，高雷雷89'

中国足协杯

轮次	时间	(主客场)对手	进球者
第2轮	2004.05.02	（荆州）1比2武汉黄鹤楼	科内塞37'
	2004.05.05	（先农坛）0比2武汉黄鹤楼	

中超杯

轮次	时间	(主客场)对手	进球者
第1轮	2004.06.02	（客）0比5山东鲁能	
	2004.06.06	（主）2比1山东鲁能	耶利奇55'、62'

2003赛季超霸杯

轮次	时间	(主客场)对手	进球者
	2004.01.18	（芜湖）4比3上海申花	科内塞25'、64'，徐云龙53'，杨昊73'

邀请赛

轮次	时间	(主客场)对手	进球者
	2002.02.24	（韩国统营）3比1东京贝尔迪	（对方乌龙球）3'，徐宁84'，伊万90'
	2002.02.26	（韩国统营）1比4全南龙	高雷雷85'
	2002.02.28	（韩国统营）1比4釜山偶像	杨昊70'
	2002.03.22	（扬州）0比1天津康师傅	
	2002.03.24	（扬州）2比1山东鲁能	高雷雷40'，杨昊74'
	2002.03.26	（泉州）2比1厦门石狮	韩旭63'，隋东亮68'

年度射手榜

姓名	联赛	国内杯赛	邀请赛	总计
耶利奇	11	2	0	13
陶伟	8	0	0	8
高雷雷	5	0	2	7
科内塞	4	3	0	7
杨昊	1	1	2	4
徐云龙	2	1	0	3
隋东亮	1	0	1	2
闫相闯	1	0	0	1
黄博文	1	0	0	1
路姜	1	0	0	1
韩旭	0	0	1	1
徐宁	0	0	1	1

2004 中超联赛积分榜

名次/球队	胜	平	负	进球	失球	净胜球	积分
1/ 深圳健力宝	11	9	2	30	13	17	42
2/ 山东鲁能	10	6	6	44	29	15	36
3/ 上海国际	8	8	6	39	31	8	32
4/ 辽宁中誉	10	2	10	39	40	−1	32
5/ 大连实德	10	6	6	33	26	7	30
6/ 天津康师傅	7	8	7	28	29	−1	29
7/ 北京现代	8	7	7	35	33	2	28
8/ 沈阳金德	7	5	10	23	29	−6	26
9/ 四川冠城	4	11	7	29	37	−8	23
10/ 上海申花	4	10	8	28	37	−9	22
11/ 青岛贝莱特	4	9	9	21	28	−7	21
12/ 重庆力帆	4	9	9	13	44	−31	21

注：因为罢赛，北京现代队被扣 3 分，大连实德队被扣 6 分。

2005 年 当年赛事及进球情况

中超联赛

轮次	时间	（主客场）对手	进球者
第 1 轮	2005.04.03	（客）1 比 1 沈阳金德	耶利奇 34'
第 2 轮	2005.04.10	（主）4 比 0 上海申花	耶利奇 11'、73'，徐云龙 29'，杨昊 82'
第 3 轮	2005.04.13	（客）2 比 3 武汉黄鹤楼	隋东亮 5'，耶利奇 67'
第 4 轮	2005.04.17	（主）4 比 1 青岛中能	杨昊 30'、51'，耶利奇 58'，杜文辉 91'
第 5 轮	2005.04.25	（客）1 比 0 深圳健力宝	杜文辉 92'
第 6 轮	2005.05.01	（客）1 比 2 四川冠城	高雷雷 63'
第 7 轮	2005.05.04	（主）0 比 0 辽宁中誉	
第 8 轮	2005.05.08	（客）2 比 0 上海国际	耶利奇 44'、48'
第 9 轮	2005.05.15	（主）3 比 1 上海中邦	陶伟 11'，耶利奇 36'、60'
第 10 轮	2005.05.21	（客）1 比 1 重庆力帆	耶利奇 75'
第 11 轮	2005.07.02	（主）4 比 0 山东鲁能	耶利奇 4'、78'，陶伟 27'，（对方乌龙球）34'
第 12 轮	2005.07.06	（客）1 比 2 天津康师傅	耶利奇 47'
第 13 轮	2005.07.10	（主）3 比 4 大连实德	耶利奇 64'，高雷雷 69'，徐云龙 70'
第 14 轮	2005.07.16	（主）2 比 0 沈阳金德	杨瑾 61'，徐云龙 63'
第 15 轮	2005.07.20	（客）0 比 1 上海申花	
第 16 轮	2005.08.14	（主）1 比 0 武汉黄鹤楼	隋东亮 64'
第 17 轮	2005.08.21	（客）0 比 1 青岛中能	
第 18 轮	2005.08.27	（主）1 比 3 深圳健力宝	耶利奇 7'
第 19 轮	2005.08.31	（主）3 比 1 四川冠城	耶利奇 42'、55'、75'
第 20 轮	2005.09.04	（客）2 比 3 辽宁中誉	徐云龙 5'，耶利奇 15'
第 21 轮	2005.09.11	（主）3 比 1 上海国际	陶伟 47'，耶利奇 61'，闫相闯 84'
第 22 轮	2005.09.16	（客）2 比 1 上海中邦	陶伟 6'、75'
第 23 轮	2005.09.25	（主）2 比 0 重庆力帆	耶利奇 62'，闫相闯 64'
第 24 轮	2005.10.22	（客）2 比 4 山东鲁能	隋东亮 19'，徐云龙 92'
第 25 轮	2005.10.30	（主）0 比 1 天津康师傅	
第 26 轮	2005.11.05	（客）1 比 2 大连实德	崔威 84'

中国足协杯

轮次	时间	（主客场）对手	进球者
第 1 轮	2005.03.26	（主）1 比 0 南京有有	陶伟 2'
第 2 轮	2005.06.18	（客）1 比 0 武汉黄鹤楼	耶利奇 75'
	2005.06.25	（客）1 比 1 武汉黄鹤楼	徐云龙 49'
第 3 轮	2005.08.10	（主）2 比 0 上海申花	高大卫 5'，阿莱克萨 70'
	2005.09.07	（客）1 比 2 上海申花（加时）	隋东亮 110'
半决赛	2005.10.02	（主）1 比 0 山东鲁能	耶利奇 84'
	2005.10.05	（客）3 比 4 山东鲁能	耶利奇 48'、69'，徐云龙 51'

中超杯

轮次	时间	（主客场）对手	进球者
第 1 轮	2005.05.18	（主）1 比 0 上海国际	杨瑾 71'
	2005.05.28	（客）1 比 2 上海国际	路姜 5'
第 2 轮	2005.06.05	（主）2 比 1 山东鲁能	隋东亮 81'，耶利奇 82'
	2005.06.12	（客）2 比 3 山东鲁能	耶利奇 6'，徐云龙 59'

邀请赛及商业赛

轮次	时间	（主客场）对手	进球者
	2005.02.15	（新加坡）3 比 1 新加坡幼狮	徐云龙，耶利奇，商毅
	2005.02.18	（新加坡）4 比 0 新加坡外援明星队	耶利奇 x2，高雷雷，杜文辉
	2005.07.23	（主）2 比 3 皇家马德里	路姜 31'，耶利奇 74'
	2005.07.26	（主）0 比 3 曼彻斯特联队	

年度射手榜

姓名	联赛	国内杯赛	商业赛	总计
耶利奇	21	7	4	32
徐云龙	5	2	1	8
陶伟	5	1	0	6
隋东亮	3	2	0	5
杨昊	3	0	0	3
杜文辉	2	0	1	3
高雷雷	2	0	1	3
闫相闯	2	0	0	2
杨瑾	1	1	0	2
路姜	0	1	1	2
崔威	1	0	0	1
高大卫	0	1	0	1
阿莱克萨	0	1	0	1
商毅	0	0	1	1

2005 中超联赛积分榜

名次/球队	胜	平	负	进球	失球	净胜球	积分
1/ 大连实德	21	2	3	57	18	39	65
2/ 上海申花	15	8	3	41	23	18	53
3/ 山东鲁能	15	7	4	47	30	17	52
4/ 天津康师傅	14	7	5	48	26	22	49
5/ 武汉黄鹤楼	11	9	6	34	26	8	42
6/ 北京现代	12	4	10	46	32	14	40
7/ 青岛中能	9	7	10	26	31	−5	34
8/ 上海国际	8	7	11	30	32	−2	31
9/ 四川冠城	8	5	13	28	45	−17	29
10/ 辽宁中誉	7	8	11	34	42	−8	29
11/ 上海中邦	5	7	14	18	34	−16	22
12/ 深圳健力宝	4	10	12	21	42	−21	22
13/ 沈阳金德	4	6	16	19	43	−24	18
14/ 重庆力帆	2	7	17	16	41	−25	13

2006 年 当年赛事及进球情况

中超联赛

轮次	时间	（主客场）对手	进球者
第 1 轮	2006.03.11	（客）0 比 0 青岛中能	
第 2 轮	2006.03.19	（主）1 比 2 上海联城	科内塞 10'
第 3 轮	2006.03.25	（客）4 比 0 深圳金威	高大卫 11'，杨昊 26'，李尧 78'，黄博文 88'
第 4 轮	2006.03.29	（主）1 比 1 武汉光谷	陶伟 5'
第 5 轮	2006.04.01	（客）1 比 0 沈阳金德	科内塞 65'
第 6 轮	2006.04.08	（主）1 比 1 天津康师傅	（对方乌龙球）66'
第 7 轮	2006.04.15	（客）2 比 0 西安国际	徐云龙 8'，闫相闯 90'
第 8 轮	轮空		
第 9 轮	2006.04.22	（主）0 比 0 山东鲁能	
第 10 轮	2006.04.30	（客）0 比 1 上海申花	
第 11 轮	2006.05.06	（主）1 比 0 重庆力帆	闫相闯 57'
第 12 轮	2006.05.10	（客）0 比 0 大连实德	
第 13 轮	2006.05.13	（主）1 比 0 辽宁	陶伟 37'
第 14 轮	2006.05.20	（客）1 比 4 长春亚泰	张帅 63'
第 15 轮	2006.05.24	（主）1 比 0 厦门蓝狮	陶伟 53'
第 16 轮	2006.05.28	（主）1 比 0 青岛中能	王长庆 66'
第 17 轮	2006.07.12	（客）0 比 0 上海联城	
第 18 轮	2006.07.16	（客）0 比 0 深圳金威	
第 19 轮	2006.07.23	（客）1 比 1 武汉光谷	高大卫 19'
第 20 轮	2006.07.26	（主）1 比 0 沈阳金德	闫相闯 14'
第 21 轮	2006.07.30	（客）0 比 0 天津康师傅	
第 22 轮	2006.08.20	（主）3 比 1 西安国际	陶伟 8'、58'，高大卫 93'
第 23 轮	轮空		
第 24 轮	2006.08.27	（客）0 比 1 山东鲁能	
第 25 轮	2006.09.09	（主）0 比 0 上海申花	
第 26 轮	2006.09.17	（客）1 比 1 重庆力帆	杜文辉 26'
第 27 轮	2006.09.24	（主）1 比 0 大连实德	杜文辉 86'
第 28 轮	2006.10.01	（客）2 比 1 辽宁	杜文辉 25'，王长庆 87'
第 29 轮	2006.10.15	（主）1 比 0 长春亚泰	杜文辉 69'
第 30 轮	2006.10.22	（客）0 比 2 厦门蓝狮	

中国足协杯

轮次	时间	（主客场）对手	进球者
第 2 轮	2006.04.05	（主）0 比 2 浙江绿城	

邀请赛

轮次	时间	（主客场）对手	进球者
	2006.02.23	（韩国统营）1 比 3 大田市民	高雷雷 85'
	2006.02.25	（韩国统营）0 比 0 昆士兰狮吼	
	2006.02.27	（韩国统营）3 比 2 仁川联合	高大卫 28'、63'，科内塞 70'

年度射手榜

姓名	联赛	国内杯赛	邀请赛	总计
高大卫	5	0	2	7
陶伟	5	0	0	5
杜文辉	4	0	0	4
闫相闯	3	0	0	3
科内塞	2	0	1	3
王长庆	2	0	0	2
杨昊	1	0	0	1
李尧	1	0	0	1
黄博文	1	0	0	1
徐云龙	1	0	0	1
张帅	1	0	0	1
高雷雷	0	0	1	1

2006 中超联赛积分榜

名次/球队	胜	平	负	进球	失球	净胜球	积分
1/山东鲁能	22	3	3	74	26	48	69
2/上海申花	14	10	4	37	19	18	52
3/北京国安	13	10	5	27	16	11	49
4/长春亚泰	13	7	8	41	26	15	46
5/大连实德	13	6	9	43	29	14	45
6/天津康师傅	10	10	8	40	38	2	40
7/上海联城	9	12	7	32	25	7	39
8/厦门蓝狮	9	11	8	28	27	1	38
9/西安国际	8	12	8	33	34	-1	36
10/武汉光谷	8	7	13	28	42	-14	31
11/深圳金威	8	6	14	21	42	-21	30
12/沈阳金德	6	8	14	22	42	-20	26
13/辽宁	6	8	14	24	42	-18	
14/青岛中能	6	7	15	25	36	-11	25
15/重庆力帆	3	7	18	20	51	-31	16

2007 年　当年赛事及进球情况

中超联赛

轮次	时间	（主客场）对手	进球者
第1轮	2007.03.03	（客）2比0上海申花	陶伟10'、阿尔松81'
第2轮	2007.03.11	（客）0比0河南四五老窖	
第3轮	2007.03.18	（客）0比0武汉光谷	
第4轮	2007.04.01	（主）1比1深圳上清饮	小马丁内斯60'
第5轮	2007.04.08	（客）2比1厦门蓝狮	闫相闯3'、75'
第6轮	2007.04.15	（主）3比1大连实德	小马丁内斯22'、75'、闫相闯45'
第7轮	2007.04.22	（客）0比0杭州绿城	
第8轮	2007.04.29	（主）3比0辽宁西洋	杜文辉33'、杨昊81'、陶伟85'
第9轮	2007.05.05	（客）1比3青岛工艺品城	张帅91'
第10轮	2007.05.13	（主）0比0长沙金德	
第11轮	2007.05.19	（客）0比0长春亚泰	
第12轮	2007.05.27	（主）1比0陕西宝荣	（对方乌龙球）70'
第13轮	2007.06.16	（主）0比1天津康师傅	
第14轮	轮空		
第15轮	2007.08.08	（客）6比1山东鲁能	（对方乌龙球）21'、陶伟40'、堤亚戈45'、94'、闫相闯83'、92'
第16轮	2007.08.12	（主）2比3上海申花	闫相闯1'、堤亚戈76'
第17轮	2007.08.19	（客）2比1河南四五老窖	（对方乌龙球）43'、堤亚戈91'
第18轮	2007.08.22	（主）4比1武汉光谷	黄博文35'、小马丁内斯47'、92'、郭辉82'
第19轮	2007.08.26	（客）1比0深圳上清饮	徐云龙19'
第20轮	2007.09.01	（主）4比1厦门蓝狮	陶伟17'、28'、杨瑾54'、堤亚戈58'
第21轮	2007.09.05	（客）1比2大连实德	闫相闯90'
第22轮	2007.09.09	（主）1比0杭州绿城	堤亚戈93'
第23轮	2007.09.16	（客）3比2辽宁西洋	陶伟10'、潘塔17'、闫相闯89'
第24轮	2007.09.23	（主）3比1青岛工艺品城	小马丁内斯10'、74'、陶伟25'
第25轮	2007.09.29	（主）2比0长沙金德	堤亚戈12'、陶伟92'
第26轮	2007.10.04	（主）0比1长春亚泰	
第27轮	2007.10.31	（客）0比0陕西宝荣	
第28轮	2007.11.04	（主）2比0天津康师傅	堤亚戈42'、74'
第29轮	轮空		
第30轮	2007.11.14	（主）1比0山东鲁能	堤亚戈29'

商业赛

轮次	时间	（主客场）对手	进球者
	2007.08.05	（主）0比3巴塞罗那	

年度射手榜

姓名	联赛
堤亚戈	10
陶伟	8
闫相闯	8
小马丁内斯	7
潘塔	1
张帅	1
郭辉	1
杨瑾	1
杨昊	1
黄博文	1
徐云龙	1
阿尔松	1
杜文辉	1

2007 中超联赛积分榜

名次/球队	胜	平	负	进球	失球	净胜球	积分
1/长春亚泰	16	7	5	48	25	23	55
2/北京国安	15	9	4	45	19	26	54
3/山东鲁能	14	6	8	53	29	24	48
4/上海申花	12	10	6	35	29	6	46
5/大连实德	11	11	6	36	31	5	44
6/天津康师傅	12	8	8	31	22	9	44
7/武汉光谷	11	7	10	29	31	-2	40
8/青岛工艺品城	10	6	12	36	42	-6	36
9/辽宁西洋	9	8	11	26	36	-10	35
10/长沙金德	8	10	10	17	24	-7	34
11/杭州绿城	6	10	12	25	35	-10	28
12/河南四五老窖	5	12	11	20	28	-8	27
13/陕西宝荣	4	14	10	24	29	-5	26
14/深圳上清饮	5	10	13	21	42	-21	25
15/厦门蓝狮	4	8	16	22	46	-24	20

2008 年　当年赛事及进球情况

中超联赛

轮次	时间	（主客场）对手	进球者
第1轮	2008.03.30	（客）2比0河南四五老窖	小马丁40'、杜文辉78'
第2轮	2008.04.05	（主）1比1山东鲁能	小马丁80'
第3轮	2008.04.13	（客）1比0武汉光谷	郭辉86'
	——因武汉光谷退出，本场比赛后来判国安以3比0胜		
第5轮	2008.04.27	（主）1比2陕西中新	小马丁31'
第6轮	2008.05.03	（客）0比0深圳上清饮	
第7轮	2008.05.10	（主）2比0辽宁宏运	黄博文27'、堤亚戈51'
第8轮	2008.05.17	（客）1比1长春亚泰	黄博文77'
第10轮	2008.06.25	（客）1比1杭州绿城	陶伟31'
第11轮	2008.06.30	（客）0比2上海申花	
第12轮	2008.07.02	（主）3比0天津康师傅	黄博文2'、郭辉58'、埃尔维斯80'
第13轮	2008.07.06	（主）1比0青岛中能	堤亚戈65'
第14轮	2008.07.12	（客）1比0长沙金德	郭辉13'
第4轮补	2008.07.16	（主）3比2广州医药	隋东亮42'、堤亚戈57'、陶伟74'
第15轮	2008.08.30	（主）1比0成都谢菲联	堤亚戈78'
第9轮补	2008.09.06	（客）1比3大连海昌	杨昊55'
第16轮	2008.09.13	（客）2比1河南四五老窖	小马丁2'、埃尔维斯83'
第17轮	2008.09.20	（客）0比0山东鲁能	
第18轮	2008.09.28	（主）1比1武汉光谷	小马丁43'
	——因武汉光谷退出，本场比赛后来判国安以3比0胜		
第19轮	2008.10.02	（客）1比0广州医药	小马丁4'
第20轮	2008.10.05	（主）1比1陕西中新	郭辉73'
第21轮	2008.10.12	（客）1比0深圳上清饮	杜文辉36'
第22轮	2008.10.18	（客）2比0辽宁宏运	杜文辉66'、埃尔维斯89'
第23轮	2008.10.22	（主）2比0长春亚泰	黄博文13'、小马丁60'
第24轮	2008.10.26	（主）2比1大连海昌	黄博文16'、埃尔维斯21'
第25轮	2008.11.02	（主）1比0浙江绿城	郭辉84'
第26轮	2008.11.08	（主）1比0上海申花	杜文辉41'
第27轮	2008.11.12	（主）2比2天津康师傅	堤亚戈33'、陶伟79'
第28轮	2008.11.16	（主）2比1青岛中能	堤亚戈23'、布尔卡73'
第29轮	2008.11.23	（客）1比0长沙金德	黄博文78'
第30轮	2008.11.30	（主）2比1成都谢菲联	陶伟56'、黄博文91'

亚冠联赛

轮次	时间	（主客场）对手	进球者
小组赛	2008.03.12	（客）3比1越南南定	闫相闯56'、87'、杜文辉60'
小组赛	2008.03.19	（主）4比2泰国泰京银行	杜文辉40'、74'、小马丁52'、75'
小组赛	2008.04.09	（客）0比1日本鹿岛鹿角	
小组赛	2008.04.23	（主）1比0日本鹿岛鹿角	堤亚戈44'
小组赛	2008.05.07	（主）3比0越南南定	郭辉15'、王长庆32'、杨昊78'
小组赛	2008.05.21	（客）3比5泰国泰京银行	堤亚戈67'、70'、77'